beck'sche reihe

bsr

Dieses insgesamt zweibändige Werk beschreibt den Weg, den die Philosophie seit ihren Anfängen bei den Griechen bis in die Moderne zurückgelegt hat. Wichtige philosophische Fragestellungen werden hierbei ebenso dargestellt wie die Grundgedanken der bedeutenden Philosophen, indem die zentralen philosophischen Überlegungen und Theorien in den einzelnen Epochen wiedergegeben und erläutert werden.

Teil 1 dieses ersten Bandes befaßt sich mit der Philosophie der Antike. Teil 2 schildert die christliche Philosophie der ausgehenden Antike und des Mittelalters, Teil 3 widmet sich dem philosophischen und wissenschaftlichen Denken an der Schwelle zur Neuzeit.

Ein grundlegendes Werk für alle, die sich umfassend und kompetent über das philosophische Denken und seine Geschichte informieren wollen.

Wolfgang Röd war bis zu seiner Emeritierung Ordinarius für Philosophie an der Universität Innsbruck. Bei C.H. Beck sind von ihm erschienen: *Descartes* (^{3}1995), *Dialektische Philosophie der Neuzeit* (^{2}1986), *Erfahrung und Reflexion* (1991), *Der Gott der reinen Vernunft* (1992). Als Herausgeber betreut Wolfgang Röd die auf mehrere Bände angelegte *Geschichte der Philosophie* (1976 ff.).

Wolfgang Röd

Der Weg der Philosophie

Von den Anfängen bis ins
20. Jahrhundert

Erster Band

Altertum, Mittelalter, Renaissance

Verlag C. H. Beck

Die Deutsche Bibliothek – CIP-Einheitsaufnahme

Röd, Wolfgang:
Der Weg der Philosophie von den Anfängen bis ins 20. Jahrhundert / Wolfgang Röd. – Überarb. Ausg. – München : Beck
Bd. 1. Altertum, Mittelalter, Renaissance. – 1. Aufl. – 2000
(Beck'sche Reihe ; 1390)
ISBN 3-406-45930-7

ISBN 3-406-45930-7

1. Auflage (dieser Ausgabe). 2000
Dieses Buch ist 1994 bei C. H. Beck als Leinenausgabe erschienen und wurde für die Beck'sche Reihe überarbeitet.
Umschlagentwurf: +malsy, Bremen

Satz: Kösel, Kempten
Druck und Bindung: C.H.Beck'sche Buchdruckerei, Nördlingen
Printed in Germany

www.beck.de

Vorwort

Die Geschichte der Philosophie ist, wie die Philosophie, eine Disziplin, deren Einzelergebnisse meist nur dem Fachmann zugänglich sind, und als Fachmann gilt oft nicht mehr der Philosoph oder der Philosophiehistoriker, sondern der Vertreter einer bestimmten Teildisziplin der Philosophie oder der Kenner einer bestimmten Epoche der Philosophiegeschichte. Diese Spezialisierung ist wegen der Fülle der Forschungsergebnisse unvermeidlich; es wäre jedoch bedauerlich, wenn sie zur Vernachlässigung der Bemühungen um eine Gesamtschau und zum Verzicht auf Versuche, die Resultate der Wissenschaft über den Kreis der Fachleute hinaus bekannt zu machen, führte. Dem vorliegenden Werk liegt die Absicht zugrunde, die Entwicklung des philosophischen Denkens von den Anfängen bei den Griechen bis in unser Jahrhundert in ihren großen Zügen so darzustellen, daß der Weg, den die europäische Philosophie in zweieinhalb Jahrtausenden zurückgelegt hat, ohne besondere philosophische Vorkenntnisse nachvollzogen werden kann.

Gleichzeitig soll im Rahmen der geschichtlichen Darstellung der Blick auch auf die philosophischen Probleme selbst gerichtet werden. Da die großen Fragen der Philosophie meist nur allmählich eine klare Formulierung fanden und da die Versuche, sie zu beantworten, eine Entwicklung erkennen lassen, ist die historische Betrachtungsweise besonders geeignet, den Zugang zu den Problemen der Philosophie zu eröffnen.

Auf Grund dieser Zielsetzung konnte in der Darstellung nicht weit ins einzelne gegangen werden, sondern es mußte versucht werden, die Hauptrichtungen der Entwicklung hervortreten zu lassen. Vielleicht erweist sich die Notwendigkeit, auf manches Detail zu verzichten, insofern als Vorteil, als die großen Zusammenhänge um so deutlicher gezeichnet werden können. Selbstbeschränkung war auch bei den Anmerkungen und den Literaturhinweisen geboten. Auf umfangreiche Literaturangaben konnte um so leichter verzichtet werden, als die Bände der vom Verfasser herausgegebenen Geschichte der Philosophie (Verlag C. H. Beck, München 1976ff.) weiterführende Informationen bieten und überdies bibliographische Nachschlagewerke zur Verfügung stehen.

Bei der Schreibung griechischer Namen wurden, wo solche zur Verfügung stehen, stets die eingedeutschten Formen gebraucht; in allen anderen Fällen wurde, wie bis ins 19. Jahrhundert üblich und in den angelsächsischen Ländern gang und gäbe, die latinisierte Form verwendet, vor allem deshalb, weil fast immer gemäß der lateinischen Akzentregel betont wird.

Dem Manuskript kam es sehr zugute, daß es von Herrn Dr. Ernst-Peter Wieckenberg vom Verlag C. H. Beck und Herrn Henning Moritz (Ottovon-Guericke-Universität, Magdeburg) kritisch durchgesehen wurde. Einzelne seiner Teile haben meine Kollegen Herr Wolfgang L. Gombocz und Herr Eckhard Keßler überprüft. Die Herren Dr. Pascher (Universität Innsbruck), Henning Moritz und Dr. Klaus Sachs-Hombach (beide Magdeburg) übernahmen die Mühe des Korrekturlesens. Ihnen allen dankt der Verfasser herzlich.

Innsbruck, 24. November 1993 *Wolfgang Röd*

Inhalt

Einleitung

Seite 15

1. Die Forderung einer «philosophierenden Geschichte der Philosophie» 15
2. Kontinuität oder Diskontinuität? 17
3. Ausgangspunkt und Richtung des Wegs der Philosophie 19

a) Die Frage nach der Erkenntnis des Werdens *20* – b) Die subjektivistische Reaktion der Sophistik *21* – c) Der Wahrheitsabsolutismus der klassischen griechischen Philosophie *21* – d) Der Primat der Praxis in der hellenistischen Philosophie *21* – e) Die Jenseitsspekulation in der ausgehenden Antike *22* – f) Die christliche Philosophie *23* – g) Die Vorbereitung des neuzeitlichen Denkens in der Philosophie der Renaissance *23* – h) Die exakte Naturwissenschaft und die Philosophie der Neuzeit *24* – i) Der skeptische Angriff auf die herkömmliche Erkenntniskonzeption *25* – j) Die Transzendentalphilosophie *25* – k) Der nachkantische Idealismus *27* – l) Der Positivismus *27* – m) Die Lebensphilosophie *28* – n) Metaphysik und Metaphysikkritik im 20. Jahrhundert *28* – o) Die Existenzphilosophie *29*

Erster Teil
DIE PHILOSOPHIE DER ANTIKE

I. Die Anfänge der Philosophie im 6./5. Jahrhundert

Seite 33

1. Vom Mythos zum rationalen Denken 33
2. Die Frage nach dem Ursprung aller Dinge in der jonischen Naturphilosophie 40

a) Thales *40* – b) Anaximander *42* – c) Anaximenes *45*

3. Zahl, Weltharmonie und Seelenwanderung: Der Pythagoreismus . 46
4. Die Frage nach der Möglichkeit sicheren Wissens: Xenophanes . . 50
5. Die Welt als Werden: Heraklit 51
6. Das wahrhaft Wirkliche als unveränderliches Sein: Die Eleaten . . . 56

a) Parmenides *56* – b) Zeno von Elea und Melissus *60*

7. Theorien des Werdens: Empedokles, Anaxagoras, Demokrit 63

a) Empedokles *64* – b) Anaxagoras *67* – c) Die ältere Atomistik: Leukipp und Demokrit *69*

II. Sophistik und Sokratik

Seite 73

1. Die Sophistik 73

a) Der Charakter der Sophistik *73* – b) Einzelne Sophisten *77*

2. Sokrates 85

a) Die Persönlichkeit *85* – b) Die Sokratische Methode *88* – c) Die Lehrbarkeit der Tugend *90*

3. Die kleineren sokratischen Schulen 91

a) Die Cyniker *91* – b) Die Cyrenaiker *93* – c) Die megarische und die elische Schule *95*

III. Plato und das Problem der Erkenntnis aus reiner Vernunft

Seite 97

1. Persönlichkeit und Werk 99

a) Zur Biographie *99* – b) Platos Werke *102* – c) Äußere Anstöße des Platonischen Philosophierens *104*

2. Grundlagen der Ideenlehre 105

3. Die Erkenntnislehre 110

a) Erkenntnis als Vernunfterkenntnis *110* – b) Die Lehre von der Wiedererinnerung *111* – c) Erkenntnis und Ethos *113* – d) Wissen und Meinen *114* – e) Erkenntnis- und Seinsweisen *116*

4. Die Seelenlehre 119

5. Struktur und Entstehung der Welt 125

6. Das Wesen des Guten 130

a) Der Zwiespalt in Platos Lehre vom Guten *130* – b) Die Kritik an der empiristischen Lehre vom Guten *131* – c) Inhaltliche Bestimmung des Guten *133*

7. Rechts- und Staatslehre 135

8. Die Lehre von den ersten Prinzipien 142

IV. Aristoteles

Seite 147

1. Die Persönlichkeit und das Werk des Philosophen 147

a) Schriften zur theoretischen Philosophie *151* – b) Schriften zur praktischen Philosophie *152* – c) Die exoterischen Schriften *152*

2. Das Wesen der Philosophie 152

3. Grundzüge der Metaphysik 155

a) Die Ontologie *155*

(1) Die Wissenschaft vom Seienden als solchen *155* – (2) Widerspruchsprinzip und Prinzip des ausgeschlossenen Dritten *157* – (3) Die vier Ursachen *158* – (4) Potentialität und Aktualität *159*

b) Die metaphysische Gotteslehre *161*

4. Die Aristotelische Naturphilosophie 164
5. Die Seelenlehre 168
6. Logik und Erkenntnislehre 172
7. Probleme der Praxis: Ethik und Staatslehre 179
a) Der begriffliche Rahmen der Ethik *179* – b) Der Begriff der sittlichen Handlung *183* – c) Grundgedanken der Staatslehre *184*

V. Die Philosophie im Zeitalter des Hellenismus

Seite 189

1. Der Charakter des hellenistischen Denkens 189
2. Epikur und der Epikureismus 192
a) Erkenntnis und Wissenschaft *193* – b) Grundgedanken der Ethik *198* – c) Recht und Gesellschaft *200*
3. Die stoische Philosophie 202
a) Die wichtigsten Stoiker *202* – b) Die stoische Erkenntnislehre *204* – c) Grundgedanken der Naturphilosophie *206* – d) Die stoische Ethik *208* – e) Die Stoa im römischen Kaiserreich *213*
4. Andere philosophische Richtungen 215
a) Die Pyrrhonische und die jüngere Skepsis *215* – b) Die Akademie nach Plato *217* – c) Der Peripatos *223*

VI. Der Übergang von der Philosophie zur Theosophie in der ausgehenden Antike

Seite 225

1. Der Charakter des spätantiken Denkens 225
2. Philo von Alexandrien 230
3. Neupythagoreismus und mittlerer Platonismus 232
4. Der Neuplatonismus 237
a) Begründung und Ausbreitung des Neuplatonismus *237* – b) Plotins Lehre *239*
(1) Die Erhebung des Denkens zum Einen *240* – (2) Die Entfaltung des Einen zur Vielheit der Wesen *242* – (3) Plotins Naturauffassung *246* – (4) Kunst als Offenbarung des Geistes *248* – (5) Die Materie und das Böse *248* – (6) Die ekstatische Schau des Einen *250*
c) Der spätere Neuplatonismus *253* – d) Das zentrale Problem des Neuplatonismus *262*
5. Boëthius 264
a) Die Lage Italiens um 500 und die Persönlichkeit des Philosophen *264* – b) Der Trost der Philosophie *265* – c) Das philosophische Programm *267* – d) Das Universalienproblem *268*

Zweiter Teil
CHRISTLICHE PHILOSOPHIE DER AUSGEHENDEN ANTIKE UND DES MITTELALTERS

I. Christentum und Philosophie in der Spätantike
Seite 273

1. Der Charakter des frühen Christentums 273
a) Die christliche Heilslehre *273* – b) Der Apostel Paulus *273* – c) Unsterblichkeits- und Erlösungsglaube *275* – d) Die Dreieinigkeitslehre *276* – e) Die christliche Apologetik *278*
2. Die Gnosis 280
a) Der Charakter des gnostischen Denkens *280* – b) Einzelne gnostische Lehren *282*
3. Griechische Kirchenväter 284
a) Justin der Märtyrer *284* – b) Die Alexandriner *284* – c) Das Trinitätsproblem und das Konzil von Nizäa *288* – d) Die kappadozischen Väter *291* – e) Pseudo-Dionysius Areopagita *292*
4. Lateinische Kirchenväter vor Augustinus 297
5. Augustinus 298
a) Vom Weltmenschen zum Kirchenführer *298* – b) Zweifel und Gewißheit *300* – c) Die Gottesbeweise *302* – d) Der Gegensatz von Gut und Böse und das Freiheitsproblem *304* – e) Gottesreich und Reich dieser Welt *306*

II. Christliche, islamische und jüdische Philosophie des Mittelalters bis 1200
Seite 309

1. Die Entwicklung der christlichen Philosophie bis zur karolingischen Renaissance 309
2. Christliche Philosophie im 11. und 12. Jahrhundert 314
a) Dialektiker und Anti-Dialektiker *314* – b) Anselm von Canterbury *315* – c) Das Universalienproblem im 12. Jahrhundert *319* – d) Andere Richtungen der christlichen Philosophie im 12. Jahrhundert *323*
3. Islamische und jüdische Philosophie 325
a) Philosophie im islamischen Kulturbereich *325* – b) Jüdische Philosophie *332*

III. Die Philosophie des Hochmittelalters
Seite 336

1. Die aristotelische Scholastik des 13. Jahrhunderts 336
a) Die geistige Situation *336* – b) Albert der Große (Albertus Magnus) *340* – c) Thomas von Aquin *344*
(1) Leben und Werke *344* – (2) Grundgedanken der Metaphysik *345* – (3) Die fünf Wege zur Erkenntnis Gottes *351* – (4) Der Ansatz der Moralphilosophie *354*

2. Die augustinisch geprägte Richtung der Hochscholastik 356

a) Bonaventura 357 – b) Johannes Duns Scotus 359
(1) Glauben und Wissen 359 – (2) Metaphysische Grundgedanken 360 – (3) Die Gotterkenntnis 361 – (4) Individuum und Allgemeines 363 – (5) Der Voluntarismus 364

IV. Der spätmittelalterliche Nominalismus
Seite 366

1. Die Abwendung vom Universalienrealismus: Wilhelm von Ockham 366

a) Ockhams Leben 366 – b) Wissen und Glauben 367 – c) Die Kritik an der Annahme allgemeiner Wesenheiten 368 – d) Die Erkenntnislehre 371 – e) Grundgedanken der Logik 372

2. Der moderne Weg: Die scholastische Philosophie nach Ockham .. 375
3. Staats- und Geschichtsphilosophie 378

a) Rechts- und staatsphilosophische Grundgedanken 378 – b) Ökonomische Fragen 380 – c) Geschichtsphilosophie 382

V. Meister Eckhart und die spätere deutsche Mystik
Seite 384

1. Der Charakter von Eckharts Mystik 384
2. Aufstieg zum Göttlichen und Entfaltung des Göttlichen 386
3. Gott und Seele 387
4. Moralische Folgerungen 388
5. Spätere Mystiker 390

Dritter Teil
PHILOSOPHIE UND WISSENSCHAFT AN DER SCHWELLE DER NEUZEIT

I. Philosophie und Wissenschaft in der Renaissance
Seite 395

1. Wiedergeburt der Antike oder Geburt einer neuen Weltauffassung? 395

a) Das philosophische Denken der Renaissance 395 – b) Die Hinwendung zu den Humaniora 398 – c) Die Philosophie im Verhältnis zu Religion und Kirche 401 – d) Das Verhältnis zur Scholastik 402

2. Platonismus und Aristotelismus 404

a) Der Renaissance-Platonismus 404 – b) Nikolaus von Kues (Nicolaus Cusanus) 408

(1) Leben und Persönlichkeit *408* – (2) Wesen und Grenzen des Wissens *409* – (3) Die Idee des Unendlichen *411* – (4) Gott und Welt *412*

c) Der Aristotelismus in der Renaissance *413* – d) Medizin zwischen Spekulation und Empirie: Paracelsus *416* – e) Jenseits des Gegensatzes von Platonismus und Aristotelismus: Telesio und Campanella *417*

3. Der Skeptizismus in der Zeit des Humanismus 420

II. Religiöse Tendenzen an der Wende vom Mittelalter zur Neuzeit: Reformation, Vernunftreligion, protestantische Mystik

Seite 424

1. Die Reformation 424
2. Ansätze des religiösen Rationalismus 430
3. Die protestantische Mystik vor Jakob Böhme 431
4. Die Mystik Jakob Böhmes 432

a) Böhmes Persönlichkeit und Werk *432* – b) Gott und Welt; das Problem des Bösen *433* – c) Der praktische Aspekt der Mystik Böhmes *435*

5. Angelus Silesius 437

III. Von der spekulativen Naturphilosophie zur empirischen Naturwissenschaft

Seite 439

1. Geozentrisches und heliozentrisches System 439
2. Die Idee des unendlichen Universums: Giordano Bruno 441
3. Die Überwindung des alten Weltbilds: Johannes Kepler und Galileo Galilei 446
4. Die Reflexion auf Methode und Tragweite der modernen Wissenschaft: Francis Bacon 451

a) Wissen und Praxis *451* – b) Erkenntnis als Abbildung der Wirklichkeit *454*

IV. Auffassungen von Recht und Staat an der Wende vom Mittelalter zur Neuzeit

Seite 457

1. Machiavelli 457
2. Die Theorie der Souveranität 460
3. Utopische Entwürfe 463

ANHANG

Werke in Auswahl
Seite 467

Einführungs- und Übersichtsliteratur
Seite 473

Anmerkungen
Seite 481

Zeittafel
Seite 516

Register
Seite 519

Einleitung

Wer nicht von dreitausend Jahren
Sich weiß Rechenschaft zu geben,
Bleib im Dunkeln unerfahren,
Mag von Tag zu Tage leben.
(Goethe: West-östlicher Divan)

1. Die Forderung einer «philosophierenden Geschichte der Philosophie»

Die europäische Philosophie hat seit ihren Anfängen vor mehr als zweitausendfünfhundert Jahren einen langen und keineswegs immer geradlinig verlaufenden Weg zurückgelegt. Diesen Weg in seinen wichtigsten Etappen nachzuzeichnen wird im vorliegenden Buch versucht. Dabei wird in gewissem Sinne ähnlich vorgegangen werden wie in der Kartographie: So wie jemand, der einen Weg auf einer Landkarte einzuzeichnen hat, nicht jede Einzelheit berücksichtigen kann, sondern sich damit begnügen muß, den Verlauf des Wegs in großen Zügen darzustellen, so muß in der Geschichte der Philosophie von vielen Einzelheiten abgesehen und versucht werden, sich die Richtung des Wegs zu vergegenwärtigen, den die Philosophie innerhalb größerer Zeiträume, letzten Endes innerhalb ihrer gesamten Entwicklung, zurückgelegt hat. Vorübergehende Richtungsänderungen und unwichtige Nebenwege müssen unberücksichtigt bleiben, wenn die beherrschende Richtung hervortreten soll.

Die Philosophiegeschichte unterscheidet sich von anderen historischen Disziplinen, wie z.B. von der Kunstgeschichte oder der Kriegsgeschichte, dadurch, daß man zwar die Geschichte der Kunst darstellen kann, ohne Künstler zu sein, oder die Geschichte eines Krieges, ohne Soldat zu sein, daß man sich aber nicht adäquat mit Geschichte der Philosophie beschäftigen kann, ohne dies von einem bestimmten philosophischen Standpunkt aus zu tun. Man darf sich somit nicht darauf beschränken, überlieferte Thesen und Argumente wiederzugeben, Texte philologisch zu analysieren und philosophische Positionen in weitere kulturelle Zusammenhänge einzuordnen, sondern man muß sich mit dem überlieferten Denken auseinandersetzen, um zu den Problemen als solchen vorzudringen, ihre Voraussetzungen zu klären und zu ihnen Stellung zu nehmen. Nur so kann man Kants Forderung nach einer «philosophierenden Geschichte der Philosophie» erfüllen.[1] Selbstverständlich ist es nötig, die in der Vergangenheit entwickelten Auffassungen zu verstehen; aber die Aufgabe kann sich im Nachvollziehen des früher Gedachten nicht erschöpfen, sondern sie muß sich bemühen, das überlieferte mit dem gegenwärtigen Denken in Beziehung zu setzen.[2] Da im Folgenden Geschichte der Philosophie als philosophische Disziplin, nicht als bloßer Teil der Kulturgeschichte aufgefaßt wird, tritt der reine Verstehens- bzw. Auslegungsaspekt – die Aufgabe der Hermeneutik – zugunsten der Erörterung der systematischen Voraussetzungen philosophischer Fragen und der auf sie gegebenen Antworten in den Hintergrund.

Die Forderung einer «philosophierenden Geschichte der Philosophie» soll nicht so verstanden werden, als liefe sie auf die Konstruktion der Entwicklung nach einem erfahrungsunabhängigen Schema hinaus. Ansätze zur Unterwerfung der historischen Daten unter ein systematisch gewonnenes Entwicklungsschema hat es seit der Antike immer wieder gegeben, bis hin zu Hegels Versuch, die Entwicklung der philosophischen Systeme als Entfaltung der Formen des Absoluten darzustellen. Im vorliegenden Buch wird dagegen nicht beansprucht, unabhängig von den historischen Tatsachen Richtung und Ziel der Entwicklung des philosophischen Denkens bestimmen zu können. Erst im nachhinein kann versucht werden, allgemeine Tendenzen der Entwicklung festzustellen. Von einer Zielgerichtetheit des Wegs der Philosophie, wie sie Hegel zu erkennen meinte und wie sie noch von Husserl angenommen wurde,[3] ist dabei nicht die Rede. Was in der Rückschau als zielgerichtete Entwicklung erscheinen mag, läßt sich viel einfacher als Ergebnis der Bemühungen vieler Philosophen-Generationen um Präzisierung der eigentlichen Aufgaben ihrer Disziplin und um immer konsequentere Bewältigung dieser Aufgaben verstehen.

Die philosophierende Philosophiehistorie steht im Gegensatz zur reinen Ideengeschichte, die, auch wenn sie noch so interessante Ergebnisse bietet, nicht Philosophiegeschichte im engeren Sinne ist und diese vor allem deshalb nicht ersetzen kann, weil Ideen unabhängig vom Zusammenhang einer bestimmten Philosophie keine philosophische Bedeutung haben. Die Philosophiehistorie steht aber auch im Gegensatz zur psychologischen Betrachtungsweise, bei der nicht mehr nach philosophischen Problemen und ihren möglichen Lösungen, sondern nach Motiven auf seiten der Philosophen gefragt wird, die hinter philosophischen Fragen stehen könnten. Hier handelt es sich nicht mehr um Philosophie, sondern um Psychologie der Philosophen. Analoges gilt für die soziologische Betrachtungsweise, bei der philosophische Auffassungen lediglich als Reflexe sozialer Verhältnisse betrachtet werden: Wer philosophische Gedanken ausschließlich in Abhängigkeit von sozialen Verhältnissen sieht, nimmt ihnen ihre Selbständigkeit und beraubt sie damit ihres philosophischen Charakters. Sieht man in philosophischen Gedanken nur den Überbau über einer sozio-ökonomischen Basis, dann kann man ihrer systematischen Bedeutung nicht mehr gerecht werden.

Der entscheidende Grund, weshalb die Philosophiehistorie nur philosophisch – und nicht ideengeschichtlich, psychologisch, soziologisch – geschrieben werden kann, liegt darin, daß es in der philosophischen Überlieferung keine uninterpretierten Daten gibt, die lediglich vorgefunden und zur Kenntnis genommen werden könnten. Weil die Tatsachen, mit denen es der Philosophiehistoriker zu tun hat, nicht einfach vorgegeben, sondern von den jeweiligen Voraussetzungen der Interpretation abhängig sind, kann sich die Philosophiehistorie nicht im verstehenden Nachvollzug erschöpfen. Die Probleme und die Bemühungen um Problemlösungen, mit denen sich der Philosophiehistoriker auseinandersetzt, müssen nachkonstruiert werden, das heißt, sie erhalten ihren Sinn erst durch Deutungen, die der Historiker von einer bestimmten theoretischen Position aus vornimmt.[4]

2. Kontinuität oder Diskontinuität?

Überblickt man den Weg der Philosophie durch die Jahrhunderte, dann könnte es zweifelhaft erscheinen, ob es überhaupt gerechtfertigt sei, von *der* Philosophie zu reden. Muß man nicht vielmehr von verschiedenen Philosophien sprechen und einräumen, daß sie zum Teil so wenig miteinander zu tun haben, daß der Name «Philosophie» mehrdeutig zu werden droht? Im Verlauf der folgenden Darstellung soll sich zeigen, daß die Auffassungen von den Aufgaben und Methoden der Philosophie zwar tatsächlich beträchtlichen Veränderungen unterworfen waren, so daß in manchen Fällen von einer Art Paradigmenwechsel gesprochen werden könnte, daß jedoch bei näherem Zusehen Zusammenhänge zutage treten, in denen verschiedene Gestalten des philosophischen Denkens auf Grund gemeinsamer Fragestellungen stehen. Erst wenn der Boden der Philosophie zugunsten einzelwissenschaftlicher Betrachtungsweisen verlassen wird, geht dieser Zusammenhang verloren. Im Hinblick auf den gemeinsamen Boden, auf dem die verschiedenen Philosophien stehen, kann schließlich doch von *der* Philosophie gesprochen werden.

Diese Ansicht vom Gang der philosophischen Entwicklung ist nicht unumstritten. Oft wurde und wird bezweifelt, daß es sich um einen ununterbrochenen Weg handelt. Manche sehen in den Bemühungen der Philosophen eher eine Sisyphusarbeit, die immer wieder von neuem begonnen werden muß, andere sind der Ansicht, daß jede große Philosophie einzigartig sei und daher nicht als Schritt auf einem gemeinsamen Weg betrachtet werden könne. Philosophische Systeme sind nach dieser (für die Existenzphilosophie charakteristischen) Betrachtungsweise gleichsam «unmittelbar zu Gott», wie Ranke von den geschichtlichen Epochen sagte. Jaspers hat die Unvergleichlichkeit aller großen philosophischen Konzeptionen nachdrücklich betont.[5] Die Beschränkung auf die Darstellung einzelner Philosophen – nicht Philosophien! – ist eine Konsequenz dieser Auffassung; der historische Zusammenhang, dem philosophische Gedanken angehören, tritt in den Hintergrund. Von einem verwandten Standpunkt aus konnte die geschichtliche Kontinuität als bloßer Schein bezeichnet werden,[6] und von dieser

Auffassung ist es nicht mehr weit zu der These, philosophische Systeme seien, wie Kunstwerke, als Ausdruck einer subjektiven Einstellung zu betrachten, so daß die Wahrheit der Aussagen keine Rolle mehr spielt.[7] Zu den Gegnern der Kontinuitätsauffassung gehören außer den Vertretern der Hermeneutik und der Existenzphilosophie auch die Anhänger der Auffassung, daß die Geschichte der Philosophie zyklisch verlaufe,[8] sowie die Verfechter der Ansicht, daß die eigentlich philosophische Aufgabe in der Klärung des Sinns von Sätzen bestehe und somit die Philosophie überhaupt keine Lehre, sondern eine Tätigkeit sei, bei der es keine kontinuierliche Entwicklung geben kann. Vom sprachanalytischen Standpunkt aus gilt alles als illusorisch, was nicht als solche Tätigkeit verstanden werden kann. Die Auseinandersetzung mit der philosophiegeschichtlichen Überlieferung kann von diesem Standpunkt aus nur den Zweck haben, die (sprachlichen) Ursachen der vermeintlichen Illusionen der Philosophen aufzudecken.

Demgegenüber folgt die vorliegende Darstellung der z.B. von Windelband vertretenen Auffassung, daß der Schwerpunkt auf die Entwicklung der Probleme und Begriffe als des in der Philosophie Wichtigsten zu legen sei.[9] Blickt man auf die Versuche, die zentralen Fragen der Philosophie zu beantworten, dann zeichnen sich in gewissen Phasen der Philosophiegeschichte kontinuierliche Entwicklungen ab. Konzentriert man sich aber mehr auf den Zusammenhang der philosophischen Probleme als auf den der Lösungsvorschläge, dann zeigt sich auch in der Philosophiegeschichte als ganzer eine Kontinuität, die auf der Seite der Lösungsvorschläge wohl nicht immer zu erkennen ist.[10] Sieht man die Entwicklung in dieser Weise und räumt ein, daß der Weg der Philosophie keineswegs immer geradlinig verläuft, daß er manchmal bizarre Wendungen macht und auf Umwegen verläuft, dann ergibt sich eine schwächere Auffassung von Kontinuität, die aber um so haltbarer ist. Nicht jedes Teilstück des Wegs der Philosophie folgt der Hauptrichtung, nicht jeder Schritt auf diesem Weg führt weiter, aber aufs ganze gesehen zeichnet sich doch eine vorherrschende Richtung ab, und hinter den scheinbaren Diskontinuitäten der Entwicklung lassen sich tieferliegende Zusammenhänge erkennen.

Nicht jedes Kontinuitätsmodell ist jedoch brauchbar. Als Beispiel einer überholten Betrachtungsweise kann die von Hegel vertretene dialektische Deutung der Philosophiegeschichte als Prozeß gelten, bei dem keine einmal gefundene Wahrheit je wieder verlorengeht. Eine solche Kontinuitätsauffassung läßt sich heute nicht mehr vertreten, weil die spekulativen Annahmen, auf denen sie beruhte, hinfällig geworden sind. Dennoch muß deshalb nicht darauf verzichtet werden, die Entwicklung unter dem Gesichtspunkt der Kontinuität zu sehen; man muß es sich nur versagen, die Entwicklung mit Hilfe eines erfahrungsunabhängigen Schemas zu konstruieren, und sich damit begnügen, ausgehend von den historischen Tatsachen, Kontinuitäten zu ermitteln. Von einem Ziel, auf das der Weg der Philosophie gerichtet wäre und an dem er sein Ende finden würde, läßt sich dabei nicht sprechen, ja schon der Gedanke an ein solches Ziel wäre verfehlt. Wohin der Weg führt, läßt sich nicht sagen. Man kann allenfalls die sich in der Gegenwart abzeichnenden Tendenzen zu bestimmen suchen und mit Bezug auf sie Vermutungen über das nächste Teilstück dieses Wegs anstellen, aber solche Vermutungen sind unsicher und in ihrer Reichweite außerordentlich beschränkt.

3. Ausgangspunkt und Richtung des Wegs der Philosophie

Der Vergleich der Geschichte der Philosophie mit einem Weg legt die Frage nach dem Ausgangspunkt und der Richtung dieses Weges nahe. Der Ausgangspunkt der Philosophiegeschichte ist der Ausgangspunkt des philosophischen Denkens überhaupt. Wie schon Plato und Aristoteles feststellten, beginnt die Philosophie mit dem Staunen. Das Staunen, das das Kind unermüdlich nach Erklärungen für Tatsachen fragen läßt, begleitet den Menschen zeit seines Lebens, wenn er auch nicht mehr über alles staunt, was ihm unerklärlich scheint: Das Gewohnte wird zum Gewöhnlichen, über das man nicht mehr staunt; ganz geht die Fähigkeit zu staunen jedoch niemals verloren, und es gehört zu den Aufgaben der Philosophie, den Menschen wieder die Augen für das Erstaunliche zu öffnen, das in der alltäglichen Einstellung nicht mehr beachtet wird. Das Staunen, das das philosophische Denken in Gang setzt, kann freilich nicht ein beliebiges Staunen sein, sondern es muß sich um ein Staunen besonderer Art handeln, nämlich um das Staunen darüber, daß wir von Dingen wissen können, die von uns verschieden sind, bzw. daß es etwas gibt, das sich uns gleichsam zeigt und spricht: Ich bin da, und ich bin für dich da.[11] Die Tatsache, daß wir von Gegenständen wissen, wurde immer wieder als das größte aller Rätsel bezeichnet und als Anfang des philosophischen Denkens betrachtet. So erklärte Thomas Hobbes, die wunderbarste aller Erscheinungen sei, daß uns überhaupt etwas erscheint.[12] Johann Heinrich Fries bezeichnete die Erkenntnis und ihren Ursprung in der Vernunft als das ganze Rätsel der Philosophie;[13] in unserem Jahrhundert sprach Karl R. Popper von der Erkenntnis als dem größten Wunder des Universums,[14] und Husserl bezeichnete den Zusammenhang von (erkennender) Vernunft und (erkennbarer) Wirklichkeit als «Rätsel aller Rätsel».[15] Daß wir über diese Tatsache gewöhnlich nicht mehr staunen, sondern sie wie etwas Selbstverständliches hinnehmen, hat seinen Grund in ihrer Alltäglichkeit: Seit wir als Kinder uns unserer Umgebung und unser selbst bewußt geworden sind, gibt es Dinge für uns, die wir erfahren und mit denen wir es zum Teil auch im Handeln zu tun haben. Dieses Wunder wieder als Wunder zu Bewußtsein zu bringen ist die erste Aufgabe der Philosophie, mit deren Formulierung es aber nicht sein Bewenden haben kann. Das Rätsel, das uns aufgegeben ist, will gelöst sein. Philosophische, insbesondere metaphysische Theorien dienen in erster Linie dem Zweck, das Rätsel der Erfahrung zu lösen; indem sich die Philosophen bemühten, dies immer besser zu tun, erhielt die Philosophie in formaler Hinsicht die für ihre Weiterentwicklung nötigen Impulse.

Mit der These, daß dem Erkenntnisproblem in der Philosophie der Primat zuzuschreiben ist, wird nicht behauptet, daß es im philosophischen Bereich nur um dieses Problem geht. Neben der Frage «Was kann ich wissen?» spielen unbestreitbar auch die Fragen «Was soll ich tun?» und «Was darf ich hoffen?»[16] eine wichtige Rolle. Die erste Frage hat jedoch vor der zweiten und dritten insofern Vorrang, als diese nicht beantwortet werden können, wenn nicht geklärt ist, unter welchen Bedingungen Erfahrung bzw. Erkenntnis von Gegenständen möglich ist und wo die Grenzen der Erkenntnis liegen.

In inhaltlicher Hinsicht unterscheiden sich die Lösungsversuche beträchtlich. Ihre Aufeinanderfolge ist aber derart, daß die früheren die späteren vorbereiten und diese an die früheren anknüpfen, so daß sich Stufen ergeben, über die der Weg der Philosophie verläuft. Demgemäß läßt sich eine Übersicht über die wichtigsten Phasen der Entwicklung des philosophischen Denkens skizzieren, die eine vorläufige Orientierung über die folgenden Darstellungen bieten kann.

a) Die Frage nach der Erkenntnis des Werdens

In den Anfängen der Entwicklung der Philosophie im 6. und 5. Jahrhundert v. Chr. war das Augenmerk ganz auf die äußere, dem Werden unterworfene Wirklichkeit gerichtet. Dinge entstehen, ändern sich und vergehen früher oder später. Die ersten griechischen Philosophen fragten, wie das Werden als möglich begriffen werden kann, und sie fanden die Antwort, daß alles Werden auf etwas bezogen sein muß, das unentstanden, unveränderlich und unvergänglich ist. Dieser Gedanke lag den naturphilosophischen Überlegungen der ionischen Philosophen über ein Ur-Element zugrunde, er leitete die Spekulation der Eleaten und führte schließlich zu Theorien wie der atomistischen Konzeption der Materie. Gleichzeitig stellte sich dem philosophischen Denken schon in der Frühzeit die Aufgabe, begreiflich zu machen, wie Erkenntnis der Wirklichkeit möglich ist. Mit der Antwort, daß der erkennende Geist mit der erkannten Wirklichkeit verwandt sein müsse, rührten die frühgriechischen Philosophen an die Idee einer umfassenden Seinsordnung, in die die Dinge ebenso wie das begriffliche Denken eingebettet sind, so daß zwischen der Form des Erkennens und der Form der erkannten Objekte Übereinstimmung besteht. In der pythagoreischen Lehre von der mathematischen Struktur aller Wesen kam diese Idee erstmals ausdrücklich zur Geltung. Auf der Basis einer solchen Auffassung ließ sich von unbedingt sicherer Wirklichkeitserkenntnis bzw. von Wissen im Sinne endgültig wahrer, prinzipiell unabänderlicher Urteile sprechen. (Siehe Teil I, Kap. I)

b) Die subjektivistische Reaktion der Sophistik

Da das Ideal perfekten Wissens auf der unbeweisbaren Annahme einer umfassenden vernünftigen Ordnung des Seins beruht, ist es nicht unangreifbar, und tatsächlich wurde es bald in Frage gestellt. Dies geschah in der Sophistik, die in philosophischer Hinsicht vor allem durch den Zweifel an der Möglichkeit vollkommener Erkenntnis einer angenommenen wahren Wirklichkeit bedeutsam war. Wird der Glaube an eine objektiv begründbare Wahrheit zurückgewiesen, dann kann nicht mehr von definitivem Wissen, sondern nur noch von subjektivem Fürwahrhalten in Abhängigkeit von veränderlichen Bedingungen gesprochen werden. (Siehe Teil I, Kap. II)

c) Der Wahrheitsabsolutismus der klassischen griechischen Philosophie

Der von den Sophisten vertretene subjektivistische und relativistische Standpunkt rief, vorbereitet durch Sokrates, eine Reaktion hervor, die eine neue Etappe auf dem Weg der Philosophie einleitete: Plato und wenig später Aristoteles traten dem sophistischen Subjektivismus mit der Auffassung entgegen, daß philosophisches Wissen auf Einsicht in das Wesen der Wirklichkeit beruhe und daher jedem Zweifel entzogen sei. Im Mittelpunkt ihrer Philosophie stand die Frage, wie streng allgemeingültige Erkenntnis als möglich begriffen werden könne; die Antwort ergab sich ihnen auf Grund der Annahme eines Reichs allgemeiner Wesenheiten, die begreiflich machen sollte, wie es derartige Erkenntnis geben kann. Die metaphysische Konzeption einer intelligiblen Welt erweist sich somit als abhängig von einer bestimmten Theorie der Erkenntnis. Einsicht in das wahre Wesen der Wirklichkeit soll auch die Richtschnur des richtigen moralischen, rechtlichen und politischen Handelns bilden. (Siehe Teil I, Kap. III und IV)

d) Der Primat der Praxis in der hellenistischen Philosophie

Schon bei Platos Auseinandersetzung mit der Sophistik spielten praktische Motive eine Rolle. In der folgenden Epoche – der Zeit des Hellenismus – wurde die Praxis so stark betont, daß die Selbständigkeit des theoretischen Denkens gefährdet war. Metaphysische und erkenntnistheoretische Auffassungen bildeten den Rahmen, innerhalb dessen die Philosophie dem Menschen zu einem Leben der inneren Ruhe, der Ausgeglichenheit des Gemüts oder der Freude verhelfen sollte. Die Anerkennung des Primats der Praxis, die für Stoa und Epikureismus als wichtigen neuen Richtungen der Philosophie charakteristisch war, findet sich auch beim damaligen Skeptizismus. Wenn die Suche nach endgültiger Wahrheit vergeblich bleibt, wie die Skeptiker meinten, dann bildet sie eine wichtige Ursache der Beunruhigung, die ausgeschaltet wird, wenn man die Suche nach absoluter Erkenntnis aufgibt.

Die Frage nach der Möglichkeit von Wirklichkeitserkenntnis wurde trotz der Unterordnung theoretischer Probleme unter praktische Anliegen nicht aufgegeben; sie erfuhr sogar insofern eine Präzisierung, als man sich bemühte, die Merkmale wahrer Urteile anzugeben. Während Stoiker und Epikureer die Formulierung eines Wahrheitskriteriums für möglich hielten, betrachteten die Skeptiker dies als ausgeschlossen. Mit den genannten Richtungen begann die Philosophie auch außerhalb Griechenlands, zunächst in Rom, Fuß zu fassen. (Siehe Teil I, Kap. V)

e) Die Jenseitsspekulation in der ausgehenden Antike

Im letzten vorchristlichen Jahrhundert wendete sich das philosophische Denken wieder den theoretischen Fragen nach dem Grund der Welt und seiner Erkennbarkeit zu. Unter Berufung auf Plato und teilweise auf Pythagoras erblickte man diesen Grund im Prinzip der Einheit aller Wesen. Der Grund aller Wesen soll aber jenseits der Wesen gedacht werden, d. h. er galt als schlechthin transzendent. Ausgehend von der Auffassung sowohl der materiellen Wirklichkeit als auch des Ideenreichs als einer Mannigfaltigkeit in der Einheit, verselbständigten die Platoniker der Spätantike das Moment der Einheit und machten es zum Prinzip aller Wesen jenseits allen bestimmten Seins. Sobald dieses höchste Prinzip erreicht war, vergaß man, wie man zu ihm gelangt war; man erklärte es zum Ersten und versuchte, alle Wesen aus ihm zu begreifen.

Dabei traten zwei Probleme auf, die das platonistische Denken der ausgehenden Antike – namentlich des Neuplatonismus seit dem 3. Jahrhundert n. Chr. – prägten: Einmal war die Frage unvermeidlich, wie ein Prinzip, das reine Einheit ist, sich zur Mannigfaltigkeit der Dinge entfalten oder sie erzeugen kann; zum anderen ergab sich das Problem, wie etwas, das jenseits aller bestimmten Wesen ist, noch erkennbar sein kann. Um diese Fragen beantworten zu können, nahm man an, daß der Urgrund sich in sich selbst differenziere, und betonte gleichzeitig, daß sich dies nicht mehr rational erfassen, sondern nur mehr unmittelbar erschauen lasse. Wir erkennen das Göttliche nur, weil es sich uns offenbart, und wir erkennen die Dinge nur im Licht des Göttlichen. Erkenntnis ist mit einem Wort nur möglich auf Grund göttlicher Erleuchtung. Eine solche Auffassung kann theosophisch oder mystisch genannt werden, und tatsächlich knüpften die späteren Mystiker unmittelbar oder mittelbar an die neuplatonischen Spekulationen an. (Siehe Teil I, Kap. VI)

f) Die christliche Philosophie

War es in der Spätphase der griechischen Philosophie darum gegangen, wie sich die endliche Wirklichkeit in ihrem Verhältnis zum Urgrund allen Seins erkennen läßt und wie der Urgrund selbst erfaßt werden kann, so sah die christliche Philosophie die Welt und die menschliche Seele in Abhängigkeit von einem persönlichen Gott; sie fragte, wie sich das Endliche im Licht des Unendlichen erkennen lasse und wie sich schließlich der Geist zur Erkenntnis des Unendlichen selbst erheben könne. Daß das Unendliche mit dem Gott der biblischen Religion identisch sei, galt als selbstverständlich.

Die frühchristliche Theologie und Philosophie knüpfte somit in allgemeiner Hinsicht an den Platonismus der Spätantike an, unterschied sich von diesem jedoch durch die Bindung an den biblischen Theismus, den sie im Sinne der Trinitätslehre deutete. Im übrigen nahm sie – wie schon der Neuplatonismus – auch aristotelische und stoische Einflüsse auf. (Siehe Teil II, Kap. I)

Die christliche Philosophie des Mittelalters wies zunächst kaum selbständige Züge auf. Die Gelehrten des frühen Mittelalters suchten so viel wie möglich von der Antike zu lernen, wobei sie sich jedoch nur auf relativ wenige Texte stützen konnten. Der Spielraum ihres Denkens war überdies durch den damals bereits weitgehend festgelegten dogmatischen Rahmen beschränkt. Die Notwendigkeit, philosophische Auffassungen in diesen Rahmen einzufügen, führte zur Ausbildung der Fähigkeit, Texte differenzierend auszulegen und subtile begriffliche Unterscheidungen vorzunehmen. Neue Auffassungen entstanden vor allem in der Gottes- und Seelenlehre. Der Glaube an die unsterbliche, von Gott geschaffene, durch den Sündenfall der ersten Menschen verderbte, durch Christi Opfertod jedoch der göttlichen Gnade teilhaftig gewordene und zur ewigen Seligkeit berufene Seele lenkte das philosophische Denken in einer der griechisch-römischen Antike fremden Weise auf die Innerlichkeit des Ich und sein Verhältnis zu Gott. Besonders stark wurde die Gotteserfahrung in der Innerlichkeit des weltabgewandten Ich in der mittelalterlichen Mystik betont. (Siehe Teil II, Kap. II-V)

g) Die Vorbereitung des neuzeitlichen Denkens in der Philosophie der Renaissance

Im ausgehenden Mittelalter und in der frühen Neuzeit vollzog sich eine Wende, durch die einerseits der Mensch, und zwar unabhängig von seiner Beziehung zu Gott, andererseits die Natur als solche in den Mittelpunkt des philosophischen Interesses traten. Da diese Wende mit der Rückbesinnung auf die alte Philosophie verbunden war, die nicht mehr im christlichen Sinne interpretiert wurde, sprach man von einer Wiedergeburt der Antike, von einer Renaissance. Die Epoche zwischen der neuen Zeit und dem Altertum stellte sich auf Grund dieser Auffassung des neuen Denkens als Mittelalter dar. Die Bedeutung der Renaissance liegt jedoch eher im Bereich der Wissenschaften vom Menschen und seiner Kultur – den *Humaniora* – als im philosophischen Bereich, wo neue Wege zwar gesucht, aber noch kaum entschieden beschritten wurden. (Siehe Teil III)

b) Die exakte Naturwissenschaft und die Philosophie der Neuzeit

Wichtig für die Entwicklung der Philosophie war die Tatsache, daß in der Spätscholastik und der Renaissance die Fundamente der modernen Naturwissenschaft gelegt wurden. Mit der exakten, in die Sprache der Mathematik gekleideten Naturwissenschaft trat ein neuer Faktor auf, der weitreichende Folgen für Technik, Industrie, Wirtschaft und Gesellschaft, aber auch für die Philosophie hatte. Die ältere Metaphysik hatte das Ideal vollkommener Wirklichkeitserkenntnis konzipiert und mit spekulativen Mitteln als erreichbar darzustellen gesucht, aber nicht gegen skeptische Einwände abzusichern vermocht. Die moderne Naturwissenschaft, die Tatsachen mit Hilfe mathematisch formulierter Gesetze erklärte, schien nun mit neuen Methoden jenes alte Ideal realisieren zu können. Dieser Anspruch erwies sich später als unhaltbar; aber zunächst fand er Anerkennung und konnte daher die Entwicklung der Philosophie beeinflussen.

Für die Philosophie hatte die Ansicht, daß naturwissenschaftliche Theorien unanfechtbar wahr seien, weitreichende Konsequenzen. Einmal lag es nahe, die Methode zu übernehmen, die in der Wissenschaft so offensichtlich erfolgreich war; zum anderen mußte früher oder später darauf verzichtet werden, die Natur philosophisch zu begreifen, da die Naturerklärung im Rahmen der Wissenschaften die herkömmliche Naturphilosophie überholt hatte. Die Philosophie sah sich gezwungen, ihre Aufgabe neu zu bestimmen: Anstatt zu versuchen, etwas von der Wirklichkeit mit den Mitteln des metaphysischen Denkens zu erfassen, begann sie, sich mit der Frage auseinanderzusetzen, wie sich die Naturerkenntnis als möglich begreifen lasse. Demgemäß haben die metaphysischen Systeme des 17. und 18. Jahrhunderts den Charakter von Theorien, in deren Rahmen die (realwissenschaftliche) Erfahrung als möglich begriffen werden sollte. Das gilt nicht nur für die rationalistische Philosophie, sondern auch für jene Form des Empirismus, die John Locke vertrat. Im Bereich der Ethik bzw. der praktischen Philosophie im allgemeinen entsprach dem Anspruch, Urteile begründen zu können, die Überzeugung, daß sich grundlegende moralische Normen rational rechtfertigen ließen. Beide Aufgaben meinte man bewältigen zu können, weil man annahm, daß die Wirklichkeit eine Ordnung aufweise, der sowohl die Dinge als auch das begriffliche Denken unterworfen seien. Auf Grund der Überzeugung, daß diese Ordnung mathematisch zu beschreiben sei, konnte den mathematisch formulierten Naturgesetzen der exakten Wissenschaften eine ausgezeichnete Rolle bei den Bemühungen um Erkenntnis der Realität zugeschrieben werden. Der Gegenstand der mathematischen Naturwissenschaft galt als wahre Wirklichkeit, während die erlebten Dinge mit ihren Qualitäten – Farben, Tönen, Temperaturen, Gerüchen, Oberflächenbeschaffenheiten – als bloß subjektive Erscheinungen aufgefaßt wurden. Man war zunächst noch weit davon entfernt, die Welt der Naturwissenschaften als gedankliche Konstruktion zu sehen. (Siehe Teil IV, Kap I. Dieser Teil und die folgenden Teile gehören zum zweiten Band des vorliegenden Werkes.)

Der Glaube an die unbedingte Richtigkeit des wissenschaftlichen Weltbildes und an die Macht der Vernunft, die diesem Weltbild zum Durchbruch verholfen hatte, beherrschte das Denken der Aufklärung, durch das die Forderung umfassender Rationalisierung auch im Bereich der Praxis, von der Ethik bis hin zur Ökonomie und Politik, zur Geltung gebracht wurde. (Siehe Teil IV, Kap. II,1)

i) Der skeptische Angriff auf die herkömmliche Erkenntniskonzeption

Um die Mitte des 18. Jahrhunderts wurde der Glaube an die Vernunft als Mittel der Erkenntnis der Wirklichkeit und der Orientierung in der Praxis schwer erschüttert. Humes Skeptizismus bedeutete die Absage an jede Art von Philosophie, die Erkenntnisansprüche und Verhaltensnormen begründen zu können meinte. Hume versuchte nicht mehr, den Glauben an eine denkunabhängige Wirklichkeit und deren kausale Determination oder die Verbindlichkeit moralischer Gebote zu rechtfertigen, sondern er begnügte sich damit, das Zustandekommen jenes Glaubens und die Entstehung moralischer Wertungen mit den Mitteln der Psychologie zu erklären. Seine Auffassung läuft somit darauf hinaus, die von der Philosophie gestellten Fragen in Probleme einer Einzelwissenschaft zu verwandeln. (Siehe Teil IV, Kap. II, 2)

Obwohl Humes Denken die Richtung der vorangegangenen Philosophie nicht fortsetzt, somit auch nicht als deren Radikalisierung verstanden werden kann, sondern sich ausdrücklich von ihr distanziert, war es für die weitere Entwicklung von größter Bedeutung. Wer an der Idee einer selbständigen, nicht auf einzelwissenschaftliche Fragen reduzierbaren Philosophie festhalten wollte, mußte diese Idee neu bestimmen, da die Rückkehr zur älteren Auffassung unter dem Eindruck der Humeschen Kritik nicht mehr möglich zu sein schien.

j) Die Transzendentalphilosophie

Diese Konsequenz wurde mit aller Klarheit von Kant gezogen, nach dessen Auffassung die Philosophie nicht mehr die Aufgabe hat, Dinge in der Welt und Beziehungen zwischen Dingen zu erkennen, sondern Bedingungen angeben soll, unter denen die Erkenntnis von Dingen als möglich begriffen werden kann. Wenn Hume gefordert hatte, Fragen in bezug auf Erkennen und Werten mit einzelwissenschaftlichen Mitteln zu beantworten, so konnte das nicht das letzte Wort sein; da sich alle Einzelwissenschaften auf Annahmen stützen, die nicht mehr einzelwissenschaftlichen Charakter haben, muß über sie hinausgegangen werden. Die Theorie, in deren Rahmen die Bedingungen der Möglichkeit von Gegenstandserfahrung formuliert werden, ist die Transzendentalphilosophie (bzw. der Kritizismus).

Nach transzendentalphilosophischer Auffassung kann es Gegenstände für uns nur geben, wenn Beobachtungsdaten mit Hilfe erfahrungsunabhängiger Begriffe und Grundsätze gedeutet werden. Der als Ergebnis von Deutungen aufgefaßte Gegenstand heißt «Erscheinung» im Unterschied zum Ding, wie es an sich, d. h. unabhängig von allen Deutungen, sein mag. Mit Bezug auf diese Unterscheidung lehrt der Kritizismus, daß nur Erscheinungen, und nicht Dinge an sich, erkannt werden können. Fragt man nach Gott, der Seele, dem Anfang oder den Grenzen der Welt usw., so gibt es im theoretischen Rahmen keine Antwort auf diese Fragen, da sie sich auf Dinge an sich beziehen. Die herkömmliche Metaphysik ist somit hinfällig.

Mit dem Gedanken, daß die Welt der Dinge, die wir erkennen können, nicht unabhängig ist vom Ich bzw. der Art, in der das Subjekt anschaut und urteilt, verbindet sich die Auffassung, daß das Subjekt nicht etwas von der Art der Dinge sein kann. Das Ich, das eine Welt erfahrbarer Dinge konstituiert, wirkt spontan und kann daher nicht der kausal determinierten Natur angehören; um aber etwas erkennen zu können, ist es auf Daten angewiesen, die der Beobachtung entstammen.

Dennoch geht das Denken über den Bereich der Natur hinaus, nämlich sofern es ethisches Denken ist. Um sich als moralisches Wesen verstehen zu können, das einem unbedingten Pflichtgebot unterliegt, ist der Mensch darauf angewiesen, an Gott, die Unsterblichkeit und Freiheit der Seele zu glauben, obwohl dieser Glaube nie in Erkenntnis verwandelt werden kann. Wir müssen so handeln, als ob es Gott gäbe und als ob die Seele unsterblich wäre, so wie wir die Natur so betrachten können, als ob die organischen Wesen in zweckmäßiger Weise funktionierten. Niemals jedoch kann es gelingen, vom «Als ob» zu einem «So ist es» überzugehen. (Siehe Teil V, Kap. I)

Kants Transzendentalphilosophie wurde im 19. und 20. Jahrhundert in verschiedenen Richtungen des Kritizismus weiterentwickelt. Gemeinsam ist allen Vertretern dieser Strömung der Gedanke, daß die Gegenstandserkenntnis immer auf Beobachtungsdaten angewiesen ist, zugleich aber auf Deutungen innerhalb eines beobachtungsunabhängigen Rahmens von Begriffen und Grundsätzen beruht. Die zentrale Aufgabe der Transzendentalphilosophie besteht darin, den Deutungsrahmen zu bestimmen, innerhalb dessen etwas Gegenstand der Erfahrung ist. Während Kant noch geglaubt hatte, den theoretischen Rahmen aller Gegenstandserfahrung ein für allemal festlegen zu können, hat sich in der weiteren Entwicklung des Kritizismus (z.B. im Kritischen Rationalismus) die Auffassung durchgesetzt, daß dieser Rahmen selbst entwicklungsfähig ist. (Siehe Teil VI, Kap. III, und Teil VII, Kap. I)

k) Der nachkantische Idealismus

Die kritische Einschränkung des Bereichs erkennbarer Gegenstände auf die Erscheinungen, d.h. auf Gegenstände, sofern sie Ergebnis von Deutungen sind, stieß zunächst auf Widerstand. Der nachkantische Idealismus wollte die von Kant dem Erkennen gezogenen Grenzen durchbrechen. Deshalb betrachtete er – wie der vorkantische Rationalismus – die reine Vernunft wieder als Vermögen erfahrungsunabhängiger Wirklichkeitserkenntnis und suchte das Ideal einer Philosophie als System logisch verknüpfter Sätze zu erneuern. Dabei wurde nicht mehr an eine deduktive Verknüpfung nach dem Vorbild mathematischer Axiomensysteme, sondern an die dialektische Verknüpfung von Setzung und Entgegensetzung sowie der Aufhebung des Gegensatzes in einer Synthese gedacht. Da sich dialektische Beziehungen auch historisch interpretieren ließen, gab die dialektische Philosophie, namentlich der Hegelianismus, der Entwicklung des geschichtlichen Denkens starke Impulse. Mit dem Versuch, die Vernunft wieder in die von der früheren Metaphysik beanspruchten Rechte einzusetzen, verbanden sich in den ersten Jahrzehnten des 19. Jahrhunderts oft spekulative Auffassungen, die nicht mehr rationalen, sondern ästhetischen oder mystischen Charakter hatten. Solche Denkweisen sind für die Romantik charakteristisch, die – als Reaktion auf den Rationalismus der Aufklärung – dem Fortschrittsglauben das Bekenntnis zur Tradition und dem revolutionären Pathos die Idee der Kontinuität der Entwicklung – nicht nur im philosophischen, sondern auch im politischen Bereich – gegenüberstellte. (Siehe Teil V, Kap. III bis VII)

l) Der Positivismus

Eine der Schwächen des Deutschen Idealismus bestand in der Unfähigkeit, der Denkweise der modernen Naturwissenschaft gerecht zu werden. Gerade dieses Ziel verfolgte der Positivismus, der sich als Philosophie des naturwissenschaftlich-technischen Zeitalters verstand. Die antimetaphysische Einstellung der Vertreter des Positivismus war aber in ihrer Art ebenso einseitig wie die antiszientistische Haltung vieler Idealisten nach Kant und bedeutete daher in dieser Hinsicht einen Rückfall hinter die kritische Philosophie. Ähnliches gilt für verschiedene naturalistische bzw. materialistische Richtungen des 19. Jahrhunderts, auch den historischen und dialektischen Materialismus: Sie konnten plausibel erscheinen, sofern sie zu übersteigerten idealistischen Spekulationen im Gegensatz standen. Auf die Dauer vermochten sie jedoch nicht zu überzeugen, da sie nicht anzuerkennen vermochten, daß die Berufung auf die Erfahrung nur innerhalb eines (metaphysischen)

Rahmens möglich ist, dessen Klärung Aufgabe der Philosophie ist. Deshalb konnte der Appell, zu Kant zurückzugehen, so nachhaltig wirken, daß im letzten Drittel des 19. und in den ersten Jahrzehnten des 20. Jahrhunderts der von Kant ausgehende Kritizismus zur dominierenden Richtung wurde und das Denken nicht nur von Philosophen, sondern auch von Naturwissenschaftlern, Historikern, Juristen und Theologen beeinflußte. (Siehe Teil VI, Kap. II)

m) Die Lebensphilosophie

Nicht nur der erneuerte Kritizismus, sondern auch das positivistisch-naturalistische Denken konzentrierte sich auf die Frage, wie die Wirklichkeit rational, insbesondere mit den Mitteln der Naturwissenschaft, erkannt werden könne. Gegen diese Betrachtungsweise verwahrten sich die Vertreter einer philosophischen Richtung, die, stark von romantischen Auffassungen beeinflußt, das Verhältnis des Menschen zur Welt und zu den Mitmenschen nicht primär auf der Ebene des Verstandes, sondern auf der des Gefühls, des Triebs, des Wollens erörterten oder es als unmittelbare Schau des Wesens der Wirklichkeit, als Intuition, auffaßten. Bei Nietzsche kam der anti-intellektualistische Impuls dieser Richtung am unverhohlensten zum Ausdruck. Auch die Theorien des Verstehens, die zunächst mit dem Blick auf das Verstehen in den Geisteswissenschaften, sodann in bezug auf das Verstehen von Lebenszusammenhängen im allgemeinen entworfen wurden, waren Versuche, das Verhältnis des Menschen zur Wirklichkeit auf einer unterhalb des Verstandes liegenden Ebene zu bestimmen. Dabei wurde die geschichtliche Bedingtheit aller Lebensäußerungen und ihres Verstehens hervorgehoben, einschließlich des Verstehens philosophischer Einstellungen. Die Geschichtlichkeit des menschlichen Daseins in allen seinen Aspekten wurde später vor allem von Heidegger stark betont. (Siehe Teil VI, Kap. IV)

n) Metaphysik und Metaphysikkritik im 20. Jahrhundert

Im Gegensatz zu Kritizismus und Positivismus wurde seit dem Beginn des 20. Jahrhunderts immer wieder versucht, Auffassungen der älteren Metaphysik zur Geltung zu bringen, doch blieb den meisten derartigen Versuchen – insbesondere den Bemühungen um Wiederbelebung der traditionellen Ontologie – ein dauerhafter Erfolg versagt. Eine Ausnahme bildet die Phänomenologie, in deren Rahmen unter Berufung auf die Fähigkeit des Geistes zur Erkenntnis von Wesenheiten der Philosophie wieder der Charakter einer strengen Wissenschaft gegeben werden sollte. Wie groß der Einfluß der Transzendentalphilosophie in den ersten Jahrzehnten des 20. Jahrhunderts war, zeigt sich darin, daß Husserl, der Begründer der Phänomenologie, im Verlauf seiner Entwicklung den phänomenologischen Ansatz mit dem Transzendentalismus verband und die Auffassung vertrat, daß es Erkenntnisgegenstände nicht unabhängig vom Subjekt und seinen Akten gebe. (Siehe Teil VII, Kap. II)

Die Metaphysik sah sich in allen ihren Formen mit der Kritik konfrontiert, die von positivistischer Seite aus an ihren Ansprüchen geübt wurde. Der Neopositivismus des 20. Jahrhunderts unterschied sich von älteren positivistischen Positionen nicht zuletzt dadurch, daß sich seine Vertreter bei Argumentationen und Analysen philosophischer Auffassungen der mathematischen Logik bedienten (weshalb auch von Logischem Empirismus gesprochen wird). Auch der Neopositivismus war, wie der frühere Positivismus, eine radikal empiristische Position, und an seiner empiristischen Einseitigkeit ist er schließlich gescheitert. Es zeigte sich, daß auf konsequent empiristischen Grundlagen kein Kriterium formuliert werden konnte, das die Unterscheidung von sinnvollen und sinnlosen Äußerungen erlaubte; außerdem gelang es nicht, alle Begriffe naturwissenschaftlicher Theorien, die im Gegensatz zu metaphysischen Auffassungen fraglos als sinnvoll galten, auf Beobachtungen zurückzuführen. Schließlich erwies sich die Annahme isolierter Beobachtungsdaten, mit deren Hilfe es möglich sein sollte, Hypothesen zu verifizieren, als unhaltbar.

Die im Bereich dieser Richtung konzipierte Auffassung, daß die zentrale Aufgabe der Philosophie nicht die Aufstellung von Lehrsätzen, sondern eine Tätigkeit sei, nämlich die der Klärung sprachlicher Äußerungen, spielte in der (sprach-)analytischen Philosophie, die den Neopositivismus ablöste, eine zentrale Rolle. Die Annahme isolierter Sinnesdaten wurde zugunsten der (ursprünglich in der Transzendentalphilosophie entwickelten) These aufgegeben, daß alle Erfahrungsgegenstände deutungsabhängig (theoriebeladen) seien. Außerdem wurde unter dem Einfluß des Pragmatismus erklärt, daß die Entscheidung zwischen konkurrierenden Theorien unter dem Gesichtspunkt ihrer Brauchbarkeit zu treffen sei. In der sprachanalytischen Philosophie zeichnete sich eine ähnliche Tendenz ab wie im 18. Jahrhundert bei Hume, nämlich die Tendenz zur Auflösung philosophischer Fragen in einzelwissenschaftliche Probleme, insbesondere in Probleme der behavioristischen Psychologie. (Siehe Teil VII, Kap. IV und V)

o) Die Existenzphilosophie

Die schärfste Gegenposition zu Neopositivismus und verwandten Richtungen war die Existenzphilosophie, die den in der Lebensphilosophie entwickelten Gedanken der Geschichtlichkeit des menschlichen Daseins mit Kierkegaards Forderung verband, sich den Bindungen an die Alltäglichkeit zu entziehen und, erschüttert durch die Erfahrung der Angst, zu der wahren menschlichen Existenz vorzudringen. Die Existenzphilosophie, insbesondere in der von Heidegger vertretenen Gestalt, stand in erklärtem Gegensatz zu allen Auffassungen, die sich an den Formen der Ding-Erfahrung orientieren und ihnen auch das menschliche Dasein unterwerfen. Sie wollte aber auch solche philosophischen Ansätze überwinden, die das Verhältnis des Subjekts zu den Objekten nur auf der Ebene des Verstandes erörtern; demgegenüber soll nach Ansicht der Existenzphilosophie das Verhältnis des menschlichen Daseins zur Welt so bestimmt werden, daß es sich gegenüber dem theoretischen Gegenstandsbewußtsein als ursprünglicher darstellt. Das in der ersten Hälfte des 20. Jahrhunderts immer wieder anzutreffende Mißtrauen gegenüber jeder Art von Philosophie, die sich als Theorie versteht und die ihre Thesen auf Argumente stützt, fand in der Existenzphilosophie seinen philosophisch eindringlichsten Ausdruck. Dennoch bleibt im Sinne der Transzendentalphilosophie zu fragen, ob unabhängig vom Verstand und seinen Kategorien überhaupt von einer Welt erfahrbarer Dinge die Rede sein kann. (Siehe Teil VII, Kap. III)

Um die Jahrhundertmitte, die den ungefähren Endpunkt der folgenden Darstellung bildet, übte die Existenzphilosophie in Mittel-, West- und Südeuropa großen Einfluß aus, doch machten sich schon in dieser Zeit andere Richtungen bemerkbar, nämlich die zeitweise in die angelsächsischen Länder abgedrängte neopositivistisch-sprachanalytische Philosophie und der Marxismus bzw. Neomarxismus, die beide in der Folgezeit eine wichtige Rolle, zum Teil über die Grenzen des Faches Philosophie hinaus, spielten. Später entwickelten sich weitere, zum Teil kurzlebige, philosophische Strömungen, so daß es nicht ratsam zu sein scheint, jetzt schon den Versuch zu machen, die Geschichte der Philosophie in der zweiten Hälfte dieses Jahrhunderts zu schreiben. Nichtsdestoweniger darf festgestellt werden, daß wesentliche Gedanken des von Kant ausgehenden Kritizismus, wenn auch meist mittelbar, nach wie vor zu den prägenden Faktoren der Philosophie gehören und vermutlich auch in der Zukunft gehören werden.

Erster Teil

DIE PHILOSOPHIE DER ANTIKE[1]

I.
Die Anfänge der Philosophie im 6./5. Jahrhundert[2]

1. Vom Mythos zum rationalen Denken

> «Ihr Griechen seid ein kluges Volk, Ihr laßt
> Die Andern alle spinnen und Ihr webt.
> Das gibt ein Netz, wovon kein einz'ger Faden
> Euch selbst gehört, und das doch Euer ist.»
> *(Friedrich Hebbel: Gyges und sein Ring)*

Die Anfänge einer Wissenschaft wecken das Interesse der Historiker stets in besonderer Weise, da es verlockend ist, die Entwicklung einer bestimmten Denkweise bis zu ihren ersten Ansätzen zurückzuverfolgen. So ist es auch bei den Anfängen des philosophischen Denkens, wobei das Interesse noch durch die Hoffnung verstärkt werden dürfte, in den Ursprüngen der Philosophie mit besonderer Klarheit etwas von deren Wesen erfassen zu können. Wendet man sich aber dem Beginn der Entwicklung der Philosophie bei den Griechen im einzelnen zu, sieht man sich vor große Schwierigkeiten gestellt: Kein einziges Werk eines Philosophen der vorsokratischen Zeit ist erhalten, weshalb wir über ihr Denken nur durch spätere – manchmal durch sehr viel spätere – Zeugnisse informiert sind, deren Zuverlässigkeit niemals völlig feststeht. Freilich hat diese Situation für den Historiker auch einen besonderen Reiz, wenn er die Herausforderung annimmt und durch die lückenhafte Überlieferung hindurch zu einer möglichst geschlossenen Deutung der Entwicklung des philosophischen Denkens der Frühzeit vorzudringen sucht. Die Aufgabe kann sich jedoch nicht in der philologisch-historischen Interpretation erschöpfen, sondern es muß darüber hinaus versucht werden, den genuin philosophischen Gehalt der tradierten Auffassungen so klar wie möglich hervortreten zu lassen. Tatsächlich zeigt sich, daß schon in den ersten Ansätzen philosophischen Denkens in der ersten Hälfte des 6. vorchristlichen Jahrhunderts Fragen enthalten sind, die zu den zentralen Fragen der Philosophie überhaupt gehören.

Was ist aber die Philosophie, was ist namentlich die Philosophie, von der mit Bezug auf das frühgriechische Denken gesprochen wird?

Wer eine Darstellung der Geschichte der Philosophie zur Hand nimmt, dürfte schon eine allgemeine Vorstellung von Philosophie haben. Obwohl damit zu rechnen ist, daß es sich in manchen Fällen nur um eine vage Vorstellung handelt, ist es nicht angezeigt, sie sogleich durch eine Definition des Begriffs der Philosophie zu ersetzen; vielmehr darf darauf vertraut werden, daß in der Beschäftigung mit der Philosophiegeschichte nach und nach deutlicher wird, was «Philosophie» bedeuten kann. Dabei wird sich allerdings zeigen, daß dieser Name nicht völlig eindeutig ist, ja von Anfang an nicht eindeutig war, da stets mehrere Richtungen des philosophischen Denkens miteinander konkurrierten.

Ursprünglich bedeutete «Philosophie» nicht, wie oft gesagt wird, Liebe zur Weisheit (sophia), sondern Streben nach Wissen, nach Kenntnissen bzw. Erkenntnissen im allgemeinen. Unter «sophia» verstand man nicht nur wissenschaftliche Erkenntnis, sondern Wissen im weiten Sinne. So konnte auch das Wissen, dessen z. B. ein Handwerker (wie der Zimmermann) bedarf, als «sophia» bezeichnet werden. Somit gehört zur Bedeutung dieses Ausdrucks neben «Einsicht» bzw. «Wissenschaft» auch die für Fertigkeiten, namentlich Kunstfertigkeiten erforderliche Sachkenntnis. Wenn König Krösus zu Solon, einem der Sieben Weisen, äußerte, er wisse, daß sein Gast philosophierend durch manche Lande gekommen sei, so heißt das nicht: von der Liebe zu abgeklärter Weisheit geleitet, sondern auf der Suche nach Kenntnissen, teils um die Wißbegierde zu befriedigen, teils um Aufgaben des praktischen Lebens besser bewältigen zu können. Auch der erste Wortbestandteil von «Philosophie» ist erklärungsbedürftig: Er weist ursprünglich nicht auf die reine Liebe zum Wissen – im Gegensatz zu Bemühungen um anwendbare Kenntnisse und im Unterschied zum Resultat des Erkenntnisstrebens – hin; sondern Philosophie bedeutet zunächst nur das Streben nach Erkenntnis im allgemeinen. Erst Plato scheint einen Gegensatz zwischen «sophia» und «philosophia» angenommen zu haben.[3] Von nun an gilt der Anspruch, weise zu sein, oft als Anmaßung und infolgedessen die Beschränkung auf die Philosophia – im Sinne von Weisheitssuche – als Gebot der Bescheidenheit.

Nach und nach wurde die Bedeutung von «Philosophie» enger, indem das technisch verwertbare Wissen aus dem Umfang dieses Begriffs ausgeschlossen wurde. Im 6. und 5. vorchristlichen Jahrhundert wurde aber noch nicht scharf zwischen Philosophie und Einzelwissenschaften unterschieden, so daß Mathematik, Physik, Kosmologie, Astronomie usw., die damals erst im Entstehen begriffen waren und noch nicht als selbständige Disziplinen betrachtet wurden, als Teilbereiche der Philosophie gelten konnten. Gleichzeitig wies das philosophische Denken einen praktischen Aspekt auf, sofern es auch auf das Wissen vom rechten Leben oder vom Weg zum Heil des Menschen bezogen wurde. Jedoch schon in der ersten Phase der europäischen Philosophie, nämlich bei den griechischen Philosophen um die Mitte des ersten vorchristlichen Jahrtausends, hoben sich eine vor allem auf die Erkenntnis des Wesens der Wirklichkeit und eine überwiegend auf ethische und religiöse Fragen gerichtete Art der Philosophie voneinander ab. Bald begannen sich aber verschiedene Einzelwissenschaften, wie Mathematik, Mechanik, Astronomie usw. zu verselbständigen. Innerhalb der Philosophie gab es jedoch zunächst noch keine Gliederung in Teildisziplinen; erst in der klassischen griechischen Philosophie wurde zwischen Metaphysik (bzw.

Erster Philosophie), Naturphilosophie (bzw. «Physik»), Logik (mit Erkenntnislehre) und Ethik bzw. praktischer Philosophie im allgemeinen, einschließlich der Sozial-, Staats- und Rechtsphilosophie, unterschieden.

Die Philosophie muß als genuine Leistung des Griechentums gelten. Die Griechen haben zahlreiche Einflüsse anderer Kulturen aufgenommen: Sie profitierten von ägyptischer und sumerischer Mathematik, Mythen des Vorderen Orients fanden ihren Niederschlag im griechischen Denken, religiöse Vorstellungen aus Thrakien drangen in Griechenland ein, wo sie in der Orphik mit ihrer Gegenüberstellung von Leib und Seele und ihrem Glauben an jenseitige Folgen menschlicher Verhaltensweisen weiterwirkten. Die Griechen begnügten sich aber nicht mit besonderen Erkenntnissen, sondern sie trachteten, Einzelerkenntnisse zu systematisieren, wie sich besonders deutlich in der Geometrie zeigt. Gleichzeitig suchten sie Erkenntnisse, die in einem bestimmten Bereich gefunden wurden, nach Möglichkeit zu verallgemeinern, wofür die Kosmologie die eindrucksvollsten Beispiele liefert. Hier führten Erklärungen des Entstehens von Dingen in der Welt rasch zu der Frage, wie die Welt insgesamt entstanden sei. Die Tendenz zur systematischen Verknüpfung und zur Verallgemeinerung von Erkenntnissen veranlaßte die frühen griechischen Denker dazu, die von außen empfangenen Anstöße durch Einbeziehung in neue theoretische Zusammenhänge umzubilden und von hier aus zu neuen Erkenntnissen vorzudringen. Auf diese Fähigkeit der Griechen zur aneignenden Umbildung spielen Hebbels Verse an, die diesem Kapitel als Motto vorangestellt sind.

Die Tendenz zur Systematisierung zeigt sich z.B. darin, daß sich die griechischen Mathematiker nicht mit der Erkenntnis begnügten, daß Dreiecke, deren Seiten sich wie 3 : 4 : 5 verhalten, rechtwinklig sind, sondern daß sie den bekannten, dem Pythagoras zugeschriebenen Satz über die Gleichheit der Summe der Kathetenquadrate und des Quadrats über der Hypotenuse bewiesen. Schließlich führten sie den letzteren Satz auf eine Reihe von Definitionen und Axiomen zurück, d.h. sie machten die Geometrie zu einer systematischen Wissenschaft.[4] Dem auf Systematisierung, Begründung und Erklärung gerichteten Denken verdankt auch die Philosophie ihre Entstehung, sofern an die Stelle von zusammenhanglosen Annahmen über den Anfang der Welt, die Geburt der Götter und die Erschaffung der Menschen, wie sie in den mythischen Erzählungen eine Rolle spielten, das Bemühen trat, alles Wirkliche aus Prinzipien abzuleiten und bestimmte Auffassungen der Natur und des Erkennens als wahr zu erweisen.

Diese Tendenz machte sich allerdings nicht erst im frühen philosophischen Denken bemerkbar, sondern sie äußerte sich schon in der Spätzeit des mythischen Zeitalters. Der Dichter Hesiod aus Böotien (um 700), der in seiner «Theogonie» von der Entstehung der Götter und der Natur mit ihren Geschöpfen sprach, wollte nicht nur eine poetische Erzählung vortragen, sondern Wahrheiten verkünden. Er schilderte, wie ihm, als er einst die Herde hütete, die Musen erschienen und sich bereit erklärten, ihm die

Wahrheit zu offenbaren. Hier wird in dichterischer Einkleidung der Anspruch erhoben, nicht nur Phantasievorstellungen, sondern wahre Urteile über die Entstehung der Götter und der Welt aus einem uranfänglichen Zustand zu bieten, der bei Hesiod «Chaos» heißt. Neben dem Chaos – das heißt wohl: dem leeren Raum – nannte Hesiod die Erde und den Eros als verbindende, besonnenes Wollen im Busen bergende Kraft; im weiteren Verlauf läßt er Dunkelheit und Nacht, Himmelslicht (Äther) und Tag sowie den Himmel (Uranus) entstehen.[5] Uranus zeugt mit der Erde Kronos, der die ihm von Rheia geborenen Kinder verschlingt, bis deren jüngstes, Zeus, den Vater überwindet und ein neues Göttergeschlecht gründet. (Dies ist stark vereinfacht; bei Hesiod ist die Genealogie der Götter viel komplizierter.)

Ein solches Denken ist noch nicht Philosophie, aber es nimmt doch gewisse Motive jenes Denkens vorweg, das später Philosophie heißen sollte. Insbesondere bei den Spekulationen über Chaos, Erde und Eros ist es verlockend, diese mythischen Namen auf Raum, Materie und Kraft zu beziehen und vielleicht sogar die Vermutung zu wagen, daß Kronos für die Zeit (griechisch «chronos») und Rheia (oder Rhea; vgl. griechisch «rheo» = «fließen») für das Werden – den Fluß der Dinge – stehe. Ob in den Bildern des Mythus wirklich Ahnungen abstrakter Prinzipien wie Raum und Zeit zum Ausdruck kommen, läßt sich nicht mehr entscheiden. Unbestreitbar zeigt sich aber bei Hesiod bereits die Tendenz zur Systematisierung, die auf das philosophische Denken vorausweist.[6]

Die Frage, wie sich die Philosophie zum Mythus verhält, ist immer wieder aufgeworfen worden.[7] Von manchen wurde die Philosophie als Ergebnis einer Übersetzung mythisch-anschaulicher Vorstellungen in Begriffe verstanden, was heißt, daß sich beim Übergang vom Mythus zur Philosophie nur die Form des Denkens geändert hätte; Philosophie ist dieser Ansicht nach nur eine Verkleidung mythischer Inhalte mit Hilfe abstrakter Begriffe. Diese Auffassung wird dem Wesen der Philosophie nicht gerecht, weil sie deren Eigenständigkeit verkennt und insbesondere die Rolle von Argumenten im philosophischen Denken nicht zu würdigen vermag. Vielmehr ist davon auszugehen, daß sich das philosophische vom mythischen Denken ablöste, wobei jedoch die Ablösung nicht schlagartig erfolgte. Weil sich die Philosophie als Denken, das auf Einsicht und Argument beruht, vom Mythus, der erzählenden (narrativen) Charakter hat, wesentlich unterscheidet, kann sie nicht als Ergebnis der Umformulierung mythischer Gedanken mit Hilfe einer neuen Terminologie betrachtet werden; daher muß vor allem der Gegensatz von philosophischem und mythischem Denken beachtet werden, auch wenn sich da und dort noch Gemeinsamkeiten zeigen. Daß sich in manchen Bereichen mythische Vorstellungen längere Zeit erhielten, braucht dabei nicht geleugnet zu werden, ist aber auch nicht erstaunlich: Das Neue tritt niemals sogleich in entwickelter Gestalt auf, sondern setzt sich immer allmählich durch. Jedenfalls darf aus der Tatsache, daß auch da, wo von

Philosophie gesprochen zu werden pflegt, noch gelegentlich mythische Vorstellungen zu finden sind, nicht gefolgert werden, daß die Philosophie – namentlich die Philosophie der Frühzeit – als solche nur verkappte Mythologie sei. Daß der Gegensatz von mythischem und philosophischem Denken verwischt werden konnte, dürfte seinen Grund nicht nur in einer unangemessenen Auffassung der Philosophie haben, sondern auch durch den Umstand veranlaßt sein, daß in späten Formen des Mythus, z. B. bei Hesiod, bereits Ansätze der Rationalisierung festzustellen sind. Damit soll nicht geleugnet werden, daß Mythus und Philosophie insofern miteinander zu tun haben, als beide Denkweisen Versuche sind, die Vielheit der Erscheinungen zur Einheit eines Weltbildes zu verbinden; die Art, in der das geschieht, ist aber in der Philosophie eine völlig andere als im Mythus: Mit dem Übergang vom Mythus zur Philosophie wird der Schritt von der bildhaft-anschaulichen zur begrifflich-abstrakten Vereinheitlichung der mannigfaltigen Erscheinungen vollzogen.

Auch die Philosophie als Ethik konnte an ältere Denkweisen anknüpfen, nämlich an traditionelle Sitten- und Klugheitsregeln, wie sie bestimmten Persönlichkeiten – den Sieben Weisen – in den Mund gelegt wurden. Es handelt sich um Maximen wie «Erkenne dich selbst» (Thales), «Nichts im Übermaß» (Solon), «Zunge, Magen und Geschlechtsorgane im Zaume halten» (Anacharsis), «Die meisten sind schlecht» (Bias) usw. Praktische Regeln für das Verhältnis zu Göttern und Mitmenschen (z. B. in bezug auf die Wahl der Ehefrau, auf den Umgang mit Freunden usw.) sowie über Tage, die für gewisse Verrichtungen günstig sind, finden sich auch in Hesiods «Werken und Tagen». Eine Menge solcher moralischen Empfehlungen ist noch keine Moralphilosophie, die niemals eine bloße Aneinanderreihung praktischer Regeln, sondern eine Disziplin ist, die Gebote und Verbote zu begründen sucht und auf das Wesen moralischer Normen reflektiert. Erst als versucht wurde, Gebote und Verbote zu systematisieren und zu begründen, entstand die Ethik als philosophische Disziplin. Ähnliches gilt für die Naturlehre: Eine bloße Aufzählung aufeinanderfolgender Weltzustände kann noch nicht als philosophische Kosmologie gelten.

Bevor auf die frühgriechischen Philosophen eingegangen wird, sollen die Schritte im allgemeinen angedeutet werden, mit denen sich das rationale vom mythischen Denken löste. Die griechische Philosophie vollzog in ihrer ersten Phase nicht nur den Übergang von der mythischen Deutung zur rationalen Erklärung, sondern auch den Schritt von einzelnen Erklärungen zu Theorien, in deren Rahmen Erklärungen systematisch verbunden werden. Den ersten dieser Schritte hat bereits Thales, der erste namentlich bekannte Philosoph, getan. Indem er die jährliche Überschwemmung des Nils dadurch zu erklären suchte, daß er sie mit den jahreszeitlich auftretenden Winden in Verbindung brachte, die der Nilschwelle vorhergehen, distanzierte er sich von der mythischen Betrachtungsweise, der zufolge die Nilschwelle eintritt, weil ein Gott die Schleusen der Quellflüsse öffnet.

Während nach der mythischen Deutung das Eintreten der Nilüberschwemmung vom Willen eines Gottes abhängen soll, so daß es sinnvoll ist zu versuchen, diesen durch Opfer gnädig zu stimmen, spielen bei der wissenschaftlichen Erklärung Gesetzmäßigkeiten eine Rolle, die nicht von der Willkür eines Gottes abhängen. Thales vermutete, daß die Passatwinde (die Etesien) zu einem Stau des Nilwassers in seinem Mündungsdelta und daher zum Anstieg des Wasserspiegels führen. Diese Erklärung ist zwar unbefriedigend, da der vom Wind bewirkte Stau nicht ausreicht, um die Nilüberschwemmung zu bewirken, aber sie weist in einfacher Form alle Merkmale einer rationalen Erklärung auf. Thales mußte voraussetzen, daß fließendes Wasser immer durch entgegengesetzt gerichtete Winde gestaut wird, d. h. er mußte eine naturgesetzliche Hypothese zugrunde legen. Auf Grund der Feststellung, daß in einer bestimmten Jahreszeit im östlichen Mittelmeer Nordwinde auftreten, konnte er folgern, daß es zum Rückstau des Nilwassers kommen müsse. Wenn er im Wind die Ursache der Nilschwelle erblickte, hat er nicht geirrt; er hat sich nur insofern getäuscht, als er einen direkten Kausalzusammenhang annahm, wo nur ein indirekter vorliegt: die Passate führen im Quellgebiet des Nils zu Niederschlägen, die dann die Überschwemmung zur Folge haben.[8]

Die rationale Betrachtungsweise kommt auch in der Philosophie im engeren Sinne zur Geltung: Thales bemühte sich um eine Erklärung des Werdens in der Welt, d. h. des Entstehens, der Veränderung und des Vergehens von Dingen. Vermutlich ging er von der Beobachtung aus, daß sich Dinge ineinander verwandeln können – zum Beispiel bei der Entwicklung tierischer und pflanzlicher Organismen oder beim Stoffwechsel –, und er überlegte, ob nicht alle Dinge durch Umwandlung eines einzigen Stoffes entstanden sein könnten, der als der Ursprung von allem zu gelten hätte. Die Unterschiede zwischen verschiedenartigen Dingen, die wir durch Erfahrung kennen, würden dann nur der Oberfläche der Wirklichkeit angehören, während im Grunde alles mit allem auf Grund gleicher Herkunft verwandt wäre.

Die Annahme eines gemeinsamen Ursprungs aller Dinge mußte weitere Fragen nach sich ziehen, denn wenn von einer Umwandlung eines Grundstoffs in alle anderen Stoffe die Rede ist, dann bleibt diese Annahme unbefriedigend, wenn nicht angegeben wird, wie sich die Umwandlung vollzieht bzw. welche Gesetzmäßigkeiten dabei eine Rolle spielen. Derartige Fragen beschäftigten die Nachfolger des Thales. Gleichzeitig enthielt die Ursprungstheorie den Ansatz des Gedankens, daß sich das Werden nur begreifen lasse, wenn angenommen wird, daß etwas – in späterer Terminologie: eine Substanz – dem Werden zugrunde liegt. Auch hier erfolgt die Erklärung mit Hilfe eines allgemeinen Prinzips, das allerdings kein Naturgesetz ist; es besagt, daß ohne etwas im Wandel Beharrliches Entstehen, Vergehen und Veränderung, kurz: das Werden, nicht als möglich begriffen werden können.

Der zweite Schritt, nämlich die Systematisierung von besonderen Erklärungen im Rahmen von Theorien wurde von den Pythagoreern vollzogen; ein Beispiel früher Theoriebildung stellt die Lehre von der Harmonie der Sphären dar. Nach dem Weltbild des Philolaus im 5. Jahrhundert befindet sich im Mittelpunkt des Kosmos das (für uns unsichtbare) Zentralfeuer, das von zehn Gestirnsphären umgeben ist. Zu ihnen gehören neben Sonnen-, Mond- und Planetensphären die Sphäre der dunklen und daher nicht sichtbaren Gegenerde und schließlich die Fixsternsphäre. Mit der Annahme eines Zentralfeuers war ein erster Schritt auf dem Wege der Überwindung des geozentrischen Weltbildes getan, wenn auch die Pythagoreer noch nicht wagten, sich so weit vom Augenschein zu entfernen, daß sie die Sonne zum ruhenden Mittelpunkt des Planetensystems erklärten. Das tat erst Aristarch von Samos im 3. Jahrhundert v. Chr. Die Annahme der Gegenerde wurde nicht nur gemacht, um Sonnen- und Mondfinsternisse erklären zu können, sondern sie diente auch dazu, die Zahl der Sphären auf zehn zu ergänzen. Die Zehn galt als heilige Zahl; was ihr unterworfen war, wurde als vollkommen betrachtet. Von den Sphären nahmen die Pythagoreer an, daß sie sich zueinander nach denselben einfachen Beziehungen natürlicher Zahlen verhielten wie die Intervalle der Tonleiter, weshalb sie von einer Harmonie der Sphären sprachen. Dieser Auffassung liegt offenbar die Annahme zugrunde, daß die Welt einer mathematischen Ordnung unterworfen ist, die sich in allen Bereichen der Wirklichkeit äußert. Nicht nur der Kosmos und die musikalischen Harmonien sollen dieser Ordnung gehorchen, sondern auch der Mensch als Ganzes aus Leib und Seele, deren «harmonisches» Verhältnis die Moral herzustellen strebt. Die Idee einer mathematischen oder mathematisch ausdrückbaren Ordnung ist also der allgemeine Gedanke, der es erlaubt, verschiedene speziellere Theorien – wie Kosmologie, Musiktheorie, Anthropologie, Ethik – zu einer umfassenderen Theorie der Wirklichkeit zusammenzufassen. Aristoteles hat bemängelt, daß die Pythagoreer alles mit ihrer Ansicht Übereinstimmende sammelten und Lücken, auf die sie stießen, im Interesse des systematischen Zusammenhangs auszufüllen suchten.[9] Dieser Vorwurf ist inhaltlich sicher gerechtfertigt, da die Pythagoreer zum Teil mit phantastischen Annahmen operierten; aber er ist insofern ungerecht, als jede entwickelte Theorie Begriffe benötigt, die nicht der Erfahrung entnommen werden, sondern zum Zweck der Ordnung von Erfahrungen vom Denken geschaffen sind. Indem die Pythagoreer den Schritt zur Systematisierung von Erkenntnissen mit Hilfe konstruierter Begriffe unternahmen, leisteten sie in formaler Hinsicht einen wichtigen Beitrag zur Entwicklung des wissenschaftlichen und philosophischen Denkens.

Ein dritter Schritt auf dem Weg zur vollständig entfalteten Wissenschaft läßt sich in der Frühzeit des philosophischen Denkens nur in ersten Ansätzen erkennen, nämlich der Schritt zur Theorie der Erkenntnis, namentlich der philosophischen Erkenntnis selbst. Durch diesen Schritt erhebt sich das Denken über die Ebene der Erkenntnis von Gegenständen, um von einer höheren Ebene aus auf die Bedingungen zu reflektieren, unter denen sich begreifen läßt, wie Erkenntnis möglich ist. Die Frage nach der Möglichkeit von Erkenntnis klingt in der frühgriechischen Philosophie nur gelegentlich an (z.B. bei Xenophanes). Erst im weiteren Verlauf der philosophischen Entwicklung wurde das Erkenntnisproblem ausdrücklich gestellt.

Geht man davon aus, daß von «Philosophie» im vollen Wortsinn erst die Rede sein soll, wenn versucht wird, Auffassungen rational zu rechtfertigen und in einen systematischen Zusammenhang zu bringen, und wenn darüber hinaus auf die logische Form ihrer Argumente und die Bedingungen der Möglichkeit von Erkenntnis reflektiert wird, dann darf die Philosophie als eine Leistung des europäischen, und zwar zunächst des griechischen Denkens bezeichnet werden. Dies ist auch der Grund, warum im folgenden nur die europäische Philosophie behandelt wird.

2. Die Frage nach dem Ursprung aller Dinge in der jonischen Naturphilosophie

a) Thales

Die Philosophie entstand nicht im griechischen Mutterland, sondern in der östlichen Randzone des griechischen Siedlungsraums, nämlich im jonischen Kleinasien, das nicht nur wirtschaftlich florierte, sondern in dem sich auch verschiedene kulturelle Einflüsse überschnitten. Die griechischen Städte suchten Kontakte zu anderen wirtschaftlichen Zentren und gründeten zahlreiche neue Niederlassungen. Dabei nahmen sie nicht nur vielfältige Anregungen auf, sondern sie sahen sich auch gezwungen, Kenntnisse und Techniken zu entwickeln, z.B. die Geometrie, die in der Nautik eine Rolle spielte. In diesem angeregten geistigen Klima tauchten auch die ersten philosophischen Gedanken auf.

Als eigentlicher Begründer der Philosophie gilt seit dem Altertum der Milesier Thales (geb. wohl um 620), dem die Überlieferung verschiedene mathematische, astronomische, geographische und meteorologische Kenntnisse zuschreibt. Besonderen Eindruck machte seine Vorhersage einer Sonnenfinsternis, vermutlich im Jahre 585. Da er keine Schrift verfaßt hat, mindestens keine Spur von einer solchen zu finden ist, fällt es schwer, sich durch die lückenhafte Überlieferung hindurch ein wenigstens ungefähres Bild von ihm zu machen. Seine Persönlichkeit und sein Lebenslauf bleiben im dunkeln, obwohl im Altertum Anekdoten über ihn im Umlauf waren. Plato erzählt z.B., daß Thales eines Abends bei der Betrachtung der Sterne in einen Brunnen fiel, worauf ihn eine Magd aus Thrakien, die den Vorgang beobachtete, verspottete: Die Dinge am Himmel trachtest du zu erkennen, was aber vor deinen Füßen liegt, bemerkst du nicht! Den Eindruck der Weltfremdheit, den die Anekdote vermittelt, hebt eine andere Anekdote auf, nach der Thales, als er auf Grund seiner meteorologischen Kenntnisse eine reiche Olivenernte vorhersah, weit und breit die Olivenpressen aufkaufte und sie dann zur Zeit der Ernte für teures Geld vermietete. Das klingt nach einer geistreichen Erfindung. Die Nachrichten über seine einzelwissenschaftlichen Leistungen sind leider nicht viel zuverlässiger. Selbst die Zuschreibung des geometrischen Satzes, nach dem Dreiecke im Halbkreis rechtwinklig sind,[10] ist zweifelhaft. Übereinstimmend erklären aber die Berichte, daß er die Frage nach dem Ursprung der Welt gestellt und dahingehend beantwortet habe, daß alles aus Wasser (oder allgemeiner: aus einem feuchten Stoff) geworden sei. Mit dieser Antwort auf die Ursprungsfrage erfolgte der erste, tastende Schritt in den Bereich der Philosophie.

Dies bedarf der Erläuterung, weil die Annahme, daß das Wasser Ursprung aller Dinge – also der Erde bzw. der festen Körper, der Luft bzw. der gasförmigen Stoffe und des Feuers – sei, so wenig philosophisch zu sein scheint, daß es schwerfällt, in ihr den Ausgangspunkt der Philosophie mit ihren hohen theoretischen und praktischen Ansprüchen, zu erblicken. Aber die Thaletische These über den Ursprung der Gesamtwirklichkeit ist nicht ganz so unmetaphysisch, wie es auf den ersten Blick scheinen mag. Zwar läßt sich nicht mehr feststellen, wie sich Thales die Entstehung aller Dinge aus Wasser vorgestellt hat; aber seine Annahme enthält ansatzweise Gedanken, die in der späteren Entwicklung der Philosophie eine wichtige Rolle gespielt haben. Wenn nämlich alles aus Wasser entstanden ist, dann sind alle Dinge Umwandlungen ein und desselben Stoffs, der als dasjenige gelten kann, das den wandelbaren Gestaltungen der Wirklichkeit zugrunde liegt. Das im Wandel Beharrliche wurde später «Substanz» genannt, so daß sich sagen läßt, der Satz des Thales enthalte, wenn auch unentfaltet, den Gedanken einer Welt-Substanz. Wenn außerdem alle Dinge aus demselben Urstoff hervorgegangen sind, dann sind sie auf Grund ihrer Herkunft untereinander verwandt – ein Gedanke der später zur metaphysischen Idee einer umfassenden Ordnung der Wirklichkeit insgesamt weiterentwickelt wurde. Wenn schließlich alle Dinge ihren Ursprung einem einheitlichen Prinzip verdanken, dann ist die Wirklichkeit, ungeachtet der Verschiedenheit der Dinge, eine Einheit, auch wenn diese sich nicht wahrnehmen läßt. Der wahrnehmbaren Verschiedenheit tritt die gedachte Einheit, der sinnlichen Welt die Welt des Denkens gegenüber. Von der Annahme des Thales wird man also bei konsequentem Weiterdenken zur metaphysischen Unterscheidung zweier Bereiche der Wirklichkeit geführt, einem sinnlich und einem nur vernünftig erkennbaren. Das Wasser steht somit bei Thales für etwas, das allen Erscheinungen zugrunde liegt und im Wandel der Erscheinungen beharrt, selbst aber keine Erscheinung mehr ist und daher nicht beobachtet, sondern nur gedacht werden kann. So verstanden, hat Hegels auf den ersten Blick befremdliche Feststellung, das Wasser, von dem Thales sprach, sei «spekulatives Wasser», einen guten Sinn.[11]

b) Anaximander

Die Antwort, die Thales auf die Frage nach dem Ursprung aller Dinge gegeben hatte, war in doppelter Hinsicht unbefriedigend: Einerseits wurde ein bestimmter Stoff zum Ursprung aller anderen Stoffe erklärt, ohne daß ein Grund dafür angegeben worden wäre, warum gerade dieser Stoff als Ursprung gelten sollte;[12] andererseits blieb ungeklärt, wie die Umwandlung des angenommenen Urstoffs in andere Stoffe vor sich geht. Diese Mängel der Thaletischen Antwort suchten die auf ihn folgenden Vertreter der Milesischen Naturphilosophie zu überwinden.

So nahm Anaximander, um nicht einen bestimmten Stoff als Ursprung aller Dinge ansetzen zu müssen, an, daß alles aus einem unbestimmten Stoff hervorgegangen sei, den er «ápeiron» nannte. Dieser Ausdruck kann sowohl im Sinne qualitativer Unbestimmtheit – der Urstoff hat nicht die Eigenschaften irgendwelcher wahrnehmbaren Stoffe – als auch im Sinne der Grenzenlosigkeit verstanden werden. Daß Anaximander das Apeiron als positiv unendlich auffaßte, ist nicht anzunehmen, da die Idee des Unendlichen erst später auftritt; vermutlich dachte er es ähnlich unermeßlich wie den Ozean, der bei Homer als «apeiron» bezeichnet wurde. Als Ursprung aller bestimmten Dinge kommt nach Anaximander mit einem Wort nur etwas in Betracht, das keine der Bestimmungen hat, die wir an stofflichen Dingen beobachten können, auch nicht eine erfahrbare Begrenzung.

Anaximander, der als jüngerer Gefährte oder Schüler des Thales gilt, ist der erste, von dem wir wissen, daß er eine philosophische Schrift verfaßt hat, wenn auch nur ein einziger Satz aus ihr überliefert ist; er lautet: «Der Ursprung der seienden Dinge ist das Apeiron. Woraus die Dinge entstehen, dahinein vergehen sie auch mit Notwendigkeit. Denn sie leisten einander Genugtuung für ihre Ungerechtigkeit nach der Ordnung der Zeit.»[13] Daß dieser Satz erhalten blieb, ist dem Umstand zu verdanken, daß er ein Jahrtausend später von einem der letzten Vertreter der antiken Philosophie zitiert wurde: Die Nachricht von dem ersten schriftlichen Zeugnis der griechischen Philosophie stammt aus ihrer Endzeit.[14] Von den Philosophen vor Plato ist keine einzige Schrift erhalten, weshalb man auf spätere, keineswegs immer zuverlässige Zeugnisse angewiesen ist. Was man die Fragmente der frühgriechischen Philosophie nennt, sind Zitate kleinerer oder größerer Textpassagen aus Werken, die verlorengegangen sind. Man darf also nicht an materielle Fragmente, etwa von der Art der Schriftrollen von Qumran, denken. Der Titel «Über die Natur», mit dem man sich in der Antike auf Anaximanders Schrift – aber auch auf die Schriften verschiedener anderer alter Philosophen – bezog, dürfte erst später aufgekommen sein.

In dem angeführten Anaximander-Fragment findet sich der Ausdruck «arché», der mit «Ursprung» oder «Prinzip» wiedergegeben zu werden pflegt. Daß sich Anaximander dieses Ausdrucks, der im griechischen «Anfang» bedeutet, bediente, um dasjenige zu bezeichnen, aus dem alles andere hervorgegangen ist, wissen wir auch aus anderer Quelle. Man kann allerdings nicht ausschließen, daß ihn schon Thales, mit dem die Arché-Spekulation beginnt, benutzte. Jedenfalls wurde bei den ersten Vertretern der Naturphilosophie das, was als Ursprung aller Dinge galt, auch als das aufgefaßt, was angenommen werden muß, wenn das Werden der Dinge und die Art dieses Werdens begriffen werden sollen.

Das Apeiron trägt bei Anaximander unübersehbar die Züge eines göttlichen Prinzips: Es wird nicht nur als unentstanden und unvergänglich bezeichnet, sondern von ihm wird auch gesagt, es umfasse und steuere alles. Es ist somit nicht nur Ursprung des Werdens, sondern lenkt auch die Entwicklung im geordneten All, im Kosmos. Trotzdem kann es nicht als geistiges Prinzip aufgefaßt werden: Die antiken Berichterstatter gehen davon aus, daß Anaximander es als stofflich auffaßte. Man muß allerdings bedenken, daß der Gegensatz von Materie und Geist im Denken der Frühzeit noch keine wesentliche Rolle spielte, so daß es verfehlt wäre, wenn man in Anaximander einen Materialisten sehen wollte. Obwohl die Äußerung, das Apeiron steuere alles, schwerlich bedeutet, daß das Geschehen in der Welt auf Zwecke gerichtet ist, zeigt sich hier ein Aspekt, der von Späteren (z.B. von Anaxagoras; siehe Abschn. 7 b) in die Richtung einer teleologischen Auffassung weiterentwickelt werden konnte.

Nach dem zitierten Fragment müssen alle besonderen Dinge zugrunde gehen, und zwar in das, woraus sie entstanden sind. Der griechische Text schließt die Annahme aus, daß hier von einem Entstehen und Vergehen aus dem und in das Apeiron die Rede sei, obwohl diese Ansicht schon in der Antike vertreten wurde.[15] Vielmehr ist an das Entstehen von Festem aus Flüssigem und umgekehrt, von Kaltem aus Warmem und umgekehrt zu denken, wobei der Wechsel von Küstenland und Meer, einem Bewohner von Milet vertraut, das anschauliche Modell geliefert haben mag. Wenn Festes auf Kosten des Flüssigen entsteht, wird es, wie das Fragment andeutet, diesem gegenüber schuldig und muß, wenn die Zeit gekommen ist, dafür Sühne leisten, indem es wieder dem Flüssigen weicht, und ähnlich bei anderen Gegensatzpaaren. Von Warmem und Kaltem, Festem und Flüssigem wurde in der Frühzeit der griechischen Philosophie noch so gesprochen, als handle es sich um etwas Quasi-Substantielles, um substantialisierte Qualitäten, die somit nicht mehr als Eigenschaften an etwas vorgestellt werden, sondern als selbständige Wesen.

Das Werden scheint bereits bei Anaximander mit dem Vorhandensein von Gegensätzen in der Welt in Verbindung gebracht zu sein: Wären alle Dinge im Gleichgewicht, dann gäbe es keine Veränderung; weil aber ein Gleichgewichtszustand nicht besteht und auch nicht erreicht werden kann, bleibt kein Zustand der Wirklichkeit erhalten, sondern alles ist dem Werden unterworfen, und zwar mit Notwendigkeit: Nichts geschieht zufällig, jedes Geschehen zieht unausweichlich ein anderes nach sich. Es ist bemerkenswert, daß Anaximander diese Auffassung mit den Begriffen von Schuld und Sühne verknüpft hat: Was auf Kosten eines anderen entsteht, wird diesem gegenüber schuldig; darin liegt die Ursache eines neuen Geschehens, durch das die ursprüngliche Schuld gesühnt wird. Der Gedanke eines notwendigen Zusammenhangs von Ursachen und Wirkungen tritt hier in moralischer bzw. rechtlicher Einkleidung auf. Es ginge allerdings zu weit, wollte man das kausale auf das rechtliche Denken zurückführen.

Woher kommen aber die Gegensätze von Warmem und Kaltem, Festem und Flüssigem, die dem Werden zugrunde liegen? Wenn das Apeiron Ursprung von allem ist, müssen sie aus ihm hervorgegangen sein. Tatsächlich sprach Anaximander von der Ablösung eines Keims des Warmen und Kalten aus dem Apeiron in Analogie zu einem Geburtsvorgang. Das Warme umschloß als Feuersphäre die Atmosphäre der Erde wie eine Rinde, nach deren Bersten sich kreisförmige, feuergefüllte, um die Erde rotierende Ringe – Rädern oder Kränzen vergleichbar – bildeten. Das durch Öffnungen dieser Räder sichtbare Feuer erscheint als Sonne und Mond. Der Kosmos wird vom Fixsternhimmel in Form einer Hohlkugel umschlossen. Die Verhältnisse in diesem geozentrischen Weltmodell entsprechen einfachen Zahlenverhältnissen, die nicht auf Grund von Beobachtungen, sondern aus spekulativen Gründen angenommen werden, deren Sinn sich jedoch nicht mehr erschließen läßt. Jedenfalls haben wir es mit einem Versuch zu tun, die Struktur des Universums mathematisch zu beschreiben. Anaximander tat einen ersten Schritt in Richtung auf die Mathematisierung des Weltbildes. (Die sich hier äußernde Tendenz, das Wesen der Wirklichkeit in mathematischen Beziehungen zu erblicken, fand bald danach in der pythagoreischen Philosophie einen Niederschlag in der Idee einer Harmonie der Sphären.) Anaximanders Weltbild ist eine geometrische Konstruktion, die von der wahrgenommenen Wirklichkeit deutlich abweicht und damit den Weg zu einer Betrachtungsweise weist, die sich nicht mehr auf die Beschreibung der beobachteten Gestirnbewegungen beschränkt. Bemerkenswert ist auch Anaximanders Versuch, eine Erklärung für das vermeintliche Ruhen der Erde im Mittelpunkt des Kosmos zu geben. Während sich Thales noch genötigt gesehen hatte, die vorausgesetzte Unbeweglichkeit der Erde durch die Annahme einer tragenden Grundlage zu erklären, formulierte Anaximander das Problem umgekehrt: Anstatt zu fragen, warum sich die Erde nicht bewege, fragte er, ob es überhaupt Gründe für die Annahme gebe, daß sie sich bewege. Wenn keine Ursache für eine Bewegung der Erde angegeben werden kann, ist man berechtigt, die Erde als ruhend zu betrachten. Das ist nicht nur in methodologischer Hinsicht bemerkenswert, sondern auch deshalb, weil es sich um eine erste Ahnung des Trägheitsprinzips zu handeln scheint.

Anaximander begnügte sich nicht damit, eine Theorie des Weltbaus und der Weltentstehung zu formulieren, sondern er entwarf auch die Umrisse einer Theorie der Entstehung des Lebens. Seiner Ansicht nach bildeten sich die ersten Lebewesen im Meer. Jene Arten, die zum Leben auf dem Land übergingen, mußten sich den neuen Umweltbedingungen anpassen und nahmen daher neue Eigenschaften an. Der Mensch hat sich nach Anaximander nicht aus irgendwelchen Landtieren entwickelt, sondern er entstand im Inneren von Fischen. Auch wenn diese These in Einzelheiten befremdlich anmutet, kann nicht übersehen werden, daß hier erstmals die evolutionistische Betrachtungsweise zur Geltung kommt, die erst in der Neuzeit voll entfaltet werden sollte. Im übrigen werden von Anaximander eine Reihe speziellerer wissenschaftlicher Annahmen überliefert, die hier nicht zu erörtern sind; es muß genügen, darauf hinzuweisen, daß er ein Forscher mit erstaunlich weitgespannten Interessen war, unter anderem im Bereich der Geographie und der Astronomie.

c) Anaximenes

So wie Anaximander als Schüler des Thales, so wurde in der Antike Anaximenes als Schüler des Anaximander bezeichnet. Man darf daher vermuten, daß er etwa zwanzig Jahre jünger als dieser und etwa vierzig Jahre jünger als Thales gewesen ist. So wie Anaximander die Thaletische These durch die Annahme eines unbestimmten Ursprungs zu verbessern suchte, so suchte sie Anaximenes durch die Angabe der Art und Weise zu ergänzen, in der der Urstoff, als den er die Luft betrachtete, in andere Stoffe übergeht. Seiner Ansicht nach geschieht das durch Verdichtung bzw. Verdünnung: Die Luft verdichtet sich zu Wasser (wie es beim Regen der Fall zu sein scheint), das Wasser zu festen Stoffen (wofür das Gefrieren als Beispiel dienen mochte); durch Verdünnung der Luft entsteht das Feuer, somit auch die selbstleuchtenden Gestirne, namentlich die Sonne, während der Mond, wie Anaximenes erkannte, lediglich das Licht der Sonne reflektiert. Wenn sich die Unterschiede von Eigenschaften auf Unterschiede der Dichte zurückführen lassen, dann sind sie im Grunde quantitativer Natur, somit prinzipiell meßbar und mathematisch ausdrückbar. Bei Anaximenes läßt sich somit ein erster Ansatz jener Denkweise erkennen, die ihren Höhepunkt in der modernen Naturwissenschaft erreichen sollte. Die frühen Naturphilosophen waren freilich noch nicht imstande, qualitative Bestimmungen tatsächlich auf quantitative Verhältnisse zu reduzieren; sie taten aber einen ersten Schritt auf einem Wege, der schließlich zur Erklärung von Tatsachen mit Hilfe mathematisch formulierter Naturgesetze führte.

Was bei Thales als Mangel erscheint, nämlich daß ein bestimmter Stoff zum Ursprung aller anderen Stoffe erklärt wird, hat Anaximenes offenbar nicht für bedenklich gehalten. Allerdings hätte er geltend machen können, daß die Luft, in der er den Ursprung aller Stoffe erblickte, in gewisser Hinsicht auch ein «ápeiron», ein unbestimmter Stoff sei: sie hat keine feste Gestalt und ist bald warm, bald kalt, bald feucht, bald trocken. Aber auch wenn man von einem Rückschritt hinter die von Anaximander erreichte Auffassung sprechen wollte, wird man anerkennen müssen, daß

Anaximenes mit der Angabe der Art, in der sich der Urstoff in andere Stoffe umwandeln soll, einen wichtigen Schritt über seine Vorgänger hinaus tat.

Anaximenes wurden auch verschiedene einzelwissenschaftliche Erklärungen zugeschrieben, deren Bedeutung gegenüber der Spekulation über den Ursprung aber philosophisch zweitrangig ist. Die Tradition, der er angehört, riß mit ihm keineswegs ab. Als Nachfolger der genannten Naturphilosophen im engeren Sinne werden Idäus von Himera und Diogenes von Apollonia (im 5. Jh.) genannt; später kam die naturphilosophische bzw. naturwissenschaftliche Denkweise der Jonier bei Anaxagoras und bei den älteren Atomisten zur Geltung. (Siehe Abschn. 7) Die Entwicklung innerhalb der naturphilosophischen Richtung folgte offensichtlich der Tendenz zur Verbesserung und zur konsequenten Durchführung theoretischer Ansätze. In bezug auf die Bestimmung des Ursprungs aller Dinge (der Arché) scheint es sich zwar so zu verhalten, als hätten die Späteren die Auffassungen der Früheren einfach beiseitegeschoben; betrachtet man aber ihre Auffassungen im Zusammenhang ihrer philosophischen Theorien, dann zeigt sich doch deutlich der Aspekt der Kontinuität. Man muß insbesondere die Art berücksichtigen, in der das Hervorgehen der Dinge aus dem Ursprung zu erklären gesucht wurde, um zu sehen, wie die späteren Theorien im Anschluß an die früheren formuliert wurden, und zwar mit dem Anspruch, diese zu verbessern.

Für die Denkrichtung, deren Anfänge hier skizziert wurden, ist das Überwiegen des theoretischen Interesses gegenüber dem praktischen kennzeichnend. Zwar waren Thales und seine Nachfolger alles andere als praxisferne Denker; aber die Philosophie hat in ihren Augen nicht in erster Linie die Aufgabe, Verhaltensregeln aufzustellen, sondern sie soll Fragen über Form und Entstehung der Welt und über Vorgänge in der Welt beantworten, um das Bedürfnis nach Wissen zu befriedigen. Das Wissen läßt sich zwar praktisch anwenden, aber es wird nicht Interessen der Praxis untergeordnet. Bei den Joniern kündigt sich – wenn auch nur von ferne – bereits die Frage nach den Bedingungen an, unter denen sich Entstehen und Vergehen bzw. Werden im allgemeinen begreiflich machen lassen. Diese Frage gehört in den Bereich jenes Teils der Philosophie, der später «Metaphysik» genannt wurde.

3. Zahl, Weltharmonie und Seelenwanderung: Der Pythagoreismus

Pythagoras (geboren um 570 v. Chr.), von dem die zweite Hauptrichtung der ältesten Philosophie ausging, war ebenfalls Kleinasiate. Seine Heimat war die Insel Samos, die er allerdings wegen politischer Schwierigkeiten unter der Tyrannis des Polykrates verließ. Er wanderte nach dem unteritalienischen Kroton aus, und der griechisch beeinflußte Teil Italiens, die Magna Graecia, war auch das Hauptverbreitungsgebiet seiner Schule.

Von Pythagoras als Persönlichkeit ist wenig Sicheres bekannt, man kann jedoch sagen, daß er in erster Linie Verkünder einer praktisch-religiösen Lehre war. Seine Weltanschauung hatte manches mit jenen Auffassungen gemein, die als Lehre des sagenhaften Dichters Orpheus verbreitet war und in deren Mittelpunkt die Gedanken des Leib-Seele-Gegensatzes und der Unsterblichkeit standen. Pythagoras glaubte, wie die Orphiker und Anhänger verschiedener Mysterienkulte,[16] an die Unsterblichkeit der Seele, die er mit der Vorstellung der Seelenwanderung verband, und an die Möglichkeit, die Reihe der Wiedergeburten zu beenden.[17] Im Sinne dieser Lehre wollte er der Seele den Weg zur endgültigen Befreiung vom Körper und der Körperwelt im allgemeinen weisen. Dabei dürfte schon beim Schulgründer die Annahme eine Rolle gespielt haben, daß die Wirklichkeit mathematisch geordnet sei. Vor dem Hintergrund dieser Auffassung sind die Verhaltensregeln zu sehen, die Pythagoras aufstellte (z. B. gewisse Speisegebote). Obwohl sich ihr Sinn oft nicht mehr ermitteln läßt, ist klar, daß sie der Läuterung der Seele dienen sollten, und das heißt unter pythagoreischen Voraussetzungen: ihrer Unterwerfung unter die allgemeine, mathematisch ausdrückbare Harmonie aller Dinge. Später wurden Pythagoras vielfach Ansichten zugeschrieben, die erst seine Nachfolger vertraten. Dies hing einerseits mit der bei den Pythagoreern geltenden Regelung zusammen, alle Erkenntnisse auf den Schulgründer zurückzuführen; andererseits spielte der Hang zur Legendenbildung bei der Entstehung des späteren Bildes von Pythagoras eine wichtige Rolle: Im Verlauf der Zeit wurde dieses Bild immer detaillierter, aber auch immer phantastischer.

Nach den älteren Berichten hat sich Pythagoras auch als politischer Reformer betätigt. Bei seinen Schülern war das politische Interesse so ausgeprägt, daß die «Bünde», in denen sie sich organisierten, zu einer politischen Macht wurden. Die Widerstände, auf die die Pythagoreer aus politischen Gründen stießen, wurden bald so groß, daß es zu Verfolgungen kam, die den Einfluß der Bünde brachen und die Entwicklung der pythagoreischen Philosophie hemmten.

Im Pythagoreismus wirkte eine Reihe von Motiven, die dem Denken eines Thales und seiner Nachfolger fremd waren. Das gilt nicht nur für das starke ethische Interesse, sondern auch für die Seelenlehre. Offenbar beeinflußt von gewissen religiösen Vorstellungen, wie sie sich auch in der Mysterienreligion finden und die möglicherweise vor bzw. außergriechischen Ursprungs sind, betrachteten die Pythagoreer den Körper als vorübergehende Behausung der Seele, ja als einen Kerker, in den die Seele gebannt ist, so daß sie danach trachten muß, sich aus ihm zu befreien. Um das Ziel der Erlösung von der körperlichen Existenz zu erreichen, muß man ein sittlich einwandfreies Leben führen, weil andernfalls die Seele nach dem physischen Tode in einen Körper von geringerem Wert übergeht, z. B. in den eines Tieres. Im positiven Fall wird man auf höherer Stufe wiedergeboren, z.B. als erhabener Weiser, oder – und dies ist das Endziel der Bemühungen um Erlösung – der Körperwelt überhaupt entrinnen, so daß der Kreislauf der Wiedergeburten unterbrochen ist. Die Herkunft der Seelenwanderungslehre läßt sich nicht völlig aufklären. Während die Antike dazu neigte, sie auf Einflüsse ägyptischer und orientalischer Denkweisen zurückzuführen, wird sie heute meist mit Motiven in Verbindung gebracht, die im schamanistischen Kulturkreis Asiens beheimatet sind.

In der Mathematik gelangten die Pythagoreer in erstaunlich kurzer Zeit zu bemerkenswerten Ergebnissen, z.B. zur Formulierung des pythagoreischen Lehrsatzes, der jedoch aller Wahrscheinlichkeit nach nicht von Pythagoras selbst bewiesen wurde. In der zweiten Hälfte des 5. Jahrhunderts stießen sie auf inkommensurable Verhältnisse, indem sie zunächst erkannten, daß Seite und Diagonale des Fünfecks kein gemeinsames Maß haben. Solche Verhältnisse werden heute durch irrationale Zahlen ausgedrückt, die aber den Pythagoreern noch nicht zur Verfügung standen. Großen Eindruck machte die auf Experimente mit schwingenden Saiten unterschiedlicher Länge gestützte Entdeckung, daß sich die Intervalle innerhalb der Tonleiter als Verhältnisse ganzer Zahlen ausdrücken lassen (z.B. entsprechen der Oktave Saiten im Längenverhältnis 1 : 2). Dies veranlaßte die Pythagoreer zu einer kühnen Verallgemeinerung: Sie erklärten, die Wirklichkeit als solche sei mathematisch bestimmt, ja das Wesen der Dinge bestehe geradezu aus Zahlen. In dem Bemühen, im Universum mathematische Verhältnisse aufzuweisen, gelangten sie schließlich zur Idee einer umfassenden mathematischen Ordnung, die sich im Kosmos als Harmonie der Sphären äußern soll. Da die Annahme, daß das Wesen der Wirklichkeit durch Verhältnisse zwischen ganzen Zahlen bestimmt sei, für die ursprüngliche pythagoreische Metaphysik grundlegend war, ist es verständlich, daß die Entdeckung irrationaler Zahlen (genauer: inkommensurabler Verhältnisse, wie des Verhältnisses zwischen Diagonale und Seite des Quadrats) zu einer Erschütterung des pythagoreischen Weltbildes führte.

Für die pythagoreische Mathematik insgesamt ist charakteristisch, daß sie rein theoretischen Charakter hatte: Die zahlentheoretischen Überlegungen liefern weder Rechenanweisungen, noch lassen sie eine technische Anwendung zu. Diese Konzentration auf den theoretischen Bereich war für die Entwicklung der Mathematik entscheidend. Dazu kam, daß sich die Mathematik rasch gegenüber der Philosophie verselbständigte. Während Pythagoras in der Antike noch als Philosoph galt, der sich mit Mathematik beschäftigte, stellt sich uns Hippokrates von Chios, der in der zweiten Hälfte des 5. Jahrhunderts die Ergebnisse pythagoreischer Bemühungen in einem Lehrbuch zusammenfaßte, bereits als Vertreter einer selbständigen Wissenschaft dar. Die Mathematik entwickelte sich (bei Theodorus von Cyrene, Theaetetus, Eudoxus usw.) in der Folge unabhängig von der Philosophie, obwohl sie für die Philosophie stets wichtig blieb. Plato betrachtete sie als Propädeutik der Ideenlehre, und Aristoteles reflektierte auf ihre axiomatische Form.

In inhaltlicher Hinsicht mag die Art, in der die Pythagoreer Erkenntnisse zu systematisieren suchten, anfechtbar erscheinen, was die von Aristoteles geübte Kritik verständlich erscheinen läßt; formal ist aber der Versuch, über einzelne Begründungen und Erklärungen hinaus zu umfassenden Systementwürfen überzugehen, von großer Bedeutung für die weitere Entwicklung des wissenschaftlichen und philosophischen Denkens. Namentlich haben die pythagoreischen Spekulationen über eine mathematische Ordnung des Universums über die Jahrtausende hinweg die Forschung beeinflußt: Noch Johannes Kepler ließ sich von der Idee einer Harmonie der Sphären leiten.

Die pythagoreische Mathematik war aber nicht nur Geometrie und Zahlentheorie, sondern sie enthielt auch Spekulationen über den moralischen Charakter von Zahlen. Bestimmten Zahlen wurden sittliche Qualitäten, wie Gerechtigkeit oder Zwietracht, zugeordnet, ohne daß der Grund der Zuordnung für uns durchschaubar wäre. Wichtiger ist, daß die Sittlichkeit von den Pythagoreern mit der Idee einer Harmonie der Seele bzw. der Harmonie der Gesamtwirklichkeit in Verbindung gebracht wurde, die sich in den Verhältnissen der Mathematik spiegeln oder geradezu mathematischen Charakter haben soll. Damit erhält die Beschäftigung mit der Mathematik unmittelbar sittliche Bedeutung: Sie erschließt jene Ordnung, der sich der Mensch unterwerfen muß, wenn er sittlich handeln will.

Die Mathematik der Pythagoreer hat schließlich auch einen metaphysischen Aspekt. Mit der These, daß die Zahl das Wesen der Dinge sei, wird nämlich, deutlicher als in der etwa gleichzeitigen Naturphilosophie, der Schritt zur Unterscheidung zwischen wahrnehmbarer und gedachter Wirklichkeit getan. Wenn z.B. das Wesen der musikalischen Harmonie in rein vernünftig erkennbaren mathematischen Verhältnissen besteht, dann sind die Töne, die in der Wahrnehmung erfaßt werden, von diesem Wesen verschieden. Gilt überdies, wie es im Pythagoreismus der Fall war, der Bereich der nur vernünftig erfaßbaren Verhältnisse als die wahre Wirklichkeit, dann muß der Bereich der wahrnehmbaren Gegenstände als Erscheinung aufgefaßt werden. Die für das metaphysische Denken typische Aufspaltung der Wirklichkeit in die Teilbereiche des Wesens und der Erscheinung ist im Pythagoreismus bereits deutlich angelegt, ebenso wie die Annahme, daß der Bereich der vernünftig erkennbaren Gegenstände rangmäßig höher steht als die Welt der wahrnehmbaren Dinge. Auch in anderer Hinsicht führte der Pythagoreismus zu metaphysischen Fragestellungen: Wenn die Dinge «Zahlen sind» und wenn jede natürliche Zahl ein Vielfaches der Eins ist, dann bestehen die Dinge letzten Endes aus einer Vielzahl von Einheiten. Die (mathematische) Einheit wird zugleich als metaphysisches Atom aufgefaßt. Diese Ansicht bot Anlaß zu der im weiteren Verlauf intensiv diskutierten Frage, ob es zulässig sei, letzte Einheiten anzunehmen oder ob die Dinge nicht vielmehr als unendlich teilbar zu gelten hätten.

4. Die Frage nach der Möglichkeit sicheren Wissens: Xenophanes

In der Geschichte der Philosophie rief der von Metaphysikern erhobene Anspruch, auf dem Wege rein vernünftiger Einsicht zu sicherem Wissen gelangen zu können, immer wieder Bedenken gegen die Berechtigung eines solchen Anspruchs hervor. So stießen auch die frühen Versuche, unabhängig von der Erfahrung sichere Erkenntnis des Wesens der Wirklichkeit zu erreichen, auf prinzipielle Zweifel, nämlich bei dem um 570 v. Chr. geborenen und fast hundert Jahre später nach einem Leben als wandernder Sänger und Dichter gestorbenen Xenophanes von Kolophon, der sich schließlich im unteritalienischen Elea niederließ. Xenophanes tat als erster den Schritt zur philosophischen Kritik, indem er nach der Zuverlässigkeit unseres Wissens von den Göttern und der Natur fragte; seine Antwort war in gewissem Sinne skeptisch: Es gibt nach Xenophanes kein sicheres Wissen.

Bei den oben erwähnten Philosophen vor Xenophanes war die Ablösung des Denkens vom Mythus erfolgt, ohne daß auf diesen Prozeß reflektiert worden wäre. An die Stelle anschaulicher Erzählungen vom Werden der Götter und der Welt traten rationale Theorien über die Natur, ihren Anfang, die Art ihres Werdens und ihr Wesen; Xenophanes war der erste, der sich ausdrücklich von den mythischen Göttervorstellungen distanzierte. Er bemängelte, daß die Menschen die Götter mit menschlichen Zügen ausstatteten, ihnen menschliches Aussehen, menschliche Leidenschaften und Fehler zuschrieben: «Die Sterblichen wähnen, die Götter würden geboren und hätten Gewand und Stimme und Gestalt wie sie.»[18] Er wies darauf hin, daß die Götter der Äthiopier stumpfnasig, die der Thraker blond und blauäugig sind; die Homerischen und Hesiodischen Götter stehlen, brechen die Ehe und betrügen.

Betrachtet man die landläufigen Göttervorstellungen lediglich als Projektionen menschlicher Züge auf geglaubte höhere Wesen, dann muß man, wenn man sich eine angemessene Vorstellung vom Göttlichen bilden will, von allen derartigen Zügen absehen. Selbst die Annahme, daß es eine Mehrheit von Göttern gebe, muß aufgegeben werden, wenn man eine angemessene Idee des Göttlichen gewinnen will. Wie diese Idee bestimmt sein soll, hat Xenophanes mit den Worten angedeutet: «Ein einziger Gott, unter Göttern und Menschen am größten, weder an Gestalt den Sterblichen ähnlich noch an Gedanken.»[19] Gott ist unbeweglich, und es darf vermutet werden, daß ihn Xenophanes auch für unentstanden und unvergänglich gehalten hat. Gleichzeitig bewegt er alles durch die Kraft seines Geistes, so wie er auch alles weiß. (Dies dürfte gemeint sein, wenn Xenophanes sagt, Gott sei ganz Auge, ganz Geist, ganz Ohr.[20])

Ein erstes Prinzip, das der Entwicklung der Natur zugrunde liegt, scheint

Xenophanes nicht angenommen zu haben. Wenn er erklärt, alles, was da werde und wachse – auch der Mensch – entstehe aus Erde und Wasser, so denkt er wohl an die Organismen. Im einzelnen machte er sich Gedanken über Wind und Niederschläge, über die Natur des Regenbogens und das Wesen der Gestirne. Von der Sonne nahm er an, sie bestünde aus Dünsten, die sich am Morgen entzündeten, am Himmel emporstiegen und schließlich wieder verlöschten. Dies sind aber in seinen Augen nur «Meinungen», die dem Wahren ähnlich, aber nicht sicher sind. Von besonderem Interesse ist die Vorwegnahme späterer skeptischer bzw. kritischer Auffassungen: «Kein Mensch weiß etwas Zuverlässiges und niemals wird es jemand geben, der es in bezug auf die Götter und alle Dinge, über die ich spreche, weiß. Denn selbst wenn jemand die vollkommene Wahrheit noch so gut träfe, so wüßte er selber es doch nicht.»[21] Will man Poppers Ausdrucksweise gebrauchen, kann man sagen, daß es nach Xenophanes nur Vermutungswissen gebe. Gleichzeitig scheint Xenophanes geglaubt zu haben, daß Theorien stets verbesserungsfähig sind, denn «nicht von Anfang haben die Götter den Sterblichen alles enthüllt, sondern allmählich finden diese suchend das Bessere».[22]

5. Die Welt als Werden: Heraklit

Gleich mit jedem Regengusse
Ändert sich dein holdes Tal,
Ach, und in demselben Flusse
Schwimmst du nicht zum zweitenmal.
(Goethe: Dauer im Wechsel)

Heraklit, um 540 in dem kleinasiatischen Ephesus geboren, ist der erste Philosoph, der sich uns als Persönlichkeit mit bestimmten Zügen darstellt, obwohl auch in seinem Falle die Quelle der Überlieferung recht spärlich fließt. Er war königlicher Abkunft, verzichtete jedoch auf seine – damals schon auf den religiösen Bereich beschränkten – ererbten Vorrechte, vermutlich um gegen die antiaristokratische Politik seiner Vaterstadt zu protestieren. Er erlebte einschneidende Veränderungen der politischen Lage seiner Heimat. Die griechischen Städte Kleinasiens waren 545 von den Persern unter König Cyrus unterworfen worden. Im Jahre 500 erhoben sie sich, um die Fremdherrschaft abzuschütteln, erlitten aber 494 eine Niederlage. Milet wurde zerstört, die Bewohner der Stadt wurden nach Mesopotamien umgesiedelt. Weil die Aufständischen durch die Städte des Mutterlandes unterstützt worden waren, unternahmen die Perser eine Strafexpedition gegen Griechenland. Die unerwarteten Siege der Griechen bei Marathon und vor Salamis leiteten einen Aufstieg Athens ein, der die Stadt zum wirtschaftlichen und kulturellen Mittelpunkt der griechischen Welt machte.

Zur Zeit der Erhebung gegen die Perser war Heraklit etwa vierzigjährig.

Nach der Niederschlagung des Aufstands gewährten die Perser den griechischen Städten einen gewissen Handlungsspielraum, den die Bürger von Ephesus benutzten, um ihre Verfassung zu demokratisieren. Diese Entwicklung lehnte Heraklit scharf ab; er wandte sich von seinen Mitbürgern ab und lebte schließlich als Einsiedler. Die Schrift, in der er seine Lehre dargestellt hatte, soll er im Tempel der Artemis deponiert haben, wohl um sie nicht in die Hände seiner Landsleute legen zu müssen; sie galt schon im Altertum als schwer verständlich, was Heraklit den Beinamen «der Dunkle» eintrug. An die 130 Fragmente dieser Schrift sind erhalten, ohne daß sich der Zusammenhang erkennen ließe, in dem sie ursprünglich standen. Der berühmteste der Heraklit zugeschriebenen Sätze, nämlich «alles fließt», ist in dieser Form nicht belegt; dem Sinne nach entspricht er aber der Heraklitischen Auffassung, der zufolge es eine beständige, dem Wandel entzogene Wirklichkeit nicht gibt: Alle Dinge sind veränderlich. Heraklit wollte offenbar nicht so weit gehen, die Wirklichkeit als Inbegriff von Prozessen darzustellen, wie manche Interpreten meinen, sondern er faßte sie als Inbegriff von Dingen auf, die aber seiner Ansicht nach niemals gleich bleiben, auch dann nicht, wenn wir an ihnen keine Veränderung wahrnehmen. Symbol der ständigen Veränderung der Wirklichkeit ist das fließende Wasser: So wie ein Fluß im Verlauf der Zeit derselbe zu sein scheint, tatsächlich aber immer ein anderer ist, weil sein Wasser unaufhörlich strömt, so scheinen auch manche Dinge dieselben zu bleiben, während sie sich doch in Wirklichkeit wandeln. Das gilt auch für den Menschen und seine Seele: Wir können nicht zweimal in denselben Fluß steigen, weil nicht nur der Fluß nicht derselbe bleibt, sondern weil auch wir nicht dieselben bleiben: «Wir steigen in dieselben Flüsse und steigen nicht [in dieselben]; wir sind und sind nicht [dieselben].»[23] Die Dinge sind Erscheinungsformen des Feuers, des lebendigsten und wandelbarsten aller Elemente: «Umwandlungen des Feuers sind zunächst das Meer, vom Meer sodann die eine Hälfte Erde, die andere Gluthauch.»[24] Und so wie das Feuer sich ständig verändert, so verändern sich die Dinge bzw. die Welt insgesamt: Das Feuer verwandelt sich in alles, und alles verwandelt sich wieder in Feuer, so wie Waren in Geld und Geld in Waren getauscht werden.[25] Mit der Annahme eines Elementes – hier des Feuers –, aus dem alle anderen Stoffe entstanden sein sollen, knüpft Heraklit an die Milesier an (siehe oben Abschn. 2).

Heraklit hat sich nicht damit begnügt, den Fluß aller Dinge einfach zu behaupten, sondern er versuchte, ihn auf eine Ursache zurückzuführen. Als solche betrachtete er das Vorhandensein gegensätzlicher Tendenzen in der Wirklichkeit. Seiner Ansicht nach stoßen ständig Gegensätze aufeinander, ohne daß je ein Gleichgewichtszustand erreicht würde. Der «Krieg» der Gegensätze ist die Ursache dafür, daß alles im Fluß ist: er ist «der Vater aller Dinge, aller Dinge König.»[26] Der Krieg im buchstäblichen Sinn und der gesellschaftliche bzw. politische Kampf sind Sonderfälle dieses universalen Konflikts gegensätzlicher Tendenzen, weshalb Heraklit auch sagte, der

Krieg mache die einen zu Göttern, die andern zu Menschen, die einen zu Sklaven, die andern zu Freien. Heraklit scheint der Ansicht gewesen zu sein, daß der Konflikt im sozialen Bereich für die Erhaltung der Gesellschaft nötig sei, offenbar weil er Stagnation für schädlich hielt; es verhält sich in diesem Bereich so wie auch bei anderen Dingen: «Auch der Gerstentrank zersetzt sich, wenn man ihn nicht umrührt».[27] Die Fragmente sind reich an anschaulichen Beispielen für den Widerstreit der Dinge und Kräfte: Die Drehbewegung der Schraube führt zur geradlinigen Fortbewegung, das Meerwasser ist lebensnotwendig (für Fische) und ungenießbar (für Landtiere), die Enden der Leier streben auseinander und bewirken damit die harmonische Stimmung der Saiten usw.

Heraklits dynamisches Weltbild enthält jedoch eine Komponente, die über die frühere Naturphilosophie entscheidend hinausgeht: Das Feuer, als dessen Umwandlungen alle Dinge betrachtet werden, wird als vernünftiges Feuer aufgefaßt. Die Verbindung von Feuer und Vernunft ist heute schwer nachvollziehbar, war aber in der Frühzeit der Philosophie denkbar. Das gilt auch für die Verbindung der im Feuer konkretisierten Vernunft mit dem Weltgesetz. Im vernünftigen Feuer erblickte Heraklit jene Gesetzmäßigkeit, nach der die Gegensätze der Wirklichkeit zusammenwirken. Der Gedanke eines vernünftigen, ewig lebendigen Feuers, das als Prinzip der Wirklichkeit gilt, läuft wie bei Xenophanes auf die Kritik des Polytheismus hinaus. Mit der Annahme eines einheitlichen Prinzips der Wirklichkeit, aus dem alles wird und das das Weltgeschehen lenkt, knüpfte Heraklit unübersehbar an die Arché-Spekulation der jonischen Naturphilosophie an, über die er aber insofern hinausging, als er das erste Prinzip auch als Gesetzmäßigkeit bestimmte.

Für «Vernunft» und «Weltordnung» steht bei Heraklit der Ausdruck «Logos», der «Rede», «Verhältnis», «Vernunft» bedeuten kann. Der Logos verbindet nicht nur die widerstreitenden Tendenzen zur Einheit des Kosmos – ähnlich wie beim Bogen die auseinanderstrebenden Enden durch die Sehne zur Einheit einer brauchbaren Waffe zusammengehalten werden –, sondern er verbindet auch das Denken der Menschen, die über vernünftige Einsicht verfügen. Die Beobachtung ist für die Erkenntnis der wahren Verhältnisse nicht hinreichend: sie führt für sich allein nur zur Vielwisserei; erst die Einsicht enthüllt die «Natur» der Wirklichkeit, die sich nicht sogleich zeigt, sondern sich gleichsam zu verbergen liebt.[28] Obwohl sie sich verbirgt, ist sie nicht ohnmächtig: Heraklit war überzeugt, daß unsichtbare Harmonie mächtiger sei als sichtbare. Die Verhältnisse der Oberfläche sind nicht die wahren; wahrhaft wirklich ist nur das in der Tiefe liegende Wesen. Die Erkenntnis des Wesens gewinnen wir nicht durch Erfahrung, sondern durch rein vernünftige Einsicht, d. h. sie ist metaphysische Erkenntnis; sie hat auch nichts mit dem Mythus zu tun, den Heraklit geringschätzte. Mit der Unterscheidung von Wesen und Erscheinung hängt das Verhältnis von metaphysischer Einsicht und empirischer Kenntnis zusammen.

Mit dieser Auffassung wird eine bestimmte Richtung des metaphysischen Denkens eröffnet, für die die These charakteristisch ist, daß sich das Wesen der Wirklichkeit nicht empirisch, sondern nur durch reine Vernunft erfassen lasse. Diese Auffassung sollte für die spätere Metaphysik wichtig werden, wie sich bereits bei Parmenides zeigt, der wenig jünger war als Heraklit und der erstmals klar eine Position bezog, die im angegegeben Sinn als metaphysisch zu bezeichnen ist.

Die Vernunft ist bei Heraklit einerseits das Vermögen, durch das wir das Wesen der Wirklichkeit erfassen, andererseits wird die der Vernunft zugeschriebene Funktion ihrerseits metaphysisch gedeutet: Vernünftige Einsicht kommt nach Heraklit zustande, wenn sich die individuelle Vernunft mit der allgemeinen Vernunft – dem Logos – identifiziert. Voraussetzung dieser Identifikation ist, daß die Seele mit der allgemeinen Vernunft, dem Logos, im Einklang steht. Im gegenwärtigen Zustand der Seele ist die Fähigkeit zur Einsicht beschränkt: Wir gleichen zumeist Schlafenden; erst wenn wir geistig erwachen, wird uns klar, daß unser Geist mit der Weltvernunft zusammenhängt. Das endgültige Erwachen erfolgt erst mit dem physischen Tod: «Der Mensch entzündet / berührt in der (Todes-)Nacht ein Licht, wenn sein Augenlicht erloschen ist.»[29] Auch diese Auffassung der vernünftigen Erkenntnis sollte in der späteren Metaphysik eine wichtige Rolle spielen: In der klassischen griechischen Philosophie, namentlich bei Plato, bei den späteren Platonikern der Antike und des Mittelalters, bei den Rationalisten der Neuzeit und bei den Vertretern des nachkantischen Idealismus findet sich der Gedanke wieder, daß es möglich sei, das Wesen der Wirklichkeit zu erkennen, weil die Form der Wirklichkeit und die Form des begrifflichen Denkens übereinstimmen. Hinter dieser Auffassung steht die unausgesprochene Voraussetzung, daß Erkenntnis nur möglich ist, wenn der erkennende Geist dem Erkannten ähnlich ist. Die Annahme, daß Erkenntnis Ähnlichkeit bzw. Verwandtschaft von Subjekt und Objekt erfordert, ist aber nicht selbstverständlich und wurde auch nicht allgemein akzeptiert; wo sie aber gemacht wurde, ergaben sich Auffassungen, die sich letzten Endes bis zu Heraklit und seinen Zeitgenossen zurückverfolgen lassen.

Die Seele hat nach Heraklits Ansicht Teil am Logos, sie ist individualisiertes lebendiges Feuer, und deshalb geht sie beim physischen Tod nicht zugrunde. Wenn die Menschen gestorben sind, erwartet sie, was sie weder erhoffen noch erwarten.[30] Welches Schicksal den Menschen nach Heraklit bevorsteht, läßt sich den Fragmenten aber nicht entnehmen. Daß Heraklit an ein Weltgericht geglaubt hat, das mit einem allgemeinen Weltenbrand einhergehe, ist zweifelhaft.

Einsicht in die Ordnung der Natur, die zugleich als Wertordnung gilt, ist nach Heraklit auch Bedingung des richtigen Handelns. Auf Grund der Erkenntnis der universalen Gesetzmäßigkeit, die alles Geschehen, auch das soziale Geschehen, beherrscht und die allgemein verbindlich ist, soll es möglich sein, oberste Normen zu formulieren, die unabhängig vom positiven Recht bestehen. Bei Heraklit findet sich erstmals der für alle späteren Naturrechtslehren typische Gedanke, daß sich der Natur gewisse allgemeine Normen des Handelns entnehmen lassen. Bei Heraklit hat die Naturrechtslehre eine aristokratische bzw. elitäre Pointe. Die Einsicht in die wesentlichen Zusammenhänge der Natur der Dinge im allgemeinen und der Natur des Menschen im besonderen soll nämlich nur wenigen möglich sein; die große Masse der Menschen bleibt unverständig und bedarf daher der Führung durch die Einsichtigen. Diese Konsequenz aus der Annahme einer «tieferen» Einsicht, die den ausgezeichneten Individuen vorbehalten sein soll, wurde in der Folge immer wieder gezogen: Platos Forderung, die Philosophen sollten Könige sein, ist nur ein, freilich das berühmteste, Beispiel dieser Auffassung.

Wegen seiner Lehre von der die Wirklichkeit beherrschenden Gegensätzlichkeit wurde Heraklit bald kritisiert, bald bewundert. Plato und Aristoteles meinten, daß die These, in jedem Augenblick hätten die Dinge gegensätzliche Bestimmungen, zur Aufhebung des Widerspruchsprinzips führe. Wenn ein Ding zum Beispiel gleichzeitig schön und unschön ist, dann ist das Urteil «Dieses Ding ist schön» sowohl wahr als auch falsch. Läßt man aber auch nur einen einzigen Widerspruch zu, dann hat das katastrophale Konsequenzen, weil dann Beliebiges abgeleitet werden kann und die Rede ihre Eindeutigkeit verliert. Umgekehrt haben Hegel und andere in Heraklit den Wegbereiter des dialektischen Denkens gesehen. Tatsächlich wird man aber Heraklit weder eine Auffassung zuschreiben dürfen, die die Aufhebung des Widerspruchsprinzips nach sich zieht, noch wird man ihn zum Ahnherrn der dialektischen These machen können, der zufolge die werdende Wirklichkeit selbst «widerspruchsvoll» ist: Von gegensätzlichen Tendenzen in der Wirklichkeit läßt sich sprechen, ohne daß der Satz vom Widerspruch außer Kraft gesetzt würde. Wo Heraklit einem Ding entgegengesetzte Eigenschaften beilegt, geschieht das von verschiedenen Gesichtspunkten aus. Heraklits Leistung bestand darin, mit großem Nachdruck ein dynamisches Weltbild vertreten zu haben, das nicht wissenschaftlich, sondern metaphysisch und in gewissem Sinne religiös ist: Der Logos als das Eine Weise ist göttlich und kann, wenn man nicht an den allzu menschlichen Olympier denkt, auch Zeus genannt werden.

Die Faszination, die von Heraklits Denken ausgeht, ist zum Teil eine Folge des Charakters der erhaltenen Fragmente, die in bildhafter Sprache Gedanken andeuten, aber nicht begründen, und die daher oft recht verschiedene Interpretationen zulassen. Außerdem finden sich bei Heraklit immer wieder Auffassungen, die auf ägyptische, persische oder indische Einflüsse hinzudeuten scheinen, denen nachzugehen in einer Zeit, die die östliche Weisheit schätzt, verlockend ist. Im Rahmen der philosophiegeschichtlichen Analyse ist jedoch in beiden Hinsichten Zurückhaltung geboten; es kommt vor allem darauf an, Heraklit im Zusammenhang der griechischen Philosophie der Frühzeit zu sehen. Auch in diesem Rahmen erweist sich Heraklits

Denken als bedeutungsvoll: Es verbindet die Anerkennung der Mannigfaltigkeit der Dinge mit der Idee der Einheit der Gesamtwirklichkeit, die Erfahrung gegensätzlicher Tendenzen in der Welt mit dem Gedanken einer umfassenden gesetzmäßigen Ordnung, die Berücksichtigung der Verhältnisse im materiellen Bereich mit deren Unterordnung unter ein vernünftiges, letzten Endes göttliches Prinzip, an dem der menschliche Geist teilhaben kann. Diese Ansätze sind bei Heraklit noch kaum entfaltet; die Geschichte des metaphysischen Denkens sollte sie nach und nach entwickeln. In dieser Hinsicht stellt bereits die Philosophie der Eleaten, allen voran die des Parmenides, einen Schritt über Heraklit hinaus dar.

6. Das wahrhaft Wirkliche als unveränderliches Sein: Die Eleaten

«Da die doxa unvernünftig und allgemein ist, so muß, wer besser sieht, notwendig immer paradox erscheinen.»
(Fr. Th. Vischer: Auch Einer)

a) Parmenides

Mit der ausdrücklichen Unterscheidung von Erscheinung und wahrhaftem Sein, die von Heraklit und den Pythagoreern vorbereitet, aber erst von Parmenides klar vollzogen wurde, beginnt die Geschichte der Metaphysik als jener philosophischen Teildisziplin, deren Aufgabe in der Erkenntnis einer angenommenen erfahrungsjenseitigen Wirklichkeit besteht. Deshalb ist Parmenides als Begründer der Metaphysik im angedeuteten Sinn zu betrachten.

Parmenides, geboren um 515, vielleicht aber auch schon um 540,[31] lehrte im unteritalienischen Elea (heute Veglia). Er knüpfte insofern an Xenophanes an, als er wie dieser das Seiende mit göttlichen Attributen belegte, ohne es jedoch als persönliches Wesen aufzufassen. Da er aber von der agnostischen Auffassung, die Xenophanes vertreten hatte, weit entfernt war, kann man ihn nicht als dessen Fortsetzer betrachten und die eleatische Philosophie mit Xenophanes beginnen lassen, wie das seit Plato und Aristoteles immer wieder getan wurde. Der für das herkömmliche metaphysische Denken, wie es uns bei Parmenides entgegentritt, typische Anspruch, unbedingt wahre Prinzipien des Seins und Erkennens aufstellen zu können, läßt sich jedenfalls nicht auf Xenophanes' Einfluß zurückführen. Ambivalent ist sein Verhältnis zu Heraklit: Während er wie dieser an die Möglichkeit vernünftiger Einsicht in das Wesen der Dinge glaubte, lehnte er Heraklits dynamische Auffassung der Wirklichkeit ab: Das wahrhaft Seiende kennt kein Werden und keine Veränderung, so wie ihm auch die Vielheit fremd ist. Indem er die Vielheit vom wahrhaft Seienden ausschloß und dessen Einzigkeit behauptete, trat er der pythagoreischen These entgegen, daß die Dinge Mannigfaltigkeiten letzter Einheiten seien.

Die überlieferten Fragmente des Lehrgedichts, in dem Parmenides seine Hauptthesen vortrug, lassen den Zusammenhang seiner Gedanken hinreichend klar erkennen. Das Werk, dem Spätere den Titel «Über die Natur» gaben, besteht aus einer Einleitung (Proömium) und zwei Hauptteilen, nämlich einem metaphysischen und einem naturphilosophischen Teil. Der erstere ist nicht nur wesentlich besser dokumentiert, sondern auch philosophiegeschichtlich bedeutender als der letztere, was erkennen läßt, daß die naturphilosophischen Gedankengänge, mit denen die griechische Philosophie einsetzte, nach und nach zugunsten der metaphysischen Spekulation in den Hintergrund traten. Die in den naturphilosophischen Überlegungen enthaltenen metaphysischen Ansätze kamen nach und nach immer deutlicher zum Vorschein und wurden als philosophisch grundlegend erkannt.

Die einleitenden Verse des Lehrgedichts schildern, wie der Philosoph zum Himmel entrückt und von einer Göttin darüber belehrt wird, was die Wahrheit sei und was die Sterblichen glaubten, d.i. fälschlich für die Wahrheit hielten. Was hier als Wahrheit angekündigt wird, ist das Thema des ersten Teils des Lehrgedichts, während die naturphilosophischen Meinungen in dessen zweitem Teil erörtert werden.

Die zentrale Wahrheit, die dem Philosophen offenbart wird, besteht in dem Satz, daß das Seiende ist und das Nicht-Seiende nicht ist; die entgegengesetzte Auffassung ist irrig. Diese These wirkt auf den ersten Blick dürftig: Ist es nicht selbstverständlich, daß Seiendes ist und Nicht-Seiendes nicht ist? Der Eindruck einer nichtssagenden Trivialität verschwindet jedoch, wenn man sich vor Augen hält, daß Parmenides unter dem «Nicht-Seienden» den leeren Raum, das Vakuum, verstanden hat. Im Unterschied zu der Feststellung, daß Nicht-Seiendes nicht seiend ist, hat die Behauptung, daß es kein Vakuum gibt, einen Gehalt und bedürfte daher einer Rechtfertigung im Rahmen einer empirischen Theorie; eine solche Rechtfertigung sucht man aber bei Parmenides vergeblich. Zwar wird zugunsten der These, daß nur Seiendes ist, ins Treffen geführt, daß allein etwas Seiendes gedacht werden könne bzw. daß alles, was gedacht wird, ein Seiendes ist;[32] hieraus folgt aber nur, daß Nicht-Seiendes, nicht jedoch, daß das Vakuum undenkbar ist. Ob das Leere als Nicht-Seiendes gelten kann, bleibt offen. Der Satz «Es gibt kein Vakuum» ist jedenfalls nicht selbstverständlich, sondern eine Annahme, die sich mit rein logischen Mitteln nicht als wahr erkennen läßt. Wenn Parmenides sie, wie es scheint, für eine Tautologie gehalten hat, dann irrte er, und seine metaphysische Grundlegung erweist sich als fragwürdig.

Aus der Leugnung des Leeren folgerte Parmenides, daß Bewegung unmöglich sei. Diese Konsequenz konnte er ziehen, weil er voraussetzte, daß etwas sich nur bewegen könne, wenn es einen leeren Raum gibt, in den es nach dem Verlassen seiner bisherigen Raum-Stelle ausweicht. Daß diese Folgerung nicht zwingend ist, sollte bald bemerkt werden, wie die von

Empedokles (siehe Abschn. 7 a) vertretene Auffassung zeigt. Nach Parmenides ist das wahrhaft Seiende nicht nur unbeweglich, sondern auch unentstanden. Nimmt man nämlich an, es wäre entstanden, dann könnte es nur entweder aus Seiendem oder aus Nicht-Seiendem entstanden sein. Das letztere ist ausgeschlossen, da nichts aus nichts entsteht. Dies wiederum ergibt sich daraus, daß unter der Voraussetzung der Entstehung aus dem Nichts eine absolut leere Zeit angenommen werden müßte, in der kein Augenblick vor einem anderen ausgezeichnet wäre, so daß unbegreiflich bliebe, warum das Seiende eher in diesem als in jenem Augenblick entstanden ist.[33] Die Annahme, das Seiende sei aus dem Seienden entstanden, läuft dagegen auf das Eingeständnis hinaus, daß es nicht entstanden ist. Also hat es in jedem Fall als unentstanden zu gelten. Wenn es aber nicht entstanden sein kann, kann es auch nicht vergehen. Hinter der These, daß Werden unmöglich ist, könnte die Überlegung gestanden haben, daß die Bedeutung von «Werden» nur mit Hilfe von «Nicht-Sein» expliziert werden kann. Wer sagt, daß ein Ding geworden ist, meint, daß es vorher nicht war.[34] Wenn es also unmöglich ist, von Nicht-Sein zu sprechen, dann läßt sich auch nicht sinnvoll von Werden reden. Eine solche Argumentation steht allerdings auf schwachen Grundlagen: Auch wenn sich Nicht-Sein in einem absoluten Sinn nicht erkennen oder auch nur denken läßt, würde hieraus nicht folgen, daß es ausgeschlossen ist, mit Bezug auf bestimmte Dinge zu sagen, daß sie einmal nicht waren. Parmenides hätte konsequenterweise alle Verneinungen verbieten müssen, während er doch selbst Negationen verwendete, so wenn er von der wahren Wirklichkeit erklärt, sie sei unentstanden, unvergänglich, unbeweglich und ohne Abschluß.

Daß Werden und Vergehen unmöglich sind, ergibt sich für Parmenides auch daraus, daß sich das Seiende nicht zeitlich bestimmen läßt. Dies folgerte Parmenides daraus, daß das Seiende ist, und somit nicht war und nicht sein wird, also weder Vergangenheit noch Zukunft hat. Das Seiende ist infolgedessen nicht der Zeit unterworfen. Es kann ferner keine Teile haben, denn bestünde es aus Teilen, müßten diese voneinander getrennt sein; wären sie durch etwas Seiendes getrennt, liefe das auf die Annahme weiterer Teile hinaus, die ihrerseits von den ursprünglich angenommenen durch etwas Seiendes getrennt zu denken wären usw., so daß eine unendliche Mannigfaltigkeit von Teilen angenommen werden müßte, was Parmenides für undenkbar hielt; sie können aber auch nicht durch Nicht-Seiendes getrennt sein, da es Nicht-Seiendes voraussetzungsgemäß nicht gibt. Schließlich erklärte Parmenides das Seiende für kugelförmig, und auch für diese Annahme deutete er einen Beweis an: Da das Seiende vollkommen bzw. ohne Mangel ist und da Unbegrenzheit als Mangel gilt, folgt, daß das Seiende nicht unbegrenzt sein kann. Wegen der Vollkommenheit des Seienden muß es auf die vollkommenste Art begrenzt sein, nämlich durch die Form der Kugel als vollkommenster Gestalt. Die Schwierigkeit, daß ein kugelförmiges Weltall nicht als unteilbar gedacht werden kann, hat Parmenides nicht berücksichtigt, oder er hat den Ausdruck «kugelförmig» in übertragener Bedeutung verwendet, um die Vollkommenheit des wahrhaft Seienden auszudrücken.

Parmenides wollte nicht bloße Behauptungen aufstellen, sondern beweisen, daß dem Seienden bestimmte Attribute zukommen, nämlich «unentstanden», «unvergänglich», «ohne Ziel in der Zeit», «einzig», «unbeweglich», «homogen», «kugelförmig». Mögen auch bei den Pythagoreern und bei Heraklit metaphysische Gedanken anzutreffen sein, so finden sich doch metaphysische Beweisversuche erst bei Parmenides, dem daher in der Geschichte der Philosophie eine ausgezeichnete Stellung zukommt.

Die angedeutete Auffassung der wahren Wirklichkeit ist offensichtlich nicht mit den Zügen der empirischen Dinge vereinbar: Die wahrgenommenen Dinge bilden eine Vielheit, sie entstehen und vergehen, sie sind heterogen und haben Teile. Da nicht zu bestreiten ist, daß wir die Dinge als veränderlich, teilbar, im Werden begriffen erfahren, muß die erfahrene Realität als bloße Erscheinung, ja als trügerischer Schein erklärt werden. Das Werden der Dinge, ihre Bewegung und ihre Vielheit sind nur scheinbar, in Wirklichkeit gibt es nur das eine, unveränderliche, unbewegliche Seiende an sich, das im reinen Denken erfaßt und daher im eigentlichen Sinne erkannt wird, während die scheinbaren Dinge, wie sie sich der Wahrnehmung zeigen, Gegenstand bloßer Meinungen, d. h. hypothetischen Fürwahrhaltens, sind.

Auf die Frage, warum das wahrhaft Wirkliche als veränderliche Mannigfaltigkeit von Dingen erscheint, hat Parmenides keine Antwort gegeben. Zwei Möglichkeiten zeichnen sich ab: Daß uns die Wirklichkeit als Vielheit veränderlicher Dinge erscheint, könnte seinen Grund im Seienden selbst haben, könnte aber auch auf das Subjekt zurückzuführen sein, das die Wirklichkeit erfährt. Wenn es das Seiende selbst ist, das sich als Vielheit veränderlicher Dinge zeigt, dann müßte gesagt werden, was es dazu veranlaßt; wenn der Schein erst mit der Wahrnehmung entstehen soll, dann müßte angegeben werden, wie das geschieht. Da Parmenides auf diese Probleme nicht einging, bleibt seine Philosophie in einem wichtigen Punkt unvollständig. Plato war es vorbehalten, diese Probleme ausdrücklich zu formulieren und einen Versuch zu ihrer Lösung zu unternehmen.

Zu den hypothetischen «Meinungen», die im zweiten Teil des Lehrgedichts behandelt werden, gehören die Lehren von der Natur und der Entstehung des Kosmos. Parmenides übernahm verschiedene der älteren Ansichten, z.B. die Lehre von den gegensätzlichen Elementen, unter denen das Lichte und das Dunkle – vermutlich Feuer und Luft – an erster Stelle stehen. Das Verhältnis der Elemente ist einer Ordnung unterworfen, die eine alles lenkende Gottheit aufrechterhält. Im Mittelpunkt des Kosmos steht die kugelförmige Erde, die von den Gestirnbahnen umgeben ist. Die Einzelheiten der Parmenideischen Kosmologie lassen sich nicht mehr sicher rekonstruieren. Das fällt deshalb nicht allzu sehr ins Gewicht, weil Parmenides selbst die empirische Erkenntnis gegenüber der metaphysischen abzuwerten trachtete. Da die Erkenntnis der Natur stets hypothetisch ist, kann sie nicht als Wissen im vollen Wortsinn gelten: Sie ist als «dóxa» (hypothetische Überzeugung) gegenüber der «epistéme», dem rein vernünftigen und notwendigen Wissen, zweitrangig.

Gegen die Unterscheidung von wahrer Wirklichkeit und bloßer Erscheinung läßt sich einwenden, daß sie auf einer problematischen Annahme beruht, nämlich der These, daß das Seiende an sich und seine Attribute in rein vernünftiger Einsicht unmittelbar erfaßt werden. Diese Annahme ist vom Standpunkt der kritischen Philosophie aus nicht akzeptabel. Man muß überdies fragen, was zu dieser Annahme veranlaßte; die Antwort kann nur lauten, daß sie für nötig gehalten wurde, um das vorausgesetzte Ideal perfekten, d. h. einer Korrektur prinzipiell weder bedürftigen noch fähigen Wissens aufrechterhalten zu können. Dieses Ideal ist aber fragwürdig, ja es ist im Verlauf der Entwicklung des philosophischen Denkens immer fragwürdiger geworden. Gibt man es auf, dann entfällt auch die Notwendigkeit, etwas anzunehmen, das Gegenstand dieses vermeintlich definitiven Wissens ist, nämlich die «wahre Wirklichkeit», das Eine Seiende. Die Parmenideische Seinslehre erweist sich bei dieser Betrachtungsweise als abhängig von einer bestimmten Auffassung der Erkenntnis.

Parmenides übte starken Einfluß auf die weitere Entwicklung der Philosophie aus, die sich ohne ihn nicht begreifen läßt. Er gründete nicht nur eine Schule, sondern beeinflußte Empedokles, Anaxagoras, die Atomisten und schließlich Plato, dessen metaphysische Betrachtungsweise eine bis in unsere Zeit anhaltende Wirkung ausübt.

b) Zeno von Elea und Melissus

Parmenides hat eine Auffassung vertreten, die der Erfahrung, die uns eine Vielheit veränderlicher Dinge zeigt, offensichtlich widerspricht; es ist daher anzunehmen, daß seine Lehre auf Kritik stieß und daß sich die Angehörigen der eleatischen Philosophie genötigt sahen, Einwänden von seiten konkurrierender philosophischer Richtungen und des sogenannten gesunden Menschenverstandes entgegenzutreten. In diesem Sinne setzte sich vor allem der Eleate Zeno, Schüler von Parmenides, für die Theorie seines Lehrers ein. Er suchte durch eine Reihe scharfsinniger Beweise zu zeigen, daß die Welt veränderlicher Dinge in Raum und Zeit nur Schein, das wahrhaft Wirkliche dagegen eines, unbeweglich und unveränderlich ist, wie Parmenides behauptet hatte.

Von den überlieferten Argumenten Zenos gegen die Realität der Bewegung ist das folgende am berühmtesten: Wenn der schnellfüßige Achill einen Wettlauf mit einer Schildkröte vereinbart, der er wegen ihrer Langsamkeit einen Vorsprung einräumt, kann er sie niemals einholen; denn während er die Distanz zurücklegt, die dem Vorsprung der Schildkröte entspricht, hat diese bereits eine gewisse Strecke zurückgelegt; während Achill diese letztere durchläuft, hat sich auch die Schildkröte ein Stück weiterbewegt, und so weiter ins unendliche; obwohl der Rückstand Achills immer kleiner wird, verschwindet er doch nicht: Achill kann, ungeachtet seiner Schnelligkeit, die Schildkröte nicht einholen. Um die Zusammenhänge zu verdeutlichen, kann man z.B. annehmen, Achill sei hundertmal so schnell wie die Schildkröte und diese habe einen Vorsprung von 100 m. Wenn Achill diese 100 m zurückgelegt hat, ist die Schildkröte bei 101 m angelangt, wenn Achill diese Marke erreicht, befindet sich die Schildkröte bei 101,01 m usw. Die Folge der Abstände wäre demnach 100, 1, 1/100, 1/10000, ... usw. ins unendliche, wobei kein angebbares Glied der Folge = 0 ist. Der Einwand, daß man den Grenzwert der Reihe 100 + 1 + 1/100 + ... berechnen kann – er beträgt 101 1/99 –, hätte Zeno nicht beeindruckt, da es seine Überlegung nicht mit einem gedachten Grenzwert, sondern mit einem Vorgang in der Zeit zu tun hat. Das Ergebnis der Überlegung ist paradox, weil die Erfahrung zeigt, daß in Fällen wie dem betrachteten der Schnellere nach einer bestimmten Zeit doch den Langsameren einholt. Anstatt aber zu folgern, daß die angedeutete Überlegung durch die Erfahrung widerlegt werde, zog Zeno genau die entgegengesetzte Konsequenz: Weil die logische Argumentation richtig ist, muß die Erfahrung als trügerisch gelten: Es scheint nur so, als bewegten sich Achill und die Schildkröte, während es in Wirklichkeit Bewegung nicht gibt. Kurz: Wenn die Erfahrung von Vorgängen der logisch-mathematischen Überlegung widerspricht, kann sie nicht zuverlässig sein. Hieraus folgerte Zeno, daß die Welt, in der sich Dinge bewegen, nur scheinbar wirklich ist.

Auch die Annahme, daß es, wie die Wahrnehmung zeigt, eine Mehrheit von Dingen gibt, läßt sich nach Zeno widerlegen: Geht man von der kleinstmöglichen Vielheit aus und nimmt an, daß es zwei verschiedene Seiende gibt, dann muß etwas anerkannt werden, das sie voneinander scheidet, und das kann nur ein Seiendes, und nicht ein Nichts, sein: Zu sagen, zwei Seiende wären durch nichts getrennt, hieße ja einräumen, daß sie nicht getrennt, somit nicht zwei Seiende, sind. Die Annahme, daß es zwei Seiende gebe, führt also notwendig zur Annahme eines dritten Seienden. Da dieses von den beiden ersten geschieden sein muß, ist die Annahme weiterer Seiender, die sie trennen, unumgänglich und so weiter ins unendliche, so daß man schließlich zu dem Ergebnis gelangt, daß es unendlich viele Seiende gibt. Eine Annahme, die zu einem unendlichen Progreß führt, muß aber nach Zeno falsch und ihr Gegenteil daher richtig sein: Es gibt keine Mehrheit von Seienden, sondern vom Seienden läßt sich prinzipiell nur in der Einzahl reden. Zeigt die Wahrnehmung eine Mannigfaltigkeit, dann ist sie trügerisch; die als Mannigfaltigkeit von Dingen erfahrene Welt ist bloßer Schein, sie ist nicht im eigentlichen Sinne wirklich. Somit muß das wahrhaft Seiende tatsächlich die ihm von Parmenides zugeschriebenen Attribute haben.

Mit seinen Argumenten leistete Zeno zugleich einen Beitrag zur Entwicklung der Logik, wie Aristoteles anerkannte.[35] Man wird Zeno nicht gerecht, wenn man annimmt, er habe Argumente wie das vom Wettlauf des Achill nur aus Freude an logischen Spitzfindigkeiten entwickelt. Den Philosophen von Elea war es mit dem Gedanken einer von der wahrnehmbaren Welt verschiedenen wahren Wirklichkeit, die sich nur dem rein vernünftigen Denken erschließt, viel zu ernst, als daß sie ihn als Anlaß von Spiegelfechtereien mit paradoxem Ergebnis mißbraucht hätten. Zenos Argumente sind – wie schon gewisse Parmenideische Argumente – indirekte Beweise: Um einen Satz indirekt zu beweisen, geht man von dessen Negation aus und zeigt, daß sie unhaltbare Konsequenzen hat. Folgt aus einem Satz etwas Unmögliches, dann muß er falsch und sein Gegenteil – also der ursprüngliche Satz – wahr sein. In diesem Sinne nahm Zeno, um zu beweisen, daß es keine Vielheit von Seienden geben könne, an, es existierten mehrere Seiende. Da sich hieraus eine unannehmbare Konsequenz ergibt, ist der Satz «Es gibt mehrere Seiende» falsch und somit seine Negation «Es gibt keine Mehrheit von Seienden» wahr. Es ist bemerkenswert, daß auch die zeitgenössische Mathematik den indirekten Beweis (reductio ad absurdum) verwendete. Um z.B. die Inkommensurabiltät von Seite und Diagonale des Quadrats zu beweisen, nahm man an, sie wären kommensurabel, leitete aus dieser Annahme einen Widerspruch ab und folgerte hieraus die Falschheit der Annahme bzw. die Richtigkeit ihrer Negation, d.h. des zu beweisenden Satzes. Die Parallelität der Argumentationsweisen der Metaphysik und der Mathematik gibt einen Hinweis auf die Bedeutung, die dem mathematischen Denken bei der Grundlegung der systematischen Philosophie zukam.

Ähnlich wie Zeno suchte auch Melissus von Samos die von Parmenides vertretene Auffassung zu verteidigen, wobei er die Ansicht des Schulhauptes in einem Punkte korrigierte: Die Wirklichkeit soll nicht als Kugel gedacht werden, sie hat überhaupt keine bestimmte Begrenzung, sondern muß als unbegrenzt gelten.

Die eleatische These, daß die wahre Wirklichkeit, wie sie in reiner Vernunft erfaßt wird, eine Einheit ohne Mannigfaltigkeit von Teilen, ohne Veränderung und Bewegung, ohne Anfang und Ende sei, hinterließ im Denken der Folgezeit tiefe Spuren: Kein Philosoph des fünften und vierten Jahrhunderts konnte sich über sie hinwegsetzen. Da aber auch niemand außerhalb der eleatischen Schule bereit war, die Ansicht des Parmenides, und namentlich seine Leugnung eines realen Entstehens und Vergehens, ohne Einschränkung zu akzeptieren, entstanden Theorien, die auf eine Modifikation des eleatischen Ansatzes hinausliefen, ohne jedoch die Annahme eines wahrhaft Wirklichen «hinter» den Erscheinungen preiszugeben.

7. Theorien des Werdens: Empedokles, Anaxagoras, Demokrit

Es ist üblich, in Heraklit und Parmenides Antipoden zu sehen, deren Auffassungen einander schroff gegenüberstehen. An dem Gegensatz zwischen Heraklitischer und eleatischer Philosophie, zwischen dynamischer und statischer Wirklichkeitsauffassung ist in der Tat nicht zu zweifeln. Man darf aber nicht übersehen, daß Heraklit und Parmenides insofern übereinstimmten, als sie der beobachtbaren eine «wahrere», «tiefere», den Sinnen verborgene Wirklichkeit gegenüberstellten; und obwohl Heraklit den Fluß aller Dinge betonte, glaubte auch er, wie Parmenides, an etwas Unwandelbares, das er aber nicht als Seiendes, sondern als ein in allem Werden waltendes Gesetz auffaßte. Nichtsdestoweniger sind die Unterschiede zwischen der Heraklitischen Lehre von der Veränderlichkeit der mannigfaltigen, einander widerstreitenden Seienden und der eleatischen Lehre von der Unveränderlichkeit des einen, wahrhaft Seienden groß genug, um von einer Antithese sprechen und diese zum Ausgangspunkt der Rekonstruktion der späteren Entwicklung machen zu können: Die Auffassungen von Philosophen wie Empedokles, Anaxagoras oder Demokrit lassen sich in der Tat als Versuche begreifen, zwischen Heraklit und den Eleaten zu vermitteln. Den verschiedenen Bemühungen um eine Synthese lag der Gedanke zugrunde, daß an der eleatischen Annahme von etwas wahrhaft Wirklichem, das unentstanden, unveränderlich und unvergänglich ist, festzuhalten sei, gleichzeitig jedoch die Realität des Werdens, d. h. des Entstehens, der Veränderung und des Vergehens von Dingen nicht geleugnet werden könne. Die Synthese ergibt sich unter der Voraussetzung, daß die wahrhafte Wirklichkeit nicht (mit Parmenides) als Einheit, sondern als Vielheit unentstandener und unvergänglicher Seiender aufgefaßt und angenommen wird, daß diese Seienden sich miteinander zu Komplexen verbinden, die nicht konstant sind und sich daher auch wieder auflösen können. Kurz: die erfahrbaren Dinge sind veränderliche Aggregate unveränderlicher Partikeln, die mit Ausnahme der Einzigkeit alle Attribute des Parmenideischen Seienden haben. In diesem Punkte waren sich die von Parmenides und Heraklit angeregten Philosophen einig.

Über den Charakter der ungewordenen und unvergänglichen Partikel, durch deren Kombination die beobachtbaren Dinge entstanden sein sollen, gingen die Meinungen jedoch auseinander: Empedokles sprach von vier Elementen, nämlich Feuer, Wasser, Erde und Luft; Anaxagoras nahm Partikeln an, die von gleicher Art sein sollten wie die wahrnehmbaren Dinge, also knochenartig, fleischartig, holzartig usw.; Leukipp und Demokrit schließlich postulierten die Existenz von Atomen, d. h. von unteilbaren Partikeln, die nur durch Eigenschaften der Größe, der Masse, der Gestalt, der Lage und der Bewegung, nicht aber durch andere Eigenschaften, bestimmt sein sollten.

Im einzelnen stellen sich die angedeuteten Lösungsversuche folgendermaßen dar:

a) Empedokles

Empedokles (etwa 492 bis etwa 432) aus Akragas, dem heutigen Agrigent, hat seine Theorie des Werdens in dem Lehrgedicht «Über die Natur» entwickelt, in dem er ausführte, daß die erfahrbaren Dinge aus Anteilen der vier Elemente – oder, wie er sagte, der «Wurzeln der Dinge»[36] – zusammengesetzt seien und daß ihre Veränderung in einer Neukombination dieser Anteile bestehe. Die Entstehung eines Dinges besteht nach dieser Auffassung darin, daß sich Elementarteile in einem bestimmten Verhältnis zu einem Komplex verbinden. Die Eigenschaften eines Dinges hängen von dem Verhältnis ab, in dem die Elemente an dem Komplex beteiligt sind, und die Veränderung eines Dings ist als Änderung dieses Verhältnisses zu begreifen, so wie das Vergehen bzw. die Zerstörung von Dingen im Zerfallen des Komplexes besteht. Die Elemente selbst vergehen dabei nicht, so daß man von einer ersten Ahnung des Prinzips der Erhaltung der Masse sprechen kann.

Wenn man wie Empedokles die Elemente als träge Materie auffaßt, dann läßt sich die Frage nicht abweisen, was die Verbindung von Anteilen der Elemente zu Komplexen, ihre Änderung bzw. ihre Auflösung bewirkt. Empedokles hat angenommen, daß dies durch Kräfte geschieht, die er als Anziehungs- und Abstoßungskräfte charakterisierte und in mythologisierender Sprache als «Liebe» und «Zwietracht» bezeichnete. Sofern in der Natur Attraktionskräfte wirksam sind, kommt es zur Bildung von Komplexen oder Aggregaten, und sofern Repulsionskräfte zur Geltung kommen, lösen sich die Aggregate wieder auf. Empedokles meinte aber, daß sich die beiden kosmischen Grundkräfte nicht im Gleichgewicht befinden, sondern mit wechselndem Ergebnis miteinander konkurrieren. Setzt sich die «Liebe» vollständig durch, gibt es keine die Elemente trennenden Kräfte mehr und die Elemente bilden eine ungeschiedene Einheit, vergleichbar einer kompakten Kugel, die bei Empedokles «Sphairós» heißt. Erst wenn die «Zwietracht» zu wirken beginnt, setzt ein Prozeß der Differenzierung ein, in dessen Verlauf Dinge entstehen. Innerhalb der Dinge werden die Elemente zunächst noch durch «Liebe» zusammengehalten, die «Zwietracht» bewirkt aber, daß es voneinander getrennte Dinge gibt. Siegt schließlich die «Zwietracht» vollständig über die «Liebe», dann gibt es keine besonderen Dinge mehr, sondern die Elemente sind vollkommen voneinander getrennt und in Form von Kugelschalen um die Erde angeordnet. Der Sieg der «Zwietracht» ist aber ebensowenig endgültig, wie es die Herrschaft der «Liebe» im «Sphairós» war; die «Liebe» beginnt, die «Zwietracht» zurückzudrängen, bis eine Welt besonderer Dinge entsteht und schließlich unter der ausschließlichen Herrschaft der «Liebe» wieder die Einheit des «Sphairós» erreicht wird. Die Entwicklung ist zum Ausgangspunkt zurückgekehrt, ohne daß ein stabiler Zustand erreicht würde: Immer von neuem folgen die angedeuteten Phasen der Weltentwicklung aufeinander, so daß von einem pulsierenden Universum gesprochen werden kann,[37] ähnlich wie es in der Gegenwart – freilich in wissenschaftlich viel differenzierterer Weise – im Rahmen der Urknall-Theorie vorstellbar ist.

Bei dieser Auffassung ist besonders der Umstand erkenntnistheoretisch wichtig, daß die beobachtbaren Verhältnisse auf etwas zurückgeführt werden, das nicht beobachtet, sondern angenommen wird, um das Vorhandensein von Dingen mit bestimmten Eigenschaften und die Veränderung von Dingen begreiflich machen zu können. Die angenommenen Zusammenhänge im Bereich der vier Elemente und ihrer Teile sowie im Bereich der grundlegenden Kräfte gelten dabei als die eigentliche Wirklichkeit, die Verhältnisse, wie sie sich in der Wahrnehmung zeigen, werden dagegen als bloße Erscheinungen der zugrunde liegenden «wahren Wirklichkeit» aufgefaßt. Wenn z.B. die Eigenschaften des Blutes – also seine Flüssigkeit, seine Wärme, seine Farbe usw. – darauf zurückgeführt werden, daß Blut zu je einem Viertel aus Feuer, Erde, Luft und Wasser besteht, so sind Farbe, Aggregatzustand, Temperatur usw. Erscheinungsweisen der Konfiguration von Anteilen der genannten Elemente, die als solche nicht wahrgenommen werden. Obwohl Empedokles Annahmen der genannten Art nicht überprüfen konnte, ist eine solche Überprüfung doch prinzipiell möglich, wie die moderne Chemie zeigt, die die wahrnehmbaren Eigenschaften von Stoffen ebenfalls auf Verhältnisse im Bereich der Elemente bezieht, allerdings unter «Element» etwas anderes versteht als Empedokles. So werden z.B. die Eigenschaften des Wassers mit Hilfe der Annahme erklärt, daß jedes Wasser-Molekül aus zwei Wasserstoffatomen und einem Sauerstoffatom besteht, die in bestimmter Weise angeordnet sind. Eine vage Ahnung von derartigen Erklärungen hatte bereits Empedokles, was ihn als fernen Vorläufer der Chemie erscheinen läßt.

Auch die Organismen sind durch Verhältnisse der Elemente charakterisiert, einschließlich des menschlichen Organismus und seiner Teile, namentlich der Sinnesorgane. Die Wahrnehmung kommt dadurch zustande, daß Dinge einen Reiz auf das Sinnesorgan ausüben und dort eine Reaktion hervorrufen. Sie führt zur bewußten Wahrnehmung, wenn der Eindruck und das Sinnesorgan gleichartig sind und die Eindrücke in die Öffnungen (die Poren) der Sinnesorgane «passen». Empedokles vertrat mit einem Wort die Ansicht, daß die Wahrnehmung nur unter der Voraussetzung der Gleichartigkeit von Wahrgenommenem und Wahrnehmendem zustande komme. Das heißt: Wir nehmen die aus Erde, Wasser, Feuer, Luft bestehenden Dinge wahr, weil diese Elemente auch in unseren Sinnesorganen vorhanden sind. Ebenso erfahren wir auch Liebe und Zwietracht nur, weil diese Kräfte in uns selbst wirksam sind.[38]

Die Wahrnehmung stellt sich somit als Abbildung der Wirklichkeit im

Bewußtsein auf Grund materieller Reize dar. Selbst das, was man «Seele» (psyché) nennt, gilt als Teil des Organismus. Infolgedessen handelt es sich bei der Wahrnehmung um einen Zusammenhang, der sich prinzipiell naturwissenschaftlich erklären läßt. Die angedeutete naturalistische Betrachtungsweise kommt auch bei anderen Problemen zur Geltung, so daß Empedokles mit der «physiologischen» Richtung der frühgriechischen Philosophie in Verbindung gebracht werden kann. Um so überraschender ist es daher, daß in dem zweiten von Empedokles überlieferten Gedicht, dem «Reinigungslied», eine betont anti-naturalistische Auffassung zur Geltung kommt: Hier ist die Seele nicht mehr ein Aspekt des Organismus, sondern ein Geist (daímon), der aus seiner jenseitigen Heimat vertrieben und in die Welt der Dinge gebannt worden ist, in der er in wechselnden Erscheinungsformen wiedergeboren wird. Im «Reinigungslied» wird nicht versucht, das Werden im allgemeinen oder einzelne Vorgänge in der Welt zu erklären, sondern es geht um die Erlösung der Seele aus der Bindung an den Leib. Dieses Ziel soll durch sittliche Lebensführung, Reinigungsriten und Opfer – also auf moralisch-religiösem Wege – erreicht werden. Durch Einhaltung sittlicher Regeln soll sichergestellt werden, daß die Seele in der Reihe der Wiedergeburten zu höheren Daseinsformen aufsteigt und sich schließlich von der Bindung an die Leiblichkeit überhaupt befreit, d. h. in ihre überirdische Heimat zurückkehrt: Die erlösten Seelen werden «emporwachsen als Götter, an Ehren reichste, den anderen Unsterblichen Herdgenossen, Tischgefährten, menschlicher Leiden unteilhaft, unverwüstlich».[39]

Im «Reinigungslied» stellt sich Empedokles nicht nur als Vertreter einer religiösen Heilslehre dar, sondern geradezu als gottähnlicher Prophet, der den Menschen den Weg zum Heil zeigt. Sein Auftreten als Seher und geistiger Führer wurde nach seinem Tod zum Anlaß der Legendenbildung: Seine Anhänger behaupteten, er sei zum Himmel aufgefahren; die Gegner vermuteten dagegen, er habe sich in den Krater des Ätna gestürzt, um jene Legende entstehen zu lassen. Da er beim Aufstieg zum Krater eine Sandale verloren habe, sei die Mystifikation aufgedeckt worden.

Für die Philosophiegeschichte ist vor allem die Frage wichtig, wie sich der naturalistische Standpunkt des Gedichtes «Über die Natur» zu den antinaturalistischen Ideen im «Reinigungslied» verhält. Hier könnte man sich mit der Annahme zu helfen suchen, daß die beiden Gedichte in verschiedenen Phasen von Empedokles' Denkentwicklung entstanden seien, so daß er sich entweder vom religiös gestimmten Propheten zum nüchternen Wissenschaftler oder umgekehrt vom naturwissenschaftlich eingestellten Theoretiker zum Seher und Künder entwickelt hätte. Diese Lösung ist plausibel, aber nicht hinreichend zu begründen, weshalb man mit der Möglichkeit rechnen muß, daß Empedokles beides war: ein Theoretiker, der mit rationalen Mitteln versuchte, das Werden der Welt und in der Welt zu erklären, und ein Guru oder Schamane, der einen Weg zur Enthebung von der leiblichen Realität weisen wollte. Uns fällt es schwer, die Verbindung derart unterschiedlicher Einstellungen für möglich zu halten – vielleicht deshalb, weil wir dem Denken der Frühzeit so fernstehen, daß es für uns nicht mehr nachvollziehbar ist. Tatsächlich dürfte die Verbindung von wissenschaftlichen und religiösen Ideen, wie sie sich bei Empedokles zeigt, für den damaligen Pythagoreismus, von dem wir unmittelbar nur wenig wissen, typisch gewesen sein, und daß Empedokles dem zeitgenössischen Pythagoreismus nahestand, ja daß er geradezu ein Pythagoreer war, ist wahrscheinlich.

b) Anaxagoras

Anaxagoras, geboren um 500 in Clazomenae, machte als erster die Athener mit dem philosophischen Denken bekannt, so daß es ihm zu verdanken ist, wenn in der blühenden Kultur Athens unter Perikles auch die Philosophie eine Rolle spielte. Mit Perikles, Themistokles, Euripides stand er in enger Verbindung. Allerdings stieß das philosophische Denken (mit Einschluß von Naturphilosophie und Naturwissenschaft) auf Widerstand, da die Vertreter des traditionellen Weltbildes die neuen Auffassungen ablehnten. So wurden namentlich seine astronomischen Ansichten als anstößig empfunden. Während herkömmlicherweise die Gestirne als göttlich galten, erklärte sie Anaxagoras als Himmelskörper von derselben Art wie die Erde. Nach Perikles' Tod wurde er wegen Gottlosigkeit («Asebie», was Verletzung der herkömmlichen Frömmigkeit bedeutet) angeklagt und zur Emigration genötigt. Ähnlich stieß 2000 Jahre später Galilei auf Widerstand, als er leugnete, daß der Mond von vollkommenerer Art sei als die Erde, und damit den Gegensatz von sublunarer und supralunarer Welt aufhob, den die damaligen Aristoteliker behaupteten.

Wie Empedokles sah sich auch Anaxagoras mit der eleatischen Ontologie konfrontiert, die auf die Leugnung eines realen Werdens hinauslief, und wie jener wollte auch er diese Konsequenz vermeiden. Mit Parmenides erkannte er an, daß etwas in aller Veränderung Konstantes angenommen werden müsse; gleichzeitig faßte er Entstehen und Vergehen von Dingen, ähnlich wie Empedokles, als die Bildung und die Auflösung von Aggregaten auf und konnte daher die Realität des Werdens behaupten. Wenn er erklärte: «Von Entstehen und Vergehen haben die Hellenen keine richtige Ansicht. Kein Ding nämlich entsteht oder vergeht [im absoluten Sinne], sondern aus vorhandenen Seienden bildet es sich durch Mischung und vergeht durch deren Trennung»,[40] dann entspricht das formal der Ansicht eines Empedokles oder eines Demokrit (siehe den folgenden Abschn. c). Die Wandelbarkeit von Dingen besteht nach dieser Auffassung darin, daß sich die Anordnung der Teile in einem Komplex ändert. Anders als Empedokles sprach Anaxagoras aber nicht von Teilen der vier Elemente, sondern von Teilen mannigfaltiger Stoffe von der Art der empirisch bekannten – also von der Art des Eisens oder des Goldes, der Knochen oder des Fleisches, des Wassers oder des Blutes. Diese Stoffe bezeichnete er als «Keime aller Dinge» und nahm an, daß bei ihrer Teilung immer Partikeln der gleichen Art entstehen, so weit man den Teilungsprozeß, der prinzipiell unabschließbar ist, auch fortsetzt. Blutteilchen sind also stets von der Art des Blutes, Holzteilchen von der Art des Holzes usw., d.h., sie bestehen nicht aus Partikeln, denen die Eigenschaften der aus ihnen zusammengesetzten Dinge fehlen. Wegen der Gleichartigkeit der Teile mit den jeweiligen Grundstoffen wurden diese (vermutlich erst von Späteren) als «homöomere Stoffe» bzw. als «Homöomerien» bezeichnet.

Anaxagoras ging aber weiter und nahm an, daß jeder konkrete Stoff aus Teilen *aller* Grundstoffe bestehe,[41] also z.B. im Haar auch Fleisch, Getreide, Wasser, usw. enthalten seien. Daß wir etwas «Haar» nennen, kommt daher, daß gewisse Stoffteile überwiegen. Vermutlich wurde Anaxagoras zu dieser Annahme durch die Tatsache veranlaßt, daß der Organismus in der Ernährung verschiedene Stoffe assimiliert, so daß z.B. Fleisch, Getreide, Wasser usw. nicht nur zu Muskelgewebe, sondern auch zu Haaren, Nägeln und Knochen umgebildet werden. Das konnte den Gedanken nahelegen, in der Nahrung müßten bereits Teile von Haar, Nägeln und Knochen enthalten sein. Die allgemeine These, daß in jedem Ding Anteile aller Stoffe enthalten seien, scheint eine extreme Verallgemeinerung der angedeuteten Überlegung zu sein. Man muß jedoch fragen, warum Anaxagoras nicht die von Empedokles vorgeschlagene Lösung wählte und annahm, daß die Teile des Organismus aus denselben Elementen zusammengesetzt seien wie die Nahrung. Daß er eine viel weniger plausible Annahme vorzog, dürfte mit seiner Vorstellung von der Entwicklung der Welt zusammenhängen. Seiner Ansicht nach waren ursprünglich alle Grundstoffe (die Homöomeren) verbunden bzw. vollständig vermischt.[42] Die Welt, in der wir leben, ist durch Differenzierung entstanden, ohne daß eine vollständige Trennung der Grundstoffe erfolgte, weshalb in jedem Ding Anteile aller Grundstoffe enthalten sein sollen. Wenn z.B. angenommen wird, daß in unserer Nahrung auch Gold enthalten sei, dann trägt das zur Erklärung des Stoffwechsels nicht bei; hier handelt es sich um eine Konsequenz der Annahme, daß die Welt aus einem undifferenzierten Miteinander aller Stoffe entstanden sei.

Wenn Anaxagoras annimmt, daß die anfänglich verbundenen Stoffe getrennt werden und ihre Teile sich bewegen, zusammentreffen, sich verbinden und wieder auseinandertreten, dann erhebt sich die Frage, woher die Bewegung kommt. Da Anaxagoras die Stoffe wie Empedokles als träge Masse auffaßte, sah er sich wie dieser genötigt, eine Kraft anzunehmen, durch die der Stoff bewegt wird. Sofern diese Kraft von den Teilchen unterschieden wird, kann sie geistig genannt werden. Anaxagoras verwendet den Ausdruck «Nous» («Geist»), denkt aber nicht an einen Gegensatz von Geist und Materie im Sinne des späteren Immaterialismus, denn er bezeichnet den «Geist» als «das feinste und reinste von allen Dingen». Zugleich kommt mit der Annahme des «Nous» auch der Gesichtspunkt eines Zwecks der Welt ins Spiel. Der Geist, der von allem Kenntnis hat, ordnet alles, nicht nur wie es war oder ist, sondern wie es künftig sein soll.[43] Wegen der Unterscheidung der Welt der Dinge und des «Nous» sowie wegen der Einführung des Zweck-Gesichtspunktes sagte Aristoteles, Anaxagoras erscheine wie ein Nüchterner unter lauter anderen, die gedankenlos daherredeten.[44]

Hinter der Annahme des «Nous» steht eine Überlegung, die als Ansatz jenes Gottesbeweises verstanden werden kann, bei dem auf Grund der Tatsache, daß es bewegte Dinge gibt, auf ein erstes Prinzip der Bewegung geschlossen wird: Es gibt bewegte Dinge, und da die Bewegung stets etwas voraussetzt, das sie hervorruft, ergibt sich eine Reihe von bewegten und bewegenden Dingen. Weil nach der bei den Griechen herrschenden Ansicht unendliche Ursachen-Reihen ausgeschlossen sind, muß ein erstes bewegendes Prinzip angenommen werden, und ein solches ist der «Nous». Das erste Prinzip der Bewegung wird bei Anaxagoras wie bei den meisten jener griechischen Philosophen, die in der angedeuteten Weise argumentierten, nicht als persönliches Wesen gedacht, sondern als unpersönlich charakterisiert. Obwohl ihm göttliche Attribute beigelegt wurden, ist es daher eher als etwas Göttliches denn als Gott zu bezeichnen.

Anaxagoras spielt auch eine nicht unbeträchtliche Rolle in der Geschichte des naturwissenschaftlichen Denkens. Ähnlich wie die Milesier bemühte er sich um die Erklärung der Nilüberschwemmung, des Hagels, des Regenbogens, der Sonnenfinsternisse. Er vermutete bereits, daß manche Himmelskörper, wie die Sonne, selbstleuchtend seien, andere dagegen, wie der Mond, lediglich das Licht der Sonne reflektierten. Daß derartige Erklärungen an die Erklärungsversuche eines Thales, Anaximenes und Anaximander erinnern, ist kein Zufall: Anaxagoras gehörte der von den milesischen Naturphilosophen ausgehenden Tradition an. Sie endete auch nicht mit ihm, sondern fand eine Fortsetzung bei Naturphilosophen wie Diogenes von Apollonia, Hippo von Samos und Cratylus, dessen Schüler Plato war. Auch Aristoteles war in gewisser Hinsicht dieser Tradition verpflichtet, wenn sich seine Philosophie auch keineswegs in naturphilosophischen Theorien erschöpft.

c) *Die ältere Atomistik: Leukipp und Demokrit*

Auch die von Leukipp, von dem nur wenig bekannt ist, und Demokrit (etwa 460 bis 365) begründete Atomistik ist als Reaktion auf die von den Eleaten aufgeworfene Frage anzusehen, in welchem Sinne sich von «Werden» sprechen lasse, wenn das Seiende selbst nicht dem Werden unterworfen ist. Die Antwort, die die Atomisten auf diese Frage gaben, erinnert in formaler Hinsicht an die Auffassungen von Empedokles und Anaxagoras: Man darf nicht ein einziges unveränderliches Seiendes annehmen, sondern hat mit einer Vielheit von unentstandenen, unveränderlichen und unvergänglichen Seienden zu rechnen, die in wandelbare Aggregate – die empirischen Dinge –

eintreten und bestehen bleiben, wenn diese Aggregate sich auflösen. Wegen der angenommenen Unteilbarkeit der elementaren Seienden heißen diese bei Leukipp und Demokrit «Atome» (von «átomon» = «unteilbar»). Die Atome sind bewegliche, vollkommen kompakte Partikeln von konstanter Masse, Gestalt, Größe und Dichte, die außer diesen Bestimmungen keine anderen – namentlich keine qualitativen Eigenschaften – haben. Das heißt: sie sind farb- und geruchlos, sie tönen nicht, sind weder warm noch kalt, weder süß noch sauer usw., sondern ausschließlich durch quantitative Eigenschaften bestimmt. Leukipp und Demokrit schrieben aber den Atomen anschauliche Gestalten zu: Es soll runde, eckige und häkchenförmige Atome geben, wobei Komplexe aus eckigen oder gar aus häkchenförmigen Atomen als stabiler galten als Komplexe aus runden, gegeneinander leicht verschiebbaren Teilchen. Da die Atome absolut träge sein sollen, können sie sich nicht selbst bewegen. Um zu erklären, woher die Bewegung der Atome kommt, nahmen die Atomisten an, daß sie auf Grund ihrer Schwere fallen. Dabei prallen sie zusammen, bilden Aggregate, die sich beim Zusammenstoß mit anderen Atomen und Atom-Aggregaten wieder auflösen können und schließlich in eine Wirbelbewegung geraten, die zur Bildung von Himmelskörpern und zur Entstehung des Weltsystems führt. Anders als Empedokles oder Anaxagoras nahmen somit die Atomisten keine von der Materie verschiedenen Kräfte an, die die Bewegung hervorrufen, sondern sie führten die Bewegung auf eine Eigenschaft der Materie, nämlich die Schwere, zurück. Alle Vorgänge werden streng mechanistisch erklärt, indem sie ausschließlich als Bewegungen auf Grund von Druck und Stoß aufgefaßt werden. Auch das, was man «Seele» nennt, ist ein Komplex materieller, allerdings besonders feiner und leicht beweglicher Teilchen, also nicht eine immaterielle Substanz, sondern das materielle Lebensprinzip von Organismen. Natürlich kann die so aufgefaßte Seele nicht als unsterblich gelten, da sie ebenso wie der Körper ein Aggregat aus Atomen ist, das sich früher oder später in seine Teile auflöst.

Die These, daß die Atome nur durch Größe, Gestalt und Lage voneinander unterschieden sind, zieht die Frage nach sich, warum wir die Dinge als farbig, tönend, duftend usw. erfahren. Die Antwort kann unter den Voraussetzungen der atomistischen Theorie nur lauten, daß die Eigenschaften der letzteren Art (die sekundären Qualitäten, wie man in der Neuzeit sagte) Reaktionen des Subjekts auf Reize von seiten der Dinge sind, wobei diese Reize selbst nur durch quantitative Eigenschaften bestimmt sein sollen. Demokrit sprach von «Abflüssen» bzw. «Bildern». Die Welt der farbigen, tönenden, duftenden, glatten und rauhen, warmen und kalten Dinge ist subjektive Erscheinung; von der Welt, wie sie an sich besteht, wird dagegen angenommen, daß sie nur durch quantitative, somit prinzipiell mathematisch ausdrückbare Beziehungen bestimmt ist.

Blickt man vom Standpunkt des 20. Jahrhunderts aus auf die antike Atomistik zurück, könnte man sich versucht fühlen, sie für eine naturwissenschaftliche Theorie zu halten. In Wirklichkeit war sie nicht naturwissenschaftlich, sondern naturphilosophisch bzw. metaphysisch motiviert, da Leukipp, Demokrit und ihre Nachfolger die Theorie der Atome nicht auf Beobachtungen beziehen konnten. Der Begriff des Atoms wird nicht der Erfahrung entnommen, er wird auch nicht gebildet, um bestimmte Erfahrungstatsachen zu erklären, sondern er dient in erster Linie dazu, eine philosophische Theorie des Werdens zu formulieren. Mit Hilfe dieser Theorie sollte begreiflich gemacht werden, daß Dinge entstehen, sich wandeln und eines Tages zu bestehen aufhören. Da die Atomisten an der Voraussetzung festhielten, daß unabhängig von etwas Unwandelbarem nicht von «Werden» gesprochen werden könne, schufen sie den Begriff von etwas, das dem Werden entzogen ist, aber in veränderliche Komplexe eingehen kann. Das Werden im Bereich der makroskopischen Dinge läßt sich dann auf Änderungen der Zusammensetzung der Aggregate zurückführen.

Die atomistische Auffassung hat großen Einfluß auf das Denken der Folgezeit ausgeübt. Sie wurde von Epikur (siehe Kap. V, Abschn. 2) und anderen Vertretern der Atomistik in der späteren Antike übernommen; nach der Erneuerung des Epikureismus im 17. Jahrhundert wurde sie zur Grundlage der exakten Naturwissenschaften, und zwar zunächst der Physik und der Chemie. Dabei wandelte sich die Atomistik von einer spekulativen Annahme zu einer empirischen Theorie. In der Neuzeit diente sie der wissenschaftlichen Erklärung von Beobachtungstatsachen und der Aufstellung von Prognosen, deren Eintreffen beobachtet werden kann.

Wegen ihrer materialistischen Konsequenzen stieß die atomistische Theorie allerdings auch auf scharfe Ablehnung, nicht nur von seiten Platos und Aristoteles', deren Einfluß bewirkte, daß die Werke der älteren Atomisten nicht überliefert wurden, sondern vor allem von seiten der christlichen Philosophie der ausgehenden Antike und des Mittelalters. Erst als die Wirkung christlicher Ideen in Philosophie und Wissenschaft abnahm, wurde es möglich, atomistische Auffassungen wieder zur Geltung zu bringen.

Auch die Ethik Demokrits verbleibt im Rahmen der mechanistischen Weltbetrachtung. Als Ziel aller moralischen Bemühungen gilt der gute Zustand der Seele, die, wie gesagt, als Aggregat von Atomen einer bestimmten Art aufgefaßt wird. Der erstrebenswerte Zustand der Seele ist durch Beständigkeit, Abwesenheit von emotionalen Erschütterungen bzw. Ausgeglichenheit charakterisiert und wird in Gefühlen der Lust bzw. der Freude erfahren. Handlungen werden demgemäß als «gut» zu bezeichnen sein, wenn sie geeignet sind, das Wohlbefinden der Seele im angedeuteten Sinn – das «euestó» – herbeizuführen oder zu erhalten; andernfalls sind sie zu mißbilligen. Konkret heißt das, daß man sich in seinen Entscheidungen um das rechte Maß bemühen und Extreme, die heftige Affekte und damit Beunruhigung auslösen, vermeiden soll. Dies läßt sich dadurch erreichen, daß man in rationaler Weise jene Mittel wählt, die zur Erreichung des obersten Ziels der moralischen Bemühungen – der bestmöglichen Erhaltung der Seele – geeignet sind. Die Lust ist nach atomistischer Auffassung nicht Ziel, sondern nur Anzeichen dafür, daß das sittliche Ziel erreicht ist oder daß man sich ihm annähert. Wer den Wert des obersten Ziels einsieht und entsprechend handelt, verhält sich pflichtgemäß; die Folge ist nicht nur größtmögliche Übereinstimmung der Menschen mit der Natur, sondern auch der Menschen untereinander. Wie allerdings im Rahmen eines mechanistischen Weltbildes, das Freiheit und Zufall ausschließt, von «Pflicht» die Rede sein kann, bleibt eine offene Frage.

Die von Empedokles, Anaxagoras und den Atomisten in den Mittelpunkt ihrer philosophischen Überlegungen gestellte Frage: «Wie ist es möglich, daß wir Entstehen, Veränderung und Vergehen von Dingen erfahren?» wurde in der damaligen Zeit nicht befriedigend beantwortet. Auch bei den Atomisten, deren Lösungsversuch besonders eindrucksvoll ist, blieben verschiedene Teilfragen offen. So fand das Problem, wie wir etwas von Atomen wissen können, wenn die Erkenntnis doch, wie angenommen wurde, durch Bilder von Atom-Aggregaten zustande kommt, keine angemessene Lösung. Dies macht verständlich, daß die Frage nach der Möglichkeit der Erfahrung von Dingen auch in der Folgezeit intensiv diskutiert und anders als bei den Atomisten beantwortet wurde, zunächst von Plato und Aristoteles, deren Auffassungen im übernächsten Kapitel dargestellt werden.

II.
Sophistik und Sokratik[1]

1. Die Sophistik

Aller Dinge Maß ist der Mensch.
(Protagoras)

a) Der Charakter der Sophistik

Die Sophistik gilt mit Recht als Wende in der Entwicklung der griechischen Philosophie, obwohl sie keinen völligen Bruch mit der Philosophie der vorangegangenen Zeit darstellt und obwohl sie auch zeitlich nicht scharf von der im letzten Abschnitt von Kap. I behandelten Philosophie abgegrenzt werden kann. Protagoras, der am Beginn der Sophistik steht, war älter als Demokrit. Dennoch gibt es wichtige Unterschiede. So ändert sich die Richtung des philosophischen Interesses: die Fragen nach der Entstehung und dem Wesen der Natur bzw. nach dem wahrhaft Seienden und seiner Erkennbarkeit treten zugunsten rechts- und staatsphilosophischer, sprach- und kulturphilosophischer Fragen in den Hintergrund. In diesem Sinne kann man sagen, daß der Mensch in der Sophistik stärker beachtet wird als die objektive Wirklichkeit und daß neben die Metaphysik (die damals noch nicht so genannt wurde) und die Naturwissenschaften die Geisteswissenschaften treten.

Ursprünglich bezeichnete der Name «Sophist» nichts anderes als einen Sachkundigen, namentlich im Bereich der Erkenntnislehre, der Logik, der Rhetorik, der Rechtslehre, der Geschichte. Im engeren Sinne ist der Sophist ein Experte in den genannten Bereichen, der sein Wissen gegen Bezahlung vermittelt, und im engsten und zugleich negativsten Sinn ist er ein solcher Lehrer, für den nur der materielle Erfolg zählt, unabhängig von jeglicher Bindung an die Ideale der Wahrheit und der sittlichen Pflicht.

Die sophistische Bewegung ist im Zusammenhang mit der Ausbildung verschiedener Einzelwissenschaften zu sehen. So entstand damals die Geschichtswissenschaft, die in Hekatäus von Milet um 500 ihren ersten bekannten Vertreter hatte und im fünften Jahrhundert durch Herodot von Halikarnaß einen gewaltigen Aufschwung nahm. Herodot verarbeitete in seinen «Historien» eine Fülle von Informationen, die er auf seinen Reisen gesammelt hatte, und prüfte sie auf ihren Wahrheitsgehalt, wobei ihn – vor allem mit dem Blick auf die Perserkriege – das Verhältnis des Westens zum Osten besonders beschäftigte. Der etwa eine Generation jüngere Thukydides schrieb die Geschichte des Peloponnesischen Krieges mit dem ausdrücklichen Bemühen um objektive Analyse der Ereignisse, so daß er mit mehr

Recht als Herodot, den er an analytischem Geist übertraf, als erster kritischer Historiker angesehen werden kann. Angesichts der vermehrten Kontakte zu außergriechischen Kulturen ist es nicht überraschend, daß in diese Zeit auch die Anfänge der Sprachwissenschaft fallen. Hier ist Prodicus zu erwähnen, ein kultivierter, mit Euripides und Perikles befreundeter, auch für seine Vaterstadt Julis auf Keos (heute Kea) politisch engagierter Mann, der Werke über die Natur (verloren), über synonyme Ausdrücke[2] und über moralphilosophische Themen – die «Horai» – verfaßte. Besonders einflußreich wurde sein «Herakles»: Das Thema vom Menschen, der am Scheidewege zwischen dem Pfad der Tugend und dem Pfad des Lasters zu wählen hat, tauchte in der Folgezeit immer wieder in der Literatur auf.

Die Sophisten machten auch Rhetorik, Musik, Dichtung und bildende Kunst zu Gegenständen ihrer Reflexion. (So stellte z.B. der Bildhauer Polyklet Überlegungen über die Idealmaße des menschlichen Körpers an.) In der Medizin hatte der um die Mitte des 5. Jahrhunderts geborene Hippokrates von Kos im Gegensatz zu dem metaphysisch eingestellten Arzt Alkmäon von Kroton eine empirische, von metaphysischen Spekulationen unabhängige Betrachtungsweise zur Geltung gebracht. Seine Autorität war so groß, daß ihm zahlreiche Schriften anderer Herkunft zugeschrieben wurden. Seine überragende Rolle bei der Entwicklung der wissenschaftlichen Medizin kommt heute noch darin zum Ausdruck, daß die Verpflichtung der angehenden Ärzte auf die ethischen Grundsätze ihres Standes auf Hippokrates zurückgeführt wird (Hippokratischer Eid). Die empirische Einstellung von Ärzten wie Hippokrates förderte die Entwicklung einer nichtspekulativen Philosophie, wie sie uns bei den Sophisten begegnet. Bedenkt man außerdem, welche Fortschritte die zeitgenössische Mathematik machte, dann ergibt sich ein eindrucksvolles Bild der wissenschaftlichen Entwicklung im 5. Jahrhundert.

Mit der Sophistik begann sich ein neuer Stil der Wissensvermittlung durchzusetzen. Im Gegensatz zu den älteren Philosophen, die sich, ohne ihren Lebensunterhalt verdienen zu müssen, einem Kreis von Anhängern und Freunden widmen konnten, waren die Sophisten professionelle Lehrer und Redner, die von ihrer Lehrtätigkeit und von ihren öffentlichen Auftritten lebten. Die älteren Philosophen suchten nicht Schüler anzuziehen, denen sie Unterricht erteilten, sondern Anhänger zu sammeln, die einen Kreis von Eingeweihten bildeten. Indem die Sophistik mit dieser aristokratischen Art der Wissensvermittlung brach, führte sie, parallel zum Vordringen demokratischer Verhältnisse im politischen Bereich, zu einer Demokratisierung der Philosophie. Dabei mußte die philosophische Lehre zwangsläufig ihren Charakter ändern: Indem sie einen spezialistischen Schul-«Betrieb» erforderlich machte, hörte sie auf, eine Weisheitslehre zu sein, die den ganzen Menschen prägt; sie war vor allem auf praktisch anwendbares Wissen gerichtet. Plato hat die Praxis der Sophisten, Unterricht gegen Geld zu erteilen, für anrüchig gehalten, und diese Einschätzung hat das Bild der Sophisten nachhaltig bestimmt. Platos Vorwurf mag unter den Bedingungen der damaligen Zeit Gewicht gehabt haben; vom heutigen Standpunkt aus vermag er nicht zu überzeugen, da es längst selbstverständlich ist, daß Philosophen nicht nur *für* die Philosophie, sondern auch *von* der Philosophie leben. Plato setzte der sophistischen Praxis das Bekenntnis zum älteren Ideal der Philosophie als Weisheit entgegen, die das Leben prägen und zum Heil führen soll.

Inhaltlich knüpfte die Sophistik vielfach an ältere philosophische Auffassungen an, wie besonders in der Erkenntnislehre deutlich wird, wo sie ältere Theorien der Wahrnehmung übernahm und in subjektivistischem Sinne weiterentwickelte. Wenn wir die Dinge nicht unmittelbar, sondern immer nur vermittels von Reizen erkennen, die die Dinge auf uns ausüben, und wenn nicht alle Menschen auf dieselben Reize in gleicher Weise reagieren bzw. wenn derselbe Mensch zu verschiedenen Zeiten auf gleiche Reize verschieden reagieren kann, dann liegen relativistische Konsequenzen nahe: Wie die Dinge uns erscheinen, so sind sie auch für uns, und von Dingen, wie sie unabhängig von ihrer Erscheinungsweise sein mögen, läßt sich nicht mehr sinnvoll reden. Der sophistische Relativismus blieb nicht auf den theoretischen Bereich beschränkt, sondern bezog auch Moral und Recht ein.

Die Tendenz zur Relativierung von Wahrheit und Wert stieß auf den Widerstand Sokrates' und Platos, die sie als Gefahr empfanden. Sie machten der Sophistik den Vorwurf, die Philosophie zu einem Mittel für äußerliche Ziele gemacht zu haben, namentlich im Hinblick auf die Meinungsbildung, etwa in der Justiz oder in der Politik. Dieser Vorwurf ist nicht aus der Luft gegriffen, da es den Sophisten tatsächlich in erster Linie um praktisch brauchbares Wissen ging. Deshalb interessierten sie sich zum Beispiel dafür, wie die Rhetorik als Mittel zur Bewältigung von Aufgaben im sozialen Bereich eingesetzt werden könnte. Die Kritik richtete sich allerdings nicht gegen diese Zielsetzung als solche, sondern gegen den Anspruch, mit rhetorischen Mitteln beliebige – auch moralisch bedenkliche – Resultate herbeiführen zu können. Auf den von manchen Sophisten erhobenen Anspruch, die schlechteren Gründe als die besseren erscheinen lassen zu können,[3] bezieht sich die bekannte Anekdote von Protagoras, dem ersten und bedeutendsten aller Sophisten, und seinem Schüler Euathlus: Die beiden hatten vertraglich vereinbart, daß der Schüler die Hälfte des Ausbildungshonorars erst nach seinem ersten Erfolg vor Gericht zu zahlen habe. Als Euathlus aber nicht Rechtsanwalt wurde und die Zahlung des restlichen Honorars mit der Begründung verweigerte, daß er noch keinen Prozeß gewonnen habe und daher die im Vertrag vorgesehene Bedingung nicht erfüllt sei, verklagte ihn Protagoras und argumentierte, daß Euathlus auf jeden Fall zahlen müsse: Werde er verurteilt, müsse er auf Grund des Urteils zahlen; werde er freigesprochen, habe er seinen ersten Prozeß gewonnen und müsse auf Grund des Vertrags zahlen. Euathlus erwies sich in seiner Verteidigung als gelehriger Schüler: Werde die Klage seines früheren Lehrers abgewiesen, brauche er auf Grund des Urteils nicht zu zahlen; sei sie aber erfolgreich, stehe sein erster Erfolg vor Gericht nach wie vor aus, so daß die vertraglich vereinbarte Bedingung für die Entrichtung des Rest-Honorars nicht erfüllt sei.[4] Diese offensichtlich erfundene Geschichte illustriert die sophistische These, daß jeder Sachverhalt zwei entgegengesetzte Auffassungen zulasse.[5]

Man darf aber nicht übersehen, daß die Tendenz zur Relativierung von Meinungen und Wertungen auch einen positiven Aspekt hatte: In der Rechtsphilosophie diskutierten die Sophisten kritisch die Auffassungen von Recht und Staat und eröffneten damit der Rechtspolitik eine realpolitische Perspektive. Letzten Endes ging es um die Rechtfertigung einer flexiblen Rechtsordnung, die den sozialen Veränderungen der Zeit Rechnung tragen sollte. In welchem Sinne die Rechtsphilosophie als Mittel zur angemesseneren Bewältigung von Aufgaben der Gesetzgebung (teilweise auch der Gesetzesanwendung) aufgefaßt wurde, zeigt die durch einen Aufsehen erregenden Sportunfall ausgelöste Diskussion zwischen Protagoras und Perikles über die Frage, ob der Sportler oder die Veranstalter für den Unfall verantwortlich zu machen seien. Die Debatte beschränkte sich nicht auf den konkreten Fall, sondern nahm prinzipiellen Charakter an.[6] Es ist bemerkenswert, daß die Sophisten die Ansicht vertraten, Strafen sollten das Rückfälligwerden des Täters verhindern und andere potentielle Täter abschrecken; sie hätten also nicht den Charakter der Sühne.

Der sophistische Relativismus hängt offensichtlich mit dem zusammen, was als die «Skepsis» der Sophisten bezeichnet wurde, nämlich mit der Leugnung einer wahren Wirklichkeit «hinter» den erfahrbaren Dingen. Wenn es, wie Protagoras oder Gorgias lehrten, unmöglich ist, das wahre Wesen der Welt durch reine Vernunft zu erfassen, dann kann man sich auch in praktischen Fragen nicht auf eine vorgebliche Wesenseinsicht berufen, wie es etwa Heraklit getan hatte. Damit entfällt die Möglichkeit, einige wenige als vermeintlich Einsichtige der uneinsichtigen Menge gegenüberzustellen und ihnen das ausschließliche Entscheidungsrecht vorzubehalten – in offensichtlichem Gegensatz zur aristokratischen Auffassung.

Mit der sophistischen Tendenz zur Instrumentalisierung der Philosophie hängt die Demokratisierung des Wissens eng zusammen: Wenn die Philosophie der Praxis dienen soll, dann wird sie für alle interessant, die mit der Praxis, namentlich der sozialen Praxis, zu tun haben. In dem Maße, in dem immer weiteren Kreisen die Mitwirkung an der Politik ermöglicht wurde, mußte auch das nötige theoretische Rüstzeug allgemein zugänglich gemacht werden. Mit der Abwendung von der esoterischen Weisheit und der Konzentration auf praktisch verwertbares Wissen mußte sich die Philosophie weiteren Kreisen öffnen und ihre Thesen so vortragen, daß sie allgemein zugänglich wurden. Wissen solcher Art zu vermitteln betrachteten die Sophisten als ihre Aufgabe. Zugleich sahen sie sich insofern dem Ideal einer rationalen Praxis verpflichtet, als sie theoretisches Wissen auf Grund angemessener Begriffe zur Bedingung des richtigen Handelns erklärten. Das richtige Handeln wird von der richtigen Beurteilung der Tatsachen und der Orientierung an richtigen Prinzipien abhängig gemacht. Dabei war die Frage, was «richtig» bedeutet, begreiflicherweise nicht zu umgehen; auf die Art, in der sie Protagoras beantwortete, wird unten einzugehen sein.

Man kann allerdings nicht leugnen, daß mit dem Schritt von der als Berufung aufgefaßten Philosophie zur Philosophie als Beruf gewisse Gefahren verbunden waren: Der Betrieb drohte auf Kosten des echten philosophischen Geistes überhandzunehmen und die gedankliche Spontaneität zu hemmen. Dieser Gefahr sind manche Vertreter der Sophistik erlegen. Während in der ersten Generation der genuine philosophische Impuls noch durchaus vorhanden war, verlor er sich in der zweiten Generation zusehends. Auf ihre Einstellung geht die bis heute wirksame negative Konnotation des Ausdrucks «Sophist» zurück.

Man muß sich aber stets vor Augen halten, daß die letztere Bedeutung nicht für alle Sophisten gilt; die seriösen Vertreter der Sophistik waren Gelehrte, deren Theorien die Philosophie- und Geistesgeschichte nicht vernachlässigen darf, zumal sie das Verdienst hatten, einer kritischen Denkhaltung zum Durchbruch verholfen zu haben, die als solche – auch in ihrer Wirkung auf die weitere Entwicklung der Philosophie – im wesentlichen positiv zu bewerten ist. Der Unterschied zwischen den bedeutenden Vertretern der Sophistik und einem Philosophen wie Empedokles beruht auf dem Unterschied zwischen kritischer Rationalität und prophetischer Verkündigung; der Sophist ist Analytiker, der Philosoph vom Typus des Empedokles will Verkünder einer höheren Einsicht sein, die dem Uneingeweihten verschlossen bleibt.

b) Einzelne Sophisten

Der älteste und zugleich philosophisch bedeutendste Sophist war Protagoras (etwa 490 bis 420) aus Abdera (der Heimat Demokrits und möglicherweise Leukipps), der auf seinen ausgedehnten Reisen auch mehrmals nach Athen kam und dort zur Ausbreitung des philosophischen Denkens wesentlich beitrug.

In Athen war längst die Königsherrschaft abgeschafft und nach den Drakonischen und Solonischen Versuchen einer sozialen Reform unter der fünfzig Jahre dauernden Tyrannis der Pisistratiden um 510 nach und nach der Prozeß der Demokratisierung eingeleitet worden. So wurde z.B. den Lohnarbeitern (den sogenannten Theten) das Bürgerrecht zugestanden. Die erfolgreiche Abwehr des persischen Angriffs steigerte das Selbstbewußtsein der Athener, die sich anschickten, nicht nur in Politik und Wirtschaft, sondern in der bildenden Kunst und Literatur innerhalb der griechischen Welt die Führung zu übernehmen. Daß Athen nach dem Ende des Peloponnesischen Krieges, d.h. nach dem Verlust seiner Vormachtstellung, zum Mittelpunkt der Philosophie wurde, hängt – nachdem Anaxagoras den Boden bereitet hatte – nicht zuletzt mit der Tätigkeit zusammen, die die Sophisten in dieser Stadt ausübten.[7]

Die traditionalistischen Kräfte waren in Athen allerdings noch stark. Sie erreichten es, daß Protagoras (wahrscheinlich im Jahre 411, also achtzehn Jahre nach Perikles' Tod) aus Athen vertrieben wurde, weil er gegenüber herkömmlichen Vorstellungen von den Göttern eine agnostische Haltung einnahm. Seine wichtigste Schrift waren die «Niederwerfenden Argumente» («Kataballontes»). Da dieses Werk nicht erhalten ist, läßt sich Protagoras' Denken nur auf Grund späterer Berichte rekonstruieren. Der wichtigste Gewährsmann ist Plato, der jedoch Protagoras wie der Sophistik im allgemeinen nicht unvoreingenommen gegenüberstand. Deshalb ist es nicht leicht festzustellen, welche Ansichten Protagoras wirklich vertreten hat.

Am Beginn der «Niederwerfenden Argumente» steht, wie Plato und Sextus Empiricus berichten, der berühmte Satz: «Das Maß aller Dinge ist der Mensch, der seienden, daß (bzw. wie) sie sind, der nichtseienden, daß sie nicht sind.» Dieser Satz gilt als reinster Ausdruck des relativistischen Subjektivismus. Ihm liegt die Auffassung zugrunde, daß die Art, in der sich uns die Dinge darstellen bzw. uns erscheinen, nicht nur von den Dingen selbst, sondern auch von unseren Reaktionen auf die von den Dingen ausgehenden Reize abhängt. Die Dinge werden somit nicht einfach vorgefunden, sondern ihre Wahrnehmung entsteht durch das Zusammenwirken von objektivem Reiz und subjektiver Reaktion. Da die Reaktion auf Reize aber von der Verfassung des Menschen abhängt, ist der Mensch «das Maß» der erscheinenden Dinge. Da überdies die Verfassung des Subjekts auch von Mensch zu Mensch verschieden sein und sich beim Einzelnen im Verlauf der Zeit ändern kann, ergibt sich die relativistische Konsequenz, daß die Dinge für jeden so sind, wie sie ihm erscheinen. Infolgedessen hätte es keinen Sinn, eine bestimmte Art, die Dinge vorzustellen, für wahr, eine andere für falsch zu erklären. Wenn Protagoras die Wahrnehmungsvorstellungen (phantasíai) sämtlich als «wahr» bezeichnete,[8] dann kann das nur heißen, daß es sinnlos wäre, sie «falsch» zu nennen. Anders verhält es sich mit Urteilen, bei denen die Frage, ob sie zutreffen, nicht zu umgehen ist. Wenn von «Wahrheit» im eigentlichen Sinne gesprochen wird, ist immer die Urteilswahrheit gemeint. Protagoras vertrat eine Auffassung der Wahrheit, die von deren üblicher Bestimmung als Übereinstimmung von Urteil und Beurteiltem abweicht: Seiner Ansicht nach sind Urteile nicht deshalb wahr, weil sie das Wesen der beurteilten Wirklichkeit angemessen beschreiben, sondern weil sie eine allgemein akzeptierte Meinung («doxa») von den Dingen ausdrücken. Infolgedessen sind nicht die Dinge selbst, sondern der Mensch in seiner Beziehung zu Dingen – näherhin sein Fürwahrhalten – das Maß der Wahrheit. Mit dieser Auffassung wandte sich Protagoras von der Einstellung der Naturphilosophen ab, die das Wesen der Wirklichkeit für erkennbar hielten. Demgegenüber wies Protagoras darauf hin, daß die Dinge, die wir erfahren, durch das erfahrende Subjekt bedingt sind. Die Frage, ob wir überhaupt fähig sind, die Wirklichkeit, wie sie an sich ist, zu erkennen, bzw. innerhalb welcher Grenzen wir dazu fähig sind, sollte sich in der späteren Philosophie als Grundfrage der Erkenntnislehre erweisen. Protagoras hat das Erkenntnisproblem in recht primitiver Gestalt formuliert; aber es überhaupt aufgeworfen zu haben, bedeutet einen wichtigen Schritt auf dem Wege der Philosophie.

Die von Protagoras vertretene Auffassung ist plausibel, solange nur Wahrnehmungsurteile in Betracht gezogen werden: Daß z.B. unter Umständen der eine urteilt, ein bestimmtes Getränk sei angenehm, während ein anderer es für unangenehm erklärt, ist ebenso unbestreitbar wie die Tatsache, daß auch derselbe Mensch das gleiche Getränk bald als wohlschmekkend, bald als widerlich empfindet, je nachdem, in welcher Verfassung er ist. Hier gibt es in der Tat keinen übersubjektiven Maßstab der Wahrheit. Protagoras hat aber seine These nicht auf Urteile beschränkt, die sich auf Empfindungen und Wahrnehmungen beziehen, sondern sie für Urteile im allgemeinen formuliert. Zu dieser Auffassung gelangte er, weil er annahm, daß alle Begriffe letzten Endes auf Sinneseindrücken beruhen. Eine solche sensualistische Auffassung ist, wie Plato klar sah, bedenklich.

Plato hat sich bemüht, die in seinen Augen ruinösen Konsequenzen des Protagoreischen Subjektivismus bzw. Relativismus anzuprangern. So bemerkte er polemisch, daß Protagoras konsequenterweise auch das Schwein oder den Affen für das Maß aller Dinge hätte erklären müssen. Darüber hinaus stellte er fest, daß Protagoras gar nicht versuchen dürfte, andere zu belehren, denn Lehren ist nur sinnvoll, wenn der Lehrer dem Schüler an Wissen überlegen ist. Nach Protagoras muß das ausgeschlossen werden, da seiner Ansicht nach alle Meinungen gleich «wahr» sind. Diese Konsequenz steht natürlich auch im Gegensatz zu der Tatsache, daß das Vorhandensein größerer und geringerer Kompetenz allgemein anerkannt wird und daß man sich in der Praxis an der Auffassung der Sachverständigen orientiert, also keineswegs alle Meinungen für gleichberechtigt hält.

Es ist jedoch fraglich, ob Protagoras wirklich den ihm von Plato zugeschriebenen extrem subjektivistischen Relativismus vertreten hat. Protagoras dürfte – wie sich Andeutungen Platos entnehmen läßt – den Umstand, daß gewisse Sätze allgemeine Geltung haben, durchaus berücksichtigt und zu erklären gesucht haben; anders als Plato berief er sich aber zu diesem Zweck nicht auf Einsichten in allgemeine Sachverhalte («Ideen»), sondern auf den Konsens der Urteilenden. Diese Auffassung kommt besonders deutlich zum Ausdruck, wenn er die übersubjektive Gültigkeit moralischer Urteile auf stillschweigende Übereinkunft und gesetzliche Regelung zurückführt.[9] Die allgemeine Geltung von Urteilen beruht also darauf, daß sich gewisse Konventionen in einer gesellschaftlichen Gruppe durchgesetzt haben; sie ist zwar auch relativ, aber nicht auf dieses oder jenes Individuum, sondern auf eine bestimmte Gemeinschaft bzw. auf einen bestimmten Staat.[10] So läßt sich die Protagoras von Plato zugeschriebene These verstehen, daß wahr ist, was gemeinsam akzeptiert wird, und zwar wenn und solange es akzeptiert wird.[11] Protagoras hat also nicht einfach, wie Plato unterstellt, «einen jeden für sich selbst genügend zur Einsicht erklärt»,[12] sondern er hat gewisse Urteile für allgemein erklärt, weil sie auf Übereinkunft beruhen.

Auch wenn man Protagoras im angedeuteten Sinne für einen Konventionalisten hält, bleibt seine Auffassung in dem Sinne relativistisch, daß sie keinen Platz für absolute Wahrheiten und Werte läßt. Das war in den Augen der Sophisten kein Mangel, da sie Bemühungen um theoretische Bildung und Erziehung gerade deshalb für sinnvoll hielten, weil sie überzeugt waren, daß die Einstellung zur Wirklichkeit und zu Werten vom Subjekt abhängt und daher über das Subjekt beeinflußt werden kann. In diesem Sinne sagt Protagoras bei Plato: «Den nenne ich weise, welcher, wenn einem unter uns Übles ist und erscheint, die Umwandlung bewirken kann, so daß ihm Gutes erscheine und sei.»[13]

Fragt man, wer bestimmt, was dem Gemeinwesen heilsam ist, dann lautet die Antwort: der Kompetente, der Experte, letzten Endes: der Sophist, der zwar nicht über höhere Einsicht in das Wesen des Guten und Gerechten verfügt, der aber auf Grund seiner wissenschaftlichen Kenntnisse die öffentliche Meinung im Staate zum Ausdruck zu bringen und eventuell zu beeinflussen vermag. Dabei werden sich gewisse Meinungen als brauchbarer, andere als weniger brauchbar erweisen, ohne daß man die einen für wahrer halten könnte als die anderen.

Die Protagoreische Auffassung von Moral und Recht kommt in dem Mythus von Prometheus und Epimetheus zum Ausdruck, die im Auftrag der Götter die Lebewesen mit allem Lebensnotwendigen ausstatteten.[14] Epimetheus hatte alle natürlichen Fähigkeiten bereits vergeben, als die Menschen ins Dasein traten. Zum Ausgleich gab ihnen Prometheus die technische Intelligenz und als wichtiges Mittel zur Herstellung von Geräten das Feuer. Es stellte sich jedoch heraus, daß das noch nicht ausreichend war, um die Erhaltung des Mängelwesens Mensch zu sichern, da die menschliche Gattung Gefahr lief, sich durch Kriege selbst zu zerstören. Deshalb beschlossen die Götter, allen Menschen – und nicht nur einigen von ihnen – den Sinn für Sittlichkeit und Recht einzupflanzen, um die Bildung geordneter Gemeinschaften zu ermöglichen. Gesittung und Gerechtigkeitssinn bilden demnach die Grundlage jeglicher Zivilisation.

Diesem Mythus liegt der Gedanke zugrunde, daß sich das Recht wie die Technik im Verlauf der Zeit entwickelt hat, weshalb es sinnvoll ist, sich um ständige Anpassung der Rechtsordnung an die sich wandelnden gesellschaftlichen Bedingungen zu bemühen. Daß das Recht nicht von Natur aus ein für allemal gegeben ist, zeigt die Verschiedenheit der Rechtsauffassungen an verschiedenen Orten und zu verschiedenen Zeiten. Wenn aber Recht und Gerechtigkeit nicht von Natur aus gelten, bleibt nur die Möglichkeit, sie auf Übereinkunft zurückzuführen, wie es Protagoras nach Plato tat, wenn er erklärte: «Denn was jedem Staate gerecht und angemessen erscheint, das ist es ihm auch, sofern er es dafür hält.»[15]

Der Relativismus der Sophisten stand in schroffem Gegensatz zum Anspruch der früheren metaphysisch eingestellten Philosophen, das Wesen der Wirklichkeit in rein vernünftiger Einsicht erfassen zu können. Als Kritiker der älteren Metaphysik trat namentlich Gorgias aus dem sizilischen Leontinoi (etwa 483 bis 375) auf, der die eleatische Metaphysik mit Hilfe der von den Eleaten, namentlich von Zeno, entwickelten Argumentationsmethode ad absurdum zu führen suchte. Der eleatischen Auffassung des einen, unwandelbaren Seienden, das allein wahrhaft existiert, setzte er die paradoxe These entgegen, daß überhaupt nichts wahrhaft ist. Wenn dieses unsinnige Ergebnis aus den Voraussetzungen folgt, auf denen die herkömmliche Metaphysik aufbaute, dann sind diese Voraussetzungen und damit die Metaphysik des wahrhaft Seienden diskreditiert.

Gorgias argumentierte in der Schrift «Über das Nicht-Seiende»[16] etwa so: Wenn es etwas gäbe, wäre es entweder einmal entstanden oder ungeworden. Wäre es ungeworden, so wäre es anfangslos und somit unbegrenzt; was aber ist, muß begrenzt sein. Wäre das Seiende dagegen entstanden, so könnte es nur entweder aus Seiendem oder aus Nicht-Seiendem entstanden sein. Zu sagen, das Seiende sei aus dem Seienden entstanden, heißt, es für unentstanden zu erklären; aber auch die Annahme, daß es aus Nicht-Seiendem entstanden sei, läßt sich nicht aufrechterhalten, denn aus nichts wird nichts. Da auch ein Ausweg in Form eines Sowohl-Als-auch nicht in Betracht kommt, muß die Existenz von Seiendem geleugnet werden: «Wenn das Seiende weder ewig noch geworden noch beides zugleich ist, so existiert es überhaupt nicht.»[17]

Auch wenn eingeräumt würde, daß etwas wahrhaft existiert, ist nichts gewonnen, weil das angenommene Seiende als unerkennbar gelten muß. Käme nur das wahrhaft Seiende als Gegenstand des vernünftigen Denkens in Betracht, wie die Eleaten gelehrt hatten, dann wäre es unmöglich, Nicht-Seiendes zu denken, während wir faktisch manches denken können, das nicht wirklich ist. Erweist sich aber die Annahme einer Entsprechung von Denken und Seiendem als fragwürdig, dann hat das Seiende, selbst wenn es existieren sollte, als unerkennbar zu gelten.

Man kann nach Gorgias sogar noch einen Schritt weitergehen und auch die Erkennbarkeit des Seienden einräumen, ohne dem Metaphysiker recht geben zu müssen. Denn selbst wenn es eine Erkenntnis der wahren Wirklichkeit gäbe, wäre sie unaussprechlich, und da sie nicht mitgeteilt werden könnte, wäre sie unbrauchbar. Dies ergibt sich daraus, daß die der Mitteilung dienenden Wörter keine Ähnlichkeit mit dem haben, was sie bezeichnen sollen. Wenn die sprachlichen Zeichen mit dem Seienden nichts gemein haben, dann läßt sich mit ihrer Hilfe nichts über das Seiende aussagen.

Die von Gorgias ins Treffen geführten Argumente sind im einzelnen nicht mehr genau zu rekonstruieren, da die Hauptquellen[18] in wichtigen Punkten voneinander abweichen; auch die ihnen zugrunde liegende Absicht läßt sich nicht mehr eindeutig bestimmen. Daß Gorgias eine bloße Spiegelfechterei oder eine philosophische Satire im Sinne gehabt haben sollte, ist wenig wahrscheinlich; viel plausibler ist die Annahme, daß er die metaphysische Spekulation mit ihren eigenen Waffen schlagen wollte.

Bezeichnet man den Inbegriff der Überlegungen über das wahrhaft Wirkliche (anachronistisch) als «Metaphysik», dann läßt sich sagen, daß Gorgias in bezug auf die Metaphysik ähnlich argumentierte wie Zeno in bezug auf die Lehre von der Bewegung der Körper, die er durch das Argument zu entkräften suchte, daß die Annahme einer Mannigfaltigkeit bewegter Körper zu Widersprüchen führe: Der schnelle Achill kann die langsame Schildkröte in alle Ewigkeit nicht einholen. Formal ähnlich suchte Gorgias zu zeigen, daß die metaphysische Annahme einer wahrhaften Wirklichkeit zu absurden Konsequenzen führe. Die Schrift «Über das Nicht-Seiende» ist nicht Niederschlag der Freude an dialektischer Virtuosität, sondern der Versuch einer Überwindung der älteren spekulativen Philosophie. Letzten Endes geht es darum, die metaphysische Annahme zu entkräften, daß die Struktur des vernünftigen Denkens mit der Struktur der Wirklichkeit selbst übereinstimmen müsse.

Die Absage an die spekulative Metaphysik ging mit der Hinwendung zu anderen Disziplinen, namentlich zur Rhetorik, auf die sich Gorgias schließlich konzentrierte, Hand in Hand. Er beschäftigte sich nicht nur theoretisch mit Rhetorik, sondern schuf auch Muster rhetorisch perfekter Darstellungen («Die Apologie des Palamedes» und «Das Lob auf Helena»). Die Verschiebung des Interesses von der Natur- und Seins-Philosophie zu spezielleren Disziplinen ist typisch für die Einstellung der Sophisten im allgemeinen, die sich auch mit Sprachphilosophie – namentlich mit der Frage nach der Richtigkeit des Wortgebrauchs –, mit Fragen der Rechts- und Moralphilosophie, mit Kulturgeschichte usw. beschäftigten.

Bei Prodicus kam in der Auseinandersetzung mit Themen dieser Art deutlich die aufklärerische Tendenz der Sophistik zum Vorschein. Er leugnete die Existenz von Göttern und das Weiterleben der Seele nach dem Tode. Ihm ging es nicht mehr darum, den herkömmlichen Götterglauben in philosophischem Sinne umzudeuten, sondern darum, ihm durch Aufweis seiner natürlichen Entstehung die Grundlage zu entziehen. Daß im fünften Jahrhundert eine solche Einstellung möglich war, läßt erkennen, wie sehr die traditionelle Religion bereits an Einfluß verloren hatte. Als Moralphilosoph vertrat Prodicus die Ansicht, daß nichts an sich gut oder schlecht sei; erst durch die Art, in der man von etwas Gebrauch macht, wird es gut oder schlecht. Sind die Menschen, die die Dinge gebrauchen, gut, so sind es auch die Dinge; Dinge, die von schlechten Menschen zu ihren Zwecken eingesetzt werden, sind dagegen schlecht.

In anderem Zusammenhang hat Prodicus Tugenden wie Ehrfurcht gegenüber den Göttern, Hilfsbereitschaft gegenüber Freunden, politisches Engagement und Götterverehrung als unabhängig vom Menschen bestehende Werte behandelt. Wie sich diese Auffassung mit seiner atheistischen Grundhaltung vertragen soll, ist unklar.[19]

Andere Vertreter der Sophistik, wie Hippias von Elis, widmeten sich außer der Grammatik und Rhetorik, der Ästhetik und Poetik, der Mythologie und Geschichte auch der Mathematik und Astronomie, doch bilden diejenigen Sophisten, die sich mit Naturwissenschaft und Mathematik befaßten, eine Minderheit. Bei verschiedenen jüngeren Sophisten, großenteils Schülern der Genannten, spielten rechtsphilosophische Überlegungen eine wichtige Rolle. Eine einheitliche sophistische Rechtsphilosophie gab es allerdings nicht, sondern die Positionen gingen zum Teil stark auseinander. Namentlich konkurrierten naturrechtliche und rechtspositivistische Positionen miteinander. Während die Vertreter der einen Seite annahmen, daß es eine in der Natur begründete, daher von der staatlichen Gesetzgebung unabhängige und dieser übergeordnete Gerechtigkeit gebe, relativierten die Vertreter der anderen Seite den Begriff der Gerechtigkeit auf die jeweilige staatliche Rechtsordnung. Die letztere, in gewissem Sinne positivistische Auffassung vertrat Antiphon, wenn er erklärte: «Die Gerechtigkeit besteht darin, die gesetzlichen Vorschriften des Staates, in dem man Bürger ist, nicht zu übertreten.»[20] Dagegen vertrat Callicles in Platos Dialog «Gorgias» die Auffassung, daß es ein in der Natur selbst verankertes Recht gebe, dem gemäß dem Edleren mehr zustehe als dem Schlechteren bzw. dem Tüchtigeren mehr als dem Untüchtigen. Ebenso galt es ihm als ein in der Natur begründetes Recht, daß der Bessere über den Schlechteren herrsche.[21]

Besonderes Interesse verdient jene sophistische Auffassung des Rechts, die im ersten Buch der Platonischen «Republik» Thrasymachus zugeschrieben wird,[22] der gelehrt haben soll, daß das Gerechte das dem Stärkeren Förderliche sei und daß jede Regierung Gesetze gebe, die für sie vorteilhaft sind. Man muß Thrasymachus nicht die Ansicht unterstellen, daß die Gesetze immer im Interesse der Regierungsmitglieder erlassen werden; er dürfte vielmehr gemeint haben, daß sie der Absicht entspringen, die bestehende Verfassung aufrechtzuerhalten. Demnach werden in der Demokratie Gesetze erlassen, die der demokratischen Verfassung entsprechen und sie stützen, in der Monarchie Gesetze, die die monarchische Verfassung befestigen usw. Nach dieser Ansicht gibt es keine vom positiven Recht unabhängige Gerechtigkeit, sondern die Gesetzgebung kann nur mit Bezug auf die jeweilige Verfassung bewertet werden. Aller Wahrscheinlichkeit nach stand Thrasymachus auf einem utilitaristischen Standpunkt; ob er einen rein individualistischen Utilitarismus vertrat oder auch den Sozialnutzen berücksichtigte, muß dahingestellt bleiben.

Auch in bezug auf die staatliche Gemeinschaft läßt sich fragen, ob sie von Natur aus bestehe, d. h. mit der Natur des Menschen zwangsläufig gegeben sei, oder ob sie durch Übereinkunft zustande komme. Die erste Ansicht vertrat ein anonymer Sophist, von dem Spuren bei dem Neuplatoniker

Jamblich zu finden sind (daher «Anonymus Jamblichi»): Die Natur des Menschen veranlaßt zur Errichtung rechtlich geordneter Gemeinschaften, da sich die Individuen nicht erhalten könnten, wenn es keine Gesellschaft und keine sozialen Regeln gäbe. Deshalb ist die Gemeinschaftsbildung im Rahmen einer Rechtsordnung naturgemäß. Die zweite Ansicht findet sich bei Lycophron,[23] nach dessen Ansicht die Rechtsordnung auf einem Vertrag beruht; infolgedessen müssen auch die von diesem Vertrag abhängigen besonderen Gesetze als konventionell gelten. Der Gedanke, daß die Rechtsordnung durch einen Vertrag – den Sozialkontrakt – entstanden sei, sollte auch später noch eine wichtige Rolle spielen: Vor allem im Spätmittelalter und in der frühen Neuzeit wurde er wiederholt zur Geltung gebracht.

Obwohl die Sophisten somit in bezug auf den Inhalt ihrer Lehren keineswegs übereinstimmten, war ihnen in formaler Hinsicht die kritische Grundhaltung gemeinsam: Sie unterwarfen nicht nur die ältere philosophische Spekulation, die überlieferte Religion und die traditionelle Auffassung von Moral und Recht der Prüfung, sondern stellten sie unter Umständen auch in Frage. Dies legt den Vergleich mit der Aufklärung des 18. Jahrhunderts nahe und läßt die Bezeichnung der Sophistik als «griechische Aufklärung» berechtigt erscheinen. Ähnlich wie die Aufklärung des 18. Jahrhunderts reagierte auch die Sophistik auf Veränderungen im politischen und sozialen Bereich. Der Hinwendung zu neuen Wissensgebieten von aktueller Bedeutung entsprach allerdings ein Rückzug aus Bereichen der Philosophie, die für das philosophische Denken so wesentlich sind, daß sie nicht ohne Gefahr für die Philosophie vernachlässigt werden können. Daher war es eine notwendige Reaktion, als Sokrates, Plato und Aristoteles der Metaphysik, der Erkenntnislehre, der Ethik wieder jenen Platz im Mittelpunkt des philosophischen Denkens sicherten, der ihnen zukommt; darüber sollte aber nicht vergessen werden, daß die Sophistik ihrerseits einen Beitrag zur Philosophie leistete, dessen Bedeutung zunächst nicht erkannt wurde: Indem die Sophisten das Ideal einer perfekten Erkenntnis, die prinzipiell nicht mehr korrigiert werden kann, in Frage stellten, wendeten sie sich gegen den Anspruch, definitives Wissen erreichen zu können. In dieser Hinsicht hatten ihre Bemühungen zunächst keinen Erfolg, da schon Plato und Aristoteles jenen Anspruch wieder zur Geltung brachten. So wie daher bei der Beurteilung der Sophistik zu differenzieren ist, so ist auch in bezug auf Platos Kritik an der Sophistik eine differenzierte Bewertung angebracht: Sie war insofern positiv, als sie den großen Fragen der Metaphysik und der Ethik wieder zu ihrem Recht verhalf, sie gab aber, indem sie das Ideal unkorrigierbarer Wirklichkeitserkenntnis erneuerte, eine wichtige Errungenschaft der Sophistik preis. Jedenfalls geht es nicht an, die Sophistik so einseitig negativ zu bewerten, wie es Plato, ihr großer Gegner, getan hat und wie es unter dem Eindruck von Platos Polemik lange Zeit üblich war. Daß und in welchem Maße die Sophistik auch für die weitere Entwicklung der Philosophie wichtig war, zeigt der Umstand, daß ohne sie ein Sokrates nicht denkbar ist.

2. Sokrates

Dich erklärte der Pythia Mund für den weisesten Griechen.
Wohl! Der Weiseste mag oft der Beschwerlichste sein.
(Goethe: Xenien)

a) Die Persönlichkeit

Sokrates ist eine der merkwürdigsten Gestalten der gesamten Philosophiegeschichte: Obwohl er seine Gedanken nur mündlich weitergegeben hat, übte er einen so starken Einfluß aus, daß sein Auftreten als Einschnitt in der Entwicklung der griechischen Philosophie anzusehen ist; und obwohl seine Wirkung unbestreitbar ist, weiß man von ihm und seiner Philosophie kaum etwas Sicheres. Das hängt eben damit zusammen, daß er nur mündlich lehrte und wir daher gezwungen sind, seine Ansichten den Reaktionen seiner Schüler zu entnehmen: Weil die Reaktionen, die seine Persönlichkeit und sein Denken hervorriefen, bei Zeitgenossen und Späteren sehr unterschiedlich waren, haben wir verschiedene Sokrates-Bilder, aber kein Kriterium, um zu entscheiden, welches das richtige ist oder wieviel Wahrheit diese oder jene Darstellung enthält. In erster Linie sind die Zeugnisse von Plato und Xenophon zu berücksichtigen, wobei im Falle Platos aber damit gerechnet werden muß, daß er Sokrates nur zum Sprachrohr eigener Auffassungen machte. Bei Xenophon ist die Absicht unübersehbar, Sokrates gegen Vorwürfe zu verteidigen, mit dem Ergebnis, daß er als allzu harmloser Zeitgenosse erscheint. Die Karikatur, die Aristophanes in den «Wolken» von Sokrates als Erzsophisten zeichnete, kann übergangen werden, da sie augenscheinlich unangemessen ist. Außerdem kommt auch Aristoteles als Gewährsmann in Betracht, der zwar Sokrates nicht mehr persönlich kannte, aber durch Vermittlung Platos noch hinreichend zuverlässige Kenntnis von der Sokratischen Lehre gehabt haben muß. Schließlich läßt sich mit einiger Plausibilität von den sokratischen Schulen der Cyniker und der Cyrenaiker auf die von Sokrates vertretenen Auffassungen zurückschließen. Die Ansicht, es habe niemals einen Sokrates gegeben und der Name «Sokrates» bezeichne eine fiktive literarische Gestalt, muß als extrem unwahrscheinlich zurückgewiesen werden.[24] Hätte es keinen Sokrates gegeben und hätte er nicht eine bestimmte Art des Denkens praktiziert, so wäre nicht begreiflich, daß sich außer Plato auch die Begründer einer Reihe anderer philosophischer Richtungen auf ihn berufen konnten.

Sokrates wurde um 470 geboren. Seine Jugend fiel somit in die Blütezeit Athens nach den Perserkriegen. An der Schlacht von Potidäa nahm er als einfacher Soldat teil, und im Prozeß gegen die Feldherren, die es während der Seeschlacht bei den Arginusen unter dem Druck der Umstände unterlassen hatten, für die Beisetzung der Gefallenen an Land zu sorgen, setzte er sich als Mitglied des athenischen Ratsausschusses für die Angeklagten ein. Er erlebte noch die Niederlage Athens im Peloponnesischen Krieg und die

Zeit der Vorherrschaft Spartas. Im Jahre 399 wegen «Asebie» (d.h. des Verstoßes gegen die herkömmlichen religiösen Auffassungen, namentlich wegen angeblicher Bemühungen, den Glauben an neue Gottheiten einzuführen) und wegen «Verführung der Jugend» angeklagt, wurde er, da er eine angemessene Alternativstrafe nicht annehmen wollte, zum Tode verurteilt und, nachdem er alle Fluchtpläne verworfen hatte, hingerichtet. Der Platonische Dialog «Phädo» schildert in ergreifender Weise, wie Sokrates, überzeugt, daß dem Guten kein wirkliches Übel widerfahren könne, den Schierlingsbecher leerte.

Was mit dem Vorwurf der Jugend-Verführung gemeint war, läßt sich allerdings nur vermuten. Sexuelle Verführung kommt nicht in Betracht, da Sokrates die Homosexualität ablehnte. Daß sich der Vorwurf auf die Erziehung zu geistiger Mündigkeit im allgemeinen richtete, ist nicht plausibel, da in diesem Fall der Prozeß nicht mit einem Todesurteil hätte enden können. Daher hat die Annahme einiges für sich, daß die eigentlichen Motive der Anklage politischer Natur waren: Sokrates, obwohl Vertreter demokratischer Ideen, hatte Schüler, die mit Sparta konspirierten und nach der Niederlage Athens im Jahre 404 zu den Dreißig Tyrannen gehörten, die ein antidemokratisches Regime in Abhängigkeit von Sparta errichteten. Als sich die Demokraten nach achtmonatiger Gewaltherrschaft der Oligarchen wieder durchsetzten, dürfte Sokrates für das Verhalten dieser Gruppe von Anhängern (namentlich Alcibiades, Critias, Charmides) verantwortlich gemacht worden sein.[25] Diese Erklärung macht den Vorwurf der Jugend-Verführung begreiflich; was hinter der Anschuldigung, Sokrates habe neue Götter eingeführt, stand, bleibt dagegen dunkel. Möglicherweise stützte sie sich darauf, daß sich Sokrates häufig auf eine innere Stimme – das *daimónion* – berief, die meist vor gewissen Handlungen warnte, in selteneren Fällen auch positiv in eine bestimmte Richtung drängte.

Darüber hinaus darf angenommen werden, daß Sokrates allein schon wegen seiner Denkweise nicht nur in einer Hinsicht Anstoß erregte. Sicher fühlten sich alle jene provoziert, die den bohrenden Fragen des Philosophen nicht standhalten konnten, besonders wenn es sich um Bereiche handelte, in denen sie zuständig zu sein glaubten. Vor allem aber mußte sich mancher Politiker getroffen fühlen, wenn Sokrates erklärte, die Staatsgeschäfte dürften nur Leuten anvertraut werden, die durch Wissen und Können qualifiziert seien, nicht solchen, die ihren Einfluß allein der Gunst der Massen oder dem Zufall vornehmer Herkunft verdankten. Mit dieser Auffassung stellte er sich gegen die Ansprüche sowohl des Geburtsadels als auch der Demokraten.

Bei Plato erscheint Sokrates als schärfster Gegner der Sophisten, während ihn Aristophanes umgekehrt als Sophisten darstellt. Beide Auffassungen werden jeweils einem Aspekt des Sokratischen Denkens gerecht: Plato stellte den Gegensatz zum sophistischen Relativismus in den Vordergrund, Aristophanes könnte den Umstand im Auge gehabt haben, daß sich Sokrates' philosophische Interessen insofern mit den Interessen der Sophisten deckten, als sie nicht mehr auf die Natur, sondern auf den Menschen und sein Handeln gerichtet waren. Seine Aufmerksamkeit galt in erster Linie den ethischen Gesichtspunkten, nach denen menschliches Handeln zu bewerten ist, und den Zielen, an denen sich die Erziehung orientiert. Dieser Aspekt seines Denkens spiegelt sich besonders deutlich in den Auffassungen der Sokrates-Schüler Antisthenes und Aristipp. Wenn sich Sokrates bemühte, ethische Wertungen und pädagogische Ziele in rationaler Weise zu begründen, so trug er dem Umstand Rechnung, daß damals die traditionellen Wert- und Zielvorstellungen, wie auch der Inhalt der Götter-Mythen, bereits weitgehend fragwürdig geworden waren, so daß es nicht mehr ausreichte, sich auf eine allgemein akzeptierte Auffassung von Tugend und Pflicht oder auf den Willen der Götter zu berufen; die ethischen Forderungen galten nicht mehr als selbstverständlich, sondern verlangten nach rationaler Rechtfertigung. In diesem Sinne suchte Sokrates, wie uns die Platonischen Dialoge eindringlich zeigen, in der vernünftigen Einsicht, die allen Menschen aller Zeiten unabhängig von besonderen Verhältnissen gleichermaßen zukommen soll, den Grund objektiver Wahrheiten und objektiver Werte. Offensichtlich war eine solche Auffassung erst möglich, nachdem die herkömmlichen Überzeugungen erschüttert waren: Erst als die Macht der Tradition gebrochen war, konnte der Versuch unternommen werden, die Ethik rational zu begründen. Sokrates tat das allerdings inhaltlich anders als die Sophisten. Während diese eine Nützlichkeitsmoral vertraten, der zufolge zu billigen ist, was dazu dient, gesellschaftlich anerkannte Zwecke zu erreichen, wies der Sokratische Ansatz in die Richtung einer Vernunft-Ethik und eines Vernunft-Rechts. Die so verstandene praktische Philosophie erfordert daher eine Metaphysik, mit deren Hilfe sich die der Vernunft zugewiesene Rolle rechtfertigen läßt. Eine solche Metaphysik dürfte Sokrates noch nicht konzipiert haben; sie findet sich erst bei Plato, seinem bedeutendsten Schüler.

Nach Sokrates orientieren wir uns bei ethischen Entscheidungen stets am Guten, genauer an dem, was wir für gut halten. Wenn jemand etwas Schlechtes für gut hält, wird er schlecht handeln, aber in diesem Falle liegt der Grund seiner Verfehlung nicht darin, daß er etwas Schlechtes will – Schlechtes, das als solches erkannt ist, kann nicht gewollt werden –, sondern in der irrigen Überzeugung, etwas in Wirklichkeit Schlechtes sei gut. Wer schlecht handelt, tut das auf Grund eines Irrtums; die Korrektur erfolgt durch Belehrung, d.h. durch die Überwindung des Irrtums. Umgekehrt handelt richtig, wer richtig urteilt, und wer mit Sicherheit richtig urteilt, handelt mit Sicherheit richtig. Wenn daher der Geist aus der Verstrickung in Irrtum und Schuld befreit werden soll, muß dem moralischen Handeln mit den Mitteln der Vernunft größtmögliche Sicherheit verliehen werden. Die Überzeugung, daß theoretische und praktische Gewißheit zusammenhängen, ist für die Sokratische Ethik grundlegend: Tugend ist nach Sokrates Wissen.

Wenn Tugend als Wissen aufgefaßt wird, erhebt sich die Frage, welche Art Wissen gemeint ist. Nach Sokrates kann es sich nur um rein vernünftiges Wissen handeln, nicht um empirisches Wissen, das somit nicht als das einzige, ja nicht einmal als das ursprüngliche Wissen gilt. Vielmehr betonte Sokrates die Selbständigkeit der vernünftigen Einsicht, ja deren Überlegenheit über die Wahrnehmungserkenntnis. Da vernünftige Einsicht auf deutlichen Begriffen beruht, bemühte er sich um die Präzisierung von Begriffen, namentlich von ethisch relevanten Begriffen. Dabei ging es ihm nicht nur um spezielle Begriffe wie «Tapferkeit»[26] oder «Frömmigkeit»[27], sondern auch um das Wesen der Tugend überhaupt.[28] Nur wer z.B. genau weiß, was «Frömmigkeit» und «Tugend» bedeuten, wird sicher beurteilen können, ob die Frömmigkeit eine Tugend sei. Die Präzisierung von Begriffen, die Sokrates im Hinblick auf die Ethik für wesentlich hielt, muß geübt werden, und der Einübung in die Begriffsanalyse dürften die Erörterungen moralisch neutraler Begriffe gedient haben, von denen in einigen Platonischen Dialogen die Rede ist. Ein Beispiel für die Art, in der Sokrates die Bedeutung von Begriffen zu klären suchte, ist die Erörterung der Frage, unter welchen Umständen man sagen könne, daß eine Rüstung ihrem Träger passe.

Die Wirkung, die Sokrates ausübte, läßt sich nicht nur auf den Eindruck zurückführen, den seine Lehre machte; sie hängt außerdem mit der Konsequenz zusammen, mit der er sein Leben im Sinne seiner Überzeugungen gestaltete: Sein Leben und vor allem sein Sterben waren praktizierte Philosophie.

b) Die Sokratische Methode

Geht man davon aus, daß vor allem die frühen Platonischen Dialoge Einblick in die Art gewähren, in der Sokrates seine Gesprächspartner zu philosophischen Einsichten veranlaßte, dann wird klar, daß nicht so sehr von einer Sokratischen Lehre, als vielmehr von einer Sokratischen Denkweise zu sprechen ist, die teils die Bildung adäquaterer Begriffe, teils die Überwindung der Meinung zum Ziel hat, die landläufigen Begriffe seien bereits hinreichend genau. Wie Sokrates dieses Ziel im einzelnen zu erreichen suchte, zeigt z.B. Platos Dialog «Laches», in dem es um die Frage geht, was «Tapferkeit» sei. Die Definition von «Tapferkeit» als «Standhalten in der Schlachtreihe», die Laches ins Auge faßt, erweist sich rasch als zu eng: Man kann offensichtlich auch während eines Rückzugs tapfer sein; darüber hinaus gibt es offensichtlich Tapferkeit nicht nur im Kriege. Die Frage richtet sich nicht auf eine besondere Art von Tapferkeit, sondern auf die Bedeutung von «Tapferkeit» im allgemeinen. Der Vorschlag, sie als «Beständigkeit der Seele» zu bestimmen, erweist sich als unbefriedigend, weil unvernünftiges Beharren auf einem Standpunkt nicht als Tapferkeit gelten kann. Umgekehrt ist die Definition als «Beständigkeit auf Grund von vernünftiger Überlegung» zu weit, da sie z.B. auch auf das Verhalten eines Arztes angewendet werden kann, der auf einer als richtig erkannten Therapie beharrt. Ein solches Verhalten pflegt aber nicht «tapfer» genannt zu werden. Daher scheint es nur einen Weg zur Lösung der Aufgabe zu geben: Man muß angeben, was Inhalt der vernünftigen Überlegung ist, die der Beständigkeit zugrunde liegt. Hier scheint nun nichts anderes als die Gefahr in Betracht zu kommen, so daß «Tapferkeit» definiert werden kann als «Standhaftigkeit angesichts vernünftig eingeschätzter Gefahren». Im weiteren Gesprächsverlauf wird der Aspekt der Standhaftigkeit jedoch wieder beiseite gelassen und das Moment des Wissens in den Vordergrund gerückt: «Tapferkeit» bedeutet «Wissen vom Gefährlichen und Unbedenklichen», d. h., jemand soll «tapfer» heißen, wenn er auf Grund zutreffender Beurteilung des Risikos handelt. Auch dieser Vorschlag erweist sich als unhaltbar: Das Urteil über das Risiko betrifft etwas Zukünftiges, Wissen aber muß für alle Zeit gültig, infolgedessen nicht auf eine bestimmte Zeit (wie die Zukunft) beschränkt sein. Zieht man aber die Konsequenz, daß die Tapferkeit ein Wissen von Gut und Übel überhaupt sei, dann kann sie nicht mehr gegenüber Gerechtigkeit, Frömmigkeit und anderen Tugenden abgegrenzt werden. Die Frage, was die Tapferkeit sei, läßt sich vermutlich deshalb nicht beantworten, weil sie falsch gestellt ist: Die Tapferkeit wird in der Erörterung als isolierter «Teil» der Tugend, und nicht, wie es nach Plato nötig wäre, als Sonderfall der Tugend als solcher, betrachtet. Vielleicht wollte Plato den Gedanken nahelegen, daß von der Tapferkeit gar nicht so gesprochen werden könne, als handle es sich um einen isolierten «Teil» der Tugend, wie bei der Diskussion vorausgesetzt wird. Solange das Wesen der Tugend überhaupt nicht berücksichtigt wird, lassen sich besondere Tugenden nicht definieren.

Fragen wie «Was ist Tugend?» – allgemein: Was-ist-Fragen[29] – hatten schon die Sophisten erörtert; Sokrates stellte solche Fragen aber in anderer Absicht als die Sophisten: Er wollte nicht belehren, sondern er sucht im Gespräch die gemeinsame Annäherung an eine Einsicht, die zu besitzen er nicht beansprucht. Im Platonischen «Theätet» verglich er seine Tätigkeit mit dem Beruf seiner Mutter: So wie die Hebamme anderen Frauen bei der Geburt hilft, so hilft er seinen Unterredungspartnern bei der Geburt der Wahrheit; und so wie in Athen nur Frauen jenseits des gebärfähigen Alters als Hebammen tätig sein durften, so erklärte auch Sokrates, er selber vermöge keine Erkenntnis hervorzubringen, sondern nur bei der Erkenntnisgewinnung behilflich zu sein und zu prüfen, ob irgendwelche Meinungen als Erkenntnisse gelten könnten oder nicht. Demgemäß lassen sich zwei Aspekte der Sokratischen Dialektik, d. h. der Kunst, durch Unterredung Einsicht zu gewinnen, unterscheiden: die Ironie als Weg zur Aufhebung vermeintlichen Wissens und die Mäeutik als Hilfestellung bei der Hervorbringung echter Einsicht.

Die Sokratische Dialektik beruht auf stillschweigenden Voraussetzungen, die erst Plato explizierte: Wenn die Gesprächspartner allein durch Fragen zu Erkenntnissen veranlaßt werden sollen, die der Fragende nicht besitzt, dann muß auf seiten des Antwortenden ein potentielles Wissen angenommen werden, das durch geeignete Fragen lediglich aktualisiert wird. Die Seele verfügt demnach sozusagen über ein keimhaftes Wissen, das im Gespräch entfaltet wird.

Wenn Sokrates fragt «Was ist die Tugend?» oder «Was ist das Wissen?», dann geht es nicht darum festzustellen, wie die Ausdrücke «Tugend», «Wissen» faktisch gebraucht werden oder wie sie zweckmäßigerweise gebraucht werden sollten, sondern es geht um das Wissen als solches, die Tugend als solche. Bei derartigen Fragen bzw. den entsprechenden Antworten scheint vorausgesetzt werden zu müssen, daß es die Tapferkeit selbst, die Tugend selbst (und analog bei allen anderen derartigen Begriffen) gibt, da nur unter der Voraussetzung, daß den Begriffen ein Sachverhalt entspricht, nach der «richtigen» Definition der entsprechenden Begriffe gefragt werden kann. Sokrates hat, wenn man Plato glaubt, nicht nur den konventionellen Sprachgebrauch feststellen oder bessere sprachliche Konventionen herbeiführen, sondern zur Einsicht in die unseren Begriffen entsprechenden idealen Sachverhalte hinführen wollen. Da auch Aristoteles die Sokratische Auffassung in diesem Sinne darstellte, darf man annehmen, daß Plato an eine Sokratische (oder bei Sokrates mindestens angelegte) Auffassung anknüpfte, wenn er das Allgemeine, auf das sich Was-ist-Fragen beziehen, als eine objektive Wesenheit – als «Idee» – charakterisierte.

c) Die Lehrbarkeit der Tugend

Für Sokrates dürfte die Bestimmung des Wesens der Tugend zentrales Anliegen gewesen sein. «Tugend» ist nach Sokrates nicht ein Sammelname für eine Menge einzelner Tugenden, die aufzuzählen und miteinander zu vergleichen wären, sondern dieser Ausdruck bezeichnet das allgemeine Wesen, das die alltäglich so genannten besonderen Tugenden erst zu Tugenden macht. «Tugend» ist ein allgemeiner Sachverhalt, der eingesehen werden kann; und wer diese Einsicht hat, kann gar nicht anders als tugendhaft handeln. Diese Auffassung beruht auf der Voraussetzung, daß die Tugend ein Wert ist und daß niemand einen Unwert erstreben kann: Niemand begeht freiwillig ein Unrecht. Wer unmoralisch handelt, ist daher Opfer einer Täuschung: er hält einen Unwert fälschlich für einen Wert. Die Besserung besteht daher in der Überwindung der Täuschung. Daß man das Gute erkennen und doch das Schlechte tun könne (Video meliora proboque, deteriora sequor[30]), ist unter Sokrates' Voraussetzungen auszuschließen. Sofern das Handeln dieser Ansicht zufolge eindeutig durch die Erkenntnis des Guten und Schlechten bestimmt ist, handelt es sich um eine deterministische Position.

Wenn die Tugend objektiv wertvoll ist, dann wird die Seele durch moralisches Handeln besser und durch unmoralisches Handeln schlechter: Unrecht tun ist nach Sokrates schlimmer als Unrecht erleiden.[31] Sokrates ist dieser Auffassung mit unerhörter Konsequenz treu geblieben: Er lehnte es ab, sich durch Flucht der Hinrichtung zu entziehen, und er ging in der Gewißheit in den Tod, die Schwelle zu einer besseren Daseinsform zu überschreiten. Nach Plato suchte er am letzten Tage seines Lebens seine Freunde von der Unsterblichkeit der Seele und von deren glücklichem Los nach dem Ende eines guten irdischen Lebens zu überzeugen. Nach Sokrates kann jemand, der gut gelebt, d.h. nach Tugend und Wissen gestrebt hat, guten Mutes seine Fahrt nach der Unterwelt antreten, sobald das Schicksal ruft.[32]

3. Die kleineren sokratischen Schulen

Eine wichtige Ergänzung unseres Bildes von Sokrates ergibt sich aus dem Echo, das er bei jenen zeitgenössischen Philosophen fand, die sich auf ihn beriefen. Obwohl Plato unter ihnen der weitaus bedeutendste war, soll zuerst ein Blick auf die sogenannten kleineren sokratischen Schulen – die Cyniker, Cyrenaiker, die Schulen von Megara und Elis – geworfen werden.

a) Die Cyniker

Die Sokratische Auffassung, daß die Erkenntnis des sittlich Guten die Grundlage der moralischen Praxis bilde, ließ sich zu der Auffassung weiterentwickeln, daß das Erkennen im allgemeinen praktischen Zielen untergeordnet und unterzuordnen sei. Diese moralisierende Einseitigkeit prägte das Denken der cynischen Schule, deren Begründer, Antisthenes (etwa 455 bis etwa 360), Schüler des Sophisten Gorgias war und sich später Sokrates anschloß. Er lehrte im Gymnasion Kynosarges, nach dessen Namen man seine Anhänger als «Cyniker» («Kyniker») bezeichnete. Dabei spielte wohl auch die Etymologie des Wortes eines Rolle: «kyon» bedeutet «Hund», und die extreme Bedürfnislosigkeit, ja Kulturfeindlichkeit, die Antisthenes empfahl, legten es nahe, sein und seiner Schüler Verhalten als «hündisch» zu charakterisieren. Der Cyniker Diogenes von Sinope trug tatsächlich den Beinamen «der Hund». Sokrates hatte beispielgebend gezeigt, daß der sittlich autonome Mensch von inneren und äußeren Umständen unabhängig werden kann. Unter dem Eindruck dieser Unabhängigkeit kam Antisthenes zu der Überzeugung, daß die Tugend nicht nur das höchste, sondern das einzige Gut sei; alles andere erscheint ihr gegenüber entweder als schlecht oder doch zumindest als gleichgültig. Die Tugend ist cynischer Ansicht nach Selbstzweck, d.h., sie ist nicht ein Mittel, um Lust oder Glückseligkeit oder irgendein anderes Ziel zu erreichen: Sie ist ihr eigener Lohn, wie sie auch die einzige wahre Glückseligkeit ist; umgekehrt ist die Schlechtigkeit ihre eigene Strafe und das einzige wirkliche Unglück. Die Theorie – namentlich die metaphysische Theorie – ist gegenüber dem Handeln von untergeordneter

Bedeutung; insbesondere lehnte es Antisthenes ab, die von Sokrates gesuchten Definitionen auf Ideen im Sinne Platos zu beziehen. Das läßt erkennen, daß Platos Metaphysik nicht die einzig mögliche Weiterbildung des Sokratischen Denkens war.

Wenn allein die Tugend ein Gut ist, dann wird der Weise nichts außer ihr erstreben. Namentlich sind die Triebe und alle auf Trieben beruhenden Bedürfnisse abzulehnen, zumal sie der Selbstgenügsamkeit (Autarkie) des tugendhaften Menschen abträglich sein können. Jedes Bedürfnis bedeutet Abhängigkeit von Umständen, die wir nicht vollständig kontrollieren können und die daher geeignet sind, unsere innere Ruhe zu beeinträchtigen. Der Weise macht sich daher nicht nur von den Leidenschaften, sondern auch von allen anderen Einflüssen frei, die seine Autarkie gefährden können. Das gilt auch von den Bindungen an Sitte und Brauch. Folgerichtig bekämpften die Cyniker die gesellschaftlichen Konventionen und die herkömmliche Moral, auch mit dem Mittel der provokativen Verletzung der geltenden Normen. In dieser Hinsicht tat sich besonders Diogenes von Sinope hervor (gest. 323, dem Todesjahr Alexanders d.Gr.), der der bekannteste, keineswegs aber der bedeutendste Cyniker war. Seine Lebensweise, die Anlaß zu zahlreichen Anekdoten gab – er soll in einer Tonne gelebt und am hellen Tag mit der Laterne auf dem Markt von Korinth erschienen sein, um, wie er den Neugierigen erklärte, einen Menschen zu suchen –, macht verständlich, wie der Ausdruck «zynisch» seine heutige Bedeutung erhalten konnte. Diogenes lehnte die Einehe ab, empfahl Promiskuität und gemeinsame Kindererziehung, ja er stellte sogar das Inzestverbot in Frage, weil er meinte, daß es nicht auf der Natur beruhe und bloß konventionellen Charakter habe. Um auszudrücken, daß er sich nicht an die Polis gebunden fühle – er war kein Athener –, bezeichnete er sich als Weltbürger.[33] Da nach cynischer Ansicht Natürliches nicht häßlich sein kann (vgl. das sprichwörtliche «Naturalia non sunt turpia»), erklärte er alle Anstandsregeln, die auf die Tabuisierung gewisser natürlicher Vorgänge hinausliefen, für hinfällig. Diogenes beschränkte sich aber nicht auf Provokation, um den Einfluß moralischer Konventionen zu brechen, sondern er suchte die Abhängigkeit von Trieben und Begierden durch extreme und manchmal groteske Askese zu überwinden. Die Grundlage der cynischen Ideologie, an der sich die damalige «Alternativszene» orientierte, bildete der Glaube an die Güte der Natur im allgemeinen und der menschlichen Natur im besonderen, wobei «Natur» als Gegenbegriff zu «Kultur», d.i. zu Sitte und Sittlichkeit, zu Recht und Gesellschaftsordnung verwendet wurde.

Die cynische Praxis entsprang nicht nur einem zivilisationsfeindlichen Affekt, der sich an den Mängeln der zeitgenössischen sozialen Wirklichkeit entzündete, sondern sie entsprach auch dem Bedürfnis nach Befreiung von biologischen, psychologischen und sozialen Zwängen. Sofern diese Zwänge stets an Trieben ansetzen, erweist sich die Triebkontrolle als Mittel ihrer Überwindung. Die cynische Trieb- und Bedürfnis-Askese diente demnach nicht dem Ziel jenseitiger Glückseligkeit oder der Erlösung von der Folge der Wiedergeburten, sondern der Entlastung von triebbedingten Abhängigkeiten. Die Ethik der Cyniker soll die innere Unerschütterlichkeit sichern und gegen Beeinträchtigungen abschirmen, indem sie den Menschen in die Geborgenheit der Natur zurückführt. Diese Geborgenheit soll an die Stelle der Geborgenheit in Familie, Stand und Staat (Polis) treten; der Kosmos als Heimat wird Ersatz der in der damaligen Zeit immer mehr an Bedeutung verlierenden herkömmlichen Bindungen.

Die Tendenz zur Abwertung der Bindung an irgendeinen Staat ist ansatzweise bereits bei Sokrates festzustellen;[34] sie machte sich verstärkt bei den Cynikern bemerkbar, offenbar im Einklang mit der sich damals bereits abzeichnenden Entwicklung eines Großreichs, in dem die Stadtstaaten aufgingen. Tatsächlich erlebte Diogenes noch die Entstehung des Reichs Alexanders des Großen. So wie die philosophische Idee des Weltbürgertums der politischen Idee eines Großreichs entgegenkam, so bereitete die Loslösung von lokal bedingten herkömmlichen Bedingungen die Entstehung jener kulturellen Synthese vor, die mit der Errichtung des mazedonischen Reiches in die Wege geleitet wurde. Das kosmopolitische Vermächtnis des Cynismus übernahm später die Stoa, die sich von dessen «zynischen» Zügen freihielt und den Pflichten des einzelnen gegenüber Gesellschaft und Staat wieder Rechnung trug – allerdings gegenüber einer Gesellschaft, die nicht mehr im traditionellen Sinn ständisch gegliedert war, und einem nicht mehr national geprägten Staat.

b) Die Cyrenaiker

Hatten die Cyniker das praktische Ziel in der größtmöglichen Unabhängigkeit und inneren Unerschütterlichkeit erblickt, so stellten der Sokrates-Schüler Aristipp (etwa 435 bis 366) und seine Anhänger die Ethik in den Dienst des Glücksstrebens. Wie die Cyniker sich für ihr moralisches Ideal auf die Sokratische Auffassung der Pflicht berufen konnten, so knüpften die Cyrenaiker an die von Sokrates erhobene Forderung des glücklichen Lebens an. Sie waren somit ähnlich einseitig wie Anthisthenes, wenn sie auch einen anderen Aspekt des Sokratischen Denkens in den Vordergrund rückten als die Cyniker, mit denen sie aber die Tendenz zur Unterordnung der Theorie unter die Praxis verband. So hielt Aristipp, mit dem die cyrenaische Schule beginnt, das Wissen von der Natur nur insofern für nützlich, als es der Unterscheidung von Gut und Übel dient. Obwohl er in der Lust das einzige Kriterium des Wertes von Handlungen erblickte, übersah er nicht die Rolle, die der Verstand bei moralischen Entscheidungen spielt. Da nicht alle Lüste auf derselben Ebene liegen, muß zwischen ihnen gewählt werden, und dabei soll die höhere gegenüber der niedrigeren Lust bevorzugt werden. Als höher gilt die Lust, die der Befriedigung geistiger Bedürfnisse entspringt, als niedriger die aus der Befriedigung sinnlicher Triebe hervorgehende Lust.

Einem kultivierten Menschen sind somit beglückendere Erlebnisse zugänglich als einem primitiven, weshalb nach Ansicht der Cyrenaiker die geistige Kultur als Voraussetzung höherer Befriedigung selbst als Wert anzusehen ist. Die Unterscheidung zwischen höherer und niedrigerer Lust ist aber nur auf Grund verständiger Beurteilung möglich. Ebenso ist der Verstand nötig, um alles fernzuhalten, was die Genußfähigkeit beeinträchtigen könnte – namentlich die Abhängigkeit von äußeren Umständen, von Konventionen und abergläubischen Meinungen. Soweit sich der Verständige dem Zwang der Verhältnisse zu entziehen vermag, steht er über den Dingen und genießt die Vorzüge eines ungestörten Lebens, wozu auch gehört, daß er nicht zum Sklaven des Luststrebens wird. Die Befriedigung, zu deren Erlangung die cyrenaische Ethik führen will, ist also nicht die unmittelbare physische Lust, sondern eine Lust, die vernünftig erstrebt und vernünftig genossen wird.

Nichtsdestoweniger ist eine Ethik, die, wie die cyrenaische, auf dem Lustprinzip beruht, im Grunde individualistisch, da Werturteile auf Grund von Lust- und Unlust-Empfindungen vom variablen subjektiven Gefühlszustand abhängig, somit nicht objektiv gültig sind. Obwohl die Empfindungen von objektiven Ursachen hervorgerufen werden, kennen wir unmittelbar doch nur die Empfindungen, und nicht deren Ursachen. Der Anspruch, allgemeingültige ethische Forderungen aufzustellen, läßt sich unter den Bedingungen der cyrenaischen Ethik nicht aufrechterhalten. Wie für Protagoras ist der Mensch auch nach Ansicht Aristipps und seiner Anhänger das Maß aller Dinge. Wie Protagoras (und vermutlich unter seinem Einfluß) gelangte auch Aristipp zu einem theoretischen und praktischen Relativismus, dem zufolge Fürwahrhalten und Werten vom Zustand des Subjekts abhängen. Auf dem Boden einer solchen Auffassung lassen sich folgerichtig überhaupt keine moralischen Forderungen mehr erheben; man kann nur feststellen, daß die Menschen faktisch unter dem Eindruck von Lust und Unlust werten, nicht aber, daß sie so werten sollen. Die cyrenaische Auffassung läuft mit einem Wort darauf hinaus, daß Ausdrücke wie «gut» oder «wertvoll» letzten Endes mit Hilfe von «Lust» zu definieren sind. Wenn man von einer Verhaltensweise sagt, sie sei gut, dann ist das eine Abkürzung für die Feststellung, daß sie in der Regel Lust-Empfindungen nach sich zieht. Schon die Annahme, daß dies immer und bei allen Menschen so sei, läßt sich nicht mehr begründen.

Aristipps Schule hatte ihren Mittelpunkt in Cyrene. Hier, in seiner Vaterstadt, wirkte Aristipp, nachdem er zunächst in Athen, wo er zum Kreis um Sokrates gehörte, gelehrt hatte. Seine Tochter Arete gab seine Philosophie an ihren Sohn, Aristipp den Jüngeren, weiter, der daher den Beinamen «der von der Mutter Unterrichtete» trug. Im Verlauf der Schulentwicklung kam es zu bemerkenswerten Akzentverschiebungen: Theodor der Atheist ging insofern über den Schulgründer hinaus, als er den Glauben an Götter und somit an gottgegebene Gebote wie auch die Verbindlichkeit konventioneller Normen, die den Lustgewinn beeinträchtigen können, für hinfällig erklärte.

Bei Hegesias zeigte sich die Kehrseite des Hedonismus: Wenn ausschließlich die Lust über Wert oder Unwert des Daseins entscheidet und wenn die Erfahrung zeigt, daß die Unlust im menschlichen Leben als ganzem die Lust überwiegt, dann kann das Leben nicht als Wert gelten. Hegesias soll in seinen Vorträgen diese pessimistische Konsequenz so überzeugend dargelegt haben, daß sich nach seinen Auftritten die Selbstmorde häuften. Deshalb erhielt er den Beinamen «der zum Tode Überredende». Man soll sich sogar gezwungen gesehen haben, ihn mit einem Redeverbot zu belegen. Anniceris griff schließlich wieder auf den positiven Hedonismus des Schulgründers zurück. Durch die Ausgestaltung, die die hedonistische Ethik durch Epikur erfuhr, wurde sie zu einer der großen Richtungen der Moralphilosophie in der hellenistischen Zeit (siehe Kap. V, Abschn. 2).

Die Moralphilosophie der Cyrenaiker war nicht nur metaphysisch, sondern empirisch-psychologisch ungenügend fundiert. In bezug auf die metaphysische Grundlegung erwies sich die cyrenaische Philosophie daher dem Platonismus, in bezug auf die Psychologie des Wertens und Handelns dem Aristotelismus als unterlegen; erst mit Epikur erlangten ihre Grundgedanken wieder größeren Einfluß.

c) Die megarische und die elische Schule

Euklid von Megara (nicht mit dem alexandrinischen Mathematiker Euklid, etwa hundert Jahre später, zu verwechseln) und die von ihm begründete megarische Schule lassen ein starkes Interesse an logischen Fragen erkennen, die insbesondere die Form von Beweisen betrafen. Im Zusammenhang damit beschäftigte man sich auch mit der Frage, wie Beweise zu widerlegen seien, was für die Eristik, d. h. die Technik des wissenschaftlichen Streitgesprächs, wichtig war. Im Umkreis der Megariker entstanden Argumente wie die berühmte Lügner-Paradoxie,[35] kurz «der Lügner»: Wenn jemand sagt «Ich lüge eben jetzt», dann heißt das, daß seine Behauptung falsch und daher ihre Negation wahr ist, nämlich «Ich lüge jetzt nicht»; lügt er aber nicht, dann ist es wahr, daß er eben jetzt lügt. Es scheint also, als wäre die fragliche Äußerung sowohl wahr als auch falsch. Der «Lügner» tritt in verschiedenen Einkleidungen auf, etwa in der folgenden: Der Kreter Epimenides sagt, Kreter lügen immer. Da nun Epimenides ein Kreter ist und folglich immer lügt, ist seine Behauptung eine Lüge, infolgedessen deren Gegenteil wahr, d. h. Kreter lügen nicht. Also lügt auch der Kreter Epimenides nicht, wenn er sagt, Kreter lügen, usw. Bei der Lügner-Paradoxie handelt es sich nicht um eine bloße Spiegelfechterei, sondern um ein ernstes Problem. Könnte wirklich eine Aussage zugleich mit ihrer Negation wahr sein, dann läge eine Antinomie vor, und ließe diese sich nicht überwinden, dann wären die Grundprinzipien der Logik, somit die Logik selbst, in Frage gestellt. In unserem Jahrhundert wurde die Antinomie darauf zurückgeführt, daß sich die Aussage, in bezug auf die sie formuliert wird, auf sich selbst bezieht. Um die Möglichkeit selbstbezüglicher Äußerungen auszuschalten, wurde in unserem Jahrhundert zwischen Aussagen über Gegenstände (Objekt-Sprache) und Aussagen über Aussagen (Meta-Sprache) unterschieden. Ein anderer Weg zur Überwindung der Antinomie geht davon aus, daß zu einem Urteil stets der Anspruch gehört, etwas Wahres zu behaupten. Die Äußerung «Ich lüge jetzt» bzw. «Ich sage jetzt die Unwahrheit» hebt aber den Wahrheitsanspruch auf und kann daher nicht Ausdruck eines Urteils sein.

In der Ethik folgte Euklid der Sokratischen Auffassung, daß es nur eine Tugend – also streng genommen nicht Tugenden in der Mehrzahl – gebe. In diesem Sinne lehrte er, «das Gute sei eines, mit vielen Namen benannt: bald Einsicht, bald Gott, anderswo Vernunft».[36] Außerdem charakterisierte er das Gute als göttlich, als unentstanden und unvergänglich und wendete damit die Sokratische These von der Einen Tugend, deren Modifikationen die einzelnen Tugenden sind, ins Ontologische.

Die Lehre der elisch-eretrischen Schule, begründet von Phaedo von Elis und zunächst in dieser Stadt (in der gleichnamigen Landschaft), unter Phaedos Schülern später in Eretria (auf Euböa) beheimatet, läßt sich kaum mehr fassen; sie scheint, ähnlich wie die megarische Schule, dialektische mit ethischen Interessen verbunden zu haben. Daß von den kleineren sokratischen Schulen nur wenig überliefert ist, dürfte vor allem damit zusammenhängen, daß ihre wichtigsten Gedanken von Nachfolgeschulen aufgenommen und ausgearbeitet wurden, womit das Interesse an den älteren Auffassungen schwand.

III.
Plato und das Problem der Erkenntnis aus reiner Vernunft

> Das Sein ist ewig; denn Gesetze
> Bewahren die lebend'gen Schätze,
> Aus welchen sich das All geschmückt.
> *(Goethe: Vermächtnis)*

Sowohl bei den Naturphilosophen, die fragten, wie sich die Entstehung der Welt und das Geschehen in der Welt begreifen lassen, als auch bei den Pythagoreern, die nach den idealen Prinzipien der Ordnung der Welt und des Denkens suchten, ging es in erster Linie um das Wesen der Wirklichkeit, nicht um die Natur der Wirklichkeitserkenntnis. Mit Plato zeichnet sich eine Wende ab: Das philosophische Denken richtet sich nicht mehr nur auf die Wirklichkeit, sondern wird zur Reflexion auf die Erkenntnis der Wirklichkeit. Plato reflektierte allerdings nicht so sehr auf die Wirklichkeitserkenntnis im allgemeinen, als vielmehr auf die Erkenntnis des Allgemeinen, der Inhalte des begrifflichen Denkens. Zur Frage nach der Erkenntnis des Allgemeinen wurde er insbesondere durch die Beschäftigung mit der Mathematik geführt. Er bemerkte, daß man nicht von diesem oder jenem rechtwinkligen Dreieck spricht, wenn man den pythagoreischen Lehrsatz aufstellt, sondern vom rechtwinkligen Dreieck überhaupt. Damit stellte sich ihm die Frage, was dasjenige sei, worüber man in allgemeinen Sätzen, wie dem Satz des Pythagoras, redet. Während in besonderen Urteilen – wie «Das rechtwinklige Dreieck vor mir besteht aus Holz» – der beurteilte Gegenstand ein wahrnehmbares Ding ist, kann der Gegenstand, auf den sich der pythagoreische Lehrsatz bezieht, kein Ding der wahrnehmbaren Wirklichkeit sein, da er nicht konkret, sondern allgemein ist. Da sich der allgemeine Satz jedoch auf einen Gegenstand bezieht, wie Plato meinte, muß dieser sich von wahrnehmbaren Gegenständen prinzipiell unterscheiden. Es kann sich mit einem Wort nicht um einen konkreten, sondern es muß sich um einen allgemeinen Gegenstand handeln, um eine «Idee», wie Plato sagte. Der pythagoreische Lehrsatz hat es mit einer allgemeinen Form – dem rechtwinkligen Dreieck und dem Verhältnis seiner Seiten – zu tun, abgesehen von inhaltlichen Bestimmungen, etwa in bezug auf das Material, auf bestimmte Längen, auf die Lokalisierung in Raum und Zeit. Die Idee des rechtwinkligen Dreiecks existiert nicht hier und jetzt; sie hat auch nicht irgendwann zu existieren begonnen, und sie kann nicht aufhören zu existieren. So wie sie nicht raum-zeitlichen Bedingungen unterworfen ist, so ist sie unabhängig von ihrer Verwirklichung in der materiellen Welt. In diesem Sinne unterscheidet sich die Idee des rechtwinkligen Dreiecks wesentlich von konkreten rechtwinkligen Dreiecken, wie dem Winkelmaß des Maurers. Was vom rechtwinkligen Dreieck gilt, gilt von allen Dreiecken, darüber hinaus von allen mathematischen Gebilden und schließlich von allen allgemeinen Gegenständen, auf die wir uns in streng allgemeingültigen Urteilen beziehen, d. h. von allen Ideen.

Indem Plato einen Bereich idealer Gegenstände – ein Reich der Ideen – annahm, bestritt er, daß der Bereich der wahrnehmbaren Gegenstände der einzige Wirklichkeitsbereich sei: Neben der Welt der sinnlich erfahrbaren Dinge gibt es seiner Ansicht nach eine andere Welt, die die Erfahrung übersteigt und nur dem vernünftigen Denken zugänglich ist. Plato hat sich nicht damit begnügt, der Sinnenwelt eine Vernunftwelt gegenüberzustellen, sondern er betrachtete die nur vernünftig erkennbare Welt, das Ideen-Reich, als die höhere, «wahrere» Wirklichkeit. Die Erfahrungswirklichkeit ist niederen Ranges, sie verdankt ihre Bestimmtheit den Ideen, die als ewige Muster der vergänglichen Erfahrungsgegenstände fungieren. Die Zwei-Welten-Lehre, d. h. die Aufspaltung der Gesamtwirklichkeit in zwei Teilbereiche, findet sich überall, wo im Geiste Platos gedacht wird – bis hin zu jenen Theoretikern unserer Zeit, die der Welt der realen (physischen und psychischen) Seienden eine ideale Welt gegenüberstellen, in der abstrakte Gebilde, wie Probleme oder wissenschaftliche Theorien (als Bestandteile der «Welt 3» im Sinne Poppers), angesiedelt sein sollen.

Platos Auffassung hat eine wichtige Konsequenz für die Bestimmung des Verhältnisses von Denken und Wirklichkeit: Das Reich der Vernunftgegenstände (der Ideen) ist nicht nur für die konkreten Dinge, sondern auch für das Denken maßgeblich, d. h. es liefert den Maßstab für das richtige theoretische, praktische und ästhetische Denken. Plato nahm an, daß die Seele über ein ursprüngliches Wissen vom Wahren, Guten und Schönen verfügt und daß sie nur im Licht dieses Wissens überhaupt imstande ist, konkrete Verhältnisse als wahr, gut und schön zu beurteilen.

Die Seele – und zwar sowohl als Weltseele wie als Einzelseele – ist sozusagen die Klammer zwischen dem Reich der materiellen Dinge und dem Reich der Vernunftgegenstände: Sie entstammt jenem Bereich, dem die Ideen angehören, und sie tritt in Verbindung mit der materiellen Wirklichkeit, insbesondere als Einzelseele mit dem einzelnen Körper. Da sie aber vom Leib wesentlich verschieden ist, kann sie mit ihm keine dauernde Gemeinschaft eingehen, sondern sie strebt danach, sich von ihm zu lösen und schließlich in ihre geistige Heimat zurückzukehren.

Die von Plato aufgestellte Zwei-Welten-Lehre war nicht absolut neu: Sie war von den Eleaten (siehe Kap. I, Abschn. 6) vorbereitet. Mit Plato wurde sie aber zu einem der mächtigsten Gedanken der gesamten späteren Philosophie. Sie fand nicht nur in der Antike bedeutende Vertreter, sondern sie wurde durch die Verschmelzung mit der christlichen Jenseits-Vorstellung zu einem wesentlichen Element der mittelalterlichen und neuzeitlichen Kultur. Ihre Anziehungskraft verdankt sie einerseits dem Umstand, daß sie geeignet erscheinen konnte, den Anspruch absolut sicherer, prinzipiell erfahrungsunabhängiger Wirklichkeitserkenntnis zu rechtfertigen, andererseits der Tatsache, daß in ihrem Licht die empirische Wirklichkeit als bloßer Vordergrund erscheint, durch den hindurch der Glanz einer höheren Wirklichkeit sichtbar wird. Die Erhebung zur Welt der Ideen wird zur Enthebung von der Welt der Sinne und ihrer Mangelhaftigkeit.

Damit kommt der ethische Aspekt des Platonismus zum Vorschein: Um Zugang zum philosophischen Denken zu erhalten, ist es nötig, sich soweit wie möglich von der Sinnlichkeit – von den Sinneswahrnehmungen wie von den sinnlichen Trieben – unabhängig zu machen. Zwar beruhen auch die philosophischen Bemühungen auf einem Antrieb, der aber nicht sinnlicher Natur ist: Der philosophische Eros ist geistige Liebe zur Wahrheit als vollendetster Ausdruck der Verbindung des Sterblichen mit dem Unsterblichen. Zugleich verspricht die Philosophie, den Geist von materiellen Einflüssen zu reinigen; sie ist der wahre Weg zu jener Läuterung, die Bedingung dafür ist, daß die Seele in ihre geistige Heimat zurückkehren kann. Diese ethische Komponente des Platonismus muß berücksichtigt werden, wenn man verstehen will, warum der Platonismus so nachhaltig weitergewirkt hat.[1]

1. Persönlichkeit und Werk

a) Zur Biographie

Plato ist der erste griechische Philosoph, von dessen Leben und Denken wir zuverlässige Kenntnis haben. Während sich die Kenntnis der früheren Philosophie auf Fragmente stützt, sind Platos Werke erhalten. Die Frage der Echtheit mancher Dialoge ist jedoch bis heute umstritten, und die unter seinem Namen überlieferten Briefe gelten mit einer Ausnahme als unecht.

Plato wurde 427 oder 428 geboren. Er entstammte einer adeligen Familie Athens, die in der Politik der Stadt eine wichtige Rolle spielte, und offenbar sollte sich auch Plato, dessen ursprünglicher Name angeblich Aristocles lautete, der Politik widmen, wozu es jedoch wegen der politischen Entwicklung nach dem Peloponnesischen Krieg nicht kam. Die Herrschaft der dreißig Tyrannen, zu denen auch Verwandte und Freunde Platos gehörten, kompromittierte die adeligen Oligarchen, und unter den Demokraten, die nach weniger als einem Jahr der Oligarchie ein Ende machten, schwanden Platos Aussichten auf eine politische Laufbahn. Dazu kam, daß er nach dem Verfahren gegen Sokrates zusätzlich belastet erscheinen mußte. Während des Prozesses hatte er sich als Bürge angeboten, falls eine Geldstrafe verhängt werden sollte, und nach Sokrates' Hinrichtung – bei der er wegen Krankheit nicht anwesend war – hielt er es aus Sicherheitsgründen für angezeigt, sich einige Zeit nach Megara zurückzuziehen, wo ihn ein anderer Sokrates-Schüler, Euklid (siehe Kap. II, 3c), aufnahm.

Daß sich Plato ursprünglich der Politik widmen wollte, geht aus einer Stelle im Siebten Brief hervor, dem einzigen seiner Briefe, der echt sein könnte. Dort blickt der Philosoph auf seine frühen Pläne zurück und schreibt: «Ich war gesonnen, sobald ich zur Selbständigkeit gelangt sein würde, sogleich zur Teilnahme an den öffentlichen Angelegenheiten mich anzuschicken. Da traten für mich hinsichtlich der öffentlichen Angelegenheiten verschiedene unerwartete Umstände ein.» Plato verweist auf die Herrschaft der dreißig Tyrannen und fährt dann fort: «Da ich nun aber sah, daß diese Männer in kurzer Frist die frühere Verfassung als eine goldene erscheinen ließen, unter anderem einen mir befreundeten älteren Mann, den Sokrates, den ich fast unbedenklich für den gerechtesten aller damals Lebenden erklären möchte, nebst anderen nach einem Bürger aussandten, um diesen mit Gewalt seiner Hinrichtung entgegenzuführen, damit jener, ob er nun wolle oder nicht, bei ihrem Tun sich beteilige ..., da erfüllte es mich mit Unwillen, und ich selbst zog mich von dem damaligen schlechten Regime zurück.»[2] Im Hinblick auf die Zeit nach der demokratischen Wende heißt es dann: «Nun fühlte ich wieder ... die Begierde, bei den gemeinsamen und öffentlichen Angelegenheiten mich zu beteiligen; doch auch hier geschah, der eingetretenen Verwirrung zufolge, gar manches, was jemandes Unwillen erregen konnte ... Unglücklicherweise zogen einige Gewalthaber wieder unseren schon erwähnten Freund Sokrates vor Gericht.»[3] Plato mußte sehen, daß in Athen die traditionelle Verfassung und die alten Sitten mißachtet wurden und daß das herkömmliche Recht alles Ansehen verlor. Infolgedessen entschloß er sich, erst dann politisch tätig zu werden, wenn günstigere Umstände eintreten sollten; gleichzeitig festigte sich seine Überzeugung, daß richtige politische und rechtliche Entscheidungen nur auf der Grundlage entsprechenden Wissens, letzten Endes auf der Grundlage der richtigen Philosophie, zustande kommen könnten.[4] Die politischen und sozialen Schwierigkeiten lassen sich nicht überwinden, «ehe nicht der Stand der richtig und wahr Philosophierenden zur Herrschaft im Staate gelange oder die staatlichen Machthaber durch göttliche Fügung sich wahrhaft der Philosophie befleißigten».[5] In gleichem Sinne sagte Plato an anderer Stelle, die Philosophen müßten Könige werden oder die Könige müßten philosophieren.[6] Das heißt: Nur wenn die Könige philosophisch denken bzw. wenn die Philosophen Einfluß auf die Regierung erlangen, ist mit einer Besserung der Situation zu rechnen.

Plato hatte früh begonnen, sich mit Philosophie zu beschäftigen, wobei die Lehre Heraklits und der Herakliteer vom ständigen Fluß der Dinge eine wichtige Rolle spielte.[7] Seit seinem zwanzigsten Lebensjahr war er Schüler des Sokrates, von dem es bei Aristoteles heißt: «Sokrates hingegen behandelte ethische Fragen – also nicht die Natur in ihrer Gesamtheit –; in ihnen suchte er das Allgemeine und lenkte als erster seine Gedanken auf Definitionen. Plato schloß sich seiner Lehre an und meinte, die Definition betreffe etwas anderes als die sinnlich wahrnehmbaren Dinge.»[8] Dasjenige, auf das sich Definitionen beziehen, sind nach Plato die Ideen, worüber unten ausführlich zu sprechen sein wird. Schließlich nahm Plato auch Gedanken der Pythagoreer und der Eleaten auf, die bereits den Schritt über die Erscheinungen in Richtung auf eine nur dem reinen Denken zugängliche Wirklichkeit getan hatten. Mit pythagoreischen Auffassungen kam er vielleicht schon durch Angehörige des Kreises um Sokrates in Berührung; auf jeden Fall lernte er sie während seines ersten Aufenthalts in Unteritalien kennen, wo der Pythagoreer Archytas von Tarent lehrte.

Die Reise nach Unteritalien bzw. Sizilien, die der vierzigjährige Plato antrat, ist seine erste sicher belegte größere Reise, da Berichte über einen früheren Besuch Ägyptens nicht über jeden Zweifel erhaben sind. Am Hof Dionysius' des Älteren in Syrakus trat er mit Dio, dem Schwager des Tyrannen, in Verbindung und gewann ihn für seine Auffassungen. Dionysius empfand den Gast aber bald als lästig. Nach einer nicht unbedingt zuverlässigen Überlieferung ließ er ihn festnehmen und auf dem Sklavenmarkt von Ägina verkaufen. Plato wurde zwar von Freunden losgekauft und in Freiheit gesetzt, aber seine Enttäuschung muß groß gewesen sein. Sein Entschluß, eine «Schule» zu gründen und sich nicht mehr direkt mit politischen Aufgaben zu befassen, mag eine Folge der Erfahrungen gewesen sein, die er in Sizilien gemacht hatte. Die «Akademie», wie die Schule wegen der Nachbarschaft zu einem dem Heros Akádemos geweihten Platz hieß, war nicht nur Lehr-, sondern auch Forschungsstätte; darüber hinaus vereinigte sie ihre Angehörigen zu einer hierarchisch organisierten Gemeinschaft mit praktischen Zielen, ähnlich den pythagoreischen Bünden. Nicht zuletzt diente sie der Ausbildung politischer Verantwortungsträger. Unter den Disziplinen, die gepflegt wurden, spielte die Mathematik eine besondere Rolle. Der Bericht, daß über dem Eingang der Akademie der Satz stand «Kein geometrisch Ungebildeter trete hier ein» ist unsicher,[9] drückt aber etwas Wahres aus, auch wenn er im buchstäblichen Sinne falsch sein sollte: Die Geometrie bildete in der Tat einen der Ausgangspunkte der metaphysischen Theorie Platos. Die Akademie bestand fast ein Jahrtausend: Erst im Jahre 529 n. Chr. hob sie Kaiser Justinian auf, weil sie mit dem zur Staatsreligion gewordenen Christentum nicht mehr verträglich war, möglicherweise aber auch, weil er ihr Vermögen einziehen wollte. In diesem Augenblick hatte sich das Christentum schon auf der ganzen Linie durchgesetzt, freilich auch zentrale Gedanken der griechischen, namentlich der Platonischen Philosophie aufgenommen, so daß Nietzsches überpointierte Äußerung, das Christentum sei Platonismus für das Volk, etwas Wahres trifft. Mit der Aufhebung der Akademie verschwand nicht der Platonismus als solcher, sondern es wurde ein Schlußstrich unter die Geschichte des heidnischen Platonismus gezogen, dessen Erbe der christliche Platonismus angetreten hatte.

Später unterbrach Plato seine Tätigkeit an der Akademie, um, bereits über 60 Jahre alt, neuerlich nach Syrakus zu reisen. Dort war inzwischen Dionysius der Ältere gestorben, und sein Nachfolger, Dionysius der Jüngere, war lebhaft an der Philosophie interessiert. Dazu kam, daß sich der oben erwähnte Dio Hoffnungen machte, mit Platos Unterstützung politische Reformen in die Wege leiten zu können. Die Aussicht, seine Verfassungstheorie in die Praxis umsetzen zu können, muß verlockend gewesen sein, und so folgte der alternde Plato der Einladung des Tyrannen, um sich dem Entwurf einer neuen Verfassung für Syrakus zu widmen. Das Vorhaben scheiterte, weil Plato in den Verdacht geriet, einen Umsturz vorzubereiten. Auch eine dritte, vier Jahre später unternommene Reise endete mit einem Fehlschlag. Plato beschränkte seine Tätigkeit von nun an auf den Rahmen der Akademie. Er starb 347, achtzig Jahre alt.

b) Platos Werke

Über die Zuordnung von Platos Werken zu den großen Abschnitten seines Lebens herrscht heute weitgehend Einigkeit. Zu den Frühwerken gehören unter anderem die «Apologie des Sokrates» (die nicht Dialog-Charakter hat), der «Eutyphro», in dem nach dem Wesen der Frömmigkeit gefragt wird, der «Protagoras», in dem es um die Frage geht, ob die Tugend lehrbar sei, und vielleicht auch noch der «Crito», in dem es um den von Sokrates verworfenen Plan der Befreiung aus dem Gefängnis geht. Platos mittlerer Periode gehören neben anderen Dialogen der «Gorgias» an, in dem die Natur und die Funktion der Rhetorik – namentlich in moralischer Hinsicht – untersucht werden, und der «Meno», in dem gezeigt werden soll, daß Lernen nichts anderes als eine Art Wiedererinnerung an ein Wissen sei, das die Seele vor ihrem Eintritt in den Körper in ihrer geistigen Heimat erworben, durch die Berührung mit dem Körper aber vorübergehend verloren hat. In Platos Reifezeit fallen das «Gastmahl» mit seiner Verherrlichung des Schönen an sich, und der «Phädo», in dem Sokrates am Tage seines Todes die Lehre von den Ideen als idealen Gegenständen rein vernünftiger Einsicht als Ausgangspunkt für den Beweis der Unsterblichkeit der Seele vorträgt, sowie der «Phädrus». Das wichtigste Werk der Reifezeit ist der «Staat», in dem vor dem Hintergrund der theoretischen Philosophie die Grundzüge einer idealen Staatsverfassung skizziert werden.

Platos letztem Lebensabschnitt gehören die späten Werke zur Dialektik der Ideen an, nämlich der «Parmenides» und der «Sophist». Als Einleitung zu den in diesen Dialogen erörterten Problemen kann der «Theätet» gelten, in dem es darum geht, eine angemessene Definition des Wissens zu finden. Auch der «Timäus», dessen Einfluß auf die spätere Philosophie der Antike und des Mittelalters, zum Teil auch noch der Neuzeit, gar nicht hoch genug veranschlagt werden kann, gehört zu den Spätwerken. Das hier entworfene Bild des Kosmos als Gebilde, das ein göttlicher Weltenordner (der Demiurg) nach idealen Mustern aus geometrischen Elementen erzeugt, weist so deutlich auf pythagoreische Einflüsse hin, daß die Behauptung aufkommen konnte, Plato habe ein pythagoreisches Manuskript gekauft und als eigenes

Werk ausgegeben. Als Platos letztes, möglicherweise nicht endgültig redigiertes Werk gelten die «Gesetze», die einen realistischeren Verfassungsentwurf als der «Staat» enthalten und vermutlich auf Platos späten sizilianischen Erfahrungen beruhen.

Schließlich sind unter Platos Namen dreizehn Briefe überliefert, von denen zwölf allgemeiner Ansicht nach als Fälschungen gelten. Eine Ausnahme macht der bereits erwähnte Siebente Brief, der gewöhnlich für echt gehalten wird, obwohl auch er nicht unumstritten ist.

In diesem Brief ist davon die Rede, daß Dionysius Platos mündliche Lehre zu einer Schrift verarbeitet und diese als Ergebnis eigenen Nachdenkens ausgegeben habe. Plato erklärt in diesem Zusammenhang nachdrücklich: «Von mir gibt es keine Schrift über diese Thematik, noch wird es je eine geben, denn sie läßt sich nicht, wie andere Lehren, sprachlich mitteilen ...»[10] Dies legt die Annahme nahe, daß Plato in seinen Schriften nicht seine ganze Lehre vorgetragen habe, zumal Aristoteles gelegentlich von Platos «ungeschriebenen Lehren» spricht,[11] die sich mit dem Inhalt seiner Werke nicht decken. Tatsächlich hat der späte Plato nach Aristoteles die Ideen als Zahlen aufgefaßt[12] und damit eine Auffassung vertreten, die sich in den Platonischen Dialogen nicht findet. Dies sind allerdings nur Indizien, und obwohl auch andere Hinweise in die angedeutete Richtung weisen, ist die Frage, ob es eine über den Inhalt der Dialoge hinausgehende ungeschriebene Lehre Platos gegeben habe, heftig umstritten. Bejaht man sie, erhebt sich sogleich die weitere Frage, was der Inhalt dieser Lehre gewesen sei, und hierauf läßt sich allenfalls in Form von Vermutungen antworten. Nur soviel scheint klar zu sein, daß in der hinter den Dialogen stehenden Lehre – wie in der pythagoreischen Ontologie – die Mathematik eine wichtige Rolle spielte.

Daß Plato in Werken, die für eine breitere Öffentlichkeit bestimmt waren, nicht alles sagte, was im engeren Schüler- und Mitarbeiterkreis diskutiert wurde, ist jedoch von vornherein wahrscheinlich. Man braucht sich nur zu überlegen, wie sich uns die Aristotelische Philosophie darstellen würde, wenn wir nicht im Besitz jener nachträglich geordneten Vorlesungsentwürfe oder Nachschriften wären, die wir als seine Werke zu bezeichnen gewohnt sind, sondern lediglich seine Veröffentlichungen besäßen, von denen wir uns auf Grund gelegentlicher Zitate bei späteren Autoren eine Vorstellung bilden können. Wir könnten vermutlich nicht erraten, welche tief ins einzelne gehenden, oft mühsamen Analysen in der Aristotelischen Schule angestellt wurden. Jedenfalls wollte sie Aristoteles einem größeren Leserkreis wohl nicht zumuten. Es ist wenig wahrscheinlich, daß Aristoteles die Form der philosophischen Untersuchung, die sich in seinen Lehrschriften zeigt, gänzlich neu geschaffen habe; viel näher liegt die Annahme, daß er sie, mindestens in Ansätzen, während seiner Jahre an der Platonischen Akademie kennenlernte. Daß es eine ungeschriebene Lehre Platos gab, darf daher als wahrscheinlich gelten. Unten soll angedeutet werden, in welche Richtung Platos Überlegungen gegangen sein könnten. Platos Vorlesung «Über das

Gute», deren Inhalt sich aus Zitaten Späterer teilweise rekonstruieren läßt, zeigt, womit es Platos systematische Überlegungen zu tun hatten.[13]

c) Äußere Anstöße des Platonischen Philosophierens

Plato erlebte einschneidende Veränderungen in den Bereichen der Kultur, der Gesellschaft, der Politik. Er betrachtete sie nicht als Fortschritt, sondern als Prozeß der Auflösung der staatlichen Ordnung und der Moral. Deshalb konnte er meinen, das Scheitern seiner eigenen politischen Pläne hänge mit diesem Prozeß zusammen, so daß die Frage nach den Ursachen des vermeintlichen Verfallsprozesses besondere Bedeutung gewann. Er machte für die Entwicklung, deren Zeuge und Opfer er war, den Subjektivismus und Relativismus bzw. deren einflußreichste Repräsentanten – die Sophisten – verantwortlich. Wenn der Mensch, wie Protagoras und andere lehrten, das Maß aller Dinge ist, dann läuft das auf die Leugnung allgemeingültiger Wahrheiten und allgemein verbindlicher Werte hinaus, und das heißt, daß es kein objektives Wissen und keine objektive normative Ordnung gibt. Infolgedessen verlieren nicht nur alle Bemühungen um zeitlos gültige Erkenntnis ihren Sinn, sondern es wird auch unmöglich, alle besonderen Wertungen auf ein überpersönliches Gutes zu beziehen und eine absolute Gerechtigkeit als Rahmen der staatlichen Gesetze anzuerkennen. Für den Einzelnen entfällt damit die Möglichkeit der sicheren Orientierung im wissenschaftlichen, moralischen und sozialen Bereich. Diesen Konsequenzen kann man nach Plato nur entgehen, wenn der Relativismus überwunden wird, das heißt, wenn allgemeingültige Kriterien des wahren Urteilens und des richtigen moralisch-rechtlichen Wertens aufgewiesen werden. Solche Kriterien anzugeben galt ihm als vornehmste Aufgabe des Philosophen. Die Philosophie muß zeigen, daß nicht der Mensch das Maß aller Dinge ist, sondern daß es für den Menschen ein Maß gibt, an dem er sich theoretisch und praktisch zu orientieren hat. Dieses Maß meinte Plato in den Ideen – namentlich in den Ideen des Wahren, Schönen und Guten – erblicken zu können. Wer vernünftig einsieht, was das Wahre selbst, das Schöne selbst, das Gute selbst ist, verfügt über objektive Kriterien des Erkennens, der ästhetischen und der moralisch-rechtlichen Bewertung; er ist berufen, das Verhalten der Uneinsichtigen zu bestimmen. Die Philosophen sollen Könige sein bzw. die Könige philosophieren: das ist Platos Formel für eine Verfassung, die den Einsichtigen die Aufgabe der Herrschaft über die uneinsichtige Menge zuweist.

Plato bekämpfte den sophistischen Relativismus, indem er einerseits zu zeigen suchte, daß Ideen wie das Gute an sich, das Gerechte an sich, das Schöne an sich in rein vernünftiger Weise, d.h. unabhängig von Beobachtungen, erkannt werden können, und er bemühte sich andererseits um den Nachweis, daß «gut» nicht in der Weise des Hedonismus als «lustbringend» oder nach Art des Utilitarismus als «nützlich» aufgefaßt werden kann.

Erkenntnisse, die von Beobachtungen abhängen, haben subjektiven Charakter und sind tatsächlich, wie Protagoras von allen Erkenntnissen meinte, von der Verfassung des jeweiligen Beobachters abhängig. Wenn es objektive Erkenntnis geben soll, muß sie daher unabhängig von der Beobachtung, d. h. rein vernünftige Erkenntnis sein. Ähnlich sind Wertungen unter den Gesichtspunkten der Lust und des Nutzens durch subjektive Triebe und Begehrungen bedingt und daher abhängig vom jeweiligen Zustand des Begehrenden: Was dem einen angenehm ist, empfindet ein anderer als unangenehm, was der eine für nützlich hält, betrachtet ein anderer als schädlich, und über nichts gehen die Meinungen so sehr auseinander wie über das Wesen des Glücks. Soll es allgemeingültige Wertungen geben, dann dürfen sie also nicht von Gefühlen der Lust und der Unlust und nicht vom Glücksverlangen abhängig sein, sondern müssen auf vernünftiger Einsicht in objektive Wertmaßstäbe, letzten Endes in das Wesen des Guten als solchen, beruhen.

2. Grundlagen der Ideenlehre

Plato sah, daß in jeder Erkenntnis, d. h. in jedem mit einem Wahrheitsanspruch verbundenen Urteil ein allgemeiner Begriff vorkommen muß, und er bemerkte, daß allgemeine Begriffe nicht auf Wahrnehmungen zurückgeführt werden können. Wer urteilt «2 plus 3 ist gleich 5», verwendet den allgemeinen Begriff «gleich», und dieser Begriff kann nicht als Ergebnis einer Verallgemeinerung auf Grund der Wahrnehmung bestimmter gleicher Verhältnisse aufgefaßt werden. Plato ließ sich von dieser Einsicht aber zu einer extremen Deutung verleiten: Er faßte das Allgemeine als etwas Objektives, als ein unabhängig vom denkenden Ich bestehendes Seiendes (wenn auch nicht als Seiendes von der Art konkreter Dinge) auf, ja er betrachtete es als etwas, das von den konkreten Dingen in gewisser (ontologischer, nicht räumlicher) Weise getrennt ist. So gibt es seiner Ansicht nach nicht nur die Gleichheit von «2 + 3» und «5» und unzähliger anderer Größen, sondern die Gleichheit selbst hat eine Art Sein, das vom Sein bestimmter Gleichheitsbeziehungen verschieden und diesem als das wahrere Sein übergeordnet ist.

Die klarsten Beispiele von Erkenntnissen aus reiner Vernunft bietet die Mathematik, so daß die Untersuchung mathematischer Erkenntnisse am besten geeignet erscheint, den sophistischen Sensualismus als Grundlage des subjektivistischen Relativismus zu kritisieren. Wenn der Mathematiker zum Beispiel beweist, daß die Winkelsumme des Dreiecks 180° beträgt, bezieht er sich nicht auf dieses oder jenes Dreieck, das er eventuell zur Veranschaulichung zu Hilfe nimmt, auch nicht auf alle bisher untersuchten Dreiecke, um durch Verallgemeinerung den Satz über die Winkelsumme aller Dreiecke zu finden, sondern er erfaßt Beziehungen in bezug auf das Dreieck als solches – die Idee des Dreiecks –, so daß seine Einsicht, da sie nicht auf Erfahrung beruht, auch nicht durch die Erfahrung in Frage gestellt werden kann.

Wenn mathematische Sätze wie der Winkelsummensatz auf Beobachtungen beruhten und durch Verallgemeinerung zustande kämen, könnten wir für sie, wie für physikalische Gesetzeshypothesen, nur eine mehr oder weniger große Wahrscheinlichkeit in Anspruch nehmen. Mit der Formulierung des Winkelsummensatzes will man aber nicht sagen, daß das behauptete Verhältnis wahrscheinlich bei allen Dreiecken anzutreffen ist, sondern man erhebt den Anspruch, daß er ausnahmslos für alle Dreiecke gilt. Wenn also Sätze, die das Ergebnis einer Verallgemeinerung auf Grund von Beobachtungen ausdrücken, hypothetisch sind und wenn mathematische Sätze streng allgemein gelten, dann können sie nicht das Ergebnis empirischer Verallgemeinerung sein.

Nun scheinen wir uns, wenn wir über das Dreieck als solches sprechen, doch auf einen Gegenstand zu beziehen, und wenn dies kein wahrnehmbarer Gegenstand sein kann, muß es sich, wie Plato folgerte, um einen nur vernünftig erkennbaren Gegenstand handeln, der im Unterschied zu wahrnehmbaren Dingen eine allgemeine Entität – eine Idee – ist. Wollte man einwenden, daß zum Beispiel der Beweis des Winkelsummensatzes doch anhand eines bestimmten Dreiecks – z. B. eines auf ein Blatt Papier gezeichneten – geführt werde, so wäre von Platos Standpunkt aus zu antworten, daß das gezeichnete Gebilde gar kein Dreieck im Sinne der Geometrie ist, sondern nur etwas, das in uns den Gedanken des Dreiecks als solchen, der Idee des Dreiecks, hervorruft oder uns als Anregung für die Bildung dieses Gedankens dient.

In dieselbe Richtung weist folgende Überlegung: Im Alltag nennen wir unter gewissen Umständen zwei oder mehr Dinge (z. B. Münzen gleichen Wertes) «gleich». Bei genauer Prüfung zeigt sich jedoch immer, daß sie einander zwar sehr ähnlich, aber niemals gleich sind. Wenn wir dagegen in der Mathematik von Gleichheit sprechen, meinen wir nicht einen hohen Grad von Ähnlichkeit, sondern absolute Gleichheit. Deshalb meinte Plato, daß der Begriff der Gleichheit, wie wir ihn in der Mathematik verwenden, kein Erfahrungsbegriff sein könne, so wie er sich auch nicht als Ergebnis einer Idealisierung auf Grund beobachteter Ähnlichkeiten auffassen läßt: Der Begriff «Gleichheit» kommt nicht auf Grund der Beobachtung zustande, daß ein Ding einem zweiten ähnlich, einem dritten aber ähnlicher ist als dem zweiten usw., so daß sich Grade der Ähnlichkeit ergeben, und schließlich als Grenzfall einer Reihe immer ähnlicherer Verhältnisse der Begriff der Gleichheit gebildet wird.

Um einzusehen, daß dieser Weg nicht gangbar ist, muß man sich vor Augen halten, daß sich von größerer und geringerer Ähnlichkeit nur sprechen läßt, wenn ein Vergleichsmaßstab zur Verfügung steht, und als dieser kommt nur der Begriff der Gleichheit in Betracht. Wer sagt «Hans ist Peter ähnlicher als Paul», drückt damit aus, daß die Ähnlichkeit zwischen Hans und Peter der Gleichheit näherkommt als die Ähnlichkeit zwischen Hans und Paul. Man muß also vor dem Vergleich von Ähnlichkeitsbeziehungen über den Begriff der Gleichheit verfügen, d. h., dieser Begriff ist unabhängig von der Erfahrung, er ist, modern gesprochen, ein Begriff a priori, und bezieht sich nach Plato als solcher auf eine Idee – eben die Idee der Gleichheit. Gäbe es diese Idee als abstrakten Gegenstand nicht, könnten wir im konkreten Fall nicht von Gleichheit, ja nicht einmal von Ähnlichkeit sprechen.

Analog verhält es sich mit Begriffen wie «gerecht», «gut» oder «schön». Wenn wir z.B. ein gerichtliches Urteil gerechter als ein anderes nennen, liegt ein Vergleich vor, der nur auf Grund eines Maßstabs möglich ist, nämlich der Idee der Gerechtigkeit, die der Abwägung über größere oder geringere Gerechtigkeit bestimmter Urteile zugrunde liegt und daher vor jeder derartigen Abwägung verfügbar sein muß. Ähnliches gilt für Urteile über größere oder geringere Schönheit, Frömmigkeit usw. So muß insbesondere auch angenommen werden, daß uns vor allen Bewertungen von Handlungen oder Absichten unter dem Gesichtspunkt der Güte die Idee des Guten selbst zur Verfügung steht. Wenn aber das Gute an sich nur eines sein kann, so kann auch die Tugend im strengen Wortsinn nur eine sein. Spricht man von Tugenden in der Mehrzahl, dann meint man lediglich Sonderfälle der Tugend als solcher in Abhängigkeit vom Guten an sich , das eine grundlegende Idee ist und daher nicht mit Hilfe anderer Begriffe, etwa der Lust oder des Nutzens, definiert werden kann; sondern die Lust ist im Gegenteil nur dadurch gut, daß sie am Guten selbst teilhat, da als nützlich nur gelten kann, was Mittel zur Erreichung des Guten ist. Der Einsichtige strebt daher stets nach dem einen Guten, nicht nach den Gütern, die nur mittelbar – durch den Bezug auf das Gute selbst, d. h. auf die Idee des Guten – gut sind.

Damit ist die sensualistische Ansicht, daß alle Begriffe Erfahrungsbegriffe und daher alle Urteile empirische Urteile sind, widerlegt; infolgedessen ist der auf den Sensualismus gestützte Relativismus der Sophisten hinfällig, und der Anerkennung objektiver Wahrheit und objektiver Werte steht nichts mehr im Wege.

Platos Lehre, daß es nicht nur konkrete Gegenstände (wie den Berg Parnaß), sondern auch ideale Gegenstände (wie die Idee des Berges) gebe, wird oft auf die Annahme zurückgeführt, daß nicht nur Eigennamen (wie «Parnaß»), sondern auch allgemeine Begriffe (wie «Berg») Namen seien (Nomina im herkömmlichen Sinne), wie es der Auffassung der damaligen Grammatiker entsprach. Nimmt man an, daß durch Namen etwas benannt wird, dann muß nicht nur Eigennamen, sondern auch allgemeinen Namen etwas entsprechen, das durch sie benannt wird: So wie sich der Eigenname «Parnaß» auf einen Berg bei Delphi bezieht, so soll sich auch der allgemeine Name «Berg» auf etwas beziehen; und so wie der Eigenname etwas Konkretes in Raum und Zeit benennt, so soll dem allgemeinen Namen etwas Allgemeines entsprechen, das nicht mehr räumlich und zeitlich bestimmt ist. Ähnlich soll es sich bei allen allgemeinen Begriffen verhalten: Den Begriffen «Mensch», «Gerechtigkeit» usw. entsprechen nach Plato die Ideen des Menschen, der Gerechtigkeit usw.[14]

Obwohl diese Auffassung eine Rolle gespielt haben dürfte, kann die Ansicht, Plato habe sich zur Annahme von Ideen durch simple sprachliche Mißverständnisse verleiten lassen, nicht recht überzeugen. Nach dieser Ansicht wurde Plato durch den Umstand, daß man von «Wissen» immer mit Bezug auf etwas spricht, das Gegenstand des Wissens ist – «ich weiß» lautet vollständig «ich weiß etwas» –, zu der Annahme veranlaßt, die Inhalte des Wissens seien Gegenstände, zwar nicht handgreifliche Gegenstände, aber immerhin Gegenstände, wenn auch solche besonderer Art: nämlich Ideen. Die Deutung des Allgemeinen als eines Gegenstands beruht aber auf fundamentaleren Annahmen erkenntnismetaphysischer Art.

Man kann sich der Platonischen Auffassung auch dadurch annähern, daß man von der neuzeitlichen Unterscheidung zwischen Sinn und Gegenstandsbezug von Begriffen ausgeht. Unter «Sinn» kann man die Bestimmungen verstehen, durch die ein Begriff definiert ist. So wird etwa der Sinn des Begriffs «Rhombus» durch die Bestimmungen «Parallelogramm» und «gleichseitig» gebildet. Auf der Gegenstandsseite entspricht dem Begriff «Rhombus» nicht dieses oder jenes gleichseitige Parallelogramm, auch nicht eine Ansammlung von solchen Parallelogrammen, sondern die Klasse (bzw. Menge) der Parallelogramme, also ein abstrakter Gegenstand. Ähnlich verhält es sich nach Plato mit Begriffen wie «Gleichseitigkeit»: Auch sie bezeichnen eine Art Gegenstand, nämlich das, was allen Individuen einer bestimmten Art gemeinsam ist und es möglich macht, den entsprechenden Klassenbegriff zu bilden. So ist «Parallelität» die Eigenschaft, mit Bezug auf die der Begriff der Klasse der Parallelogramme erzeugt wird.[15]

Offensichtlich gibt es unter Platos Voraussetzungen verschiedene Klassen von Ideen, nämlich Ideen wie «Dreieck», Ideen wie «Gleichseitigkeit» und Ideen wie «Ähnlichkeit». Plato ordnete also Begriffen von Mengen, Begriffen von Eigenschaften und Begriffen von Relationen abstrakte Gegenstände (Ideen) zu und faßte sie zu einem eigenen Wirklichkeitsbereich zusammen, den er der Erfahrungswirklichkeit nicht nur gegenüberstellte, sondern ihr überordnete. Daß es so und so bestimmte Dinge gibt, die Arten und Gattungen angehören sowie zueinander in Beziehungen stehen, erklärt sich daraus, daß sie an Ideen teilhaben bzw. sie nachahmen und den Zusammenhang der Ideen abbilden.

Die Ideen haben jene Bestimmungen, die Parmenides der wahren Wirklichkeit beigelegt hatte: sie sind ewig und nicht dem Werden, der Zeit und dem Raum unterworfen; sie bilden aber, anders als das wahrhaft Seiende der Eleaten, eine Vielheit, die durch logische Beziehungen (der Identität und des Unterschieds, der Verträglichkeit und der Unverträglichkeit, der Über- und der Unterordnung) verbunden sind, so daß Plato sie mit einem Geflecht vergleichen bzw. von einer Gemeinschaft der Ideen sprechen konnte. Indem das Denken die Beziehungen zwischen den Ideen verfolgt und das Besondere auf sie bezieht, wird die Erkenntnis immer vollständiger. Das Durchdenken des Ideenzusammenhangs heißt «Dialektik», so daß dieser Ausdruck bei Plato nicht mehr nur die Kunst bedeutet, im Gespräch zwischen Dialogpartnern den Sinn von Begriffen zu klären, sondern den Weg zur Einsicht in Beziehungen zwischen den Ideen als Gattungen des Seins. «Dialektik» ist mit einem Wort die Wissenschaft von den Ideen bzw. die Wissenschaft vom wahrhaft Seienden.

Da Plato nicht nur der Erkenntnis der Ideen den Vorrang vor der Erkenntnis konkreter Dinge gab, sondern den Ideen auch eine höhere Seinsweise zuschrieb, konnte er sagen, sie seien «wirklicher» als die wahrnehmbaren Dinge. Während diese veränderlich sind, entstehen und vergehen, sind die Ideen unwandelbar, unentstanden und unvergänglich, unabhängig von den Bedingungen der räumlichen und zeitlichen Existenz. In diesem Sinne gehören sie einem Seinsbereich an, der vom Bereich der konkreten Dinge verschieden ist. Dieser Unterschied ist aber nur als ein logisch-ontologischer, nicht etwa als ein räumlicher Unterschied aufzufassen. Wenn man sagt, daß die Ideen «über» der Welt der Dinge angesiedelt seien – Plato verlegt sie an einen «überhimmlischen Ort» –, oder wenn von einem Ideenreich «jenseits» der Welt der sinnlich wahrnehmbaren Dinge die Rede ist, dann handelt es sich um eine metaphorische Redeweise.

Wenn die Welt der Ideen die wahre Wirklichkeit ist, dann kann die Erfahrungswelt nur in einem schwächeren Sinne als «wirklich» bezeichnet werden, ihr kommt nur eine Scheinwirklichkeit zu, sofern sie gleichsam der Widerschein der wahren Wirklichkeit ist. Plato veranschaulichte diesen Gedanken, indem er die konkreten Dinge als Schattenbilder der Ideen bezeichnete und davon sprach, daß sie «Nachahmungen» der Ideen seien. Als Abbilder haben sie an den Ideen als Urbildern (oder Vorbildern bzw. Mustern) teil, und zwar entspricht jedem Prädikat, das von einem Ding ausgesagt werden kann, eine Idee. Wenn z.B. gesagt wird «Sokrates ist ein weiser und gerechter Mensch», dann ist vorausgesetzt, daß Sokrates an den Ideen «Weisheit», «Gerechtigkeit» und «Mensch» teilhat. Ungeachtet der Teilhabe an der Idee sind aber die konkreten Dinge nach Plato vom Allgemeinen durch eine Kluft («chorismós») geschieden. Wie trotz dieser Kluft das Besondere am Allgemeinen teilhaben soll, ist schwer zu begreifen. Tatsächlich handelt es sich bei dieser Auffassung um einen der Punkte, an denen schon Aristoteles Kritik übte.

Plato hat das Verhältnis von sinnlich-wahrnehmbaren Dingen und ihren in höherem Grade wirklichen Mustern in einem berühmten Gleichnis veranschaulicht: Er verglich die Erfahrungsgegenstände mit Schattenbildern, die von unterschiedlichen Gegenständen auf die Wand einer Höhle geworfen werden. In der Höhle befinden sich Gefangene, die so gefesselt sind, daß sie nur auf die Höhlenwand blicken und daher die schattenwerfenden Gegenstände und das im Hintergrund brennende lichtspendende Feuer nicht sehen können. Wenn die Gefangenen nie etwas anderes zu sehen bekommen als die Schattenbilder, werden sie diese für die einzige Wirklichkeit halten; befreit man sie aber von ihren Fesseln, so daß sie sich umsehen können, dann wird ihnen klar, daß sie es nur mit Schatten zu tun hatten, die weniger wirklich sind als die schattenwerfenden Gebilde – vorausgesetzt, sie überwinden den Blendungsschmerz und lernen es, die ungewohnte Helligkeit zu ertragen und die Dinge in ihrem wahren Sein zu sehen.

Der Sinn des Gleichnisses liegt auf der Hand: Der Mensch des Alltags hält Gegenstände für vollkommen real, die lediglich Abbilder einer wahreren Wirklichkeit sind, von der er in der Regel nichts ahnt. So gesehen ist er ein Gefangener seiner Sinne und der empirischen Einstellung. Erst wenn er sich von der gewöhnlichen Einstellung losmacht und erkennt, daß nicht die Wahrnehmungsdinge, sondern die Ideen das wahrhaft Wirkliche sind, begreift er, daß es die schattenhafte Seinsweise der Erfahrungsgegenstände nur gibt und daß diese Gegenstände nur erkannt werden können, weil ihnen die wahrhafte Wirklichkeit der Ideen zugrunde liegt.[16]

Wenn die Insassen der Höhle von ihren Fesseln befreit werden, sind sie frei, sich in der Höhle zu bewegen; aber vollkommen frei werden sie erst, wenn sie imstande sind, die Höhle zu verlassen. Dann erst wird ihnen klar, daß die schattenwerfenden Objekte wie alle organischen Stoffe nicht vorhanden wären, wenn es die Sonne nicht gäbe. Die Sonne ist daher diesen Objekten ähnlich überlegen wie diese den von ihnen erzeugten Schattenbildern. Ohne Bild: Jenseits der Ideen muß ein Prinzip angenommen werden, dem die Ideen ihre Existenz und ihre Erkennbarkeit verdanken. Plato nannte dieses höchste Prinzip das Eine, das Gute oder das Göttliche. – Auf Platos Lehre vom Göttlichen wird zurückzukommen sein.

3. Die Erkenntnislehre

a) Erkenntnis als Vernunfterkenntnis

Platos Ideenlehre hat die Funktion, eine bestimmte Art von Erkenntnis – nämlich die rein vernünftige – als möglich zu erweisen. Dieses Ziel wird mit Hilfe der Annahme erreicht, daß die Ideen nicht nur allgemeine Gegenstände vernünftiger Einsicht, sondern zugleich die Muster sind, nach denen konkrete Dinge gebildet sind. Die einzelnen Dinge sind so und so beschaffen, weil sie an den Ideen teilhaben und in diesem Sinne Abbilder von Ideen sind. Gleichzeitig gelten die Begriffe der Dinge ebenfalls als Entsprechungen der Ideen, woraus auf die Übereinstimmung zwischen ihnen und der Natur der Dinge geschlossen wird.

Auf diese Weise suchte Plato begreiflich zu machen, daß die Strukturen des vernünftigen Denkens mit den Wesensstrukturen der denkunabhängigen Realität übereinstimmen: Da seiner Ansicht nach sowohl die Denk- als auch die Wirklichkeitsstrukturen von denselben idealen Zusammenhängen abhängig sind, müssen sie miteinander im Einklang stehen. Die Ideen sind gleichsam der Pfeiler, der die von den Begriffen zum Wesen der Dinge führende Brücke trägt. Entsprechendes gilt für die Urteile: Wenn wir auf Grund der Einsicht in Ideen urteilen, beziehen wir uns auf das, was die konkreten Dinge ihrem Wesen nach bestimmt.

Wenn wir eine bestimmte Tatsache erkennen, z.B. daß Sokrates ein Weiser ist, dann kann diese Tatsache natürlich nicht Objekt der Ideenschau sein; ihre Erkenntnis setzt aber die Kenntnis von Ideen – hier der Idee der Weisheit – voraus, das heißt, die konkreten Dinge werden im Lichte von Ideen beurteilt. Erkennen, daß Sokrates ein Weiser ist, heißt: zu wissen, was die Weisheit ist, und auf Grund dieses Wissens festzustellen, daß Sokrates diese Eigenschaft zukommt bzw. daß er an der Idee der Weisheit teilhat. Somit gilt auch unter der Bedingungen von Platos Philosophie, daß «erkennen» soviel heißt wie «etwas als etwas erkennen» oder, in einer der Platonischen näherstehenden Ausdrucksweise: «etwas als an dieser oder jener Idee teilhabend erkennen». Im einfachsten Fall geht es darum, etwas Einzelnes («Sokrates») unter eine allgemeine Eigenschaft («Weisheit») zu subsumieren. Dieses Allgemeine ist nach Plato nicht bloß ein subjektiver Denkinhalt, sondern muß als objektive allgemeine Entität – als Idee – aufgefaßt werden, von der ein Wissen vor aller Erfahrung zur Verfügung steht. Die Erkenntnis des Besonderen ist somit durch die Idee vermittelt, die Idee selbst soll aber nach Plato unmittelbar erfaßt werden können.

b) Die Lehre von der Wiedererinnerung

Um die Frage, wie die menschliche Seele von den Ideen wissen könne, beantworten zu können, nahm Plato an, daß das Wissen vom Allgemeinen in der Seele angelegt ist und daß dieses dispositionelle Wissen unter bestimmten Bedingungen zu einem aktuellen Wissen wird. Auf die weitere Frage nach der Herkunft der Wissens-Dispositionen antwortete er mit einem Mythus: Die Seele entsteht nicht erst mit der individuellen Person, sondern sie existierte schon vor ihrem Eintritt in den Leib, und zwar im Ideenreich, so daß sie die Ideen in ihrer Reinheit unmittelbar schauen konnte. Mit dem Eintritt der Seele in den Körper wird das ursprüngliche Wissen gleichsam verschüttet; es geht aber nicht völlig verloren, sondern es läßt sich unter Umständen wieder zu Bewußtsein bringen und gleichsam in Erinnerung rufen. Deshalb konnte Plato die vernünftige Einsicht als Wiedererinnerung (anamnesis) an ein Wissen charakterisieren, das die Seele des Menschen ursprünglich in aktueller Weise besaß. Die Wiedererinnerung erfolgt manchmal durch den Anstoß einer Wahrnehmung; manchmal stellt sie sich erst als Ergebnis anhaltender Bemühungen ein. Der philosophische Dialog, wie ihn Sokrates gepflegt hat, ist das bevorzugte Mittel zur Freilegung des unter dem Schein der empirischen Vorstellungen, unter falschen Ansichten und Vorurteilen verborgenen Wissens. Dieses der Seele immer schon eigene, aber zunächst sozusagen schlummernde Wissen, das darauf wartet, geweckt zu werden, haben noch verschiedene Philosophen der Neuzeit als «eingeboren» bezeichnet. Man muß sich jedoch vor Augen halten, daß weder der Ausdruck «eingeborene Idee» noch die Deutung des in der Seele angelegten Wissens mit Hilfe der Präexistenz-Lehre für die Platonische Erkenntnislehre wesentlich sind; im Grunde genügt es, Begriffe anzuerkennen, die nicht der Erfahrung entspringen und daher auch nicht auf Erfahrungen zurückführbar sind, sondern die in prinzipieller Hinsicht der Erfahrung vorhergehen.

Offensichtlich spielt in Platos Auffassung der Körper bzw. die Materie im allgemeinen eine negative Rolle: Die Berührung der Seele mit dem Körper, sozusagen ihre Kontaminierung durch die Materie, führt zum Vergessen des ursprünglichen Wissens. Dies legt den Gedanken nahe, daß die Loslösung der Seele von der Bindung an den Körper eine Befreiung sei, ja eine Erlösung, sofern sie der Seele die Rückkehr in ihre überweltliche Heimat ermöglicht.

Um die These zu illustrieren, daß Erkenntnis stets Wiedererinnerung sei, führte Plato im Dialog «Meno» vor, wie ein Sklave, der keine Bildung genossen hat und daher auch nichts von Mathematik weiß, durch geeignete Fragen zur Lösung eines geometrischen Problems angeleitet wird, wobei aber der Eindruck entstehen soll, als finde er die Lösung prinzipiell von sich aus. Es geht darum, wie sich die Seiten zweier Quadrate, deren eines die doppelte Fläche des anderen hat, zueinander verhalten.[17] Der Sklave meint zunächst, die Flächenverdoppelung durch Verdoppelung der Quadratseite erreichen zu können. Er sieht rasch ein, daß sich so ein Quadrat mit der vierfachen Fläche ergibt. Daher muß dieses Quadrat halbiert werden, und zwar so, daß sich wieder ein Quadrat ergibt. Dabei erkennt der Sklave, daß die Seite des gesuchten Quadrats gleich der Diagonale des ursprünglichen ist. Ist jene Seite a, dann ist die Diagonale und somit die Seite des gesuchten Quadrats $a \cdot \sqrt{2}$. Da dieses Ergebnis von jemandem gefunden wird, der geometrisch nicht vorgebildet ist – deshalb wird der Versuch mit einem Sklaven angestellt –, ist nach Plato anzunehmen, daß die Voraussetzungen der Lösung in der Seele angelegt und nur zu Bewußtsein gebracht werden müssen, wenn man zur gewünschten Einsicht gelangen will. (Der Umstand, daß Plato als Beispiel eine Aufgabe wählte, die nur mit Hilfe irrationaler Zahlen – oder genauer: durch Berücksichtigung inkommensurabler Verhältnisse – gelöst werden kann, zeigt, welche Bedeutung er der Entdeckung irrationaler Größen beimaß. Das geht auch aus dem Dialog «Theätet» hervor, wo davon die Rede ist, daß der am Gespräch beteiligte Mathematiker Theodor die Irrationalität von $\sqrt{3}$, $\sqrt{5}$, ..., $\sqrt{17}$ nachgewiesen und darüber hinaus eine Verallgemeinerung vorgenommen habe. Das heißt: er fragte nach dem Wesen inkommensurabler Verhältnisse bzw. irrationaler Zahlen.[18])

c) Erkenntnis und Ethos

Obwohl die Wiedererinnerung ein theoretischer Vorgang ist, ist ihr Vollzug an eine praktische Bedingung geknüpft: Der Geist muß von körperlichen Einflüssen, namentlich den Einflüssen der Sinne, gereinigt werden, damit er seines ursprünglichen Besitzes wieder innewerden werden kann. Die Forderung, den Geist so weit wie möglich von den Sinnen unabhängig zu machen, ist für die gesamte von Plato ausgehende Tradition charakteristisch. So forderte Augustinus im Geist Platos, sich nicht nach außen, sondern nach innen zu wenden, weil nur im Innern des Menschen die Wahrheit wohne; im hohen Mittelalter forderte Anselm von Canterbury im gleichen Geist seine Leser auf, sich in den Raum des eigenen Geistes zurückzuziehen und alles außer Gott beiseite zu lassen; und noch im 17. Jahrhundert eröffnete Descartes die Meditation über das Dasein Gottes mit den Worten: «Ich will jetzt meine Augen schließen, meine Ohren verstopfen und alle meine Sinne ablenken, auch die Bilder der körperlichen Dinge sämtlich aus meinem Bewußtsein tilgen ...; ich will mich nur mit mir selbst unterreden, tiefer in mich hineinblicken und so versuchen, mich mir selbst nach und nach bekannter und vertrauter zu machen.»

Nach Plato ist vor allem die Erkenntnis geeignet, den Geist vom Einfluß des Körpers und allgemein der materiellen Wirklichkeit zu lösen, weshalb am ehesten der Philosoph Aussicht hat, nach dem Tode nicht mehr in einem anderen Lebewesen wiederverkörpert zu werden, sondern in das geistige Reich, dem die Seele entstammt, zurückzukehren. Hier wird die Übereinstimmung mit pythagoreischen Gedanken, wie sie auch bei Empedokles anzutreffen sind, besonders deutlich.

Eine Besonderheit der Platonischen Erkenntnislehre besteht in der Hervorhebung des Eros als des entscheidenden Motivs der Erkenntnisbemühungen: «Eros» bedeutet – wie im «Gastmahl» ausgeführt wird – in seiner höchsten Form nicht Liebe des schönen Leibes, auch nicht Liebe der schönen Seele, sondern Liebe des Schönen als solchen, das in rein vernünftiger Einsicht erkannt wird. «Denn dies ist die rechte Art, sich der Liebe zu widmen oder von einem anderen zu ihr hingeführt zu werden: daß man, mit dem einzelnen Schönen beginnend, jenes einen Schönen wegen immer höher hinaufsteige, gleichsam stufenweise von einem zu zweien und von zweien zu allen schönen Gestalten und von den schönen Gestalten zu den schönen Sitten und Handlungsweisen und von den schönen Sitten zu schönen Erkenntnissen, bis man von den Erkenntnissen endlich zu jener Erkenntnis gelangt, welche von nichts anderem als eben von jenem Schönen selbst Erkenntnis ist, und man also zuletzt jenes selbst, was schön ist, erkennt. Und an der Stelle des Lebens, wo er das Schöne selbst schaut, ist das Leben dem Menschen erst lebenswert ...»[19]

Hier ist das Schöne selbst dasjenige, an dem alles, was schön heißt, teilhat; es besteht an und für sich, ist als Form einzig und dem Werden nicht unterworfen, während die Dinge und Verhältnisse, die seine Abbilder sind, entstehen und vergehen, der Steigerung und Verminderung fähig sind. Das Schöne ist mit einem Wort eine Idee, und das hier von ihm Gesagte läßt sich auf alle Ideen anwenden. Wie die Idee des Schönen lassen sich Ideen im allgemeinen nicht vermittels der Sinne, sondern nur in rein vernünftiger Einsicht erfassen. Der Aufstieg zur Idee des Schönen wie zu den Ideen im allgemeinen, die jenseits der erfahrbaren Wirklichkeit angesiedelt sind, bedarf eines besonderen Impulses, den Plato als geistiges Verlangen nach dem Schönen und zugleich Guten, als philosophischen Eros, charakterisiert.

d) Wissen und Meinen

Wahrnehmungserkenntnis liefert nach Plato nicht Wissen im eigentlichen Sinne, sondern führt nur zu einem prinzipiell hypothetischen Fürwahrhalten. Dies entspricht Platos Überzeugung, daß die Wahrnehmung im Erkenntnisprozeß eine untergeordnete Rolle spielt, da sie allenfalls Anlaß zur Wiedererinnerung bietet, niemals aber Grund des Wissens sein kann. Echtes Wissen, das auf Ideenschau beruht, ist unbedingt sicher, endgültig und unkorrigierbar; erfahrungsbedingtes Meinen oder Fürwahrhalten ist dagegen immer nur mehr oder weniger wahrscheinlich.

Der Unterschied zwischen Kenntnis auf Grund von Wahrnehmung und Wissen im vollen Wortsinn steht im Mittelpunkt des Dialogs «Theätet».

α) Gegen die (sophistische) These, daß Wissen nichts anderes sei als Kenntnis auf Grund von Wahrnehmung, wird eingewandt, daß die Wahrnehmung von der Natur und der momentanen Verfassung des wahrnehmenden Subjekts abhängt und sich mit dieser ändert, während das Wissen zeitlos gültig ist. Versucht man, das Wissen auf Wahrnehmungserkenntnis zu reduzieren, dann sind allgemeingültige Urteile unmöglich. Wer z.B. nur durch Messen feststellt, daß die Winkelsumme des Dreiecks 180° beträgt, kann bestenfalls annehmen, daß wahrscheinlich alle Dreiecke eine Winkelsumme von 180° haben, kann aber nicht einsehen, daß es sich notwendig so verhält (ganz zu schweigen davon, daß die Messung des Winkels ungenau ist). Zugleich kann ein Vertreter der fraglichen These nicht beanspruchen, jemanden etwas lehren zu können, da niemandes Meinung ein größeres Recht auf Zustimmung beanspruchen kann als die Meinung anderer.

β) Will man dieser Kritik dadurch entgehen, daß man «Wissen» als «zutreffende Meinung» bzw. als «zutreffendes Fürwahrhalten» definiert, dann ist auch das noch ungenügend, da Meinungen, die man aufs Geratewohl vertritt, auch dann nicht als «Wissen» bezeichnet werden, wenn sie sich zufällig als richtig erweisen. Wenn zum Beispiel jemand vor der Erkundung des Mondes durch Satelliten aufs Geratewohl eine Behauptung über die Hinterseite des Mondes aufgestellt hätte, die sich nachträglich als zutreffend herausstellte, dann würde man nicht sagen, er habe ein Wissen besessen, sondern man wird davon sprechen, daß er Glück beim Erraten gehabt habe.

γ) Unternimmt man es, die Definition dadurch zu verbessern, daß man «Wissen» als «zutreffendes Fürwahrhalten in Verbindung mit einer Erklärung» bestimmt, dann erhebt sich die Frage, was «Erklärung» heißt. Versteht man unter «Erklärung» die Zurückführung eines komplexen Sachverhalts auf einfache Elemente, dann hätten diese, da sie irreduzibel sind, als unerklärlich zu gelten. Man müßte daher annehmen, daß die Erklärung in der Zurückführung auf etwas Unerklärliches besteht, und dies ist paradox. Die Schwierigkeit läßt sich auch nicht dadurch beheben, daß man «Erklärung» als «Angabe der spezifischen Differenz» auffaßt. Wird nämlich «Erkenntnis» als «richtige Meinung in Verbindung mit der Erkenntnis der spezifischen Differenz» definiert, dann beruft man sich bereits auf Erkenntnis, während doch das Wesen der Erkenntnis erst bestimmt werden soll. Der Dialog endet mit dem Scheitern aller Definitionsversuche, so daß die Frage nach dem Wesen von «Erkenntnis» bzw. «Wissen» unbeantwortet bleibt.

Auf den ersten Blick ist es sicher befremdlich, daß Plato dem Leser die Antwort auf eine zentrale Frage der Philosophie vorenthält. Bei näherem Zusehen fällt jedoch auf, daß bei der angedeuteten Erörterung die Ideenlehre mit keinem Wort erwähnt wird. Das könnte den Schlüssel zur Lösung der Schwierigkeit liefern: Möglicherweise kam es Plato darauf an zu zeigen, daß ohne Berücksichtigung der Ideenlehre die Frage nach dem Wesen des Wissens nicht befriedigend beantwortet werden kann. Tatsächlich hat er keinen Zweifel daran gelassen, daß Wissen im vollen Wortsinn nur möglich ist, weil es Ideen und Ideenschau gibt. Später hat Plato selbst das vernünftige Wissen als wahre Begründung charakterisiert und der richtigen Meinung gegenübergestellt, die lediglich auf Überredung beruht, während das echte Wissen in der Einsicht in Ideen bestehen soll.[20]

Der Dialog «Theätet» läßt auch erkennen, daß Plato seine Ideenlehre unter anderem mit dem Blick auf Heraklit entwickelt hat. Nach Ansicht Heraklits oder mindestens gewisser Herakliteer kann es Wissen im strengen Wortsinn nicht geben, weil die Dinge, auf die sich unsere Urteile beziehen, in ständigem Fluß sind. Wenn ich jetzt von einem Ding urteile, es sei so und so, dann hat es sich im nächsten Augenblick schon geändert und weist vielleicht andere Eigenschaften auf, so daß das Urteil im vollen Wortsinn gegenstandslos wird. Ja selbst während ich das Urteil formuliere, kann die Änderung erfolgen, so daß ein konstantes Objekt, über das geurteilt wird, fehlt. Plato war offenbar von dieser These beeindruckt. Solange sie auf Urteile über Wahrnehmungsgegenstände bezogen wird, ist sie nicht zu bestreiten. Wenn es dennoch Wissen im vollen Wortsinn geben soll – und daß es ein solches Wissen gibt, stand für Plato fest –, dann kann es sich nicht auf die wahrnehmbaren Dinge, sondern muß sich auf Gegenstände anderer Art beziehen, die nicht dem Wandel unterworfen sind, nämlich auf die ewigen und unveränderlichen Ideen. Nur unter dieser Voraussetzung können Bemühungen um Erkenntnis, d. h. um Urteile, die unabhängig von Zeit und empirischer Veränderung wahr sind, sinnvoll sein.

e) Erkenntnis- und Seinsweisen

Im sechsten Buch des «Staates»[21] gibt Plato eine Übersicht über die verschiedenen Wirklichkeitsbereiche und die entsprechenden Erkenntnisweisen, die offensichtlich als vollständige Einteilung gemeint ist. Er unterscheidet zwischen dem Seinsbereich des Wahrnehmbaren (namentlich des Sichtbaren) – näherhin der Spiegel- bzw. Schattenbilder und der belebten oder unbelebten Wesen, einschließlich der Artefakte – und dem Seinsbereich des im Denken Erfaßbaren, nämlich einerseits der mathematischen Objekte, andererseits der Ideen.[22] Diesen Bereichen entsprechen die Erkenntnisweisen des Meinens (doxa), das entweder bloße Vermutung oder auf Erfahrung gestützte Kenntnis ist, und der Vernunfterkenntnis (nóesis), die ihrerseits entweder (wie in der Mathematik) auf Folgerungen oder (wie in der Philosophie) auf unmittelbarer Einsicht in ideale Verhältnisse beruht. Die Zuordnung von Seinsbereichen und Erkenntnisweisen ergibt sich aus dem folgenden Schema:

Wirklichkeitsbereiche	Erkenntnisweisen
Bilder	Vermutung a.Gr. von Schein
Einzeldinge organischer und anorganischer Art	empirische Kenntnis
Mathematische Objekte	diskursive Erkenntnis
Ideen	unmittelbare Einsicht

In bezug auf konkrete Gegenstände (Bilder und Einzeldinge) gibt es kein eigentliches Wissen, sondern nur «Meinen», d. h. mehr oder weniger wahrscheinliche Überzeugungen. Auch Urteile, die auf empirischer Verallgemeinerung beruhen (z. B. «Alle Raben sind schwarz»), sind nur wahrscheinlich, man mag noch so fest von ihrer Richtigkeit überzeugt sein, da Ausnahmen nicht auszuschließen sind. Plato sprach in diesem Fall von «Glauben», womit die subjektive Gewißheit gemeint ist. Die mathematische Erkenntnis hat es nicht mit wahrnehmbaren Gegenständen zu tun, obwohl die Anschauung bei mathematischen Beweisen als Stütze dienen kann. Da die anschaulichen Gegenstände aber nur gleichsam Schatten jener idealen Objekte sind, auf die sich die Mathematik bezieht, tragen sie nicht wesentlich zur mathematischen Erkenntnis bei. Für die Mathematik gilt, daß sie immer von gewissen Voraussetzungen («Hypothesen») ausgeht, um aus ihnen Folgerungen abzuleiten. Der Mathematiker kümmert sich nur um die Ableitung der Folgesätze; die Voraussetzungen selbst braucht er nicht mehr zu begründen. In dieser Hinsicht unterscheidet sich die Mathematik von der Dialektik, die auf die letzten Voraussetzungen der Erkenntnis reflektiert.

Plato macht leider nicht klar, wie das Verhältnis von Mathematik und Dialektik bzw. von diskursivem und unmittelbarem Erkennen zu bestimmen ist, ja er deutet an, daß er in diesem Zusammenhang vieles übergehe.[23] Man kann daher seine Auffassung nur vermutungsweise rekonstruieren. Plausibel scheint folgende Deutung zu sein:

Wenn z.B. in der Geometrie die Kongruenzsätze bewiesen werden sollen, dann stützt man sich auf gewisse elementarere geometrische Sätze und schließlich auf Definitionen geometrischer Grundbegriffe und auf Axiome (wie «Das Ganze ist größer als der Teil», «Was einander deckt, ist gleich»). Die letzten Voraussetzungen werden in der Geometrie nicht mehr bewiesen und brauchen auch nicht bewiesen zu werden. Plato bezeichnete sie daher als «Hypothesen». Sie beruhen letzten Endes auf einem Begriff des dreidimensionalen, homogenen und isotropen Raums, in dem kein Raumteil gegenüber einem anderen ausgezeichnet ist und in dem keine Richtung im Raume gegenüber einer anderen den Vorzug hat. Vom Wesen des so charakterisierten Raums nahm Plato an, daß es unmittelbar von der Vernunft eingesehen werde: Es ist eine Idee. Die auf diese Idee bezüglichen Urteile sind nicht mehr «Hypothesen», da sie nicht mehr bloß vorausgesetzt, sondern unmittelbar als wahr eingesehen werden. Die Idee des Raums ist etwas Nicht-Hypothetisches (ein Anypótheton). Ebenso verhält es sich mit anderen Ideen, mit deren Hilfe einzelwissenschaftliche Grundsätze formuliert werden.

Die Objekte der mathematischen Erkenntnis gelten nicht mehr als Ideen, sondern nehmen eine Zwischenstellung zwischen Ideen und konkreten Dingen ein. Wenn nach Platos späterer Auffassung den Begriffen «Punkt», «Gerade», «Fläche», «Körper», «Dreieck», «Viereck» usw. nicht mehr Ideen entsprechen, dann scheinen nach Platos Spätphilosophie nur noch allgemeine Kategorien wie Einheit und Vielheit, Gleichheit und Verschiedenheit, Ruhe und Bewegung, vermutlich auch Raum und Zeit, als Ideen gelten zu können.

Als Niederschlag der kritischen Auseinandersetzung mit der Ideenlehre in ihrer ursprünglichen Form können die Dialoge «Parmenides» und «Sophistes» angesehen werden. Im ersten dieser Dialoge erwägt Sokrates, der hier als junger Mann auftritt, ob die Begriffe nicht bloß subjektive Denkinhalte seien. Er wird darüber belehrt, daß Gedanken immer Gedanken von etwas seien, so daß auch allgemeinen Begriffen etwas Allgemeines – eben die Ideen – entsprechen müsse. Auch Bedenken gegen Ideen des Menschen, des Feuers, des Wassers oder gar des Haares und des Kots werden zurückgewiesen.[24] Dann aber werden Aporien aufgezeigt, die sich aus der Annahme von Ideen ergeben: Wenn ein Ding an einer Idee teilhat, partizipiert es dann an der Idee als ganzer oder nur an einem ihrer Teile? Gegen die erste Möglichkeit spricht, daß dieselbe Idee nicht in Vielem sein zu können scheint, gegen die zweite, daß in diesem Fall die Idee ihre Einheit verlöre. Eine andere Schwierigkeit ergibt sich unter der Voraussetzung, daß die Idee und die vielen Dinge, die an ihr teilhaben, etwas gemeinsam haben müssen, wenn die Teilhabe begreiflich sein soll. Zum Beispiel muß die Idee der Größe mit den mannigfaltigen großen Dingen unter dem Gesichtspunkt der Größe aufeinander bezogen sein, und diesem Gesichtspunkt entspricht eine neue Idee der Größe, an der die erste Idee und die großen Dinge teilhaben. Diesen neuen Beziehungen der Teilhabe müssen aber wieder Ideen der Größe zugeordnet werden und so weiter ins unendliche.[25] Ähnlich verhält es sich mit der Idee des Menschen und den vielen konkreten Menschen: Auch hier muß eine weitere Idee des Menschen eingeführt werden. Diesem Beispiel verdankt die angedeutete Schwierigkeit ihren Namen: das Problem des dritten Menschen.

Die im Dialog «Parmenides» aufgeworfenen Fragen bleiben unbeantwortet, auch die ausführlich erörterte Frage, ob das Eine sei oder nicht sei. Klar ist nur, daß sich Plato eindringlich und selbstkritisch mit den Problemen der Ideenlehre auseinandergesetzt hat. Diese Auseinandersetzung wird im «Sophistes» mit dem Ergebnis fortgesetzt, daß die Beziehungen zwischen den Ideen schärfer hervortreten: Von den grundlegenden Begriffen des Seienden, der Ruhe und der Bewegung, der Gleichheit und der Verschiedenheit wird gezeigt, daß sie einen Zusammenhang bilden und daher nicht isoliert auf die Dinge bezogen werden können. Wenn wir von Ruhe und Bewegung sprechen, betrachten wir beide als etwas Seiendes; Seiendes, Ruhe und Bewegung sind einerseits sich selbst gleich, andererseits von den jeweils anderen Grundbegriffen verschieden. Faßt man die Verschiedenheit als Nichtsein auf, dann kann von einem Sein des Nichtseienden gesprochen und der von Parmenides versperrte Weg der Forschung beschritten werden. Parmenides hatte das Seiende als unbewegt bzw. als unveränderlich betrachtet und ihm Einheit im strengen Sinn zugeschrieben. Im Dialog «Parmenides» wird nicht nur die Auffassung aufgegeben, daß das Sein alle Vielheit ausschließe, sondern Plato stellte auch die These in Frage, daß nur dem Unveränderlichen und Unbewegten ein Sein zugeschrieben werden könne, so daß alles Veränderliche als nichtseiend zu gelten hätte. Demgegenüber erkannte er an, daß auch das Werden in gewisser Weise sei, so wie er der Verschiedenheit, und damit der Vielheit voneinander verschiedener Dinge, ein Sein zubilligte. Es scheint, als hätten im Mittelpunkt von Platos Spätphilosophie (neben den Ideen allgemeinster Qualitäten wie «Güte», «Gerechtigkeit» und «Schönheit») formale Kategorien wie «Seiendes» und «Nichtseiendes», «Gleichheit» und «Verschiedenheit», «Ruhe» und «Bewegung» gestanden. Wenn Plato, wie Aristoteles berichtete, schließlich die Ideen als Zahlen bestimmte, dann hat er auch noch einen Schritt über die im «Sophistes» vertretene Auffassung hinaus getan. Zwar läßt sich nicht mehr sicher feststellen, was der Sinn der Lehre von den Ideen-Zahlen ist; aber man darf annehmen, daß

Plato alles Wirkliche auf ideale Strukturen, die sich mathematisch beschreiben lassen, zurückzuführen versuchte, so daß er nicht mehr ideale Muster konkreter Dinge – z. B. eine Idee des Betts – anzunehmen brauchte. Wenn sich konkrete Dinge als Aggregate aus Elementen auffassen lassen und wenn die Teilchen der Elemente geometrische Form haben, brauchen nur noch diesen Formen Ideen zugeordnet zu werden, nicht mehr den konkreten Dingen selbst. Wenn dies Platos reife Auffassung gewesen ist, dann darf sie als wichtiger Fortschritt über die frühe Ideenlehre hinaus angesehen werden. (Vgl. auch Abschnitt 5: Struktur und Entstehung der Welt.)

4. Die Seelenlehre

So wie Platos Philosophie im allgemeinen von der Auffassung geprägt ist, daß Geist und Materie wesentlich verschieden sind, so ist seine Anthropologie im besonderen vom Gedanken der Wesensverschiedenheit von Leib und Seele beherrscht. Die geistigen Funktionen, namentlich das vernünftige Erkennen, lassen sich nicht als Begleiterscheinungen irgendwelcher körperlichen Vorgänge verstehen, sondern müssen diesen gegenüber als unabhängig gelten. In diesem Sinne bemühte sich Plato zu zeigen, daß die Vernunft (das logistikon bzw. der noûs) von der Wahrnehmung einerseits, von den Trieben und Affekten andererseits getrennt sind: Wahrnehmungen und Triebe sind seiner Ansicht nach an den Körper gebunden, während die Vernunft prinzipiell unabhängig von ihm ist; sie geht in allgemeingültigen Urteilen prinzipiell über den Bereich der sinnlichen Erfahrung hinaus, und sie vermag die Triebe zu kontrollieren, ja sie ist dazu verpflichtet, da sie wesensmäßig höhersteht als alle Funktionen des Organismus.

Plato hat seine Auffassung in einem berühmten Gleichnis ausgedrückt[26]: Die Seele «gleiche der vereinten Kraft eines Gespanns geflügelter Rosse und seines Lenkers ... Von den Rossen ist eines gut und edel und von edler Herkunft, das andere aber ist entgegengesetzter Herkunft und Art. Schwierig und mühsam ist daher ... das Lenken.» Der Rosselenker steht für die Vernunft, die Rosse stehen für die Triebe, und zwar eines für die positiven bzw. höheren (wie den Mut), das andere für die negativen bzw. niederen Triebe (wie die sexuelle Begierde). Das edle Roß gehorcht leicht dem Zügel, das unedle ist dagegen kaum zu bändigen. Der Rosselenker muß es durch wiederholte Züchtigung seiner Leitung unterwerfen. So soll auch die Vernunft die vernunftwidrigen Triebe ihrer Kontrolle unterwerfen, damit nicht mehr sie, sondern nur vernünftige Einsichten das Verhalten bestimmen.

Der Platonische Leib-Seele-Dualismus dürfte einem Zeitalter wie dem unseren, das bis ins alltägliche Weltverständnis hinein stark von naturalistischen, um nicht zu sagen: materialistischen, Tendenzen bestimmt ist, fremdartig erscheinen, ja man könnte vielleicht meinen, es mit einer längst überholten Auffassung zu tun zu haben. Man darf sich aber nicht zu vorschnellen Verallgemeinerungen verleiten lassen, da auch in der Gegenwart von namhaften Philosophen und Naturwissenschaftlern angenommen wird, daß sich das Bewußtsein nicht als bloße Begleiterscheinung von Vorgängen im Zentralnervensystem begreifen lasse. Eine Ansicht, wie sie Plato vertreten hat, ist somit im wesentlichen – wenn auch nicht in allen Einzelheiten – auch heute noch möglich.

Da Plato überzeugt war, daß zwischen der Vernunft und den physisch bedingten Wahrnehmungen, Trieben und Affekten ein prinzipieller Unterschied besteht, sah er sich zu der Annahme berechtigt, daß die vernünftige Seele unabhängig vom Leib sei, d. h. daß das rationale Erkennen und Werten nicht auf körperliche Funktionen zurückgeführt werden könne. Er hat es jedoch nicht mit der bloßen Behauptung dieses Unterschieds bewenden lassen, sondern die Immaterialität und im weiteren Verlauf die Unsterblichkeit des Geistes zu beweisen gesucht. Wenn sich zeigen läßt, daß der Geist immateriell, und daher nicht, wie körperliche Dinge, aus Teilen zusammengesetzt ist, dann kann er sich auch nicht in Teile auflösen, so wie etwa ein Organismus nach dem Tode im Prozeß der Verwesung zerfällt. Kann der Geist aber nicht zugrunde gehen, dann überdauert er den physischen Tod, er ist unsterblich. Plato hat als erster zugunsten der Unsterblichkeit argumentiert, und zwar mit Hilfe einer Reihe von Argumenten, deren Grundgedanken kurz dargestellt werden sollen.[27]

Die allgemeine Voraussetzung der Unsterblichkeitsbeweise, nämlich die These der Wesensverschiedenheit von Geist und Körper – ist nicht selbstverständlich und muß daher ihrerseits begründet werden. Die Begründung ergibt sich bei Plato daraus, daß wir nicht nur Kenntnis von konkreten Dingen auf Grund von Wahrnehmungen haben, sondern auch streng allgemeingültige Erkenntnis gewinnen können, die nach Plato ein Erkenntnisvermögen voraussetzt, das von den Sinnen und damit vom Körper bzw. von körperlichen Organen prinzipiell verschieden ist.

Man kann noch einen Schritt weitergehen und argumentieren, daß nicht nur der Geist von Sinneswahrnehmungen unabhängig ist, sondern daß umgekehrt jede Sinneserfahrung bereits den Geist als absolut einfaches, somit immaterielles, Prinzip voraussetzt. Um das einzusehen, muß man sich klarmachen, daß wir eigentlich nicht mit den Augen sehen, mit den Ohren hören usw., sondern immer nur vermittels der Augen, der Ohren usw.; im Grunde sehen, hören, tasten wir mit der Seele. Wenn wir ein Ding zugleich vermittels mehrerer Sinne wahrnehmen – z. B. eine Glocke sehen, den von ihr erzeugten Ton hören und ihre Vibration fühlen –, dann nehmen wir nicht drei Gegenstände – einen gesehenen, einen gehörten und einen getasteten –, sondern einen einzigen Gegenstand wahr, der optische, akustische und haptische Eigenschaften hat. Wegen der Verschiedenheit der Sinnesorgane (und, wie wir hinzufügen dürfen, wegen der Verschiedenheit der Gehirnzentren, zu denen die von der Netzhaut, dem Trommelfell, der Haut ausgehenden Nerven führen) läßt sich die Einheit des Gegenstands solange nicht erklären, als wir nur die Sinnesorgane und das Nervensystem berücksichtigen; sie muß auf etwas zurückgeführt werden, das im strengen Sinne eine Einheit ist, d. h. keine Teile hat und somit einfach ist. In diesem Sinne heißt es im Dialog «Theätet», in dem sich die angedeuteten Überlegungen finden: «Arg wäre es ..., wenn diese mancherlei Wahrnehmungen wie im hölzernen Pferde in uns nebeneinander lägen und nicht alle in irgendeinem – du magst es nun Seele oder wie sonst immer nennen – zusammenliefen».[28] Die Organe, mit deren Hilfe wir wahrnehmen, sind zwar körperlich; die Seele, mit der wir wahrnehmen, muß dagegen unkörperlich und somit einfach und unteilbar sein. Wenn die Seele aber keine Teile hat, kann sie sich auch nicht in Teile auflösen, d. h. sie kann nicht wie der Organismus sterben.

Bei dieser Überlegung wird die Seele als einheitliches geistiges Prinzip betrachtet. In anderem Zusammenhang hat Plato jedoch von «Teilen» der Seele gesprochen und zwischen einem vernünftigen, einem affektiven und einem triebhaften Seelenteil unterschieden.[29] Diese Seelenteile lokalisierte er in Teilen des Körpers: Die Vernunft soll ihren Sitz im Kopf, die Affekte in der Brust zwischen Hals und Zwerchfell und die Triebe im Leib unterhalb des Zwerchfells haben. Diesen Zuordnungen dürften landläufige Erfahrungen entsprechen: Hunger wird im Magen empfunden, das Gefühl des Mutes wird mit dem Herzschlag in Verbindung gebracht usw. Wo Plato mit einer Mehrheit von Seelen«teilen» rechnet, gilt ihm nur der höchste Seelenteil – die Vernunft bzw. der Geist – als unsterblich, während er von den Affekten und Trieben annahm, daß sie Funktionen des Körpers sind und mit diesem zugrunde gehen. Wie die geistigen zusammen mit den völlig andersartigen niederen Funktionen in der einen Seele verbunden sein sollen, bleibt unerklärt.

Die Unsterblichkeit der (vernünftigen) Seele läßt sich nach Plato auch mit Hilfe der Voraussetzung beweisen, daß jedes Ding (wie schon Anaximander gelehrt hatte) aus dem ihm Entgegengesetzten entsteht, zum Beispiel Warmes aus Kaltem und umgekehrt, Trockenes aus Feuchtem und umgekehrt. Jedem Übergang von einem Extrem ins andere entspricht ein Übergang in entgegengesetzter Richtung. So entspricht dem Einschlafen als Übergang vom Wachen zum Schlafen das Aufwachen als Übergang vom Schlafen zum Wachen. Da das Sterben der Übergang vom Leben zum Tode ist, meinte Plato auch den entgegengesetzten Übergang annehmen zu können, nämlich das Wiederaufleben der Seele, d. h. ihre Wiedergeburt als Eintritt in einen neuen (nicht in jedem Falle menschlichen) Leib. Wenn «Sterben» soviel heißt wie «Trennung der Seele vom Körper», dann muß die Wiedergeburt als Verbindung der Seele mit einem Körper aufgefaßt werden. Plato verband die Vorstellung einer Seelenwanderung mit moralischen Gesichtspunkten von Lohn und Strafe: Das Schicksal der Seele nach der Trennung vom Leib im physischen Tod hängt von ihrem Verhalten in der vorangegangenen Daseinsform ab. Wer gegen die sittlichen Pflichten verstoßen hat, steigt bei der Wiedergeburt in der Ordnung der Lebewesen ab; wer ein sittlich einwandfreies Leben geführt hat, wird als höherstehendes Wesen wiedergeboren und kehrt im Idealfall in die Heimat der Seele, ins Reich der reinen Geister, zurück: Für seine Seele ist die Wanderung zu Ende.

Derartige Gedanken, insbesondere die Seelenwanderungslehre, erinnern an indische Seelenauffassungen. Hieraus kann aber nicht auf eine Abhängigkeit geschlossen werden, obwohl immer wieder behauptet wurde, Plato sei von Gedanken östlicher Religionen beeinflußt gewesen. Was die Seelenwanderung anbelangt, so ist zu bedenken, daß sie schon von den Pythagoreern gelehrt wurde, und die Annahme liegt nahe, daß sie Plato von diesen übernommen hat.

Das Schicksal der Seele nach dem leiblichen Tod beschrieb er in einem Mythus, bei dem die Vorstellung eine zentrale Rolle spielt, daß die Seelen nach dem Tode in der Unterwelt nach ihrem Verdienst beurteilt werden. Im «Phädo», wo dieser Mythus vorgetragen wird, heißt es: «Sobald die Verstorbenen an dem Orte angelangt sind, wohin der Dämon jeden bringt, werden zuerst diejenigen gerichtet, welche schön und heilig gelebt haben und welche nicht. Die nun dafür erkannt werden, einen mittelmäßigen Wandel geführt zu haben, begeben sich zum [Unterweltfluß] Acheron, besteigen die Fahrzeuge, die es da für sie gibt und gelangen auf diesen zu dem See. Hier wohnen sie und reinigen sich, büßen ihre Verfehlungen ab, wenn einer sich irgendwie vergangen hat, und werden losgesprochen, wie sie auch ebenso für ihre guten Taten den Lohn erlangen, jeglicher nach Verdienst. Deren Zustand aber für unheilbar erkannt wird wegen der Größe ihrer Verfehlungen ..., diese wirft ihr gebührendes Geschick in den Tartarus, aus dem sie nie wieder heraussteigen ... Die aber besondere Fortschritte in heiligem Leben gemacht zu haben befunden werden, sind endlich diejenigen, welche, von allen diesen Orten im Innern der Erde befreit und losgesprochen von aller Gefangenschaft, hinauf in die reine Behausung gelangen und auf der Erde wohnhaft werden. Diejenigen von ihnen, die sich durch Weisheitsliebe gehörig gereinigt haben, leben für alle künftigen Zeiten gänzlich ohne Leib und kommen in noch schönere Wohnungen ...».[30] Offensichtlich lebt ein Teil dieser Vorstellungen in der christlichen Lehre von Hölle, Fegefeuer und ewiger Seligkeit weiter.

Der Gedanke jenseitiger Strafen für Verfehlungen im irdischen Leben findet auch in einem anderen Mythus Ausdruck: Ein Mann namens Er, der in der Schlacht gefallen war, erwachte, als sein Leib auf dem Scheiterhaufen verbrannt werden sollte, wieder zum Leben und berichtete vom Aufenthalt seiner Seele im Jenseits: «Er sagte aber, nachdem seine Seele ausgefahren, sei sie mit vielen andern gewandelt, und sie wären an einen wunderbaren Ort gekommen, wo in der Erde zwei aneinander grenzende Spalten gewesen und am Himmel gleichfalls zwei andere ihnen gegenüber. Zwischen diesen seien Richter gesessen, welche, nachdem sie die Seelen durch ihren Richterspruch geschieden, den Gerechten befohlen hätten, den Weg rechts nach oben durch den Himmel einzuschlagen, nachdem sie ihnen Zeichen dessen, weswegen sie gerichtet worden, vorne angehängt, den Ungerechten aber den Weg links nach unten, und auch diese hätten hinten Zeichen gehabt von allem was sie getan. Als nun auch er hinzugekommen, hätten sie ihm gesagt, er solle den Menschen ein Verkünder des Dortigen sein, und hätten ihm geboten, alles an diesem Orte zu hören und zu schauen.»[31] Unter anderem schilderte er die Strafen, die über den Tyrannen Ardiäus verhängt worden seien: Wilde Männer (also eine Art Teufel) hätten ihn gefesselt, geschlagen und mit Dornen geschunden, wobei sie alle Vorübergehenden über den Grund der Marter unterrichteten.

Zwar betonte Plato, daß das Gute um seiner selbst willen getan werden müsse, also unabhängig von der Aussicht auf Lohn oder Strafe. Nachdem dies klargestellt war, hielt er es für unbedenklich, auch auf die Rolle moralischer Sanktionen hinzuweisen. Dabei mag er eine erzieherische Absicht verfolgt haben: Der Mythus von Er hat wohl die Funktion, jene von unmoralischen Handlungen abzuschrecken, die durch die Einsicht in das Gute nicht hinreichend motiviert sind.

Eine Stütze erhält die Argumentation zugunsten der Unsterblichkeit durch die Lehre von der Wiedererinnerung: Die Seele muß vor der Geburt existiert haben, weil sonst unbegreiflich wäre, daß sie über erfahrungsunabhängige unanschauliche Begriffe und streng allgemeine Grundsätze verfügt; wegen der Komplementarität der Übergänge verlangt die Annahme einer vor der Geburt existierenden Seele die Anerkennung der Fortdauer der Seele nach dem Tode.[32] Daneben klingt bei Plato noch ein anderer Gedanke an: Die Seele, die vor der Verkörperung die ewigen Wesenheiten geschaut hat, muß mit diesen verwandt, also selbst unvergänglich sein, zumal sie den Körper zu beherrschen vermag. Da sie aus jenem Bereich stammt, dem die Ideen angehören, ist ihre Trennung von der materiellen Welt als Heimkehr zu verstehen. Der sterbende Sokrates hat diesen Gedanken in ergreifender Form ausgedrückt:

«Daß es mit unseren Seelen und ihren Wohnungen sich so oder ähnlich verhalte [wie im Mythus gesagt], wenn doch die Seele offenbar etwas Unsterbliches ist, dies, dünkt mich, zieme sich gar wohl und lohne auch, es darauf zu wagen, daß man glaube, es verhalte sich so ... Deshalb muß also ein Mann guten Mutes sein in bezug auf seine eigene Seele, der im Leben die anderen Lüste, die es mit dem Leibe zu tun haben, und dessen Schmuck und Pflege hat fahrenlassen als etwas ihn selbst nicht Angehendes und wodurch er nur Übel ärger zu machen befürchtete, dagegen der Lust an der Forschung nachgestrebt und seine Seele nicht mit fremdem, sondern mit dem ihr eigentümlichen Schmuck geschmückt hat – mit Besonnenheit, Gerechtigkeit, Tapferkeit, Edelmut und Wahrheit –, so seine Fahrt nach der Unterwelt erwartend, um sie anzutreten, sobald das Schicksal ruft.»[33]

Der wichtigste und für Platos Denken charakteristischste Unsterblichkeitsbeweis geht von der Tatsache aus, daß die Seele wesentlich durch Lebendigkeit bestimmt ist, d. h. an der Idee des Lebens teilhat. Sie kann nicht an Ideen teilhaben, die mit der Idee des Lebens unverträglich sind. Da sich die Ideen des Todes und des Lebens ausschließen, kann die Seele nicht an der Idee des Todes teilhaben, d. h. auf Grund ihres Wesens ist es ausgeschlossen, daß sie sterblich sein könne. In etwas anderer Formulierung heißt das: Die Seele hat das Prinzip ihrer Tätigkeit in sich, sie wirkt spontan und wird somit nicht von etwas anderem bewegt. Daher ist ihre Tätigkeit unentstanden und unvergänglich, denn was nicht entstanden ist, kann auch nicht vergehen. Wenn hier der moderne Ausdruck «Spontaneität» gebraucht wird, dann steht er für Platos Gedanken, daß der Geist nicht nur Einwirkungen aufnimmt, sondern ein eigenständiges Prinzip der Wirksamkeit ist. Platos Überlegung läßt sich auf den Gedanken reduzieren, daß die Kenntnis der physiologischen Vorgänge in den Sinnesorganen und im Nervensystem nicht ausreicht, um begreiflich zu machen, wie Sehen, Hören usw. zustande kommen. Was in den Sinnesorganen und in den Nerven vorgeht, wird mit Hilfe von Begriffen beschrieben, die rein quantitative Verhältnisse betreffen. Für bewußte Vorgänge ist im Rahmen einer solchen Beschreibung kein Platz. Daher muß, wie Plato meinte, etwas in Betracht gezogen werden, das sich der physikalisch-physiologischen Betrachtungsweise entzieht: ein spontan wirkendes geistiges Vermögen, das er Seele nannte.

Die angedeutete Überlegung gilt nicht nur von der menschlichen Seele, sondern auch, ja insbesondere, von der Weltseele als dem Prinzip der Bewegung im All: Hörte ihre Bewegung auf, gäbe es kein Werden mehr, der Himmel stünde still.[34] Wenn Plato die Bewegung des Himmels, ja die Bewegung überhaupt auf ein seelisches Prinzip – die Weltseele – bezieht und diese für göttlich erklärt, dann will er nicht eine bloße Behauptung aufstellen oder eine mythische Erzählung vortragen, sondern er sucht diesen Gedanken zu begründen. Ausgangspunkt seiner Argumentation ist die Tatsache, daß es in der Welt Bewegung gibt, und zwar teils Bewegung auf Grund äußerer Ursachen, teils spontane Bewegung. Ursache aller anderen Bewegungen muß eine spontane Bewegung sein, die höher steht als die Bewegung auf Grund äußerer Ursachen. Da eine solche Bewegung nur von einem vernünftigen Wesen vollzogen werden kann, hat dieses Wesen als göttlich zu gelten: Es sorgt für das All und lenkt es auf seinem Weg.

Da die Kreisbewegung die vollkommenste Bewegung ist, wie Plato mit dem gesamten Altertum überzeugt war, folgerte er, daß die Weltseele dem All im ganzen und den ebenfalls beseelten Gestirnen kreisförmige Bewegung verleiht. Im Hinblick auf die Rolle der Weltseele konnte er mit Thales sagen, alles sei voll von Göttern.[35]

Wenn Plato den Unterschied zwischen Körper und Seele betont und den Leib als vorübergehende Behausung der Seele darstellt, ja die Berührung mit dem Leib als Ursache der Verdunkelung des ursprünglichen der Seele eigenen Wissens deutet, dann scheint seine Auffassung darauf hinauszulaufen, daß die Seele so im Körper ist wie der Gefangene im Kerker oder allenfalls wie der Steuermann im Schiff. Eine solche Ansicht wird heute auf berechtigte Bedenken stoßen. Man darf aber über der bildhaften Einkleidung dieser Ansicht nicht deren wesentlichen Kern übersehen, nämlich den Gedanken, daß keine physikalische Theorie begreiflich machen kann, wie Bewußtsein möglich ist. Daß wir nicht nur Bewußtsein von Gegenständen, sondern auch Selbstbewußtsein haben, bleibt vom Standpunkt der Physiologie aus unverständlich. Die Einsicht in die Unableitbarkeit des Bewußtseins aus Sätzen über den Körper oder die Körperwelt im allgemeinen steht im Mittelpunkt von Platos Seelenlehre; daß er das Bewußtsein auf eine Seele bezog, die vor der Geburt des Individuums existierte und gleichsam in den Leib verbannt ist, ist gegenüber jenem zentralen Gedanken zweitrangig.

5. Struktur und Entstehung der Welt

Plato hat seine Kosmologie erst im Alter dargelegt, und zwar im Dialog «Timäus», der wirkungsgeschichtlich zu den wichtigsten Werken des Philosophen gehört, obwohl es sich um ein teilweise recht dunkles Werk handelt, insbesondere wo es um die mathematischen Voraussetzungen der kosmologischen Theorien geht. Es fällt auf, daß Plato die Lehre von der Entstehung der Welt den Pythagoreer Timäus aus dem unteritalienischen Locris vortragen läßt, und nicht Sokrates, der vielmehr bloßer Zuhörer ist. Damit wollte Plato vielleicht zum Ausdruck bringen, daß es sich um Gedanken handelt, die er nicht der Sokratischen Tradition verdankte. Tatsächlich hat sich ja Sokrates frühzeitig von der Naturphilosophie, die er vor allem in ihrer Anaxagoreischen Gestalt kennengelernt hatte, abgewandt, und Plato ist ihm darin zunächst gefolgt. Wenn er sich später naturphilosophischen Problemen zuwandte, dann ist das auf den Einfluß einer anderen philosophischen Tradition zurückzuführen, weshalb es nicht angemessen gewesen wäre, die Erörterung dieser Probleme Sokrates in den Mund zu legen. Daß er die Kosmologie durch einen Pythagoreer vortragen läßt, ist ein Hinweis darauf, daß sich der alternde Plato von pythagoreischen Auffassungen stark angezogen fühlte.

Die Weltentstehung beschrieben die Griechen niemals als Schöpfung aus dem Nichts, sondern sie lehrten entweder die Anfangslosigkeit der Welt oder sie faßten die Entstehung des Kosmos, der geordneten Welt, als Formung eines vorhandenen Stoffes auf. Plato nahm im Sinne der zweiten dieser Auffassungen an, daß ein Weltenbaumeister – der Demiurg – die vorhandene Materie geordnet habe, und zwar nach dem Muster der Ideen, die seinem Wirken vorgegeben waren.

Die Elemente, aus denen nach Plato die Dinge bestehen, sind die von den früheren Naturphilosophen angenommenen – nämlich Feuer, Wasser, Erde und Luft – sowie ein fünftes Element, aus dem der Himmel gebildet ist. Entscheidend ist, daß Plato die Teilchen dieser Elemente wesentlich durch geometrische Beziehungen bestimmt dachte, und zwar sollen die Elementarteilchen im Falle der Erde die Form von Würfeln, beim Wasser die Form von Ikosaedern, bei der Luft die Form von Oktaedern und im Falle des Feuers die von Tetraedern haben. (Das Dodekaeder bleibt für das Weltganze reserviert.[36]) Plato suchte diese Zuordnungen zu rechtfertigen, indem er z.B. meinte, dem Feuer müßte jene Form entsprechen, die die schärfsten Kanten hat und zugleich am beweglichsten ist, nämlich das Tetraeder. Dabei handelt es sich aber um vage Analogien, die sachlich nicht überzeugend sind.

Die regelmäßigen Polyeder – die sogenannten Platonischen Körper – sind aber noch nicht die letzten Strukturelemente; da sie von Flächen begrenzt sind, die ihrerseits wieder in Dreiecke zerlegt werden können, haben diese Dreiecke als elementare Formen zu gelten. Es handelt sich um zwei Arten von Dreiecken, die Plato die «schönsten» nennt, nämlich das rechtwinklig-gleichschenklige Dreieck (mit dem Seitenverhältnis $1 : 1 : \sqrt{2}$), das entsteht, wenn man die Begrenzungsfläche des Würfels durch die Diagonale teilt, und das Dreieck mit den Winkeln 30°, 60° und 90° (bzw. dem Seitenverhältnis $1 : 2 : \sqrt{3}$), das sich ergibt, wenn die Begrenzungsflächen von Tetraeder, Oktaeder und Ikosaeder durch die Höhe geteilt werden. (Beim Pentagondodekaeder sind die Verhältnisse komplizierter, und vielleicht hat ihm Plato deshalb kein Element zugeordnet.) Die beiden Arten von Dreiecken haben das Besondere, daß ihre Teilung durch die Höhe immer ähnliche Dreiecke ergibt, so daß sie als ursprüngliche Formen gelten können.[37] Dabei kann nicht von einer elementaren Größe die Rede sein, wie bei den Atomen Leukipps und Demokrits, sondern nur von einer elementaren Form oder Gestalt: So oft auch die Teilung der Dreiecke durch die Höhe wiederholt wird, es entstehen immer Dreiecke mit denselben Seiten- bzw. Winkelverhältnissen. Grundlegend sind mit einem Wort nicht als unteilbar geltende Größen, sondern irreduzible Strukturen. Im Hinblick darauf, daß sich als elementar nicht Atome, sondern Grundgestalten ergeben, erweist sich der Ausdruck «idea» (oder «eidos»), der ursprünglich «Gestalt» heißt, als besonders angemessen. Daneben verdient Beachtung, daß sich die fraglichen Seitenverhältnisse mit Hilfe der kleinsten ganzen Zahlen und der kleinsten irrationalen Wurzeln ausdrücken.

Im Rahmen dieser Konzeption meinte Plato begreiflich machen zu können, warum Feuer, Luft und Wasser ineinander, aber nicht in Erde, übergehen können: Die den ersteren entsprechenden Polyeder (also Tetraeder, Oktaeder und Ikosaeder) lassen sich auf dieselbe Art von Dreieck zurückführen, sie haben also gemeinsame Strukturelemente, so daß der Übergang von einem jener Elemente in ein anderes als Änderung der Anordnung dieser Elemente begriffen werden kann. Der Würfel ist aus Dreiecken anderer Art aufgebaut, so daß das entsprechende Element – die Erde – gegenüber den anderen Elementen eine Sonderstellung einnimmt.[38] Die Gesamtheit der Körper bildet die Kugel des Kosmos, der um seine Achse rotiert. Damit findet auch die Kugelform, die man unter den Formen der Elementen-Teilchen vermißt, einen Platz in der kosmologischen Konstruktion.

Die «schönsten Dreiecke», die als elementare Strukturen gelten, setzen als räumliche Gebilde den Raum als solchen voraus. Deshalb erklärte Plato, daß der Demiurg zunächst den Raum geschaffen habe, um in ihm Gestalten, die als ideale Formen vorgegebenen sind, bilden zu können. Die konkreten, dem Wandel unterworfenen Dinge entstehen dadurch, daß der Raum die idealen Formen als das wahrhaft Wirkliche aufnimmt. Die Dinge lassen sich dann bildhaft als Abkömmlinge eines formenden Vaters und einer die Form aufnehmenden Mutter – der Materie im philosophischen Sinn, d. h. des Raumes – bezeichnen.[39]

Sofern die Welt dem Weltenordner ähnlich ist, muß ihr eine Seele zugeschrieben werden, die (als geschaffene) der Zeit – dem beweglichen Abbild des Ewigen – unterworfen ist. Bestimmt wird die Zeit durch die Bewegung der Gestirne, mit Bezug auf die sie sich messen läßt. Die Geschöpfe sind teils unbelebt, teils lebendig, wobei die Lebewesen in vier Gattungen gegliedert sind: das Geschlecht der Götter, die fliegenden, die wasser- und die landbewohnenden Tiere. Die Götter können, da sie geschaffen sind, prinzipiell zugrunde gehen, aber nach dem Willen des Demiurgen sind sie faktisch unsterblich. Sie haben die übrigen Arten lebendiger Wesen gebildet und damit den Weltbau vollendet. Die von den Göttern, somit nicht unmittelbar vom Demiurgen, erzeugten Lebewesen sind durchweg sterblich. Die Einbeziehung der Götter in die Welt der Geschöpfe eröffnete den späteren Platonikern die Möglichkeit, den Göttern der herkömmlichen Religionen, aber auch Dämonen, Heroen, Engeln und Teufeln, einen Platz in der Ordnung der Wirklichkeit einzuräumen.

Die Annahme, daß die geschaffene Wirklichkeit im ganzen wie im einzelnen beseelt sei und daß sich die Weltseele zu Gestirnseelen und den Seelen der Lebewesen differenziere, hat in der Folge eine besonders nachhaltige Wirkung ausgeübt: Sie findet sich nicht nur im späteren Platonismus der Antike, sondern sie beeinflußte auch die Naturphilosophie der Renaissance, ja sie lebte in der Zeit der Romantik noch einmal auf. Folgen hatte auch der bei Plato gelegentlich anklingende Gedanke, daß es neben der vernünftigen eine unvernünftige, böse Weltseele gebe; an ihn konnte ein ethisch gefärbter kosmischer Dualismus anknüpfen, wie er dem frühen Christentum nicht fremd war.

Welt- und Individual-Seelen gelten als wesensverwandt: Sie sind denkende Wesen, die von den Gesetzen des Alls wissen. Achtet die individuelle Seele diese Gesetze, so kann sie in die Gestirnregion, die ihre Heimat ist, zurückkehren und dort das selige Leben führen, das sie schon vor ihrer Verkörperung in einem irdischen Leib geführt hat; andernfalls wird sie in niedrigeren Formen von Lebewesen wiedergeboren und bleibt ihnen so lange verhaftet, bis sie sich vom Einfluß der materiellen Triebe gereinigt hat. Mit dieser Auffassung erneuerte Plato die Seelenwanderungslehre der Pythagoreer und übernahm deren Forderung, die Seele durch Askese von den Einflüssen des Leibes bzw. der Materie im allgemeinen zu läutern. Plato hat die Wirkung dieser Konzeption beträchtlich verstärkt, indem er sie in ein umfassendes metaphysisch-kosmologisch-ethisches System einbettete. In diesem Rahmen stellt sich der Mensch als Wesen dar, dessen teils physische, teils psychische Komponenten nicht ohne weiteres harmonieren, aber von der Vernunft in ein harmonisches Verhältnis gebracht werden sollen. Metaphysik, Psychologie, Physiologie und Ethik stehen somit bei Plato in engstem Zusammenhang.

Obwohl Plato damit rechnete, daß die Ordnung der Wirklichkeit da und dort gestört werden kann, war er grundsätzlich von der Güte der Welt überzeugt. Da der Demiurg die Welt sich selbst ähnlich gemacht hat, muß er sie gut gemacht haben, denn: «Er war gut; im Guten aber erwächst niemals und in keiner Beziehung Mißgunst. Weit entfernt von jeglicher Mißgunst wollte er, daß alles ihm selbst möglichst ähnlich werde».[40] Daher wollte er nicht Unordnung, sondern größtmögliche Ordnung, nicht Häßlichkeit, sondern Schönheit, nicht Unvernunft, sondern Vernünftigkeit. Deshalb verlieh er dem Menschen wie dem Weltganzen eine vernünftige Seele und machte den Kopf des Menschen mit seiner runden Form dem kugelförmigen Kosmos ähnlich.

Dieser Optimismus in bezug auf die Vernünftigkeit der Realität äußert sich auch in Platos Überzeugung, daß Denken und Sein im Einklang stehen: Die Formen des vernünftigen Erkennens stimmen mit den Formen der Wirklichkeit überein; im menschlichen Urteilen und Werten ist stets das göttliche Gute wirksam. Deshalb ist der Mensch verpflichtet, in seinem Handeln die Harmonie und Schönheit des Weltganzen zur Geltung zu bringen.

Der metaphysische Gedanke, daß die Welt gut – und das heißt letzten Endes: vernünftig – sei, ist von speziellen naturphilosophischen Thesen über die Realität unabhängig, zumal die letzteren auch in Platos Augen nur Annahmen zu sein scheinen, wie deutlich wird, wenn es im «Timäus» heißt, es solle über das All gesprochen werden, «wie es entstanden oder vielleicht auch nicht entstanden sei».[41] Die Aussagen über die unveränderlichen Gegenstände vernünftiger Einsicht – die Ideen – sind zwar «unwiderleglich und unerschütterlich», die Aussagen über die veränderliche Wirklichkeit sind jedoch nur wahrscheinlich, d. h., sie beruhen auf Glauben. In diesem Sinne läßt Plato Timäus zu Sokrates sagen: «Wundere dich also nicht ..., wenn wir in vielen Dingen über vieles, wie die Götter und die Entstehung des Weltalls, nicht imstande sind, durchaus und durchgängig mit sich selbst übereinstimmende und genau bestimmte Aussagen aufzustellen: Ihr müßt vielmehr zufrieden sein, wenn wir sie so wahrscheinlich wie irgendein anderer geben ...»[42]

Hier orientiert sich Plato offensichtlich an der Parmenideischen Unterscheidung zwischen der Erkenntnis des wahrhaft Seienden und den bloßen «Meinungen» in bezug auf empirische Tatsachen. Diese Unterscheidung läuft auf die Überordnung der Metaphysik über die einzelnen Realwissenschaften hinaus, die noch in der Neuzeit da und dort eine Rolle spielte. So wollte etwa Hegel nur dem vermeintlich definitiven metaphysischen Wissen den Titel der «Wissenschaft» zubilligen, während er ihn den Natur«wissenschaften» nur im uneigentlichen Sinne zuerkannte. Die von den Eleaten stammende Tendenz zur Überordnung der metaphysischen Einsicht über einzelwissenschaftliche Theorien entspringt dem Glauben an die Möglichkeit perfekter – d. h. prinzipiell unkorrigierbarer – Erkenntnis von Zügen der Wirklichkeit. Gemessen an diesem Ideal vollkommener Erkenntnis müssen hypothetische Theorien als bloße «Meinungen» erscheinen: «Die Aussagen von dem Beharrlichen, Gewissen, der Vernunft Offenbaren müssen beharrlich und unveränderlich sein ...; die aber von dem jenem Nachgebildeten, welches ein Abbild ist, die müssen wahrscheinlich sein ...; denn wie das Sein zum Werden, so verhält sich die Wahrheit zum Glauben.»[43] Obwohl Plato seine Lehre von der Entstehung und der Form des Kosmos mit dem Vorbehalt eines «Vielleicht» versah und damit dem Bereich der «Meinung» zuwies, beanspruchte er für seine metaphysische Grundüberzeugung von der Abhängigkeit der Erfahrungswelt von ewigen Prinzipien unbedingte Geltung: Er bezog sie auf rein vernünftige Einsicht und hielt sie daher für absolut wahr. Der Gedanke, daß die Welt an sich vernünftig eingerichtet und daher schön und gut sei, galt ihm als unbezweifelbar. Die Konkretisierung durch diese oder jene spezielle naturphilosophische Konzeption konnte demgegenüber als sekundär erscheinen.

Mit dem zentralen Gedanken, daß die Wirklichkeit insgesamt vernünftig sei, hängt Platos Anspruch zusammen, die wesentlichen Strukturen der Wirklichkeit aus reiner Vernunft – d. h. prinzipiell unabhängig von der Erfahrung – erkennen zu können. Dieser Gedanke bildet auch die Grundlage von Platos praktischer Philosophie mit ihrer Forderung, sich im Handeln an der Vernunft zu orientieren. Diese Forderung läßt sich in der Tat nur sinnvoll erheben, wenn die Wirklichkeit als solche vernünftig geordnet, und das heißt nach Plato: mathematischen Formen und allgemeingültigen Gesetzmäßigkeiten unterworfen ist. Wäre die Wirklichkeit vollkommen chaotisch, so daß das Geschehen in der Welt unberechenbar würde, dann hätten Bemühungen, sich im Bereich der Praxis an vernünftigen Einsichten zu orientieren, als sinnlos zu gelten.

Obwohl Platos Spekulationen über den Aufbau der materiellen Dinge im Hinblick auf ihren Inhalt heute nicht mehr ernst genommen werden können, verdient der Gedanke immer noch Beachtung, daß sich die Eigenschaften der erfahrbaren Dinge letzten Endes nur im Licht formaler Strukturen erklären lassen. Da diese Strukturen nur durch Vernunft, und nicht durch Wahrnehmungen, erfaßt werden können, wird die Unterscheidung zwischen einer Welt der Erfahrung und einer nur vernünftig erkennbaren Welt unausweichlich. Plato hielt, ähnlich wie die Pythagoreer, die mathematischen Formen für das Wesentliche; die durch sie geformten Dinge galten ihm nur als vorübergehende Erscheinungen jener Formen – der Ideen –, die, selbst unwandelbar, unentstanden und unvergänglich, die Eigenschaften der wandelbaren Dinge bestimmen.

Mit dieser ontologischen Unterscheidung geht eine erkenntnistheoretische Hand in Hand: Da die reinen Formen als das Wesen der Dinge nicht durch Wahrnehmung, sondern nur im reinen Denken erfaßt werden, folgerte Plato, daß die Wahrheit nicht in der Erfahrung, sondern nur in rein vernünftiger Einsicht zugänglich wird. Zu den idealen Formen gelangt man seiner Ansicht nach nicht durch Abstraktion von den besonderen Umständen beobachteter Einzelfälle bzw. durch Idealisierung, sondern diese Formen sind das Erste und Ursprüngliche, während die empirischen Dinge nur als unvollkommene Erscheinungen der zugrunde liegenden idealen Strukturen gelten. Kugelförmige Dinge wie Bälle, Murmeln, Perlen usw. ahmen, wie Plato sich ausdrückt, die reine Kugelgestalt nach, die unabhängig von ihnen ist und auch existieren würde, wenn es keine kugelförmigen (genauer: kugelähnlichen) Dinge gäbe.

Es ist bemerkenswert, daß bereits Aristoteles den Formen ein selbständiges Sein absprach und nur konkrete Dinge als im vollen Sinne wirklich anerkannte. Erst durch Abstraktion von den Besonderheiten der Dinge und durch Idealisierung gelangt man seiner Ansicht nach zu Begriffen allgemeiner Formen, wie sie z. B. in der Mathematik behandelt werden. Weil wir durch Erfahrung von kugeligen Gebilden, wie Bällen, Kenntnis haben, können wir davon absehen, daß es sich um Bälle handelt, die diese Gestalt haben, und nur die Gestalt als solche betrachten. Abstrahiert man außerdem von den Unregelmäßigkeiten der Gestalt von Bällen, dann erhält man den geometrischen Begriff der Kugel.

Der Gegensatz der von Plato und Aristoteles vertretenen Auffassungen sollte die philosophische Diskussion über die Jahrhunderte hinweg beherrschen und noch in der Neuzeit Philosophen und Wissenschaftler beschäftigen. So spielte bei der Entstehung des modernen naturwissenschaftlichen Denkens in der frühen Neuzeit der platonistische Gedanke vom Vorrang der idealen, vernünftig (näherhin mathematisch) einsehbaren Strukturen vor den beobachtbaren Eigenschaften der Dinge eine wichtige Rolle.

6. Das Wesen des Guten

a) Der Zwiespalt in Platos Lehre vom Guten

In Platos Theorie des Guten konkurrieren zwei gegenläufige Tendenzen: Einerseits soll das Gute in einen Bereich jenseits der Erfahrungswirklichkeit, ja auch jenseits der Ideen verlegt werden, so daß es zu einer Idee besonderer Art wird, die sich zu den übrigen Ideen ähnlich verhält wie diese zu den besonderen Dingen; die Idee des Guten wird damit über den Bereich der diskursiven Erkenntnis hinaus entrückt, was spätere Vertreter des Platonismus veranlaßte, sie zum Inhalt einer ekstatischen Schau zu erklären. Andererseits muß das Gute inhaltlich bestimmt werden, um der Praxis als Richtschnur dienen zu können. In dem Maße, in dem Plato der ersten Tendenz folgte, wurde die Idee des Guten immer inhaltsärmer; gleichzeitig war es aber nötig, Kriterien anzugeben, unter denen etwas als gut gelten soll.

Die Idee des Guten erhält die Rolle eines Prinzips, das den anderen Ideen ihr Sein und ihre Erkennbarkeit verleiht, so daß sie Plato mit der Sonne vergleichen konnte, der die Organismen ihr Vorhandensein und ihre Sichtbarkeit verdanken. Dieser Vergleich spielt im Höhlengleichnis eine Rolle, von dem oben (siehe Abschn. 2) die Rede war, doch ohne Berücksichtigung seines abschließenden Gedankens, der die Situation der früheren Gefangenen nach dem Verlassen der Höhle betrifft. Sobald sie das Sonnenlicht erblicken, wird ihnen, wie Plato ausführt, klar, daß es organische Dinge nicht geben könnte, wenn es die Sonne nicht gäbe, so wie man die Dinge auch nicht ohne das Sonnenlicht erblicken könnte. «Die Sonne ... verleiht dem Sichtbaren nicht nur das Vermögen, gesehen zu werden, sondern auch das Werden und Wachstum und Nahrung, obwohl sie selbst nicht Werden ist.» Ebenso ist zu sagen, «daß dem Erkennbaren nicht nur das Erkanntwerden von dem Guten komme, sondern auch das Sein und die Wesenheit habe es von ihm, obwohl das Gute selbst nicht die Wesenheit ist, sondern noch über die Wesenheit an Würde und Kraft hinausragt».[44]

Was jenseits des Bereichs der Wesenheiten (d. h. der übrigen Ideen) liegt, läßt sich nicht mehr definieren. Wenn aber das Wesen des Guten zu etwas Unsagbarem wird, dann kann es nicht mehr als inhaltlicher Maßstab von Wertungen dienen. Wenn die Idee des Guten konkretisiert werden soll, kann das jedoch nicht in der Weise geschehen, wie es die Sophisten versuchten, weil sich dann die von Plato kritisierten relativistischen Konsequenzen ergeben würden. Bevor auf Platos Versuch, das Gute inhaltlich zu bestimmen, eingegangen wird, soll daher ein Blick auf seine Kritik an der sophistischen Auffassung geworfen werden.

b) Die Kritik an der empiristischen Lehre vom Guten

So wie Plato den sophistischen Empirismus bekämpfte, weil dieser seiner Ansicht nach zum Relativismus führt, so kritisierte er auch die sophistische Gleichsetzung von «gut» und «lustbringend» oder «nützlich». Der Sophist kann nicht beanspruchen, etwas zu lehren, und er muß konsequenterweise auch darauf verzichten, allgemeingültige Regeln des Handelns und Verhaltens aufzustellen. Der moralische Relativismus ist in Platos Augen mindestens ebenso bedenklich wie der erkenntnistheoretische. Die Überwindung des Relativismus erfolgt in beiden Fällen in derselben Weise, nämlich unter dem Gesichtspunkt der Allgemeingültigkeit. Plato ging davon aus, daß es nicht nur im theoretischen, sondern auch im praktischen Bereich Urteile gibt, die ausnahmslos gültig sind und die daher nicht von der Erfahrung abhängen können, weil empirische Urteile bestenfalls induktiv verallgemeinert werden können, aber nie streng allgemeingültig sind. Daher können die Werturteile, auf denen Moral und Recht beruhen, nicht von empirischen Faktoren abhängen und auf Konventionen bzw. auf Gewohnheit beruhen, sondern sie müssen unabhängig von Lust und Unlust, von Nutzen und Nachteil, von Übereinkunft und Herkommen sein, weil sie andernfalls nicht streng allgemeingültig sein könnten. Plato sah, daß der Utilitarismus letzten Endes in eine subjektivistische Auffassung mündet: Wenn der Nutzen zum Kriterium der Bewertung von Handlungen gemacht wird, muß angegeben werden, was «nützlich» heißen soll; dabei kann man nicht umhin, auf subjektive Interessen Bezug zu nehmen: «Nützlich» heißt, was unseren Interessen entgegenkommt. Die Interessen der Individuen wie der Gesellschaft sind aber von Fall zu Fall verschieden und sie ändern sich im Verlauf der Zeit, so daß nicht ein für allemal gesagt werden kann, was als nützlich gelten soll. Der Utilitarismus hat also die von Plato bekämpften relativistischen Konsequenzen. Daher muß es seiner Ansicht nach objektive Werte und letzten Endes einen letzten absoluten Wertmaßstab geben, nämlich die Idee des Guten. Plato suchte mit einem Wort zu zeigen, daß allgemeingültige normative Sätze auf Einsicht in ideale Werte beruhen.

Gegen Platos Annahme, daß vernünftig erkannt werden könne, was gut ist, könnte sich allerdings das Bedenken erheben, daß dann alle Menschen dasselbe für gut und dasselbe für schlecht erklären müßten, während doch die Erfahrung zeigt, daß die Wertungen von Fall zu Fall, von Epoche zu Epoche, von Volk zu Volk oft beträchtlich voneinander abweichen. Plato übersah diesen Umstand nicht, er meinte ihn aber befriedigend mit Hilfe der Annahme erklären zu können, daß die vernünftige Einsicht in das Wesen des Guten zwar an sich unabhängig von konkreten Verhältnissen der Zeit und des Ortes sei, aber durch Triebe und Gefühle ähnlich beeinträchtigt werde wie die theoretische Einsicht durch die Bilder der Einbildungskraft. In beiden Fällen kommt es darauf an, die Vernunft von störenden Einflüssen unabhängig zu machen, um zur Wahrheit vorzudringen.

Plato machte aber zugunsten seiner Auffassung auch geltend, daß die Gegenposition gar nicht aufrechterhalten werden kann. Behauptet man, daß Wertungen immer von Trieben abhängen bzw. daß «gut» als «lustbringend» bestimmt werden muß, dann übersieht man, daß von «gut» nicht nur mit Bezug auf die momentane Lust und Unlust gesprochen wird, sondern auch im Hinblick auf Mittel zur Erlangung künftiger Lust und Unlust. Man muß also über die aktualen Lust- und Unlustgefühle hinausgehen und zwischen gegenwärtiger und erwarteter künftiger Lust bzw. Unlust abwägen. Bei diesem Lust-Unlust-Kalkül handelt es sich um eine Art Messen, somit um eine Erkenntnis bzw. um eine Verstandesleistung, die nicht dem Bereich der Gefühle, also auch nicht dem Bereich der bloßen Lust und Unlust, angehört. Dies gilt für Wertungen im allgemeinen, besonders aber für moralische Wertungen, wie Plato am Beispiel der Tapferkeit zeigte. Wenn «Tapferkeit» als «berechtigte Furchtlosigkeit in Verbindung mit berechtigter Furcht» definiert wird, dann können Furcht und Furchtlosigkeit nur «berechtigt» heißen, sofern sie auf angemessener Beurteilung der Situation beruhen. Die Tapferkeit ist daher eine Art Wissen, und dasselbe gilt für die Tugend im allgemeinen. Damit ist der Hedonismus, der die Moral auf die Ebene der Triebe und Gefühle beschränken möchte, widerlegt. Allerdings zeigt dies zunächst nur, daß moralische Bewertungen ein Wissen enthalten, und nicht, daß sie wesentlich Wissen sind. Tatsächlich hat Plato schließlich eingeräumt, daß moralische Wertungen nicht rein vernünftig, sondern auch mit dem Streben nach Befriedigung und Glück verbunden sind.

c) Inhaltliche Bestimmung des Guten

Der Weg zur Konkretisierung der Idee des Guten führte Plato zu der Auffassung, daß das Gute das Geordnete sei. (Dieser Ansicht kam entgegen, daß «Ordnung» im Griechischen *kosmos*, «ordentlich» oder «gesittet» *kosmios* heißt.) Die nächste Frage muß dann lauten, um welche Art Ordnung es sich handelt. Die Antwort fällt verschieden aus, je nachdem ob an die Güte der leib-seelischen Person, der menschlichen Seele oder an die Güte der Staatsverfassung gedacht wird. Die Staatsverfassung ist gut, wenn sich die Gemeinschaft im Gleichgewicht befindet, und das heißt bei Plato: wenn die Stände, in die sich die Gesellschaft gliedert, in einem angemessenen Verhältnis zueinander stehen. Der einzelne Mensch ist gut, wenn der Körper der Seele untergeordnet ist, d. h., wenn sich der Mensch nicht von den körperlichen Bedürfnissen und Trieben, sondern von geistigen Motiven leiten läßt. Die Seele selbst ist gut, wenn ihre «Teile» – also Vernunft, Affekt und Begehren – richtig geordnet sind, d. h. wenn die Vernunft über die niederen Vermögen herrscht. Letzten Endes ist der Mensch gut, wenn er sich dem Ideal der Reinheit – im Sinne der Unabhängigkeit des Geistes von der materiellen Wirklichkeit – so weit wie möglich annähert.

Auf die Frage nach der rechten Ordnung der Seele antwortete Plato zunächst mit dem Hinweis auf das Maß, das es zu achten gilt. Im weiteren Verlauf charakterisierte er «maßvoll» als «besonnen», als «gerecht» und schließlich als «fromm», da ihm Frömmigkeit als angemessenes Verhalten gegenüber den Göttern galt: «Tut er [der Besonnene], was sich gebührt gegenüber Menschen, so tut er das Gerechte; tut er es gegenüber den Göttern, so tut er das Fromme.»[45]

Sofern das Gute in einer bestimmten Ordnung, d. h. in gewissen Beziehungen, besteht, scheint es als Gegenstand vernünftiger Einsicht bestimmt werden zu müssen. Obwohl Plato dazu neigte, die Tugend als eine Art Wissen aufzufassen, konnte er auf die Dauer den Aspekt der Befriedigung, der zum Guten gehört, nicht außer acht lassen. In seiner Spätzeit versuchte er deshalb, das Verhältnis zwischen dem Gutem und der Lust bzw. der Glückseligkeit in neuer Weise zu bestimmen, um die ursprüngliche schroffe

Gegenüberstellung von Streben nach dem Guten und Glücksverlangen zu überwinden. Das Gute erschien ihm nun als etwas, das sich weder auf Lust noch auf Vernunfteinsicht allein zurückführen läßt, sondern mit beidem zu tun hat, allerdings bald der Lust, bald der Einsicht näher steht.[46] Bestünde es ausschließlich in der Lust, dann wäre es auf nichts anderes, also auch nicht auf Einsicht, angewiesen; beruhte es ausschließlich auf vernünftiger Einsicht, dann könnte es nicht mit Befriedigung oder Freude verbunden sein. Weder bloße Lust noch bloße Vernunfteinsicht sind jedoch im vollen Sinne gut. Eine Lust ohne erkenntnismäßige Komponente wäre ein völlig unreflektiertes Gefühl, ohne Erinnerung an Vergangenes und ohne Erwartung von Künftigem. Eine sozusagen punktuelle Lustempfindung ohne Beziehung auf vergangene Erlebnisse und auf künftige Folgen kann nicht als wünschenswert gelten;[47] ein Wesen, das auf sie beschränkt wäre, würde «nicht ein menschliches Leben leben, sondern das Leben eines Polypen oder eines Schalentieres, wie man sie im Meere findet». Umgekehrt wäre auch vernünftige Einsicht ohne alle Befriedigung nichts Wünschenswertes. In diesem Sinne stellt Plato die rhetorische Frage: «Ob wohl einer von uns so leben möchte, daß er zwar alle Einsicht und Vernunft und Wissenschaft und Erinnerung von allem hätte, Lust aber weder viel noch wenig genösse und ebensowenig Unlust, sondern für dieses alles ganz unempfänglich wäre?»[48]

Es genügt jedoch nicht, das Gute in einer Verbindung von vernünftiger Einsicht und Lust zu erblicken; da nicht jede beliebige Lust in Betracht kommt, muß gesagt werden, um welche Art Lust es sich handeln soll. Plato berücksichtigte vor allem die höhere Lust, die dem Geist eigentümlich ist und die sich mit der vernünftigen Erkenntnis verbindet, ohne jedoch so weit gehen zu wollen, organisch bedingte Lust-Empfindungen schlechthin auszuschließen: Auch sie können eine Rolle spielen, wenn sie die Gesundheit nicht gefährden und die Besonnenheit nicht beeinträchtigen; darüber hinaus ist es wünschenswert, daß sie dem Streben nach Tugend entgegenkommen.[49]

Das Gute stellt sich dem alten Plato demnach als Synthese von vernünftiger Einsicht und Lust dar, bei der sich diese Komponenten im richtigen Maß verbinden. Sofern das Gute auf der Harmonie mehrerer Komponenten beruht, steht es dem Schönen nahe, ohne jedoch in ihm aufzugehen. Das Gute weist somit (a) einen normativen Aspekt auf, ausgedrückt durch die Auffassung der Idee als Maß; (b) es ist nicht möglich ohne Einsicht in das Wesen des Guten selbst und ohne die Erkenntnis des Zusammenhangs von Zwecken und Mitteln, einschließlich empirischer Umstände; (c) es enthält eine ästhetische Komponente, sofern es durch die Symmetrie der beteiligten Faktoren bestimmt ist; und ihm eignet (d) eine emotionale Komponente, die dafür verantwortlich ist, daß es beglückt. Da die ersten drei Komponenten auf die Seite der Vernunft gehören, steht das Gute der Vernunft näher als der Empfindung. Dennoch zeigt sich in Platos Bestreben, eine Ethik zu konzipieren, die auch dem Glücksverlangen des Menschen Rechnung trägt, eine Tendenz zur Vermittlung zwischen einer asketischen Einstellung pythagoreischer Herkunft und einer Glückseligkeitsmoral, die jedoch weit von einer Ethik auf der Grundlage des Lust-Prinzips entfernt ist. Das Gute wird vernünftig erkannt und äußert sich als sittliche Schönheit; zugleich bietet eine an der Idee des Guten orientierte Praxis die Gewähr größtmöglicher Befriedigung.

7. Rechts- und Staatslehre

Solange das Gute nur formal – als einsichtige Idee, als Harmonie, als «Mischung» aus Wahrheit, Schönheit und Glückseligkeit – charakterisiert wird, besteht keine Möglichkeit, von der Idee des Guten aus zu bestimmten praktischen Anweisungen zu gelangen. Plato wollte aber Normen für den sittlichen und den rechtlichen Bereich aufstellen, und deshalb sah er sich gezwungen, der Idee des Guten einen konkreteren Inhalt zu geben. Dabei hat er das Gute nicht nur, wie angedeutet, im Sinne der Rationalisierung der Lebensführung, in der er einen Weg zur Läuterung erblickte, sondern auch dadurch charakterisiert, daß er es mit einem bestimmten Gerechtigkeitsideal verband. Die entsprechenden Überlegungen sind für seine praktische Philosophie wesentlich, da unabhängig von ihnen die Grundlegung der Tugendlehre nicht möglich wäre.

Die Frage nach dem Wesen der Gerechtigkeit als beherrschendes Thema der Rechts- und Staatsphilosophie wird bereits im ersten Buch des «Staates» («Politeia») aufgenommen, und zwar im Zusammenhang der Auseinandersetzung mit der vom Sophisten Thrasymachus vertretenen (oder ihm von Plato aus polemischen Gründen zugeschriebenen) These, daß gerecht sei, was dem Stärkeren nütze. Hier wird nicht an beliebige Personen zu denken sein, sondern an die Mächtigen im Staate, also an die Inhaber der Regierungsgewalt, und obwohl Plato den Eindruck erwecken möchte, als habe Thrasymachus deren persönlichen Vorteil im Auge, könnte es sich in Wirklichkeit um die Auffassung gehandelt haben, daß die Gesetzgebung nicht dem Regenten, sondern der Regierung – genauer: der jeweiligen Regierungsform – nütze. Seine These würde demgemäß besagen, daß in der Demokratie Gesetze gegeben werden, die die demokratische Verfassung stützen, in der Tyrannis Gesetze, die das tyrannische Regime festigen usw.

Die vorgeschlagene Bestimmung des Guten als dessen, was im Interesse des Mächtigen liegt, erweist sich, wie Plato zu zeigen bemüht ist, als ergänzungsbedürftig: Wenn jemand auf Grund eines bestimmten Interesses Gesetze erläßt, muß das Interesse erkannt sein, so daß man die Gerechtigkeit nicht unabhängig von jeglicher Erkenntnis als Zuträglichkeit bestimmen kann. Außerdem gab Plato zu bedenken, daß von «Regierungskunst» nur gesprochen werden könne, wenn damit eine Art des Handelns gemeint sei, die auf den Vorteil der Regierten, nicht den der Regierenden, gerichtet ist. Dies ergibt sich daraus, daß, wie Plato überzeugt war, jede wahrhafte Kunst (im Sinne des entsprechenden griechischen Wortes «téchne») in erster Linie im Interesse anderer, nicht aus Eigeninteresse, ausgeübt wird. So dient zum Beispiel die Heilkunst dem Kranken, nicht dem Arzt. Auf Grund dieser Auffassung von «Kunst» hat auch die Regierungskunst als Tätigkeit zu gelten, die um der Regierten willen ausgeübt wird. Wer Gesetze in seinem eigenen Interesse und ohne Rücksicht auf die Interessen der Regierten, oder gar gegen deren Interessen, erläßt, kann daher kein «wahrer» Regent sein. Ob allerdings auf diese Weise die Auffassung des Sophisten widerlegt werden kann, ist zweifelhaft, da es diesem nicht um die Frage geht, was aus der Bedeutung des Ausdrucks «Kunst» folgt, sondern darum, welche Motive die Regierenden veranlassen, bestimmte Gesetze zu geben. Als das entscheidende Motiv betrachtete Thrasymachus den Nutzen des auf einer bestimmten Verfassung beruhenden Staates. Die Gesetze sind seiner Ansicht nach unter dem Gesichtspunkt ihres Verhältnisses zu den Verfassungsprinzipien zu beurteilen.[50] Sollte dies seine Auffassung gewesen sein, dann hätte sie nicht die herbe Kritik verdient, die Plato übte.

In der Sprache unserer Zeit besagt die von Plato erörterte Auffassung, daß es keine vom positiven Recht unabhängige Norm der Gerechtigkeit gibt. Thrasymachus wäre demgemäß als Rechtspositivist zu bezeichnen. Gleichzeitig war er überzeugt, daß in der Rechtspolitik stets egoistische Motive den Ausschlag geben. Unterstellt man, daß es sich nicht so sehr um Individual-, als vielmehr um Kollektiv-Interessen handelt, dann ergibt sich eine Position, die gewissen rechtspositivistischen Auffassungen der Neuzeit durchaus nahesteht.

Plato kritisierte die sophistische Position (oder das, was er für die Position der Sophisten ausgab), um durch die Kritik den Boden freizumachen, auf dem er die Fundamente seiner eigenen Lehre vom Wesen der Gerechtigkeit legen konnte. Dabei ist zu beachten, daß der Ausdruck «gerecht» je nach dem Zusammenhang, dem er angehört, verschiedene Bedeutungen annimmt.

(a) So ist die Gesellschaftsordnung gerecht, wenn die Stände – nämlich der Stand der Regierenden, der Stand der Krieger und Sicherheitsorgane (die «Wächter»), der Stand der Arbeiter – im richtigen Verhältnis zueinander stehen, und das ist nach Plato der Fall, wenn die Angehörigen der jeweils niedrigeren Stände sich den höheren unterordnen und nicht versuchen, die Standesgrenzen aufzuheben;

(b) von einem Individuum wird gesagt, es handle gerecht, wenn es sich der sozialen Ordnung fügt, die Aufgaben seines Standes erfüllt und die gesellschaftliche Hierarchie anerkennt;

(c) das Individuum selbst heißt gerecht, wenn die Teile seiner Seele – nämlich der vernünftige, der affektive und der triebhafte Seelenteil – sich so zueinander verhalten, daß die niedrigeren den höheren untergeordnet sind. Das Verhältnis der Seelenteile entspricht dem Verhältnis der Stände im Staate. Berücksichtigt man, daß den Seelenteilen die Kardinaltugenden der

Weisheit, der Tapferkeit und der Mäßigkeit zugeordnet sind, dann stellen sich die Zusammenhänge folgendermaßen dar:

Stände	Tugenden	Seelenteile
Regierende (archontes, Philosophenkönige)	Weisheit	Vernunft
Wächter (phylakes)	Tapferkeit	Schicht der Affekte
Arbeiter (demiourgoí)	Besonnenheit bzw. Mäßigkeit im Verhältnis der Stände	Triebschicht

Die Gerechtigkeit als persönliche wie als politische Tugend ist keine Tugend neben den anderen, sondern sie besteht im richtigen Verhältnis sei es der Seelenteile, sei es der Stände. Was hier «richtig» heißt, wird von Plato nicht mehr gerechtfertigt, sondern als unmittelbar einsichtig vorausgesetzt.

Wenn Plato vom Staat spricht, dachte er natürlich an den Stadtstaat seiner Zeit, die Polis, an deren ständische Gliederung er anknüpfte. Daß es Sklaven gibt, die keinen Stand bilden, sondern Eigentum ihrer Herren sind, betrachtete er als selbstverständlich. Obwohl er die Einordnung ins Gefüge der staatlichen Gemeinschaft forderte, war er nicht der Meinung, daß die Einzelnen nur um des Staates willen da seien; der Staat hat in seinen Augen die Aufgabe, den Bürgern ein erfülltes Leben zu ermöglichen, wenn auch nicht allen in demselben Maße, da die Angehörigen der niedrigeren Stände geringere Ansprüche haben als die der höheren.

Der Staat, von dessen Ordnung hier gesprochen wird, ist offensichtlich nicht ein vorhandenes Gebilde, sondern ein Ideal, von dem Plato meinte, daß es von einem geeigneten Machthaber (wie er ihn in der Person Dionysius' des Jüngeren von Syrakus zeitweise gefunden zu haben glaubte) verwirklicht werden sollte. Historischer Hintergrund der Konstruktion des idealen Staates ist eine Situation, die Plato als tiefgreifende Krise nicht nur der Gesellschaft, sondern der gesamten Kultur betrachtete. Wenn, wie er meinte, sich die traditionellen Bindungen auflösen, dann muß versucht werden, an die Stelle der alten, zerfallenden Ordnung eine neue zu setzen. Da die herkömmliche, geschichtlich gewachsene Ordnung ihre prägende Kraft verloren hat, kann die neue Ordnung nur das Ergebnis vernünftiger Planung sein. Offenbar erfordert die Etablierung einer neuen politisch-moralischen Staatsordnung Menschen mit hinreichender Kompetenz und hinreichender Macht, die sie entwerfen und realisieren. Sie sollen, wie Plato erklärte, einerseits Philosophen (im weiten, einzelwissenschaftliche Erkenntnis einschließenden Sinn), andererseits Könige sein. Ihnen wird diktatorische Gewalt zugebilligt, deren Ausübung jedoch an das als richtig

Erkannte gebunden sein soll. Die Überlegenheit der Philosophen-Könige beruht darauf, daß sie die Gesetze erkennen, denen die Wirklichkeit – insbesondere die soziale Wirklichkeit – unterworfen ist. Nur von solchen durch überlegene Erkenntnis qualifizierten Herrschern ist eine Besserung der Verhältnisse zu erwarten: «Wenn nicht ... entweder die Philosophen Könige werden in den Staaten oder die jetzt so genannten Könige und Gewalthaber wahrhaft und gründlich philosophieren und also dieses beides zusammenfällt, die Staatsgewalt und die Philosophie ..., dann gibt es keine Erholung vom Übel für die Staaten ...»[51]

Demgemäß soll die Ausbildung des Nachwuchses der Herrschaftsschicht vor allem auf die Vermittlung des erforderlichen Wissens gerichtet sein, wobei Mathematik und Philosophie, insbesondere die Ideenlehre, das Fundament bilden. Die angehenden Regenten werden zunächst zusammen mit dem Nachwuchs des Wächterstandes in Musik und Gymnastik ausgebildet, später werden sie gesondert in das wesentliche Herrschaftswissen eingeweiht. So soll eine Geistesaristokratie entstehen, die ein teils dem Studium, teils den Regierungsgeschäften gewidmetes Leben führt.

Die Erziehung der Krieger oder Wächter, denen die Aufrechterhaltung der Staatsordnung nach außen und innen obliegt, ist in erster Linie auf militärische Disziplin und kriegerische Tüchtigkeit gerichtet. Damit die Wächter sich ganz ihren Aufgaben widmen können, sollen sie keinen Privatbesitz haben, unverheiratet sein, aber nicht zölibatär leben. Platos Forderung der Frauengemeinschaft ist jenes Element seiner Staatslehre, das am häufigsten Anstoß erregte. Folgerichtig forderte Plato die gemeinschaftliche Erziehung der Kinder, wie er auch davon ausging, daß den Frauen dieselbe Erziehung zuteil werden solle wie den Männern, da sie zum Schutz des Staates ebenso befähigt sind wie die Männer.

Die Philosophen-Könige sollen in ihren Entscheidungen frei sein, d. h. unabhängig von den bestehenden Gesetzen ihrer Einsicht folgen. Den Regierten, denen das höchste Wissen vorenthalten wird, vermitteln sie den Glauben, daß die Zugehörigkeit zum jeweiligen Stand gottgewollt sei.

Was mit dem Staatszweck nicht vereinbar ist, verfällt der Ablehnung. Besonders auffallend ist, daß unter diesem Gesichtspunkt die Dichtung aus dem vollkommenen Staatswesen verbannt wird. Dies wird durch den Gedanken gerechtfertigt, daß die Dichtung Verhältnisse der Erfahrungswelt, die nur Abbilder der Ideen sind, nachahmt und somit Abbild eines Abbildes ist. Als solches entbehrt sie der Wahrheit. Außerdem gibt Plato zu bedenken, daß die Dichtung die niederen Seelenteile, und nicht die Vernunft, anspricht. Man empfindet zum Beispiel Mitleid mit einem tragischen Helden, der sein Los beklagt, während man selbst sich schämen würde, in ähnlicher Lage in laute Klagen auszubrechen. Ähnlich verhält es sich mit den Affekten, die die Komödie weckt: Man lacht über Dinge, die zu tun man unter seiner Würde finden würde. Daher forderte Plato, «daß im Staat nur der Teil der Dichtkunst zuzulassen sei, der Hymnen an die Götter und

Preislieder auf hervorragende Männer hervorbringt». Alle anderen Gattungen der Dichtung führen dazu, daß «Lust und Unlust im Staate das Regiment führen statt des Gesetzes».[52]

In den «Gesetzen», vermutlich Platos letztem Werk, werden manche früher aufgestellte Thesen abgeschwächt – namentlich was die Frauengemeinschaft und die Aufhebung des Privateigentums anbelangt. Die Forderung strikter Trennung der Stände wird aufgegeben, gleichzeitig aber werden schärfere Maßnahmen obrigkeitlicher Kontrolle empfohlen. Das Privatleben wird strengen Kontrollen unterworfen, und die Kultur soll einer durchgängigen Zensur unterliegen. Neben den anderen Staatsorganen soll ein höchstes, völlig unabhängiges Kontrollorgan eingerichtet werden – die «nächtliche Versammlung» –, die alle gesellschaftlichen Bereiche im Hinblick auf die wesentlichen Staatsziele überwacht, selbst aber keiner Kontrolle mehr unterliegt. Obwohl Plato betonte, daß die Mitglieder dieses Rates über höchste sittliche Einsicht verfügen müßten – sie sollen nicht nur die Kardinaltugenden kennen und befolgen, sondern stets das Wesen der Tugend als solcher vor Augen haben –, wird hier doch unverhohlen die Errichtung eines diktatorischen Überwachungsstaates gefordert – wenn auch mit moralischer Motivation.

Auch der weltanschauliche Bereich soll streng reglementiert werden. Die Religionsgesetzgebung, die an Strenge kaum zu überbieten ist, geht von der Voraussetzung aus, daß der Atheismus und die Meinung, die Götter kümmerten sich nicht um die Menschen, staatsgefährdend sind. Nur die vom Staat anerkannte Religion sollte erlaubt, jeder andere Kultus sollte unterbunden werden. Für die Übertretung dieser Vorschriften sind drakonische Strafen bis hin zur Todesstrafe und zur Verweigerung der Bestattung vorgesehen. Bei Verstößen gegen die Religionsgesetze sollte uneingeschränkte, auch für Angehörige geltende Anzeigepflicht bestehen. Die Einzelheiten des Kultus scheint Plato ins Belieben des Gesetzgebers gestellt zu haben; daß die Religion überhaupt notwendig sei, glaubte er jedoch mit philosophischen Mitteln zeigen zu können. Auch gewisse philosophische Auffassungen, wie die der Sophisten, die Plato für gefährlich hielt, wollte er unterdrückt sehen. Platos Staatslehre bietet somit das erste Beispiel eines Versuchs, unter Berufung auf bestimmte Ziele ein alle wichtigen Lebensbereiche regelndes und kontrollierendes absolutistisches Regime zu rechtfertigen, das die Freiheit der Staatsangehörigen gewissen als sittlich deklarierten Zielen opfert.

Ausführlich erörterte Plato die Frage, ob nicht ein Herrscher, der im Besitz vollkommener Einsicht ist, unabhängig von Gesetzen und unter Umständen gegen die herkömmlichen Gesetze das durchsetzen solle, was er als das Beste erkennt – auch gegen den Widerstand der uneinsichtigen Masse und der Rechtstraditionen.[53] Er war überzeugt, daß die Einsicht ins Wesen der Gerechtigkeit Vorrang vor dem positiven Recht haben müßte. Wenn jemand imstande ist, in jedem Fall die Gerechtigkeit vollkommen zur Geltung zu bringen, dann wäre es verfehlt, ihn an Gesetze zu binden. Im

Idealfall würden die der vernünftigen Einsicht des Herrschers entsprungenen Gesetze von den Bürgern auch aus Einsicht befolgt, so daß es keiner Strafandrohungen bedürfte. Dies ist jedoch, wie Plato sah, allenfalls in kleinen Gemeinschaften zu erreichen; in einem größeren Staatswesen sind gesetzliche Regelungen unvermeidlich, da es hier immer Menschen geben wird, die unfähig sind, die Richtigkeit von Gesetzen einzusehen und sie aus vernünftigen Gründen zu achten. Deshalb sind mit Bezug auf die große Menge Gesetze mit Strafandrohung für den Übertretungsfall unumgänglich, obwohl dies nicht der Idealfall, sondern nur die zweitbeste Lösung ist.

Ein wichtiges Kapitel der Platonischen Staatsphilosophie ist die Verfassungslehre, die durch die Unterscheidung von guten und schlechten Verfassungen charakterisiert ist. Gut sind Verfassungen, die die Achtung der Gesetze zum Prinzip haben, wobei die Regierungsgewalt bei einem einzigen (Königtum), bei einer kleinen Zahl (Aristokratie) oder bei der Volksmenge liegen kann (Demokratie). Negativ sind alle Verfassungen, die nicht auf dem Prinzip der Allgemeinverbindlichkeit der Gesetze beruhen. Je nachdem, ob ein einziger, einige oder alle vom Gesetzesgehorsam ausgenommen sind, ergeben sich die Staatsformen der Tyrannis, der Oligarchie und der Demokratie im negativen Sinn (als Herrschaft der Massen).

Obwohl Plato im idealen Staat ein prinzipiell erreichbares Ziel erblickte, vertrat er keinen Fortschrittsoptimismus, sondern war im Gegenteil überzeugt, daß jede positive Verfassung im Verlauf der Zeit entarten müsse, «weil allem Entstandenen doch der Untergang beschieden ist».[54] So geht seiner Ansicht nach die Aristokratie infolge des Besitzstrebens in eine Verfassung über, bei der das Streben nach Ansehen und Besitz den Ausschlag gibt (Timokratie). Wenn die Bewertung der Staatsbürger nach dem Vermögen zum Verfassungsprinzip erhoben wird und die Reichen herrschen, die Armen aber von der Herrschaft ausgeschlossen sind, entsteht die Oligarchie, die durch schrankenloses Streben nach Gewinn und durch Vernachlässigung der Tugend charakterisiert ist. Daher wird unter den Bedingungen einer solchen Verfassung die Erziehung vernachlässigt, die Jugend wird untüchtig, und wegen der Duldung von Verschwendung und Untätigkeit geraten immer mehr Menschen in Armut. Die Folge sind gesellschaftliche Spannungen und Revolutionen, bei denen sich die große Masse der Staatsgewalt bemächtigt: Die Demokratie gibt zunächst allen Freiheit, auch die Freiheit, sich von der Politik zu distanzieren, nach Belieben den Wehrdienst zu verweigern und sich den Konsequenzen von Gerichtsurteilen zu entziehen; die für sie typische Einstellung stellt somit das Gegenteil jener Einstellung dar, die Plato für den idealen Staat forderte. Die uneingeschränkte Permissivität führt schließlich zum Umschlag ins andere Extrem, nämlich in die Tyrannei. Bei dieser Entwicklung spielt der Umstand eine wichtige Rolle, daß es unter demokratischen Bedingungen Demagogen leichtfällt, die Massen gegen die Vermögenden aufzubringen, Enteignungen zu veranlassen und das Vermögen aufzuteilen, um auf diese Weise den Pöbel an sich zu binden.

Gelingt es einem solchen Demagogen, sich zum Parteiführer aufzuschwingen, dann ist die Tyrannis etabliert.[55]

Platos politische Philosophie beruht auf dem Gedanken, daß stets das Ganze Vorrang gegenüber dem Teil haben solle. Da Plato in der staatlichen Rechtsordnung ein Abbild der Ordnung des Alls erblickte, nahm er auch für sie den Vorrang des Ganzen in Anspruch: die Gemeinschaft und ihre wesentlichen Anliegen haben Vorrang vor dem Einzelnen und seinen Interessen. So betonte Plato, «daß von dem Wesen, das für das All Sorge trägt, alles in bezug auf die Erhaltung und Vervollkommnung des Ganzen so angeordnet wurde, daß jeder Teil nach seinem Vermögen erleidet oder bewirkt, was ihm gebührt»[56]. Da jeder Einzelne Teil des Ganzen ist, ist er in allem, was er tut, stets auf das Ganze bezogen, auch wenn ihm das verborgen bleibt. Erkennt man das Verhältnis von Einzelnem und Ganzem, dann sieht man auch ein, daß der Einzelne um des Ganzen willen da ist und handeln soll. Was für das Ganze das Beste ist, muß auch das Beste für jeden Teil des Ganzen sein, eben weil er als Teil dem Ganzen zugehörig ist.

Die Anwendung auf die Gemeinschaft liegt auf der Hand: Wenn der Einzelne einsieht, worin das Wohl des Ganzen besteht, und wenn er sich dem Ganzen zugehörig fühlt, dann wird er sein Interesse dem Gemeinschaftsinteresse unterordnen. Andernfalls befindet er sich auf einem Irrweg, und es ist nötig, ihn durch geeignete Maßnahmen zu einem gemeinschaftskonformen Verhalten zu veranlassen. Der Zwangs- und Überwachungsstaat scheint damit legitimiert zu sein.

Die Überzeugung, daß es ein Recht gibt, das unabhängig von der positiven Gesetzgebung besteht und von einigen hervorragenden Individuen eingesehen werden kann, teilt Plato mit allen Vertretern der Lehre vom Vernunftrecht, beginnend mit Heraklit bis zu gewissen Rechts- und Staatsphilosophen unseres Jahrhunderts. Diese Lehre beeindruckt durch ihren Gegensatz zu allen subjektivistischen und relativistischen Rechtsauffassungen, denen zufolge das Recht stets konventionellen Charakter hat und auf historisch bedingten Nützlichkeitsüberlegungen beruht. Mit dem Glauben an eine überpositive, von den jeweiligen geschichtlichen Umständen unabhängige Gerechtigkeit wird die staatliche Gesetzgebung Bedingungen unterworfen, die ihren Mißbrauch einzuschränken geeignet sind. Den positiven Auswirkungen des Glaubens an ein natürliches, vernünftig erkennbares Recht stehen jedoch negative Aspekte dieser Auffassung gegenüber, die die Vorteile aufwiegen. Vor allem ist zu bedenken, daß mit ihren Mitteln der Anspruch der vorgeblich Einsichtigen, ihre theoretischen und praktischen Überzeugungen allen anderen Menschen aufzwingen zu können, eine scheinbare Rechtfertigung erfahren kann. Ist eine auf vermeintlicher Vernunfteinsicht in das Wahre und Richtige beruhende Herrschaft erst einmal errichtet, wird eine immanente Kritik unmöglich: Auf die Frage, wer darüber entscheidet, was vernünftige Einsicht ist und was nicht, wird geantwortet: der Einsichtige selbst – das heißt der, welcher sich für einsichtig hält oder von anderen für einsichtig gehalten wird. Die Überzeugung der vermeintlich Einsichtigen von der unbedingten Richtigkeit ihrer Urteile ist der letzte Maßstab, gegen den nicht mehr an eine andere Instanz appelliert werden kann. Daß die Lehre vom Vernunftrecht dazu dienen kann, den Totalitarismus zu rechtfertigen, zeigt im übrigen nicht nur das Beispiel Platos. Anstatt auf Ideenschau hat man sich mit dem gleichen Effekt bald auf göttliche Offenbarung, bald auf die «wissenschaftliche» Erkenntnis eherner Gesetze der gesellschaftlichen Entwicklung berufen, um den absoluten Anspruch eines einzigen oder einer Gruppe von Menschen – etwa einer Partei-Elite – zu begründen, uneingeschränkt über Menschen zu herrschen, denen das wesentliche Wissen abgesprochen wird.[57]

Letzten Endes beruht die Idee eines vernünftig einzusehenden natürlichen Rechts auf der Annahme, daß gewisse allgemeine Gerechtigkeitsprinzipien ihren Grund in der Natur selbst haben. In diesem Sinne nahm auch Plato an, daß die Rechtsordnung die Ordnung der Natur abzubilden habe. Die Ordnung der Natur und die gesellschaftliche Ordnung sind einander nach Plato insofern ähnlich, als auch die Natur eine Art Gemeinschaft darstellt: «Die Weisen behaupten ..., daß auch Himmel und Erde, Götter und Menschen nur durch Gemeinschaft bestehen und durch Freundschaft und Schicklichkeit und Besonnenheit und Gerechtigkeit, und betrachten deshalb ... die Welt als ein Ganzes und Geordnetes.»[58] Diese metaphorische Redeweise gibt einen Hinweis auf die Art, in der die Annahme einer vernünftigen Wirklichkeitsordnung zustande kommt, nämlich durch Projektion von Zügen der gesellschaftlichen Ordnung auf die Natur. Indem diese Züge anschließend wieder auf die menschliche Gemeinschaft zurückprojiziert werden, läßt sich die kosmische Ordnung zum Maßstab der menschlichen erklären. Dieses Verhältnis von Projektion und Rückprojektion ist typisch für alle Versuche, sittliche und rechtliche Normen aus dem «Wesen» der Wirklichkeit abzuleiten.

8. Die Lehre von den ersten Prinzipien

Wie bereits gezeigt, zeichnet sich im «Timäus» deutlich die Tendenz ab, das Weltbild zu mathematisieren. Die Mathematisierung scheint aber in dem genannten Werk nicht konsequent durchgeführt zu sein. Wenn nämlich angenommen wird, daß alle körperlichen Formen aus Flächen und letzten Endes aus den «schönsten Dreiecken» bestehen, dann kann gefragt werden, warum Plato nicht weiterging und die Flächen aus Geraden und schließlich die Geraden aus Punkten zusammengesetzt dachte. Der «Timäus» bietet keine Anhaltspunkte für die Beantwortung dieser Frage, die jedoch so naheliegend ist, daß man vermuten kann, daß sich der Versuch der Mathematisierung nicht in dem erschöpft, was im Dialog gesagt wird. Ähnlich verhält es sich mit anderen Problemen, auf die in Platos Werken hingewiesen wird: Man fühlt sich versucht anzunehmen, daß Plato über Theorien verfügte, die in seinen Schriften nicht entwickelt werden. Daneben gibt es teils in den Platonischen Dialogen, teils in der Überlieferung inhaltliche Hinweise auf das Vorhandensein einer ungeschriebenen Lehre, deren Umrisse in den letzten Jahrzehnten immer deutlicher zutage getreten sind, ohne daß in allen Einzelheiten Klarheit gewonnen werden konnte.[59]

Im Falle geometrischer Gebilde, wo sich Körper aus Flächen, Flächen aus Strecken und Strecken aus Punkten aufgebaut denken lassen, stellen die Punkte die letzten Einheiten dar. Die geometrischen Punkte sind zwar nichts Räumliches mehr, aber sie sind durch ihre Lage im Raume bestimmt. Begreift man eine Strecke als Mannigfaltigkeit von Punkten, dann müssen Punkte in ihrem Nebeneinander angenommen und zugleich zur Einheit der Strecke verbunden sein. Einheit und Vielheit sind somit die formalen Aspekte, unter denen Strecken, Flächen und Körper zu betrachten sind.

Geometrische Gebilde lassen sich beliebig vergrößern oder verkleinern, ohne daß die Einheit ihrer Form verloren ginge. So bleibt z. B. die Form des Kreises dieselbe, wenn man den Radius größer oder kleiner macht. Eine Strecke kann ins unendliche verlängert bzw. vervielfacht werden, und sie kann ins unendliche geteilt werden. Auf diesen Aspekt bezog sich Plato mit dem Ausdruck «Groß-und-Kleines», der sich zum Aspekt der Einheit komplementär verhält: Während die Struktur das Moment der Einheit darstellt, hat es die Größe mit dem Moment der Vielheit zu tun.

Den Punkten als Elementen geometrischer Vielheiten lassen sich Zahlen zuordnen, die als Vielfache der Eins aufgefaßt werden können. Die arithmetische Eins unterscheidet sich jedoch insofern vom Punkt, als sie keine Lage im Raume hat. Da der Punkt eine Einheit innerhalb räumlicher Beziehungen ist, die Eins dagegen nicht in räumlichen Beziehungen steht, ist sie in allgemeinerem Sinne Einheit als der Punkt. Die Zahlenreihe entsteht durch Vervielfältigung der Eins. Die Zahlen als Vielfache der Eins sind, analog den Linien in der Geometrie, Einheiten in der Vielheit. In diesem Sinne stellte Plato der Einheit die «unbestimmte Zweiheit» gegenüber, wobei die Zwei als die erste Vielheit die Vielheit überhaupt vertritt. Ähnlich wie in der Geometrie stehen somit in der Arithmetik die Einheit und die vermehrungs- und verminderungsfähige Vielheit einander als Prinzipien, die sich gegenseitig erfordern, gegenüber.

Der Zusammenhang von Geometrie und Arithmetik tritt deutlich in der Proportionen-Lehre zutage: Auf Grund der natürlichen Zahlen lassen sich Verhältnisse formulieren, die entweder kommensurabel oder inkommensurabel sind, d. h. kein gemeinsames Maß haben. Die ersteren sind im einfachsten Fall linear kommensurabel (z. B. 2 : 4), und hier lassen sich die Zahlenverhältnisse durch Verhältnisse von Linien ausdrücken, die ein gemeinsames Maß haben. Manche Zahlenverhältnisse sind quadriert kommensurabel, d. h. nicht sie selbst, sondern ihre Quadrate haben ein gemeinsames Maß. (So sind die Seite eines Quadrats mit gegebener Fläche und die Seite eines

Quadrats mit der doppelten Fläche des ersteren linear inkommensurabel, während die über diesen Seiten errichteten Quadrate kommensurabel sind. Numerisch ausgedrückt, handelt es sich um das Verhältnis $a : a\sqrt{2}$.) Schließlich gibt es Verhältnisse, die nur kubiert kommensurabel sind, wie zwischen der Seite eines Würfels mit gegebenem Rauminhalt und der Seite eines Würfels von doppeltem Rauminhalt. Demgemäß lassen sich den Punkten natürliche Zahlen, linear kommensurablen Flächen Linien, quadriert kommensurablen Verhältnissen Flächen und kubiert kommensurablen Verhältnissen Körper als «Maß» zuordnen. Den Verhältnissen, die in keiner Weise kommensurabel sind, entspricht die unbestimmte Vielheit, das reine Mehr-Weniger.[60] Während im «Timäus» bei den «schönsten Dreiecken» stehengeblieben wird, zeichnet sich somit in der ungeschriebenen Lehre eine radikalere Mathematisierung ab. Zugleich kommt die Bedeutung der fundamentalen Kategorien zum Vorschein, die Plato im «Parmenides» und im «Sophistes» erörterte, insbesondere der Kategorien des Einen und des Vielen, der Identität und der Differenz, der Bestimmtheit und des Unbestimmten.

Mit der Zurückführung auf wenige oberste Prinzipien eröffnet sich auch die Möglichkeit der Axiomatisierung, wie sie im Bereich der Geometrie bereits vor Plato in Angriff genommen worden war und wie sie – teilweise unter dem Einfluß der Akademie – bei Euklid entwickelt ist. Namentlich die Lehre von den regelmäßigen Polyedern und die Theorie der Proportionen scheinen auf Anstöße von seiten der Akademie zurückzugehen.

Das Verhältnis von Einheit und Vielheit liegt aber nicht nur den mathematischen Gegenständen, sondern allen bestimmten Gegenständen, die als solche vernünftig erkennbar sind, zugrunde: Da alles, was Gegenstand der Erkenntnis sein kann, eine Einheit in der Vielheit ist, lassen sich die in der Mathematik aufgewiesenen Aspekte grundsätzlich in allen Erkenntnisbereichen feststellen. (So besitzt jedes konkrete Ding, etwa ein Stück Schreibpapier, eine Mehrheit von Eigenschaften – es ist weiß, rechteckig, glatt usw. –, und ist doch als Ding eines; ebenso ist auch jeder Begriff durch mindestens zwei Bestimmungen, mit deren Hilfe er definiert wird, festgelegt, z.B. der Begriff «Raute» durch «Parallelogramm» und «Gleichseitigkeit».)

Das Moment der Einheit wird von Plato nicht nur dem der Vielheit ontologisch übergeordnet, sondern auch werthaft gedeutet: Das Eine ist das Gute. Folgerichtig stellt sich die bloße Vielheit, das Unbestimmte und Ungeordnete, als Prinzip des Schlechten dar. Im Licht des Verhältnisses des Einen zum Vielen ergibt sich eine Stufenordnung der Wirklichkeit: Unterhalb des Einen sind die Ideen angesiedelt, die definierbar sind, weil sie eine Mehrheit von Bestimmungen enthalten, und die untereinander in Beziehungen stehen; niedriger als die Ideen stehen jene Gebilde, die Gegenstand der Mathematik sind, und die niedrigste Stufe nehmen die konkreten Dinge in Raum und Zeit ein, in denen mathematische Beziehungen verkörpert sind und die an Ideen teilhaben. Je nach der Nähe oder Ferne zum Einen/Guten kommt den Wirklichkeitsbereichen höherer oder niedrigerer ontologischer

Rang zu: Die Ideen, nur noch übertroffen vom Guten, sind das wahrhaft Seiende, die wahrnehmbaren Dinge sind relativ unwirklich, und die mathematischen Gebilde nehmen eine Zwischenstellung zwischen Dingen und Ideen ein. Faßt man schließlich das Eine als Realgrund der unter ihm liegenden Wirklichkeitsstufen auf – der mathematischen Entitäten, der Weltseele, der konkreten Dinge, der ungeordneten Mannigfaltigkeit –, und nimmt man an, daß die letzteren aus dem Einen hervorgehen, dann zeichnet sich bereits jene Auffassung ab, die von den Vertretern des Mittel- und Neuplatonismus in der ausgehenden Antike gelehrt wurde. Zugleich erweist sich die ontologische Hierarchie als Wertstufung: Je näher ein Wesen dem Einen steht, desto größer ist sein Wert; je näher es der ungeordneten Vielheit steht, desto geringeren Wert hat es. Die Werttheorie erhält auf diese Weise einen ontologischen Sinn.

Es scheint möglich, auch die Unterscheidung verschiedener Erkenntnisarten, wie sie im «Staat» vorgenommen wird, in einer über das von Plato Geschriebene hinausgehenden Weise zu deuten. Die sogenannte «Meinung» (doxa) kann als empirische Erkenntnis aufgefaßt werden. Das gilt auch für allgemeine Urteile, die durch Induktion gebildet werden. So wäre auch ein Urteil wie «Alle Dinge bestehen aus einem oder mehreren der vier Elemente» als «Meinung» zu charakterisieren. Dagegen ist ein mathematisches Urteil wie «Es gibt genau fünf platonische Körper» Wissen im vollen Wortsinn, allerdings abgeleitetes Wissen, sofern es aus den geometrischen Axiomen folgt. Diese Axiome selbst werden mit Hilfe grundlegender Begriffe formuliert, z. B. des Begriffs des dreidimensionalen Raums. Das Urteil «Der Raum ist dreidimensional» läßt sich daher nicht mehr im Rahmen der Geometrie ableiten, da er der Formulierung der geometrischen Axiome zugrunde liegt. Infolgedessen muß er in unmittelbarer Weise erfaßt werden: Er wird nicht mehr, wie die geometrischen Theoreme, durch Folgerung (diánoia), sondern unmittelbar erkannt.

Die Berücksichtigung der ungeschriebenen Lehre eröffnet den Blick auf eine strengere systematische Einheit, als sie die Dialoge erkennen lassen: Wenn man nicht nur den Schritt von den konkreten Dingen zu den Ideen, sondern außerdem auch den Schritt von den Ideen zu den ersten Prinzipien tut, dann eröffnet sich die Möglichkeit, formale Gemeinsamkeiten der verschiedenen Bereiche der Wirklichkeit zu erkennen: So wie in der Mathematik die Eins und die Zahlen (beginnend mit der Zwei),[61] in der Geometrie der Punkt und die geometrischen Gebilde (beginnend mit der Linie) als Konkretisierungen des Verhältnisses von Einheit und unbestimmter Vielheit gelten, so auch in der Physik das Verhältnis von Ruhe und Bewegung, in der Musik das Verhältnis von Viertelton und Intervallen, in der Lehre von der Zeit das Verhältnis von gegenwärtigem Augenblick und Zeitabschnitten. Schließlich findet auch die Seele ihren Platz im philosophischen System, indem sie als dasjenige dargestellt wird, in dem die ontologischen Strukturen zum Bewußtsein kommen.

Der Glaube an die Vernünftigkeit der Wirklichkeit als solcher kann kaum nachdrücklicher zur Geltung gebracht werden als in Platos später Konzeption, deren Umrisse sich freilich nur erahnen lassen. Die Wirklichkeit gilt dabei insofern als vernünftig, als sie eine Struktur hat, die, wenn nicht direkt mathematisch ausdrückbar, so doch mit Hilfe der Mathematik als nächstliegendem Modell beschreibbar ist. Die Erkenntnis erweist sich im Rahmen dieser Auffassung insofern als möglich, als der erkennende Geist dem Ganzen der Wirklichkeit angehört und somit in deren vernünftige Formen eingebettet ist. Um zum Wissen zu gelangen, braucht man nur diese Formen, an denen die Seele teilhat, zu Bewußtsein zu bringen; gelingt das, so kann man sicher sein, etwas vom Wesen der Wirklichkeit als solcher erfaßt zu haben. Erkenntnis aus reiner Vernunft ist somit im Rahmen dieser Konzeption nicht nur möglich, sondern sie ist die Erkenntnis schlechthin, während alles Fürwahrhalten auf Grund von Wahrnehmungen verurteilt ist, für immer hypothetisch zu bleiben. Platos Überzeugung von der Vernünftigkeit der Realität liefert somit die Rechtfertigung des Anspruchs perfekter, d. h. prinzipiell nicht mehr korrigierbarer Erkenntnis, wie er bereits von den Eleaten erhoben wurde und später bei den Vertretern der rationalistischen Metaphysik wieder auftreten sollte. Die Frage, wie sich Erkenntnis als möglich begreifen läßt, erweist sich somit als eine der wesentlichen Fragen der Platonischen Philosophie, wenn nicht als ihre zentrale Frage. Diese Frage kündigte sich schon in den Anfängen der griechischen Philosophie an, ohne sogleich explizit gestellt zu werden; in der Philosophie Platos ist ihre beherrschende Rolle bereits unübersehbar geworden.

IV.
Aristoteles

> Denn infolge des Staunens begannen die Menschen jetzt wie vormals zu philosophieren ... Wenn sie philosophierten, um der Unwissenheit zu entgehen, suchten sie um des Wissens willen zu begreifen, und nicht wegen irgendeines Nutzens.
>
> *(Aristoteles: Metaphysik I, 2)*

1. Die Persönlichkeit und das Werk des Philosophen[1]

Aristoteles, der bedeutendste und zugleich selbständigste Schüler Platos, stand seinem Lehrer an Wirksamkeit nicht nach. Mit Plato glaubte er an die Vernünftigkeit der Welt, und wie sein Lehrer war er überzeugt, daß vollkommenes Wissen von der Wirklichkeit möglich sei. Wie Plato beschäftigte ihn die zentrale Frage, wie sich begreifen lasse, daß wir zu einem solchen Wissen gelangen können.[2] Die Antwort ergab sich ihm auf Grund der metaphysischen Überzeugung, daß das vernünftige Denken und die Wirklichkeit dieselbe Struktur haben, so daß unsere Urteile mit den beurteilten Gegenständen übereinstimmen können. Die Metaphysik ist somit auch bei Aristoteles eine Theorie, mit deren Hilfe begreiflich gemacht werden soll, wie perfektes Wissen möglich ist. Anders als nach Plato hat jedoch die Wirklichkeit nach Aristoteles nicht mathematische Struktur; mathematische Beziehungen konstituieren nicht das Wesen der Dinge, sondern sie werden, ausgehend von der Wahrnehmung konkreter Dinge, erst durch Abstraktion und Idealisierung erzeugt. In der Wirklichkeit gibt es keine Linien, Flächen und Körper im Sinne der Geometrie, so daß nicht angenommen werden kann, daß die Dinge aus geometrischen Gebilden wie den platonischen Körpern oder den «schönsten Dreiecken» aufgebaut sind. Dieser Gegensatz der Auffassungen hat in der Vergangenheit gelegentlich dazu verleitet, Aristoteles als Empiristen dem Idealisten Plato gegenüberzustellen und seine Erkenntnislehre auf die Formel zu bringen «Nichts ist im Verstande, was nicht vorher in den Sinnen gewesen wäre». («Nihil est in intellectu quod non prius fuerit in sensu.») Tatsächlich aber war Aristoteles, ungeachtet aller Hochschätzung der Beobachtung, ebensowenig Empirist wie Plato: Inhalt des wahren Wissens ist auch seiner Ansicht nach das Allgemeine, das das Wesen der Wirklichkeit ausmacht und das sich als solches nicht wahrnehmen, sondern nur vernünftig erfassen läßt. Die Wahrnehmung ist lediglich Vehikel der Wesenserkenntnis, weil das Wesen nach Aristoteles Form der wahrnehmbaren Dinge ist, nicht ein von den konkreten Dingen getrenntes ideales Muster wie bei Plato. Im Unterschied zu Plato und den Pythagoreern sah Aristoteles das Wesen der Wirklichkeit nicht mehr durch mathematische Verhältnisse konstituiert, sondern durch Kategorien wie Substanz, Eigenschaft, Relation, Ursache. Eine besondere Rolle spielt der Grundsatz der Widerspruchsfreiheit: Die Wirklichkeit ist so strukturiert, daß Dinge in einem bestimmten Zeitpunkt nicht einander ausschließende Bestimmungen haben können und daß es daher unmöglich ist, einander widersprechende Aussagen über sie als wahr zu behaupten.

Aristoteles fragte nicht nur, wie vollkommenes Wissen überhaupt möglich ist, sondern er setzte sich auch mit der spezielleren Frage auseinander, wie wir vom Werden der Dinge – ihrem Entstehen, ihren Veränderungen, ihrem Vergehen – wissen können. Auch diese Frage, die die Philosophie seit ihren Anfängen beschäftigte, beantwortete er mit Hilfe metaphysischer Begriffe und Grundsätze: Werden ist seiner Ansicht nach immer die Verwirklichung von etwas, das der Möglichkeit nach bereits besteht, so wie z. B. das Wachstum von Organismen in der Entfaltung der Anlagen besteht, die bereits im Samen vorhanden sind. Die Wesenheit, die sich im Werden entfaltet, und nicht das konkrete werdende Ding, ist Gegenstand des Wissens. Plato war unter dem Eindruck von Heraklit und Cratylus zu der Überzeugung gekommen, daß alle wahrnehmbaren Dinge der Veränderung unterworfen seien, so daß es von ihnen kein echtes Wissen geben könne, da ein solches zeitlos gültig sein müsse. Deshalb nahm er an, daß sich das Wissen auf Gegenstände bezieht, die etwas anderes als die konkreten Dinge sind, nämlich auf die Ideen (als allgemeine Entitäten), an denen die konkreten Dinge teilhaben sollen. Was unter «Teilhabe» zu verstehen sei, blieb dabei jedoch unbestimmt.[3] Diesen Mangel suchte Aristoteles dadurch zu vermeiden, daß er das Allgemeine, in dem er wie Plato den Gegenstand des wahren Wissens erblickte, nicht mehr als etwas jenseits der Dinge Liegendes, sondern als Wesen der Dinge selbst interpretierte und als dasjenige betrachtete, das sich in der Entwicklung einer Pflanze, eines Tiers oder eines Menschen allmählich verwirklicht.

Daß Aristoteles oft geradezu als Antipode Platos gesehen werden konnte, hängt zweifellos auch mit dem Umstand zusammen, daß sich seine Denkweise deutlich von der Platonischen unterscheidet, obwohl seine Philosophie aus Platonischen Wurzeln hervorgegangen ist. Während Plato das Ziel der spekulativen Bemühungen – die vernünftige Einsicht – in einer rein vernünftigen Schau erblickte, war Aristoteles überzeugt, daß sich dieses Ziel nicht unabhängig von der sinnlichen Wahrnehmung erreichen lasse. Die Erkenntnis erschöpft sich zwar nicht in der Wahrnehmung, sondern sie ist, wie schon Plato gelehrt hatte, vernünftiger Natur; aber sie braucht die Wahrnehmung als Vehikel. Deshalb kommt der Beschreibung, Klassifikation und Erklärung von Tatsachen größte Bedeutung zu. Der Unterschied der philosophischen Einstellung kommt auch im Stil der Darstellung zum Ausdruck:

Im Unterschied zu Plato, dessen Dialoge literarische Kunstwerke sind, haben die Aristotelischen Schriften den Charakter nüchterner Analysen. Platos Werke wenden sich nicht nur an den Fachmann, sondern sprechen einen weiteren Leserkreis an, während die Aristotelischen Schriften, die die Schönheit des Ausdrucks der Klarheit unterordnen, Leser erfordern, die die formalen Mittel des Argumentierens beherrschen. Dieser Unterschied könnte allerdings (mindestens teilweise) darin begründet sein, daß die Aristotelischen Lehrschriften nicht für die Verbreitung in der Öffentlichkeit gedacht waren, sondern Vorlesungen zugrunde lagen oder aus ihnen hervorgegangen sind.

Der Unterschied der beiden Denker-Persönlichkeiten zeigt sich auch in ihrem Verhältnis zur politischen Realität: Während für Plato die Politik sozusagen seine unglückliche, stets unerfüllte Liebe blieb, ließ sich Aristoteles mit der politischen Macht ein, die er theoretisch zu legitimieren und praktisch zum Vorteil seiner Forschungen zu nutzen suchte. Dazu kommt der Unterschied der Herkunft: Während Plato der Aristokratie Athens entstammte und den Traditionen der Stadt aufs engste verbunden blieb, war Aristoteles ein Zugewanderter, der sich in Athen wohl nur als Gast fühlte. Seine Heimat war das nordgriechische Stagira (Stágeiros, Stágiros), wo er 384 geboren wurde; erst als Achtzehnjähriger kam er nach Athen. Von den Bildungsquellen, aus denen der junge Aristoteles schöpfte, wissen wir nichts; aber sein Vater Nicomachus war Arzt, was vermuten läßt, daß Aristoteles die wissenschaftlich-medizinische Denkweise von Jugend an vertraut war. In Athen trat er in die Akademie ein und gehörte ihr zwanzig Jahre lang, bis zu Platos Tod, an. Danach lehrte er kurze Zeit im kleinasiatischen Assus (in der Troas), wo ihn mit Fürst Hermias eine persönliche Freundschaft, nach der Heirat mit einer Verwandten des Fürsten auch eine verwandtschaftliche Beziehung verband. In dieser Zeit betrachtete sich Aristoteles als Platoniker, was sich darin zeigt, daß er sich durch den Gebrauch von «wir» dem Kreis der Schüler Platos zurechnete.[4] Seine Verbundenheit mit der platonischen Akademie zeigte sich auch darin, daß ihn der konservative Platoniker Xenocrates nach Assus begleitete, wo bereits andere Schüler Platos Fuß gefaßt hatten, so daß die dortige Schule geradezu als Filiale der Akademie gelten kann.[5] Nach drei Jahren verließ er Assus, wohl wegen des Angriffs der Perser auf Hermias, der gefangengenommen und gekreuzigt wurde. 343/342 wurde Aristoteles von Philipp II. von Mazedonien eingeladen, die Erziehung seines damals fünfzehnjährigen Sohnes Alexander zu übernehmen. Aristoteles, dessen Vater schon Leibarzt des mazedonischen Königs Amyntas gewesen war, folgte der Einladung und unterrichtete Alexander den Großen bis zu dessen Thronbesteigung im Jahre 336.

Mazedonien war unter König Philipp II. in kurzer Zeit zu einer bedeutenden regionalen Macht aufgestiegen, das seinen Einfluß auf Griechenland auszudehnen begann. Athen suchte sich zunächst (was auch manche Intellektuelle, z.B. die Rhetoren Isocrates und Aeschines, empfahlen, wovor aber Demosthenes entschieden warnte) mit den Mazedoniern zu arrangieren. Bald wurde jedoch klar, daß ein Konflikt nicht zu vermeiden war. Nach der Niederlage der Thebaner und Athener in der Schlacht von Chaeronea (338) wurde ganz Griechenland politisch von Mazedonien abhängig, doch behielten die einzelnen Stadtstaaten eine relative lokale Selbständigkeit. Nach der Ermordung Philipps konnte Griechenland vorübergehend hoffen, sich dem mazedonischen Einfluß zu entziehen, doch machte Alexander solchen Hoffnungen ein rasches Ende. Während der junge König das Perserreich, einschließlich des von Persien abhängigen Ägyptens, unterwarf, lag Griechenland im Windschatten der weltgeschichtlichen Ereignisse, die jedoch auch für die griechische Kultur entscheidend waren. Die Einheit des von Alexander geschaffenen Reiches ließ sich zwar nicht aufrechterhalten, aber auf kulturellem Gebiet setzte ein Prozeß der Verschmelzung von West und Ost ein, der die folgende Epoche – die des Hellenismus – prägte.

Nach Alexanders Regierungsantritt kehrte Aristoteles wieder nach Athen zurück, wo er an einem Gymnasium namens Lykeion lehrte. Für die Schule wurde später die Bezeichnung «Perípatos» üblich (weshalb ihre Anhänger «Peripatetiker» hießen), entweder weil es da Wandelgänge (perípatoi) gab oder weil Aristoteles beim Unterricht auf und ab zu gehen liebte. Nach dem Tode Alexanders d. Gr. im Jahre 323 kam es in Athen zu einer antimazedonischen Reaktion, was Aristosteles zur Auswanderung veranlaßte. Er ging nach Euböa, wo er 322 starb.

Aristoteles widmete sich nicht nur der Lehre, sondern betrieb auch ausgedehnte Forschungen, sowohl im Bereich der Philosophie – also der Metaphysik, Logik, Naturphilosophie, Ethik –, als auch in den Bereichen der Verfassungsgeschichte, Rhetorik, Poetik, Botanik, Zoologie, Meteorologie, während die Mathematik in den Hintergrund trat. Für diese Forschungen, die zum Teil sicher nicht von ihm allein, sondern von Forschergruppen geleistet wurden, waren zweifellos beträchtliche Geldmittel nötig. Alexander der Große soll dafür gesorgt haben, daß in den von ihm eroberten Gebieten naturkundliches Material für Aristoteles gesammelt wurde, dessen Arbeiten er auch finanziell gefördert haben dürfte.

Bei den erhaltenen Werken des Aristoteles handelt es sich um Schriften, die im Zusammenhang mit der Lehre entstanden, nämlich um Vorlesungs-Manuskripte oder Vorlesungs-Nachschriften, deren heutige Anordnung auf spätere Redaktoren zurückgeht. Dabei ist nicht auszuschließen, daß Zusätze oder Arbeiten anderer Schulangehöriger aufgenommen wurden. Offenbar sind in einzelne Schriften Entwürfe eingegangen, die zu verschiedenen Zeiten entstanden, so daß gelegentlich Wiederholungen, ja Unstimmigkeiten auftreten. Im Unterschied zu diesen «esoterischen» Schriften sind die – zum Teil noch vor Platos Tod – für einen größeren Leserkreis geschriebenen («exoterischen») Bücher verloren gegangen. Vermutlich würden wir uns von Aristoteles ein anderes Bild machen, wenn die Lehrschriften verloren und nur die exoterischen Werke erhalten geblieben wären. Die spärlichen Fragmente der letzteren lassen kaum etwas von der Art ahnen, in der Aristoteles als Lehrer philosophische Probleme analysierte. Die Aristotelischen Lehrschriften haben der Überlieferung zufolge ein seltsames Schicksal gehabt. Sie sollen, nachdem sie Neleus aus Skepsis (in der Troas) geerbt hatte, jahrhundertelang in einem Keller deponiert gewesen sein, bevor sie endlich gefunden und nach Athen gebracht wurden. Dabei sollen sie in Unordnung geraten sein. Sulla ließ sie nach der Eroberung Athens nach Rom bringen und ordnen.[6] Andronicus von Rhodos hat sie (im ersten vorchristlichen Jahrhundert) in neuer Anordnung herausgegeben, die exoterischen Schriften aber nicht in die Sammlung aufgenommen. Ob die Lehrschriften bis dahin wirklich völlig unzugänglich waren, muß dahingestellt bleiben, da die Annahme, daß sie nur in einer einzigen Abschrift existierten, recht unwahrscheinlich ist.

Zum Corpus der Aristotelischen Schriften gehören nicht nur im engeren Sinne philosophische Texte, sondern auch einzelwissenschaftliche Untersuchungen zu Naturkunde, Meteorologie, Astronomie, Staatsrecht, Ökonomie, Poetik, Rhetorik. Zu den naturkundlichen Abhandlungen gehören die Werke «Über die Teile der Tiere», «Über die Zeugung der Tiere», «Über die Geschichte der Tiere», «Über die Pflanzen», zu den geisteswissenschaftlichen Schriften die «Poetik» und die «Rhetorik», ferner die Sammlung von Verfassungen (Politien), die mit Ausnahme der Darstellung der Verfassung Athens verloren gegangen ist.

Die erhaltenen philosophischen Schriften behandeln die Logik, die Metaphysik, die Physik (d. h. die Naturphilosophie, zu der auch die Psychologie gerechnet wird) und die praktische Philosophie, nämlich Ethik und Staatslehre. Im einzelnen handelt es sich um folgende Werke:[7]

a) Schriften zur theoretischen Philosophie:

Der Logik sind folgende Schriften gewidmet: «Kategorien», «Über die Interpretation», «Erste Analytiken», «Zweite Analytiken», «Sophistische Widerlegungen» und «Topik». Sie werden unter dem Sammel-Titel «Organon» – d. h. Werkzeug, nämlich des folgerichtigen Denkens – zusammengefaßt.

Die Abhandlungen zur Ontologie und Theologie werden unter dem Titel «Metaphysik» tradiert. Dieser Titel dürfte nicht von Aristoteles stammen, sondern erst bei der späteren Ordnung der Schriften eingeführt worden sein. Gewöhnlich wird angenommen, daß er von Andronicus von Rhodos als bibliothekarischer Ordnungsbegriff zur Bezeichnung der «nach der Physik» stehenden Schriften verwendet worden sei. Da Aristoteles das, was «Metaphysik» heißt, «Erste Philosophie» genannt hatte, hätte aber ein Titel zur Verfügung gestanden, weshalb es seltsam ist, daß man auf einen Verlegenheitsausdruck zurückgegriffen haben soll. Deshalb wurde erwogen, ob die Metaphysik nicht vielleicht in dem Sinne «nach der Physik» kommt, daß zuerst die physikalischen Grundsätze erfaßt sein müssen, bevor wir zur

Erkenntnis der metaphysischen Prinzipien vordringen, obwohl diese etwas betreffen, das dem Sein nach «früher» ist als die Gegenstände der Physik.[8]

Die «Physik-Vorlesung» behandelt Themen, die heute ebenfalls eher als metaphysisch denn als physikalisch zu bezeichnen wären, nämlich philosophische Fragen in bezug auf die Natur und das Werden bzw. die Bewegung im allgemeinen. An diese Themen schließen sich eng die Schriften «Über Entstehen und Vergehen» und «Über den Himmel» an. Da die Seele nach zeitgenössischer Ansicht als Naturwesen galt, gehört auch die Abhandlung «Über die Seele» dem Bereich der Naturphilosophie an.

b) Schriften zur praktischen Philosophie:

Ethische Probleme behandeln die «Nikomachische Ethik», die «Eudemische Ethik» und die sogenannte «Große Ethik» (die aber das kleinste Werk zur Ethik und in ihrer Echtheit umstritten ist). Die beiden ersten Werke haben einen gemeinsamen Mittelteil (Kap. V–VII der Nikomachischen Ethik dekken sich mit Kap. IV–VI der Eudemischen Ethik). In der Nikomachischen Ethik liegt die Aristotelische Moralphilosophie in ihrer reifsten Gestalt vor. In enger Verbindung mit der Ethik steht Aristoteles' Rechts- und Staatsphilosophie, die in der «Politik» dargestellt ist.

c) Die exoterischen Schriften:

Zu den für einen weiteren Leserkreis geschriebenen Werken gehören z. B. die Dialoge «Eudemus», «Über die Philosophie» und «Über die Gerechtigkeit», sowie die nicht-dialogischen Werke «Über das Gute», «Über die Ideen» und die «Mahnrede» (Protreptikós, Protrepticus[9]). Diese Schriften sind, wie erwähnt, nur bruchstückhaft in Form von Zitaten bei späteren Autoren erhalten. Von der Mahn- oder Werbeschrift ist so viel erhalten,[10] daß sich die Umrisse der Aristotelischen Philosophie um 352/351 – also in einer frühen Phase ihrer Entwicklung – erkennen lassen; auf die Gedanken dieses Werkes soll daher zuerst eingegangen werden.[11]

2. Das Wesen der Philosophie

Im «Protreptikós» erörterte Aristoteles die Funktion, die die Philosophie hat oder mindestens haben soll. Dabei ging er davon aus, daß der Geist der vorzüglichste Teil der menschlichen Persönlichkeit und daß die spezifische Tätigkeit des Geistes das Denken ist. Da er dem rein theoretischen Denken einen höheren Rang zuschrieb als dem praktischen, ist der Geist seiner Ansicht um so vollkommener, je mehr er sich auf rein theoretische Aufgaben konzentriert. Das theoretische Denken galt ihm als Selbstzweck, während ein Denken im Interesse der Praxis nur Mittel zu einem außerhalb des

Denkens liegenden Zweck und daher von geringerer Dignität ist. Die in der nacharistotelischen griechischen Philosophie öfter anzutreffende und vor allem in der Neuzeit immer wieder vertretene Auffassung, daß die Erkenntnis letzten Endes der Praxis diene und daher unter dem Gesichtspunkt der Brauchbarkeit zu bewerten sei, war ihm fremd.

Das darf nicht so verstanden werden, als hätte Aristoteles leugnen wollen, daß die philosophische Einsicht auch für die Praxis, einschließlich der sozialen Praxis, wichtig sei. Die Erkenntnis des Guten und Zuträglichen ist von hohem Wert, so wie sie auch als Fürsorge für die Seele, deren Vollkommenheit sie verfolgt, von größter praktischer Bedeutung ist. Sie spielt für die Seele eine ähnliche Rolle wie die Medizin für den Körper. Die philosophische Einsicht soll darüber hinaus auch in Fragen des Rechts und der Politik entscheidend sein. Man fühlt sich an Plato erinnert, wenn Aristoteles meint, daß der Beste und seiner Natur nach Hervorragendste regieren solle bzw. daß das Gesetz allein Regent und Herr ist. Das Gesetz muß aber eingesehen werden. Obwohl Aristoteles der Philosophie also auch eine praktische Rolle zuwies, war er überzeugt, daß sie diese Rolle nur spielen kann, sofern sie Theorie ist: Um richtig handeln zu können, müssen wir erkennen, was richtig ist. Aristoteles lehnte es jedoch ab, die Vernunft auf die Bestimmung der Mittel zur Bewältigung praktischer Aufgaben einzuschränken. Höher als die auf praktische Ziele gerichtete Erkenntnis steht die rein theoretische Einsicht. Deshalb schätzte er die theoretische Einstellung (den bíos theoretikós) höher als die soziale oder politische Einstellung, und am tiefsten steht in seinen Augen die am Genuß als höchstem Ziel orientierte Lebensweise.

Dieser Auffassung liegt die Voraussetzung zugrunde, daß das Gute, nach dem alle Wesen streben, in der Vollendung der einem Wesen eigentümlichen Tätigkeit besteht. Wenn der Geist der vorzüglichste Teil der menschlichen Persönlichkeit ist, dann muß die ihm eigentümliche Tätigkeit, das Erkennen, als seine wesentliche Tugend gelten, und er wird sie um so vollkommener ausüben, je mehr er erkennt. Höchste Erkenntnis ist aber die Philosophie, weil sie es mit den allgemeinsten Prinzipien der Wirklichkeit zu tun hat. In der Erkenntnis der letzten Prinzipien, hinter die nicht mehr zurückgegangen werden kann, erweist sich die Tätigkeit des Geistes als vollendet. Daher verbindet sie sich, wie jede in sich vollendete Tätigkeit, mit der Glückseligkeit (eudaimonia). Die Glückseligkeit, die das reine Erkennen begleitet, zeigt an, daß der Mensch im Philosophieren seinem ihm von der Natur gesetzten Zweck folgt. Wer philosophierend mit der von Gott stammenden Wirklichkeitsordnung im Einklang steht, nähert sich, so weit das Menschen möglich ist, dem Göttlichen an. «So ist denn nichts Göttliches oder Seliges in den Menschen außer jenem Einen, das allein der Mühe wert ist, nämlich dem Anteil, den wir an Geist und Denken besitzen. Denn dies ist von dem, was uns gehört, das Einzige, das unsterblich und göttlich ist. Und sofern wir an einer solchen Fähigkeit teilhaben können, ist unser Leben, auch wenn es von Natur unselig und mühsam ist, dennoch so freundlich eingerichtet, daß der Mensch, verglichen mit den anderen Wesen, ein Gott zu sein scheint.»[12]

Hinter diesem Gedankengang steht unübersehbar die Überzeugung, daß alles, was die Natur hervorbringt, gut ist und daß es daher geboten ist, der Natur zu folgen.[13] Die natürliche Ordnung ist eine Rangordnung, wobei das Höhere jeweils Zweck des Niedrigeren ist. Nach der Rangordnung der Natur stehen die Lebewesen höher als anorganische Dinge, unter den Lebewesen stehen Tiere höher als Pflanzen und Menschen höher als Tiere. Im Menschen kommt der Seele ein höherer Rang zu als dem Leib, und innerhalb der Seele ist die Vernunft den irrationalen Seelenteilen überlegen. Das vernünftige Denken kann wieder entweder auf die zu einem Zweck führenden Mittel bezogen oder rein theoretisch sein, und letzteres ist das höhere. Eine Auffassung, nach der sich die Rationalität in Zweckrationalität erschöpft, lehnte Aristoteles ausdrücklich ab: Die Erkenntnis hat nicht nur das Vorteilhafte zu bestimmen, sondern sie richtet sich naturgemäß in erster Linie auf das, was an sich gut ist und somit nicht als Mittel zu einem vorgegebenen Zweck, sondern als solches geliebt wird. Wenn die Seelenvermögen so geordnet sind, daß die Vernunft herrscht und die irrationalen Vermögen ihr untergeordnet sind, ist das Verhältnis der Seelenteile richtig bzw. naturgemäß. Der Mensch, dem es gelungen ist, seine Seele in dieser Weise zu ordnen, ist glücklich. Somit ist ein vor allem auf vernünftige Erkenntnis gerichtetes Leben das glücklichste, und das reinste Glück wird dem Philosophen zuteil, dessen Erkenntnis auf die höchsten Gegenstände der vernünftigen Einsicht gerichtet ist.

Aristoteles hat stets an der Auffassung festgehalten, daß die theoretische Erkenntnis den höchsten Rang hat. Unter allen Gegenständen des theoretischen Denkens steht aber, wie er in der «Metaphysik» ausführte, Gott am höchsten, so daß jenem Denken der höchste Rang zukommt, das Gott zum Inhalt hat. Wenn die theoretische Einstellung, wie Aristoteles überzeugt war, eher als die praktische zur Glückseligkeit führt und wenn die höchste Form der Theorie die Gotteserkenntnis ist, dann ist der am glücklichsten, der in der Betrachtung Gottes lebt. Im rein vernünftigen Erkennen stimmen wir mit Gott bzw. mit der von Gott gelenkten Natur überein und erlangen zugleich die höchste uns erreichbare Glückseligkeit. Gott ist der Punkt, an dem unser Erkennen und die Natur zusammenhängen; die Erkenntnis dieses Punktes ist daher die höchste Erkenntnis überhaupt, wie sie auch die nötigste ist. Sollte Aristoteles dies gemeint haben, als er in der Schrift «Über die Philosophie» bald den Geist, bald die Welt für göttlich erklärte, dann hätte er den von Cicero erhobenen Vorwurf[14] nicht verdient, er habe bald den Geist, bald die Welt vergöttlicht; Vernunft und Natur sind nach Aristoteles nämlich deshalb beide göttlich, weil sie vom Einen Göttlichen abhängen und daher ihrer Form nach übereinstimmen.

Wenn Aristoteles die theoretische Einstellung als die höchste bezeichnet, unterscheidet er sie von der produktiven («poietischen») und der praktischen. Der Philosoph ist somit nicht nur kein Praktiker, er erschafft auch nichts, wie z. B. der Künstler, wenn er ein Kunstwerk schafft. Die philosophische Einsicht ist somit wesentlich Schauen von etwas, das unabhängig vom Denken vorhanden ist und das es nur aufzufinden gilt. Nach Aristoteles haben die Zusammenhänge, die der Philosoph zu erkennen strebt, objektiven Charakter, und daher ist seine Philosophie eine Form des Objektivismus. Sie ist somit allen philosophischen Auffassungen gegenüberzustellen, nach denen das, was wir erkennen, durch das Subjekt und seine Wahrnehmungs- und Denkstrukturen bedingt ist. Die Annahme, daß die Gegenstände der Erkenntnis in objektiver Weise vorhanden und von uns nur aufzufinden seien, schließt nicht aus, daß die Erkenntnis Anstrengung erfordert: Der Erkenntnisprozeß ist eine Aktivität, und in diesem Sinne hat Aristoteles die philosophische Erkenntnis als Tätigkeit (enérgeia) charakterisiert. Am Ende der Erkenntnisbemühungen steht aber die Schau (theoría) der Wahrheit, die nicht den Charakter eines Erschaffens oder Machens hat, sondern im wesentlichen rezeptiv ist. Der so verstandene Objektivismus bzw. das so aufgefaßte Erkennen wird nicht nur vom Standpunkt des empirischen Subjektivismus aus, wie ihn z. B. die Sophisten vertraten, sondern auch vom Standpunkt der modernen kritischen Philosophie aus abgelehnt, die betont, daß die Gegenstände vom erkennenden Subjekt nicht vorgefunden und angeschaut, sondern durch Deutungen innerhalb eines theoretischen Rahmens erst als Erkenntnisgegenstände geschaffen werden.

3. Grundzüge der Metaphysik

a) Die Ontologie

(1) Die Wissenschaft vom Seienden als solchen

In jenem Teil der Philosophie, der heute «Metaphysik» heißt, den Aristoteles selbst aber «Erste Philosophie» nannte, geht es zunächst um den Begriff des Seienden als solchen und um die höchsten Prinzipien, denen Seiende unterworfen sind, sodann um den Begriff des höchsten Seienden als des letzten Prinzips der Bewegung in der Welt und der Ordnung der Welt. Mit Bezug auf die zweite Aufgabe sprach Aristoteles von «Theologie», die Wissenschaft vom Seienden als solchen erhielt erst in der frühen Neuzeit einen Namen, nämlich «Ontologie». Sie wird zu Beginn des vierten Buches der «Metaphysik» definiert als «Wissenschaft, die das Seiende als solches und das, was diesem an sich zukommt, betrachtet».[15]

Aristoteles unterschied die Lehre vom Seienden als solchen von allen anderen Wissenschaften dadurch, daß diese immer eine bestimmte Art von Seienden betrachten – die Biologie z. B. lebendige Seiende, die Physik materielle Dinge und ihre Beziehungen –, während jene es mit dem Seienden jenseits aller spezifischen Unterschiede zu tun hat. Ihr Gegenstand ist, mit einem Wort, alles, was als «Etwas» bezeichnet werden kann, abgesehen davon, ob es materiell oder immateriell, selbständig oder unselbständig ist usw. Prinzipien, die für das Seiende als solches gelten, sind daher allgemeiner als Grundsätze, denen bestimmte Arten von Seienden unterworfen sind.

Da das zentrale Thema der Metaphysik das Seiende als solches ist, muß die Bedeutung des Ausdrucks «Seiendes» erörtert werden. Dieser Begriff ist, wie Aristoteles feststellte, nicht eindeutig: Er läßt sich auf bestimmte Einzeldinge oder auf deren Bestimmungen, auf veränderliche oder auf unveränderliche Wesen beziehen. Dabei wird er aber nicht mehrdeutig (wie im Deutschen das Wort «Tau», das ein starkes Seil oder eine Art Niederschlag bezeichnen kann), sondern seine verschiedenen Bedeutungen hängen zusammen, ähnlich wie im Falle des Ausdrucks «gesund», der bald einen bestimmten Zustand des Organismus, bald das, was diesen Zustand erhält oder wiederherstellt (z. B. eine Diät), bald das, woran er sich erkennen läßt (z. B. eine lebhafte Gesichtsfarbe) bedeutet. Der Zusammenhang der verschiedenen Verwendungsweisen von «gesund» ist durch ihre Beziehung auf eine Grundbedeutung gegeben, nämlich auf «gesund» im Sinne des störungsfreien Funktionierens des Organismus. Ebenso gibt es eine Grundbedeutung von «sein», und zwar jene, die das Sein eines konkreten Dings betrifft. Wenn wir dagegen von der Größe, der Form, den Qualitäten den Beziehungen eines Dings sagen, daß sie «sind», wird dieser Ausdruck in abgeleiteter Bedeutung gebraucht: Man nennt quantitative, qualitative und relationale Bestimmungen «Seiendes», weil sie auf das konkrete Ding als das im eigentlichen Sinne Seiende bezogen sind.[16] «Seiendes» wird in allen diesen Fällen nicht eindeutig, aber auch nicht mehrdeutig, sondern *analog* ausgesagt, und die Analogie beruht darauf, daß es eine Grundbedeutung gibt, auf die sich alle anderen Bedeutungen des Ausdrucks beziehen.

Das Seiende im grundlegenden Sinne heißt bei Aristoteles «Ousía» (was im Lateinischen mit «Substantia» wiedergegeben wurde). Die Substanz ist dasjenige, dem Bestimmungen zukommen und das selbständig existiert, während die Bestimmungen – die «Akzidentien» – nur an Substanzen, also nicht selbständig, vorhanden sein können. (So ist mein Schreibtisch eine Substanz, «braun» und «glatt» sind Bestimmungen, die ihm zukommen, aber nicht unabhängig von Substanzen sein können. «Glätte» bezeichnet nichts Substantielles, sondern ist ein Abstraktionsbegriff, der auf Grund der Wahrnehmung glatter Dinge gebildet werden kann. Bei Aristoteles verhält es sich also anders als bei Plato, nach dessen Ansicht Dinge z. B. groß sind, weil sie an der Größe teilhaben, die – als Idee – etwas Substantielles ist.)

Von «Substanz» sprach Aristoteles allerdings auch in einem anderen Sinn. Er benannte nämlich auch das, was ein Ding ist – seine Wesenheit – mit diesem Ausdruck. Die Wesenheit als Substanz im zweiten Sinn (im Unterschied zum konkreten Ding als der Substanz im ersten Sinn) ist dasjenige, was allen Individuen einer Art gemeinsam ist und dem allgemeinen Begriff entspricht. So ist die Schönheit die allgemeine Wesenheit aller schönen Dinge, während das Prädikat «schön» immer von konkreten Dingen (Substanzen im ersten Sinne) auszusagen ist. Anders als Plato hat Aristoteles die Wesenheit nicht als etwas von den konkreten Seienden Getrenntes aufgefaßt. Seine Kritik am Platonismus betrifft in erster Linie die Annahme, daß die konkreten Dinge an Ideen teilhaben, obwohl diese getrennt von ihnen existieren sollen. Diese Annahme hielt Aristoteles für unhaltbar: Wenn die konkreten Dinge zum allgemeinen Wesen in der Beziehung der Teilhabe stehen bzw. das allgemeine Wesen nachahmen, dann muß im Sinne der Ideenlehre dieser Beziehung ebenfalls eine Idee zugeordnet werden. So wie das rechtwinklige und das gleichseitige Dreieck an der Idee «Dreieck» teilhaben sollen, so müßten der konkrete Mensch und der Mensch im allgemeinen – die Idee des Menschen – einer höheren Idee des Menschen entsprechen, so daß «ein dritter Mensch» angenommen werden müßte. An der neuen Idee müßten die ursprüngliche und die konkreten Menschen teilhaben, so daß weitere Beziehungen und ihnen entsprechende Ideen hinzutreten, und so weiter ins unendliche. (Nach diesem Beispiel wird vom Einwand des «dritten Menschen» gesprochen.) Um dieser Schwierigkeit zu entgehen, forderte Aristoteles, das Allgemeine in den Dingen, nicht jenseits der Dinge zu suchen: Es gibt seiner Ansicht nach das Allgemeine zwar über den vielen Seienden, nicht aber außer ihnen.[17] Das Allgemeine ist die Form, die allen Seienden einer Art gemeinsam ist und die sich durch Abstraktion aus der Wahrnehmung von Seienden gewinnen läßt. So konnte Aristoteles einerseits sagen, daß die Erkenntnis von der Wahrnehmung konkreter Seiender ausgehe, andererseits aber mit Plato erklären, daß nur das Allgemeine Gegenstand des Wissens bzw. der Wissenschaft sein könne. Die Annahme einer Ideenschau im Sinne Platos mit ihren Schwierigkeiten und Folgerungen, z.B. in bezug auf die Präexistenz der Seele, erweist sich damit als überflüssig. Trotzdem blieb Aristoteles durch die Annahme, daß das Allgemeine unabhängig vom Denken existiert und daß es Gegenstand der vernünftigen Einsicht ist, von Plato abhängig; Aristotelismus und Platonismus sind Varianten desselben Typus von Philosophie, sofern in beiden Fällen die allgemeingültige Erkenntnis als Erfassen objektiver allgemeiner Sachverhalte verstanden wird.

(2) Widerspruchsprinzip und Prinzip des ausgeschlossenen Dritten

Prinzipien, die für das Seiende als solches gelten, sind nach Aristoteles der Satz vom ausgeschlossenen Widerspruch und der Satz vom ausgeschlossenen Dritten. Nach dem ersten dieser Sätze «ist es nicht möglich, daß dasselbe demselben in derselben Beziehung zugleich zukommt und nicht zukommt»[18]; nach dem zweiten «ist es nicht möglich, daß es ein Mittleres zwischen den beiden Gliedern des Widerspruchs gibt».[19]

Der Satz vom Widerspruch ist nach Aristoteles der fundamentalste und sicherste aller Grundsätze. Er ist durch die Klauseln «gleichzeitig» und «in derselben Hinsicht» gegen die Einwände abgesichert, daß jemand klein und groß sein kann, nämlich als Kind klein und als Erwachsener groß, oder physisch klein und als Künstler groß. Aber im ersten Fall kommen ihm die entgegengesetzten Eigenschaften nicht gleichzeitig, im zweiten Fall nicht in derselben Hinsicht zu. Der Satz vom ausgeschlossenen Dritten besagt, daß zwischen einer Eigenschaft und der entgegengesetzten Eigenschaft kein Mittleres möglich ist: So ist z. B. der Himmel hier und jetzt wolkenlos oder nicht; eine dritte Möglichkeit ist ausgeschlossen. Mit Hilfe der Prinzipien des ausgeschlossenen Widerspruchs und des ausgeschlossenen Dritten kritisierte Aristoteles die Heraklitische und die Anaxagoreische Auffassung. Wenn Heraklit erklärte, daß die werdenden Dinge so und so sind und zugleich nicht sind, verstößt er gegen das Widerspruchsprinzip; wenn Anaxagoras annahm, gegensätzliche Dinge wären ursprünglich vereint gewesen, mißachtet er das Prinzip vom ausgeschlossenen Dritten.

Diese Grundsätze sind in der Metaphysik in erster Linie als ontologische Prinzipien zu betrachten: Für Seiende als solche gilt, daß sie nicht zugleich sein und nicht sein können bzw. daß sie entweder sind oder nicht sind bzw. entweder so oder nicht so sind. Daneben spielt aber bei Aristoteles ständig auch die logische Bedeutung dieser Grundsätze in die Erörterung herein: Man kann nicht *urteilen*, daß etwas zugleich ist und nicht ist, bzw. man kann nicht *urteilen*, daß es zwischen Wahr und Falsch ein Drittes gebe, wenn man der Rede nicht jeglichen Sinn nehmen will. Obwohl Aristoteles die Bedeutung des logischen Aspekts mit Recht hervorgehoben hat, hätte er ihn von der Erörterung der fundamentalen Prinzipien der Lehre vom Seienden trennen müssen. Vom Standpunkt der modernen kritischen Philosophie aus liegt es nahe, anzunehmen, daß er die logischen Prinzipien nicht aus den entsprechenden Seinsprinzipien gewonnen hat, sondern daß die ersteren den Ausgangspunkt für die Formulierung der letzteren bildeten: Seiende können nicht P und zugleich in derselben Hinsicht nicht-P sein, weil das Urteil «S ist P» nicht zugleich wahr und falsch sein kann. (Auf die logischen Prinzipien wird unten Abschn. 6 eingegangen.)

(3) Die vier Ursachen

In der Aristotelischen Lehre vom Seienden als solchen spielt die Lehre von den Ursachen eine wichtige Rolle, wobei jedoch der Begriff «Ursache» eine weitere Bedeutung hat als in der neuzeitlichen Philosophie oder im heutigen alltäglichen Sprachgebrauch, wo er gewöhnlich «Wirk-Ursache» bedeutet. Bei Aristoteles gelten auch der Stoff, aus dem etwas besteht, die Form, die etwas zu einem so und so bestimmten Ding macht, und der Zweck, auf den es angelegt ist, als Ursachen. Jedes Ding ist, was immer es im einzelnen sein mag, als geformter Stoff anzusehen, der durch etwas bewirkt und auf etwas als Zweck gerichtet ist. Das Verhältnis von Stoff-, Form-, Wirk- und Zweck-Ursache läßt sich am Beispiel eines Hauses zeigen: Der Stoff, also das Baumaterial, wird zum Haus, indem die Bauleute Steine, Ziegel, Mörtel,

Balken formen bzw. nach einer bestimmten Form anordnen, die durch den Bauplan bzw. die Vorstellungen des Baumeisters vorgegeben ist. Auch das Material – die Sache, aus dem das Haus besteht – ist in gewissem Sinne Ur-Sache, so wie von einer Form-Ursache gesprochen werden kann, sofern die Form es ist, die die Materialien erst zu einem Haus macht. Die Zweck-Vorstellung des Bauherrn und des Architekten ist insofern Ursache, als sie zur Folge hat, daß dem Material die entsprechende Form gegeben wird, und dies geschieht durch Einwirkungen von seiten der Bauarbeiter, also durch Wirk-Ursachen.

Unter den Bedingungen der Aristotelischen Philosophie lassen sich diese vier Ursachen auch bei Seienden unterscheiden, die nicht Erzeugnisse menschlicher Tätigkeit sind. Organismen hängen von bewirkenden Ursachen ab, so wie sie auch als geformte Materie anzusehen sind; auch von «Zweck» kann mit Bezug auf sie gesprochen werden, allerdings nicht in derselben Weise wie beim Hausbau, weil sie nicht von Menschen nach einem Plan geschaffen sind. Wenn Aristoteles auch in bezug auf sie von «Zweck-Ursachen» spricht, meint er eine innere Zweckmäßigkeit, die die Entfaltung des Organismus vom Keim bis zur voll entwickelten Form steuert. Die innere Zweckmäßigkeit bezeichnete Aristoteles als «Entelechie». Dieser Ausdruck enthält den Wortbestandteil «télos», was «Ziel» oder «Zweck» bedeutet. Die Entelechie ist das Prinzip, das aus einem Keim, der noch keine Ähnlichkeit mit der entwickelten Pflanze oder dem entwickelten Tier haben muß, im Verlauf verschiedener Entwicklungsphasen einen Organismus bestimmter Art werden läßt. Daß z.B. aus einem Insekten-Ei nach einem festliegenden Zeit-Schema eine Raupe, eine Larve und schließlich die Imago entsteht, hätte nach dieser Auffassung als Prozeß zu gelten, dem eine innere Zielgerichtetheit zugrunde liegt. Tatsächlich konnte eine solche Annahme so lange plausibel erscheinen, als die Struktur der Kernschleifen der Zelle und die steuernde Funktion der Gene noch nicht erkannt waren. So konnten noch zu Beginn des 20. Jahrhunderts die Vertreter des Neo-Vitalismus «Entelechien» annehmen, um das organische Wachstum begreiflich zu machen. Aristoteles sprach aber noch in einem anderen Sinn von Zweck-Ursächlichkeit: Seiner Ansicht nach ist die gesamte Natur auf Gott als höchsten Zweck bezogen, so daß sich die einzelnen Seienden zum göttlichen Plan ähnlich verhalten wie Artefakte zu einem menschlichen Plan. In diesem Sinne läßt sich der Zweck-Gesichtspunkt nicht nur bei Organismen, sondern bei beliebigen Seienden zur Geltung bringen. Wie das im einzelnen geschieht, soll später gezeigt werden.

(4) Potentialität und Aktualität

Zu den zentralen Begriffen der Aristotelischen Ontologie gehören ferner «Potentialität» (Möglichkeit, Vermögen, dynamis) und «Aktualität» (Wirklichkeit, enérgeia). Das Werden, das die Philosophie seit ihren Anfängen begreiflich zu machen suchte, deutete Aristoteles als Übergang vom Möglichsein zum Wirklichsein (von der Potenz zum Akt, wie spätere Aristoteliker sagten). Mit Hilfe des Begriffspaars «Potentialität» und «Aktualität» meinte Aristoteles, das Problem gelöst zu haben, das die Eleaten aufgeworfen hatten, indem sie annahmen, die wahre Wirklichkeit sei unveränderlich, und Bewegung bzw. Veränderung leugneten. Der Gegensatz zwischen der Erfahrung, die Entstehen, Vergehen und Veränderung zeigt, und der «wahren», der Veränderung nicht unterworfenen Wirklichkeit blieb auch bei jenen Philosophen unüberwunden, die, wie z.B. die Atomisten, Werden lediglich als Umgruppierung unveränderlicher Partikeln verstanden. Auch bei Plato waren die Welt der wandelbaren Dinge und die Welt der Ideen durch eine Kluft getrennt, weil unbegreiflich blieb, wie die veränderlichen Dinge an den Ideen teilhaben können. Warum soll der Widerschein der unwandelbaren Ideen in der materiellen Wirklichkeit in wandelbaren, entstehenden, vergehenden Dingen bestehen? Solange diese Frage nicht befriedigend beantwortet ist, kann das Problem des Werdens auch unter Platos Voraussetzungen nicht als gelöst gelten.

Aristoteles suchte die Kluft zwischen unveränderlicher und veränderlicher Wirklichkeit dadurch zu überbrücken, daß er zwar unveränderliche Wesenheiten annahm, diese aber als Formen der Dinge auffaßte und somit nicht als etwas jenseits der Erfahrungswirklichkeit betrachtete. Die Veränderung läßt sich demgemäß als Entwicklung deuten, die auf die Wesensform der Dinge selbst gerichtet ist. So enthält der Same nach Aristoteles potentiell die entwickelte Pflanze, und die Entwicklung der Pflanze ist nichts anderes als die Entfaltung der im Samen enthaltenen Anlagen. Auch heute noch könnte man sich so ausdrücken, wenn man unter den Anlagen den in der Zelle gespeicherten genetischen Code versteht und die Entfaltung als das durch den Code gesteuerte Wachstum auffaßt. Wenn Aristoteles von «Formen» sprach, verblieb er innerhalb einer metaphorischen Redeweise, die keine echte Erklärung gestattet. Während sich die Entstehung eines Hauses ohne weiteres als Formung von Materialien beschreiben läßt, ist nicht klar, in welchem Sinne das organische Wachstum Formung sein soll. Die Annahme zweckmäßig wirkender Formen verdeckt das Problem eher, als daß sie es löste. Außerdem ist die Theorie der Formen verwickelter, als man auf den ersten Blick meinen möchte. Der Stoff, aus dem z.B. ein Haus werden soll, ist nämlich nicht schlechthin formlos, sondern hat immer schon eine bestimmte Form, wenn auch noch nicht die Form eines Hauses. Das zeigt, daß Formen durch andere überformt werden können, so daß sich eine Hierarchie von Formen ergibt. Materie ohne jegliche Form ist nichts Wirkliches, sondern bloße Möglichkeit, also ein relatives Nichts. Umgekehrt enthielte eine Form ohne Stoff keine Möglichkeiten mehr, wäre somit reine, in sich ruhende Wirklichkeit. Da unter Aristoteles' Bedingungen von Veränderung nur mit Bezug auf Möglichkeiten gesprochen werden kann, muß eine reine Form als unveränderlich gelten. Eine solche Form ist, wie unten auszuführen sein wird, das Göttliche. Die Frage, was unter der bloßen Möglichkeit zu verstehen ist, läßt sich nur in Form einer Annahme beantworten. Der Begriff der reinen Materie kann als Grenzbegriff aufgefaßt werden, der nicht inhaltlich zu interpretieren ist; will man ihn aber inhaltlich bestimmen, wäre am ehesten an den leeren Raum zu denken, der kein Seiendes ist, ohne den es aber Seiende in der Welt nicht geben kann.

Die Deutung des Werdens mit Hilfe der Begriffe «Möglichkeit» und «Wirklichkeit» beruht auf der Voraussetzung, daß diese primär ontologische Bedeutung haben, d.h. Seins-Modalitäten bezeichnen, und nicht nur Erkenntnis-Modalitäten. Man kann mit gutem Grund fragen, ob nicht die Aussage «Die Eichel ist eine mögliche Eiche» lediglich eine Abkürzung für die Feststellung ist, daß der Satz «Aus der Eichel wird eine Eiche» möglicherweise wahr ist. Im letzteren Fall wird «möglich» auf ein Urteil, und nicht, wie bei Aristoteles, auf ein Sein-Können bezogen.

Wer sich die Grundzüge der Aristotelischen Lehre vom Seienden vergegenwärtigt, wird den Eindruck haben, mit einer höchst abstrakten, schwer zugänglichen Auffassung konfrontiert zu sein. Aristoteles hätte dieser Ansicht zweifellos zugestimmt, da er überzeugt war, daß die Prinzipien der Seinslehre zwar systematisch grundlegend sind, aber nur ausgehend von konkreteren Erkenntnissen gewonnen werden können: Sie sind «an sich früher», aber «für uns später», wie es in seiner Terminologie heißt. Dieses Verhältnis zwischen konkreterer und abstrakterer Erkenntnis gilt allgemein, weshalb es nur natürlich ist, daß sich die abstrakteste Wissenschaft uns als letzte erschließt. Dennoch betreffen ihre Sätze Zusammenhänge, die für unser Wirklichkeitsverständnis fundamental sind. Die innerweltliche Wirklichkeit, die den Prinzipien der Aristotelischen Seinslehre entspricht, besteht aus konkreten substantiellen Dingen in Raum und Zeit, die das, was sie jeweils sind, auf Grund konstanter Formen sind, die im Werden verwirklicht werden, ohne selbst veränderlich zu sein. In der Wirklichkeit kann es keinen Widerspruch geben: Jedes Ding hat entweder eine bestimmte Eigenschaft oder das Gegenteil dieser Eigenschaft; eine dritte Möglichkeit besteht nicht. Eine derartige Wirklichkeit kann in Urteilen eindeutig bestimmt werden, da kein Urteil über ein und dasselbe Seiende wahr und falsch sein kann, sondern entweder wahr oder falsch sein muß.

b) Die metaphysische Gotteslehre [20]

Der systematische Charakter der Aristotelischen Philosophie verlangte nach einem Abschluß durch Einführung eines höchsten Begriffs, der gleichsam als Schlußstein das metaphysische Gewölbe trägt. Diese Funktion hat bei Aristoteles der Begriff des Göttlichen. Da es in der Aristotelischen Metaphysik keinen persönlichen Gott, sondern nur ein unpersönliches reines Denken gibt, empfiehlt es sich, vom «Göttlichen» zu sprechen, obwohl bei Aristoteles auch der Ausdruck «Gott» vorkommt.

Im Bereich der Dinge gibt es stets ein Mehr und ein Weniger: Es gibt

Größeres und Kleineres, Schnelleres und Langsameres usw. Ebenso gibt es Besseres und Schlechteres, so daß sich die Dinge nach dem Grad ihres Wertes ordnen lassen. Aristoteles hielt es für ausgeschlossen, daß diese Stufenreihe nach oben ohne Abschluß bleibt; seiner Ansicht nach muß es, wo es mehr und weniger Gutes gibt, auch ein Bestes geben, da eine Steigerung ins Unendliche ausgeschlossen ist. Der höchste Wert ist das Göttliche.[21]

Wie auf Grund der Wert-Stufung läßt sich auch auf Grund der Reihe bewegter und bewegender Dinge auf ein Letztes und Höchstes schließen: Dinge, die bewegt werden, werden durch andere Dinge bewegt, die ihre Bewegung ihrerseits anderen Dingen verdanken und so weiter. Da die so entstehende Beweger-Reihe nicht unendlich sein kann – Aristoteles hielt einen Progreß ins Unendliche für unmöglich –, muß sie ein erstes Glied haben, das heißt mit etwas beginnen, das zwar alles andere bewegt, selbst aber nicht mehr bewegt wird. Der unbewegte Ursprung aller Bewegung, zu dessen Wesenheit (ousía) die Aktualität (enérgeia) gehört, ist das Göttliche.

Diese Argumentation zugunsten einer ersten unverursachten Ursache, die im höchsten Sinne wirklich ist, sollte in der späteren rationalen Theologie unter dem Namen des kosmologischen Gottesbeweises eine bedeutende Rolle spielen. Angesichts des Begriffs eines unbewegten Bewegers erhebt sich allerdings die Frage, wie etwas, das selbst unbewegt ist, anderes bewegen soll. Die Annahme eines unbewegten Bewegers ist in der Tat widerspruchsvoll, wenn an Bewegung im Sinne der Mechanik gedacht wird: Ein Ding kann ein anderes mechanisch nur in Bewegung setzen, indem es sich selbst bewegt. Aristoteles hat aber nicht an die mechanische Verursachung gedacht, sondern angenommen, daß Gott die Welt so bewegt, wie das Geliebte den Liebenden anzieht, ohne daß es sich selbst bewegen müßte; Gott bewegt die Welt mit einem Wort als Ziel bzw. als Zweck. Das erste Prinzip der Bewegung ist der oberste Zweck der gesamten Wirklichkeit, das höchste Gut, auf das sich alles in letzter Instanz richtet.

Die Unbeweglichkeit des ersten Bewegers ist eine Folge seiner Immaterialität: Da die Potentialität mit der Materialität zusammenhängt, ist es für ein Wesen, das reine Form, also unabhängig vom Stoff ist, nicht möglich, sich zu ändern bzw. zu bewegen. Die Tätigkeit des höchsten Seienden muß daher nicht nur die höchste Form der Tätigkeit, sondern Tätigkeit ohne Veränderung sein. Eine solche Tätigkeit ist nach Aristoteles das Denken als reine Schau («Theorie» im damaligen Sinn), und zwar das Denken, das sich auf den höchsten Gegenstand – das Göttliche – richtet. Dem Göttlichen muß daher ein Denken zugeschrieben werden, das sich selbst zum Inhalt hat, und zwar in zeitloser Weise, somit nicht in einem Nacheinander von Denkvorgängen: Es ist Denken des (göttlichen) Denkens, wie Aristoteles sagt; Gott erschaut also sich selbst und sonst nichts. Die ewige Schau seiner selbst ist die einzige Tätigkeit, die dem unveränderlichen Göttlichen zugeschrieben werden kann, da nur sie die Bedingung erfüllt, Tätigkeit eines in vollem Sinne wirklichen, alles bloße Möglichsein ausschließenden Wesens zu sein. Der entscheidende Passus der «Metaphysik» lautet: «Wenn die Vernunft ... nichts denkt, sondern sich wie ein Schlafender verhält, was wäre dann wohl ihre Würde? Wenn sie aber denkt, etwas anderes aber dafür, was sie denkt, ausschlaggebend ist, so wäre sie, da das, was ihr Wesen ausmacht, nicht das Denken ist, sondern ein Vermögen [eine Möglichkeit, eine Potenz], nicht das beste Wesen. Denn durch das Denken kommt ihr die Würde zu. Weiter, mag nun die Vernunft oder das Denken ihr Wesen sein: was denkt sie? Entweder nämlich sich selbst oder etwas Verschiedenes; und wenn etwas Verschiedenes, so entweder stets dasselbe oder etwas anderes. ... Es ist ... offenbar, daß sie das Göttlichste und Würdigste denkt und daß sie sich nicht verändert. Veränderung nämlich ginge zum Schlechteren, und so etwas bedeutete schon eine Art Bewegung ... Füglich denkt sich die Vernunft selbst, wenn sie das Vorzüglichste ist, und ihr Denken ist Denken des Denkens.»[22]

Der Begriff des Göttlichen als reiner Aktualität im Denken des göttlichen Denkens bildet den höchsten Punkt der hierarchischen Ordnung aller Wesen. Auf die bloße Materie folgen die Stufen der aus Materie und Form bestehenden Wesen, wobei über den anorganischen Seienden die organischen, und zwar zuerst pflanzliche, dann tierische, schließlich vernünftige Wesen stehen. Nach Aristoteles sind auf den jeweils höheren Stufen die Formprinzipien der niedrigeren enthalten (z. B. gibt es auch im animalischen Bereich vegetative Funktionen, und im menschlichen Bereich gibt es animalische und vegetative Funktionen), die aber durch die jeweils übergeordneten überhöht werden (wie z. B. die Animalität des Menschen der Vernunft untergeordnet ist). Noch höher stehen Wesen, die nicht mehr an den Stoff gebunden sind, letztlich Gott als reine Form. Während die Materie bloße Potentialität ist und nicht zu bewegen vermag, enthalten die Wesen, die geformte Materie sind, Potentialität und Aktualität, bzw. sie werden bewegt und können ihrerseits bewegen. Die reine göttliche Form ist stofflose Aktualität und daher unbewegtes Prinzip aller Bewegung.

Man kann sich den Zusammenhang der Aristotelischen Metaphysik als Pyramide vorstellen, deren Basis die bloße Materie und deren Spitze das Göttliche ist.

Reine Wirklichkeit (unbewegter Beweger), immaterielle Formen

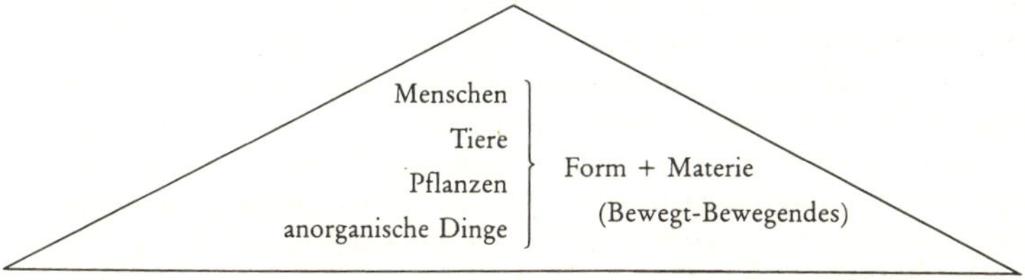

Reine Materie (bloße Möglichkeit; Bewegtes, das nicht bewegt)

4. Die Aristotelische Naturphilosophie

Vom Standpunkt der heutigen Philosophie aus würde man nicht zögern, das, was bei Aristoteles «Physik» heißt, zur Metaphysik zu rechnen. Von der Metaphysik im Aristotelischen Sinne als Erster Philosophie unterscheidet sich die Physik als Naturphilosophie jedoch insofern, als sie sich auf die Untersuchung der Prinzipien der veränderlichen Seienden konzentriert, während die Erste Philosophie auf das Seiende überhaupt reflektiert.

In der Naturphilosophie geht es um die Natur als Inbegriff der veränderlichen bzw. bewegten Seienden. Die Veränderung ist Entstehen oder Vergehen, die Bewegung quantitative (Änderung der Größe), qualitative (Änderung von Eigenschaften) oder räumliche, so daß das, was heute gewöhnlich «Bewegung» heißt, nur ein Fall von «Bewegung» im Aristotelischen Sinne ist. Jede Bewegung erfolgt in Raum und Zeit. Einen leeren Raum hielt Aristoteles für unmöglich, so wie die Zeit seiner Ansicht nach immer Bestimmung bewegter Seiender ist; Aristoteles definierte sie als Maßzahl der Bewegung unter dem Gesichtspunkt von Raum und Zeit.

Für die Aristotelische Auffassung ist der Gedanke charakteristisch, daß die Natur eine Ordnung nach Zwecken ist. Aristoteles dachte demgemäß auch als Naturphilosoph teleologisch. Wenn er erklärt: «Gott und die Natur machen nichts vergeblich»,[23] dann besagt dies, daß alles Geschehen auf das Göttliche als leitendes Prinzip bezogen und daher Zweckprinzipien unterworfen ist. Das Göttliche ist Prinzip einer universalen Zweckmäßigkeit, die bis in den anorganischen Bereich hinein wirkt, die sich aber besonders deutlich im Bereich des Organischen zeigt. Sofern die Lebewesen auf allen Stufen, also nicht erst auf der Stufe des Bewußtseins, von inneren Zweckprinzipien (Entelechien) beherrscht sind, gelten sie als beseelt. Diese Prinzipien bilden, gemäß dem im letzten Abschnitt Gesagten, eine Hierarchie: Die Pflanzenseele steht höher als die anorganischen Formen, sofern sie (als «ernährende Seele») Prinzip des Stoffwechsels und der Fortpflanzung ist; die nächsthöhere Stufe ist die der Tierseele, die über die vegetativen Funktionen hinaus durch das Vermögen der Wahrnehmung, der triebhaften Reaktion auf Reize und der willkürlichen Bewegung charakterisiert ist. Alle diese Funktionen finden sich auch in der über der tierischen stehenden menschlichen Seele, jedoch überhöht durch den Geist als Vermögen theoretischer Erkenntnis und überlegten Wollens. Darüber hinaus gibt es nach Aristoteles noch reine, nicht mehr an den Stoff gebundene Formen, nämlich die Gestirnseelen. Die kreisförmige Bewegung der Gestirne ist im Gegensatz zur linearen Bewegung endlos und in diesem Sinne ewig. Wenn jede Bewegung ein Prinzip erfordert, dann müssen den ewigen Bewegungen der Gestirne auch ewige Prinzipien zugrunde liegen, so daß es ebensoviele reine Bewegungsprinzipien wie Gestirne geben muß. Die Zahl der unbewegten Beweger ist also der Astronomie zu entnehmen.[24] Im gleichen Zusammenhang argumentierte Aristoteles aber auch, daß es nur ein einziges unbewegtes

Bewegungsprinzip geben könne.[25] (Vielleicht sollte, wie H. Kelsen meinte, das erste Modell die Polis-Verfassung Athens, das zweite die mazedonische Monarchie als naturgemäß erscheinen lassen.)

Die Gestirngeister bewegen die Kugelschalen oder «Sphären», an denen sich Aristoteles die Himmelskörper befestigt dachte. Im Bereich der Gestirne gibt es nur kreisförmige Bewegung, während im terrestrischen Bereich die geradlinige Bewegung die natürliche ist. Die Grenze beider Bereiche ist die Mondsphäre, so daß die Physik der sublunaren von der Physik der supralunaren Welt prinzipiell unterschieden ist. Auf die äußerste Sphäre des Kosmos wirkt der göttliche Erste Beweger ein, dessen Einfluß durch Vermittlung der Gestirngeister die übrige Welt erreicht. Diese Vorstellung übte großen Einfluß aus und wirkte bis in die frühe Neuzeit weiter. Sie liegt der Annahme zugrunde, daß die Stellung der Planeten für das irdische Geschehen, einschließlich des Geschehens im menschlichen Bereich, verantwortlich ist, so daß es plausibel erscheinen konnte, aus der Konstellation der Gestirne im Augenblick der Geburt das Schicksal eines Individuums vorherzuberechnen. Das angedeutete Weltbild stellt mit einem Wort den Rahmen dar, innerhalb dessen die Astrologie als vernünftiges Unterfangen gelten konnte. Mit der Begründung der modernen Naturwissenschaft brach jenes Weltbild zusammen; erstaunlicherweise überdauerte die Astrologie diesen Zusammenbruch – freilich nicht als Wissenschaft, sondern als Aberglaube.

Mit der Unterscheidung von sublunarer und supralunarer Welt verbindet sich die Unterscheidung zweier Arten natürlicher Bewegungen, nämlich der linearen terrestrischen und der kreisförmigen «himmlischen» Bewegung. Die erstere ist Abwärtsbewegung (wie die Fallbewegung) oder Aufwärtsbewegung (wie die Bewegung der Flamme). Der natürlichen Bewegung, die auf einem inneren Bewegungsprinzip des Bewegten beruht, steht die gewaltsame, äußerlich verursachte Bewegung gegenüber, z. B. die Wurfbewegung. Da Aristoteles annahm, daß eine gewaltsame Bewegung nur so lange andauert, als ihre Ursache wirkt, suchte er die Wurfbewegung mit Hilfe der Annahme zu erklären, daß z. B. die einen Stein schleudernde Hand zur Kompression der Luft führt, so daß der Luftdruck den Stein vorantreibt, auch nachdem der Kontakt zur Hand unterbrochen ist.

Der Unterschied gegenüber der neuzeitlichen Physik ist augenfällig: Er besteht darin, daß Aristoteles den Begriff der Trägheit nicht kannte, der für die im 17. Jahrhundert begründete moderne Mechanik grundlegend ist. Deshalb mußte Aristoteles eine während des gesamten Bewegungsablaufs wirkende Ursache fordern, während die moderne Physik nicht fragt, warum eine Bewegung andauert, sondern warum sie aufhört. Gäbe es keine Faktoren, die die Bewegung hemmen – wie z. B. den Luftwiderstand –, dann würde sich ein bewegter Körper unbegrenzt weiterbewegen. Allgemein läßt sich sagen, daß vom neuzeitlichen Standpunkt aus nur nach einer Ursache zu fragen ist, wenn eine Änderung des Bewegungszustands von Körpern erfolgt. Die Differenz zwischen der Aristotelischen und der modernen

Physik ist somit nicht primär eine Differenz spezieller naturgesetzlicher Hypothesen, sondern eine Differenz jener Prinzipien, die den Rahmen naturwissenschaftlicher Erklärungen bilden. Es handelt sich, um einen Ausdruck der gegenwärtigen Theorie der Wissenschaftsentwicklung zu gebrauchen, um den Unterschied zweier Paradigmata, deren eines das Trägheitsprinzip nicht kennt, während für das andere dieses Prinzip wesentlich ist. Innerhalb gewisser Grenzen konnte auch die Aristotelische Physik die Tatsachen, um deren Erklärung es ging, begreiflich machen; erst als sich herausstellte, daß sie gewissen Tatsachen nicht Rechnung zu tragen vermag, mußte sie dem neuen Paradigma weichen. So zeigte zum Beispiel Galilei, daß der Mond nicht von anderer Art als die Erde ist, und Newton erklärte die Gestirnbewegung mit Hilfe derselben Prinzipien wie die Bewegung im terrestrischen Bereich, so daß die Annahme eines Unterschieds zwischen der Physik sublunarer und der Physik supralunarer Bewegungen hinfällig wurde.

Den Arten der natürlichen Bewegung ordnete Aristoteles gewisse Elemente zu, nämlich der Abwärtsbewegung Erde und Wasser, der Aufwärtsbewegung Feuer und Luft, der Kreisbewegung den Äther, der als fünftes Element neben die traditionellen vier Elemente tritt. Der Äther ist nicht beobachtbar, sondern wird postuliert, weil auch der Kreisbewegung ein Element entsprechen soll. «Element» im Sinne der Aristotelischen Physik heißt etwas, das nicht mehr in anderes aufgelöst werden kann, in das sich aber anderes auflösen läßt.[26] Die Einfachheit der Elemente folgerte Aristoteles aus der Einfachheit von Bewegungen.

Gemäß der für ein Element natürlichen Bewegung gibt es für jedes Element einen natürlichen Ort, nach dem es strebt und zu dem hin es sich bewegt, wenn es nicht gehemmt wird. Demgemäß strebt alles nach einem Zustand, der sein natürliches Ziel ist. Auch in der Annahme, daß den Dingen ein Streben nach ihrem natürlichen Ort eignet, äußert sich der teleologische Charakter der Aristotelischen Naturphilosophie, die auch bei Erklärungen von Vorgängen im anorganischen Bereich den Gesichtspunkt des Zwecks zur Geltung kommen läßt.

Der Kampf gegen die auf Aristoteles zurückgehende Annahme einer Natur-Teleologie sollte zu den wichtigsten Anliegen der Naturwissenschaft und der Philosophie der frühen Neuzeit werden. In der Annahme, daß die Dinge nach einem Ziel streben, erblickten die Naturwissenschaftler der Neuzeit eine unerlaubte Übertragung von Zügen menschlichen Handelns auf die Natur; ihrer Ansicht nach kann nur bei beseelten Wesen von einem Streben die Rede sein. Deshalb lehnten sie es z.B. ab, das Emporsteigen von Flüssigkeit in einem Pumpenrohr durch die Annahme zu erklären, die Flüssigkeit strebe danach, die Entstehung eines leeren Raums zu vermeiden, weil sie, wie alle Körper, das Leere scheue (horror vacui). Der Unterschied der Auffassungen ist fundamental: Aristoteles hielt das Universum für lebendig und konnte daher auch in einzelnen Dingen Züge erblicken, wie sie sich bei Lebewesen finden, während sich die Physik des 17. Jahrhunderts in schroffem Gegensatz zum Aristotelismus (und zur spekulativen Naturphilosophie der Renaissance) auf mechanistische Erklärungen beschränkte.

Aristoteles war sich darüber im klaren, daß er in bezug auf die teleologische Naturbetrachtung an Anaxagoras anknüpfte; er meinte jedoch, sein Vorläufer habe es versäumt, den teleologischen Gesichtspunkt konsequent zur Geltung zu bringen. Eben das wollte Aristoteles mit seiner Naturphilosophie, namentlich mit der Lehre vom natürlichen Ort der Dinge, erreichen. Inhaltlich unterscheidet sich seine Auffassung jedoch deutlich von der Anaxagoreischen. So bestritt er, daß es unbegrenzt viele Elemente geben könne, wie Anaxagoras gemeint hatte. Die Zahl der einfachen Bewegungen ist begrenzt, und daher kann es nur eine begrenzte Zahl von den Bewegungsarten zugeordneten Elementen geben. Umgekehrt kann es auch nicht nur ein einziges Element geben, da es mehr als eine Bewegungsart gibt. Jedes der ersten vier Elemente kann in ein anderes, ihm entgegengesetztes übergehen; das fünfte Element hat dagegen keinen Gegensatz, weil es keinen Gegensatz zur Kreisbewegung gibt; es kann also auch nicht vergehen. Aus der Ewigkeit der Kreisbewegung folgerte Aristoteles die Ewigkeit der Welt. Die Welt ist seiner Ansicht nach einzig, und sie hat, weil sich die Gestirne auf konzentrischen Kreisbahnen bewegen, einen Mittelpunkt. Die Mitte des Kosmos kann jedoch kein geometrischer Punkt sein, da man von einem solchen weder sagen kann, daß er bewegt, noch daß er unbewegt sei. Das Zentrum der Welt muß daher als unbewegter Körper gedacht werden, der im Zentrum des Alls ruht, und als solcher kommt nach Aristoteles nur die Erde in Betracht. Da der Erde etwas entgegengesetzt sein muß, muß es auch Feuer geben, und zwischen Erde und Feuer weitere Elemente, die sich zu diesen gegensätzlich verhalten, nämlich Wasser und Luft. Das Weltall dachte sich Aristoteles als Kugel. Die Gestirne sind an Kugelschalen – den Sphären – angebracht, mit denen sie sich bewegen; da die Sphären von Gestirngeistern bewegt sein sollen, konnte Aristoteles auch die Gestirne in gewissem Sinne als göttlich bezeichnen. Außerhalb des Kosmos gibt es weder Raum noch Zeit, da diese nicht unabhängig von räumlichen und zeitlichen Seienden bestehen. Diese Vorstellung vom Kosmos hat über viele Jahrhunderte nicht nur die naturphilosophischen Spekulationen, sondern auch die Astronomie beeinflußt. Erst in der Renaissance wurde sie endgültig überwunden.

Aristoteles hat nicht nur den allgemeinen Rahmen einer Naturphilosophie entworfen, sondern ihn auch inhaltlich ausgefüllt. Seine naturkundlichen, insbesondere seine zoologischen und botanischen Werke beeindrucken durch eine Fülle von systematisch geordneten Einzelbeobachtungen, und diese sorgfältige Beachtung der Erfahrungstatsachen dürfte dazu geführt haben, daß man Aristoteles oft als «Empiristen» Plato als spekulativem Denker gegenübergestellt hat. Zweifellos war er auch ein Empiriker; aber das heißt nicht, daß er ein Empirist gewesen ist.

Die Einstellung, die Aristoteles als Naturforscher einnahm, charakterisierte er selbst vor dem Hintergrund des Verhältnisses von unvergänglicher Wirklichkeit und gewordenen, vergänglichen Dingen. Das Unvergängliche (d. h. die Welt jenseits der Mondsphäre) können wir nur in unvollkommener Weise erfassen, indem wir von den uns nahen Dingen aus Überlegungen über sie anstellen. Von den veränderlichen Dingen haben wir reichere Kenntnisse, weil wir mitten unter ihnen leben. Wir können sie genauer und umfassender erkennen als die unveränderliche Wirklichkeit – nämlich den Himmel im Sinne der Kosmologie –, wir können sie klassifizieren und ihre Entstehung begreifen. Obwohl Aristoteles überzeugt war, daß die Naturerkenntnis genauer und vielfältiger ist als die Erkenntnis der unvergänglichen Wirklichkeit, so ist doch deren Erkenntnis wegen der Erhabenheit ihres Gegenstandes besonders anziehend.[27]

So wie Aristoteles nicht einseitig für die Erforschung der veränderlichen Dinge auf Kosten der Kosmologie plädierte, so war er überzeugt, daß die Naturphilosophie insgesamt in einen metaphysischen Rahmen gestellt werden müsse. Das menschliche Wissen in seiner Gesamtheit bildet in seinen Augen eine ideale Einheit, weil die verschiedenen Forschungsbereiche letztlich von den allgemeinsten Prinzipien der Ersten Philosophie zusammengehalten werden. Die empirische Naturforschung ist nicht unabhängig vom metaphysischen Rahmen, so wie dieser nicht um seiner selbst willen entworfen wird, sondern die Funktion hat, eine vollständige Systematisierung des menschlichen Wissens zu ermöglichen.

5. Die Seelenlehre

Auch die menschliche Seele gehört nach Aristoteles zur Natur, weshalb die Psychologie unter Aristotelischen Bedingungen als Teil der Naturphilosophie gilt. Der Zusammenhang beruht darauf, daß die Seele als Form des Organismus aufgefaßt und damit in die Hierarchie der Formen im allgemeinen einbezogen wird. Nicht nur die Menschen sind beseelt, sondern alle organischen Wesen; der Mensch überragt aber Tiere und Pflanzen, weil seine Seele nicht nur vegetative und animalische Funktionen hat, sondern auch über Vernunft verfügt. Da Aristoteles in der menschlichen Seele die Form des Gesamtorganismus erblickte, erklärte er sie nicht nur zum Prinzip der Geistigkeit, sondern auch zum Prinzip der Ernährung, der Fortpflanzung, der Wahrnehmungsfähigkeit und des Trieblebens. In diesem Sinne ist die Seele «das erste leitende Prinzip (Entelechie) eines organischen Naturwesens».[28] Wie Plato unterschied Aristoteles verschiedene Vermögen der Seele, ordnete ihnen aber nicht Teile im eigentlichen Wortsinn zu. So ist zum Beispiel das Wahrnehmen eine Funktion, die sich von der Funktion des begrifflichen Denkens unterscheidet.

In seiner Theorie der Wahrnehmung ging Aristoteles davon aus, daß

Dinge als so und so geformter Stoff auf die Sinnesorgane einwirken und durch deren Vermittlung in der Seele Eindrücke hervorrufen, wobei nicht die Dinge selbst, sondern nur deren Formen vermittels der Sinnesorgane von der Seele aufgenommen werden. Das Verhältnis von Materie und Form wird durch den Vergleich mit dem Verhältnis zwischen dem Siegel und dem Wachs, dem es aufgeprägt ist, veranschaulicht – ein Vergleich, der bis in die Neuzeit in der Lehre von der Wahrnehmung eine Rolle spielen sollte. Wie die Dinge auf die Sinnesorgane einwirken, bleibt offen, doch ist klar, daß es immer durch ein Medium geschieht.

Vom Wahrnehmen wird das vernünftige Denken unterschieden und zwischen beiden als vermittelndes Vermögen die Einbildungskraft (oder Phantasie) angesetzt, weil die Vernunft nach Aristoteles die Wesenheiten der Dinge nicht unmittelbar erfaßt, sondern sie nur dadurch erkennt, daß sie aus den Phantasievorstellungen das Allgemeine abstrahiert. Die Phantasievorstellungen sind von den Wahrnehmungsbildern abhängig und stehen wie diese mit körperlichen Vorgängen in Zusammenhang. Das vernünftige Denken ist dagegen an kein Organ gebunden. Im Erkenntnisprozeß lassen sich somit mehrere Stufen unterscheiden: In der Wahrnehmung wird die Form des anschaulichen Dings erfaßt; diese Form wird in den Vorstellungen der Einbildungskraft bewahrt und zur Grundlage der Abstraktion durch den Verstand gemacht, der von zufälligen Bestimmungen des Vorgestellten absieht und nur die allgemeinen Formelemente – die Wesenheit – beibehält. Die unanschauliche Form ist Inhalt des Begriffs, den der Verstand als rezipierendes Vermögen erfaßt. Wir hätten also keine Begriffe, wenn es keine Sinneswahrnehmungen gäbe. Dieser Gedanke wurde später in die Formel gekleidet: Nichts ist im Intellekt, was nicht vorher in den Sinnen gewesen ist. (Nihil est in intellectu, quod non prius fuerit in sensu.) Das Aristotelische Modell läßt aber auch erkennen, daß Begriffe nicht gebildet werden könnten, wenn nicht in der anschaulichen Vorstellung und letzten Endes in den Dingen Formen enthalten wären, die als solche bereits allgemein sind und nur von den zufälligen Bestimmungen abgesondert zu werden brauchen, um als Allgemeines erfaßt werden zu können. Im Erkenntnisvorgang identifiziert sich die Seele somit mit den allgemeinen Strukturen der Wirklichkeit: Das Erkennende muß mit seinem Gegenstand eines sein,[29] und die menschliche Seele ist, sofern sie erkennt, sozusagen die Dinge.[30]

Wenn die Seele als Form aufgefaßt wird, scheint zunächst für sie dasselbe gelten zu müssen wie für beliebige andere Formen: daß sie nämlich mit dem Geformten zugrunde geht. So hört die Form einer Vase zu bestehen auf, wenn die Vase zertrümmert wird. Aristoteles wich aber dieser Folgerung aus: Seiner Ansicht nach hören nur die niederen Seelenteile mit dem Tode zu bestehen auf, nicht aber der Geist als vernünftige Spontaneität. Die geistige Energie ist unvergänglich, während die Bewußtseinsinhalte – die Vorstellungen, Kenntnisse, Einsichten – vergehen. Daher ist anzunehmen, daß der Geist nach dem Tode nichts mehr von den Erfahrungen des vorangegangenen Lebens besitzt und namentlich keine Erinnerungen hat, die ihn mit dem Dasein vor dem Tode verbinden. In der Schrift «Über die Seele» heißt es in diesem Sinne vom Geist: « ... erst wenn er abgetrennt ist, ist er das, was er wirklich ist, und nur dieses ist unsterblich und ewig. Wir erinnern uns aber nicht daran; denn der eine Teil ist wohl leidenslos, der leidensfähige Geist ist aber unvergänglich, und ohne diesen gibt es kein Denken.»[31] Die auf pythagoreische bzw. platonische Vorstellungen zurückweisende Annahme, daß dem Geist gegenüber den übrigen Formen organischer Wesen eine Sonderstellung zukomme, wird in einem Bruchstück des verlorenen Dialogs «Eudemus» klar ausgesprochen. Hier wird von Aristoteles' verstorbenem Freund Eudem erzählt, daß er als Gefangener des Tyrannen Alexander von Pherae träumte, der Tyrann werde in Kürze umkommen, er selbst, Eudem, aber fünf Jahre später in seine Heimat zurückkehren. Tatsächlich aber starb er fünf Jahre nach jenem Traum. Der Traum habe aber insofern die Wahrheit verkündet, als Eudem in gewissem Sinne wirklich in die Heimat zurückkehrte, nämlich in die Heimat der Seele, in die sie eingeht, sobald sie sich vom Körper trennt.[32]Wenn die Seele den Körper verlassen kann, dann liegt die Annahme nahe, daß sie bzw. ihr höchster Teil, der Geist, «von außen» in die menschliche Person eintritt, wie Aristoteles sagte und gleichzeitig den Geist für etwas Göttliches erklärte.[33] Auch in der Schrift «Über die Seele» heißt es vom Geist, er sei abgetrennt, d. h. nicht (mit der Materie) vermischt.[34]

Das Motiv, das Aristoteles anfänglich veranlaßt haben dürfte, den Geist als etwas Unsterbliches und Göttliches aufzufassen, ist in der Ansicht zu erblicken, daß der Mensch durch den Geist als tätiges Prinzip des Denkens Anteil am Göttlichen und an dessen Glückseligkeit erlangen kann. Der Geist erscheint somit als etwas, das allem Leiden entzogen ist und das nach dem Tod des Menschen in jene Sphäre der Gestirne zurückkehrt, der er entstammt und in der er ewig ein glückseliges Leben der Betrachtung führt. Wie bei Plato ist daher auch vom angedeuteten Aristotelischen Standpunkt aus der Tod als Übergang zu einer besseren Existenzform anzusehen. Auf diese Ansicht scheint eine Stelle im Dialog «Eudemus» hinzuweisen, an der Aristoteles den gefangenen Silen zu Midas sagen läßt: «Für die Menschen ist es das beste, überhaupt nicht geboren zu werden und nicht teilzuhaben selbst an der Natur des Besseren. Denn das beste ist es für alle, Männer und Frauen, nicht geboren zu werden. Was aber nachher kommt und was als erstes unter den menschlichen Dingen erfüllbar ist, dem Rang nach aber das zweite, das ist, wenn man geboren ist, so schnell als möglich zu sterben.»[35]

Vom Standpunkt der entwickelten Aristotelischen Philosophie aus läßt sich aber schwerlich mehr davon sprechen, daß die Seele unabhängig vom Körper existieren könne: Die Annahme einer vom Organismus abtrennbaren Seele ist mit der Auffassung der Seele als Form des Körpers unverträglich. Wenn Aristoteles in der Schrift «Über die Seele» erklärt, «daß die Zustände der Seele in keiner Weise abtrennbar sind von der physischen

Materie der Lebewesen»,[36] dann könnte man zwar erwägen, ob nicht gemeint sei, daß die geistige Seele als solche unabhängig vom Körper bestehen könne, nicht aber ihre Inhalte, nämlich Begriffe, Sätze, Theorien. Dem steht aber die Feststellung entgegen, daß «die Seele nicht vom Körper abtrennbar ist und ebensowenig gewisse Teile von ihr».[37]

Aristoteles wollte sich nicht darüber äußern, wie sich die Seele zum Körper verhält: Es ist seiner Ansicht nach unklar, «ob die Seele etwa in der Weise zweckmäßig lenkendes Prinzip des Körpers ist wie der Schiffer für das Schiff».[38] Trotzdem kann man ausschließen, daß er das Bewußtsein für eine bloße Begleiterscheinung physiologischer Vorgänge hielt. Wenn er die Seele «Form» des Organismus nannte, bedeutet das nicht, daß sie nur ein Aspekt des organischen Lebens ist; sie ist vielmehr ein Prinzip, das erst zusammen mit der Materie den einheitlichen Organismus bildet.

Angesichts der verschiedenen Äußerungen über das Verhältnis von Körper und Seele erhebt sich die Frage, in welchem Sinne im Rahmen der Aristotelischen Philosophie von Unsterblichkeit gesprochen werden kann. Wird der Geist als überpersönliche geistige Energie aufgefaßt, dann scheint er nur vorübergehend im Körper zu Gast zu sein; sieht man in ihm eine Funktion der Seele und faßt diese als Form des Körpers auf, dann scheint für sie gelten zu müssen, was für Formen im allgemeinen gilt, nämlich daß sie mit dem Individuum, dessen Form sie ist, zugrunde geht. Angesichts der Zweideutigkeit der Texte war die Frage, ob die Annahme einer individuellen Unsterblichkeit mit den Voraussetzungen der Aristotelischen Seelenlehre verträglich sei, stets kontrovers. So glaubte man in der aktiven geistigen Energie – dem tätigen Intellekt – bald einen Teil des göttlichen Geistes erblicken zu können, bald sein Geschöpf; bald glaubte man, die im Individuum wirkende geistige Spontaneität sei nur in dem Sinne unsterblich, daß sie als etwas Unpersönliches fortbestehe, bald nahm man an, sie erhalte sich als etwas Individuelles. Die letztere Auffassung vertraten namentlich die christlichen Aristoteliker des Mittelalters, die die Aristotelische Auffassung der Seele mit dem christlichen Unsterblichkeitsglauben versöhnen wollten. In der Renaissance wurde gelegentlich auch die Ansicht vertreten, daß Aristoteles die Unsterblichkeit überhaupt geleugnet habe.

Letzten Endes handelt es sich hier um ein Interpretationsproblem, das in die Frage mündet, ob überhaupt von einer einheitlichen Aristotelischen Seelenlehre gesprochen werden kann. Möglicherweise hat Aristoteles die beiden angedeuteten Auffassungen – nämlich einerseits, daß die Seele als ganze (mit dem Intellekt) Form unter Formen ist, andererseits, daß der «abgetrennte» Intellekt unsterblich ist – nicht gleichzeitig vertreten, sondern zunächst, unter dem Einfluß der Platonischen Philosophie, die jenseitige Herkunft des Geistes angenommen und später die menschliche Seele als ganze, d. h. unter Einschluß ihrer rein geistigen Funktionen, als Form des Organismus verstanden, mit der (mindestens impliziten) Konsequenz, daß sie dann das Schicksal von Formen im allgemeinen teilen muß: mit dem

Zerfall des Organismus zu verschwinden.[39] Aristoteles hätte nach dieser Deutung eine radikale Modifikation seiner Auffassung vorgenommen, indem er zunächst annahm, der Geist, namentlich als tätiger Geist, trete – als naturfremdes Prinzip, als das Göttliche im Menschen – von außerhalb in die menschliche Person ein, später aber den Geist als Funktion der Seele bestimmte und diese in die hierarchische Ordnung der Formen einbezog, so daß die Seele als ganze zur Natur gehört, wenn sie sich auch von anderen Formen durch spezifische Vermögen unterscheidet. Aristoteles hätte sich demgemäß im Verlauf seiner Denkentwicklung von der pythagoreisch-platonischen Seelenwanderungslehre distanziert. Eine Alternative bietet die Annahme, daß Aristoteles von verschiedenen Standpunkten aus über die Seele gesprochen habe: Wo er als Metaphysiker redet, bezeichnet er die Seele als leibunabhängig; wo er sich als Naturwissenschaftler äußert, sieht er die Seele in Verbindung mit dem Körper. In diesem Fall wäre zu erwarten gewesen, daß er auf den jeweiligen Gesichtspunkt hinweist. Weil er das nicht tat, kommt der Entwicklungshypothese größere Plausibilität zu.

Da den Aristotelischen Schriften keine einheitliche Theorie des Leib-Seele-Verhältnisses zu entnehmen ist, konnten sich die Vertreter sehr verschiedener Auffassungen auf sie berufen, so daß sie bald für die Lehre von der individuellen Unsterblichkeit (wie in der christlichen Deutung), bald für eine pantheistische Auffassung des tätigen Geistes (wie bei manchen arabischen Philosophen des Mittelalters), bald für eine naturalistische Seelenauffassung (wie bei einigen Aristotelikern der Renaissance) in Anspruch genommen wurden.

6. Logik und Erkenntnislehre

Aristoteles hat das Verdienst, die formale Logik begründet zu haben, der er eine so vollständige Gestalt gab, daß noch Kant die Ansicht vertreten konnte, seit den Tagen des Aristoteles habe die Logik keinen Schritt rückwärts und keinen Schritt vorwärts tun können.[40]

Logisch folgerichtiges Denken gibt es natürlich nicht nur in den Wissenschaften, sondern auch im Alltag, und auch das mythische Denken läßt sich nicht als prälogisch kennzeichnen. Allerdings wurde die Form des logisch folgerichtigen Denkens erst nach und nach klar bestimmt. In der Mathematik geschah das seit den ersten Ansätzen einer Axiomatisierung der Geometrie. In der Philosophie schärfte Zeno von Elea das Bewußtsein für logische Probleme, und Plato deutete gelegentlich auf die axiomatische Methode hin, ohne sie jedoch präzis zu beschreiben. Es war Aristoteles vorbehalten, die logischen Beziehungen zwischen Voraussetzungen von Argumenten und Folgerungen zu bestimmen und damit die Fundamente der Logik zu legen.

Die Logik ist bei Aristoteles einerseits Lehre von den Formen des wahren

Urteilens und richtigen Schließens, namentlich in wissenschaftlichen Beweisen. In diesem Sinne soll sie die Frage beantworten, wie wir denken müssen, wenn wir zu richtigen Ergebnissen gelangen wollen. Sie ist damit Wissenschaft von den Prinzipien, die dem richtigen Denken zugrunde liegen. Andererseits soll sie diese Prinzipien begründen, und sofern dies mit den Mitteln der Metaphysik geschieht, hat die Aristotelische Logik einen metaphysischen Aspekt.

Bei Aristoteles werden die logischen Prinzipien dadurch metaphysisch verankert, daß sie als Anwendungsfälle metaphysischer Prinzipien dargestellt werden. So lautet das metaphysische Prinzip vom ausgeschlossenen Widerspruch: Es ist unmöglich, daß ein und demselben Seienden im gleichen Zeitpunkt und in derselben Hinsicht eine Bestimmung zukommt und nicht zukommt. Man braucht nur, anstatt von Seienden im allgemeinen, von Urteilen zu sprechen, und anstatt von Bestimmungen überhaupt von «wahr», um zum Widerspruchsprinzip im logischen Sinne zu gelangen: Es ist unmöglich, daß ein Urteil wahr und nicht wahr (d. h. falsch) ist. Ähnlich verhält es sich mit dem Prinzip vom ausgeschlossenen Dritten, das in seiner logischen Formulierung besagt, daß es keine dritte Möglichkeit zwischen Wahrheit und Falschheit eines Urteils gibt. Daher kann aus der Wahrheit eines Urteils auf die Falschheit des ihm kontradiktorisch entgegengesetzten Urteils geschlossen werden und umgekehrt.

Die obersten Grundsätze der Logik sind gültig, weil sie immer schon vorausgesetzt werden müssen, wenn wir urteilen, d. h. Behauptungen über etwas mit Wahrheitsanspruch aufstellen. In diesem Sinne erklärte Aristoteles: «Ein Prinzip, welches jeder notwendig besitzen muß, der irgendetwas von dem Seienden erkennen soll, ist nicht eine bloße Annahme: Was jeder erkannt haben muß, der irgendetwas erkennen will, muß er schon besitzen. Daß ein solches Prinzip das sicherste von allen ist, ist klar.»[41] Damit soll nicht behauptet werden, daß Aristoteles die logischen Grundsätze ausgehend von den entsprechenden metaphysischen Prinzipien gewonnen habe, sondern nur, daß er sie mit Hilfe der letzteren zu begründen suchte. Es kann durchaus anerkannt werden, daß er zunächst die Grundsätze der Logik formulierte und erst nachträglich zu den entsprechenden metaphysischen Grundsätzen gelangte; sobald er dies aber getan hatte, erblickte er in den letzteren den Grund der Gültigkeit der ersteren.

Hier zeigt sich ein Grundzug der Aristotelischen Logik, nämlich die Überzeugung, daß Denk- und Seinsformen einander entsprechen und daß den Formen der Wirklichkeit der Vorrang zukommt: Die Formen, die die Logik betrachtet, sind gleichsam der Niederschlag der Seinsstrukturen im Denken. Wir denken daher nach Aristoteles richtig, wenn wir in Übereinstimmung mit den allgemeinen Formen der Wirklichkeit denken. Diese Überzeugung hat bis in die jüngste Zeit Anhänger gefunden. Sie lag noch dem Konzept einer dialektischen Logik zugrunde, wie es in der Nachfolge Hegels namentlich von materialistischen Dialektikern immer wieder vertreten wurde. Während Aristoteles aber von unveränderlichen Formen der Wirklichkeit ausging, nahmen die Anhänger der dialektischen Philosophie an, daß die Wirklichkeit wesentlich dynamischen Charakter habe. Da sie aber, ähnlich wie Aristoteles, die Abhängigkeit der Denkformen von der Struktur der Wirklichkeit behaupteten, folgerten sie, daß sich die Logik durch die Bildung «elastischer» Begriffe der im Werden befindlichen Wirklichkeit anpassen müsse. Weil sie darüber hinaus im Werden, in der Veränderung, in der Bewegung etwas Widerspruchsvolles erblickten, lehnten sie das Aristotelische Widerspruchsprinzip ab und forderten eine Logik des Widerspruchs – eine Forderung, die sie begreiflicherweise nicht zu erfüllen imstande waren. Im Unterschied zu einer Logik, die in den logischen Prinzipien Entsprechungen von Seinsprinzipien erblickt, geht die moderne formale Logik davon aus, daß logische Grundsätze, wie alle logisch-wahren Sätze, nichts über die Wirklichkeit aussagen; sie sind gerade deshalb notwendig wahr, weil sie mit jeder beliebigen Wirklichkeit verträglich sind. Nicht die Dialektik hat also die Aristotelische Logik abgelöst, sondern die moderne mathematisierte Logik, wie sie von Gottlob Frege, Bertrand Russell, Alfred N. Whitehead und anderen entwickelt wurde.

Die Annahme einer Entsprechung von Denk- und Seinsformen liegt auch der Aristotelischen Kategorienlehre zugrunde. Unter «Kategorien» verstand Aristoteles nicht nur (gemäß der ursprünglichen Wortbedeutung) Aussageweisen, sondern zugleich, ja in erster Linie, Seinsweisen. So wie den Begriffen im allgemeinen Wesenheiten entsprechen, so ordnete Aristoteles auch den fundamentalen Begriffen unseres Begriffssystems – den Kategorien – etwas Wirkliches zu. Ausgangspunkt für die Gewinnung der Kategorien ist das Urteil der Form *S ist P* (z. B. «Sokrates ist weise»). Beim Urteil bzw. bei der Aussage ist zwischen dem, von dem etwas ausgesagt wird – dem Urteilssubjekt –, und dem, was ausgesagt wird – dem Prädikat –, zu unterscheiden. Auf der Seite der Wirklichkeit soll dem Subjekt der Aussage die Substanz, dem Prädikat das Akzidenz (die Bestimmung) entsprechen,[42] womit die kategoriale Grundeinteilung gegeben ist: Etwas wird ausgesagt entweder als Substanz oder als Akzidenz.[43] Da die kategorialen Aussageweisen nach Aristoteles zugleich Seinsweisen sind,[44] ist nicht nur zu sagen, daß etwas als Subjekt oder als Prädikat ausgesagt wird, sondern ebenso, daß alles, was ist, entweder Substanz oder Akzidenz (Bestimmung der Substanz) ist.

An anderer Stelle nimmt Aristoteles eine Dreiteilung vor und stellt der Substanz die Eigenschaften und die Beziehungen gegenüber.[45] Der Grundgedanke scheint zu sein, daß die von einem Subjekt ausgesagten Prädikate entweder einstellig oder mehrstellig sein können, d. h. entweder Eigenschaften oder Relationen. Diese Einteilung ist offensichtlich vollständig, wenn man berücksichtigt, daß Relationen auch mehr als zweistellig sein können. Wenn Aristoteles eine weitergehende Unterteilung der Akzidentien vornimmt, kann er dagegen nicht mehr beanspruchen, eine vollständige Klassifikation vorgenommen zu haben. Das gilt für die Liste von Akzidentien, die Qualität, Quantität, Relation, Ort, Zeit, Lage, Tun, Leiden und Verhalten (lat. habitus) enthält, so daß sich, mit Einbeziehung von «Substanz», die Zehnzahl der Kategorien ergibt.[46]

Die Frage, wie Aristoteles zu dieser Liste gelangte, läßt sich nicht definitiv beantworten, doch liegt die Annahme nahe, daß er sich an grammatikalischen Einteilungen orientiert haben könnte. Zugunsten dieser Annahme spricht, daß die drei zuletzt genannten Kategorien den Genera des griechischen Verbs entsprechen, nämlich dem Activum, dem Passivum und dem Medium. Als Beispiel für das Medium dient das Verb «sich die Schuhe anziehen» (hypodeîsthai), was dann den Gedanken nahelegen mochte, die Kategorie beziehe sich auf das, was man anhat. (Daher unser Wort «Habit», z.B. «Mönchs-Habit».) Weil diese Kategorie aber auch zur Bezeichnung gewohnheitsmäßiger Verhaltensweisen diente, konnte «Habitus» auch die Bedeutung «Gewohnheit» annehmen. Jedenfalls muß eine Einteilung in Anlehnung an grammatikalische Begriffe als zufällig gelten, und so gesehen ist Kants Einwand, Aristoteles habe die Kategorien aufgerafft, «wie sie ihm aufstießen»,[47] kaum von der Hand zu weisen. Für die oben angedeutete Zwei- und Dreiteilung gilt das jedoch nicht.

Begriffe können nicht im eigentlichen Sinne wahr oder falsch sein; die Wahrheitsfrage stellt sich erst beim Urteil. Ein Urteil ist wahr, wenn es Begriffe so verbindet bzw. trennt, wie die entsprechenden Elemente der Tatsache verbunden bzw. getrennt sind. Wahr urteilt, wer vom Getrennten sagt, daß es getrennt, und vom Zusammenseienden, daß es zusammen ist, wie Aristoteles ausdrücklich sagt.[48] Im Urteil «Aristoteles ist alt» werden «Aristoteles» und «alt» verbunden; wenn das Altsein dem Aristoteles in Wirklichkeit zukommt, ist das Urteil wahr, und analog ist ein verneinendes Urteil wahr, wenn das im Subjekt und im Prädikat Ausgesagte in Wirklichkeit getrennt sind. Kurz: Ein Urteil ist nach Aristoteles wahr, wenn es mit der beurteilten Tatsache «übereinstimmt». Weil der Aristotelische Begriff der Übereinstimmung (homoíôsis) im Lateinischen mit dem Ausdruck «adaequatio» wiedergegeben wird, pflegt die von Aristoteles vertretene Wahrheitsauffassung als «Adäquationstheorie der Wahrheit» bezeichnet zu werden; daneben wird heute gleichbedeutend auch der Ausdruck «Korrespondenztheorie» verwendet.

So wie ein Urteil in einer Verbindung von Begriffen besteht, so besteht ein Schluß aus einer Verbindung von Urteilen. Ein einfacher Schluß (Syllogismus) liegt vor, wenn daraus, daß A allen B und B allen C zukommt, gefolgert wird, daß A allen C zukommt.[49] Dies läßt sich so explizieren, daß aus zwei Prämissen – dem Ober- und dem Untersatz – der Schlußsatz (die Konklusion) folgt, wenn die Prämissen einen gemeinsamen Begriff, den sogenannten Mittelbegriff, enthalten, der zwischen ihnen vermittelt. Aristoteles hat als erster die Formen des syllogistischen Schließens und die Grundsätze, auf denen seine Schlüssigkeit beruht, präzisiert.

Betrachtet man den folgenden Syllogismus: *Wenn alle Menschen sterblich und wenn alle Heroen Menschen sind, dann sind alle Heroen sterblich*, so ist

«Mensch» Mittelbegriff, der, nachdem er seine Funktion erfüllt hat, im Schlußsatz nicht mehr auftritt. Die Verbindung zwischen den Begriffen «Heros» und «sterblich» kann in zweifacher Weise hergestellt werden. Einerseits kann man sagen, die Bestimmung der Sterblichkeit gehöre zum Begriff «Mensch», und die Bestimmung des Menschseins gehöre zum Begriff «Heros», so daß sich Sterblichkeit mittelbar als Bestimmung von «Heros» erweist; andererseits kann von Mengen von Individuen, die unter einen Begriff fallen, ausgegangen werden: Wenn die Menge der Heroen in der Menge der Menschen und diese in der Menge der sterblichen Wesen enthalten ist, dann ist die Menge der Heroen in der Menge der sterblichen Wesen enthalten. Im ersten Fall betrachtet man den Inhalt (die Intension) von Begriffen, und die entsprechende Auffassung der syllogistischen Beziehungen heißt «intensional»; im zweiten Fall geht es um Beziehungen zwischen Begriffsumfängen (Extensionen), so daß von einer extensionalen Deutung des Syllogismus zu sprechen ist.

Wenn Aristoteles den Mittelbegriff als Begriff bestimmt, «der in einem anderen ist und einen anderen in sich begreift», folgt er der intensionalen Betrachtungsweise; aber auch die extensionale Betrachtungsweise ist zulässig: «Daß das eine in einem anderen als Ganzem ist, und daß das eine von jedem anderen ausgesagt wird, bedeutet dasselbe.»[50]

Das Prinzip, auf das sich die Beziehung der drei in einem Syllogismus verwendeten Begriffe stützt, besagt, «daß etwas von jedem ausgesagt wird, wenn sich keines von allen Einzeldingen, die unter das Subjekt fallen, namhaft machen läßt, von dem das andere nicht gelten würde». Dieses Prinzip wurde später «Dictum de omni» genannt, womit einerseits gemeint ist, daß, was vom Umfang eines übergeordneten Begriffs gilt, für die Umfänge aller untergeordneten Begriffe gilt: Wenn alle unter den Umfang «Mensch» fallenden Wesen sterblich sind, dann sind auch Heroen, sofern sie Menschen sind, sterblich. Andererseits meint dieses Prinzip, daß, was vom Inhalt eines untergeordneten Begriffs gilt, auch für die Inhalte der übergeordneten Begriffe gilt: Wenn Menschsein zum Begriff des Heros gehört und wenn Sterblichkeit im Menschsein enthalten ist, dann ist «Sterblichkeit» auch im Begriff des Heros enthalten. Analoges gilt, wenn etwas von keinem ausgesagt wird (dictum de nullo), wie Aristoteles hinzufügt.[51] Damit erhält die Syllogistik ein axiomatisches Fundament, das der syllogistischen Logik jene Sicherheit gibt, die bis dahin nur der Geometrie eigen war.

Da der Mittelbegriff in den Prämissen bald Subjekt, bald Prädikat sein kann, ergeben sich verschiedene syllogistische Figuren, und da die Prämissen allgemeine und besondere, bejahende und verneinende Urteile sein können, lassen sich innerhalb jeder Figur verschiedene syllogistische Modi unterscheiden. Aristoteles hat gezeigt, welche Modi schlüssig sind und welche nicht. Seine Syllogistik ist über die Jahrhunderte hinweg einflußreich geblieben, kann aber hier wegen ihres speziellen Charakters nicht im einzelnen dargestellt werden.

Die Syllogistik ist nicht die Logik schlechthin. So erkannten bereits die Stoiker, daß außer den Beziehungen zwischen Begriffen, wie sie in der Syllogistik vor allem betrachtet werden, auch Beziehungen zwischen Aussagen logisches Interesse verdienen, d. h. sie entwickelten die Aussagen-Logik, von der bei Aristoteles allenfalls Ansätze vorhanden sind. In der frühen Neuzeit bemerkte man, daß es Schlußweisen gibt, die Aristoteles nicht in Betracht gezogen hatte, obwohl sie naheliegend und dem alltäglichen Denken durchaus vertraut sind. So läßt sich aus der Voraussetzung, daß alle Kühe Wiederkäuer sind, folgern, daß Kuhmägen Wiederkäuermägen sind – eine Folgerung, die sich nicht in Form eines Syllogismus darstellen läßt. Noch Leibniz, der für die Entwicklung der Logik durch die Konstruktion von Logik-Kalkülen außerordentlich wichtig wurde, hat die Aristotelische Syllogistik geschätzt und sie in seiner Weise zu formalisieren gesucht. Erst in jüngster Zeit nahm man an einer anderen Beschränkung Anstoß, der Aristoteles die Logik unterworfen hatte: Im Rahmen seiner Auffassung darf man nur dann sagen «Alle A sind B», wenn es mindestens ein Seiendes gibt, das A ist, d. h. der Begriff «A» darf nicht leer sein. Deshalb läßt sich unter Aristotelischen Bedingungen aus «Alle A sind B» folgern «Irgendein A ist B». In gewissen modernen Logik-Systemen wird eine solche Existenz-Voraussetzung nicht mehr gemacht.

Die Aristotelische Logik soll in erster Linie der Klärung des wissenschaftlichen Beweisverfahrens dienen. Deshalb ist es begreiflich, daß in ihrem Rahmen auch die Frage nach dem Wesen des Wissens bzw. nach der Natur der Wissenschaft behandelt wurde.

Wer etwas lehrt oder lernt, stützt sich auf bereits verfügbare Erkenntnisse, die den Grund dessen bilden, was gelehrt oder gelernt wird. Infolgedessen kann man sagen, daß alles, was man lernt oder lehrt, auf einem vorgängigen, mindestens potentiellen Wissen beruht. Lernen ist also auch nach Aristoteles, ähnlich wie bei Sokrates oder Plato, Entfaltung eines impliziten Wissens, das aber bei Aristoteles nicht als eingeborenes Wissen auf Grund vorgeburtlicher Wesensschau gedeutet wird. Nicht jede begründete Erkenntnis kann aber auf einer anderen begründeten Erkenntnis beruhen, da sich in diesem Falle ein Rückgang ins unendliche ergeben würde, so daß man niemals zu ersten Erkenntnissen gelangen würde, die die Grundlage unseres systematischen Wissens bilden. Daher forderte Aristoteles erste Grundsätze, die einer Begründung weder fähig noch bedürftig sind und von denen letzten Endes alle Beweise abhängen. Solche unmittelbaren Prinzipien sind einerseits Axiome, die unmittelbar einsichtig (evident) sind, andererseits «Thesen», die wiederum in Definitionen und «Hypothesen» zu unterteilen sind. Definitionen sagen aus, was etwas ist, Hypothesen im hier gemeinten Sinn besagen, daß etwas ist oder nicht ist. Die ersten Prinzipien sind an sich bekannter als das, was aus ihnen folgt.

Die Aristotelische Auffassung von Wissen und Wissenschaft, wie sie in den ersten Kapiteln der «Zweiten Analytiken» entwickelt wird, ist dadurch charakterisiert, daß von «Wissen» im strengen Sinne nur in bezug auf Sätze gesprochen wird, die entweder begründet sind oder von denen eingesehen werden kann, daß sie unmöglich anders sein können. Apodeiktisches, d. h. auf Beweisen beruhendes Wissen haben wir von Sätzen, die aus wahren Voraussetzungen folgen, letzten Endes aus ersten Grundsätzen, die selbst nicht mehr durch andere Voraussetzungen bedingt und (logisch, nicht zeitlich) «früher» sind als die aus ihnen gefolgerten Sätze. Der Beweis, durch den die Folgesätze gewonnen werden, heißt «wissenschaftlicher Schluß», weil es sich um einen Schluß handelt, der Wissen vermittelt.[52]

Im syllogistischen Schließen geht man von allgemeinen Voraussetzungen aus, um zu etwas weniger Allgemeinem zu gelangen; wie aber erkennt man das Allgemeine? Der Aufstieg zum Allgemeinen beginnt nach Aristoteles immer mit der Wahrnehmung besonderer Dinge, in denen das Allgemeine erfaßt werden kann. Dies nannte Aristoteles «epagogé», wörtlich «Hinführung», was mit «Induktion» übersetzt wird. Es handelt sich darum, auf Grund einiger beobachteter Fälle das Allgemeine zu erkennen.[53] Wenn man z. B. weiß, daß jemand ein qualifizierter Wagenlenker ist, wenn er sich auf das Wagenlenken versteht, und jemand ein qualifizierter Steuermann ist, wenn er sich auf das Steuern eines Schiffes versteht, so kann man allgemein sagen, daß jemand in bezug auf eine Sache qualifiziert ist, wenn er sich auf sie versteht. Um zu diesem allgemeinen Urteil zu gelangen, ist es nicht nötig, alle einzelnen Fälle einer Art zu prüfen.

Die Auffassung der Wissenschaft, die Aristoteles vertrat, war nicht weniger einflußreich als die Logik. Die Forderung, alle Sätze einer Wissenschaft im vollen Sinne des Wortes in Grundsätze und Folgesätze so einzuteilen, daß die ersteren unmittelbar einsichtig, die letzteren aber von ihnen logisch abhängig sind, beherrschte die Philosophie über die Jahrhunderte hinweg. Mit dem Ideal einer axiomatisierten Wissenschaft verbindet sich die Auffassung, daß die Basis einer solchen Wissenschaft aus Sätzen zu bestehen habe, die definitiv wahr, d. h. einer Korrektur prinzipiell nicht bedürftig sind. Das Ideal einer perfekten Wissenschaft geht somit mit dem Ideal perfekten Wissens Hand in Hand. Dieses doppelte Ideal beeinflußte das philosophische und teilweise auch das naturwissenschaftliche Denken der Folgezeit auf weite Strecken.

Aristoteles hat auch die Philosophie im Sinne seines Programms als Wissenschaft aufgefaßt; deshalb stützte er sich auf allgemeine und seiner Ansicht nach unbezweifelbare Prinzipien, von denen die spezielleren philosophischen Sätze abhängen. Daß er dabei nicht jene Strenge erreichte, zu der die zeitgenössische Mathematik bereits fähig war, hängt mit dem Charakter der Philosophie zusammen, der sich vom Charakter der Mathematik wesentlich unterscheidet: Die Philosophie, insbesondere ihr grundlegender Teil, die Metaphysik (bzw. die Erste Philosophie), ist Wissenschaft von wirklichen Gegenständen und Gegenstandsbereichen, während es die Mathematik mit formalen Zusammenhängen zu tun hat, die unabhängig von der Frage untersucht werden, ob sie realisiert sind. Unübersehbar ist aber der systematische Charakter der Aristotelischen Philosophie: Ihre Sätze werden nicht, wie z.B. bei Heraklit, mit prophetischem Gestus ausgesprochen, sondern mit Gründen gestützt, wobei die letzten Gründe dem Anspruch nach evidente Grundsätze sein sollen. Dabei war Aristoteles stets bestrebt, auch andere mögliche Auffassungen zu berücksichtigen, um eine begründete Entscheidung angesichts konkurrierender Theorien vornehmen zu können. Der von ihm geprägte Denkstil beeinflußte die spätere Philosophie nachhaltig, unter anderem auch die späteren Platoniker, die ihre Auffassungen nicht mehr ohne die Stütze von Argumenten nach der Art der Aristotelischen vertreten wollten oder konnten.

7. Probleme der Praxis: Ethik und Staatslehre[54]

a) Der begriffliche Rahmen der Ethik

Von den beiden möglichen Auffassungen der Ethik, nämlich als normativer Disziplin, die Vorschriften aufstellt oder begründet, und als beschreibend-erklärender Wissenschaft, hat Aristoteles im wesentlichen die zweite Auffassung vertreten: Er fragte nicht in erster Linie, wie Menschen handeln sollen, sondern er fragte, nach welchen Kriterien Handlungen moralisch beurteilt werden.

Zunächst hatte auch Aristoteles die Frage gestellt, was das sittlich Gute sei, und sie dahingehend beantwortet, daß das Gute in der Glückseligkeit des betrachtenden Geistes bestehe. Die Glückseligkeit der reinen Schau, der Theoría, ist etwas Göttliches, an dem der Mensch aber nur in beschränktem Maß teilhat, wie sich darin zeigt, daß Glück für ihn kein Dauerzustand sein kann. Die volle Glückseligkeit ist der Gottheit vorbehalten; dem Menschen wird sie nur so weit zuteil, als etwas Göttliches in ihm ist, nämlich der Nous, der «von außen» in das menschliche Dasein eintritt und dessen Ende überdauert. Diese Auffassung findet sich noch in der «Nikomachischen Ethik», wo es heißt: «Ein solches [nämlich vollkommen glückseliges] Leben aber wäre übermenschlich, denn man kann es in dieser Form nicht leben, sofern man Mensch ist, sondern sofern ein göttliches Element in uns wohnt. Und so groß der Unterschied zwischen diesem göttlichen Element und unserer zusammengesetzten Wesenheit ist, so weit ist auch das Wirken des göttlichen Elements von den übrigen Formen wertvoller Tätigkeit entfernt. Ist also, mit dem Menschen verglichen, der Geist etwas Göttliches, so ist auch ein Leben im Geistigen, verglichen mit dem menschlichen Leben, etwas Göttliches.»[55] So wie es für jede Wesenheit eine spezifische Leistung gibt – zum Wesen des Künstlers gehört z.B. das Schaffen von Kunstwerken –, so gibt es eine spezifische Leistung des Menschen, nämlich die Betätigung der Vernunft und in Verbindung mit ihrer vollkommenen Betätigung die Glückseligkeit: Die Eudämonie als höchstes Gut des Menschen, nämlich als erfülltes bzw. geglücktes Leben, betrifft somit die Aktualisierung der Vernunft als des spezifisch menschlichen Vermögens. Wenn Aristoteles von «Vernunfttugenden» (dianoëtischen Tugenden) sprach, folgte er der eben angedeuteten Auffassung.

Später änderte sich aber die Fragestellung: Das Interesse am Guten an sich trat bei Aristoteles zugunsten des Interesses an dem, was in bezug auf den Menschen gut ist, in den Hintergrund; gleichzeitig wurden bei seinen moralphilosophischen Untersuchungen empirische Gesichtspunkte immer wichtiger. Auch die Überordnung der reinen Theorie über die praktische Lebensform wird abgeschwächt: Das den Interessen der Gemeinschaft gewidmete Leben findet angemessene Anerkennung.

Die Frage nach der Bedeutung von «gut» kann formal oder inhaltlich aufgefaßt werden. In formaler Hinsicht läßt sich «gut» als dasjenige bestimmen, wonach alles strebt.[56] Das heißt, daß jeder Entschluß und jede Erkenntnis auf etwas Gutes gerichtet sind. Schwieriger ist es, die inhaltliche Bedeutung von «gut» anzugeben. Es genügt nach Aristoteles nicht, das Gute als Glückseligkeit zu bestimmen, da es keine einheitliche Bedeutung von «Glück» gibt, sondern darunter bald die Lust, bald die Gesundheit, bald der Reichtum oder die Ehre verstanden werden.[57] Eine Klassifikation der Auffassungen vom Glück bzw. vom höchsten Gut ergibt sich auf Grund der Unterscheidung möglicher Lebensformen, nämlich einer am Genuß, einer am Gemeinschaftsinteresse und einer an der theoretischen, insbesondere der philosophischen Erkenntnis orientierten Lebensform. Die entsprechenden obersten Werte sind Lust (Triebbefriedigung), Ehre (soziale Anerkennung) und Weisheit.[58]

Indem es Aristoteles ablehnte, nur eine einzige und einheitliche Bedeutung von «gut» ins Auge zu fassen, entfernte er sich von Plato, der von der Idee des Guten ausging. Gäbe es eine Idee des Guten im Sinne Platos, dann müßte es auch eine einheitliche Wissenschaft vom Guten geben; das ist aber nicht der Fall, da «gut» z.B. in der Medizin etwas anderes heißt als in der Moralphilosophie. Auch Aristoteles hätte, wie in unserem Jahrhundert Wittgenstein, sagen können, daß es kein «Wesen» des Guten gebe, sondern daß zwischen den Bedeutungen von «gut» eine Familienähnlichkeit bestehe, so wie es z.B. auch kein «Wesen» des Spiels gibt, an dem alle Arten von Spielen teilhaben. Obwohl es keine einheitliche Bedeutung von «Spiel» gibt, lassen sich doch Ähnlichkeitsbeziehungen zwischen der Verwendung dieses Ausdrucks in bezug auf höfische Turniere, Fußball-Matches, Schachpartien usw. herstellen. Wenn auch zwischen dem Spiel eines Kleinkindes und dem Spiel eines Schach-Großmeisters keine Ähnlichkeit mehr festzustellen sein dürfte, läßt sich über vermittelnde Zwischenglieder eine Ähnlichkeitsbrücke zwischen den Extremen schlagen, so daß sie trotz aller Unterschiede zur Familie der Spiele gerechnet werden können. Wenn es sich bei «gut» ebenso verhält wie bei «Spiel», dann verbietet sich die Annahme eines Wesens bzw. einer Idee des Guten. Das hat zur Folge, daß sich der Platonische Versuch, die Ethik unabhängig von der Erfahrung aufzubauen, als hinfällig erweist. Infolgedessen blieb Aristoteles nur der Weg über die Erfahrung, bei dem von der sittlichen Praxis, der Sitte, ausgegangen wird, um Bedeutungen von «gut» zu ermitteln, die mit dem Sprachgebrauch möglichst genau übereinstimmen. Die empirische Tendenz äußert sich in der Auffassung, daß die Ergebnisse ethischer Untersuchungen immer nur als wahrscheinlich, d.h. nicht als endgültig wahr, zu gelten hätten. In jeder Disziplin kann man nur jenen Grad an Genauigkeit erwarten, den ihr Gegenstand zuläßt; das menschliche Handeln, das den Gegenstand der Ethik bildet, läßt sich nicht exakt vorhersagen.

Mit der Berücksichtigung der Sitte kommt in der Aristotelischen Ethik der soziale Aspekt zur Geltung. Tatsächlich hat Aristoteles ausdrücklich erklärt, daß die Ethik zur «politischen» Wissenschaft gehöre.[59] Das Wort «êthos» (mit langem e) hängt mit dem ähnlichen Wort «éthos» (mit kurzem e) eng zusammen, worauf Aristoteles selbst hinwies. Das letztere bedeutet «Gewohnheit», «Herkommen», «Brauch», und über die Bedeutung von «Sitte» ist dann die Bedeutung des Begriffs «Sittlichkeit» leicht zu erreichen.

Um die Bedeutung von «gut» zu bestimmen, muß man nach der Bestimmung des Menschen fragen. Nach Aristoteles ist davon auszugehen, daß jeder Funktion eine spezifische Funktionsweise entspricht. Die spezifische menschliche Tätigkeit ist nun die Vernunft, denn vegetative und sensitive Funktionen hat der Mensch mit anderen Lebewesen gemein. Infolgedessen hielt Aristoteles die angemessene Betätigung der Vernunft für die Bestimmung des sittlich hochstehenden Menschen. In diesem Sinne konnte er sagen, das menschlich Gute sei «ein Tätigsein der Seele im Sinne der ihr wesenhaften Tüchtigkeit [Tugend]. Gibt es aber mehrere Formen wesenhafter Tüchtigkeit, dann im Sinne der vorzüglichsten und vollendetsten.»[60]

Mit der Behauptung, daß der in der theoretischen Lebensweise realisierte Wert der wahre sei, überschritt Aristoteles allerdings den Bereich der bloßen Beschreibung und nahm eine Wertung vor, die letzten Endes mit seiner Auffassung vom Wesen des Menschen zusammenhängt. Wenn der Geist etwas gegenüber dem Körper und seinen Trieben Unabhängiges ist, dann stehen die «Tugenden» des betrachtenden Geistes – die dianoëtischen Tugenden – höher als die Tugenden des Menschen als einer auch von Trieben bestimmten Person – die ethischen Tugenden.

Dianoëtische Tugenden sind z.B. Weisheit oder Freundschaft. Für sie ist charakteristisch, daß es bei ihnen kein schädliches Extrem gibt, sondern daß sie um so wertvoller sind, je höher ihr Grad ist. Die ethischen Tugenden unterliegen dagegen der Forderung des goldenen Mittelwegs, weil ihr Ziel in der Unterwerfung der natürlichen Triebe unter die Vernunft besteht. Der Trieb kann nicht aus dem Seelenleben verbannt werden, da ihm eine unentbehrliche Rolle zukommt; er muß aber in jene Grenzen verwiesen werden, innerhalb deren er sich positiv auswirken kann, d. h., er ist auf ein mittleres Maß zu beschränken, das die Vernunft unter Berücksichtigung der faktischen (und somit nur empirisch bestimmbaren) Umstände ermittelt. Was jeweils als Tugend zu gelten hat, läßt sich daher nicht ein für allemal festlegen. Welches Verhalten z.B. als Tapferkeit gelten kann, hängt von den persönlichen Umständen und der äußeren Situation des Handelnden ab. So wird die Tapferkeit des Soldaten etwas anderes sein als die Tapferkeit des Zivilisten, und unter friedlichen Bedingungen wird etwas anderes als Tapferkeit gelten müssen als im Kriege. Analoges gilt für die Extreme, zwischen denen die Tapferkeit die Mitte bildet, nämlich Feigheit und Tollkühnheit. Was für einen handeltreibenden Bürger vielleicht schon tollkühn wäre, mag für einen Krieger, der die Gefahr zu seinem Beruf gemacht hat, als selbstverständliche Tapferkeit gelten, und ein Verhalten, das bei einem Kriegsmann feige wäre, braucht bei einem friedfertigen Bürger nicht anstößig zu sein. Ähnlich verhält es sich mit der Sparsamkeit als Mitte zwischen Verschwendungssucht und Geiz. Es liegt auf der Hand, daß die Ausgaben des Reichen einem anderen Maßstab zu unterwerfen sind als die Ausgaben eines Armen. Im Bereich der ethischen Tugenden muß somit eine gewisse Relativität moralischer Bewertungen anerkannt werden. Menschliches Verhalten kann nur angemessen moralisch beurteilt werden, wenn die empirischen Umstände berücksichtigt werden. Beruft man sich nur auf eine vorgebliche Einsicht in eine angenommene Idee des Guten, um unabhängig von Erfahrungen moralisch zu werten, dann kann man dem Charakter des sittlichen Verhaltens der Menschen nicht gerecht werden.

Auch in der Lehre von der Gerechtigkeit zeigt sich Aristoteles' Bestreben, auf empirische Faktoren Rücksicht zu nehmen. Anders als Plato sprach Aristoteles von «Gerechtigkeit» nicht in einheitlicher Bedeutung, sondern unterschied zwischen austeilender und ausgleichender Gerechtigkeit; die erstere brachte er mit dem geometrischen, die letztere mit dem arithmetischen Mittel zweier Größen in Verbindung. Die austeilende Gerechtigkeit sichert jedem das, wessen er würdig ist; sie ist auf den Wert und das Verdienst des einzelnen bezogen. Die ausgleichende Gerechtigkeit nimmt auf die Gleichheit der Ansprüche Bedacht und soll jedes Zuviel und Zuwenig korrigieren. Eine zusätzliche Konzession an die konkreten Verhältnisse wird mit der Forderung nach Billigkeit (griech. epieíkeia, lat. aequitas, engl. fairness) gemacht.

Da sich der Trieb nicht mit einem Male der vernünftig festgelegten Norm anzupassen pflegt, muß diese Anpassung durch Gewöhnung herbeigeführt werden. Dies macht verständlich, warum Tugenden dieser Art «ethische» heißen: Diese Bezeichnung knüpft an den bereits erwähnten Ausdruck «éthos» (Gewohnheit) an und weist auf die Abhängigkeit dieser Tugenden von Gewöhnung und Erziehung – einschließlich der Selbsterziehung – hin. Der Ausdruck «Tugend» bedeutet bei Aristoteles, anders als im christlichen Abendland, die Vollkommenheit eines Vermögens, so daß z.B. auch die

Intelligenz als «Tugend» bezeichnet werden kann, da sie die Vollkommenheit des Verstandes ist. Selbst von einer «Tugend» der Füße oder der Augen konnte im Griechischen gesprochen werden.

b) Der Begriff der sittlichen Handlung

Angesichts der Frage, ob sich die sittliche Bewertung auf die Handlung oder die ihr zugrunde liegende Absicht richtet, nahm Aristoteles einen vermittelnden Standpunkt ein: Die ethische Beurteilung betrifft seiner Ansicht nach die vorsätzliche Handlung.[61] Nicht Handlungen im allgemeinen, sondern nur vorsätzlich ausgeführte Handlungen sind moralisch zu beurteilen. Infolgedessen hat es Aristoteles für nötig gehalten, das vorsätzliche Handeln psychologisch zu analysieren. Dabei hob er einerseits die Zielgerichtetheit des Handelns hervor, andererseits die vorsätzliche Wahl der Mittel, die der Erreichung der Ziele dienen sollen. Die Beziehung zwischen Mitteln und Zwecken unterliegt der vernünftigen Abwägung.[62] Wir können Erwägungen über die Eignung von Mitteln im Hinblick auf einen Zweck nur anstellen, wenn die Mittel weder eindeutig festgelegt noch vollkommen zufällig und daher unbestimmbar sind. Die Erwägung tritt namentlich in Situationen ein, wo es mehrere Mittel gibt, von denen sich mit hinreichender Wahrscheinlichkeit vorhersehen läßt, daß sie zum erstrebten Zweck führen. Die Abwägung betrifft immer nur die Mittel, nicht die Zwecke. So wägt der Arzt nicht ab, ob er den Kranken heilen soll, sondern nur, mit welchen Mitteln das am besten geschehen kann. Ist der Prozeß der Abwägung zum Abschluß gelangt, richtet sich das Streben vermittels der gewählten Mittel auf das vorgegebene Ziel, und zwar sofern es als erreichbar betrachtet wird. Was mit menschlicher Kraft nicht verwirklicht werden kann, ist nicht Gegenstand vernünftiger Überlegung.

Der Vorsatz ist ein aus der Abwägung hervorgegangenes Streben, das nicht mit der Begierde verwechselt werden darf, da es im Gegensatz zu dieser nur bei vernünftigen Wesen möglich ist. Die Begierde richtet sich im Unterschied zum Vorsatz immer auf die Lust. Der Vorsatz hat es mit anderen Worten stets mit Zweck-Mittel-Beziehungen zu tun, die als solche, anders als die Ziele, nicht Gegenstand des Begehrens sind. Nach Aristoteles betreffen Vorsatz und Abwägung dasselbe, wenn die letztere präzis bestimmt ist und das Auswahlprinzip im vernünftigen Teil des Ich liegt.

Vom Wollen wird festgestellt, daß es sich auf das Gute bzw. auf etwas richtet, das für gut gehalten wird. «Absolut genommen und in Wahrheit ist das Gute schlechthin Gegenstand des Wollens, für den einzelnen aber jeweils das, was ihm als gut erscheint.»[63] Aristoteles erwägt als Lösung, daß der Höherstehende das wahrhaft Gute will, der Minderwertige dagegen das scheinbar Gute, wobei vorausgesetzt wird, daß nur der erstere sittlich richtig zu urteilen vermag. Das Problem der Willensfreiheit im Sinne der Indifferenz der Willensentscheidung war Aristoteles fremd; «frei» bedeutet bei ihm vielmehr «freiwillig» im Gegensatz zu «unfreiwillig» bzw. «gezwungen»: Wir handeln freiwillig, wenn der Grund der Handlung in uns liegt, unfreiwillig, wenn der Grund außer uns liegt.[64] Die Abgrenzung ist unter Umständen schwierig, z.B. wenn jemand unter dem Eindruck von Drohungen oder angesichts übermächtiger Gefahren etwas tut, wozu er sich sonst nicht entscheiden würde. Da die Kenntnis der wesentlichen Faktoren der Situation Bedingung des freiwilligen Handelns ist, handelt unter Umständen unfreiwillig, wer aus Unkenntnis handelt. Umgekehrt kann man nicht von einer unfreiwilligen Handlung sprechen, wenn sie nicht von Widerstreben und Bedauern begleitet ist. Kurz: Zum freiwilligen Handeln gehört Bewußtsein dessen, was man tut, zum unfreiwilligen Widerstreben. Abzulehnen ist nach Aristoteles die Ansicht, daß Handlungen unfreiwillig erfolgen, sofern sie durch lustbetonte Vorstellungen von Dingen motiviert sind. Da jedes Streben von Motiven bedingt ist, hätte diese Ansicht zur Folge, daß der Unterschied von «freiwillig» und «unfreiwillig» seinen Sinn verliert.

Aristoteles deutete einen Beweis für die These an, daß es freiwillige Handlungen gibt: Es wäre sinnlos, Gesetze aufzustellen und im Übertretungsfall Strafen anzudrohen, wenn die Menschen nicht freiwillig handeln könnten. Unter Umständen sind aber auch unfreiwillige Handlungen strafbar, wenn nämlich die Aufhebung der Freiwilligkeit freiwillig erfolgte, wie z.B. bei Handlungen im Zustand der Trunkenheit. Da es in der Macht des Handelnden lag, auf den Alkoholgenuß zu verzichten, ist er für die im Rausch begangenen Handlungen verantwortlich. Ähnlich argumentierte Aristoteles in bezug auf Dispositionen: Wenn auf Grund einer erworbenen Disposition gewisse gesetzwidrige Handlungen zu unfreiwilligen werden, die Disposition aber auf Grund freiwilliger Handlungen zustande gekommen ist, sind die fraglichen Handlungen strafbar.

Auf Grund dieser Begriffsklärungen kann nunmehr gesagt werden, womit es die Ethik zu tun hat: «Da ... der Gegenstand des Wollens das Ziel ist, während Abwägung und Vorsatz sich auf die Mittel zum Ziel richten, so sind die darauf gerichteten Handlungen vorsätzlich und freiwillig. Auf sie bezieht sich die Ausübung der Tugend.»[65] Da der Vorsatz immer freiwillig ist und da tugendhafte Handlungen stets vorsätzlich sind, folgt, daß es in unserer Macht liegt, tugendhaft oder untugendhaft zu sein. Würde man leugnen, daß die sittliche Schlechtigkeit auf Freiwilligkeit beruht, so müßte man auch bestreiten, daß der Mensch überhaupt Urheber sittlich relevanter Handlungen sein könne.

c) Grundgedanken der Staatslehre

In der Aristotelischen «Politik» ist der Gedanke leitend, daß der Staat eine natürliche Gemeinschaft, d.h. nicht bloß durch Übereinkunft einer Mehrzahl isolierter Individuen zustande gekommen ist. Nach Aristoteles ist der

Staat in dem Sinne «früher» als die einzelnen, in dem auch das Ganze «früher» ist als die Teile: Der Mensch kann nur in der Gemeinschaft Mensch sein, da er auf die Gemeinschaft nicht nur in biologischer, sondern auch in sittlicher Hinsicht angewiesen ist. Ohne den Halt der Gemeinschaft wäre er nicht fähig, seine sittlichen Aufgaben zu bewältigen. Der Staat ist nicht Selbstzweck, sondern besteht um der Menschen willen, deren sittliche Entfaltung er möglich zu machen bzw. zu fördern hat. Wegen der engen Verbindung von sittlichem und Gemeinschaftsleben hängen nach Aristoteles auch Staats- und Sittenlehre aufs engste zusammen.

Wenn der Staat nicht, wie gewisse Sophisten angenommen hatten, auf Übereinkunft und Vertrag isolierter Individuen zurückgeführt werden kann, dann muß versucht werden, seine Entstehung ausgehend von ursprünglicheren Gemeinschaften zu erklären. Aristoteles betrachtete die Gemeinschaft von Mann und Frau als die einfachste und grundlegende, weil sie eine biologische Gemeinschaft ist. Auf sie folgen die Hausgemeinschaft, bestehend aus Mann, Frau, Kindern und Gesinde, die Sippengemeinschaft, die Dorfgemeinschaft usw., bis hin zur staatlichen Gemeinschaft, der Polis. Da die ursprüngliche Gemeinschaft natürlich ist, kommt auch dem Staat, der sich aus ihr entwickelt hat, der Charakter einer natürlichen Gemeinschaft zu. Der Zustand, in dem die Entwicklung von etwas ihre Vollendung findet, ist dessen «Natur»; daher ist der Staat, in dem die Gemeinschaftsentwicklung zur Vollendung gelangt, natürlich. Da er Ziel der Entwicklung ist, genügt er sich selbst: Er ist (im Hinblick auf sein Wesen, nicht etwa im Hinblick auf die Wirtschaft) autark.

Da jede Gemeinschaft auf ein Gut als Ziel bezogen ist und da Gemeinschaften um so höher stehen, je höher dieses spezifische Gut ist, kommt dem Staat, dessen letzter Zweck die Versittlichung der Menschen ist, der höchste Rang zu. Es ergibt sich somit eine Hierarchie von Gemeinschaften unter dem Gesichtspunkt ihrer wesentlichen Zwecke. Der Staat ist die Vollendung der primitiveren Gemeinschaften, über denen er entstanden ist. Er ist zwar zunächst zustande gekommen, damit das Leben seiner Mitglieder sicherer wird – er ermöglicht die landwirtschaftliche und handwerkliche Produktion, ordnet die Finanzen und den Kultus, organisiert die Rechtspflege –, er hat aber darüber hinaus die Funktion, ein vollkommenes Leben zu ermöglichen. Dazu gehört, daß er nicht nur die persönliche Entfaltung des Einzelnen ermöglicht, sondern auch erzieherische Aufgaben wahrnimmt. Aristoteles spricht dem Staat sogar das Recht der Geburtenregelung zu. Kommt es jenseits der vom Staat festgesetzten Altersgrenzen zu Schwangerschaften, soll in einer frühen Phase der Embryonalentwicklung eine Abtreibung vorgenommen werden.

Staatsbürger (polites) ist, wer Zugang zu den Regierungsämtern hat, mindestens aber berechtigt ist, an der Volksversammlung teilzunehmen und am Volksgericht mitzuwirken. Infolgedessen kommt den Sklaven, die dieses Recht nicht haben, nicht der Status von Staatsbürgern zu. Aristoteles hielt die Sklaverei für eine naturgemäße Einrichtung, da er überzeugt war, daß es Menschen gebe, die von Natur aus Sklaven seien. Wenn von antiker Demokratie die Rede ist, muß berücksichtigt werden, daß es ein allgemeines Staatsbürgerrecht in der Antike nicht gab.

Wie in der Ethik im allgemeinen distanzierte sich Aristoteles auch in der Staatslehre von Plato, namentlich von dessen Staatsphilosophie, die er im zweiten Buch der «Politik» kritisierte. Gegen Platos Verfassungsentwurf wandte er ein, daß die scharfe Trennung der Stände die Staatseinheit aufzuheben drohe. Außerdem hielt er die in Platos «Staat» skizzierte Verfassung wegen ihres kommunistischen Charakters nicht für praktikabel. Hinter dem Prinzip des Kommunismus und namentlich hinter dem Programm der Frauengemeinschaft steht seiner Ansicht nach ein Mißverständnis. Der Satz «Im Staate haben alle alles gemeinsam» ist nämlich zweideutig. Wird «alle» als «alle zusammen» aufgefaßt, dann ist er richtig; wird «alle» dagegen im Sinne von «alle einzeln» verstanden, wie es beim kommunistischen Programm der Fall ist, ist er falsch. Die Plausibilität, die die kommunistische Idee auf den ersten Blick hat, kommt daher, daß unvermerkt von der ersten Auffassung jenes Satzes zur zweiten übergegangen und der Eindruck erweckt wird, sie falle mit der ersten, die berechtigt ist, zusammen.

Als positive, dem Interesse der Gemeinschaft dienende Verfassungen betrachtete Aristoteles Monarchie, Aristokratie und Polis-Verfassung. Jede dieser Verfassungen kann jedoch entarten, wenn das Sonderinteresse eines einzelnen, einer Gruppe oder der Masse an die Stelle des Gemeinschaftsinteresses tritt, und zwar die Monarchie zur Tyrannis, die Aristokratie zur Oligarchie und die Polis-Verfassung zur (egalitären Massen-)Demokratie.

Richtige Verfassungen (am Allgemeininteresse orientiert):

Monarchie	Aristokratie	Polis

Entartete Verfassungen (an Sonderinteressen orientiert):

Tyrannis	Oligarchie	Demokratie

Mit dem auf den Besitz gestützten Herrschaftsanspruch konkurrieren der Anspruch auf Freiheit und der Anspruch auf Anerkennung der Leistung. Setzt sich einer dieser Ansprüche auf Kosten der anderen durch, entsteht ein Ungleichgewicht, das für die staatliche Ordnung gefährlich ist: Die einseitige Berücksichtigung des Freiheitsanspruchs führt zur Demokratie, die einseitige Hervorhebung der Rolle des Besitzes führt zur Oligarchie, die einseitige Betonung der Leistung hat die Benachteiligung der weniger Tüchtigen zur Folge. Wo sich aber ein einzelner durch überragende Tüchtigkeit auszeichnet, da ist nach Aristoteles die Alleinherrschaft die angemessene Verfassung. Die Bedingungen für die Errichtung einer Monarchie auf Grund überragender Tüchtigkeit sind aber nur selten erfüllt, und deshalb ist in der

Regel die Herrschaft der Gesetze, d.h. die von der Mehrheit der Bürger getragene Polis-Verfassung, vorzuziehen. In der Polis herrscht nicht ein Einzelner oder eine Gruppe oder die Gesamtheit der Bürger, sondern die Verfassung, die Aristoteles als «Ordnung des Staates» definierte.[66] Die maßgebliche Autorität ist in der Polis die Verfassung, so daß die Polis mit einem Wort als Verfassungsstaat charakterisiert werden kann.

Auch bei Aristoteles spielte die Frage nach dem besten Staat eine Rolle, sie wird aber anders beantwortet als bei Plato.[67] Zunächst gibt Aristoteles formale Kriterien eines guten Staates an: Er soll überschaubar sein, damit das Volk seine Stimme geltend machen kann, er soll ständisch gegliedert sein, um der unterschiedlichen Leistungsfähigkeit der Bürger Rechnung zu tragen, er soll dem Vermögen eine angemessene politische Rolle einräumen, wobei die Besitzlosen von den politischen Rechten ausgeschlossen bleiben, und er soll saturiert sein, so daß er nicht zu expandieren trachtet und das Heer nicht auf Angriffskriege eingestellt ist. In inhaltlicher Hinsicht läßt sich die Frage nach dem besten Staat überhaupt nicht beantworten. Deshalb ist bei Aristoteles die Frage nach der relativ auf die jeweiligen Verhältnisse besten Verfassung wichtiger als die Diskussion über die beste Verfassung. Je nach dem Stärkeverhältnis der Klassen und nach der Verteilung des Vermögens, der Bildung, der Freiheitsrechte wird bald eine demokratische, bald eine oligarchische Verfassung am Platze sein. Die Polis-Verfassung bietet sich dagegen an, wo das Übergewicht beim Mittelstand liegt und die Vermögensverteilung möglichst gleichgewichtig ist. Das Prinzip der Mitte, das in der Moralphilosophie eine wichtige Rolle spielt, kommt damit auch in der Staatsphilosophie zur Anwendung. So gelten Oligarchie und Demokratie als Extreme, zwischen denen die Polis-Verfassung die Mitte hält und daher den Vorzug verdient.

Wenn Aristoteles zwischen beratenden, ausführenden und richterlichen Behörden unterscheidet,[68] dann entspricht das der Einteilung in legislative, exekutive und judizielle Gewalt, wie sie seit Montesquieu geläufig ist. Die Erörterungen über Einzelheiten der Staatsverwaltung, denen Aristoteles seine Aufmerksamkeit schenkte, gehören eigentlich nicht mehr zur Staatsphilosophie, sondern fallen in den Bereich des Verwaltungsrechts.

Vor allem die Klassifikation der Staatsverfassungen hat über die Jahrhunderte hinweg das staatsphilosophische Denken beeinflußt. Auch in der Staatsphilosophie hat Aristoteles eine Wirkung ausgeübt, die der Wirkung Platos nicht nachsteht, sie vielleicht sogar übertrifft. Nichtsdestoweniger ist es berechtigt, insofern von der Beschränktheit der Aristotelischen Staatsauffassung zu sprechen, als diese auf einen griechischen Kleinstaat zugeschnitten war und nichts davon ahnen läßt, daß ihr Uhrheber zeitweise engen Kontakt mit den Inhabern der politischen Macht eines Großreichs hatte.[69] Sollte er absichtlich auf die Situation von Staaten Rücksicht genommen haben, die, wie die griechischen Poleis nach der Unterwerfung unter Alexander, in Abhängigkeit von einer Großmacht im Windschatten der großen Geschichte lagen?

Hält man sich vor Augen, daß nur zweieinhalb Jahrhunderte nach den ersten tastenden Anfängen des philosophischen Denkens ein System wie das Aristotelische entstehen konnte, dann kann man über diese schnelle Entwicklung nur staunen. Im weiteren Verlauf entstanden verschiedene neue Systeme, doch die Phase der Grundlegung der Philosophie als Wissenschaft fand mit Plato und Aristoteles ihren Abschluß. Die weitere Geschichte des antiken Denkens zeigt eine Entwicklung innerhalb der konstituierten Philosophie, was sich auch darin äußert, daß von nun an nicht mehr philosophiert werden konnte, ohne daß man sich mit älteren Auffassungen, namentlich mit den Lehren Platos und Aristoteles', auseinandersetzte.

V.
Die Philosophie im Zeitalter des Hellenismus

> Der erste und notwendigste Teil in der Philosophie ist die Anwendung der Grundsätze im Leben ...
> *(Epiktet)*

1. Der Charakter des hellenistischen Denkens

Unter «Hellenismus» wird die durch die Vorherrschaft von griechischer Sprache und griechischem Denken geprägte, außergriechischen Einflüssen aber durchaus offene Kultur der östlichen Mittelmeer-Länder und der benachbarten Gebiete verstanden, für die das Großreich Alexanders die äußeren Bedingungen schuf und die in den Nachfolge-Reichen der Diadochen weiterwirkte. Gewöhnlich läßt man die hellenistische Epoche mit dem Beginn des Augusteischen Zeitalters enden; die hellenistische Philosophie wirkte aber auch im römischen Imperium noch weiter. Insbesondere die Geschichte des Stoizismus läßt sich nicht ohne Berücksichtigung des Einflusses darstellen, den sie während des ersten und zweiten Jahrhunderts in Rom ausübte.

Durch die Reichsgründung Alexanders des Großen war der griechischen Kultur ein weiter Wirkungsbereich erschlossen worden. Zugleich machten sich Einflüsse außergriechischer Kulturen in der ursprünglich griechischen Welt bemerkbar, so daß ein Prozeß gegenseitiger Anregung einsetzte, der auch nach dem Zusammenbruch des Alexander-Reiches anhielt. Das östliche Mittelmeergebiet, in dem sich seit vorgeschichtlicher Zeit verschiedene Kulturen berührten, wurde nun zu einem Schmelztiegel, in dem sich mannigfaltige geistige Inhalte verbanden. Die Tatsache, daß der Begründer der Stoa, Zeno, vermutlich ein Phönizier war, kann als symptomatisch gelten. Der Verschmelzungsprozeß beschränkte sich nicht auf die Philosophie, sondern betraf die gesamte Kultur, namentlich auch die Kunst und die Religion. Einerseits breiteten sich religiöse Vorstellungen des Griechentums im gesamten hellenistischen Raum aus, andererseits fanden orientalische Religionen auch außerhalb ihres Entstehungsgebietes Anhänger. In vielen Fällen entstanden durch Verbindung griechischer und orientalischer Vorstellungen synkretistische Religionen. Der traditionelle Götterglaube verblaßte jedoch zusehends, wie sich z.B. in den Bemühungen der Stoiker zeigt, die religiösen Vorstellungen allegorisch zu deuten, oder in der Ansicht der Epikureer, daß die Götter sich um das irdische Geschehen in keiner Weise kümmerten. Die Skeptiker schließlich empfahlen, sich aller Behauptungen über Götter zu enthalten.

Gleichzeitig änderten sich die fundamentalen politischen Voraussetzungen. Insbesondere ist zu beachten, daß das politische Denken sich nun nicht mehr in erster Linie an der Polis, sondern an umfassenderen politischen Formen zu orientieren hatte. Nach Alexanders Tod ließ sich zwar das von ihm geschaffene Reich nicht aufrechterhalten, aber auch in den Nachfolge-Reichen unter den Diadochen bildete nicht mehr die Polis den Rahmen der politischen und gesellschaftlichen Aktivitäten. Die neuen großstädtischen Zentren unterschieden sich deutlich von den Poleis der klassischen Zeit: Sie waren nicht mehr traditionalistisch geprägt, sondern Brennpunkte des zivilisatorischen Fortschritts und Berührungspunkte verschiedener Kulturen. Die herkömmlichen kulturellen Grenzen, namentlich die Grenzen zwischen Griechen- und Barbarentum, wurden zusehends bedeutungslos. Infolge der Lockerung traditioneller Bindungen mußten die Menschen ihren Platz in der Gesellschaft neu bestimmen. Wenn nicht mehr die Polis die wahre Heimat war, sondern größere politische Gebilde, so lag es nahe, die Welt als eigentliche Heimat des Individuums zu betrachten. In der hellenistischen Zeit entstand die Idee des Weltbürgertums. Obwohl die veränderte politische und soziale Situation die Philosophie beeinflußte, ist aber festzuhalten, daß deren Entwicklung in erster Linie durch philosophische Motive bestimmt war. Es gab auch keinen Bruch mit der früheren Philosophie, sondern die hellenistischen Denker knüpften in vielfältiger Weise an ältere Auffassungen an.

In bezug auf die Philosophie ist, allgemein gesprochen, die Tendenz zur Preisgabe jenes umfassenden Begriffs von Philosophie zu konstatieren, die sich schon in der Sophistik angekündigt hatte, nun aber zu voller Wirksamkeit gelangte.[1] Mathematik, Mechanik, Naturgeschichte, die zunächst als Teile der Philosophie im weiten Wortsinn gegolten hatten, etablierten sich als selbständige Wissenschaften. Fortschritte im mathematisch-naturwissenschaftlichen Bereich – in der Nachfolge Euklids von Alexandrien vor allem bei Archimedes von Syrakus (gest. 212 v. Chr.) und Apollonius von Perge (gest. 190 v. Chr.)[2] – beschleunigten die Entwicklung der Technik und der Naturwissenschaften.[3] In der Astronomie wurde von Aristarch von Samos erstmals das heliozentrische Weltbild vertreten; der Geograph und Mathematiker Eratosthenes von Cyrene (gest. 215 v. Chr.) berechnete den Erdumfang und entwarf eine Erdkarte. Es fällt jedoch auf, daß sich die hellenistischen Philosophen für die zeitgenössische Mathematik und Naturwissenschaft nicht besonders interessierten. Gleichzeitig nahmen die Geisteswissenschaften einen beachtlichen Aufschwung: Die Philologie entwickelte Methoden der Textkritik, um möglichst zuverlässige Ausgaben klassischer Texte zu schaffen, in der Grammatik wurde die noch heute übliche Terminologie eingeführt, der Historiker Polybius (gest. etwa 120 v. Chr.) schrieb eine

Weltgeschichte. In der hellenistischen Epoche entstanden neue geistige Zentren, allen voran Alexandria mit seiner mehr als eine halbe Million Schriften enthaltenden, während des Kriegs zwischen Cäsar und Pompejus verbrannten Bibliothek. In mancher Hinsicht wurde Athen von anderen Städten übertroffen, behielt jedoch seine Bedeutung für die Philosophie.

In der hellenistischen Philosophie bahnte sich – namentlich bei Stoikern und Epikureern – die Gliederung der Philosophie in Teildisziplinen an, nämlich in Logik (bei den Epikureern unter dem Namen der Kanonik), Physik und Ethik. Das Interesse an der Ethik ist so ausgeprägt, daß gelegentlich der Primat der (sittlichen) Praxis als spezifisches Merkmal der hellenistischen Philosophie betrachtet wurde. Obwohl die Ethik im hellenistischen Denken eine besondere Rolle spielt, würde es doch zu weit gehen, wenn man andere Bereiche der Philosophie (wie Metaphysik und Erkenntnislehre) nur in Abhängigkeit von ihr sehen wollte. Es gab auch in der Zeit des Hellenismus ein genuin spekulatives Denken. Charakteristisch für das hellenistische Denken ist der ausgeprägte Individualismus, der zur Folge hatte, daß die Interessen des einzelnen in einer Weise berücksichtigt wurden, die der älteren Philosophie fremd war. Diese Einstellung fand ihren deutlichsten Ausdruck in dem Ziel, dem Menschen den Weg zur inneren Ruhe, zur Ausgeglichenheit und Unerschütterlichkeit des Gemüts zu weisen. Das gilt für die Stoiker, die zur vernünftigen Kontrolle der Affekte anleiten wollten, ebenso wie für die Epikureer, die auf den Weg der Befreiung von Unlust zu führen versuchten, wie für die Skeptiker, die Zurückhaltung des Urteils empfahlen, um unnötige Beunruhigung zu vermeiden. Die Stoiker betonten zwar die Pflichten gegenüber der Gemeinschaft, aber auch ihnen ging es letztlich um die Gemütsruhe des Einzelnen bzw. um die Unabhängigkeit von Leidenschaften (im Sinne der stoischen Apathie). Im übrigen war die Gemeinschaft, deren Interessen der stoische Weise berücksichtigt, nicht mehr die Gemeinschaft der Polis, also eines Kleinstaats, wie er noch Aristoteles als Ideal vor Augen stand, sondern die Gemeinschaft eines Großreichs, der Ökumene, und letzten Endes die Gemeinschaft aller Menschen.

Angesichts der zivilisatorischen Entwicklung in der Zeit des Hellenismus waren manche Zeitgenossen der Ansicht, daß es sich dabei nicht um Fortschritt, sondern um einen Verfallsprozeß handle, der durch die Preisgabe ursprünglicher Werte charakterisiert sei; die Errungenschaften der Zivilisation bzw. die mit ihnen verbundenen Annehmlichkeiten galten nicht als Äquivalent der Einbußen im kulturellen Bereich. In diesem Sinne wurde Kritik an der Zivilisation geübt, wobei man sich an dem orientierte, was als ursprünglich und natürlich galt: Man forderte mit den Stoikern ein Leben im Einklang mit der Natur, man propagierte mit den Cynikern die Einfachheit eines Lebens ohne raffinierte Bedürfnisse, man rechtfertigte mit den Epikureern das natürliche Streben nach Lust, nach Glück, nach Freiheit von Beunruhigung. Im einzelnen zeigen sich allerdings beträchtliche Unterschiede in der Auffassung der Natur, die bald als Inbegriff triebhafter und instinktiver Strebungen galt, bald als objektive Ordnung im Sinne einer kosmischen Vernunft. Dennoch kann die Orientierung an der Idee der Natur als Konstante der damaligen Kultur gelten, zumal sie auch dem ästhetischen Ideal der hellenistischen Kunst zugrunde liegt.

Das Erkenntnisproblem, das einen der Brennpunkte der philosophischen Diskussion bildete, stellte sich den Vertretern der hellenistischen Philosophie auf Grund der Voraussetzung, daß wir unmittelbar nur von Vorstellungen, nicht von Dingen, die vermeintlich «hinter» den Vorstellungen existieren, Kenntnis haben. Diese Auffassung war nicht neu, sondern wurde schon früher, z. B. von Protagoras, vertreten. In der hellenistischen Epoche wurde aber die Frage, ob bzw. unter welchen Bedingungen es möglich sei, durch den Schleier der Vorstellungen hindurch zu den bewußtseinsunabhängigen Dingen vorzudringen, besonders nachdrücklich gestellt. Die Antworten fielen in den verschiedenen Richtungen der Philosophie unterschiedlich aus: Auf der einen Seite standen jene, die (wie Stoiker und Epikureer) meinten, den Vorstellungen selbst Kriterien entnehmen zu können, die die Feststellung ihrer objektiven Realität ermöglichen; auf der anderen Seiten standen mehr oder weniger radikale Skeptiker, die bestritten oder bezweifelten, daß es brauchbare Kriterien der objektiven Gültigkeit gebe. Hieraus wurde entweder gefolgert, daß man am besten von allen Urteilen über die Dinge Abstand nehmen solle, oder aber man zog die schwächere Konsequenz, daß Urteile über die Dinge mit einer gewissen Wahrscheinlichkeit gefällt werden könnten, daß aber sicheres Wissen von Dingen unmöglich sei. Die erste Auffassung vertraten die extremen Skeptiker, die zweite herrschte zeitweise in der Schule Platos, nämlich in der sogenannten Mittleren und Jüngeren Akademie.

Im Folgenden sollen vor allem Epikureismus und Stoizismus berücksichtigt werden, doch wird im abschließenden Abschnitt auch auf die Skepsis in der Zeit des Hellenismus, auf die Akademie nach Plato und auf die peripatetische Philosophie eingegangen.

2. Epikur und der Epikureismus

Die angedeuteten Charakteristika des hellenistischen Denkens finden sich deutlich im Denken Epikurs, das dem zeitgenössischen Individualismus und dem starken Interesse an Fragen der sittlichen Praxis in besonderem Maße entgegenkam.[4] Der Epikureismus war eine Philosophie, die den von vielen Menschen der damaligen Zeit praktizierten Rückzug in ein möglichst ungestörtes Privatleben zu rechtfertigen suchte. Epikur und seine Schüler lehnten zwar den Staat nicht ab, sondern sahen in ihm eine Bedingung der von ihnen empfohlenen Lebensführung; sie hielten es aber für besser, sich nicht politisch zu engagieren, sondern ein nach außen möglichst unauffälliges Leben zu führen, nach der Maxime «Lebe im verborgenen!». «Befreien muß man sich aus dem Gefängnis des Alltagslebens und der Politik», wie es in einer Sammlung epikureischer Sprüche heißt.[5] Gut lebt, wer alle heftigen Gemütsbewegungen meidet und eine möglichst ausgeglichene innere Einstellung erreicht und bewahrt. Wenn solche Forderungen nicht die Konsequenz des Einsiedlertums nach sich zogen, so deshalb, weil die Freundschaft als Wert anerkannt blieb. In der Gemeinschaft von Freunden sucht der epikureische Weise jenes Glück, das ihm weder die Hingabe an die Wissenschaften – Aristoteles' theoretische Lebenshaltung – noch das politische oder soziale Engagement – die politische Lebenshaltung, der Aristoteles den zweiten Rang eingeräumt hatte – gewähren konnte. Der Epikureismus beruht somit auf einer resignativen Einstellung: Der Weise überwindet die Welt, indem er ihr entsagt, nicht um sich einer jenseitigen Welt zuzuwenden, sondern um jene Freuden klug zu genießen, die das Leben bietet.

Epikur wurde als Bürger Athens 342/341 auf Samos geboren. Auf Grund seiner Bildung war er mit den früheren philosophischen Positionen gründlich vertraut, sympathisierte aber vor allem mit Demokrit. Er wirkte als Lehrer der Philosophie zunächst in Mytilene und Lampsacus, bis er in Athen seine in einem Garten gelegene Schule gründete, weshalb man die Schulmitglieder «Gartenphilosophen» nannte; er starb 271/270. Sein Hauptwerk «Über die Natur» ist nicht erhalten, wir besitzen aber mehrere seiner Lehrbriefe und eine Sammlung von Kernsätzen seiner Philosophie, die «Hauptlehren», die eine Art Katechismus darstellen,[6] und eine ähnliche, erst 1888 in der Vatikanischen Bibliothek entdeckte Spruchsammlung. Von Epikurs unmittelbaren Schülern (Metrodor von Lampsacus, Hermarchus u. a.) weiß man wenig. Im Werk des Lukrez (Titus Lucretius Carus, im ersten vorchristlichen Jahrhundert) besitzen wir jedoch eine Gesamtdarstellung der epikureischen Philosophie, die deren Zusammenhang deutlich erkennen läßt und durch die epikureisches Denken späteren Jahrhunderten überliefert wurde.[7] Im vierten Jahrhundert unserer Zeitrechnung erlosch der antike Epikureismus. Das christliche Denken, das so viele Elemente des Platonismus, des Aristotelismus und der Stoa aufnahm, mußte den Epikureismus aus moralischen Gründen ablehnen; erst im 17. Jahrhundert kamen epikureische Ideen wieder zur Geltung, wobei eine Rolle spielte, daß die Atomtheorie, die Epikur von Demokrit übernommen hatte und die vor allem durch Lukrez der Folgezeit übermittelt wurde, in der modernen Naturwissenschaft Bedeutung erlangte.

a) Erkenntnis und Wissenschaft

Epikur und seine Nachfolger waren mit der älteren Atomistik überzeugt, daß sich alle Erscheinungen der Natur mit Hilfe der atomistischen Auffassung der Materie und der Annahme des leeren Raumes (wozu stillschweigend die Zeit gerechnet wurde) erklären ließen – eine Ansicht, die noch im

17. Jahrhundert vertreten wurde. Außerdem wurde vorausgesetzt, daß nichts aus nichts entstehen und nichts zu nichts werden kann; Materie kann also weder neu entstehen noch vernichtet werden. Alles Geschehen läßt sich dieser Ansicht nach auf Verhältnisse von Druck und Stoß zurückführen, d. h., es ist wirkursächlich bedingt und unterliegt keiner objektiven Zweckmäßigkeit. Vom Standpunkt der Atomistik aus kann das Werden als Umkombination von Atomen begriffen werden. Die Atome sind nur durch Größe bzw. Masse, Gestalt und Lage – also durch primäre Qualitäten – bestimmt. Die sekundären Qualitäten ergeben sich aus subjektiven Reaktionen auf Reize von seiten der Atomkomplexe, die wir «Dinge» nennen. Diese Auffassung findet sich bereits bei Demokrit, über den Epikur nur insofern hinausging, als er annahm, die Atome bewegten sich ursprünglich auf Grund ihrer Schwere und wichen gelegentlich in zufälliger Weise von ihrer ursprünglichen Bewegungsrichtung ab. Deshalb kommt es zu Zusammenstößen zwischen ihnen, die Ursache der Bildung von (veränderlichen) Atom-Aggregaten – die wir «Dinge» nennen – sind. Auf diese Differenz gegenüber Demokrit legte Epikur selbst großen Wert, vermutlich wegen deren Konsequenzen für die Theorie der Praxis: Wenn es Zufall im objektiven Sinn gibt, dann braucht nicht angenommen zu werden, daß das menschliche Handeln eindeutig determiniert ist; es bleibt ein gewisser Entscheidungsspielraum.

So nahe Epikur der älteren Atomistik stand, so groß war seine Distanz gegenüber Plato und Aristoteles. Hatten diese beansprucht, definitiv wahre Aussagen über das Wesen der Wirklichkeit machen zu können, so scheint Epikur alle naturphilosophischen Theorien für hypothetisch gehalten zu haben. Dies kommt deutlich zum Ausdruck, wenn er schreibt: «Aufgang und Untergang von Sonne, Mond und den übrigen Gestirnen kann durch Entzündung und Erlöschen erfolgen, wenn die Beschaffenheit an den jeweiligen Orten von Aufgang und Untergang so ist, daß sich das Genannte vollziehen kann. Denn die Erscheinungen widersprechen dem nicht. Dasselbe Ergebnis könnte auch bewirkt werden durch ihr Erscheinen über der Erde und wiederum das Dazwischentreten der Erde. Denn die Erscheinungen widersprechen auch da nicht.– Nicht unmöglich ist, daß sich ihre Bewegungen durch den Umschwung des gesamten Himmels vollziehen, oder auch dadurch, daß dieser stillsteht, sie selbst aber einen Wirbel vollziehen, so wie er sich am Anfang bei der Entstehung des Kosmos mit Notwendigkeit gebildet hat ... ⟨oder auch so, daß sie sich von den aufsteigenden Dünsten nähren⟩ und ihr Feuer Nahrung suchend von einem zum anderen Orte weiterschreitet.»[8]

Als einziges Kriterium der Wahrheit gilt die Übereinstimmung mit den Wahrnehmungen. Was darüber hinausgeht, sind leere Behauptungen. Wenn daher mehrere Erklärungen mit demselben beobachtbaren Sachverhalt zu vereinbaren sind, kann keine von ihnen ausgeschlossen werden, aber auch keine kann als definitiv wahr gelten. Dies weist in die Richtung einer instrumentalistischen Auffassung wissenschaftlicher Theorien. Letzten Endes sind alle theoretischen Bemühungen den obersten praktischen Zielen unterzuordnen: «Denn unser Leben bedarf nicht ... des leeren Meinens, sondern daß wir ohne Störung leben.»[9] Die Entscheidung zugunsten einer von mehreren möglichen Annahmen erfolgt letzten Endes auf Grund praktischer Überlegungen: Wir wählen jene Auffassung, die wir im Hinblick auf die Lebensführung für die geeignetste halten. Sofern naturphilosophische Theorien unter dem Gesichtspunkt ihrer Brauchbarkeit beurteilt werden, macht sich eine pragmatistische Auffassung bemerkbar: Erkenntnis gilt nicht mehr als reine Theorie, da angesichts konkurrierender theoretischer Entwürfe Entscheidungen zu treffen sind, die nur unter praktischen, vor allem sittlichen Gesichtspunkten gefällt werden können. Annahmen, die der Erreichung des sittlichen Ideals förderlich sind, verdienen den Vorzug vor Annahmen, die diesem Ziel im Wege stehen. Theorien, die für die ethischen Ziele irrelevant sind, gelten als etwas Nebensächliches.

Die pragmatistische Einstellung prägt auch Epikurs Erkenntnistheorie. Angesichts der Frage, ob die Wirklichkeit an sich so beschaffen ist, wie sie wahrgenommen wird, scheint Epikur einen realistischen Standpunkt vertreten zu haben: Unser Wissen beruht auf Wahrnehmungen, und da diese nicht «widerlegbar» sind – d.h. nicht modifiziert oder korrigiert werden können–, sind sie wahr. Alle Aussagen über Dinge, die nicht wahrnehmbar sind, hängen letztlich von Wahrnehmungen ab.[10] Diese empiristische Auffassung ist geeignet, spekulative Annahmen über das Wesen der Wirklichkeit hintanzuhalten und lediglich jenes Wissen zuzulassen, das zur praktischen Orientierung in unserer Umgebung nötig ist.

Epikurs Äußerungen lassen jedoch erkennen, daß er keinen naiven Realismus vertreten wollte. Obwohl er als wirklich bezeichnete, was klar wahrgenommen wird oder mit klaren Wahrnehmungen in Beziehung steht, wollte er nicht alle Eigenschaften, die wir wahrnehmen, den Dingen an sich zuschreiben. Grundlage aller Erkenntnisse sind nämlich seiner Ansicht nach nicht die evidenten Wahrnehmungsurteile allein, sondern solche Urteile in Verbindung mit allgemeinen Begriffen und Grundsätzen als Voraussetzungen der Ableitung, wobei die Allgemeinbegriffe wiederum auf Wahrnehmungen zurückgehen. Nicht uninterpretierte Beobachtungsdaten, sondern gedeutete Wahrnehmungen bilden die Grundlage unserer Auffassungen von der Welt. Außerdem spielen auch Gefühle eine Rolle, wenn wir Annahmen als wahr akzeptieren.

Die Frage nach den Kriterien der Wahrheit[11] sollte von nun an eine wichtige Rolle in der Philosophie spielen, und zwar nicht nur in der epikureischen, sondern auch in der stoischen und skeptischen Philosophie. Der Unterschied dieser Richtungen zeigt sich besonders deutlich bei der Bestimmung des Wahrheitskriteriums. Es besteht nach epikureischer Ansicht in der Evidenz einfacher Beobachtungsaussagen und allgemeiner Aussagen auf Grund klarer (jedoch aus Wahrnehmungen gewonnener) Begriffe. Demgegenüber erblickten die Stoiker das Wahrheitskriterium in der einsichtigen

Beziehung einer Vorstellung auf den Gegenstand, und die Skeptiker erklärten alle Versuche, ein Wahrheitskriterium zu formulieren, für gescheitert. Die Tatsache, daß dem Problem der Wahrheit zentrale Bedeutung zuerkannt wurde, läßt erkennen, daß die philosophische Entwicklung in der Zeit des Hellenismus ein neues Niveau erreicht hatte: Anstatt primär nach Seinsprinzipien zu fragen, wendeten sich die Philosophen nunmehr der Frage zu, ob und wie sich feststellen läßt, daß Aussagen über die Wirklichkeit sicher wahr sind. Das Erkenntnisproblem erhält damit innerhalb der Philosophie ein größeres Gewicht als in der früheren Philosophie.

Wie schon die älteren Vertreter der Atomistik nahm Epikur an, daß die Vorstellungen durch stoffliche, somit aus Atomen bestehende Bildchen (eídola) entstehen, die von den Dingen ausgehen – Epikur sprach von «Abflüssen» – und in die Sinnesorgane eindringen. Alle Vorstellungen sind auf solche Bildchen zurückzuführen, auch die Allgemeinbegriffe, die sich auf Grund von Wahrnehmungen ohne unser Zutun bilden und an deren Deutlichkeit teilhaben. Daß gewisse Vorstellungen allgemein verwendet werden können – so daß z.B. eine Vorstellung «Baum» alle Arten von Bäumen vertritt –, erklärt sich nach Epikur daraus, daß es sich um ein verschwommenes Erinnerungsbild handelt, das wegen seiner Vagheit nicht die für besondere Arten von Bäumen typischen Merkmale enthält. An die individuellen oder Typen-Vorstellungen knüpft das Fürwahrhalten (die Doxa) an, das in Form eines Urteils ausgedrückt werden kann. Urteile erweisen sich als wahr, wenn sie mit den Gegenständen bzw. mit den Überzeugungen anderer Menschen übereinstimmen und sich praktisch bewähren. Es gibt also Korrektive der unmittelbaren Wahrnehmung, so daß wir nicht vom jeweiligen Eindruck, der irreführend sein kann, abhängig sind; die Erkenntnis erschöpft sich nicht im Aufnehmen von Eindrücken, sondern setzt stets mindestens einen allgemeinen Begriff voraus. Obwohl Epikur einerseits erklärte, der Verstand hänge vollkommen von der Sinneswahrnehmung ab, wollte er andererseits die Erfahrung keineswegs auf Sinneseindrücke reduzieren, sondern auch die verstandesmäßige Komponente der Erfahrung hervorheben. So können wir z.B. auf Grund des sinnlichen Eindrucks allein nicht sagen «Dies ist ein Mensch», wenn wir nicht über den Begriff «Mensch» verfügten; dieser Begriff ist aber nicht schlechthin unabhängig von der Wahrnehmung, sondern er wird auf Grund früherer Beobachtungen gebildet. Epikur vertrat somit eine Auffassung, die in moderner Sprechweise empiristisch bzw. sensualistisch zu nennen wäre. Durch seine Leugnung echter Allgemeinbegriffe tritt er in Gegensatz zu Plato und Aristoteles, indem er den späteren Nominalismus vorwegnimmt.[12]

Epikur hielt an dem Glauben an Götter fest – ob ernstlich oder nur aus taktischen Gründen, wird offenbleiben müssen. Wie alle Vorstellungen stammen auch die Göttervorstellungen aus stofflichen Bildern, die wir empfangen, doch ist ihr Stoff feinerer Art als der wahrnehmbarer Bilder. Ob sie von realen Wesen ausgehen oder ob wir mit ihrer Hilfe göttliche Wesen denken, bleibt unklar. Jedenfalls stellen sich die Götter als Projektionen des epikureischen Ideals eines vollkommen glücklichen Lebens dar.[13] Epikur scheint aber dem Inhalt der Göttervorstellungen eine Art Wirklichkeit zugeschrieben zu haben, die allerdings nicht die Wirklichkeit materieller Dinge sein kann. Um welche Art Wirklichkeit es sich handelt, läßt sich nicht mehr feststellen. Jedenfalls haben die Götter keinen Einfluß auf das Geschehen in der Welt, und insbesondere können sie nicht als Lenker des menschlichen Lebens gelten. Nach epikureischer Ansicht befinden sie sich nämlich in den Zwischenräumen zwischen den einzelnen Welten (den Metakosmien oder Intermundien), wo sie in vollkommen selbstgenügsamer Weise ein seliges Leben führen, ohne am irdischen Geschehen, namentlich am Schicksal der Menschen, teilzunehmen. Der Glaube an eine göttliche Vorsehung erscheint daher als ebenso unbegründet wie die Furcht vor göttlichen Strafen. Die Götter verheißen den Menschen keinen Lohn, gewähren ihnen keine Hilfe und bedrohen sie nicht mit Strafen. Opfer und Gebet als Mittel der Beeinflussung der Götter sind daher sinnlos. Offenbar ging es Epikur darum, die Angst vor dem Zorn oder Neid der Götter zu überwinden, ohne sich dem Vorwurf des Atheismus auszusetzen.

Unsterblichkeit kann es unter Epikurs Voraussetzungen natürlich nicht geben. Die Seele ist, wie alle Dinge, ein Komplex von Atomen und löst sich, wie alle Dinge, im Verlauf der Zeit in Atome auf, die dann in andere Atomverbindungen eingehen können. Auch diese Annahme hat einen leicht erkennbaren moralischen Sinn: Den Menschen soll die Furcht vor den jenseitigen Strafen genommen werden, die von Vertretern der Unsterblichkeitslehre behauptet wurden.

Von der formalen Logik hielten die Epikureer nichts: «Sie verwarfen die Logik als Ablenkung (von den wesentlichen Aufgaben) und meinten, es sei ausreichend, wenn die Philosophen sich an die Bezeichnungen der Dinge halten.»[14] Die epikureische Kanonik beschränkte sich daher auf die Erkenntnislehre mit der Lehre vom Wahrheitskriterium als Zentrum. Der naturalistischen Auffassung der Begriffsbildung entspricht eine naturalistische Theorie der Sprachentwicklung, der zufolge zunächst bei bestimmten Anlässen bestimmte Laute geäußert wurden, so daß eine Koppelung zwischen Laut und äußerem Anlaß zustanden kam. Später wurde die Zuordnung durch Übereinkunft genauer gemacht und gefestigt, so daß Laute als Zeichen für Dinge und Vorgänge fungieren konnten. Die Sprache ist also weder ein Geschenk der Götter, noch wurde sie von Menschen planmäßig geschaffen.[15]

Die subjektivistische Erkenntnistheorie läßt nur eine subjektivistische Moral zu: Wenn uns nur Bewußtseinsinhalte gegeben sind, dann muß auch der Grund der Werturteile im Bewußtsein des Einzelnen gesucht werden. Schließt man mit Epikur aus, daß Werturteile rationalen Charakter haben, dann bieten sich die Gefühle, näherhin Lust- und Unlustgefühle, zur Erklärung moralischer Wertungen an. Die Grundzüge der epikureischen Moralphilosophie hängen eng mit dem erkenntnistheoretischen Subjektivismus zusammen.

b) Grundgedanken der Ethik

Die epikureische Ethik unterscheidet sich dadurch von der Ethik der Stoiker, daß sie nicht moralische Vorschriften aufstellen und begründen, sondern konstatieren soll, was tatsächlich als gut bzw. als schlecht gilt, um sodann eine Erklärung dafür zu liefern, daß Handlungen so oder so bewertet werden. Hat man verstanden, warum die Menschen in bestimmter Weise werten, kann man auch Empfehlungen im Hinblick auf die Lebensführung geben. Die epikureische Ethik ist somit, modern ausgedrückt, keine normative (präskriptive), sondern eine beschreibende bzw. erklärende Wissenschaft (deskriptiv-explanatorische Ethik). Auf der Grundlage der Theorie moralischer Wertungen legte Epikur eine Lebensweise nahe, von der er überzeugt war, daß sie den in der Regel anerkannten Zielen des Menschen angemessen sei, ohne daß er ein bestimmtes Verhalten als Pflicht darstellen wollte; erst recht erhob er nicht den Anspruch, ein bestimmtes Ziel als verpflichtend erweisen zu können. Der Ethiker im Sinne Epikurs kann mit einem Arzt verglichen werden, der seinem Patienten eine bestimmte Diät empfiehlt, obwohl er ihm nicht vorschreiben kann, gesund werden oder gesund bleiben zu wollen.

Demgemäß haben Epikurs moralphilosophische Überlegungen vor allem den Sinn, festzustellen, was als «gut» gilt. Seiner Ansicht nach bedeutet dieser Ausdruck nichts anderes als «lustbetont» oder «lustbringend» (bzw. «mehr Lust als Unlust bringend» oder unter Umständen «geeignet, Unlust nach Möglichkeit zu vermeiden»). «Schlecht» bedeutet entsprechend «unlustbetont oder Unlust bewirkend bzw. die innere Ruhe des Gemüts störend». Die ethischen Grundbegriffe «gut» und «schlecht» werden hier offensichtlich mit Hilfe außermoralischer Begriffe – nämlich der psychologischen Begriffe der Lust bzw. der inneren Ruhe – zu definieren gesucht. Ausgehend von der Feststellung, daß die Lust als grundlegender Wert und somit als Ziel des Handelns im allgemeinen gilt, ist zu fragen, auf welche Weise das vorausgesetzte – nicht etwa von der Ethik geforderte, sondern von ihr lediglich konstatierte – Ziel optimal erreicht werden kann. Es handelt sich daher auch darum, Verhaltensweisen mit Bezug auf jenes Ziel zu beurteilen. Urteile über das Verhältnis von Mitteln zu einem vorausgesetzten Zweck sagen aber nichts darüber aus, was getan werden soll, sondern sie stellen nur fest, wie sich das vorgegebene Ziel erreichen läßt. Auch wenn gesagt wird, man solle die zum Ziel geeignetsten Mittel wählen, handelt es sich nicht um ein Sollen im Sinne echter moralischer Verbindlichkeit. Die Sätze, in denen Epikur das Gute mit der Lust identifiziert, sind also im Sinne von Tatsachenfeststellungen zu verstehen, auch wenn sie auf den ersten Blick Wertungen auszudrücken scheinen. So sagte Epikur höchst drastisch: «Ich spucke auf das Edle und auf jene, die es in nichtiger Weise anstaunen, wenn es keine Lust erzeugt» oder: «Ursprung und Wurzel alles Guten ist die Lust des Bauches».[16] Der letztere Satz könnte besagen, daß wir keine Begriffe von Werten hätten, wenn es kein Lusterleben gäbe. Er könnte näherhin auf eine psychologische Theorie der Entstehung von Wertungen hinweisen, nach der die den Wertungen letztlich zugrunde liegende Lust ihren Grund im richtigen Funktionieren des Organismus hat. Jedenfalls liefert nach Epikur das unmittelbare Lusterleben den einzigen *natürlichen* Maßstab sittlicher Wertungen, wobei «natürlich» hier, anders als im Stoizismus, keine metaphysische Bedeutung hat.

Ungeachtet des kraß naturalistischen Charakters von Äußerungen wie den eben angeführten, ist aber der Epikureismus keine Ethik der rein sinnlichen Lust, kein platter Hedonismus; «Lust» wird nämlich so weit gefaßt, daß auch die geistige Befriedigung, z.B. die Freude an der Philosophie, unter diesen Begriff fällt. Nicht nur ist zu bedenken, daß es oft verfehlt ist, dem unmittelbaren Lustverlangen nachzugeben, weil dabei u. U. eine unverhältnismäßig große Menge an Unlust in Kauf genommen wird, weshalb der Weise dem Lustverlangen in kontrollierter Weise zu folgen sucht, d.h. Entscheidungen auf Grund eines vernünftigen Lust-Unlust-Kalküls trifft.[17] Epikur hielt die dauerhafte Ausgeglichenheit des Gemüts, die Ruhe und Heiterkeit der Seele für wichtiger als das unmittelbare Lusterleben. Er verglich sie mit der Windstille oder der ruhigen See (das griechische «galene» kann beides bedeuten), um ihren Gegensatz zu den stürmischen Affekten zu verdeutlichen. Das praktische Ziel wird jedoch nicht völlig eindeutig beschrieben. Bald scheint es in das positive Lusterleben, bald in die Abwesenheit von Unlust, in die Ruhe des Gemüts verlegt zu werden. Diese Zweideutigkeit hat Epikur nicht überwunden. So stehen neben Äußerungen, nach denen nicht der Genuß, sondern die Einsicht, die zu einer ausgeglichenen Seelenhaltung führt, als Kardinaltugend bezeichnet wird, Aussagen gegenüber, die ein weitgehend freies Ausleben der Triebe empfehlen, zum Beispiel: «Wenn du nicht die Gesetze verletzt, die angemessenen Konventionen störst, die Mitmenschen belästigst, den Körpers schädigst oder das Lebensnotwendige vertust, folge deiner Neigung, wie du willst.» Einschränkend wird aber bemerkt, daß es sehr schwer sei, alle diese Bedingungen zu erfüllen.[18]

In der epikureischen Ethik wird also nicht ein Leben des Genusses im Gegensatz zur Vernunft empfohlen, sondern die Vernünftigkeit gehört wesentlich zum Ideal des Weisen. Der Mensch ist auf vernünftige Einsicht angewiesen, um alle Störungen erfolgreich abwehren, um insbesondere die Todesfurcht und die Furcht vor Göttern und Dämonen überwinden zu können, die den Menschen mehr als alles andere beunruhigen. Die Ethik Epikurs kommt also ohne eine vernünftige Komponente nicht aus: Sie ist eine Ethik der Weisen, nicht der Toren, denen sie unzugänglich bleibt. Hierin zeigt sich deutlich der Unterschied dieser Ethik gegenüber einer reinen Lust-Moral: Die animalische Lust ist allen Menschen, unabhängig von ihrem intellektuellen Niveau, erreichbar, ja sie wird am besten erreicht, wenn die Vernunft schweigt; das moralische Ideal Epikurs ist dagegen an vernünftige Einsicht gebunden: «Darum ist auch die Einsicht kostbarer als die Philosophie. Aus ihr entspringen alle übrigen Tugenden, und sie lehrt, daß es nicht möglich ist, lustvoll zu leben ohne verständig, schön und gerecht zu leben, noch auch verständig, schön und gut, ohne lustvoll zu leben. Denn die Tugenden sind von Natur verbunden mit dem lustvollen Leben und das lustvolle Leben ist von ihnen untrennbar.»[19]

Hinter der moralischen Theorie Epikurs steht das Ideal des Weisen als des Menschen, der sich den meisten Bindungen – ausgenommen freundschaftliche Beziehungen – zu entziehen sucht, um in den Genuß eines heiteren, von Furcht und Sorge möglichst ungetrübten Lebens zu kommen. Weil dieses Ideal nur durch Verzicht auf mühsames theoretisches und auf selbstloses praktisches Engagement erreicht werden zu können scheint, erhält Epikurs Ethik einen resignativen Charakter. Es ist Resignation, wenn das Verhalten des Weisen der Maxime «Lebe im verborgenen» unterstellt wird. Resignation spricht aber auch aus dem Verzicht auf Bemühungen um wissenschaftlichen Fortschritt. Epikurs Weiser überwindet die Welt, indem er sich ihr entzieht.

Diesem Ideal soll sich der Mensch nach Epikur frei zuwenden können. Um den Menschen als frei betrachten zu können, nahm er an, daß die Vorgänge im atomaren Bereich nicht determiniert seien und daß es daher kein unentrinnbares Schicksals gebe, dem der Mensch ausgeliefert sei. Auch die Götter können die Freiheit des Weisen nicht einschränken, denn sie haben, wie Epikur betonte, kein Interesse am irdischen Geschehen und üben daher keinen Einfluß auf die menschlichen Schicksale aus. Wenn er gleichzeitig die Existenz von Göttern, allerdings in einem Bereich jenseits der Welt, in der wir leben, anerkannte, tat er das so, daß ein Gegensatz zur postulierten Freiheit menschlicher Entscheidungen vermieden wurde.

c) Recht und Gesellschaft

Schon die Sophisten hatte die Frage beschäftigt, ob das Recht ausschließlich auf Übereinkunft beruhe oder ob es Rechte gebe, die von Natur aus gelten. Epikur stellte sich angesichts dieser Kontroverse auf den Standpunkt, daß das Recht konventionellen Charakter habe. Seiner Ansicht nach ist der Mensch nicht von Natur ein soziales Wesen, wie Aristoteles angenommen hatte, sondern die Gesellschaft verdankt ihre Existenz und ihre bestimmte rechtliche Ordnung einem Vertrag.[20] Infolgedessen kann es nach Epikur auch keine Gerechtigkeit an sich geben, sondern «gerecht» heißt etwas mit Bezug auf die vertraglich festgelegte Rechtsordnung. «In bezug auf das Gemeinwesen ist die Gerechtigkeit für alle dasselbe; denn sie ist das Zuträgliche in der gegenseitigen Gemeinschaft. Dagegen ergibt sich je nach den

Verschiedenheiten des Landes und der sonstigen Bedingungen nicht für alle dasselbe als gerecht.»[21]

Wie in allen Gesellschaftstheorien, die auf der Annahme eines Sozialkontrakts beruhen, ist auch bei Epikur die Auffassung leitend, daß die Individuen ursprünglich selbständig waren und die Gemeinschaften erst durch den Zusammenschluß von Individuen entstanden seien. Die Individuen bilden sozusagen die sozialen Atome, aus denen gesellschaftliche Aggregate entstehen. So wie nach atomistischer Auffassung die Dinge Aggregate von Atomen sind, so wird auch die Gesellschaft als ein Aggregat sozialer Atome aufgefaßt, die nicht auf Grund ihres Wesens, sondern in äußerlicher Weise – nämlich durch Vertrag – zueinander in Beziehung treten.

Wenn der Mensch nicht von Natur aus auf das Leben in der Gemeinschaft angelegt ist, sondern nur durch Nützlichkeitserwägungen veranlaßt wird, Gemeinschaften zu bilden, dann gibt es auch keine der menschlichen Natur angemessene, somit «naturgemäße» bzw. «richtige» Staatsverfassung; und wenn von «Recht» und «Unrecht» nur relativ auf eine konventionelle Verfassung gesprochen werden kann, dann kann es keine absolute Gerechtigkeit und kein überpositives Recht geben; was Rechtens ist, hängt von der Rechtsordnung und den Gesetzen des jeweiligen Staates ab. Der Gegensatz zu Platos Annahme einer Gerechtigkeit an sich, die jeder Gesetzgebung übergeordnet ist, könnte nicht schärfer sein. Dennoch sind Recht und Gesetz nach Epikur nicht völlig beliebig, da sie einem übergeordneten Maßstab, nämlich dem Zuträglichen, unterworfen sind: Rechtskonventionen sind gültig, wenn sie der Gemeinschaft nützen; sie verlieren den Charakter gültiger Rechtsnormen, wenn sie nicht mehr dem Interesse der Gesellschaft dienen. Dies erklärt die Tatsache, daß Gesetze bald für gerecht, bald für ungerecht gehalten werden: «Wo ... nach Veränderung der Verhältnisse dieselben Rechtssätze nicht mehr zuträglich sind, da waren sie damals gerecht, als sie der gegenseitigen Gemeinschaft der Bürger zuträglich waren. Später aber waren sie nicht mehr gerecht, als sie nicht mehr zuträglich waren.»[22] Letzten Endes ist auch das Recht auf das Glücksstreben der Individuen zu beziehen, da es die Funktion hat, alles hintanzuhalten, was die Ruhe und das Glück der einzelnen beeinträchtigen könnte.

Der Individualismus der Epikureer entsprach einer resignativen Haltung, die verständlich ist, wenn man sich vor Augen hält, daß der Einzelne in den letzten vorchristlichen Jahrhunderten in der Regel nicht mehr, wie in der alten Polis, am politischen Leben teilnehmen konnte. Die monarchischen Verfassungen der Diadochen-Reiche machten den Bürger zum Untertanen, der nur auf die Milde und Einsichtigkeit des Herrschers hoffen konnte. In dieser Lage fand die Empfehlung, sich ins Privatleben zurückzuziehen und dieses so angenehm wie möglich zu gestalten, bei vielen Anklang. Man muß aber annehmen, daß ein Leben in Muße und Würde (otium cum dignitate) nur jenen möglich war, die über ein größeres Vermögen verfügten. Außerdem ließ sich eine Einstellung, die durch Distanz gegenüber allen gesellschaftlichen Verpflichtungen bestimmt war, offensichtlich nicht allgemein empfehlen. Obwohl die Bürger politisch nicht mehr mitbestimmen konnten, mußten sie sich in hinreichender Zahl den Gemeinschaftsaufgaben widmen, wenn die öffentliche Ordnung aufrechterhalten werden sollte. Daher mußte eine Moralphilosophie, die den Einsatz für die Gemeinschaft bzw. für den Staat zur Pflicht erklärte, vielen angemessener erscheinen als der Epikureismus; eine solche Ethik bot der Stoizismus.

Fragt man nach der Bedeutung des Epikureismus für die weitere Entwicklung der Philosophie, dann muß neben der Ethik und der Naturphilosophie auch die Erkenntnislehre der Epikureer beachtet werden, insbesondere im Hinblick auf ihre empiristische Tendenz. Anknüpfend an Auffassungen der älteren Atomisten, lehrte Epikur als erster ausdrücklich die Erfahrungsabhängigkeit aller unserer Begriffe; unabhängig von Beobachtungen ist es seiner Ansicht nach nicht möglich, über die Dinge zu urteilen. Infolgedessen lehnte er den Platonismus ab: Während Plato meinte, daß allgemeinen Begriffen allgemeine Entitäten – die Ideen – entsprechen müßten, leugnete Epikur, daß es Allgemeinbegriffe von der Art, wie sie Plato annahm, gebe. Gewisse Vorstellungen werden lediglich allgemein verwendet, obwohl sie Vorstellungen konkreter Dinge sind, allerdings unscharfe Vorstellungen, die nicht dieses oder jenes Ding, sondern einen Typus repräsentieren. Tatsächlich wurde das Denken der Neuzeit nicht so sehr durch die Ethik der Epikureer, als vielmehr durch ihre Naturphilosophie und ihre Erkenntnislehre beeinflußt, die den empiristischen Tendenzen starken Auftrieb gaben.

3. Die stoische Philosophie[23]

a) Die wichtigsten Stoiker

Mit dem Ausdruck «stoisch» pflegt man eine Einstellung zu bezeichnen, die durch die größte Gelassenheit angesichts des Schicksals, auch des schweren Schicksals, sowie durch Überlegenheit über die Leidenschaften charakterisiert ist. Dies entspricht in der Tat dem stoischen Ideal; man muß jedoch beachten, daß die «stoische» Haltung auf einer metaphysischen Grundlage beruhte: Nach Ansicht der Stoiker ist die Wirklichkeit vernünftig geordnet, und wer diese Ordnung erkennt und sich ihr unterwirft, kann sich geistig über die Zufälligkeiten und Unzuträglichkeiten des Lebens erheben. Das Vertrauen in die Vernünftigkeit der Weltordnung ist der Grund der Gelassenheit, mit welcher der stoische Weise dem Schicksal gegenübertritt. Diese Einstellung ist in den folgenden Worten eines stoischen Philosophen gemeint: «Du hast eine Rolle in einem Stück zu spielen, das der Direktor bestimmt. Setzt er ein kurzes oder ein langes an, du mußt es dir gefallen lassen. Gibt er dir die Rolle eines Bettlers, mußt du sie dem Charakter der Rolle entsprechend spielen, und ebenso, wenn du einen Krüppel, einen

Herrscher oder einen Privatmann darstellen sollst. Denn das ist deine Aufgabe, die erhaltene Rolle gut zu spielen; die Rolle auszuwählen kommt einem andern zu.»[24]

Diese Sätze stammen von Epiktet, einem Stoiker des ersten nachchristlichen Jahrhunderts, der ursprünglich Sklave war. In der sozialen Stellung dieses Philosophen kommt der gesellschaftliche Wandel gegenüber der ersten Epoche der griechischen Philosophie zum Ausdruck, in der nur Angehörige des Adels oder mindestens Vollfreie philosophierten: Für die stoische Philosophie ist die Offenheit gegenüber Menschen unterschiedlichster Herkunft typisch. Neben dem Sklaven Epiktet steht wenig später, nämlich im zweiten Jahrhundert nach Christus, ein Kaiser als Vertreter der Stoa: Marcus Aurelius Antoninus.

Der Gründer der Schule, Zeno von Citium auf Zypern (gest. um 261), entstammte dem außergriechischen Raum, nämlich dem phönizisch geprägten Zypern.[25] Er war als junger Mann nach Athen gekommen, trat in Verbindung mit dem Cyniker Crates und verstand es, sich in kurzer Zeit die philosophische Denkweise Griechenlands vollkommen anzueignen. Die Stoa nahm Elemente verschiedener früherer Systeme auf, namentlich des Heraklitismus und des Cynismus. Die Schule hat ihren Namen von einer bildergeschmückten Halle – der Stoá poikíle –, in der Zeno lehrte. Zu seinen Hörern gehörte zeitweise der mazedonische Prinz Antigonos. Seine im einzelnen nicht sicher zu rekonstruierende Lehre wurde von Cleanthes (gest. um 232) weitergegeben, der ursprünglich Faustkämpfer war und sich während des Studiums seinen Unterhalt durch schwere Arbeit verdienen mußte. Zeno soll von ihm gesagt haben, er nehme, wie eine harte Wachstafel, schwer auf, bewahre aber das Aufgenommene um so getreuer. Später wurde die stoische Auffassung von Chrysipp (etwa 280 bis etwa 205) aus Cilicien, umfassend begründet und ausgebaut, so daß man ihn den zweiten Gründer der Schule nannte. Durch ihn hat die Philosophie der älteren Stoa ihre entwickelte Form erhalten. Mit Panaetius von Rhodos faßte die stoische Philosophie in Rom Fuß, wobei der kulturell einflußreiche Kreis um die Scipionen – Panaetius war mit Scipio Africanus befreundet – die Brücke bildete. Ein Schüler des Panaetius, Posidonius, besuchte Marius in Rom und wurde selbst von Pompejus aufgesucht, als dieser während des Seeräuberkriegs nach Rhodos kam. Zu den Vertretern der stoischen Philosophie gehörte neben den soeben erwähnten Epiktet und Mark Aurel auch Lucius Annaeus Seneca (4 v. Chr. bis 65 n. Chr.). Die Stoa gehörte nicht nur ein halbes Jahrtausend lang zu den wichtigsten prägenden Faktoren der antiken Kultur, sondern sie beeinflußte auch das Christentum und wirkte nachhaltig auf das Denken der Neuzeit, als sie, von Justus Lipsius und anderen wiederbelebt, im Denken Descartes', Spinozas, Kants und anderer eine Rolle spielte.

Das stoische System weist eine eindrucksvolle Geschlossenheit auf: Logik (mit Erkenntnistheorie), Physik und Ethik hängen aufs engste zusammen,[26] wobei die Annahme eines vernünftigen und vernünftig erkennbaren Weltgesetzes – des *Logos* –, das das materielle Geschehen wie das menschliche Denken umfaßt, die Teilbereiche der Philosophie verbindet. Die Auffassung der Philosophie als System, die hier erstmals deutlich vertreten wird,[27] beruht auf der Vorstellung, daß die Teile der Philosophie sich wie die Teile eines Organismus zueinander verhalten.[28] Erstmals wurde bei den Stoikern der Begriff der Pflicht präzisiert und metaphysisch verankert. Gleichzeitig setzte sich bei ihnen die Auffassung durch, daß Handlungen nicht nach dem Erfolg, sondern nach der ihnen zugrunde liegenden Gesinnung sittlich zu bewerten seien. Das Glücksverlangen des Menschen wird dabei nicht negiert, seine Erfüllung jedoch in die vollkommene Pflichterfüllung verlegt. Die Ethik tritt in den Mittelpunkt des philosophischen Interesses: Die theoretische Philosophie wird, indem ihr die Aufgabe der Erkenntnis der allen Wesen gemeinsamen Natur zufällt, als Weg zur Erkenntnis der Pflicht bestimmt.[29]

Die stoische Philosophie wurde in der Zeit des Hellenismus zur einflußreichsten philosophischen Richtung, was sich nicht zuletzt darin zeigt, daß sie zeitweise die platonische Akademie nachhaltig beeinflußte und die aristotelische Philosophie stark zurückzudrängen vermochte.

b) Die stoische Erkenntnislehre

Der zentrale Begriff der stoischen Philosophie ist der Begriff der Natur als Prinzip aller Dinge und ihrer (vernünftigen) Ordnung sowie als Norm, der sich der Mensch unterwerfen muß, wenn er sittlich leben will. Da die Stoiker die Naturordnung als Gegenstand vernünftiger Erkenntnis betrachteten, drängte sich ihnen die Frage auf, unter welchen Bedingungen die Natur erkannt werden kann. Diese Frage gestellt und eine Antwort auf sie versucht zu haben ist die besondere Leistung der Stoa im Bereich der Erkenntnislehre. Im Unterschied zu den älteren griechischen Philosophen – z.B. zu Heraklit, mit dem sie manche Auffassungen verbanden – behaupteten die Stoiker nicht einfach, metaphysisches Wissen zu besitzen, sondern sie fragten, worin Wissen besteht und wie es erworben wird.

Die Erkenntnis beginnt nach stoischer Ansicht mit der Sinneswahrnehmung, d.h. mit Eindrücken, die die Seele von den Dingen empfängt; sie erschöpft sich aber nicht im Aufnehmen von Eindrücken. Damit Erkenntnis zustande kommt, muß dem Inhalt der Wahrnehmung zugestimmt werden. (Diese Zustimmung heißt – ebenso wie die willentliche Zustimmung zu Motiven – synkatáthesis.) Die Zustimmung erfolgt mit Notwendigkeit, wenn dem Urteil eine Vorstellung (phantasía) zugrunde liegt, in der das Objekt erfaßt wird, so daß das Subjekt nicht anders kann, als die Vorstellung auf etwas Reales zu beziehen: Unter gewissen Bedingungen werden Vorstellungen als objektiv erlebt, d.h. auf einen unabhängig vom Subjekt vorhandenen Gegenstand bezogen; ist das der Fall, wird das Subjekt zur

Zustimmung in Form einer Urteilsbehauptung genötigt: Die «erfassende» (kataleptische) Vorstellung ergreift das Subjekt gleichsam an den Haaren und nötigt es mit Gewalt zur Zustimmung.[30] Zeno soll den Sinneseindruck mit der geöffneten Hand, die Zustimmung mit der geschlossenen Hand und das Begreifen (die comprensio, d.h. die katálepsis) mit der geballten Faust verglichen haben. Schließlich umfaßte er die Faust kräftig mit der anderen Hand, um die Festigkeit zu veranschaulichen, die der wissenschaftlichen Erkenntnis als höchster Form des Wissens zukommt.[31]

Neben den anschaulichen Vorstellungen gibt es allgemeine Begriffe (énnoiai), die im Denken entstehen, aber trotzdem nicht rein subjektiv sind. Sie fungieren als «Vorbegriffe» (prolépseis) unserer Urteile und haben insofern objektiven Charakter, als wir sie auf Grund unserer Natur bilden. Sie liegen daher dem Denken aller Menschen zugrunde und sind daher allgemein (koinaí énnoiai). Bei der sicheren Tatsachenerkenntnis spielen sie eine unentbehrliche Rolle. In gewissem Sinne sind sie angeboren, wie auch die allgemeinen Wahrheiten, die mit ihrer Hilfe formuliert werden; Ideen im Sinne Platos gibt es dagegen nach stoischer Ansicht nicht, da das Allgemeine nicht unabhängig vom Denken existiert, sondern vom Denken, ausgehend von Wahrnehmungen, geschaffen wird.[32] Als allgemeinste Kategorie galt den Stoikern der Begriff «Etwas»; ein Etwas kann körperlich sein (als Substanz mit Qualitäten, Verhaltensweisen und Beziehungen) oder unkörperlich. Als unkörperlich betrachteten sie den Inhalt der Aussagen (lektón). Die Stoiker vertraten somit keinen konsequenten Materialismus.

Die Annahme von Begriffen, die natürlicherweise gebildet werden, liegt dem für die Stoa typischen Gottesbeweis aus der einhelligen Überzeugung der Menschen (consensus omnium) von der Existenz einer Gottheit zugrunde. Eine Überzeugung wie die von der Existenz Gottes, muß, da sie den Menschen aller Zeiten und aller Zonen gemeinsam ist, nach stoischer Ansicht auf eingeborenen Ideen beruhen und kann daher nicht falsch sein. Ähnlich wird die ausnahmslose Verbindlichkeit des Pflichtgebots auf eingeborene moralische Ideen bezogen.

Von besonderem Interesse ist die stoische Semantik, d.h. die Lehre von der Zeichen-Funktion sprachlicher Ausdrücke. Ein Laut ist ein sprachlicher Ausdruck, wenn er den Charakter eines Zeichens hat und sich somit auf etwas bezieht, das bezeichnet wird. Stoischer Ansicht nach ist das unmittelbar Bezeichnete nicht ein materieller, sondern ein unkörperlicher Gegenstand, ein Ausgesagtes (lektón), das unabhängig vom Subjekt keine Realität hat. Die Bedeutungen von Begriffen sind das einzige, was von den Stoikern mit Sicherheit nicht als materiell aufgefaßt wurde.[33]

So wie die Stoiker sich nicht damit begnügten, ein Wissen von der Natur und ihrer Gesetzmäßigkeit zu behaupten, sondern nach dem Wesen und dem Zustandekommen des Wissens im allgemeinen fragten, so ließen sie es auch nicht mit der Formulierung von Argumenten bewenden, sondern sie fragten nach der Form von Beweisen. Diesen Zusammenhang brachte Epiktet im 1./2. Jahrhundert zum Ausdruck: «Der erste und notwendigste Teil der Philosophie ist die Anwendung der Grundsätze im Leben, z.B. *Keine Lüge in Worten und Werken.* Das zweite sind die Beweise, d.h. woraus folgt, daß man nicht lügen soll. Das dritte ist die Begründung und scharfe Untersuchung der Beweise selbst, z.B. woraus folgt, daß dies der Beweis ist, was überhaupt ein Beweis sei, was eine Folge, was ein Widerspruch, was wahr und was falsch sei.»[34] In der stoischen Logik stehen nicht, wie bei Aristoteles, Beziehungen zwischen Begriffsinhalten und -umfängen im Mittelpunkt, sondern Beziehungen zwischen Aussagen, so daß die Stoiker, obwohl sie an Ansätze der Peripatetiker Theophrast und Eudem anknüpften, als die Begründer der Aussagenlogik gelten können. Im Mittelpunkt der Logik stehen ihrer Auffassung nach nicht mehr die kategorischen Syllogismen, sondern die hypothetischen Schlüsse der Form *Wenn a, dann b; nun a; also b;* bzw. *Wenn a, dann b; nun nicht b, also nicht a.* (Zum Beispiel: Wenn es Tag ist, ist es hell; es ist Tag, also ist es hell; bzw. Wenn es Tag ist, ist es hell; es ist nicht hell; also ist es nicht Tag.[35])

c) Grundgedanken der Naturphilosophie

In der stoischen Naturphilosophie spielte die Idee einer universalen Gesetzmäßigkeit der Natur die entscheidende Rolle. Da die angenommene Gesetzmäßigkeit allgemein gilt, gibt es nach stoischer Ansicht keinen Zufall, sondern alles geschieht mit Notwendigkeit: Das Geschick (die heimarméne, lat. fatum) waltet uneingeschränkt.

Die universale Gesetzmäßigkeit identifizierten die Stoiker, wie vor ihnen schon Heraklit, mit dem *Logos:* Das Weltgesetz ist Weltvernunft. Die Logos-Lehre darf allerdings nicht im modernen Sinne spiritualistisch aufgefaßt werden, obwohl sich verschiedene Stoiker so äußerten, daß die Annahme der Geistigkeit des Logos naheliegt: Der *Logos* wird nicht nur als bewegende Kraft, sondern als Seele der Welt, als Gott dargestellt.[36] Ihm steht als passives Prinzip die Materie gegenüber, so daß es auf den ersten Blick so scheinen könnte, als würde dem Stoff ein geistiges Prinzip gegenübergestellt. Tatsächlich aber verfügten die Stoiker noch nicht über den Begriff eines rein geistigen Wesens. Im Grunde weist der *Logos* noch Züge auf, die der materiellen Wirklichkeit beigelegt zu werden pflegen. So identifizierten die Stoiker den Logos (wie Heraklit) mit dem Feuer. Da aus dem Logos-Feuer alles entsteht und alles sich wieder in es auflösen soll, muß es von gleicher Art sein wie die materiellen Dinge. Der Logos als Natur ist Wirken und steht in dieser Hinsicht der trägen, passiven Materie gegenüber, auf die er jedoch angewiesen ist, da nach stoischer Ansicht ein Wirken ohne Stoff nicht denkbar ist. Der Natur wird eine spontane Wirksamkeit zugeschrieben, die zugleich zielgerichtet ist und in dieser Hinsicht mit dem Schaffen des Künstlers verglichen werden kann: Der Logos bzw. die Natur wird als künstlerisch gestaltendes Feuer bezeichnet, das auf einem bestimmten Weg schöpferisch wird. Mit der Identifikation von Logos und Feuer hängt die stoische Lehre vom Weltenbrand zusammen,[37] in dem die Welt periodisch vergeht. Die Identifikation des Logos mit dem Feuer könnte in die Richtung einer materialistischen Auffassung weisen, gegen die jedoch spricht, daß der Logos auch «Gott» oder «Zeus» genannt und ihm Vorsehung zugeschrieben wurde.[38]

Der Logos ist nicht nur Ursprung aller Dinge, sondern zugleich Grund der Gesetzmäßigkeit des Geschehens. In die allgemeine Gesetzmäßigkeit sind nicht nur die Dinge, sondern auch das Subjekt eingebettet, so daß die Strukturen des begrifflichen Denkens und der Wirklichkeit übereinstimmen. Die Auffassung des Logos als Prinzip einer universalen Ordnung hat somit eine wichtige erkenntnismetaphysische Funktion. Darüber hinaus machte es die Logos-Lehre möglich, Vorgänge der Natur nicht nur wirkursächlich, sondern auch als zweckmäßig bestimmt zu begreifen. Wo Zwecke wirken, gibt es Ziele, die erreicht werden *sollen,* d. h., die teleologisch aufgefaßte Natur erweist sich als normative Ordnung. Auf dem normativen Charakter des stoischen Begriffs der Natur beruht dessen Funktion in der Ethik, die naturrechtlichen Charakter hat. (Siehe den nächsten Abschnitt.) Da der Gedanke der Zweckmäßigkeit der Natur im stoischen Denken eine wichtige Rolle spielte, konnte er auch zum Ausgangspunkt eines Gottesbeweises – des teleologischen – gemacht werden. Ausgehend von der vermeintlichen Zweckmäßigkeit gewisser Naturzusammenhänge wurde argumentiert, daß die objektive Zweckmäßigkeit einen Grund haben müsse und daß als solcher nur ein göttliches Wesen in Betracht komme.[39]

Im Rahmen der Logos-Lehre läßt sich von einer Verwandtschaft zwischen menschlicher und kosmischer Vernunft reden. So wie das All vom Logos beherrscht wird, wird der Mensch von der Seele zusammengehalten, belebt und geleitet. Die Seele ist aber kein rein geistiges Wesen, sondern stofflicher Lebenshauch (pneuma), bis hinauf zu ihrem höchsten Teil, der lenkenden Vernunft (hegemonikón), die vom Herzen aus die Ströme des Pneuma im Körper dirigiert. Einen Hinweis auf den Zusammenhang von menschlichem Geist und Gott gibt die Tatsache, daß die Menschen fähig sind, Gott zu erkennen; da diese Fähigkeit allen Menschen zukommt, muß der Begriff Gottes eingeboren sein, und dies hängt wiederum damit zusammen, daß in allen Wesen Logos-Keime (lógoi spermatikoí) wirksam sind.

In der stoischen Kosmologie finden sich verschiedene ältere Auffassungen wieder: Mit Vertretern der Arché-Spekulation (wie z.B. Anaximenes) nahmen die Stoiker an, daß alle Dinge aus einem gemeinsamen Ursprung hervorgegangen sind; wie Empedokles unterschieden sie vier Elemente; mit den Vertretern der Vakuum-Hypothese erklärten sie, jenseits der Weltgrenze sei der leere Raum; mit den Gegnern dieser Hypothese leugneten sie jedoch, daß es in der Welt ein Vakuum geben könne. Die Gestirne, die sie als kugelförmig betrachteten, hielten sie für intelligente Wesen. Das heliozentrische System lehnten sie ab, ja Cleanthes bezichtigte Aristarch von

Samos, der erstmals die heliozentrische Auffassung vertrat, der Asebie, d.i. des Verstoßes gegen die traditionelle Frömmigkeit.

d) Die stoische Ethik

Die Einsicht in den gesetzmäßigen Zusammenhang der Gesamtwirklichkeit bildet die Grundlage der Formulierung von Zielen, zu denen die Ethik den Weg weisen soll, nämlich zur Unerschütterlichkeit des Gemüts (Ataraxie), zur Selbstgenügsamkeit (Autarkie) und zur Unabhängigkeit von Affekten (Apathie). Der Weise soll sich nach stoischer Auffassung nicht gegenüber seiner Umgebung isolieren, sondern die Bindungen an Familie und Gesellschaft anerkennen, jedoch nicht in ihnen aufgehen. Allen besonderen Bindungen ordnet er die Bindung an den Kosmos über, so daß er Bürger der Welt – Kosmopolit in buchstäblicher Bedeutung – wird. Die Unabhängigkeit von äußeren Bedingungen hatten bereits die Cyniker als moralisches Ziel proklamiert, aber im Unterschied zu den Stoikern die in der geistigen Natur des Menschen wurzelnden Ansprüche ignoriert und die aus seinem sozialen Charakter folgenden Forderungen vernachlässigt. Die Stoiker gingen auch insofern über Antisthenes und seine Anhänger hinaus, als sie ein sittliches Ideal nicht nur aufstellten, sondern es zu begründen suchten. In dieser Hinsicht standen sie unter dem Einfluß des Sokratischen Intellektualismus, dem zufolge nur die Vernunft den Menschen befähigt, dem Schicksal souverän gegenüberzustehen. Die Tugend ist stoischer Überzeugung nach geradezu mit der Vernünftigkeit identisch, so daß die Tugenden als Arten des Wissens gelten konnten. Z. B. galt den Stoikern – ganz im Sinne des Sokrates – Tapferkeit als Wissen von dem, was zu fürchten bzw. nicht zu fürchten ist.[40] Folgerichtig erklärten sie wie Sokrates die Tugend für lehrbar.[41] Im Wissen erreicht der stoische Weise die ihm eigentümliche Art der Freiheit, die auch Freiheit vom Einfluß der unvernünftigen Triebe und Wünsche ist. Diese Freiheit bewährt sich auch angesichts des Todes, den der Weise, wenn er es für richtig hält, selbst herbeiführt.

Die Annahme, daß Normen des moralischen Verhaltens aus reiner Vernunft gewonnen werden könnten, ergab sich für die Stoiker aus ihren metaphysischen Voraussetzungen. Sie glaubten nämlich, daß die individuelle Vernunft ein Teil der Weltvernunft sei und somit an der vernünftigen Weltordnung teilhabe. Wenn aber die gesunde Vernunft jedes Menschen die allgemeine Ordnung des Kosmos widerspiegelt, dann ist die sittliche Forderung, sich im Handeln an der vernünftigen Einsicht zu orientieren, gerechtfertigt, weil der vernünftig Handelnde im Einklang mit den Gesetzen des Universums bzw. in Übereinstimmung mit der Natur als ganzer steht. In dieser Auffassung der Vernunft wurzelt die Naturrechtslehre, d. h. der Versuch, gewisse (meist höchst allgemeine) Normen des Rechts und der Moral aus Sätzen über die Natur abzuleiten.

Der grundlegende Gedanke der Naturrechtslehre findet sich bei stoischen

Philosophen in immer neuen Wendungen. So heißt es bei Chrysipp: «Ein tugendhaftes Leben ist gleichbedeutend mit einem Leben auf Grund der Erfahrung von dem, was natürlicherweise geschieht. Denn unsere eigene Natur ist ein Teil der Gesamtnatur. Darum ist das höchste Gut ein naturgemäßes Leben, d. h. ein Leben, gemäß unserer eigenen und der Gesamtnatur, so daß wir nichts tun, was das allgemeine Gesetz zu verbieten pflegt, nämlich die richtige, alles durchdringende Vernunft ...»[42] In ähnlichem Sinne sprach Cicero davon, daß sich der Mensch mit allem, was der Natur gemäß ist, anfreunden (d. h. in ein harmonisches Verhältnis treten) müsse.[43]

Die Annahme, daß es möglich sei, aus reiner Vernunft praktische Ziele zu setzen, führt zu schwierigen Problemen, da sie auf der Voraussetzung beruht, daß sich gewisse fundamentale Normen aus Aussagen über die Natur ableiten lassen, d. h. ein Sollen aus der Erkenntnis des Seins gefolgert werken kann. Die logische Schwierigkeit, normative Sätze aus Aussagen abzuleiten, wurde dadurch verdeckt, daß die normativen Voraussetzungen der Ableitung als Aussagen verkleidet eingeführt wurden. Die Verwendung krypto-normativer Sätze, die ein Charakteristikum aller naturrechtlichen Theorien ist, findet sich auch bei den Stoikern. Außerdem zeigt sich, daß die Stoiker die bestimmten Inhalte ihrer Pflichtenlehre nicht aus Einsichten der Vernunft allein, sondern immer auch aus anderen Quellen schöpften. Die Idee einer universalen Naturordnung ist in der Tat so lange praktisch unbrauchbar, als sie nicht inhaltlich bestimmt wird. Die Forderung, «in Übereinstimmung mit der Natur zu leben»,[44] verlangt daher nach inhaltlicher Ausfüllung der Idee der Natur. Da dieses Ziel unabhängig von der Erfahrung nicht zu erreichen ist, sahen sich die Stoiker genötigt, aus gewissen Zügen der beobachtbaren Wirklichkeit auf das universale Naturgesetz zurückzuschließen. Im individuellen Bereich galten neben dem Selbsterhaltungsstreben auch die Lebensführung im Einklang mit der menschlichen Vernunft als naturgemäß, d. h. ein Leben, bei dem vernünftige Einsicht und Triebe im Gleichgewicht sind. Es ging mit anderen Worten um die Entfaltung einer harmonischen Persönlichkeit. Darüber hinaus forderte die stoische Ethik auch die naturgemäße Liebe zu anderen: zu Eltern, Geschwistern und Kindern. Aufschlußreich ist die Art, in der Cicero die Pflicht zur Kindesliebe begründet: Da die Natur die Fortpflanzung will, will sie auch, daß die Kinder geliebt werden.[45] Von hier aus ergibt sich leicht der Übergang zu sozialen Pflichten, wobei sich die Stoiker vor allem auf instinktive oder triebhafte Regelmäßigkeiten im Verhalten von Lebewesen, namentlich der Menschen, stützten. So argumentierten sie z. B. im Hinblick auf Insektenstaaten, daß die Gemeinschaftsbildung einer natürlichen Tendenz entspreche und daher mit allen ihren Konsequenzen – wie Anerkennung der Ansprüche der Gemeinschaft gegenüber dem Einzelnen bis hin zur Verpflichtung, sich unter Umständen für die Gemeinschaft zu opfern – sittlich geboten sei. Wenn schon im Tierreich der Zusammenschluß zu geordneten Gruppen natürlich ist, um wieviel mehr muß dann die menschliche Gemeinschaft, insbesondere der Staat, als naturgemäß gelten, zumal es ein in der Natur begründetes Zusammengehörigkeitsgefühl aller Menschen gibt. Der Versuch, die universale Naturgesetzmäßigkeit durch Verallgemeinerung empirischer Züge des Verhaltens zu bestimmen, ist nur unter der Voraussetzung sinnvoll, daß im besonderen Fall immer schon das allgemeine Gesetz wirksam ist. Diese Voraussetzung kann selbst nicht mehr empirisch gestützt werden, sondern muß unabhängig von der Erfahrung formuliert werden.

Sofern die Pflicht auf vernünftiger Einsicht beruht, kann ein nicht durch Vernunft bestimmtes Verhalten nicht sittlich sein. Das gilt insbesondere für emotional bedingtes Verhalten: Entscheidungen auf Grund von Gefühlen können nicht sittlich positiven Charakter haben; die Lust, so natürlich sie auch scheinen mag, ist nicht das Gute, sondern ahmt es nur in täuschender Weise nach, ja sie macht den Menschen, der sich ihr verschreibt, blind für das wahrhaft Gute. Zwar ist die Natur des Menschen stoischer Überzeugung nach von Haus aus gut, aber die menschlichen Reaktionen sind durch irrationale Faktoren beeinflußt, so daß es gefährlich ist, sich auf Gefühl und Trieb zu verlassen.

Wenn die Pflicht darin besteht, in Übereinstimmung mit dem universalen Naturgesetz zu handeln, dann kann das richtige Handeln keine Grade haben, da es zwischen *Übereinstimmung* und *Nicht-Übereinstimmung* ebensowenig Zwischenstufen gibt wie zwischen *gerade* und *ungerade*. So wie man nur entweder in einer Stadt oder außerhalb ihrer sein kann, wobei es gleichgültig ist, wie weit man sich von ihr entfernt, so kann eine Handlung nur entweder gut oder nicht-gut sein. So wie die Tugend keine Abstufungen kennt, so gibt es auch nur eine Tugend. Wo, wie es auch in stoischen Texten gelegentlich geschieht, von Tugenden in der Mehrzahl die Rede ist – z.B. von den vier Kardinaltugenden –, liegt ein ungenauer Sprachgebrauch vor.

Um nicht die Richtung des extremen moralischen Rigorismus einschlagen zu müssen, betonten manche Stoiker, daß zwischen dem sittlich Guten und dem sittlich Schlechten kein absoluter Gegensatz bestehe. Was nicht-gut ist, kann, muß nicht schlecht sein, da es sittlich indifferent sein kann. Zwischen «gut» und «schlecht» gibt es eine dritte Möglichkeit, nämlich das moralisch Neutrale (das *adiáphoron*). Auch der Bereich der moralisch gleichgültigen Dinge läßt eine Differenzierung zu: Manche moralisch gleichgültigen Dinge sind vorzuziehen, weil sie dem sittlichen Streben entgegenkommen (die *proegména*), andere, bei denen das nicht der Fall ist, sind abzulehnen, ohne daß sie Gegenstand direkter sittlicher Beurteilung wären. So stellt sich z.B. die Gesundheit, obwohl selbst kein sittlicher Wert, doch als etwas Positives dar, weil sie Bedingung dafür ist, daß wir unsere Ziele optimal erreichen können; sie ist daher der Krankheit vorzuziehen.

Die angedeutete metaphysische Begründung der Pflicht ist fast schon zu stark, denn wenn das Pflichtgebot auf der universalen Naturgesetzlichkeit beruht und diese allgemein verbindlich ist, dann erhebt sich die Frage, wie es überhaupt möglich ist, pflichtwidrig zu handeln. Gilt die vernünftige kosmische Gesetzmäßigkeit allgemein, dann braucht ihre Befolgung nicht mehr gefordert zu werden; ist es umgekehrt sinnvoll, sittliche Forderungen zu erheben, dann kann es nicht so sein, daß das Handeln notwendig jener Gesetzmäßigkeit folgt. Mit anderen Worten: Entweder die objektive Vernunft (der *Logos*) bestimmt alles mit Notwendigkeit, dann ist jeder Appell, im Sinne des Pflichtgebotes zu handeln, überflüssig; oder ein solcher Appell ist sinnvoll, dann ist der Mensch nicht unbedingt dem Naturgesetz unterworfen, sondern es kommt im sittlichen Handeln wesentlich auf seine Zustimmung (synkatáthesis) an.

Um begreiflich zu machen, wie der Mensch abweichend vom Naturgesetz handeln kann, nahmen die Stoiker an, daß die vernünftige Überlegung der Seele (des *pneûma*) durch Affekte getrübt werden kann, so daß die Herrschaft über das Tun verloren geht. Zwar kann die Vernunft nach stoischer Ansicht einem Gefühl die Zustimmung verweigern und ihm damit den Einfluß nehmen; wenn sich aber die Affekte einmal durchgesetzt haben, wird die Vernunft zeitweise ausgeschaltet, so daß vernünftige Kontrolle nicht mehr möglich ist. Der Mensch verhält sich dann wie ein geistig Blinder oder wie ein Wahnsinniger. Wer moralisch schlecht handelt, ist daher nicht nur, wie Sokrates gelehrt hatte, ein Irrender, sondern geradezu ein Irrer. Deshalb begnügten sich die Stoiker nicht mit der Forderung, extreme Leidenschaften zu vermeiden und nach einem Mittelmaß des Affekts zu streben. Nur die vollständige Überwindung der Affekte gewährleistet die Vernünftigkeit des Handelns und sichert die Harmonie der Seele. Wie weit sie mit dieser Forderung gingen, zeigt ihre Einstellung gegenüber dem Mitleid: Der Weise soll anderen nicht aus Mitleid, sondern aus reiner Einsicht in das Pflichtgebot helfen.

Die Stoiker bemühten sich einerseits, auch das natürliche triebhafte Verhalten als naturgemäß darzustellen, um den Gedanken metaphysisch zu begründen, daß das sittliche Handeln ein Handeln im Einklang mit der Natur sei; andererseits sahen sie sich aber gezwungen, einen Gegensatz von individueller Vernunft und Trieb anzunehmen, weil sich nur so von natur- bzw. vernunftwidrigem Verhalten und von sittlichen Forderungen sprechen ließ. Einerseits rechneten sie mit der Möglichkeit eines Gegensatzes von Vernunft und Trieb, während sie auf der anderen Seite annahmen, die Naturgemäßheit des Verhaltens zeige sich schon auf der Ebene der Instinkte und Triebe. Wo es ihnen darum ging, die Pflicht auf Übereinstimmung von Mensch und Natur zu gründen, betonten sie die Harmonie von Trieb und Vernunft; wo sie die Möglichkeit sittlicher Forderungen aufweisen wollten, hoben sie die Differenz von Triebhaftigkeit und Vernünftigkeit hervor.

Die doppelte Tendenz, einerseits das Pflichtgebot auf die metaphysisch aufgefaßte Natur zurückzuführen und andererseits doch moralische Forderungen als sinnvoll erscheinen zu lassen, zeigt sich auch in der stoischen Lehre von der Freiheit: Unter dem Gesichtspunkt der Natur und ihrer universalen vernünftigen Gesetzmäßigkeit erscheint der Wille als determiniert; wo von einer Verpflichtung, die sich in moralischen Forderungen ausdrückt, die Rede ist, wird der Wille als frei dargestellt. Der Zwiespalt zwischen der Annahme einer durchgängigen Bestimmtheit allen Geschehens und der Anerkennung der Willensfreiheit zeigt sich deutlich in Cleanthes' «Hymnus auf Zeus», wo es heißt:

> «Nichts kann ohne dein Zutun, o Gott, geschehen auf Erden,
> Nichts im göttlichen Äther des Himmels noch drunten im Meere,
> Außer allein was die Bösen in ihrer Verblendung verbrochen.»[46]

Auf Grund der Annahme, daß die Triebe unter Umständen den Einfluß der vernünftigen Einsicht teilweise oder ganz ausschalten können, läßt sich begreiflich machen, daß oft gegen die bessere Einsicht schlecht gehandelt wird. So konnte Chrysipp die Einstellung der Medea verständlich finden, die bei Euripides sagt:

> «Welch Unheil ich begehen will, ich seh es wohl,
> Doch Leidenschaft ist stärker in mir als Verstand.»[47]

Hier zeigt sich im stoischen Denken ein Gegensatz zwischen zwei Auffassungen, die sich nicht miteinander versöhnen lassen: Auf der einen Seite wird das Wollen, wie alles Geschehen, für notwendig erklärt, auf der anderen Seite wird der Mensch als frei betrachtet, weil er nur so als verantwortlich handelndes Subjekt gelten kann. Dieser Gegensatz zwischen der Tendenz zur Unterwerfung aller Vorgänge, einschließlich des menschlichen Handelns, unter die universale Gesetzmäßigkeit der Natur und der Tendenz zur Anerkennung der menschlichen Freiheit und damit der Verantwortlichkeit für das Handeln beruht letzten Endes auf dem Gegensatz zwischen der metaphysischen Theorie und dem unleugbaren Bewußtsein der Verantwortung für das eigene Tun.

Die stoische Vernunftmoral setzt eine Erkenntnislehre voraus, nach der das Wesen der Natur vernünftig erfaßt werden kann. Die Forderung, der Natur gemäß zu leben, kann nämlich nur als Forderung vernunftgemäßen Lebens verstanden werden, wenn die Naturordnung als an sich vernünftig und als vernünftig erkennbar gilt. Auch wenn man sich auf den Standpunkt einer solchen Erkenntnislehre stellt und annimmt, daß die Natur eine werthafte Ordnung ist, die alle Wesen umfaßt, ist mit der Erkenntnis einer objektiven Wertordnung – auch wenn es etwas derartiges geben sollte – noch nicht die Verpflichtung gegeben, sich an ihr zu orientieren. Sonst wäre es nicht möglich zu sagen «Ich sehe das Bessere und billige es, aber ich folge dem Schlechteren». Außerdem ist zu bedenken, daß selbst dann, wenn es Normen gäbe, die auf Einsicht in Naturzusammenhänge beruhen, mit ihnen solange nichts anzufangen ist, als die in ihnen vorkommenden Begriffe nicht eindeutig definiert sind. Sie bedürfen der Interpretation, und wer zu ihrer verbindlichen Interpretation berufen ist, läßt sich der «Natur» nicht entnehmen.

e) Die Stoa im römischen Kaiserreich

Auch nach dem Untergang der römischen Republik bzw. nach der Errichtung der Monarchie spielte die Stoa im Westen des Reiches eine wichtige Rolle, obwohl dort ebenso wie im östlichen Mittelmeerraum die meisten Menschen am politischen Geschehen immer weniger teilnahmen und sich die Tendenz zum Rückzug in den privaten Bereich verstärkte. Stoischen Gedanken war Lucius Annaeus Seneca d.J. (geboren kurz vor der Zeitenwende, gestorben 65 n. Chr.) verpflichtet. In den «Naturales quaestiones» suchte er zu zeigen, daß die Naturerkenntnis der angemessene Weg zur Gotteserkenntnis sei. «De beneficiis» und die «Epistulae morales» enthalten Überlegungen zu ethischen Fragen; außerdem schuf Seneca eine Reihe dichterischer Werke. Er hatte hohe Beamtenstellen inne und stand in Verbindung zum Hofe, wurde jedoch als Opfer höfischer Intrigen acht Jahre lang nach Korsika verbannt. Anschließend war er Erzieher Neros, den er auch nach dessen Regierungsantritt zu beeinflussen suchte: Er empfahl ihm in der Schrift «De clementia» die Tugend der Milde. Im Zusammenhang mit der Pisonischen Verschwörung geriet er in den Verdacht, zu den Verschwörern zu gehören; Nero zwang ihn zum Selbstmord.

Da Nero auch andere Vertreter der stoischen Philosophie (wie Musonius Rufus, dessen Schüler Epiktet war) verfolgte, nahmen die Stoiker eine immer kritischere Haltung gegenüber der Regierung ein. Vespasian wies alle Philosophen aus Italien aus, und auch Domitian verhielt sich gegenüber der Philosophie ablehnend. Zu den aus Rom verbannten Philosophen gehörte auch Epiktet (von etwa 50 n. Chr. bis etwa 138), der als phrygischer Sklave nach Rom gekommen war, freigelassen wurde und nach seiner Verbannung in Nikopolis in Epirus eine Philosophenschule leitete. Er hinterließ keine Werke, doch veröffentlichte sein Schüler Flavius Aulus Arrianus acht Bücher seiner «Unterhaltungen» («Diatriben», davon vier Bücher erhalten). Nachhaltige Wirkung hatten die im «Handbüchlein» («Encheiridion») zusammengefaßten Kernsätze von Epiktets Lehre.

Epiktet stellte das Ideal einer Freiheit in den Vordergrund, die durch Verzicht auf alles errungen wird, was nicht in unserer Macht steht. Daneben spielt die Forderung eine Rolle, in allen Übeln nur Gedanken, nicht Realitäten zu erblicken. So heißt es im «Handbüchlein»: «Gewöhne dich zu jedem unangenehmen Gedanken zu sagen: Du bist nur ein Gedanke, nicht das Ding selbst, als das du erscheinst! Sodann prüfe es an der Hand der Hauptregeln, die du hast: Zuerst und zumeist frage: Ist es im Bereich dessen, was in unserer Gewalt steht, oder bezieht es sich auf das, worüber wir nicht verfügen? Und bezieht es sich auf etwas, worüber wir nicht verfügen, so halte die Antwort bereit: Es geht mich also nichts an!»[48]

Gegenüber den praktischen Empfehlungen im Sinne des stoisch-cynischen «Ertrage und übe Enthaltung» (sustine et abstine) tritt bei Epiktet der metaphysische Aspekt des Stoizismus in den Hintergrund. Wegen seiner «apathischen» Einstellung, die auch von cynischen Gedanken beeinflußt war, konnte er in Anekdoten als typischer Repräsentant des Stoizismus der Spätzeit dargestellt werden. So gibt es den unverbürgten Bericht, daß ihn, als er noch Sklave war, sein Herr gefoltert habe, indem er sein Bein in einen Schraubstock spannte. «Du wirst mir das Bein brechen», soll Epiktet gesagt haben. Der Herr beachtete den Hinweis nicht und fuhr in der Folterung fort, bis das Bein brach. «Habe ich dir's nicht gesagt?» soll die einzige Reaktion des Philosophen gewesen sein.

Die Lage der Philosophie und namentlich der stoischen Philosophen erfuhr eine Wendung zum besseren, als mit Mark Aurel (120–180) ein Anhänger der Stoa Kaiser wurde. In seinen «Selbstbetrachtungen» geht es weniger um metaphysische Gedanken und schon gar nicht um Erkenntnistheorie und Logik, als vielmehr um praktische Fragen der Lebensgestaltung vor dem Hintergrund der Lehre von den Affekten. Im Rahmen der Lehre vom göttlichen Geist des Universums, der alles umfaßt und lenkt, bot die Annahme der Vorsehung eine sichere Grundlage der allgemeinen Lebensführung und der Erfüllung der besonderen Pflichten. «Was dir angemessen ist, o Weltordnung (kosmos), das ist auch mir angemessen», schrieb Mark Aurel;[49] und in bezug auf die politischen Aufgaben bekannte er: «Wie unbedeutend sind doch die Staatsgeschäfte ... Was willst du tun, Mensch? Vollbringe, was die Natur jetzt von dir fordert! Fasse deinen Entschluß, wenn die Möglichkeit dazu gegeben ist, und schau dich nicht um, ob es jemand erfährt! Hoffe nicht auf den Platonischen Staat, sondern sei zufrieden, wenn es auch nur ein klein wenig vorwärts geht, und schätze auch die Verwirklichung eines solchen kleinen Fortschritts nicht gering!»[50] Es fällt auf, daß der erste, der Platos Forderung, die Philosophen sollten herrschen oder die Herrscher philosophieren, erfüllte, von der Platonischen Staatsutopie nichts wissen wollte, sondern sich zu einer Reformpolitik der kleinen Schritte bekannte.

Ungeachtet der Förderung, die die stoische Philosophie nun erfuhr, verlor sie rasch an Boden, als der Neuplatonismus aufkam und gleichzeitig die griechisch-römische Philosophie im allgemeinen von der christlichen Weltanschauung verdrängt zu werden begann. Manche ihrer Ideen wurden aber vom Christentum aufgenommen und wirkten in Verbindung mit der biblischen Religiosität weiter.

Das gilt jedoch nicht für den Grundgedanken der stoischen Philosophie, nämlich die Annahme einer allgemeinen, vernünftig einsehbaren Gesetzmäßigkeit allen Geschehens. In dieser Hinsicht stellt sich den Stoikern die Natur als vernünftige Ordnung dar, der nicht nur die Dinge, sondern auch die menschliche Vernunft im Erkennen und Wollen unterworfen ist. Sofern die eine, allumfassende Natur einerseits als vernünftig, andererseits als göttlich gilt, ist der stoische Panlogismus auch Pantheismus, allerdings im Sinne eines Pantheismus, für den es keine Übernatur gibt: Die vernünftige, göttliche Natur ist eine und zugleich alles.

4. Andere philosophische Richtungen

a) Die Pyrrhonische und die jüngere Skepsis[51]

Stets wird der metaphysische Dogmatismus, wie er in der Zeit des Hellenismus vor allem durch die Stoa repräsentiert wird, vom Skeptizismus gleichsam als seinem Schatten begleitet: Behaupten die Dogmatiker, daß definitive Erkenntnis des Wesens der Wirklichkeit durch vernünftige Einsicht möglich sei, so stellen die Skeptiker diesen Anspruch in Frage, weil ihrer Ansicht nach die beanspruchte erfahrungsunbhängige Einsicht nur behauptet, nicht aber als möglich erwiesen wird. In diesem Sinne war schon Xenophanes Skeptiker (siehe Kap. I, Abschn. 4), und auch bei den Sophisten finden sich skeptische Motive. In der Zeit des Hellenismus hat zunächst Pyrrho von Elis (etwa 365 bis etwa 275 v. Chr.) den skeptischen Standpunkt mit aller Schärfe vertreten; andere folgten der von ihm gewiesenen Richtung bald mit größerer, bald mit geringerer Konsequenz.

Angeregt von der atomistischen und cynischen Erkenntnistheorie, erklärten die Skeptiker, daß uns immer nur Empfindungen als innere Zustände, niemals aber bewußtseinsunabhängige Dinge, die die Empfindungen hervorrufen, bekannt seien. Die Dinge selbst sind uns unzugänglich, weshalb jeder Behauptung über sie mit gleichem Recht die entgegengesetzte Behauptung gegenübergestellt werden kann. Das heißt nicht, daß beide Behauptungen wahr sein könnten, sondern nur, daß sich nicht entscheiden läßt, welche von ihnen wahr ist. Infolgedessen ist es angezeigt, sich aller Urteile über die Dinge zu enthalten.

Die Zurückhaltung des Urteils (epoché) diente den Skeptikern seit Pyrrho dazu, die Gemütsruhe, die innere Unerschütterlichkeit (ataraxía) zu bewahren. «Das Ziel ist, wie die Skeptiker sagen, die Zurückhaltung (des Urteils), welcher der Seelenfriede wie ein Schatten folgt.»[52] Und Jahrhunderte nach Pyrrho erklärte Sextus Empiricus: «Das Motiv zur Skepsis ist ... die Hoffnung auf Seelenfrieden.»[53]Wie die Stoiker waren auch die Skeptiker überzeugt, daß nur unbedingt sichere Erkenntnisse geeignet seien, das Tun und Verhalten zu leiten; im Unterschied zu ihnen glaubten sie aber nicht an die Möglichkeit definitiven Wissens, weil sich ihrer Ansicht nach ein Wahrheitskriterium nicht angeben läßt. Gibt es aber kein Kriterium der Wahrheit, dann wird mit dem Anspruch, irgendwelche Urteile als endgültig wahr behaupten zu können, auch der Anspruch hinfällig, Normen des Handelns definitiv begründen zu können. Nichts ist in den Augen der Skeptiker gefährlicher, als Entscheidungen auf Urteile zu stützen, die als sicher betrachtet werden, da der Schein der Sicherheit in jedem Fall trügerisch ist. Man muß sich vielmehr klarmachen, daß es unbedingt sicheres Wissen nicht gibt, d. h., man darf nicht meinen, je zu völliger Gewißheit im theoretischen und praktischen Bereich gelangen zu können.

Die Skeptiker forderten daher, nicht nur auf Urteile über die Dinge zu verzichten, sondern auch dem praktischen Engagement so weit wie möglich aus dem Wege zu gehen. Da aber das praktische Leben unweigerlich zu Entscheidungen zwingt – auch der Verzicht auf eine bestimmte Tätigkeit ist eine Stellungnahme –, empfahlen sie eine konformistische Einstellung, bei der an die Stelle autonomer Entscheidungen die Anpassung an das Verhalten der Umgebung tritt.

Pyrrho war so konsequent, seine Auffassungen nicht schriftlich niederzulegen, weshalb sie sich kaum mehr zuverlässig feststellen lassen; auch der nur mündlich vertretene Skeptizismus kann jedoch nicht gelehrt werden, wie Pyrrho einräumte, nach dessen Ansicht sich nichts dogmatisch behaupten läßt, weil es zu jedem Argument ein Gegenargument gibt.[54] Die Ablehnung des Dogmatismus wäre in der Tat nicht konsequent, wenn die Gründe, mit deren Hilfe der Anspruch sicheren Wissens aufgehoben wird, als sicher betrachtet würden; tatsächlich galten sie lediglich als Mittel, mit deren Hilfe Wissensansprüche geprüft werden können; sie sind nicht der Kritik entzogen, sondern sollen ihrerseits der skeptischen Prüfung unterworfen werden. Die Skepsis ist somit keine Lehre im Sinne einer Menge dogmatisch vorgetragener Sätze, sondern eher eine Methode der kritischen Sichtung – und diese Auffassung entspricht genau der ursprünglichen Wortbedeutung des Ausdrucks «Skepsis».

Obwohl Pyrrho Schüler hatte, unter denen Timon von Phlius hervorragte, war die Skepsis keine philosophische Schule. Das kann bei einer Richtung, die keine positiven Lehren anbietet, sondern als Methode der Destruktion dogmatischer Ansprüche auftritt, auch nicht anders sein. Weil der Skeptizismus keine dogmatische Position, sondern Korrektiv dogmatischer Tendenzen ist, traten skeptische Gedanken immer dann auf, wenn es darum ging, Endgültigkeitsansprüche einer dogmatischen Metaphysik in Frage zu stellen. In diesem Sinn opponierten die Vertreter der Mittleren und Jüngeren Akademie gegen den stoischen Dogmatismus, und später stellten Änesidem von Knossos (1. Jh. v. Chr.), Agrippa und Sextus Empiricus (2. Jh. n. Chr.) den für den Mittelplatonismus (siehe Kap. VI, 3) typischen Anspruch in Frage, auf dem Wege der Spekulation sichere Erkenntnis einer jenseitigen Wirklichkeit erlangen zu können. Zu diesem Zweck stellten sie die Gründe – die sogenannten skeptischen «Tropen» – zusammen, die zur Zurückhaltung des Urteils führen sollen. Von Sextus Empiricus, dessen Beiname mit seiner Zugehörigkeit zur Schule der empirischen Ärzte zu tun haben dürfte, sind mehrere Werke erhalten, nämlich «Grundriß der pyrrhonischen Skepsis», «Gegen die Dogmatiker» und «Gegen die Wissenschaftler».[55] Diese Schriften enthalten eine Fülle von Informationen über verschiedene philosophische Richtungen, insbesondere auch über die frühere Skepsis.

Unter den skeptischen «Tropen» finden sich nicht nur die bekannten älteren Argumente zugunsten der Subjektivität und Relativität aller Urteile, sondern auch Überlegungen, die sich prinzipiell gegen die Möglichkeit definitiven Wissens richten. Agrippa, ein Vertreter der jüngeren Skepsis, hat unter den zur Urteilsenthaltung (Epoché) führenden Tropen die Überlegung angeführt, daß die Forderung, für alle Urteile eine Begründung zu liefern, entweder zu einem unendlichen Regreß oder zur unbegründbaren Behauptung der Wahrheit bestimmter Urteile oder schließlich zu einem Begründungszirkel führe, indem man dasjenige, was erst bewiesen werden soll, zur Begründung heranzieht.[56]

b) Die Akademie nach Plato

Während die Ältere Akademie unter der Leitung von Speusipp, Xenocrates, Heraclides Ponticus und anderen im großen und ganzen auf dem Standpunkt des Schulgründers verblieb, trat im 3. und 2. vorchristlichen Jahrhundert eine bemerkenswerte Wende ein: Der Anspruch endgültigen Wissens wurde zugunsten einer skeptischen Einstellung fallengelassen. Repräsentanten dieser Position waren vor allem Arcesilaus (etwa 315 bis 240 v. Chr.) als Hauptvertreter der sogenannten Mittleren Akademie und Carneades (etwa 213 bis 128), mit dem man die Jüngere Akademie beginnen läßt. Die in der Mittleren und Jüngeren Akademie vertretenen Auffassungen sind uns nur durch Berichte späterer Autoren bekannt, aus denen jedoch hinreichend klar hervorgeht, daß sie einerseits auf die Ablehnung des metaphysisch begründeten Anspruchs absoluter Wahrheit – des metaphysischen Dogmatismus –, wie er in der damaligen Zeit vor allem von den Stoikern vertreten wurde, hinausliefen, andererseits von der Tendenz geleitet waren, den Bereich der Praxis von skeptischen Bedenken zu entlasten. Zu diesem Zweck wurde argumentiert, daß für praktische Entscheidungen gar nicht definitive Wahrheit über die Bedingungen, unter denen gehandelt wird, zu fordern sei, sondern lediglich Wahrscheinlichkeit. Indem in bezug auf die Praxis der Anspruch unbedingter Richtigkeit fallengelassen wird, werden skeptische Bedenken, die sich gegen jenen Anspruch richten, in diesem Bereich gegenstandslos.

Bei einer philosophischen Schule in der Tradition Platos, des Vorkämpfers des Ideals absoluten Wissens, ist es überraschend, um nicht zu sagen: befremdlich, wenn sie sich skeptischen Auffassungen öffnet. Angesichts dieser Entwicklung hat man den Eindruck einer tiefgreifenden Änderung des geistigen Klimas: Der Glaube an die Möglichkeit absoluter Wahrheit aus rein geistigen Quellen scheint – soweit das die Texte und Berichte erkennen lassen – geschwunden, der Anspruch des vollkommenen Wissens (im Sinne der Platonischen *epistéme*) wird zugunsten des mehr oder weniger wahrscheinlichen Fürwahrhaltens (dóxa) preisgegeben. Erst um die Zeitenwende und in den Jahrhunderten danach setzte sich in der platonistischen Tradition – im Mittel- und Neuplatonismus – wieder die Idee der absoluten, von der Erfahrung prinzipiell unabhängigen Wahrheit durch.

Auf die Frage, wie eine solche Entwicklung eintreten konnte, läßt sich nur mit einer Vermutung antworten: Die Kritik am stoischen Dogmatismus dürfte die Vertreter der Mittleren und Jüngeren Akademie zur Ablehnung des Dogmatismus als solchen, d.h. zur Ablehnung des Anspruchs, zur absoluten Wahrheit gelangen zu können, und somit auch zur Ablehnung wesentlicher Thesen des ursprünglichen Platonismus veranlaßt haben. Arcesilaus sah sich als Konkurrenten von Cleanthes, so wie Carneades gegen Chrysipp Front machte. Diese Opposition war für Carneades so bestimmend, daß er sagte: «Gäbe es Chrysipp nicht, so gäbe es auch mich nicht.» Er war ein eindrucksvoller Redner, der bei einem Besuch in Rom, den er gemeinsam mit dem Aristoteliker Critolaus und dem Stoiker Diogenes unternahm, die Zuhörer dadurch verblüffte, daß er an einem Tag *für*, am nächsten *gegen* die Gerechtigkeit argumentierte – sehr zum Mißfallen traditionsbewußter Römer wie Cato, die im Versuch, der Philosophie in Rom Gehör zu verschaffen, eine Gefahr sahen und daher dafür sorgten, daß die Delegation rasch wieder abreiste. Wieweit die akademischen Skeptiker an Plato anknüpften, ist eine kaum zu beantwortende Frage. Zwar lassen manche Platonischen Dialoge die in ihrem Mittelpunkt stehende Frage offen; z.B. scheint es nach dem Dialog «Theätet» nicht möglich anzugeben, worin das Wesen des Wissens besteht. In einigen Dialogen aus Platos Spätzeit werden frühere Thesen in bezug auf die Ideen problematisiert, und im «Timaeus» beanspruchte Plato für seine Kosmogonie nicht definitive Gültigkeit, weil sie den Bereich der veränderlichen Wirklichkeit betrifft, von dem es kein Wissen im strengen Wortsinn geben kann. Aber daß Plato dem Ideal des perfekten Wissens – im Gegensatz zur bloßen «Meinung» – stets verpflichtet blieb, ließ sich doch nicht übersehen. Der Eindruck, daß die Position der Mittleren und Jüngeren Akademie auf eine weitgehende Abkehr von Plato schließen läßt, drängt sich daher auf. Dies wird noch durch den Umstand unterstrichen, daß die Dialektik mit der Begründung verworfen wurde, sie sei «dazu erfunden, um gleichsam als Schiedsrichterin zu entscheiden, was wahr und falsch sei. Welches Wahre und Falsche und auf welchem Gebiet? Kann der Dialektiker beurteilen, was in der Geometrie wahr oder falsch ist oder in der Literatur oder in der Musik? Das kennt er ja nicht. Also in der Philosophie? Was geht es ihn an, wie groß die Sonne ist? Wie will er beurteilen können, was das höchste Gut ist?»[57] Versteht man unter Dialektik aber die Untersuchung der Beziehungen zwischen Sätzen, dann reicht das nicht hin, um die großen traditionellen Probleme der Philosophie zu lösen.

Die skeptische Einstellung tritt klar zutage, wenn Arcesilaus erklärte, es gebe nichts Gewisses, das mit den Sinnen oder mit der Vernunft erfaßt werden könne.[58] Ähnlich betonte Carneades, daß sich weder in der Vernunft noch in der Wahrnehmung, der Vorstellung oder sonstwo ein Kriterium der Wahrheit finden lasse.[59] Da der stoische Glaube an die Möglichkeit absolut sicherer Erkenntnis auf der Annahme beruhte, daß es «erfassende» (kataleptische) – d.h. die Wahrheit verbürgende – Vorstellungen gibt, ist es verständlich, daß sich die Kritik der Akademiker gegen die Annahme wahrheitsverbürgender Vorstellungen oder Begriffe richtete. Die Ablehnung eines sicheren Wahrheitsfundaments bildet den Kern des Skeptizismus.

Das Erkenntnisproblem wurde in den verschiedenen Richtungen der hellenistischen Philosophie auf der Grundlage der Annahme formuliert, daß wir unmittelbar nur Vorstellungen kennen, nicht Gegenstände, die von den Vorstellungen repräsentiert werden. Während Stoiker und Epikureer – wie oben ausgeführt – meinten, daß wir auf Grund gewisser Züge von Vorstellungen – wie ihrer Evidenz – den Vorstellungen mit Sicherheit reale Gegenstände zuordnen können, hielten das die Pyrrhoneer für unmöglich; sie bestritten, daß sich die Annahme, gewisse Vorstellungen hätten einen Objektbezug, jemals definitiv rechtfertigen lasse. In der Jüngeren Akademie setzte sich in diesem Punkte eine schwächere Auffassung durch: Nach Carneades kann eine solche Zuordnung auf Grund von Wahrscheinlichkeitsüberlegungen, also ohne Endgültigkeitsanspruch, vorgenommen werden. Wenn wir etwas wahrnehmen, ordnen wir natürlicherweise – wir würden sagen: instinktiv – der Vorstellung einen realen Gegenstand zu; daher wäre es naturwidrig, wenn man leugnen wollte, daß den Wahrnehmungsvorstellungen wirkliche Dinge entsprechen. Dazu kommt, daß die Wahrnehmungen nicht isoliert auftreten, sondern normalerweise einen kontinuierlichen Zusammenhang bilden. (Beispiele lassen sich leicht finden. So folgt z. B. die Wahrnehmung des Donners auf die Wahrnehmung des Blitzes, und Blitze werden wahrgenommen im Zusammenhang mit dunklen Wolken und anderen meteorologischen Faktoren usw. Wenn daher jemand bei klarem Himmel und Windstille ein Geräusch hört, das wie Donner klingt, wird er zögern, es als Donner zu deuten.) Wenn mehrere Vorstellungen, deren jede wahrscheinlich etwas Reales wiedergibt, kontinuierlich zusammenhängen, dann wächst die Wahrscheinlichkeit der Annahme, daß eine einzelne, dem fraglichen Zusammenhang angehörende Vorstellung die realen Verhältnisse angemessen repräsentiert. Die Wahrscheinlichkeit erreicht ihren höchsten Grad, wenn die in Betracht kommenden Vorstellungen auch geprüft sind.[60] In diesem Falle ist es glaubhaft, daß den Vorstellungen reale Dinge entsprechen.

Diese Glaubwürdigkeit reicht in der Regel zur praktischen Orientierung aus. Sofern Entscheidungen auf Grund von Wahrscheinlichkeitsüberlegungen getroffen werden, haben sie rationalen Charakter. Das heißt nicht, daß sie auf rein vernünftiger Einsicht – etwa in der Art der Platonischen Ideenschau – beruhen, sondern nur, daß sie Ergebnis kritischer Überlegungen sind. Nach Ansicht der skeptischen Akademiker versagt die (platonische) Dialektik in dieser Hinsicht: «sie rührt alles zu einem Brei zusammen und kehrt das Unterste zu oberst».[61] Namentlich bemühte sich Carneades zu zeigen, daß die metaphysische Gotteslehre kein sicheres Wissen vermittle bzw. die Behauptung der Existenz Gottes nicht zu rechtfertigen vermöge. Weder die Berufung auf den Konsens aller Völker (consensus gentium bzw.

consensus omnium) noch die in der Stoa angestellten Zweckmäßigkeitsargumente halten kritischer Prüfung stand. In bezug auf das wahre Wesen der Wirklichkeit ist jene Zurückhaltung des Urteils, die die Vertreter der pyrrhonischen Skepsis empfahlen, am Platze; im Bereich der Praxis braucht dagegen das Urteil nicht zurückgehalten zu werden, da hier mit hinreichender Wahrscheinlichkeit geurteilt werden kann, so daß absolute Wahrheit nicht beansprucht wird. Damit distanzierten sich die Angehörigen der Mittleren und Jüngeren Akademie von der pyrrhonischen Skepsis, der zufolge man sich aller nicht ausschließlich auf den augenblicklichen Bewußtseinszustand bezogenen Urteile enthalten soll, so daß allgemeine Werturteile als unzulässig erscheinen. Das hat die Konsequenz, daß man sich bei moralischen Entscheidungen nur von den natürlicherweise vorhandenen Umständen sowie von den herrschenden Ansichten leiten lassen kann.[62] Gegen diese kaum erträgliche Einschränkung protestierten die akademischen Skeptiker: Die konsequente Zurückhaltung des Urteils macht unfähig zum Handeln; wer sich dagegen an Wahrscheinlichkeitsüberlegungen orientiert, darf, ohne absolute Richtigkeit zu beanspruchen, sein Handeln als vernünftig betrachten.[63] Die Akademiker wollten mit einem Wort nicht so weit gehen wie die Vertreter der pyrrhonischen Skepsis, die die Wirklichkeit für absolut unzugänglich erklärten; sie suchten einen mittleren Weg zwischen dem Dogmatismus der Stoa und dem absoluten Agnostizismus der Pyrrhoneer: Was wahr und sittlich richtig ist, können wir zwar nicht mit Sicherheit wissen, aber das heißt nicht, daß wir keinerlei Wissen erlangen könnten. Ein konjekturales Wissen – um Karl R. Poppers Ausdruck zu gebrauchen – liegt durchaus in der Reichweite unserer Fähigkeiten. Es ist bemerkenswert, daß die akademischen Skeptiker, so wie die Vertreter der pyrrhonischen Skepsis, prinzipiell bereit waren, auch die eigenen Auffassungen den skeptischen Überlegungen zu unterwerfen.[64] Wenn der Satz, daß nichts völlig sicher erkannt werden kann, ausnahmslos gilt, dann folgt – wie z. B. Carneades betonte –, daß nicht einmal dieser Satz selbst als absolut wahr betrachtet werden kann.[65]

Die Forderung, sich in der Praxis rational mit Hilfe von Wahrscheinlichkeisüberlegungen zu orientieren, setzt allerdings voraus, daß die Wirklichkeit selbst nicht schlechthin irrational sei. Stillschweigend scheinen daher auch die Mitglieder der Jüngeren Akademie noch den allgemeinen Gedanken Platos festgehalten zu haben, daß es eine Ordnung der Wirklichkeit gebe und daß sie wesentlich vernünftig sei. Obwohl sie in diesem allgemeinen Sinne noch metaphysisch eingestellt waren, standen sie doch jeder inhaltlichen Metaphysik fern: Die Platonische Theorie der Ideen und der die Ideen schauenden unsterblichen Seele spielte für sie ebensowenig eine Rolle wie die stoische Metaphysik der eingeborenen Begriffe, in denen die kosmische Vernunft sich im menschlichen Denken offenbart, so daß endgültiges Wissen möglich erscheint.

Die weitere Entwicklung der Akademie, auf die hier kurz hingewiesen werden soll, ist durch die Rückwendung zum Ideal absolut sicheren Wissens charakterisiert. Als sich die Akademie im ersten vorchristlichen Jahrhundert unter Antiochus von Askalon, der Philo von Larissa gehört hatte, vom Skeptizismus abwandte und damit jene Phase einleitete, die als «Vierte Akademie» bezeichnet wird, wurde die Frontstellung gegenüber dem Stoizismus wie gegenüber dem Aristotelismus abgebaut, indem man in eklektischer Weise versuchte, die Grundgedanken von Akademie, Stoa und Peripatos als verträglich, ja als konvergent darzustellen.

Von der Jüngeren Akademie war Marcus Tullius Cicero beeinflußt, vor allem durch die Vermittlung der eben genannten Vertreter der Vierten Akademie.[66] Er wurde 106 v. Chr. geboren, erwarb sich als junger Mann eine gründliche philosophische Bildung, schlug die politische Laufbahn ein und bannte die Gefahr einer Verschwörung durch Catilina – die Catilinarischen Reden sind Höhepunkte der römischen Rhetorik –, konnte aber den Aufstieg Cäsars nicht aufhalten und wurde nach Cäsars Tod von Anhängern des Antonius, den er in scharfen Reden (den «Philippicae») attackiert hatte, 43 v. Chr. ermordet. Ciceros Schriften sind eine wichtige Quelle für die griechische Philosophie im allgemeinen und für die hellenistische Philosophie im besonderen, namentlich auch für die akademische Skepsis. So sind den «Academica» Aufschlüsse über die Erkenntnislehre, der Schrift «Über die Natur der Götter» Gedanken über natürliche Theologie und Kosmologie, den Werken über «Das höchste Gut und das schlimmste Übel» («De finibus bonorum et malorum») und «Über die Pflichten» Auskünfte über den Diskussionsstand in ethischen Fragen zu entnehmen. In der (nur fragmentarisch erhaltenen) «Republik» («De republica») und den «Gesetzen» («De legibus») stellte Cicero die klassischen Auffassungen der Staats- und Rechtslehre dar. Seine Werke erschlossen die griechische Philosophie der römischen Welt; sie wurden später von Augustinus benutzt, und im Mittelalter und in der frühen Neuzeit bildeten sie eine wichtige Quelle der Kenntnis antiker Auffassungen. Deshalb sind sie philosophiegeschichtlich wichtig, obwohl sie philosophisch nicht eigentlich originell sind. Sie sind aber auch nicht bloß referierend; Cicero hat sich nämlich nicht gescheut, angesichts der Probleme, die er der Tradition entnahm, Stellung zu nehmen. Dabei schloß er sich – ungeachtet seiner skeptischen Einstellung – oft den Auffassungen Platos bzw. der älteren, orthodox platonistischen Akademie, an.

Cicero lernte in Rom den Akademiker Philo von Larissa kennen, der Athen aus politischen Gründen verlassen mußte; später hielt er sich in Athen auf, um bei Antiochus seine philosophischen Kenntnisse zu vertiefen. Dabei beeindruckte ihn jene Form des Skeptizismus, die Carneades vertreten hatte, d.h., er verband mit der Ablehnung aller Ansprüche definitiven Wissens die Bereitschaft, Wahrscheinlichkeitsüberlegungen zu folgen, und zwar auch angesichts der verschiedenen Möglichkeiten, philosophische Probleme zu lösen. Das setzt voraus, daß die in einer Frage eingenommenen Standpunkte verglichen werden können, und tatsächlich hat sich Cicero bemüht, auf die bekannten Vorschläge zur Lösung zentraler philosophischer Probleme Bezug zu nehmen. Seiner Ansicht nach ist es angebracht, sich der jeweils wahrscheinlichsten Position zuzuwenden. Die endgültige Auszeichnung einer bestimmten Auffassung auf Kosten aller anderen erscheint unter diesen Bedingungen als ausgeschlossen. Daher ist es nicht verwunderlich, daß sich bei Cicero neben platonistischen auch stoische und aristotelische Gedanken finden.

Größte Nähe zu Plato läßt der «Traum des Scipio» erkennen, der im sechsten Buch der «Republik» vorgetragen wird. Im Rahmen einer Kosmologie, in der der pythagoreische Gedanke der Sphärenharmonie eine Rolle spielt, wird eine Argumentation zugunsten der Unsterblichkeit der Seele vorgetragen, die deutlich auf Plato zurückverweist, z.B. wenn es heißt: «Nicht du bist sterblich, sondern dein Körper hier, denn du bist nicht der, den diese Form anzeigt, sondern der Geist eines jeden, das ist er, nicht die Gestalt, die mit den Fingern gezeigt werden kann. Wisse also, daß du Gott bist, wofern Gott ist, was lebt, was empfindet, was sich erinnert, was vorausschaut, was den Körper so lenkt, leitet und bewegt, an dessen Spitze er gesetzt ist, wie jener fürstliche Gott dies All hier; und wie das All, das zu gewissem Teile sterblich ist, der ewige Gott selber, so bewegt diesen gebrechlichen Körper der ewige Geist. Denn was sich immer bewegt, ist ewig ...» Da alle Bewegung von etwas hervorgerufen sein muß, das sich selbst bewegt, das spontan Bewegte aber seelisch sein muß, stammt die Bewegung von einem seelischen, ewigen, unsterblichen Prinzip. Cicero schließt mit dem Aufruf, die Seele in der besten Weise tätig werden zu lassen, und fügt hinzu: «Es sind aber die Mühen um das Heil des Vaterlandes die besten. Von ihnen getrieben und geübt, wird die Seele schneller zu diesem Sitz und in ihre Heimat hinfliegen; und das wird sie schneller tun, wenn sie schon, während sie noch im Körper eingeschlossen ist, nach außen ragt und das, was außerhalb ist, betrachtend sich so sehr wie möglich vom Körper löst.»[67]

In Cicero fand die platonistische Philosophie einen Anhänger, der sie auch der lateinischen Welt zugänglich machte. Um dies leisten zu können, mußte Cicero für die griechischen Begriffe lateinische Entsprechungen finden. Seine Bedeutung liegt nicht zuletzt darin, daß er jene Terminologie schuf, die von nun an in der westlichen Welt Verwendung fand. Zwar hat, ebenfalls im ersten vorchristlichen Jahrhundert, Lukrez (gest. 55 v. Chr.) ein philosophisches Werk in lateinischer Sprache geschaffen («De rerum natura»), doch den eigentlichen Durchbruch zu leisten war Cicero vorbehalten.

Inwieweit Lucius Annaeus Seneca der Jüngere aus Córdoba (65 n. Chr. von Nero, dessen Erzieher er war, wegen angeblicher Verschwörungspläne zum Selbstmord gezwungen) mit der akademischen Philosophie in Verbindung zu bringen ist, läßt sich nicht leicht sagen. Zweifellos ist er als Moralphilosoph, als der er in erster Linie Einfluß ausübte, vor allem der Stoa verpflichtet, wie seine «Briefe an Lucilius» und andere Werke ethischen

Charakters zeigen.[68] Aber sofern er auch dazu neigt, Gott als transzendentes immaterielles Prinzip aufzufassen, scheinen doch auch platonistische Einflüsse angenommen werden zu können.

Mit der Abkehr der Akademie vom Skeptizismus (in der «Vierten Akademie») war der nächste Schritt in der Entwicklung des Platonismus vorbereitet, nämlich die Hinwendung zu einer Art Mystizismus: Der um die Zeitenwende herrschende Platonismus, der sogenannte Mittelplatonismus, folgte – namentlich bei Eudorus (1. Jh. v. Chr.), Plutarch von Chaeronea (1. Jh. n. Chr.) und anderen – insofern einer mystischen Tendenz, als er die Welt der Erscheinungen zugunsten einer transzendenten Wirklichkeit abwertete und von dieser annahm, daß sie nicht mehr rational erkennbar, sondern nur in überrationaler Weise erschaubar sei. Ähnliche Tendenzen beherrschen auch den gleichzeitigen Neupythagoreismus und Hermetismus. In dieser Zeit beschäftigten sich die Platoniker wieder intensiv mit den Schriften Platos und betonten im Einklang mit diesem die Bedeutung der Mathematik für die Philosophie. Als höchstes Ziel galt den Vertretern des mittleren Platonismus die Verähnlichung mit Gott – ein Gedanke, der auch im Denken der frühen griechischen Kirchenväter eine wichtige Rolle spielen sollte. Hervorstechendes Merkmal des mittleren Platonismus, wie später des Neuplatonismus, war die Tendenz zur Aufhebung der Grenze von Philosophie und religiöser Weltanschauung. (Siehe Kap. VI.)

c) Der Peripatos[69]

Auf Aristoteles folgte in der Leitung seiner Schule Theophrast (gest. um 287), der ein eindrucksvolles Oeuvre geschaffen hat, von dem allerdings nur weniges auf uns gekommen ist. Theophrast hat die Lehre des Schulgründers ausgebaut, gelegentlich modifiziert, die Logik weiterentwickelt und sich gleichzeitig in einer für die spätere peripatetische Philosophie charakteristischen Weise auf einzelwissenschaftliche Gebiete, z. B. die Botanik, konzentriert. Wie schon Aristoteles waren auch seine unmittelbaren Schüler gegenüber der Geschichte der Philosophie und der Einzelwissenschaften aufgeschlossen. Theophrast verfaßte eine Darstellung der früheren naturphilosophischen Meinungen, aus der die späteren Doxographen ausgiebig schöpfen konnten. Eudemus, ein anderer Aristoteles-Schüler, schrieb eine Geschichte der Mathematik, auf die sich spätere Berichterstatter stützten. Im ersten vorchristlichen Jahrhundert widmete sich Andronicus von Rhodos der Herausgabe der Aristotelischen Lehrschriften, die er zugleich kommentierte und damit den Anstoß für weitere Kommentare der Philosophie des Stagiriten gab. Obwohl auch die peripatetische Philosophie gelegentlich stoische Einflüsse aufnahm, überwog doch die Opposition gegen die Stoa, insbesondere auf ethischem Gebiet, wo sich die Aristoteliker z. B. gegen die für die Stoa charakteristische negative Beurteilung der Triebe verwahrten. Unter Berufung auf psychologische Untersuchungen verteidigten sie die Ethik des rechten Mittelmaßes. Ohne wirklich schöpferisch zu sein, bewahrten sie die Aristotelische Philosophie und machten es zunächst den Vertretern anderer zeitgenössischer Richtungen, später den Arabern und dem Abendland möglich, an Aristoteles als Philosophen und als Einzelwissenschaftler anzuknüpfen.

VI.
Der Übergang von der Philosophie zur Theosophie in der ausgehenden Antike

> Was wär' ein Gott, der nur von außen stieße,
> Im Kreis das All am Finger laufen ließe!
> Ihm ziemt's, die Welt im Innern zu bewegen,
> Natur in Sich, Sich in Natur zu hegen,
> So daß, was in ihm lebt und webt und ist,
> Nie Seine Kraft, nie Seinen Geist vermißt.
> *(Goethe)*

1. Der Charakter des spätantiken Denkens

Das philosophische Denken der Spätantike[1] ist durch das Vordringen religiös-mystischer Tendenzen charakterisiert, die sich zunächst außerhalb der Philosophie bemerkbar machten, dann aber in die Philosophie selbst eindrangen. Während schon in der hellenistischen Periode die griechische Volksreligion und die Mysterienkulte entweder philosophisch umgedeutet oder als Vorstellungsweisen der niederen Volksschichten mißachtet wurden, wirkten in Ägypten und im vorderen Orient starke religiöse Impulse, die zunächst nicht in philosophische Systeme einbezogen wurden. Sobald jedoch Griechentum und östliche Welt in nähere Verbindung traten, setzte ein Prozeß gegenseitiger Beeinflussung ein, in dessen Verlauf westliches und östliches Denken in verschiedenen Formen verschmolzen wurden.[2] Erstmals trat die synkretistische Tendenz bei dem hellenistisch gebildeten Syrer Posidonius (135–51) deutlich hervor. Er war Schüler des Stoikers Panaetius (siehe oben Kap. V, 3 a), von dem er sich jedoch durch seine aus orientalischen Quellen gespeiste religiöse Denkweise unterschied. Demgemäß kann sein Denken ebenso als religiös wie als philosophisch bezeichnet werden, so wie es auch sowohl auf umfassender philosophischer Bildung wie auf dem Glauben an die Möglichkeit mystischer Erfahrungen charakterisiert ist. Im Mittelpunkt seines Denkens stand der Zusammenhang von Gott und Mensch in einer harmonisch konzipierten, durch «Sympathie» der Dinge zusammengehaltenen Wirklichkeit, eine Auffassung, die Konsequenzen für die Naturphilosophie, die Erkenntnistheorie und die Ethik hatte. Er glaubte an die Unsterblichkeit der Seele und an die Beseeltheit der vom göttlichen Willen gelenkten Natur sowie an die Möglichkeit, künftige Ereignisse auf Grund gewisser Zeichen vorherzusagen.

Posidonius, dessen Werke nicht erhalten sind,[3] beeinflußte das Denken der folgenden Jahrhunderte nachhaltig, namentlich Neupythagoreismus, Hermetismus, Gnostizismus und den späteren Platonismus: In allen diesen Richtungen zeigt sich die Tendenz zur Verbindung von griechischer Philosophie und (orientalischen) religiösen Auffassungen. Die Verschmelzung philosophischer, insbesondere platonistischer Gedanken mit religiösen Vorstellungen bei den Kirchenvätern kann als Sonderfall der allgemeinen Hinwendung zu philosophisch-religiösen Weltanschauungen gelten.

Der Hermetismus verdankt seinen Namen dem Glauben an eine Offenbarung durch Hermes, der mit dem ägyptischen Gott Thot identifiziert wurde.[4] In der seit dem ersten Jahrhundert entstehenden hermetischen Literatur wird dem jenseitigen Grund der Wirklichkeit die Materie als negatives Prinzip gegenübergestellt und der im Leib gefangenen und von bösen Neigungen festgehaltenen Seele der Weg zur Wiedergeburt im Geiste mit Hilfe göttlicher Kräfte gewiesen. Auch die Manichäer, in deren Denken Elemente der Zarathustra-Religion weiterwirkten, lehrten die Erlösung der Seele aus der Bindung an die Materie als Prinzip des Bösen, indem sie beanspruchten, ihr den Weg zur Lichtwelt, der sie ursprünglich angehört, weisen zu können. Der Gedanke, daß eine höhere Einsicht in das Wesen des göttlichen Grundes der Wirklichkeit, eine ekstatische Schau des Urgrundes Voraussetzung des Heils der Seele sei, findet sich besonders deutlich bei den Gnostikern. «Gnosis» (d. h. «Erkenntnis») bedeutet bei den Vertretern dieser Strömung des zeitgenössischen Denkens keine bloß theoretische Gotteserkenntnis, sondern letzten Endes Verbindung mit Gott und darin Erneuerung des Menschen durch die Gnade des Erkannten. Wer im Besitz der Einsicht ist, wird zu einem vergeistigten Menschen, zum Pneumatiker, für den die materielle Wirklichkeit, namentlich der Leib und sein sündhaftes Verhalten, bedeutungslos wird.

In der Philosophie wurde zunächst versucht, diese mystisch-religiösen Tendenzen zu rationalisieren, und der Neuplatonismus Plotins ist das großartigste Beispiel dieser Bemühungen; bald aber zeigte sich, daß die Fülle irrationaler Tendenzen nicht mehr mit den Mitteln der Vernunft aufgefangen werden konnte, so daß beim späteren Neuplatonismus (wie z.B. bei Jamblich) Mysterien, Geisterglaube und Beschwörungspraktiken den platonistischen Ansatz überwucherten. Damit war die Auseinandersetzung zwischen Philosophie und Religion, die im östlichen Mittelmeerraum, wo sich verschiedene Kulturen begegneten und mischten, im Gange war, zugunsten des religiösen Denkens – namentlich der christlichen Religion – entschieden. Daß die neuplatonische Philosophie sich genötigt sah, selbst zu einer Art von Religion zu werden oder sich als Religionsersatz anzubieten, hing auch mit dem wachsenden Einfluß des Christentums zusammen, dem nur entgegenzutreten war, wenn die Philosophie versuchte, auf gewisse jener Bedürfnisse Rücksicht zu nehmen, die die christliche Religion zu befriedigen vermochte. Es ist nicht zu übersehen, daß bei der Hinwendung zur Theosophie auch die Erschütterung der alten Welt durch politisch-soziale Veränderungen im Inneren und Bedrohungen von außen, die ein gesteigertes Heilsbedürfnis zur Folge hatten, eine Rolle spielte. Wie das Christentum seinerseits Elemente der Philosophie übernahm und sich somit ihrer rationalisierenden Kraft bediente bzw. die anfänglich vorhandenen irrationalistischen Tendenzen (im Sinne des Tertullian zugeschriebenen Satzes «Ich glaube, weil es widersinnig ist») unterdrückte, wird im folgenden Kapitel gezeigt. Zunächst soll die Situation der Philosophie in den ersten Jahrhunderten nach der Zeitenwende in allgemeinen Zügen umrissen werden.

Die Philosophie war entstanden, indem das mythische Denken überwunden wurde, und diese Überwindung leistete sie zusammen mit einer Reihe von Einzelwissenschaften, allen voran der Mathematik, sodann der Physik und der Medizin. Philosophie und Wissenschaften suchten nach dem Wesen hinter den Erscheinungen und namentlich nach dem Wesen des Menschen; sie wollten den Menschen unabhängig machen von der Natur, Leiden und Krankheit reduzieren; sie wollten aber auch sittliche Normen aufstellen, die es dem Menschen ermöglichen sollten, sich praktisch zu orientieren, sei es, daß sie ihm seinen Platz in der Gemeinschaft anwiesen, sei es, daß sie seiner Seele den Weg zu einem seligen Dasein nach dem Tode eröffneten. Sie konnten das alles aber nur in der Weise leisten, in der der unvollkommene, dem Irrtum ausgesetzte menschliche Intellekt es vermag. Obwohl einige der größten Philosophen für ihre Lehren Endgültigkeit beanspruchten, war auf die Dauer nicht zu übersehen, daß Philosophie und Einzelwissenschaften nicht zu definitiver Wahrheit vordringen können. Schon die Unterschiede zwischen philosophischen und einzelwissenschaftlichen Richtungen sprechen gegen die Annahme eines vollkommenen Wissens, so daß es nicht überraschen kann, wenn sich bald die Skepsis mit ihren Bedenken gegen das Ideal perfekten Wissens meldete. Wird die Möglichkeit unbedingt gültiger Erkenntnis in Frage gestellt, dann lassen sich von der Philosophie auch keine verbindlichen Normen des praktischen, namentlich des sittlichen Verhaltens erwarten. Unter dem Eindruck des theoretischen und praktischen Relativismus kam es in der hellenistischen Periode vielfach zu einem Rückzug auf den privaten Bereich, zur Absage an die Pflichten gegenüber der Gemeinschaft und zur Ausbildung eines betont individualistischen Lebensideals. Auch wo, wie in der Stoa, der Anspruch vollkommenen Wissens mitsamt seinen praktischen Konsequenzen aufrechterhalten wurde, ist ein resignativer Zug spürbar: Die Philosophie lehrt, zu ertragen und zu entsagen. Die Auffassung, daß kosmologische und psychologische Theorien primär eine Rolle im Dienst der Praxis hätten, zog die Abwertung der reinen Theorie nach sich. Der Skeptizismus tat ein übriges, um das Vertrauen in das theoretische Denken zu erschüttern. Das tief im Menschen verwurzelte Bedürfnis nach Gewißheit und praktischer Sicherheit, das in der Philosophie als rationaler Disziplin keine Erfüllung mehr fand, suchte nach Befriedigung in irrationalen Anschauungen, wie sie das Denken etwa seit der Zeitenwende immer nachhaltiger beeinflußten. Dem neuen Mystizismus, der die letzte Phase des antiken Denkens prägte, ging es nicht mehr um Analysen und Beweise, sondern um Offenbarung und vorgeblich höhere geistige Schau. Als Inhalt dieser Schau galt ein transzendentes Wesen, das einerseits mit dem wahrhaft Seienden der früheren Philosophie, andererseits oft mit dem Gott der biblischen Religionen identifiziert wurde.

Weil es nicht mehr um diskursives Erkennen, sondern um übervernünftige Schau oder Glauben ging, kam es zu einer Relativierung der älteren philosophischen Argumente. Die Folge war ein Eklektizismus, der ältere Ansichten sehr verschiedener Art zum Ausbau der neuen Weltanschauung benutzte. Hand in Hand mit dem Eklektizismus ging ein Synkretismus, der zur Verschmelzung von griechischer Philosophie und religiösen Ideen aus dem Orient führte. Bereits in der vorhergehenden Periode hatte es Berührungen mit dem semitischen Orient gegeben, doch war das griechische Denken noch so dominierend, daß es sich gegenüber fremden Einflüssen behauptete; nunmehr drangen religiöse Vorstellungen ein, die die philosophischen Ideen, mit denen sie sich verbanden, oft gänzlich veränderten. Das deutlichste Beispiel ist die Umdeutung der Platonischen Ideen zu Gedanken im Geiste des biblischen Schöpfer-Gottes.

Die Transzendenz des Göttlichen, die schon in der klassischen Philosophie eine Rolle spielte, erfuhr eine so starke Betonung, daß Gott für die Vernunft unerreichbar wurde: Er galt als unerkennbar und unsagbar. Wenn es trotzdem ein Wissen von Gott gibt, dann kann es nur auf göttlicher Offenbarung oder auf unmittelbarer Schau beruhen, also auf Erfassungsweisen, die von diskursiver Erkenntnis mit Hilfe allgemeiner Begriffe und auf Grund von Beweisen wesentlich verschieden sind. Wenn gefordert wird, alles vernünftige Begreifen hinter sich zu lassen, um Gott unmittelbar zu schauen, ja sich ekstatisch mit Gott zu verbinden, erfolgt der Schritt zur Mystik. Die durch jene Forderung bestimmte Denkweise wird daher richtiger als Theosophie, und nicht mehr als Philosophie im herkömmlichen Sinne, bezeichnet.

Während auf der einen Seite der Abstand von Diesseits und Jenseits hervorgehoben wurde, entstand auf der anderen Seite das Bedürfnis, zwischen beiden Bereichen zu vermitteln. Da die Transzendenz des Göttlichen die Annahme einer direkten Beziehung zur Welt auszuschließen schien, wurden vermittelnde, von Gott ausgehende und daher von ihm abhängige Potenzen eingeführt, die den ontologischen Abstand zwischen dem Einen Göttlichen und der Vielheit der materiellen Dinge überbrücken sollten. Die Vorstellungen solcher Potenzen ließen sich dann leicht mit den herkömmlichen Dämonen- oder Engelsvorstellungen identifizieren. Für die spätantike theosophische Spekulation ist der Glaube an eine geistige Sphäre typisch, die unterhalb des Göttlichen angesiedelt ist und sich in verschiedenen, im Verlauf der Zeit ständig vermehrten Stufen der Materie als dem negativen Gegenprinzip des Geistes annähert. Die menschliche Seele galt als Angehöriger des Geisterreichs, der sich mit der Materie verbunden hat und der zu seinem Ursprung zurückzukehren bestimmt ist.

Hatte die hellenistische Ethik Enthebung vom Druck der Realität in Aussicht gestellt, so wollte die spätantike Theosophie den Weg zur Erlösung von der materiellen Welt, vom Bösen, vom Leiden, von den Versuchungen irdischer Lust und irdischer Macht weisen. Wie Orphiker und Pythagoreer in der Frühzeit des griechischen Denkens, so betrachteten auch die Theosophen der Spätzeit, die vielfach an Pythagoras und an einen als Pythagoreer verstandenen Plato anknüpften, den Leib als Gefängnis oder als Grab der Seele. Da die materielle Welt als Quelle der Übel verstanden wurde, lag es nahe, in der Materie das Prinzip des Bösen zu erblicken. Infolgedessen verfiel auch das materiell bedingte Glück zugunsten der Ausrichtung auf ein jenseitiges Glück radikaler Ablehnung. Gleichzeitig wurden alle irdischen Bindungen zugunsten der Bindung an das jenseitige Ziel der Seele abgewertet.

So wie Griechenland und die benachbarten Länder im Römerreich aufgingen, so mußte auch Athen seine Rolle als Zentrum der Philosophie abgeben, allerdings nicht an Rom, sondern an Alexandrien, wo sich griechisches und außergriechisches, namentlich ägyptisches und semitisches Denken besonders intensiv begegneten. Griechisch blieb jedoch die in der Philosophie dominierende Sprache, obwohl sich, wie bereits erwähnt, eine stoische und epikureische lateinische Literatur entwickelte. In Rom entstand keine eigenständige philosophische Schule, sondern hier wurde in Abhängigkeit von der griechischen Philosophie, oft eklektisch, gedacht. Wenn der Neuplatonismus vorübergehend in Rom Fuß faßte, so war er doch keine römische Philosophie. Lateinisch schreibende Autoren wie der Kirchenvater Augustinus oder Boëthius haben jedoch, an Cicero anknüpfend, das Latein als philosophische Sprache geprägt und die philosophische Terminologie des Mittelalters beeinflußt.

Die antike Philosophie war in ihrer Spätzeit ähnlich wie die hellenistische Philosophie von praktischen Zielen bestimmt; die Ziele waren aber inhaltlich völlig andere als in der vorhergehenden Epoche: Sie hatten nichts mehr mit diesseitiger Lebensgestaltung und Lebensbewältigung zu tun, sondern alles wurde dem jenseitigen Heil der Seele als letztem Ziel untergeordnet. In diesem Sinne wurde die Verähnlichung mit Gott zum leitenden Gedanken, und zwar sowohl im heidnischen wie im christlichen Denken.

In der Philosophie bewirkte diese Tendenz eine zunehmende Theologisierung, die sich nicht nur in dem Bemühen um Berücksichtigung der überlieferten Mythen und des herkömmlichen Götterglaubens äußerte, sondern auch in Dämonenglauben, in Beschwörungen, Gebet und Opfer, schließlich in dem Streben nach unmittelbarer Schau und Vereinigung mit dem unerkennbaren und unaussprechlichen Göttlichen. In der christlichen Theologie kam es umgekehrt zur philosophischen Einkleidung der Glaubenslehren, doch blieb dabei die Theologie wesentlich Theologie, da die Philosophie –

namentlich die platonistische Philosophie – vor allem als Mittel der Rationalisierung des Glaubens betrachtet wurde. Infolgedessen spielten in der christlichen Spekulation Fragen der Erkenntnislehre, der Naturphilosophie, der rationalen Moralbegründung usw. meist keine wesentliche Rolle, und wo sie aufgeworfen werden, bleiben sie auf theologische Fragestellungen bezogen. Nur bei oberflächlicher Betrachtung kann daher der Eindruck entstehen, Philosophie und Theologie hätten sich gegenseitig angenähert; in Wirklichkeit schickte sich das theologische Denken an, die Philosophie als eigenständige Denkweise zu verdrängen.

Auf das Weiterwirken von Stoa, Epikureismus und Skeptizismus wurde oben bereits hingewiesen, weshalb es hier nicht mehr berücksichtigt zu werden braucht. Auch auf die Kommentar-Literatur, die nicht zu neuen Positionen führte, sondern eine scholastische Tradition eröffnete, die in der christlichen Scholastik eine Fortsetzung finden sollte, ist hier nicht einzugehen. Lediglich die Entwicklung des Platonismus etwa seit der Zeitenwende, die Wiederbelebung des Pythagoreismus und ähnlicher Strömungen sowie der Versuch einer philosophischen Umdeutung biblischer Vorstellungen sollen im Folgenden berücksichtigt werden.

2. Philo von Alexandrien

Besonders eindrucksvoll kam die Tendenz zur Verbindung von griechischer Philosophie und orientalischer Religion bei Philo Iudaeus zur Geltung, der von etwa 30 v. Chr. bis etwa 50 n. Chr. in Alexandrien lebte.[5] Dort war seit dem dritten Jahrhundert v. Chr. eine griechische Bibelübersetzung – die Septuaginta – entstanden, dort wurde auch bald versucht, die hellenistische Gedankenwelt mit der biblischen Religion zu versöhnen. Als Bewohner jener Stadt, die zum Mittelpunkt griechischen Geisteslebens geworden war, und zugleich als Angehöriger der jüdischen Diaspora war Philo von einer doppelten Tradition geprägt. Ihm ging es nicht nur um eine äußerliche Verbindung griechischer und jüdischer Vorstellungen, sondern er erstrebte eine Synthese von jüdisch-biblischer Weisheit und griechischer Philosophie. Dabei war er von der Überlegenheit der Bibel überzeugt und glaubte (wie später manche Kirchenväter), die griechische Philosophie hätte von ihr die entscheidenden Anregungen empfangen.

Um die Übereinstimmung zwischen Aussagen der Bibel und philosophischen Auffassungen behaupten zu können, bediente er sich des Mittels der allegorischen Deutung, das schon die Stoiker eingesetzt hatten, um Homer philosophisch lesen zu können.[6] Mit Hilfe von Allegorien glaubte er den Gott der Bibel mit dem wahrhaft Seienden, von dem Plato gesprochen hatte, bzw. dem Seienden als solchen, das Grundbegriff der Aristotelischen Ontologie ist, identifizieren zu können. Das konnte nur um den Preis der Abstraktion von zahlreichen Eigenschaften des biblischen Gottes gelingen, in denen Philo Anthropomorphismen erblickte. Entschieden hob Philo die Transzendenz Gottes nicht nur gegenüber der Welt bzw. gegenüber der Erfahrungswirklichkeit, sondern auch gegenüber den Ideen, selbst der Platonischen Idee des Guten, hervor. Die Schwierigkeiten einer Synthese von philosophischer und religiöser Gottesvorstellung zeigen sich deutlich, wenn Gott einerseits in unpersönlicher Weise als das wahrhaft Seiende, andererseits als persönliches Wesen bestimmt wird. Hier wird Unvereinbares zu verbinden gesucht. Da dies im Rahmen des vernünftigen Denkens nicht möglich ist, liegt der Schritt über die Grenzen der Vernunft nahe: Nach Philo ist Gottes Wesen nicht rational – in Form von Beweisen[7] – erkennbar, es kann aber unter Umständen unmittelbar geschaut werden. Wer im Sinne der wahren Philosophie Gott sucht, «erhebt sich hoch über die Erde in Äthers Höhen und teilt die Bewegungen der Sonne, des Mondes und aller Himmelskörper, voller Sehnsucht, alles zu schauen, was sich dort findet. Freilich ist ihm nur ein schwacher Blick vergönnt, da eine Fülle reinsten Lichtes ihm entgegenströmt, so daß das Auge der Seele geblendet wird durch seine Strahlen».[8] Gottes Unerkennbarkeit wird betont, wenn ihn Philo zu Moses sprechen läßt: «Das Verständnis meines Wesens ist aber nicht nur dem Menschen, sondern auch dem ganzen Himmel und dem Weltall versagt.»[9] Gelegentlich spricht Philo schon von der ekstatischen Vereinigung mit Gott. Wer nicht fähig ist, das (göttliche) Seiende zu schauen, soll versuchen, wenigstens sein Abbild, den allerheiligsten Logos, und die Welt als dessen Werk zu erfassen.[10] Der Logos geht aus Gott hervor, ist aber nicht Gott; er ist aber auch nicht Gottes Geschöpf. Demgemäß heißt Gott zwar «Vater der Welt», aber nicht «Vater des Logos», obwohl Philo den Logos gelegentlich als erstgeborenen Sohn Gottes bezeichnete. Der Logos steht zwischen Gott und den sterblichen Wesen, «weder als ein Unerschaffener wie Gott noch wie ihr [die Sterblichen] geschaffen, sondern in der Mitte zwischen den zwei Extremen ...»[11] (Die Frage, wie zwischen «geschaffen» und «ungeschaffen» ein Mittleres gedacht werden könne, sollte in der Folge die Kirchenväter beschäftigen, die, ähnlich wie Philo, das Verhältnis von Logos und Gott zu bestimmen suchten.)

Philos Spekulationen sind deutlich von der bereits erwähnten Tendenz bestimmt, durch Einführung von vermittelnden Instanzen eine Brücke vom transzendenten Gott zur materiellen Wirklichkeit zu schlagen. Demgemäß nahm er zwar an, daß Gott die Dinge aus der Materie geschaffen habe, leugnete aber, daß er dabei in Kontakt zur Materie trete. «Denn aus ihr schuf ja Gott erst alles, nicht durch persönliche Berührung – denn es hätte sich für ihn, den Glücklichen und Seligen, nicht geziemt, die unbegrenzte und wirre Materie zu berühren, vielmehr bediente er sich seiner unkörperlichen Kräfte, die richtig als ‹Ideen› bezeichnet werden ...»[12] Die Ideen bilden eine geistige Welt, die das Vorbild der körperlichen Welt ist. Sie sind jene Mächte, die dem Formlosen Gestalt verleihen, ohne selbst eine Veränderung zu erfahren.[13] Mit Rücksicht auf die biblische Lehre, nach der Gott ursprünglich allein war, konnte Philo den Ideen kein von Gott unabhängiges Sein zuschreiben; da er sie auch nicht als Gedanken Gottes deutete, blieb nur die Möglichkeit, in ihnen Geschöpfe Gottes zu sehen, die als Muster der Dinge entstanden, als Gott die Welt erschuf.[14]

Der Vater des Alls – «der Seiende» – verfügt nach Philo über eine doppelte Kraft, eine schöpferische, in bezug auf die er «Gott» heißt, und eine herrscherliche, auf die die Bezeichnung «Herr» hinweist. Daher kann Gott bald als Einheit, bald als Dreiheit (nämlich als Vater, als Schöpferkraft und als Herrschaft) betrachtet werden.[15] So wie hier der Ansatz einer Trinitätsspekulation vorzuliegen scheint, so wirkt es auch wie eine Vorwegnahme christlicher Vorstellungen, wenn Philo dem Logos – d. h. dem Inbegriff der Ideen bzw. der Idee der Ideen – auch die Rolle des Anwalts (Paraklet) der Menschen vor Gott und zugleich des Übermittlers des göttlichen Willens zuschreibt: Der Logos ist «einerseits der Fürsprecher der stets hilfsbedürftigen Sterblichen bei dem Unvergänglichen, andererseits der Abgesandte des Herrschers an den Untertan ...»[16] Im Geiste des Platonismus ordnete Philo die Einheit der Dreiheit, und demgemäß die Schau des alle Vielheit übersteigenden Einen dem Gedanken der göttlichen Dreiheit über.[17] Auch wenn er die Bestimmung des Menschen in der Gottverähnlichung erblickte, knüpfte er an einen Gedanken Platos an,[18] ging aber mit der Annahme, daß die Seele mit Gott zusammenkommen, mit ihm verkehren könne,[19] entscheidend über Plato hinaus. Die menschliche Seele ist, anders als die Engel, mit der Materie in Berührung getreten; sie trachtet danach, sich aus der Bindung an die Materie zu befreien und in ihre Heimat zurückzukehren. Das gelingt ihr in der Regel nicht in einem einmaligen Anlauf, sondern es erfordert den Durchgang durch verschiedene Inkarnationen.

Mit der Bereitschaft zur weltanschaulichen Synthese kontrastiert merkwürdig Philos Fanatismus, der ihn erklären ließ, die Tötung eines Abtrünnigen sei Gott wohlgefällig.[20] Seine Tendenz, Philosophie und Theologie zu verbinden, wirkte stark weiter: Sie beeinflußte einerseits den mittleren Platonimus, zu dessen Vorläufern Philo gehört, andererseits das Denken der Kirchenväter, die wie Philo biblische Religion und griechische Philosophie zu vereinigen suchten. Ungeachtet aller Ähnlichkeiten zeigen sich aber verständlicherweise auch beträchtliche Unterschiede, z.B. in der Logos-Lehre, wo Philo nicht daran dachte, den Logos als Gott und gleichzeitig in einem Menschen verkörpert aufzufassen.[21]

3. Neupythagoreismus und mittlerer Platonismus

Seit der Mitte des 1. vorchristlichen Jahrhunderts äußerte sich die Hinwendung zum Mystizismus auch in Form der Wiederaufnahme pythagoreischer Gedanken[22] und in der Entstehung zahlreicher Legenden über den Stifter der Schule. Wie im ursprünglichen Pythagoreismus spielte auch bei den

Neupythagoreern die Mathematik bzw. die philosophische Deutung mathematischer Verhältnisse eine große Rolle. Im Anschluß an pythagoreische und Platonische Lehren faßten auch die Neupythagoreer die Ideen als Zahlen auf, deuteten sie aber, anders als Philo, als Gedanken Gottes. Dem erneuerten Pythagoreismus war der Wunderglaube nicht fremd, wie sich bei Apollonius von Tyana (im 1. Jhdt. v. Chr.) zeigt, der mit dem Anspruch auftrat, Wunder wirken zu können. Bei den Neupythagoreern, wie z. B. bei Numenius im 2. Jahrhundert (der allerdings oft dem Mittelplatonismus zugerechnet wird), macht sich die auch in anderen Richtungen der Zeit feststellbare Tendenz bemerkbar, die Transzendenz Gottes zu unterstreichen und damit das höchste Wesen so weit wie möglich der Welt zu entrücken. Da aber die Welt ihren Sinn dennoch durch die Beziehung zum Göttlichen erhalten sollte, mußten die Neupythagoreer zwischen Jenseits und Diesseits zu vermitteln suchen. Zu diesem Zweck stellten sie dem höchsten Gott, dem Herrn und König, den Demiurgen als zweiten und die Welt als dritten Gott gegenüber. Da das Schöpfungswerk vom Demiurgen auf Grund der Ideen, die als Muster dienen, vollbracht werden soll, braucht dem höchsten Gott keine Tätigkeit zugeschrieben zu werden: Er verkehrt nur mit sich selbst (so wie das Göttliche nach Aristoteles nur sein eigenes Denken denkt). Nach Numenius «wird der erste Gott in Ruhe, der zweite aber in Bewegung sein; der erste gehört nur der übersinnlichen, der zweite der übersinnlichen und der sinnlichen Welt an» ... «Der Weltbildner lenkt die Harmonie [der Welt], indem er sie durch die Ideen regiert, und anstatt nach dem Himmel schaut er nach dem oberen Gotte».[23] Die Vorstellung, daß die Welt nicht vom höchsten Gott, sondern von einer untergeordneten Gottheit geschaffen sei, spielte in der Folgezeit eine wichtige Rolle, da sie die Möglichkeit bot, Gott von der Verantwortung für das Übel in der Welt zu entlasten. In der Gnosis erscheint die niedrigere Gottheit gelegentlich sogar als Prinzip des Bösen.

Seit der zweiten Hälfte des ersten vorchristlichen Jahrhunderts, namentlich seit der Abkehr der Akademie vom Skeptizismus (siehe oben Kap. V, Abschn. 4 b), entwickelte sich eine Form des Platonismus, in der außer Platonischen Einflüssen – besonders die Gedanken des Dialogs «Timaeus» spielten eine wichtige Rolle – auch Aristotelische, stoische und neupythagoreische Gedanken wirksam wurden, so daß eine scharfe Abgrenzung gegenüber dem Neupythagoreismus kaum möglich ist. Die Tendenz zur Relativierung der Unterschiede zwischen den älteren philosophischen Richtungen war für die Zeit typisch, doch wurde gelegentlich auch die Forderung erhoben, der Vermengung der Platonischen Philosophie mit anderen philosophischen Lehren und dem Eklektizismus entgegenzutreten. Im Platonismus dieser Zeit zeigt sich bereits die für die Spätzeit des Altertums charakteristische Verbindung von philosophischen und religiösen Gedanken, die später auch den Neuplatonismus prägen sollte,[24] der im 3. Jahrhundert n. Chr. den Mittelplatonismus fortsetzte. Charakteristisch waren der Rückgriff auf die Platonische Kosmogonie und die Theologie des absolut jenseitigen Einen, die Deutung der Ideen als Inhalte des göttlichen Geistes und die Ethik der Gottverähnlichung.

Vertreter dieses mittleren Platonismus waren u.a. Eudorus, Albinus, Atticus und Apulejus, wie auch Philo mit ihr in Zusammenhang gebracht werden kann. Auch der Gegner des Christentums Celsus im 2. Jahrhundert, gegen den Origenes polemisierte, gehörte dieser Richtung an. Seiner Ansicht nach kann Gott als schlechthin jenseitiges Wesen nicht zum Menschen herabgestiegen sein, da er in diesem Falle etwas Geringeres geworden wäre. Gott kann auch nicht die Materie hervorbringen, da diese Grund des Bösen ist und als solcher nicht von Gott geschaffen sein kann. Die Richtung dieser Kritik wurde von einem Vertreter des Neuplatonismus wie Porphyrius fortgeführt.

Hier soll nur auf einen Repräsentanten des Mittelplatonismus etwas genauer eingegangen werden, nämlich auf den als Verfasser der parallelen Biographien bedeutender Griechen und Römer berühmten Plutarch aus Chaeronea im westlichen Böotien (geboren um die Mitte des 1. Jahrhunderts, gestorben nach 120). Zugunsten dieser Wahl spricht der Umstand, daß die meisten seiner Schriften erhalten sind, während die Auffassungen anderer Vertreter jener Richtung aus Ausführungen in den Werken späterer Autoren rekonstruiert werden müssen.

Plutarch lebte und lehrte zeitweise in Rom, kehrte aber später in seine Vaterstadt zurück, wo er öffentliche Ämter bekleidete und philosophische Vorträge hielt. Gleichzeitig nahm er priesterliche Funktionen in Delphi wahr, was sich in einer Reihe von Werken über das Heiligtum und seine Orakel spiegelt. Er war ein überwiegend ethisch orientierter Platoniker, der auch seine Biographien nicht so sehr aus historischem, als vielmehr aus moralischem Interesse schrieb.[25] In seinen Werken – außer den parallelen Biographien[26] verfaßte er zahlreiche moralische Schriften – wandte er sich nicht in erster Linie an Gelehrte, sondern an einen weiteren Leserkreis. In den Moralia (bzw. Ethika)[27] geht es um Gerechtigkeit und Menschenliebe, um Friedfertigkeit und Brüderlichkeit; er setzt sich mit Liebe und Haß, mit Neid, Neugier und Schwatzhaftigkeit auseinander, gibt aber auch Ratschläge im Hinblick auf eine gesunde Lebensweise. Plutarchs Werke wurden in der Folgezeit nicht nur viel gelesen, sondern auch von anderen Autoren ausgebeutet.

Auch bei Plutarch fällt, wie bei den Vertretern der früher erwähnten gleichzeitigen philosophisch-theosophischen Strömungen, die betonte Entgegensetzung von Gott als dem Einen und Guten einerseits und einem negativen Prinzip andererseits auf, das zu der (im Platonischen «Timaeus» erwähnten) Weltseele in Beziehung gesetzt wird. Plutarch nahm an, daß Gott die Welt aus der bewegten und somit beseelten Materie geschaffen habe, indem er sie ordnete und der Seele als dem Prinzip der Bewegung Vernunft verlieh. Die Weltseele ist ursprünglich unvernünftig; erst Gott verleiht ihr Vernunft. Gott ist das jenseitige und zeitlose Eine, dem allein im vollen Wortsinn das Sein zukommt.[28] Diesen Gedanken brachte Plutarch in der Schrift «Über das E in Delphi» zum Ausdruck, in der es um die Bedeutung des über dem Tor des delphischen Tempels angebrachten, einem E ähnlichen Zeichens geht. Nach seiner Deutung soll jeder, der den Tempel betritt, auf das «Erkenne dich selbst» dem Gott mit «Du bist» (griechisch «ei», das dem im Titel genannten «E» entsprechen soll) antworten, «womit wir ihm das wahre, nicht irrende, ihm allein einzig zukommende Prädikat, das des Seins, als Anrede widmen».[29] Der Mensch ist, wie alles Zeitlich-Endliche, nicht wahrhaft seiend. «Aber der Gott hat das Sein ... und er ist nicht in irgendeiner Zeit, sondern in der Ewigkeit, der unbeweglichen, zeitlosen, unveränderlichen, angesichts deren es nichts Früheres noch Späteres, nichts Bevorstehendes noch Vergangenes, nichts Älteres noch Jüngeres gibt, sondern sie ist nur eine, und mit ihrem Jetzt, das Eines ist, hat sie das Immerdar erfüllt; und allein, was in diesem Sinne ist, ist wahrhaft seiend, etwas, das nicht geworden ist, nicht sein wird, nicht angefangen hat, nicht enden wird. So also müssen wir es verehrungsvoll begrüßen und anreden: ‹Du bist!› oder vielmehr auch wie einige der Alten: ‹Du bist das Eine!›»[30]

Die Platoniker der damaligen Zeit nahmen eine Vielheit von Zwischenwesen an, die zwischen dem absolut jenseitigen Einen und der Erfahrungswirklichkeit vermitteln. Als Mittelwesen unterhalb des höchsten Gottes galten zunächst der (Welt-)«Geist» und die (Welt-)«Seele», sodann aber auch Dämonen, Engel, Heroen und Gottheiten verschiedener Religionen, die das Luftreich bevölkern und auch das irdische Geschehen, einschließlich des menschlichen Denkens, beeinflussen sollen. In der für die damalige Zeit typischen Weise suchte auch Plutarch mit dem Platonismus und (in geringerem Maße) dem Aristotelismus religiöse Vorstellungen und orientalische Weisheitslehren zu verbinden, wobei er die überlieferten Lehren oft nicht wörtlich auffaßte, sondern zu allegorischen Deutungen seine Zuflucht nahm.[31] Er glaubte an die Wahrsagekunst (Mantik), die er bald auf der Seherin von Delphi zuteil werdende Offenbarungen der Gottheit, bald auf dämonische Einflüsse zurückführte, die die Seele aufnimmt, so daß sie unter besonderen Umständen die Zukunft schaut.[32]

Wenn Seelen sich auf Grund freier Entscheidung mit der Materie verbinden, werden sie den Gesetzen der stofflichen Welt, namentlich den Leidenschaften, unterworfen, ohne daß sie jedoch aufhörten, an der göttlichen Vernunft teilzuhaben. Dieser Anteil muß durch ein tugendhaftes Leben gestärkt werden, damit die Seele von den negativen Einflüssen der Materie frei wird. Letztes Ziel der Philosophie ist daher nicht die Erkenntnis, sondern die Gott-Verähnlichung, von der schon Plato gesprochen hatte.[33] Der für Plutarch wie für die Vertreter des mittleren Platonismus charakteristische Hang zum Mystizismus förderte die Tendenz zur Verschmelzung von theistischen und polytheistischen Vorstellungen und zum Glauben an Orakel und Wahrsagekunst, an die Seelenwanderung und an dämonische

Mächte. Wenn man sich vergegenwärtigt, wie ausgiebig sich Plutarch mit derartigen Dingen beschäftigte und wie fern ihm Probleme der Erkenntnismetaphysik standen, wird der große Abstand vom Vorbild Plato deutlich. Man könnte sich versucht fühlen, die von Plutarch überlieferte Geschichte vom Tod des Gottes Pan auf die damalige Situation der Philosophie zu übertragen. Während aber die Nachricht, daß der große Pan tot sei, lautes Wehklagen im Reich der Geister hervorrief,[34] findet sich bei Plutarch keine Spur von Trauer über die verlorene philosophische Größe. Zwar hatte auch Plato auf den Götterglauben Rücksicht genommen, ihm aber keine wesentliche Rolle in seiner Philosophie eingeräumt, sondern ihn eher als Mittel zur Beeinflussung des Verhaltens breiterer Bevölkerungsschichten betrachtet; bei den Mittelplatonikern (so wie später bei den Neuplatonikern Jamblich und Proklus) gehört dagegen der Götter- und Dämonenglaube wesentlich zur Philosophie. Das geschieht bei Denkern vom Format eines Plutarch auf Kosten der gedanklichen Tiefe, ohne daß sie dies als Mangel empfunden hätten.

Neben der Tendenz zum Mystizismus finden sich in der damaligen Zeit aber auch rationale Auffassungen der Philosophie, z.B. bei dem Arzt, Naturwissenschaftler und Philosophen Galen aus Pergamum (129–199), der, gestützt auf die aristotelische Logik seiner Zeit, nachdrücklich betonte, daß das philosophische Denken auf Argumente – somit nicht auf eine mystische Schau – angewiesen sei. In der Natur erblickte er im Anschluß an Aristoteles einen zweckmäßigen Zusammenhang, in dem nichts umsonst geschieht und der von Gott nach ausnahmslos wirkenden Gesetzen eingerichtet ist. In der Medizin systematisierte Galen, der dadurch zur überragenden Autorität für das Mittelalter wurde, das gesamte damals verfügbare medizinische Wissen. Sein Zeitgenosse Claudius Ptolemäus (gest. 180), der in Alexandrien wirkte, faßte in seinem «Großen astronomischen System» (später «Almagest» genannt) die astronomischen Auffassungen der Antike zusammen und befestigte gleichzeitig das geozentrische Weltbild. Auch in der Mathematik wurde Bedeutendes geleistet, so von Theon von Smyrna, von Diophant (3. Jahrhundert) und von Pappus (3./4. Jahrhundert).

Neben der Astronomie fand die Astrologie starke Beachtung, auch bei dem großen Astronomen Ptolemäus. Seine «Einführung in die Lehre vom Einfluß der Gestirne» («Tetrabiblos») ist für die Geschichte der Astrologie wichtig. Im späteren Platonismus spielten astrologische Vorstellungen (anders als im Stoizismus und im Skeptizismus) eine große Rolle, während der Begründer des Neuplatonismus (zu diesem s. Abschn. 4) eine vorsichtige Auffassung vertrat: Wegen der allgemeinen «Sympathie» zwischen allen Dingen im All darf angenommen werden, daß die Gestirne Künftiges anzeigen; sie bewirken es aber nicht.

Die gedanklichen Ansätze des mittleren Platonismus wurden vom Neuplatonismus aufgenommen und eindrucksvoll ausgestaltet, so daß noch einmal eine philosophische Position entstand, die ein Gegengewicht gegen das rasch erstarkende christliche Denken bildete. Obwohl die philosophische Entwicklung vom 2. Jahrhundert an nicht voll gewürdigt werden kann, wenn nicht der Einfluß des Christentums berücksichtigt wird, soll im Folgenden so verfahren werden, daß zunächst ein Blick auf den Neuplatonismus und auf Boëthius geworfen und dann erst auf die Entwicklung der Philosophie unter dem unmittelbaren Einfluß des Christentums eingegangen wird. Man muß jedoch bedenken, daß sich die platonistische Philosophie in der ausgehenden Antike in der Auseinandersetzung mit dem Christentum bzw. dem Gnostizismus entwickelte.

4. Der Neuplatonismus

a) Begründung und Ausbreitung des Neuplatonismus

Der Neuplatonismus[35] ist zweifellos die bedeutendste philosophische Richtung der ausgehenden Antike: In ihm wirken einerseits die wichtigsten metaphysischen Gedanken der früheren Philosophie nach, andererseits wollte er dem Bedürfnis der Zeit nach Verankerung des Daseins in einem transzendenten Prinzip Rechnung tragen. Dies geschah zunächst – namentlich bei Plotin – in einer Weise, die sich merklich von den ungezügelten Phantasien der Gnostiker unterschied; bei späteren Vertretern dieser Richtung, wie bei Jamblich und Proklus, überwucherte der Mystizismus immer stärker die rationale Komponente, die auch das neuplatonische Denken enthielt.

Im Neuplatonismus leistete die griechische Philosophie dem christlichen Denken noch einmal Widerstand; wenn sie dabei unterlag, so läßt das erkennen, wie mächtig das religiöse Bedürfnis war: Es konnte nur noch durch eine im engeren Sinne religiöse Weltanschauung, nicht durch eine philosophische Weltdeutung und Heilslehre, befriedigt werden. Aber das Christentum vermochte den Neuplatonismus auch nicht vollständig aus dem Felde zu schlagen: Neuplatonischer Geist beeinflußte das christliche Denken, namentlich in Form der Mystik, bis in die Neuzeit.

Die überragende Gestalt des Neuplatonismus war der 204/205 in Ägypten geborene Plotin. Über seine Herkunft ist kaum etwas bekannt, weil er alles zu verschleiern suchte, was seine Person betraf, und weil auch sein Biograph Porphyrius, Plotins Schüler, in dieser Hinsicht keine Aufschlüsse gibt.[36] Seine philosophische Bildung erhielt er in Alexandrien, wo er vor allem von Ammonius beeindruckt wurde. Ammonius kann man als den Sokrates des Neuplatonismus bezeichnen. Wie der Lehrer Platos wirkte auch Plotins Lehrer nur durch mündlichen Vortrag und durch die Macht seiner Persönlichkeit, so daß wir über seine philosophischen Ansichten ebensowenig Zuverlässiges wissen wie über die des Sokrates. In der Lebensbeschreibung Porphyrs heißt es, daß der junge Plotin auf der Suche nach der ihm gemäßen Philosophie auf Ammonius hingewiesen wurde. Als er diesen kennenlernte, soll er gesagt haben: «Das ist der, den ich suchte!»[37] Unter Ammonius' Leitung sei er nicht nur tief in die griechische Philosophie eingedrungen, sondern trachtete sich auch mit den philosophischen Anschauungen der Perser und Inder vertraut zu machen. Als Kaiser Gordian einen Feldzug gegen Persien unternahm, ergriff er die Gelegenheit, sich ihm anzuschließen, um persisches Denken an Ort und Stelle zu studieren.

Plotin entfaltete seine Wirkung in Rom, wohin er als etwa Vierzigjähriger kam und mit seiner Lehre bald auf großes Interesse stieß. Zahlreiche Gebildete hörten seine Vorträge, und Kaiser Gallienus, Anhänger der alten Mysterienkulte, förderte ihn. Dieser Kaiser bemühte sich nicht nur um Überwindung der Krise, in die das Reich unter den Soldatenkaisern geraten war,[38] sondern er wollte auch die traditionelle griechisch-römische Kultur stärken («Gallienische Renaissance»). Die Verfolgung der Christen stellte er ein, doch lag ihm an der Bewahrung des Kerns der herkömmlichen Religion. Die Förderung der Philosophie gehörte zu diesem Programm – und zwar einer Philosophie, die sich nicht in philologischer Gelehrsamkeit und in der Kommentierung philosophischer Texte erschöpfte, obwohl sie auf die Quellen der Klassik zurückging, sondern die zugleich den mystischen Tendenzen der Zeit entgegenkam, aber ihre Thesen argumentativ begründete. Eine solche Philosophie vertrat Plotin, der zeitweise sogar hoffen durfte, mit kaiserlicher Hilfe einen Plan ausführen zu können, dessen Verwirklichung Plato versagt geblieben war, nämlich eine Stadt nach der von Plato entworfenen Verfassung zu gründen. Nach der Ermordung des Kaisers ließ sich Platonopolis jedoch nicht mehr realisieren, und auch die Entfaltung der neuplatonischen Philosophie in Italien war erschwert, wenn auch nicht völlig unterbunden. Plotin starb 270 in Kampanien auf dem Landgut eines Schülers, wohin er sich, schwer krank, zurückgezogen hatte. Sein letztes Wort soll gelautet haben, er wolle das Göttliche, das er in sich trage, zum Göttlichen im All emporheben.[39]

Sein Biograph sagte von Plotin, «daß seine Seele rein war und daß er immer zum Göttlichen trachtete, nach dem er von ganzer Seele verlangte».[40] Daher war er fähig, mit dem Göttlichen einszuwerden, indem er jenen Gott, welcher keine Gestalt und keine Form hat und oberhalb des Geistes und der ganzen geistigen Welt thront, unmittelbar erfuhr. Die ekstatische Vereinigung mit dem Göttlichen hat Plotin während der Zeit, in der Porphyrius bei ihm war, viermal erreicht.

Plotins Werke, die im Zusammenhang mit seinem Wirken in Rom entstanden, wurden von Porphyrius in sechs Neuner-Gruppen (Enneaden) zusammengefaßt und ediert, wobei die überlieferte chronologische Ordnung aufgegeben wurde. Während die Gedanken vieler anderer Philosophen nur in Bruchstücken zu uns gelangt sind – wie erwähnt, können wir uns z.B. in bezug auf die ältere Stoa fast nur auf Fragmente stützen –, liegt Plotins Werk geschlossen und im wesentlichen wohl unverfälscht vor.[41] Die Art, in der seine Schriften entstanden, ist bemerkenswert: Er konzipierte sie zunächst nur in Gedanken, um sie dann in einem Zug, ohne auf den Stil und die Rechtschreibung zu achten, niederzuschreiben. Anschließend las er das Geschriebene nicht mehr durch, sondern überließ die Korrekturen anderen. Im mündlichen Vortrag fand er stets den passenden Ausdruck, obwohl ihm gelegentlich Aussprachefehler unterliefen (was darauf hinweisen könnte, daß Griechisch nicht seine Muttersprache war). «Während er sprach, trat sein Geist sichtbar zutage und bestrahlte mit seinem Glanz ... sein Antlitz; er wirkte immer anziehend; aber in solchen Augenblicken war er geradezu schön», wie es bei Porphyrius heißt.[42]

b) Plotins Lehre

Plotin philosophierte nicht nur in platonischem Geist, sondern er knüpfte immer wieder unmittelbar an Plato an, in dem er den größten Philosophen erblickte. Gleichzeitig war er auch von anderen philosophischen Richtungen beeinflußt, namentlich von Aristoteles, an dessen Art des Argumentierens die Form seiner Begründungen oft erinnert. Daneben sind auch stoische Einflüsse zu spüren.[43] Mit älteren philosophischen Auffassungen setzte er sich intensiv auseinander, indem er sie teils ausdrücklich zitierte, teils auf sie anspielte. Man wird daher Plotin um so besser verstehen, je genauer man die frühere griechischen Philosophie kennt.

Das zentrale Thema von Plotins Philosophie ist die Frage, wie sich Diesseits und Jenseits zueinander verhalten. Plotin wollte einerseits zeigen, wie wir uns von der erfahrenen Wirklichkeit zum Göttlichen erheben, ja mit ihm eins werden können, andererseits ging es ihm um die Frage, wie die Welt als Inbegriff der endlichen Seienden aus dem Göttlichen hervorgeht. Im Einklang mit der das damalige Denken weithin beherrschenden Tendenz betonte er die Transzendenz des Göttlichen und hob im Gegensatz zum Materialismus der Epikureer nachdrücklich die Selbständigkeit der geistigen Wirklichkeit, ja ihre Überlegenheit über alles Stoffliche und sinnlich Erfahrbare, hervor, und zwar nicht in Form einer Verkündigung oder eines Appells an den Glauben, sondern mit Hilfe von Analyse und Beweis. In Plotins Denken wird die religiöse Tendenz der damaligen Zeit, die auf Enthebung von der Erfahrungswirklichkeit gerichtet war, im Geist der klassischen griechischen Philosophie so weit wie möglich zu rationalisieren gesucht.

Die allgemeine Richtung seiner Philosophie unterscheidet sich dennoch in einer wichtigen Hinsicht von der des Platonischen Denkens und der klassischen griechischen Philosophie überhaupt: Während es Plato wesentlich darum ging, begreiflich zu machen, wie streng allgemeingültige, somit erfahrungsunabhängige Urteile (wie es sie zum Beispiel in der Mathematik gibt) möglich sind, spielt bei Plotin die Frage nach den Bedingungen der Möglichkeit bestimmter Erkenntnisse eine untergeordnete Rolle; ihm ging es nicht primär um das Verhältnis von Urteil und Wirklichkeit, sondern um das Verhältnis von Welt und Überwelt.[44]

(1) Die Erhebung des Denkens zum Einen

Plotin wollte seine Schüler von der Erfahrung der materiellen Dinge zur Schau des Göttlichen als des Einen, das das Erste von allem und zugleich das absolut Gute ist, sowie zur Einsicht in die Nichtigkeit der materiellen Welt, die er bereits erreicht zu haben meinte, führen. Der Weg, den er dabei einschlug, entspricht im wesentlichen dem von Plato eingeschlagenen Weg von den Dingen der Erfahrung zu deren Urbildern und schließlich zur Idee des Guten, dem alle Dinge ihr Sein und ihre Erkennbarkeit verdanken, also dem im Höhlengleichnis beschriebenen Aufstieg von den Schattenbildern zu den schattenwerfenden Mustern und schließlich zur Sonne, von der letzten Endes alles abhängt. Auf der Grundlage der Platonischen Teilhabe-Lehre, der zufolge etwas z. B. schön ist, weil es an der Idee des Schönen teilhat, argumentierte Plotin, daß Dinge nur Einheiten mannigfaltiger Eigenschaften sein könnten, wenn sie an der Einheit an sich teilhätten. Die Seele kann nicht das letzte einheitsstiftende Prinzip sein, da sie selbst noch eine Vielheit enthält: Als individuelle Seele besitzt sie eine Vielheit psychischer Vermögen, und als Weltseele vervielfältigt sie sich gemäß den verschiedenen Wesen, die sie formt. Aber auch der (objektive) Geist kann nicht das gesuchte letzte Prinzip der Einheit sein. Da Plotin das geistige Prinzip aller Wirklichkeit wie Aristoteles als Denken auffaßt, mußte er ihm Denkinhalte zuordnen, und «was sich selber denkt, muß ... ein Vielfältiges sein»,[45] auch wenn es im Denken bei sich selbst bleibt.[46] Die Unterscheidung von Denken und Gedachtem wird auch nicht dadurch aufgehoben, daß der Geist sich selbst, d. h. sein eigenes Wesen, nämlich den Inbegriff der Ideen, denkt: Auf jeden Fall ist auch er noch der Differenz von denkendem Subjekt und gedachtem Objekt unterworfen. Da somit auch der Geist Einheit in der Vielheit ist, kann er nicht letztes Einheitsprinzip sein: Die absolute Einheit, d. h. die Einheit, die keine Vielheit, keine Differenz mehr enthält, muß noch jenseits des göttlichen Geistes gesucht werden. Die Einheit transzendiert die bestimmten Wesenheiten, und das heißt, sie ist unendlich. Die Unendlichkeit wird hier als Vollkommenheit des Absoluten aufgefaßt, während sie in der früheren Philosophie gegenüber dem Bestimmten und Begrenzten als etwas Negatives galt.[47] Plotin hat immer wieder die absolute Jenseitigkeit des Einen/Guten betont, so wenn er erklärt, wer über die geistige Substanz und ihr Denken hinausgehe, gelange nicht zu einer anderen Substanz und einem anderen Denken, «sondern er wird jenseits von Substanz und Denken anlangen bei etwas Erstaunlichem, das weder Substanz in sich hat noch Denken, sondern allein und unabhängig ist sowie der aus ihm stammenden Wesen nicht bedarf».[48] Das Denken kommt den Wesen unterhalb des Einen zu; seine Funktion besteht darin, ihnen den Weg zum Göttlichen zu zeigen, gleichsam als «Auge für ihre Blindheit».[49]

Auch wenn man mit Aristoteles davon ausgeht, daß die konkreten Dinge einen inhaltlichen und einen formalen Aspekt aufweisen, läßt sich nach

Plotin zugunsten der absoluten, alle Vielheit hinter sich lassenden Einheit argumentieren: Die Form, die ein Ding zu dem macht, was es ist, kann selbst nichts Materielles sein; sie ist daher als etwas Seelisches, letztlich als Abbild eines Urbildes jenseits der Welt, aufzufassen. Da die Seele selber eine Form hat, muß es etwas Höheres geben, dem sie ihre Form verdankt; da die Seele noch verschiedenen Einwirkungen unterliegt, ist oberhalb des seelischen Bereichs eine geistige Wirklichkeit anzusetzen, die keinen Einwirkungen mehr unterliegt. Der (göttliche) Geist, der allem, auch der Seele, die Form verleiht, und sich dabei in keiner Weise mehr leidend verhält, ist das wahrhaft Wirkliche jenseits der Welt, er ist reine Aktualität, er ist vollkommen selbstgenügsam, so daß, was er denkt, ihm nicht vorgegeben sein kann, sondern aus ihm selbst stammen muß,[50] während das, was die Seele erkennt, Inhalt des Geistes als kosmischer Vernunft ist. Wir erfassen diesen Inhalt – die Ideen –, weil der Geist in die Seele eingetreten ist. Aber auch der Geist enthält, obwohl einer, als Inbegriff der ewigen, unwandelbaren Formen (der Ideen im Sinne Platos) noch eine Vielheit. Als Vielheit in der Einheit kann er daher nicht das Höchste sein, da dieses schlechthin Eines sein muß. Daher muß über die geistige Wirklichkeit noch hinausgegangen werden zum absoluten Einen, das auch das Gute oder das Göttliche heißt und das Plotin als Urgrund aller Dinge bezeichnet.[51]

Schon Plato war davon ausgegangen, daß das Ding eine Einheit mannigfaltiger Bestimmungen ist. Das Moment der Einheit führte er, wie im Anschluß an ihn Plotin, auf einen objektiven Grund zurück, nämlich auf ein Wesen, an dem die Dinge teilhaben. Die Wesenheiten bilden ihrerseits einen einheitlichen Bereich, so daß sich die Frage nach dem Grund der Einheit auf höherer Ebene wiederholt. Als letztes Einheitsprinzip gilt den Vertretern des Platonismus das absolute Eine. In der Philosophie der Neuzeit wurde die Frage nach dem Grund der Einheit von Gegenständen ebenfalls gestellt, aber oft anders beantwortet als von den platonistischen Philosophen. So führte schon Leibniz die Einheit des Gegenstands auf eine einheitsstiftende Leistung des Subjekts zurück, und Kant schlug diese Richtung noch viel entschiedener ein als Leibniz. Dies zeigt, daß der von den Platonikern eingeschlagene Weg nicht der einzig mögliche ist; ihr Lösungsvorschlag beruht auf Annahmen, zu denen es Alternativen gibt. Die in der modernen Philosophie entwickelten Auffassungen haben inzwischen die platonistische Konzeption mit ihrem Objektivismus weitgehend verdrängt.

Obwohl das Erkenntnisproblem bei Plotin eine geringere Rolle spielt als bei Plato, wird es in seiner Philosophie nicht übergangen. Bemerkenswerterweise stellt sich jedoch für Plotin die Frage nach den Bedingungen der Erkenntnis vor allem im Zusammenhang mit der Frage nach dem Verhältnis des in der Zeit verlaufenden menschlichen Denkens zum zeitlosen göttlichen Geist. Wie bei allen Platonikern ist auch bei Plotin das Ideal vollkommenen Wissens wirksam: Als Wissen im vollen Wortsinn können nur definitiv wahre, somit prinzipiell nicht mehr korrigierbare Urteile gelten; alles andere

Fürwahrhalten gilt als «Meinung» (Doxa), somit als grundsätzlich revidierbar und niedrigeren Ranges. Da nun alle Urteile über die Dinge auf Grund der Wahrnehmung bloße «Meinungen» sind, d.h. hypothetischen Charakter haben, muß das Wissen im vollen Wortsinn unabhängig von der Wahrnehmung sein: Nach Plotin gibt es kein echtes Wissen von Sinnlichem.[52] Wissen besteht in allgemeinen Urteilen auf Grund von Begriffen bzw. Ideen, die unabhängig von der Zeit sind und die daher nur in einem Ewigen sein können: sie sind im (objektiven) Geist, oder richtiger: sie *sind* dieser Geist. Das Verhältnis der Ideen zum Geist läßt sich durch das Verhältnis der Lehrsätze zum Ganzen der jeweiligen Wissenschaft veranschaulichen. So wie die Lehrsätze nur gelten, sofern sie dem Zusammenhang eines Systems von Sätzen angehören, so sind die Ideen nicht unabhängig vom Geist als Inbegriff der Ideen. Menschliches Wissen erscheint somit als möglich, weil der erkennende Geist an den Ideen, d.h. am Ewigen, teilhat.

(2) Die Entfaltung des Einen zur Vielheit der Wesen

Ist im Aufstieg von den sinnlichen Dingen über die Seele und den Geist das Eine, Göttliche anerkannt, dann erhebt sich die Frage, warum es nicht nur das Göttliche gibt, sondern auch die unter ihm liegenden Wirklichkeitsbereiche (Hypostasen), nämlich Geist, Seele und die Welt der stofflichen Dinge. Warum, so ist zu fragen, ist das Göttliche nicht gleichsam bei sich geblieben, sondern ist aus sich herausgetreten, so daß eine in sich differenzierte geistige Wirklichkeit und darüber hinaus eine sinnliche Welt entstand? Plotins Antwort lautet, daß das Eine als das Vollkommenste und Mächtigste sich nicht auf sich beschränken kann, sondern etwas aus sich hervorgehen lassen muß.[53] Die Fülle der göttlichen Macht ist so groß, daß sie gleichsam überfließen muß in etwas anderes, und zwar zunächst in den Geist. Das Eine entläßt den Geist aus sich, weil seine Macht Denken ist. Zwar denkt das Eine nicht in Form des Durchlaufens verschiedener Denkinhalte, auch nicht so, daß ihm etwas als Gegenstand gegenübersteht, sondern mit seinem Denken ist das Gedachte unmittelbar und ohne Denkbewegung vereinigt; trotzdem hat es die Fähigkeit, sich in Denken und Gedachtes zu sondern. Indem das Denken dasjenige denkt, aus dem es geworden ist, wird es Geist.[54] Offensichtlich ist das Denken des Einen vom menschlichen Denken wesentlich verschieden, ja es ist für uns undenkbar, so daß von «Denken» in bezug auf das Eine und den Menschen nicht im gleichen Sinne die Rede sein kann.

Der Geist ist also kein Geschöpf des Göttlichen, sondern das Göttliche entfaltet sich zum Geist. Plotin hat für die Entfaltung des Einen Göttlichen zu der unter ihm stehenden Wirklichkeit – dem Geist, der Seele, der empirischen Realität – verschiedene Bilder gebraucht: Der Geist strahlt aus dem Göttlichen so hervor wie das Licht aus der Sonne[55] oder die Wärme aus dem Feuer. So wie Sonne oder Feuer (scheinbar) nichts verlieren, indem sie leuchten oder wärmen, so wird auch das Göttliche nicht ärmer, indem es

Geist und Seele aus sich entläßt. Die dem Ausdruck «Emanation» (d.h. Ausfluß) zugrunde liegende Vorstellung, daß die Wirklichkeitsbereiche unterhalb des Einen aus diesem herausfließen, ist dem Gemeinten bereits weniger angemessen, weil nicht zu übersehen ist, daß das Wasser einer Quelle oder eines Behälters während des Fließens weniger wird, während das Eine nichts von seinem Sein einbüßen kann.[56] Keinesfalls darf die Emanation als zeitlicher Prozeß aufgefaßt werden; es handelt sich nicht um ein Nacheinander, sondern um eine zeitlose Ordnung von über- und untergeordneten Stufen des Seins.

Die Seele als Hypostase unterhalb des Geistes wird (in Anlehnung an Plato) sowohl als Welt- wie als Einzelseele aufgefaßt. Demgemäß ist sie als All-Seele unteilbar, als Seele eines Lebewesens jedoch teilbar, da das Lebewesen, in dem die Seele gegenwärtig ist, Teile hat. Die Paradoxie der Feststellung, daß die Seele unteilbar und zugleich teilbar sei, verschwindet, wenn man sich vor Augen hält, daß sie nach Plotin an sich unteilbar ist, sich aber auf eine Mannigfaltigkeit von Dingen beziehen und in dieser Hinsicht als vielfältig betrachtet werden kann.[57] Die Einheit aller Einzelseelen ergibt sich daraus, daß sie aus der Weltseele stammen, die eine ist.[58] Das heißt nicht, daß meine Wahrnehmung, meine Erkenntnis, meine Güte, die Wahrnehmung, Erkenntnis, Güte aller anderen Seelenwesen wäre: «Denn ein Identisches, das zwei verschiedenen Dingen innewohnt, braucht deshalb nicht in beiden die gleichen Zustände zu haben.»[59] Tatsächlich gibt es auch im Erleben Hinweise auf die Einheit des Seelischen in allen beseelten Wesen: Wir empfinden Mitleid oder Liebe, und auch die Verbindung über Raum und Zeit hinweg, die mit magischen Mitteln erfolgt (an deren Wirksamkeit Plotin nicht zweifelte), läßt sich nur begreifen, wenn wir die Einheit der Weltseele anerkennen.[60]

Der Abstieg der Seele in die sinnliche Welt erfolgte nicht freiwillig und darf auch nicht als Folge eines Sündenfalls oder Fehltritts verstanden werden, wie Plotin gegen die Gnostiker (und wohl gegen die Christen im allgemeinen) betonte.[61] Überhaupt sind nach Plotin alle Spekulationen über einen Anfang der Welt verfehlt: Die Welt der Dinge ist ebenso ewig wie die höhere Welt, der sie ihre Form verdankt. Wollte man annehmen, die höhere Welt habe sich in einem bestimmten Zeitpunkt mit der Materie verbunden, dann müßte man angeben können, warum das gerade in diesem und nicht in irgendeinem anderen Augenblick geschah, und das ist unmöglich.

In der Schrift «Über Entstehung und Ordnung der Dinge nach dem Ersten»[62] wird ein Überblick über den Zusammenhang von Einem, Geist, Weltseele und Einzelseelen geboten, in dem die wesentlichen Gedanken zusammengefaßt sind. Das Eine wird als Ursprung alles Seienden bezeichnet, es ist aber selbst kein Seiendes. Da alle Wesen aus dem Einen hervorgegangen sind, streben sie auch nach ihm, und so weisen Geist und Seele einen Doppelaspekt auf: Sie beziehen sich auf das, was über ihnen ist – sie blicken gleichsam auf dieses hin –, und sie gehen zu dem über, das unter ihnen ist und in dem sie sich gleichsam abbilden. Das Eine (auf das Plotin auch mit dem Pronomen «Jener» hinweist, so wie früher manchmal auf Gott bloß mit «Er» hingewiesen wurde) erschafft nicht die Wesen unter ihm, sondern erzeugt sie, indem seine Überfülle gleichsam überfließt und etwas aus sich entläßt. Der Ausdruck «Zeugen» soll offenbar bei Plotin wie in der frühchristlichen Dogmatik einen Gegensatz zum kausalen Hervorbringen andeuten: Das Gezeugte ist vom Erzeugenden nicht getrennt, sondern bleibt wesentlich mit ihm verbunden. Das Erstgezeugte ist der Geist, der als Abbild des Einen ähnlich wie dieses etwas anderes aus sich selbst entläßt, nämlich die Seele. So wie das Eine sich nicht ändert, wenn es den Geist erzeugt, so bleibt auch der Geist unveränderlich, während er die Seele aus sich hervorgehen läßt. Daß die Seele nach Plotin keine gegenüber dem Geist selbständige Wirklichkeit hat, geht daraus hervor, daß sie als die aus der Wesenheit des Geistes hervorgehende Wirksamkeit bezeichnet wird. Auch die Seele erzeugt ein Abbild ihrer selbst, nämlich die Welt beseelter Wesen; im Unterschied zum Geiste bleibt sie dabei aber nicht unveränderlich, sondern sie bewegt die Wesen, indem sie sich selbst bewegt.

Die Seele ist vegetatives Prinzip in den Pflanzen, Prinzip der Wahrnehmung in den Tieren und Denkprinzip im Menschen, wie Plotin in offensichtlicher Anlehnung an Aristoteles sagt. Als Pflanzen-, Tier- und Menschenseele individualisiert sich die Seele, bleibt aber mit dem Geist verbunden. Gleichzeitig wird sie aber zu dem, was sie beseelt. In diesem Sinne kann man sagen, daß ein Teil der Seele in einer Pflanze, in einem Tier oder in einem Menschen ist, während doch die Seele als solche unteilbar ist. Auf die Frage, warum die Seele bald vegetative, bald animalische, bald vernünftige Seele wird, gab Plotin eine seltsame Antwort: Wenn der irrationalste Teil sich mit dem Stoff verbindet, entsteht eine Pflanze, wenn das der wahrnehmende Teil tut, entsteht ein Tier, und wenn sie dazu durch die vom Geist ausgehende Bewegung veranlaßt wird, wird ein Mensch seelisch geformt.

Hier entsteht eine Schwierigkeit: Wenn z.B. eine Pflanze ein Wesen ist, das als ganzes von einer Seele erfüllt ist, dann scheint ein Teil der Seele verloren zu gehen, wenn Teile der Pflanze abgeschnitten werden. Ein solcher Einwand beruht aber nach Plotin auf der falschen Voraussetzung, daß es sich um räumliche Verhältnisse handle: In Wirklichkeit ist die Seele nicht im Raume, so daß sie auch keine räumlichen Teile haben kann. Schneidet man daher den Zweig einer Pflanze ab, so wird kein räumlicher Seelenteil abgetrennt, so daß auch nicht sinnvoll gefragt werden kann, wohin ein solcher Seelenteil gehe. Alles Seelische gehört der Einheit der Seele als solcher an, und als solches kann es nicht verlorengehen. (Mit ähnlichen Fragen sollten sich später die Scholastiker beschäftigen.) Das entscheidende Problem wird allerdings nicht gelöst: Es wird nicht einsichtig, wie überhaupt von Individualseelen gesprochen werden kann, wenn doch die Seele an sich nur eine ist. Die Antwort, daß man die Seele als individuell betrachtet, sofern sie in individuellen Wesen wirkt, würde ja voraussetzen, daß es unabhängig von der Seele bereits Individuen gibt, und das kann nicht Plotins Meinung gewesen sein.

Bei Plotin stellt sich das Verhältnis der Wesenheiten zum Einen als dialektisch dar: Was aus dem Einen hervorgegangen ist, ist einerseits mit dem Einen identisch, andererseits von ihm verschieden: «Alle diese Stufen (unterhalb des Urgrunds) sind Jener und nicht Jener: Jener, weil sie aus ihm stammen, nicht Jener, weil Jener, indem er sie dargibt, bei sich selbst beharrt.»[63] Solche Wendungen klingen so, als sollte das Widerspruchsprinzip außer Kraft gesetzt werden: Wenn etwas mit einem anderen identisch und nicht identisch ist, dann wird etwas und sein Gegenteil behauptet. Plotin dürfte jedoch nicht beabsichtigt haben, die formale Logik in Frage zu stellen. Die Äußerungen, die darauf hinauszulaufen scheinen, sind mit dem Widerspruchsprinzip verträglich, weil «Identität» und «Verschiedenheit» nicht in derselben Hinsicht ausgesagt werden. Die Identität wird behauptet, weil das Höhere mit dem Niederen, das es aus sich entläßt, verbunden bleibt; die Verschiedenheit wird auf den Rangunterschied zwischen dem Höheren und dem Niedrigeren bezogen. Diese Dialektik wurde später von Proklus ausgebaut: Während das Eine einen Seinsbereich aus sich entläßt, bleibt es, was und wie es war; das aus ihm Hervorgegangene strebt zu ihm zurück. Analog verhält es sich mit den anderen Seinsbereichen, bei denen sich stets die Aspekte des In-sich-Verbleibens (moné), des Hervorgehens (próodos) und der Rückbeziehung (epistrophé) finden.

Diese Auffassung findet auch einen Niederschlag in der Kategorienlehre. Gegen Aristoteliker und Stoiker wendete Plotin ein, daß sie die Kategorien mit Bezug auf die wahrnehmbaren Dinge bestimmt und gerade jenen Bereich außer acht gelassen hätten, der in höchstem Maße wirklich ist.[64] Demgegenüber fragte Plotin in erster Linie nach den Gattungen des immateriellen Seienden und nannte als solche *Seiendes, Bewegung, Bestehen, Identität* und *Unterschied,* nicht aber *Quantität, Qualität, Relation, Zeit* und *Ort,* die sich nur auf wahrnehmbare Dinge beziehen. Diese Gattungen des Seienden hängen wesentlich zusammen: Was wahrhaft ist, «bewegt» sich, d. h., es macht sich zu Vielem und ist in diesem Sinne lebendig, bleibt sich aber in der Bewegung, in der ein Anderes entsteht, selbst gleich.[65] Die Gattungen des Seins sind nicht primär Aussageweisen oder im Denken erzeugte Klassen, sondern sie sind Prinzipien, deren Rang sich nach ihrer Nähe zum Einen, das selbst keine Seinsgattung ist, bemißt: Je mehr etwas Einheit ist, um so wirklicher ist es.[66] Da der allgemeine Geist dem absolut Einen am nächsten steht, ist er höchste Seinsgattung; zugleich ist er durch seine als Kräfte verstandenen Ideen dynamisches Prinzip der unter ihm befindlichen Wirklichkeit. Wer den Geist betrachtet, erfaßt ihn als «den Herd der Seinsheit, und in ihm das nie schlafende Feuer», er sieht, «wie er in sich ständig ist, wie er auseinandertritt, wie er zugleich beharrendes Leben ist und ein Denken, welches nicht auf das Zukünftige gerichtet ist, sondern auf das Jetzt, vielmehr auf das, was immer Jetzt ist und immer Gegenwart».[67] Der Geist ist als Inbegriff der Idee Inbegriff von Kräften, die die gesamte Wirklichkeit erfüllen und bewirken, daß sie wesentlich lebendig ist. Was unterhalb des absolut Einen ist, hat dynamischen Charakter, und zwar primär im Sinne einer rein geistigen Dynamik. Die körperliche Welt mit den veränderlichen Dingen in Raum und Zeit bildet die geistige Welt nur ab, weshalb auch die Seinsgattungen nur in analoger Weise auf sie bezogen werden können. Auch der Begriff der Natur ist in diesem Zusammenhang zu sehen.

(3) Plotins Naturauffassung

Wie Plato erblickte auch Plotin in der Natur die Manifestation einer geistigen Ordnung, die selbst nicht mehr Natur ist: Von der Natur wird die Übernatur unterschieden und jener übergeordnet. Alle Bemühungen um Erkenntnis der Natur dienen nur dazu, die Erhebung über die Natur zu ermöglichen.

Da die Natur Äußerung einer geistigen Ordnung ist, kann sie nicht als Menge rein materieller Gegenstände verstanden werden, sondern ist als beseelt aufzufassen. Indem Plotin erklärte, die Natur enthalte ein «theoretisches» (geistiges) Moment, trat er der Ansicht entgegen, die Natur sei schlechthin bewußtlos:[68] «Man muß ... das mechanische Hebelspiel fernhalten von dem Schaffen der Natur», wie Plotin ausdrücklich fordert.[69] Gegen die mechanistische Auffassung spricht, daß sich Empfindungsqualitäten (wie Farben), die zu den erfahrenen Gegenständen gehören, nicht auf Verhältnisse von Druck und Stoß zurückführen lassen; um die qualitativen Bestimmungen der Dinge begreifen zu können, muß man eine schaffende Kraft in der Natur annehmen, die, selbst unbewegt, in den bewegten Dingen wirkt, und man muß diese Kraft nicht nur als etwas Schöpferisches, sondern als etwas Vernünftiges betrachten: Die Natur selbst ist Logos, und die schöpferische Kraft in den lebendigen Wesen besteht in vernünftigen Formen (lógoi). Als schaffende vernünftige Form (lógos) kann die Natur nicht Praxis, sondern muß reines Schauen (theoría)[70] sein.

Der Ausdruck «Schauen» darf nicht im Sinne von «Reflexion» verstanden werden, weil Reflektieren ein Suchen ist und weil man nur suchen kann, was man nicht hat; die Schau als Wesenszug der Natur ist aber nicht auf etwas gerichtet, das erst gesucht werden müßte, sondern auf die immer gegenwärtige vernünftige Form der Natur.

Die Abgrenzung dessen, was Plotin mit «Natur» meinte, wird deutlich, wenn man sich die Stufen der Wirklichkeit vergegenwärtigt, die er unter dem Gesichtspunkt der theoretischen Schau unterschied: Die unterste Stufe nimmt das ein, was nur geschaut wird, aber selbst nichts schaut, nämlich die konkreten Seienden; einer höheren Stufe gehört dasjenige an, was zwar auch Gegenstand der Schau ist, aber seinerseits etwas erschaut und schauend schafft, und dies ist die (Welt-)Seele, die wiederum in eine höhere und eine niedere, auf die Materie bezogene unterschieden ist; auf der höchsten Stufe steht der Geist als reines Schauen, d. h. als etwas, das nicht mehr von etwas anderem geschaut wird. Das rein geistige Schauen ist Schaffen, sofern der Geist die unter ihm liegende Wirklichkeit allein durch sein Denken erzeugt. Im Geist ist die Einheit von Denken und Gedachtem am vollkommensten; je niedriger eine Stufe der Wirklichkeit ist, desto weniger vollkommen ist diese Einheit und desto mehr steht das Gedachte dem Denken gegenüber. Die Einheit geht jedoch nie völlig verloren, sondern alles Lebendige ist in gewissem Sinne Denken, wenn auch ein Denken von minimaler Klarheit. Die romantische Vorstellung, daß Gott im Steine schläft, in der Pflanze träumt, im Tier die Augen aufschlägt und im Menschen zum Bewußtsein seiner selbst erwacht, kündigt sich hier bereits deutlich an.

«Natur» heißt bei Plotin die niedere, die Materie formende Welt-Seele. Auf die Frage, warum die Seele eine Mannigfaltigkeit beseelter Wesen erzeuge, antwortet Plotin, daß sie die Inhalte der geistigen Schau (die theorémata), nicht unmittelbar, sondern nur in geschaffenen Dingen erblicken kann. Sie stellt sich die geschaffene Wirklichkeit gegenüber, um ihren geistigen Gehalt erblicken zu können. Sie ist darauf angewiesen, weil sie nicht, wie der (Welt-)Geist über die volle Stärke der Schau verfügt.

Da aber auch im Geist Schauen und Geschautes, Denken und Gedachtes voneinander unterschieden sind, ist er noch Zweiheit, somit nicht vollkommene Einheit. Deshalb ist er nicht das Höchste, sondern dem Einen in seiner absoluten Einfachheit untergeordnet. Das Eine gehört ebensowenig zur Natur wie der Geist als «Sohn» des Einen und die höhere (Welt-)Seele, so daß die Natur nur ein Teilbereich der Wirklichkeit ist, dem die höhere Wirklichkeit als Übernatur gegenübersteht. Die Natur ist nach Plotin zwar eine geistige Ordnung, aber nicht die gesamte geistige Wirklichkeit ist Natur, sondern nur jener Bereich, der Bezug zu den mannigfaltigen Dingen hat. Dabei wird die Übernatur der Natur eindeutig übergeordnet: Was Plotin «Natur» nennt, ist gleichsam ein Nebenerzeugnis (párergon) der rein geistigen Wirklichkeit, das seinen Wert nicht in sich trägt, sondern nur als Manifestation des Geistes wertvoll ist.

Sofern nach Plotin die gesamte Wirklichkeit Äußerung eines einzigen, in gewissem Sinne göttlichen Prinzips ist, kann sein Denken als pantheistisch bezeichnet werden. Vom Pantheismus der Stoiker, die das erste Prinzip für vernünftig erkennbar hielten, unterscheidet sich Plotins Auffassung dadurch, daß das Höchste nicht mehr als erkennbar gilt; es kann nur in einer Schau erfaßt werden, die insofern mystisch ist, als sie über alles Begreifen hinausgeht und zugleich im Einswerden mit dem Geschauten besteht.

(4) Kunst als Offenbarung des Geistes

Ein Abglanz des Göttlichen bleibt auch den in die Materie herabgestiegenen geistigen Kräften (den *lógoi spermatikoí*); sie in der Verhüllung durch den Stoff sichtbar werden zu lassen ist Aufgabe der Kunst, die somit nach Plotin eine durchaus positive Funktion hat. Damit wird die Ästhetik Platos entscheidend modifiziert: Die Kunst gilt jetzt nicht mehr als Nachahmung von Abbildern der Ideen und somit als etwas Untergeordnetes, sondern das Kunstwerk wird als Mittel verstanden, die allgemeinen geistigen Strukturen der höheren Wirklichkeit in der Materie zum Vorschein kommen zu lassen.[71] Das Schöne wird zum Symbol des Guten; die Schönheit versichert uns der Existenz einer jenseitigen Ordnung und stärkt damit unsere Zuversicht auf sittliche Läuterung, ja auf Erlösung von der Materie.

Indem Plotin die negative Beurteilung der Kunst, zu der Plato gelangte, überwand, machte er den Weg frei zu einer idealistischen Ästhetik, die in der Kunst die Offenbarung einer höheren Wirklichkeit und damit auch ein Mittel der Enthebung von der empirischen Realität erblickte. Diese Auffassung kam noch im Deutschen Idealismus machtvoll zur Geltung: Sie beherrschte das Denken Hegels und Schellings, prägte aber auch noch Schopenhauers Philosophie der Kunst.

(5) Die Materie und das Böse

Obwohl Plotin die christliche Lehre vom Sündenfall verwarf, drückte er sich gelegentlich so aus, als hätte die Seele durch die Verbindung mit der Materie Schuld auf sich geladen. Wenn sie auch nicht freiwillig in die materielle Welt herabsteigt, sondern von Gott herabgeschickt wird, geschieht das doch nicht ohne ihren Willen, die Materie zu formen. Daher ist es auch sinnvoll, von Strafen zu reden, denen die Seele unterworfen ist. Diese Ansicht gab Plotin die Möglichkeit, von Wiedergeburt und Qualen der Seele nach dem Tod unter Aufsicht von Dämonen zu sprechen und so einerseits pythagoreisch-platonischen, andererseits christlich-gnostischen Vorstellungen vom jenseitigen Schicksal der Seele Rechnung zu tragen.

Nicht nur der Grund des Bösen, sondern geradezu das Böse selbst ist nach Plotin die Materie. Unter «Materie» verstand er jedoch nicht das, was in der Naturphilosophie mit diesem Ausdruck bezeichnet wird, z.B. die Elemente oder die Masse. Dieser Ausdruck ist vielmehr Gegenbegriff zu «Form», und da Plotin davon ausging, daß alles Seiende durch Formen bestimmt ist, mußte er etwas annehmen, das den Formen zugrunde liegt, und dies nannte er Materie. Sofern auch geistige Seiende geformt sind, muß auch eine entsprechende Materie angenommen werden, so daß zwischen einer höheren und einer niederen, der Körperwelt zugrunde liegenden Materie zu unterscheiden ist. Weil «Materie» als Gegensatz zu «Form» gedacht wird, stellt sie sich als schlechthin formlos, somit als absolut unbestimmt (ápeiron) dar: Sie hat keine Größe, keine Gestalt, keine Quantität und keine Qualität.

Sofern Seiendes immer quantitativ und qualitativ bestimmt sein muß, kann die Materie kein Seiendes sein; sie kann daher in gewissem Sinn als nichtseiend bezeichnet werden. Plotin läßt aber keinen Zweifel daran, daß er die Materie nicht schlechthin als ein Nichts auffaßt: Sie ist ein Etwas,[72] sie hat Existenz, ja sie existiert notwendig.[73] Keinesfalls aber wollte Plotin der Materie eine vom Einen unabhängige Existenz zuschreiben, d. h. sie ist kein dem Einen gegenüberstehendes Prinzip; ihre Existenz besteht vielmehr darin, Grenze der Ausstrahlung des Einen zu sein. So wie der Schein eines Lichtes immer schwächer wird, bis er sich in völlige Dunkelheit verliert, so führt der Abstieg vom Einen zu immer weniger vollkommenen Seinsweisen, bis mit der Materie die letzte Stufe erreicht wird. Wie alles, was in irgendeinem Sinne ist, hängt auch die Materie vom Einen und seiner Macht ab.[74] Einen Dualismus von Geist und Materie, von Gut und Böse, wie ihn Plotin bei den Gnostikern fand, lehnte er ab.

Mit der Annahme einer absolut unbestimmten Materie entsteht ein schwieriges Problem, mit dem Plotin anhaltend gerungen hat: das Problem, wie die Materie erkannt werden könne. Da Erkenntnis stets Gleichartigkeit von Erkennendem und Erkanntem voraussetzt, muß der Geist, wenn er die Materie erkennt, ebenso unbestimmt sein wie diese. Bei der Erkenntnis bestimmter Gegenstände ist der Geist dem erkannten Objekt insofern gleichartig, als seine Formen mit den Formen des Objekts übereinstimmen; von Gleichartigkeit zwischen etwas absolut Unbestimmtem und dem Geist kann aber nicht gesprochen werden. Deshalb meinte Plotin, daß wir die Materie denken, indem wir nicht denken.[75] Das kann nur heißen: wir denken die Materie nicht so, wie wir Gegenstände denken. Der Geist tritt dabei gleichsam aus sich heraus,[76] so wie er es auch tut, wenn er das Eine zu erfassen sucht (siehe Abschnitt (6)). Plotin bemerkte, daß «Materie» in dem von ihm vorausgesetzten Sinn kein Begriff ist, der auf Grund der Erkenntnis von Gegenständen gebildet wird; da er aber nicht mit Begriffen rechnete, die das denkende Subjekt (als theoretische Konstrukte) erzeugt, sah er sich gezwungen, das Denken der Materie als einen außergewöhnlichen geistigen Akt aufzufassen.

Wenn Plotin die Materie mit dem Bösen identifizierte, dann kann das Böse ebensowenig als etwas vom Einen/Guten Unabhängiges aufgefaßt werden wie die Materie. Die Materie ist insofern das Böse, als sie das Gute nicht hat; sie ist – wie der Fachausdruck lautet – «Privation» des Guten. Ihr fehlt das Gute, weil ihr der Charakter eines bestimmten Seienden fehlt.[77] Dem Bösen kommt keine eigene Wirklichkeit zu, sondern es besteht im größtmöglichen Mangel an Wirklichkeit, in der größtmöglichen Ferne vom Einen/Guten. Wie die Materie ist daher auch das Böse ein (relativ, aber nicht absolut) Nicht-Seiendes,[78] Nichtiges, weil ihm das Sein[79] bzw. die Wesensbestimmung[80] mangelt. Von anderem kann nur mit Bezug auf das Böse als solches gesagt werden, daß es böse sei. So ist die Seele nicht an sich, sondern nur insofern böse, als sie vom Leib, somit von der Materie abhängig ist: «sie ist einem Leibe eingegeben, und der hat Materie. Sodann wird aber auch das Denkvermögen, wenn es Schaden nimmt, am Sehen verhindert durch die Leidenschaften, durch Überdunkelung mit Materie, durch Neigung zur Materie hin, überhaupt dadurch, daß es nicht zum Sein, sondern zum Werden hinschaut, dessen Ursprung aber ist die Materie; und diese ist so böse, daß sie schon ein Ding, das gar nicht in ihr ist, sondern lediglich auf sie hinblickt, erfüllt mit der ihr eigenen Bosheit; denn schlechterdings des Guten bar, dessen Beraubung und völliger Mangel sie gerade ist, weiß sie sich anzugleichen jedes Wesen, das auch nur von ferne an sie rührt.»[81]

(6) Die ekstatische Schau des Einen

Plotins Entwurf verlangt unabweisbar nach einer Antwort auf die Frage, wie wir das Eine angesichts seiner absoluten Jenseitigkeit überhaupt erfassen können. Man darf nicht erwarten, daß «Eines», «Gutes», «Göttliches» definiert werden; was das Eine ist, läßt sich unter Plotins Bedingungen nicht sagen, da das Eine – wie Plotin mit Plato lehrte – jenseits der Wesenheiten liegt; was aber keine bestimmte Wesenheit hat, das läßt sich nicht mehr begrifflich fassen. Wer das Eine schaut, erfährt, daß er mit ihm eines ist, aber er erfährt nicht, was es ist. Daher dürfen wir das Eine nicht als dies oder jenes – z.B. als Geist – betrachten, ja man kann streng genommen nicht einmal mit einem Demonstrativ-Pronomen auf es hinweisen.[82] Auch als «das Gute» läßt es sich nicht ohne Einschränkung charakterisieren, da es das, was gewöhnlich «gut» genannt wird, transzendiert: es ist das Über-Gute. Selbst der Ausdruck «Eines» kann irreführen, nämlich wenn er im Sinne der Arithmetik verstanden und der Mehrheit gegenübergestellt wird. Plotin befand sich in einer ähnlichen Situation wie Heidegger, der von der Frage nach dem Sinn von Sein ausging und schließlich vom Sein nur sagen konnte, es sei es selbst.

Wenn kein Begriff vom Einen möglich ist und dennoch das Eine erfaßt werden kann, wie Plotin überzeugt war, dann folgt, daß es sich um ein von Begriffen unabhängiges Wissen handeln muß. Das postulierte unmittelbare Wissen heißt nur uneigentlich «Schau», angemessener wird es «Ekstase» – wörtlich «Außer-sich-sein» – zu nennen sein, weil in der Erfassung des Einen das erfassende Selbst seine Selbständigkeit verliert. Die Ekstase ist Einswerden mit dem Einen und als solches Preisgabe der Individualität.[83] Indem Plotin das Eine als absolut transzendent auffaßte, mußte er ihm alle wesenhafte Bestimmtheit und alles Erkennen absprechen, ja er mußte leugnen, daß es Objekt der Erkenntnis werden könne. Soll es dennoch erfaßbar sein, dann nicht in der Art des Erkennens von Gegenständen, sondern nur in der Art der Vereinigung: Wer das Eine erfaßt, erfaßt sich als dem Einen zugehörig.

Hier tut nun Plotin einen letzten Schritt, der seine Auffassung vollendet: Seiner Ansicht nach kann streng genommen nicht davon die Rede sein, daß *wir* das Eine als den Urgrund erfassen. Da nur der Urgrund den Urgrund zu erfassen vermag (so wie sich allgemein nur Gleiches verbindet),[84] zeigt sich im ekstatischen Aufschwung zum Einen, daß wir ihm angehören bzw. daß es in uns ist. Die Philosophie bringt nur zu deutlichem Bewußtsein, was die Seele im Grunde immer schon weiß, nämlich daß sie göttlich ist, daß sich das Göttliche in ihr manifestiert. An seinem höchsten Punkt erweist sich Plotins Denken als Mystik, und tatsächlich gehört der Neuplatonismus zu den Quellen, aus denen die spätere Mystik immer wieder schöpfte.[85]

Wer sich mit dem Einen verbunden weiß, ist am Ziel der Reise zum Göttlichen angelangt: «Und das ist das wahrhafte Endziel für die Seele: Jenes Licht anzurühren und es kraft dieses Lichtes zu erschauen, nicht in einem fremden Licht, sondern in eben dem, durch welches sie überhaupt sieht ... Und wie kann dies Ziel Wirklichkeit werden? – Tu alle Dinge fort!»[86]

Das hier gemeinte intuitive Wissen der All-Einheit kann zwar kein Dauerzustand sein; wer es aber erreicht hat, der kann, auch wenn er aus der Schau herausgetreten ist, in sich jene Vermögen wecken, die den Wiederaufstieg leicht machen. Wer diese Stufe erreicht hat, lebt ein seliges Leben; das Irdische ist bedeutungslos geworden.[87] Die Orientierung am Jenseits bei gleichzeitiger Enthebung vom endlichen Dasein hat religiösen Charakter; sie steht in deutlichem Gegensatz zu den Zielen der hellenistischen Moral, die bald zur Erfüllung der naturgegebenen Pflichten aufrief, bald den Weg zu einem möglichst heiteren Leben wies oder durch Vermeidung jedes überflüssigen Engagements mindestens die Ruhe des Gemüts zu sichern suchte, niemals jedoch die Aufmerksamkeit vom Diesseits fort auf das Jenseits lenkte, wie das der Neuplatonismus tat.

In Plotins Philosophie werden die äußersten Konsequenzen des platonistischen Ansatzes gezogen und mit der in die Richtung des mystischen Denkens weisenden Tendenz der damaligen Zeit verschmolzen. Mit Sicherheit kamen die mystischen Züge des Neuplatonismus dem Bestreben entgegen, den Sinn des Daseins im Jenseits zu suchen. In dieser – aber nur in dieser – Hinsicht kann von einer Verwandtschaft von Neuplatonismus und frühem Christentum gesprochen werden. Was sonst an Übereinstimmungen zwischen der spätgriechischen Philosophie und dem frühen Christentum festgestellt werden kann, erklärt sich aus den platonistischen Einflüssen, die das Christentum inzwischen aufgenommen hatte. Nicht nur hat sich der Platonismus dem Christentum genähert, sondern auch das Christentum wurde platonisiert. Dies hatte wohl Nietzsche im Auge, wenn er das Christentum als Platonismus für das Volk bezeichnete. Insbesondere beinflußte Plotins Lehre die spätere Mystik. Die *Unio mystica*, von der Pseudo-Dionysius zweihundert Jahre später sprach (s. Teil II, Kap. I, 3e), verrät ebenso den Einfluß Plotins wie Meister Eckharts Lehre von der liebenden Vereinigung mit Gott jenseits allen Erkennens (siehe Teil II, Kap. V).[88]

Plotins Philosophie enthält den wichtigen Gedanken, daß nichts Gegenstand der Erfahrung bzw. der Erkenntnis sein könnte, das nicht eine Einheit mannigfaltiger Bestimmungen wäre und seinerseits innerhalb eines einheitlichen Zusammenhangs mit anderem in Beziehung stünde. Dieser Gedanke beschäftigte die Philosophie von Plato bis in unsere Zeit; die Frage jedoch, wie die Einheit aufzufassen sei, wurde auf verschiedene Weise beantwortet. Auf der einen Seite stehen jene Philosophen, die, wie Plato oder Plotin und in der Neuzeit besonders eindrucksvoll Hegel, eine objektivistische Auffassung der Einheit vertraten, d. h. die Einheit primär als ein Seinsprinzip, ja als das höchste Prinzip, auffaßten; auf der anderen Seite stehen die Vertreter einer subjektivistischen Auffassung, wie z. B. Kant, der annahm, daß die Einheit der Erfahrung vom Subjekt entworfen werde. Während für alle platonistischen Denker die Einheit an sich besteht und sich im erkennenden Bewußtsein nur in dieser oder jener Weise äußert, hielt Kant die Einheit der Erfahrung für «projektiert», d. h. für das Ergebnis eines subjektiven Entwurfs.

Unterschiedlich ist aber auch die Art, in der man zur Idee der Einheit zu gelangen suchte: Die einen glaubten an ein unmittelbares Wissen von der Einheit und stellten der Philosophie die Aufgabe, zu zeigen, wie sich die Einheit zur Vielheit der bestimmten Wesen entfalte; die anderen meinten, daß man nur auf dem Weg der Analyse zu dieser höchsten Idee aufsteigen könne. Plotin hat, wie oben gezeigt, zunächst den zweiten Weg beschritten, um dann zu zeigen, wie die Entfaltung der Einheit zur Vielheit zu denken sei. Hierbei ging er von der Tatsache aus, daß wir Gegenstände mit mannigfaltigen Bestimmungen erfahren, die ungeachtet dieser Mannigfaltigkeit eine Einheit bilden. Er suchte zu zeigen, daß Einheit im strengen Sinne nicht im Bereich der Natur, aber auch nicht im Reich der Ideen, dem Nous, gefunden werden könne, weshalb er es für nötig hielt, das Eine auch über den Bereich der Wesenheiten noch hinauszusetzen. Auf dem Weg der Analyse läßt sich aber nur zeigen, daß das Moment der Einheit wesentlich zur Erfahrungswirklichkeit gehört; wenn es als an sich seiende Einheit gedeutet wird, läßt sich das nicht mehr analytisch rechtfertigen. Plotin interpretierte die Einheit, die er auf Grund der Analyse dachte, als An-sich-sein, ohne zu sehen, daß es sich um eine Deutung handelt, die aus seinen Voraussetzungen nicht folgt und die auch keineswegs selbstverständlich ist. Erst infolge der Verselbständigung des Moments der Einheit wurde es möglich, dieses Moment zum letzten Grund aller Wirklichkeit zu erklären und es als Inhalt einer überrationalen Schau aufzufassen. Dies führte zu einer Schwierigkeit, die der Neuplatonismus nicht zu überwinden vermochte: Das Eine als oberstes Prinzip stellt sich einerseits als unerkennbar dar, so daß nichts über es ausgesagt werden kann; andererseits wird aber doch von ihm gesagt, daß und wie die Vielheit der Wesen aus ihm hervorgeht. Dieses Hervorgehen läßt sich nicht mehr wirklich erklären: Warum das undifferenzierte Eine sich zur Vielheit entfaltet, wird unbegreiflich. Wenn gesagt wird, die Überfülle des Urgrunds habe zur Folge, daß es überfließe, dann ist das ein suggestives Bild, das ein philosophisches Argument nicht zu ersetzen vermag. Der

Grund der Schwierigkeit besteht darin, daß von einem durch Analyse gewonnenen Moment der Erfahrungswirklichkeit zu einem an sich seienden Prinzip übergegangen wird; andere Schwierigkeiten der neuplatonischen Spekulation sind Folgen jener ungerechtfertigten Identifikation eines Begriffs, der im Zusammenhang mit der Analyse der Erfahrung gebildet wird, mit einem Seinsprinzip, das dem Denken vermeintlich vorgegebenen ist. Die Vergegenständlichung des Begriffs der Einheit stellt eine Parallele zur Vergegenständlichung der Begriffe dar, die zur Platonischen Ideenlehre führt.

c) Der spätere Neuplatonismus

Nach Plotins Tod hatte seine Philosophie in Italien zwar noch Anhänger, aber ihre Schwerpunkte lagen nicht mehr im Westen, sondern in Syrien und in Athen. Unter den Vertretern der syrischen Schule ragt der Porphyrius-Schüler Jamblich hervor,[89] der bedeutendste Vertreter der athenischen Schule war Proklus (im 5. Jahrhundert). Außerdem wurde die neuplatonische Philosophie auch in anderen Bildungszentren der östlichen Reichshälfte gepflegt, namentlich in Pergamum und in Alexandrien, wo u.a. eine jener Frauen, die in der alten Philosophiegeschichte eine Rolle spielten, wirkte, nämlich die von Christen aus weltanschaulichen Gründen 415 ermordete Hypatia. In Alexandria, wo man sich nicht nur der metaphysischen Spekulation, sondern auch einzelwissenschaftlichen Forschungen und der Kommentierung der Werke der klassischen Philosophie widmete, zeigte man sich gegenüber dem Christentum aufgeschlossen, ja einige Angehörige der Schule waren Christen. Die alexandrinische Schule, an der z.B. Johannes Philoponos und der Plato-Biograph Olympiodor lehrten, bestand bis zur Eroberung der Stadt durch die Araber. Der Neuplatonismus bildete auch die Grundlage jenes Versuchs, die Christianisierung des Reiches rückgängig zu machen, die sich mit dem Namen Kaiser Julians verbindet. Seit Konstantin waren die Kaiser Christen, doch weite Kreise des römischen Adels standen dem Christentum ablehnend gegenüber, so daß auf deren Zustimmung rechnen durfte, wer die heidnische, aus traditionellen und nicht aus dogmatischen Gründen festgehaltene Religion wieder zur Geltung zu bringen suchte. Da der vor allem von Jamblich beeinflußte Julian, der Stiefneffe Konstantins d. Gr., bereits Christ gewesen war, bevor er sich wieder der heidnischen Religion zuwandte, galt er den Christen als Abtrünniger («Apostata»). Er verfaßte selbst eine Reihe philosophischer Schriften, darunter eine Kritik des Christentum. Die Rückkehr zum Heidentum blieb aber eine flüchtige Episode.

Der oben erwähnte Porphyrius lebte in Unteritalien und entfaltete eine rege schriftstellerische Tätigkeit. Unter anderem setzte er sich kritisch mit der christlichen Lehre auseinander; sein Werk «Gegen die Christen» wurde aber um die Mitte des 5. Jahrhunderts verbrannt, so daß sein Inhalt nur teilweise durch Zitate bzw. Widerlegungsversuche bekannt ist. Bei ihm zeigen sich bereits Ansätze jener Hinwendung zur magischen Religiosität, mit der der spätere Neuplatonismus über Plotin, wie besonders bei Jamblich und Proklus (siehe unten), hinausging.

In seiner Einführung zu Aristoteles' Schrift über die Kategorien warf er ein Problem auf, das von Boëthius der mittelalterlichen Philosophie übermittelt und jahrhundertelang intensiv diskutiert wurde, nämlich die Frage, ob das Allgemeine, das im Prädikat eines Urteils ausgesagt wird, ein Erzeugnis des Denkens oder etwas dem Denken gegenüber Selbständiges sei. Hinter dieser Frage stehen die unterschiedlichen Auffassungen vom Charakter der Allgemeinbegriffe, wie sie in der früheren Philosophie entwickelt worden waren. Man braucht nur an die extremen Ansichten zu denken, die z.B. von Plato oder von Epikur entwickelt worden waren. Beide stimmen darin überein, daß wir nur urteilen können, wenn wir von etwas allgemeine Bestimmungen aussagen, etwa von einem bestimmten Lebewesen, daß es ein Mensch sei. Nach Plato ist der Denkinhalt «Mensch» eine Entsprechung der Idee des Menschen, d.h. einer idealen Entität, die als solche allgemein ist; nach Epikur entsteht der Denkinhalt «Mensch» dagegen dadurch, daß zahlreiche Wahrnehmungen konkreter Menschen zu einer Gesamtvorstellung verschmelzen, in der die besonderen Züge dieses oder jenes Menschen untergehen und nur die allen Menschen gemeinsamen Charakteristika zur Geltung kommen. Nach der ersten Auffassung gibt es Allgemeines, bevor es gedacht wird; nach der zweiten entsteht es erst im Denken.[90] Plato hat sich nicht damit begnügt, nicht-konkrete Entitäten, denen selbstverständlich kein raum-zeitliches Dasein zugeschrieben werden kann, anzunehmen, sondern er hat sie als etwas Substantielles jenseits der Welt der konkreten Dinge aufgefaßt. Aristoteles erkannte wie Plato allgemeine Entitäten an, weigerte sich aber, ihnen unabhängig von den Dingen Wirklichkeit zuzuschreiben. Mit dem Blick auf diese verschiedenen Positionen konnte Porphyrius fragen, ob die allgemeinen Begriffe von Gattungen und Arten Substanzen seien oder bloß im Denken existierten, bzw. ob sie abgesondert von den konkreten Dingen oder in diesen existierten. (Daß er außerdem fragte, ob sie körperlich oder unkörperlich seien, ist höchst befremdlich, denn diese Alternative kann sich in bezug auf abstrakte Entitäten überhaupt nicht stellen.) Auf eine Antwort verzichtete er, aber er hinterließ mit seiner Frage ein Problem, das in der Philosophie der Folgezeit eine entscheidende Rolle spielen sollte. (Siehe unten, zunächst bei Boëthius.)

Porphyrs Schüler Jamblich (geb. um 275 in Chalcis in Coelesyrien unweit von Damaskus, gest. gegen 330), der in Rom zu Porphyrs Kreis gehörte und später in Apamea in Syrien lehrte, steht an der Spitze der syrischen Schule des Neuplatonismus, in der sich ein ausgeprägtes mystisch-theologisches bzw. magisch-theosophisches Interesse bemerkbar machte, das Jamblich unter Berufung auf einen rein spiritualistisch gedeuteten Pythagoreismus zur Geltung brachte. Eine gewisse Nähe zum Pythagoreismus ist bereits beim späten Plato festzustellen, und der mittlere Platonismus um die Zeitenwende läßt sich nicht scharf vom Neupythagoreismus trennen. Bei Jamblich ist die Orientierung an Pythagoras besonders deutlich, so daß sich die Frage nach seinen Motiven aufdrängt. Möglicherweise ging es ihm darum zu zeigen, daß die von ihm vertretene Philosophie viel älter sei als Plotin, ja selbst als Plato, und natürlich erst recht älter als das Christentum. Um diesen Anspruch zu stützen, bezog er die Grundgedanken seiner Lehre auf Pythagoras als prophetischen, göttlich erleuchteten Verkünder einer höheren Wahrheit.

Jamblich stellte das pythagoreisch-platonische Denken in zehn (nur teilweise erhaltenen) Büchern dar, deren erstes dem Leben des Pythagoras und der pythagoreischen Lebensform gewidmet ist und deren zweites in pythagoreischem Geist (aber mit platonistischen und aristotelischen Elementen) zum Philosophieren aufruft.[91] Pythagoreischen Geist läßt sein Versuch erkennen, den Hervorgang der geistigen Wesen aus den höchsten Prinzipien in Analogie zur Erzeugung der Zahlenreihe aus der Eins und der Zweiheit zu begreifen, womit er entschieden über Plotin hinausging.[92] Ziel seiner Lehre ist nicht in erster Linie Erkenntnis, sondern das Heil der Seele bzw. die Teilhabe am göttlichen Leben. Um dieses Ziel zu erreichen, muß sich die Seele von der Materie unabhängig machen, und hierzu bedarf es der Hilfe von Göttern und Dämonen.

Der spätantiken Tendenz zur Betonung der absoluten Transzendenz des Urgrundes folgend, betrachtete Jamblich jenes Eine, das Plotin mit dem Guten identifiziert und damit bestimmt hatte, als Vorletztes und nahm jenseits desselben ein Ur-Erstes an, dem keine Bestimmung mehr beigelegt werden kann und das somit weder vernünftig denkbar noch aussagbar ist. Gleichzeitig versuchten Jamblich und seine Nachfolger, auch die Gestirngottheiten und die Götter der herkömmlichen Religion, sowie Erzengel, Engel, Dämonen, Archonten, Heroen und Seelen, die den Raum zwischen Erde und Mond bewohnen, in ihrem System zu berücksichtigen. Möglicherweise wollten sie auf diese Weise die Philosophie auch breiteren, dem Götter- und Dämonenglauben verhaftenen Bevölkerungsschichten näherbringen. Gleichzeitig äußert sich hier die mächtige religiöse Tendenz der damaligen Zeit. Die Bereitschaft zum Wunderglauben war stark ausgeprägt, auch bei Nicht-Christen, wie das Beispiel des berühmtesten heidnischen Wundertäters, Apollonius von Tyana aus der zweiten Hälfte des 1. Jahrhunderts, zeigt. Magie, Mystik und Mantik (d.h. Wahrsagekunst) waren weit verbreitet und galten keineswegs als anrüchig. Geisterbeschwörungen hielt Jamblich für sinnvoll, weil er von der Existenz eines Geisterreiches und von den Wirkungen der Geister auf das Leben der Menschen überzeugt war, so wie er auch glaubte, daß Götter, Engel, Dämonen usw. mit magischen Mitteln beeinflußt und zur Offenbarung der Zukunft veranlaßt werden können. Da er gleichzeitig an die Wirksamkeit des Gebets glaubte, von Wundern überzeugt war und Magie und Zukunftsschau verteidigte, wandelt sich die neuplatonische Philosophie bei ihm zu einer Art Theosophie und Theurgie. Daß er sich während der Meditation über den Boden erhoben habe, wie im Schülerkreis behauptet wurde, hat er ausdrücklich dementiert. Aber daß solche Gerüchte aufkommen konnten, ist dennoch nicht zufällig, sondern weist auf den von ihm und anderen Vertretern des damaligen Neuplatonismus erhobenen Anspruch hin, engen Kontakt mit der Welt der Geister zu haben.

Die Einbeziehung verschiedener Bereiche geistiger Wesen in die Ordnung der Wirklichkeit gelang Jamblich um so leichter, als er die von Plotin angenommenen Seinsbereiche («Hypostasen») der Vernunft und der (Welt-) Seele in mehrere Teilbereiche aufspaltete. Zwischen die göttliche Vernunft und die Seele schob er einen Bereich des Denkens (die Verstandeswelt) ein. Er unterteilte diese Bereiche nochmals in einer Weise, daß man schon bei ihm (und nicht erst bei Proklus) von einer Vorwegnahme der Hegelschen Dialektik von These, Antithese und Synthese sprechen kann. Die Wirklichkeit als solche ist s.A.n. geistig, näherhin ein nach Vollkommenheitsgraden gestuftes Geisterreich. Die Materie ist nichtiger Schein, wenn auch der Schein der Materialität notwendig ist. Wir müssen die Materie als Schein erkennen, um uns der wahren Wirklichkeit zuwenden zu können.

Jamblich deutete die Beseelung der Lebewesen und insbesondere des Menschen nicht mehr als Ausstrahlung der Weltseele, sondern er nahm an, daß individuelle Seelen in die Welt der Dinge herabsteigen und sich mit der Materie verbinden. Das geschieht nicht nur einmal, sondern zu wiederholten Malen. Der Kontakt der Seelen mit der körperlichen Wirklichkeit kommt auch nicht zufällig zustande (etwa als Folge einer Verfehlung), sondern er ist auf Grund des Wesens der Seelen notwendig.

Charakteristisch für die Strömung, der er angehörte, ist Jamblichs Antwort auf die Frage, wie wir vom höchsten Göttlichen wissen können; nach der Schrift «Von den Geheimlehren» handelt es sich nicht um eine Erkenntnis auf Grund von Annahmen und Schlüssen – eine solche Erkenntnis haben wir von Dingen der raum-zeitlichen Welt –, sondern um unmittelbare Schau auf Grund der Verbindung unserer Seele mit dem Göttlichen. So wie alle Wesen vom Göttlichen abhängen, so verdanken wir diesem auch die philosophische Erkenntnis, wie Jamblich unter Berufung auf den «göttlichen Pythagoras» betont: «Denn da sie anfangs aus Götterhand empfangen wurde, läßt sie sich nur mit Hilfe der Götter erfassen ... nur wenn ein Gott gnädig die Anleitung gibt, kann man wohl in schrittweiser Annäherung sich langsam ein Stücklein von ihr aneignen.»[93] Gebete sind ein Mittel, um die Verbindung zwischen dem Göttlichen in uns und dem Göttlichen an sich herzustellen. Die Kulthandlungen haben einen tiefen Sinn: Sie folgen den ewigen Maßen des wahrhaft Seienden und vermitteln durch geheime Symbole göttliche Eingebungen.

Auch das Wissen von Göttern, Dämonen, Heroen und reinen Seelen hielt Jamblich für unmittelbar und führte es auf eingeborene Gedanken zurück, die die Seele als göttliches Geschenk von Ewigkeit besitzt. Die geistigen Wesen können aber auch sinnenfällig erscheinen, und zwar je nach ihrer

Nähe zum absoluten Einen in unterschiedlicher Weise: «Die Erscheinungen der Götter leuchten ... in einer Art und Weise, die dem (menschlichen) Gesichtssinn förderlich ist, die Erscheinungen der Erzengel sind gewaltig und mild zugleich, die der Engel noch milder, die der Dämonen dagegen schreckenerregend ...»[94]

Der Glaube an den wesentlich geistigen Charakter der Wirklichkeit ist ein gemeinsamer Zug von Neuplatonismus und Christentum, weshalb es nicht verwunderlich ist, daß neuplatonische Gedanken ins Christentum, insbesondere in die mystische Theologie, Eingang fanden.

Der letzte große Vertreter des spätantiken Platonismus war der 410 in Konstantinopel geborene Proklus (griechisch Proklos, aus lat. Proculus), der in Alexandrien und in Athen, wo der Neuplatoniker Syrian sein Lehrer war, studierte. Später lehrte er an der Akademie, deren Leiter er wurde. Er starb im Jahre 485.[95] Sein Leben fällt in eine Zeit, als das Christentum schon Staatsreligion war, doch immerhin noch die Möglichkeit bestand, unabhängig vom christlichen Dogma zu philosophieren. So konnte Proklus unbeanstandet die Welt für ewig erklären und damit der christlichen Lehre von der Weltschöpfung widersprechen. Proklus befaßte sich in seinen systematischen Werken mit Naturphilosophie und Theologie, er setzte sich namentlich mit den Fragen der Vorsehung, des Übels usw. auseinander; daneben schrieb er (wie es auch Jamblich getan hatte) Kommentare zu verschiedenen Dialogen Platos – u.a. zum «Staat» und zum «Timäus» –, kommentierte Euklids «Elemente der Geometrie» und verfaßte Arbeiten über Geometrie und Astronomie. Als sein Hauptwerk hat die «Platonische Theologie» zu gelten,[96] neben dem die kürzere «Theologische Elementarlehre» steht.[97] In diesen Werken fällt die strenge Methode der Begründung auf, die an Platos Dialektik anknüpft.

Proklus folgte (wie Jamblich und andere Neuplatoniker) der Tendenz, die Philosophie mit der Theologie bzw. Theosophie zu verschmelzen. Dabei hielt er an der herkömmlichen Religion fest und suchte den Glauben an Götter, Engel und Dämonen, an Orakel, Beschwörungen und Seelenwanderung mit der Philosophie zu verbinden, so wie es schon Plutarch und Jamblich getan hatten. Sein Denken wurde für die christliche Theologie – namentlich die mystische – wichtig, wie sich z.B. bei Pseudo-Dionysius Areopagita in aller Deutlichkeit zeigt. (Zu diesem s. Teil II, Kap. I, 3e.) Ein als «Liber de causis» («Buch von den Ursachen») bekannter Auszug aus Proklus galt im Mittelalter als Werk des Aristoteles und genoß hohes Ansehen, so daß auch bei Aristotelikern platonistische Gedanken wirksam wurden. Daß das Christentum sich besonders an den späteren Neuplatonismus anlehnte, ist verständlich, wenn man sich die theologisierende Tendenz dieser Richtung vor Augen hält. Wenn z.B. Proklus von den Wegen der Liebe, der Wahrheit und des Glaubens sprach und dem Glauben den höchsten Rang zuerkannte,[98] so unterscheidet sich diese Auffassung dem Wortlaut nach nicht von der christlichen; in inhaltlicher Hinsicht bestehen jedoch wichtige Differenzen: So bedeutet «Glaube» bei Proklus nicht ein Fürwahrhalten unter Berufung auf Offenbarungsschriften, sondern ein überrationales unmittelbares Erfassen der höchsten Prinzipien des Seins. Erst recht tritt der Abstand zutage, wenn man die Inhalte des Glaubens berücksichtigt; die spezifisch christlichen Dogmen von Menschwerdung und Opfertod Christi konnten bei Proklus und den anderen Vertretern des Neuplatonismus keine Rolle spielen.

Auch im Verständnis von «Theologie» zeigt sich die Distanz des Neuplatonismus zum Christentum. Proklus verstand unter diesem Ausdruck nicht eine auf Offenbarung beruhende Dogmatik, sondern die Lehre vom Einen/Guten als höchstem Prinzip und vom Hervorgehen der Wirklichkeit in ihrer Mannigfaltigkeit aus dem Einen sowie von ihrem Streben nach Rückkehr zum Einen. Dabei rang auch er mit dem Problem, wie sich das Verhältnis zwischen der Vielheit der materiellen, seelischen und geistigen Wesen zum Einen begreifen lasse, wenn dieses wegen seiner absoluten Jenseitigkeit von völlig anderer Art sein soll als die mannigfaltige Wirklichkeit. Er zog die Konsequenz, daß das Eine von endlichen Wesen nicht erkannt und daher nicht ausgesagt werden könne; es übersteigt alle Vernunft und ist daher unbegreiflich. Deshalb läßt sich über das Eine nur in Analogien oder in negativer Weise sprechen, indem gesagt wird, was es nicht ist.[99] Aber auch über diese Einstellung, die der sogenannten negativen Theologie zugrunde liegt, muß noch hinausgegangen werden: Wenn sich das Eine in keiner Weise bestimmen läßt, dann kann es auch nicht durch Verneinungen bestimmt werden.[100]

Wie bei Plotin spielte auch bei Proklus das Platonische Problem des Verhältnisses von Einheit und Vielheit eine wesentliche Rolle, wie besonders der Beginn der «Theologischen Elementarlehre» deutlich zeigt. Jedes mannigfaltige Ganze hat als eines teil an der Einheit und letztlich am Einen an sich, am «Selbst-Einen».[101] Das Eine oder Gott ist das höchste Prinzip, von dem alle untergeordneten einheitlichen Wesen und ihre Ordnung abhängen. Weil die vernünftige Ordnung der Wirklichkeit Grund ihrer Erkennbarkeit ist, hat das göttliche Eine auch als Prinzip aller Erkenntnis bzw. aller Wissenschaft zu gelten. Zugleich ist es das Gute an sich, somit das, nach dem alles strebt. Das Gute an sich ist das, was alle Wesen erhält und durch das sie selbst gut sind; es ist der sich selbst «bewegende», unkörperliche, unräumliche und nicht der Zeit unterworfene (und sich daher nicht im physischen Sinne bewegende) Beweger aller Dinge.

Wenn Proklus erklärt, «die Aufgabe der Wissenschaft besteht in der Erkenntnis der Ursachen»,[102] denkt er nicht an eine Realwissenschaft, die Kausalerklärungen erstrebt, sondern an die Metaphysik, und die «Ursachen», von denen die Rede ist, sind die geistigen Prinzipien der Wirklichkeit. Wissenschaft ist möglich, weil die Beziehungen von Gründen und Folgen im vernünftigen Denken den Beziehungen zwischen den Seinsprinzipien und den von ihnen abhängigen Wesen entsprechen. Nach Proklus hat somit die Wirklichkeit eine Struktur, die mit den Strukturen des Denkens übereinstimmt und die daher vernünftig erkannt werden kann.

Wie Plotin nahm Proklus eine hierarchische Ordnung der Wirklichkeit an, indem er der Welt der Körper die Bereiche der Seele und des Geistes (der kosmischen Vernunft) überordnete. Da auch der Geist noch eine Vielheit enthält, nämlich die Ideen, kann er nicht das Höchste sein, sondern hängt vom schlechthin Einen ab. «Jenseits aller körperlichen Dinge ist das Seelenwesen und jenseits aller Seelen die vernünftige Wesenheit, und jenseits aller vernünftigen Hypostasen ist das Eine.»[103] Auch den mathematischen Begriffen entsprechen abstrakte Gegenstände unterhalb des allgemeinen Geistes, aber oberhalb der empirischen Dinge, deren ideale Muster sie sind. Die Beziehungen zwischen dem absoluten Einen *vor* allen einheitlichen Wesen und den Einheiten *in* den Wesen erfordert nach Proklus wiederum einheitliche Prinzipien (so wie die Glieder jeder Beziehung einen einheitlichen Bezugsrahmen voraussetzen): die Henaden. Allerdings führt diese Überlegung offenbar ins unendliche: Da die Henaden in Beziehung zum absolut Einen und den unter ihnen angesiedelten Wesen stehen, muß auch diese Beziehung einen Einheitshorizont voraussetzen, dem im Sinne dieses Ansatzes objektive Einheiten zuzuordnen sind usw. ohne Ende.

Die Henaden sind jenseits der Wesenheiten, des Seelenlebens, des Geistes,[104] sie wirken aber, anders als das Eine, auf die Welt. Proklus identifizierte sie mit den höchsten Göttern als Trägern der Vorsehung. Vermutlich führte er sie deshalb ein, weil er den Abstand zwischen dem absoluten Einen und der universalen Vernunft bzw. der Seele überbrücken wollte. In ähnlicher Weise suchte er nach einer Vermittlung zwischen den anderen Seinsbereichen: Zwischen der göttlichen Vernunft und der Weltseele gibt es s.A.n. weitere geistige Wesen, zwischen der Seele und der Natur befinden sich andere seelenartige Wesen, und den Übergang zwischen der Natur im allgemeinen und den besonderen Naturdingen soll eine Vielzahl von «Naturen» herstellen. Das Seelische gliedert sich in die Teilbereiche der göttlichen, der dämonischen und der Seelen im engeren Sinn (wie der menschlichen Seelen). Damit gab sich Proklus aber noch nicht zufrieden, sondern er spaltete diese Teilbereiche noch weiter auf, um den verschiedenen Sparten Gestirn- und Elementargötter, Engel, Dämonen und Heroen zuordnen zu können. Der Zug zur Einschmelzung des Götter- und Dämonenglaubens in die Philosophie und die Neigung, in Beschwörungen und Orakeln Wege zur Annäherung an das göttliche Leben zu sehen, sind zwar auffallend und werden vom heutigen Standpunkt aus vermutlich als befremdlich empfunden werden; er gehört aber der Oberfläche des neuplatonischen Denkens an, dessen entscheidender Charakter in dem Glauben an die Geistigkeit der Wirklichkeit zu erblicken ist: Was immer existiert, ist Geist oder Erscheinung eines Geistigen, das dem Entstehen und Vergehen nicht unterworfen ist. Auf der Grundlage dieser Auffassung erweisen sich auch die magischen Kulthandlungen als nebensächlich; das angemessene Mittel, um Gott nahezukommen, ist die Tugend. Da der Mensch aufgefordert ist, tugendhaft zu sein, muß angenommen werden, daß er frei ist. «Freiheit» bedeutet hier allerdings nicht Willkür, denn der Wille kann sich immer nur auf das richten, was als gut betrachtet wird, sondern die Fähigkeit, zwischen dem scheinbar und dem wahrhaft Guten unterscheiden und wählen zu können. Diese Freiheit wird durch das göttliche Vorherwissen nicht aufgehoben: Unsere Wahl ist nicht bestimmt, und etwas Unbestimmtes hört nicht dadurch auf, unbestimmt zu sein, daß die Götter es vorherwissen.[105] Hier liegt ein Problem vor, das auch die christliche Philosophie anhaltend beschäftigen sollte.

In jedem Fall ist das höhere Prinzip Ursprung des jeweils niedrigeren, das seinerseits auf das höhere zurückbezogen ist: Verbleiben im Ursprung, Hervorgehen aus ihm und Zurückstreben zu ihm sind die formalen Momente des Zusammenhangs aller Wesen.[106] Hier findet sich der Ansatz der dialektischen Dreiheit von These, Antithese und Synthese: Jedes Wesen entäußert sich zu einem anderen, von ihm verschiedenen, doch dieser Unterschied wird in eine in sich differenzierte Einheit aufgehoben. Da alles mit seinem Ursprung verbunden ist und sich zugleich von ihm unterscheidet, ist es ihm ähnlich und unähnlich, es löst sich von ihm und will zu ihm zurück, es ist – wie in Anlehnung an Hegel, der bei Proklus eine Vorwegnahme seiner Dialektik fand, gesagt werden kann – zugleich Einheit und Unterschied. In der neuzeitlichen dialektischen Philosophie sollte dieses Verhältnis als «Widerspruch» in der Wirklichkeit selbst aufgefaßt werden. Im Hintergrund steht die von Proklus vertretene Auffassung, daß die gesamte Wirklichkeit eine in sich differenzierte Einheit ist, die in der Differenzierung nicht aufhört, Einheit zu sein. Alles, was ist, geht in Stufen abnehmender Vollkommenheit aus dem Einen hervor, ohne je aufzuhören, dem Einen anzugehören. Das göttliche Eine ist in allem, es wirkt in allem, bis hinab zur Materie. Deshalb strebt auch alles danach, dem Einen möglichst nahe zu sein. Das Streben zur Rückkehr in den Ursprung äußert sich aber je nach der Stellung der Wesen in der Stufenordnung des Seins verschieden: Die unbelebten Dinge trachten lediglich danach, mit ihren Ursachen in Verbindung zu sein; die Lebewesen streben nach dem Besseren, und die bewußten Wesen verlangen nach Erkenntnis des Guten und seiner Ursachen.[107] Das Höhere äußert sich im Niedrigeren, dieses aber ist vom Höheren insofern verschieden, als das Höhere aus sich heraustreten muß, um in das Niedrigere überzugehen. Wegen seiner Verwandtschaft mit dem Höheren strebt aber das Niedrigere danach, dem Höheren und letzten Endes dem Göttlichen ähnlich zu werden und zu ihm zurückzukehren. Den Weg der Rückkehr zu lehren ist Aufgabe der Ethik, doch empfahl Proklus auch Gebete, Weihen und Beschwörungen. Die Annahme eines Strebens nach Verähnlichung mit Gott war Neuplatonismus und christlicher Philosophie gemeinsam. In anderer Hinsicht wich aber Proklus von der christlichen Auffassung wesentlich ab, so wenn er die Annahme einer Weltschöpfung ablehnte, die Materie nicht als böse betrachtete und ein wiederholtes Eintreten der unsterblichen, mit einem ewigen «Körper» verbundenen Einzelseelen in die zeitliche Welt lehrte.[108]

Mit der Gleichsetzung des Einen und des Guten erhält das metaphysische System schon in seinen allgemeinsten Grundlagen eine ethische Komponente, die die Auffassung der Wirklichkeit im allgemeinen beeinflußt: Auf Grund der Annahme, daß alle Wesen mit dem Einen/Guten verwandt seien, ergibt sich, daß alles wesentlich nach dem Höheren strebt, d.h. danach trachtet, dem Göttlichen ähnlich zu werden. Die Existenz des Bösen wird dabei nicht übersehen; sein Grund wird aber von Proklus nicht, wie bei Plotin, in der Berührung geistiger Wesen mit der Materie erblickt, sondern in einem Mangel an Gutsein als Folge der Entfernung vom ursprünglich Guten. Was existiert, ist durch das Gute und daher prinzipiell gut; wenn etwas daher schlecht ist, kann es das nicht sein, sofern es existiert, sondern nur dadurch, daß es dem Guten fernsteht. Es ist in diesem Falle «verdunkelt und durch den Mangel unvollkommener geworden, und es entfernt sich nach unten von seiner Einheit weg.»[109] In der Ordnung der gesamten Wirklichkeit hat auch das, was für das Einzelwesen ein Übel dartellt, eine Funktion und ist daher nicht an sich schlecht.

Auf Proklus als Leiter der Akademie folgten der Proklus-Biograph Marinus von Sichem, der die «Theologie» zugunsten der Mathematik vernachlässigte, wie ihm sein Nachfolger Isidor vorwarf. Letztes Schulhaupt war jener Damascius, der nach der Auflösung der Akademie durch Kaiser Justinian mit einigen anderen Angehörigen der Schule – unter ihnen Simplicius, der das berühmte Fragment des Anaximander überliefert hat (s. oben Kap. I, Abschn. 2b) – nach Persien emigrierte, nach ein paar Jahren aber wieder zurückkehrte. Die Angehörigen dieses Kreises konnten sich weiterhin mit Philosophie beschäftigen, aber sie beschränkten sich auf das Kommentieren der klassischen Philosophen, wohl in dem Bewußtsein, daß die Zeit der griechischen Philosophie zu Ende war. In Alexandrien lebte die platonische Tradition noch kurze Zeit weiter, ohne daß von einer Weiterentwicklung gesprochen werden könnte. Der Sieg des Christentums, damit auch der christlichen Theologie und Philosophie, war vollständig; aber in gewissem Sinne lebte die griechische Philosophie weiter, da viele ihrer Gedanken ins christliche Denken eingegangen waren, das allerdings die für sie charakteristische pluralistische Einstellung nicht übernahm oder auch nur tolerierte. Mittel- und neuplatonische Gedanken wirkten teils in den Lehren der Kirchenväter weiter, teils wurden sie von Autoren wie Macrobius (um 400), dem im nächsten Abschnitt zu behandelnden Boëthius, durch Pseudo-Dionysius Areopagita (s. Teil II, Kap. I, Abschn. 3) oder durch den erwähnten «Liber de causis» der Folgezeit übermittelt.

d) Das zentrale Problem des Neuplatonismus

Der Neuplatonismus griff das erstmals von Plato klar gesehene und diskutierte Problem des Verhältnisses von Einheit und Vielheit auf und suchte es in radikal objektivistischer Weise zu lösen. Ausgehend von der Tatsache, daß wir Dinge als Einheiten in der Mannigfaltigkeit von Eigenschaften erfahren, fragten die Neuplatoniker nach dem Grund dieser Einheit und meinten mit Plato, ihn in einem objektiven Prinzip zu finden, nämlich der Idee, an der die Dinge teilhaben. Da die Ideen ihrerseits eine Mannigfaltigkeit bilden, die zur Einheit des Ideenreichs (im göttlichen Geist) verbunden sind, stellt sich auch in bezug auf sie die Frage nach dem Grund ihrer Einheit. Auch in diesem Falle wird ein objektiver Grund ins Auge gefaßt, nämlich das absolute Eine. So wie der Aspekt der Einheit des Dings in der Vielheit seiner Eigenschaften von den Platonikern durch seine Auffassung als Idee zu etwas Selbständigem gemacht wird, so wird auch der Aspekt des Zusammenhangs der Ideen verselbständigt und objektiviert: Er wird als höchstes Prinzip des Seins begriffen. Die platonistischen Philosophen haben nicht gemerkt, wie problematisch es ist, den Aspekt der Einheit der Wirklichkeit, der sich nur im Denken isolieren läßt, als etwas Selbständiges zu behandeln und zu einem objektiven Prinzip zu machen. Wie problematisch ihre Auffassung war, mußte sich unweigerlich bei dem Versuch zeigen, aus der objektiv gedachten Einheit die Mannigfaltigkeit der Wesen abzuleiten. Das Eine als höchstes Prinzip soll absolute Einheit sein, d. h. keine differenzierenden Bestimmungen mehr enthalten; es ist Einheit ohne Vielheit, somit eine Einheit, die nichts mehr vereinheitlicht. Trotzdem sollte aus dem Einen alles andere abgeleitet werden. Das konnte nur gelingen, wenn sich zeigen ließ, wie das Eine die Vielheit in sich erzeugt. Zu diesem Zweck wurde angenommen, daß das Eine, um sich zu denken, auf sich reflektieren müsse und so einerseits das ist, was denkt, andererseits das, was gedacht wird: Das Eine macht sich zum Gegenstand, d. h., es entfremdet sich von sich selbst; indem es sich selbst denkt, ist es mit dem Gedanken vereint, es bezieht sich auf sich selbst zurück. Die Frage, warum das Eine sich von sich selbst entzweit und sich gleichsam von sich entfremdet, bleibt jedoch unbeantwortet, und alle Versuche, eine Antwort zu finden, müssen unbefriedigend bleiben. Wenn gesagt wird, es sei die Überfülle des Einen, die dazu führe, daß es gleichsam überfließe und sich in die Vielheit der Wesen ergieße, dann ist das ein bloßes Bild. Man könnte ebenso plausibel argumentieren, daß das Eine gerade infolge seiner Überfülle sich selbst genug sei. Wie wenig die Neuplatoniker das angedeutete Problem zu lösen vermochten, zeigt der Umstand, daß das Denken der Mystiker in der Folgezeit immer wieder um das Problem kreiste, warum sich das Eine in sich selbst entzweit habe. Tatsächlich ist das Problem unlösbar: Wird das Moment der Einheit von dem der Vielheit radikal unterschieden und zugleich objektiviert, nämlich zum Grund der gesamten Wirklichkeit erklärt, dann kann aus ihm auch mit noch so tiefsinnigen Spekulationen das Moment der Vielheit nicht abgeleitet werden. Die christliche Trinitätsspekulation hat, sofern sie das Problem des Verhältnisses von Gott-Vater, Gott-Sohn und Gott als Heiligem Geist im Anschluß an den Mittel- und Neuplatonismus erörterte, ebensowenig eine philosophisch überzeugende Lösung gefunden wie die griechische Philosophie.

Auch die Lehre von der ekstatischen Vereinigung mit dem Einen ist eine Konsequenz der Verselbständigung des Moments der Einheit. Wo wir erkennen, beurteilen wir etwas, d. h., wir fassen etwas als so und so Bestimmtes auf, das auf anderes bezogen ist. Sieht man von allen Beziehungen ab und beschränkt sich auf den Aspekt der Einheit, dann kann es kein Urteil, folglich auch keine Erkenntnis mehr geben. Die Neuplatoniker mußten daher – wie alle späteren Mystiker, die ihnen in dieser Hinsicht folgten – den Urgrund aller Wesen für unerkennbar erklären. Da sie nichtsdestoweniger von ihm reden wollten, sahen sie sich gezwungen, eine Art des Erfassens anzunehmen, die vom Erkennen wesentlich verschieden sein soll: eine ekstatische Schau, die zugleich mystische Vereinigung mit dem Geschauten ist. Was in dieser Weise geschaut werden soll, läßt sich nicht mehr ausdrücken; der Mystiker müßte eigentlich schweigen. Daß die Neuplatoniker und ihre Nachfahren bis in unser Jahrhundert in bezug auf den Urgrund und den Hervorgang aller Wesen aus ihm dennoch so beredt waren, macht das Dilemma deutlich, in dem sie sich befanden.

Gleichzeitig soll die neuplatonische Metaphysik, wie schon die Philosophie Platos, begreiflich machen, wie wir sicheres Wissen von der (endlichen) Wirklichkeit gewinnen können. Die Lösung fand sie, wie Plato, mit Hilfe der Annahme, daß die Ordnung des Denkens und die Ordnung der Dinge übereinstimmen, weil beide Ordnungen vom selben Prinzip abhängen. Proklus hat dies klar ausgesprochen, wenn er erklärte, das unerkennbare Erste sei die Ursache sowohl der Erkenntnisse als auch des Erkannten, sowohl der Begriffe (logoi) als auch des Begriffenen.[110]

Auch die neuplatonische Lehre von der Seinsstufung – also der Hierarchie von absolutem Einen, universalem Geist, Seele, Natur (sowie der weitergehenden Gliederungen bei Jamblich und Proklus) – hat ihren Grund darin, daß das Ergebnis einer Abstraktion verselbständigt und wie etwas an sich Wirkliches behandelt wurde. So wie man von spezielleren Begriffen durch Abstraktion zu allgemeineren aufsteigen kann – z. B. von den Begriffen des Dreiecks, Vierecks, Fünfecks zum Begriff des Vielecks –, so kann man umgekehrt, ausgehend von allgemeineren Begriffen, durch Spezialisierung zu weniger allgemeinen Begriffen gelangen. Der Platonismus bezog die Begriffe auf allgemeine Entitäten – die Ideen –, zwischen denen dieselben Verhältnisse von Über- und Unterordnung bestehen sollen wie zwischen Begriffen. Die begrifflichen Beziehungen werden somit zu Seinsbeziehungen umgedeutet und diesen sogar der Vorrang vor den Beziehungen im Denken eingeräumt. Sie stellen sich dann als Hierarchie einer idealen Wirklichkeit dar, und das heißt, daß der Wirklichkeit eine objektiv-logische Ordnung zugeschrieben wird. Die neuplatonische Metaphysik läßt sich in dieser Hinsicht als Panlogismus bezeichnen.

5. Boëthius

a) Die Lage Italiens um 500 und die Persönlichkeit des Philosophen

Einen späten Niederschlag fand die platonistische Philosophie bei Anicius Manlius Severinus Boëthius zu Beginn des sechsten Jahrhunderts, also zu einer Zeit, als es keinen weströmischen Kaiser mehr gab und in Italien die Ostgoten unter Theoderich zur Ordnungsmacht geworden waren. Der um 480 geborene Boëthius entstammte einer vornehmen, politisch einflußreichen, den römischen Traditionen verpflichteten Familie. Theoderich machte ihn zum Kanzler und bediente sich seiner Hilfe, um, ungeachtet aller (auch religiösen) Gegensätze günstige Bedingungen für ein friedliches Zusammenleben von Goten und Römern zu schaffen, und auch Boëthius war bestrebt, Gegensätze zwischen der einheimischen Bevölkerung und den Fremden, die auf Grund ihrer kriegerischen Fähigkeiten die Ordnung gewährleisten konnten, zu überbrücken, was um so schwieriger war, als es sich zugleich um den Gegensatz zwischen Katholiken und Arianern handelte. Der Einfluß, den Boëthius an Theoderichs Hof ausübte, mochte in den Römern das Gefühl hervorrufen, die politische Kontinuität bleibe gewahrt, obwohl nunmehr ein Fremder für Ruhe und Sicherheit sorgte. In den Augen der damaligen Römer hatte das Reich keineswegs zu bestehen aufgehört, obwohl 476 der germanische Heerführer Odoaker den letzten weströmischen Schattenkaiser abgesetzt hatte. Aber weder Odoaker noch Theoderich, der ihn stürzte, erstrebten den Titel eines Kaisers; die traditionelle Autorität lag beim Kaiser in Byzanz.

Um die damalige Situation zu verstehen, muß man berücksichtigen, daß zwischen dem Westen und Byzanz aus religiösen Gründen eine gewisse Entfremdung eingetreten war. Ostrom suchte einen Kompromiß mit dem Monophysitismus, d.h. der Ansicht, daß Christus ausschließlich göttlicher Natur gewesen sei, während der Papst an der Lehre des Konzils von Chalzedon festhielt, nach der in Christus göttliche und menschliche Natur eine Einheit bilden. Angesichts dieses Gegensatzes war man im Westen bereit, die politische Hilfe der Ostgoten in Anspruch zu nehmen, obwohl diese als Arianer die Zwei-Naturen-Lehre ebenfalls ablehnten, allerdings zugunsten der Auffassung, daß Christus seiner Natur nach Mensch gewesen sei. Vereinfachend kann man sagen, daß Christus für die römische Kirche Gott und zugleich Mensch war, für die Monophysiten vermenschlichter Gott, für die Arianer gottähnlicher Mensch.

Als der religiöse Zwiespalt zwischen dem Osten und dem Westen überwunden wurde, setzte sich im Westen das Bewußtsein der Verbundenheit mit Konstantinopel und damit des Gegensatzes zu den Goten wieder durch. Als Theoderich, der sich drei Jahrzehnte erfolgreich um einen Ausgleich bemüht hatte, den Eindruck gewann, sein Kanzler arbeite mit den byzanzfreundlichen Kreisen zusammen, ließ er ihn des Hochverrats anklagen und einkerkern. Im Gefängnis schrieb Boëthius sein berühmtestes Buch, den «Trost der Philosophie», in dem er, kurz vor seiner Hinrichtung im Jahre 524, die Summe seines philosophischen Denkens zog. Drei Jahre später starb auch Theoderich, das Scheitern seines Lebenswerks vor Augen. Es folgten die Wiedereroberung Italiens durch Kaiser Justinian und die Vernichtung der Ostgoten. Aber auch das traditionelle Römertum verlor den Rest seiner Selbständigkeit, wohl auch seines Selbstbewußtseins. Die antike Philosophie, der Boëthius noch verpflichtet war, hatte sich erschöpft: Die Auflösung der Platonischen Akademie in Athen durch den Kaiser (529) markierte nach außen deutlich sichtbar das Ende dieser Art Philosophie.

Boëthius beeinflußte durch seine Schriften – vor allem durch seine Kommentare älterer Philosophen – nachhaltig das christliche Mittelalter, das auf weite Strecken in denselben Bahnen dachte wie er. Die Tradition der Kommentatoren, der er zugehörte und die er der Folgezeit – nämlich zuerst der islamischen, später der christlichen Welt – übermittelte, kann in einem allgemeinen Sinn «scholastisch» genannt werden, so daß sich die christliche Scholastik des Mittelalters formal als Fortsetzung einer in der Spätantike entstandenen Art philosophischen Denkens darstellt.

Träger des christlich-philosophischen Denkens waren zunächst die Mönchsorden, die das Ideal der antiken Bildung bewahrten. So widmete sich Boëthius' Schüler Cassiodorus, Sekretär am Ravennatischen Hof, in dem von ihm gegründeten Kloster Vivarium der Aufgabe, den Gehalt des ihm verfügbaren Wissens in einer Reihe von Schriften zu konservieren. Diesem Vorbild folgten später viele andere Klöster.

b) Der Trost der Philosophie

Als Boëthius im Kerker seiner Hinrichtung entgegensah, schrieb er das kleine Buch «Vom Trost der Philosophie», in dem sich Prosa-Passagen mit Gedichten in verschiedenen antiken Versmaßen abwechseln.[111] Wie Homer und Hesiod wendet er sich am Beginn des Werkes an die Musen, aber der Ton ist neu: Die Musen erscheinen nicht mehr als Künderinnen der Wahrheit, sondern sie suchen, selbst verunsichert, nach Trost, um Trost spenden zu können. Sie werden von der personifizierten Philosophie vertrieben, die sich des Bedrängten annimmt und ihm klarzumachen sucht, daß das, was gemeinhin Glück heißt, nur aus Scheingütern besteht, während der wahrhaft Gute mit Hilfe des Vaters aller Dinge in die geistige Heimat, in das Reich des höchsten Guten, aufzusteigen vermag. Ganz im Sinne der platonistischen Tradition geht Boëthius davon aus, daß das Unvollkommene als Einschränkung des Vollkommenen aufzufassen sei, so daß sich aus dem Vorhandensein von Unvollkommenem auf das Vollkommene, das absolut Gute, d.h. auf Gott schließen läßt. Nur im vollkommen Guten findet der Mensch das Glück, ja er wird durch Teilhabe am Guten in gewisser Weise göttlich.

Wenn alles durch Gott, der allmächtig und absolut gut ist, gelenkt wird, dann kann nichts der göttlichen Allmacht widerstehen. Das führt unmittelbar zu der Frage, wie es in einer von Gott als dem vollkommen Guten abhängigen Welt überhaupt das Böse, das Übel, die Ungerechtigkeit geben kann. Boëthius suchte dieses Problem – das Problem der Theodizee, d.h. wörtlich der Rechtfertigung Gottes (nämlich angesichts des Übels) –, das so viele theistische Philosophen und gottgläubige Menschen im allgemeinen beunruhigen sollte, dadurch zu lösen, daß er die Realität des Übels leugnete: Wenn wir etwas als Übel bezeichnen, meinen wir lediglich die Abwesenheit eines Guten, also einen Mangel, somit etwas Negatives, nicht eine positive Macht, die mit der Allmacht des Guten im Gegensatz stehen könnte. Auch der Einwand, daß eine göttliche und gerechte Weltordnung nicht angenommen werden könne, weil es den Schlechten oft gut, den Guten aber schlecht gehe, läßt sich entschärfen: Gut zu sein ist bereits Belohnung, so wie umgekehrt die Strafe der Schlechten schon darin besteht, daß sie schlecht sind. Die Strafe ist etwas Positives, nicht in erster Linie weil sie eine Gesinnungsänderung herbeiführen kann, sondern weil sie etwas Gutes bewirkt, nämlich die Wiederherstellung der Gerechtigkeit. In diesem Sinne konnte Boëthius auch den Platonischen Gedanken aufnehmen, daß unglücklicher ist, wer Unrecht tut, als wer Unrecht leidet. Was Menschen «Übel» nennen, hat im Weltplan letzten Endes eine positive Funktion.

Die Idee eines göttlichen Weltplans bzw. eines göttlichen Vorherwissens aller Ereignisse führt aber sogleich zu einem neuen Problem. Man muß sich nämlich fragen, wie noch von der Freiheit des menschlichen Wollens die Rede sein kann, wenn Gott immer schon weiß, wie der Mensch handeln wird; denn da das göttliche Vorherwissen absolut sicher ist, scheint zu folgen, daß alles mit Notwendigkeit geschieht, auch das menschliche Handeln. Dennoch muß die Willensfreiheit gerettet werden, da es, wie Boëthius überzeugt war, keinen Sinn hätte, zu strafen und zu belohnen oder zu beten, wenn der Wille nicht frei wäre.

Die Lösung meinte Boëthius mit Hilfe der Unterscheidung von menschlichem und göttlichem Wissen finden zu können. Der Mensch erlangt Wissen als Ergebnis einer Denkbewegung, also durch Denkakte, die einander in der Zeit folgen. (So denkt man zunächst die Voraussetzungen eines Schlusses, dann erst ergibt sich die Konsequenz.) Die göttliche Einsicht stellt sich dagegen nicht als Ergebnis sukzessiver Gedankenschritte dar (sie ist nicht diskursiv), sondern sie kann wegen Gottes Ewigkeit nur ein einfacher zeitloser Akt sein. Gott erfaßt das, was für uns vergangen, gegenwärtig oder zukünftig ist, mit einem Blick, es mag notwendig geschehen oder nicht. Daraus, daß etwas nicht notwendig, sondern mit Freiheit geschieht, folgt nicht, daß es von Gott nicht vorhergewußt werden könne. Damit verschwindet der scheinbare Widerspruch von göttlicher Providenz und menschlicher Willensfreiheit; daß der Eindruck eines Widerspruchs überhaupt entstehen kann, hat nach Boëthius seinen Grund in der ungerechtfertigten Übertragung menschlicher Denkweisen auf den göttlichen Geist.

Die im «Trost der Philosophie» vorgetragenen Überlegungen würden als solche nicht erkennen lassen, daß sie von einem Christen stammen. Es ist merkwürdig, daß der Christ Boëthius im Angesicht des bevorstehenden Todes Trost nicht bei Christus, sondern bei der Philosophie sucht. Nirgends spielt die Bibel eine Rolle, wohl aber wird immer wieder auf Plato als Autorität zurückgegriffen. Auch bei seinen Aussagen über Gott stützt sich Boëthius auf angeborene Beweisgründe, nicht auf die christliche Lehre, mit der seine Auffassungen allerdings verträglich sind. Da und dort wich er von den sein Denken beherrschenden neuplatonischen Auffassungen ab, vermutlich unter dem Einfluß christlicher Lehren. So fällt auf, daß er nicht – wie Plotin – Gott über die Grenzen des Erkennbaren erhob, sondern es für möglich hielt, ihn im Sinne der Eigenschaften der Güte, der Schönheit, der Geistigkeit usw. zu bestimmen, wobei diese Attribute im Wesen Gottes eine Einheit bilden sollen.[112] Die Frage, ob die Seelen der Abgeschiedenen Strafen zu gewärtigen haben, hat Boëthius ausdrücklich ausgeklammert. Eben weil Boëthius im wesentlichen im Rahmen der antiken, namentlich der platonistischen Philosophie denkt, liegt es nahe, ihn vor allem als deren Vertreter, und nicht so sehr als Anhänger der christlichen Religion darzustellen, obwohl nicht zu bestreiten ist, daß die von ihm behandelten Themen den Diskussionen der christlichen Philosophie des Mittelalters die Richtung wiesen. Das läßt erkennen, wie groß die Rolle war, die die griechisch-römische Philosophie für das mittelalterliche Denken spielte. Wie Rom in der römisch-katholischen Kirche weiterlebte, so wirkte die antike Philosophie im philosophisch-theologischen Denken des Mittelalters weiter.

c) Das philosophische Programm

Boëthius erhob nicht den Anspruch, neue philosophische Einsichten vermitteln zu können; ihm als Angehörigen einer späten Kultur ging es darum, das Wertvollste des Geistes der alten Welt zu bewahren und den Nachfahren zu überliefern. Das ist ihm in einem Umfang, den er nicht ahnen konnte, gelungen: Er gab dem Mittelalter eine Reihe der wichtigsten Themen vor, mit denen sich die scholastische Philosophie Jahrhunderte lang auseinandersetzte. Gleichzeitig bildeten seine Kommentare für die nächsten Jahrhunderte die wichtigste Quelle, aus der die Kenntnis insbesondere der Platonischen und Aristotelischen Philosophie geschöpft werden konnte.

Boëthius plante ein umfassendes Werk, in dem alle Bereiche der Philosophie Platos und Aristoteles' berücksichtigt werden sollten. Wenn er dabei in der Art des spätantiken Eklektizismus die Unterschiede zwischen Platonischem und Aristotelischem Denken zugunsten der Gemeinsamkeiten zu verwischen suchte, dann folgte er dem Beispiel Porphyrs. Obwohl er seine Philosophie im Gegensatz zur Stoa sah, war er da und dort auch von dieser philosophischen Richtung beeinflußt; daß er als Platoniker den Epikureismus ablehnen mußte, liegt auf der Hand.

Als Vorbereitung der Philosophie betrachtete Boëthius die Disziplinen des Quadriviums, nämlich Geometrie, Arithmetik, Astronomie und Musik, die er in nur zum Teil erhaltenen Schriften darstellte. Wichtig wurden seine Übersetzungen und Kommentare zu Plato und Aristoteles, von denen das Mittelalter lange Zeit zehrte. Das gesamte Platonische und Aristotelische Werk zu behandeln blieb ihm, der schon etwa fünfundvierzigjährig starb, versagt.

d) Das Universalienproblem

Boëthius ist in seinem Kommentar zu Porphyrs Einführung (Isagoge) in die Aristotelische Kategorienlehre auf ein Problem eingegangen, das die Folgezeit anhaltend beschäftigen sollte: Er setzte sich mit der von Porphyrius gestellten, aber nicht beantworteten Frage auseinander, ob den allgemeinen Begriffen ideale Entitäten entsprechen oder nicht. Der Platonismus gab auf diese Frage eine bejahende Antwort, weil er Substantiva und Adjektiva, die als Prädikate von Urteilen verwendet werden, als Namen auffaßte. Wenn jemand sagt: «Dies ist schön», dann ist das Prädikat «schön» ein Begriff, der nicht nur dem gerade beurteilten Gegenstand zukommt, sondern sich allgemein auf alle schönen Gegenstände bezieht. Somit scheint man von Allgemeinbegriffen fragen zu können, was in ihnen begriffen wird. Oder anders gesagt: Wenn man (wofür die alte Auffassung von Haupt- und Eigenschaftswörtern als «Nomina» eine Stütze bildete) auch allgemeine Begriffe als Namen auffaßte, dann wurde es nötig, sie auf etwas zu beziehen, das durch sie benannt wird. Betrachtet man z. B. einen Ausdruck wie «schön» ebenso als Namen wie z. B. «Antinous», dann wird man ihn, ebenso wie den Eigennamen, auf etwas beziehen, das Träger dieses Namens ist – das Schöne als solches, die Idee oder das Wesen des Schönen. Der Schönheit kommt nach dieser Ansicht eine Art Sein (allerdings nicht das Sein konkreter Dinge) zu; «Schönheit» bezeichnet etwas Allgemeines (ein Universale), das in gewisser Weise real sein soll, weshalb von «Universalien-Realismus» gesprochen wird.

Platos Ideenlehre ist ein Beispiel der Auffassung, der zufolge Universalien (in seiner Terminologie: Ideen) wirklich, ja wirklicher als konkrete Dinge sind. Da sie seiner Ansicht nach unabhängig von den konkreten Dingen, die an ihnen teilhaben, existieren, konnte dieser Standpunkt durch die Formel «Universalien vor den Dingen» charakterisiert werden. Aristoteles betrachtete ebenfalls das Allgemeine als wirklich, bestimmte es aber als allgemeine Form – als Wesenheit – konkreter Dinge, so daß auf seine Auffassung mit der Wendung «Universalien in den Dingen» hingewiesen zu werden pflegt.

Stoiker und Epikureer leugneten dagegen das Vorhandensein eines vom Denken unabhängigen Allgemeinen; ihr Standpunkt wird daher durch die Formel «Universalien nach den Dingen» angedeutet. Nimmt man an, daß das Allgemeine im Denken erzeugt werde – wie das *lektón* der Stoiker –, so ergibt sich eine Auffassung, die «Konzeptualismus» (nach «conceptus», d.i. «Begriff») genannt wird; leugnet man auch das Vorhandensein allgemeiner Denk-Inhalte und deutet die Allgemeinheit von Prädikaten im Sinne der allgemeinen Verwendbarkeit von Wörtern («nomina»), nimmt man den Standpunkt des Nominalismus ein. Diese möglichen Auffassungen hatte Porphyrius im Auge, wenn er die Frage aufwarf, ob die Allgemeinbegriffe objektiv (als etwas Substantielles) existieren oder nicht, und ob sie, wenn das erstere der Fall ist, unabhängig von den Dingen oder in ihnen bestehen. Boëthius entschied sich angesichts dieser Mehrheit möglicher Auffassungen für die These, daß das Allgemeine (wie schon Aristoteles gelehrt hatte) in den Dingen existiert. Wird ein Ding erkannt, dann wird nicht nur etwas Besonderes, sondern im Besonderen etwas Allgemeines erfaßt, das sich als etwas Immaterielles von den besonderen Bestimmungen des körperlichen Dinges ablösen («abstrahieren») läßt.

In der Folgezeit war die Frage nach dem Status der Universalien so kontrovers, daß man mit Recht vom Universalien-*Streit* spricht. Daß diese Frage so heftig umstritten war, hängt damit zusammen, daß sie im Mittelalter eng mit theologischen Auffassungen verflochten war. Wie später zu zeigen sein wird, brachte man sie in Verbindung mit den Lehren von der Dreifaltigkeit, der Erbsünde, der Erlösung und der Gnade; Auffassungen, die Folgen für diese Lehre zu haben schienen, ließen sich begreiflicherweise nicht in neutraler Weise diskutieren.

Entscheidend ist aber die Frage, welche Annahmen über die Seinsbereiche man zur Erklärung der Tatsache für nötig hält, daß es Erkenntnis gibt, d. h. daß wir wahre Urteile über Gegenstände aufstellen können. Die Vertreter der begriffsrealistischen Position glaubten, zu diesem Zweck außer dem Bereich der konkreten Dinge auch noch nicht-konkrete, allgemeine Gegenstände (von der Art der Platonischen Ideen oder der Aristotelischen Wesensformen) anerkennen zu müssen. Ob jemand Begriffsrealist ist oder nicht, hängt nur davon ab, ob er nicht-konkrete Gegenstände annimmt oder nicht, wogegen die Frage, wie sich die Universalien zum erkennenden Subjekt verhalten – ob sie ihm vorgegeben sind oder von ihm im Denken erzeugt werden – zweitrangig ist. Demgemäß hat auch der Konzeptualismus als begriffsrealistische Position zu gelten. Die Vertreter der Gegenposition (die Nominalisten) meinen mit einer sparsameren Auffassung auskommen und sich auf den Bereich der besonderen Dinge beschränken zu können. Wenn man nur einen einzigen Seinsbereich – den der konkreten Einzeldinge – zu berücksichtigen braucht, um begreiflich zu machen, wie wir Urteile mit allgemeinen Prädikat-Ausdrücken formulieren können, dann scheint es in der Tat ein Gebot der Ökonomie der metaphysischen Mittel zu sein, auf die

Annahme anderer Seinsbereiche zu verzichten. Da aber in der Philosophie nicht ebenso klar wie in der Wirtschaft gesagt werden kann, was ökonomisch ist, kann niemand gehindert werden, höhere Anforderungen an die Erkenntnislehre zu stellen und im Hinblick auf sie die Annahme nichtkonkreter Gegenstände – der Universalien – für unvermeidlich zu erklären. Tatsächlich ist die Debatte über die Universalien bis heute nicht zum Abschluß gelangt – ein deutliches Zeichen dafür, daß sie Probleme betrifft, die nicht unabhängig von (letzten Endes unbeweisbaren) Voraussetzungen gelöst werden können. Im übrigen konnte auch die Entscheidung für eine sparsamere oder eine üppigere Ontologie den Anschein weltanschaulicher Relevanz gewinnen: Wer außer den Einzeldingen auch allgemeine Gegenstände anerkannte, tat damit schon den Schritt in eine «geistige» Welt jenseits der Welt raum-zeitlicher Dinge und erteilte damit naturalistischen Auffassungen prinzipiell eine Absage. Schließlich läuft die Anerkennung allgemeiner Formen, denen auch die konkrete Wirklichkeit unterworfen sein soll, auf den Gedanken hinaus, daß die Wirklichkeit insgesamt vernünftigen Prinzipien unterworfen und somit in ihrem Wesen vernünftig sei. Der Glaube an die Vernünftigkeit der Realität im ganzen ist aber die Grundlage einer mächtigen philosophischen Strömung, der Plato und Aristoteles angehörten und die auf weite Strecken die Grundlage der christlichen Theologie bildete. Somit wird auch im Rahmen dieser allgemeinen Betrachtungsweise deutlich, warum der Universalienstreit im Mittelalter nicht weltanschauungsneutral geführt werden konnte.

Zweiter Teil

CHRISTLICHE PHILOSOPHIE DER AUSGEHENDEN ANTIKE UND DES MITTELALTERS

I.
Christentum und Philosophie in der Spätantike[1]

1. Der Charakter des frühen Christentums

Den Juden ein Ärgernis,
den Heiden eine Torheit.
(Paulus, 1 Kor. 1, 23)

a) Die christliche Heilslehre

Wenn von christlicher Philosophie gesprochen wird, ist an eine Art des philosophischen Denkens gedacht, das sich im Rahmen der christlichen Religion entfaltet und sich diesem Rahmen anzupassen sucht. Daher spielen z.B. die Lehren von der Erlösung und von den letzten Dingen (Eschatologie) in der christlichen Philosophie eine wesentliche Rolle. Die vorliegende Geschichte der Philosophie will aber nicht zugleich Religionsgeschichte sein; deshalb kann sie den spezifisch religiösen Aspekt der christlichen Philosophie nicht ausdrücklich zum Thema machen, sondern muß sich damit begnügen, auf jene Zusammenhänge zwischen Philosophie und Religion hinzuweisen, deren Berücksichtigung für das Verständnis der christlichen Philosophie unentbehrlich ist.

Das Christentum war in seinen Anfängen keine Philosophie, sondern eine Heilslehre, durch die dem Menschen der Weg zur Seligkeit gewiesen werden sollte, und zwar vor allem durch eine Art der Praxis, in deren Mittelpunkt die Liebe zu Gott und zum Nächsten stand. Die Forderung der Nächstenliebe war nicht auf die Angehörigen der eigenen Religion und nicht auf die Angehörigen eines Volkes oder einer Klasse beschränkt, sondern bezog sich auf alle Menschen. Diese Forderung hätte aber kaum jene weitreichenden Wirkungen gehabt, die sie in der Folgezeit bis zur Gegenwart ausübte, wenn sich mit ihr nicht der Glaube an einen die Menschen liebenden und ihnen verzeihenden Vater-Gott verbunden hätte, an einen Gott, der seinen Sohn zu den Menschen geschickt hat, um sie zu erlösen und um ihnen den Weg zur ewigen Seligkeit im Jenseits zu eröffnen.

b) Der Apostel Paulus

Erste Ansätze der philosophischen Reflexion auf die biblische Religion sind schon früh festzustellen. Bald nach Jesu Tod begann der im hellenistisch geprägten Tarsus aufgewachsene Paulus, mit seiner Lehre von der Erlösungsbedürftigkeit nicht nur des sündigen Menschen, sondern der gesamten

Natur[2] die Grundlagen der christlichen Erlösungsmetaphysik zu schaffen. Durch die Sünde kam nach Paulus der Tod in die Welt, durch die Auferstehung wird er besiegt; darum bedeuten Tod und Auferstehung des Gottessohnes Jesus Christus für die ganze Natur Überwindung von Sünde und Tod: «Da nämlich durch einen Menschen der Tod gekommen ist, kommt durch einen Menschen auch die Auferstehung der Toten. Denn wie in Adam alle sterben, so werden in Christus alle lebendig gemacht werden.»[3] Paulus sah einen Zusammenhang zwischen Christus und der gesamten Schöpfung: Christus «ist das Ebenbild des unsichtbaren Gottes, der Erstgeborene der ganzen Schöpfung. Denn in ihm wurde alles erschaffen im Himmel und auf Erden, das Sichtbare und das Unsichtbare, Throne und Herrschaften, Mächte und Gewalten; alles ist durch ihn und auf ihn hin geschaffen. Er ist vor aller Schöpfung, in ihm hat alles Bestand.»[4] Jesus ist vor der Schöpfung beim Vater gewesen, er wurde Mensch, um die Menschheit zu erlösen, und er wird am Ende der Tage verklärt erscheinen, wenn das Reich des Himmels anbricht. Dann wird er alle, die an ihn glaubten, in seine Herrlichkeit aufnehmen; jene aber, die nicht auserwählt sind, fallen dem Tode anheim. Bedingung der Auserwählung ist der Glaube, der den Menschen für Gott öffnet; der Mensch kann selber nichts tun, um sich das Heil zu verdienen: Die «Werke» sind nicht heilsnotwendig. Das Ende ist nahe, und darum sollen sich die Gläubigen nach Möglichkeit aus allen irdischen Bindungen lösen und auf den Tag des Gerichts einstellen.

Im Mittelpunkt der Paulinischen Lehre standen das Verhältnis Christi zu Gott und das Geschick der menschlichen Seele. Nach Paulus war Christus bei Gott, bevor er auf Grund der Einwirkung des Hl. Geistes in der Geburt aus der Jungfrau Maria Menschengestalt annahm. Um so größer ist die von Paulus tief empfundene Herausforderung durch die Tatsache, daß der Gottessohn den schmählichsten Tod erlitt. Diese Herausforderung ist das mächtigste Motiv der theologischen Spekulation bei Paulus. Inwiefern er Auffassungen entwickelte, die über die Jesuanische Verkündigung hinausgehen, muß hier dahingestellt bleiben, doch ist zu bemerken, daß nicht nur Nietzsche die Ansicht vertrat, Paulus sei der eigentliche Begründer der christlichen Theologie.[5]

Paulus lag es fern, Gott und seinen Willen für unerkennbar zu erklären; er erhebt im Gegenteil den Anspruch, Gott und seine Gebote zu kennen, weil er den Geist Gottes (das Pneuma) empfangen hat, das den auf der Stufe des bloß seelischen Lebens verbleibenden Menschen unzugänglich ist. Paulus beruft sich darauf, daß seine Verkündigung auf dem Geist (Pneuma) beruhe, der von der Weisheit der Menschen verschieden ist. Daher kann sich die Verkündigung auch nur an diejenigen wenden, die bereits vollkommen sind, nicht aber an diejenigen, die noch der weltlichen Weisheit verhaftet bleiben.[6] «Denn uns hat es Gott offenbart durch den Geist (Pneuma). Der Geist ergründet nämlich alles, auch die Tiefen Gottes.»[7] Anklänge an gnostische Gedanken sind nicht zu überhören, ohne daß damit gesagt werden sollte, daß Paulus als Gnostiker zu betrachten wäre; eher verhält es sich so, daß das frühe christliche Denken nicht scharf von der christlichen Gnosis abgegrenzt war.[8] Ähnliche Gedanken finden sich bei manchen Kirchenvätern, doch ging die weitere Entwicklung in Richtung der Verselbständigung des Glaubens gegenüber dem religiösen Wissen. Mit der Berufung auf die Offenbarung durch den Geist erhalten die christlichen Forderungen im Bereich der Moral eine außerordentlich starke Motivation, während der philosophische, platonistischen Quellen entspringende Appell, Gott ähnlich zu werden, insofern abstrakt bleibt, als das Ziel der Verähnlichung – das Eine, Über-Seiende und Unerkennbare – unbestimmt ist.

Die spekulative Überhöhung des Lebens Jesu, seiner Lehre und seines Todes zeichnet sich deutlich auch im vierten Evangelium ab, wo Jesus als «Sohn Gottes» erscheint[9] und mit dem göttlichen Logos identifiziert wird, wobei das Thema des ewigen Lebens in eschatologischer Sicht in den Mittelpunkt tritt.

c) *Unsterblichkeits- und Erlösungsglaube*

Die Seele ist nach der christlichen Theologie nicht mehr, wie für die meisten griechischen Philosophen, ein Stück Natur, sondern ein Fremdling in der Natur; die materielle Wirklichkeit stellt sich im Vergleich mit Gott und der Seele als etwas Negatives dar. Die Welt interessiert daher nicht mehr als solche, sondern nur noch als Schauplatz des Heilsdramas. Aus dieser Einstellung erklärt sich die Geringschätzung der Naturwissenschaften, die das christliche Denken lange Zeit prägen sollte.

Der christliche Unsterblichkeitsglaube hatte weitreichende Konsequenzen: Wenn es wesentlich darum geht, das Heil der Seele zu sichern, indem sie von den Fesseln der materiellen Wirklichkeit (dem «Fleisch») befreit wird, dann muß sich die Seele auf sich selbst zurückwenden, um die Bedingungen der Erlösung zu finden oder zu verwirklichen. Das vertiefte Selbstbewußtsein, zu dem das Christentum führt, unterscheidet sich merklich vom Selbstbewußtsein, von dem die griechische Philosophie gesprochen hatte. Die materielle Wirklichkeit wird in einem neuen Sinn zur Außen-Welt, weil das «Innen», die Innerlichkeit der Seele, einen neuen Sinn erhält. Das Interesse an der materiellen Natur als solcher ging demgegenüber zurück; nur sofern die Dinge der Natur auf Gott verwiesen, erschienen sie den frühchristlichen Theologen als bedeutsam. Erst im Hochmittelalter zeigen sich wieder Ansätze eines selbständigen Interesses an der Natur.

In dem Maße, in dem die Erlösung zum beherrschenden Ziel wurde, mußte alles auf dieses Ziel bezogen werden, auch die Philosophie, die nur noch insofern Anerkennung fand, als sie sich in den Dienst der Theologie stellen ließ. Auch die christliche Geschichtsauffassung ist vom Erlösungsgedanken beherrscht: Die Erlösung der Menschheit durch Jesus Christus galt als Angelpunkt der Weltgeschichte, deren Anfang die Welt-Schöpfung und deren Ende das Welt-Gericht ist. Die Geschichte stellt sich unter diesen Voraussetzungen als einmaliger Ablauf dar; zyklische Modelle scheiden aus. Besonders schwer wurde um eine Antwort auf die Frage nach dem Wesen des Erlösers gerungen. Nachdem schon Paulus erklärt hatte, Christus sei vor der Schöpfung beim Vater gewesen, wurde im Johannes-Evangelium wie in der alexandrinischen Logos-Spekulation Christus mit dem Logos, der göttlichen Welt-Vernunft, identifiziert, wie es in den Anfangssätzen dieses Evangeliums zum Ausdruck kommt: «Im Anfang war der Logos, und der Logos war bei Gott, und der Logos war Gott. Im Anfang war er bei Gott. Alles ist durch den Logos geworden, und ohne den Logos wurde nichts, was geworden ist. In ihm war das Leben, und das Leben war das Licht der Menschen ... Das wahre Licht, das jeden Menschen erleuchtet, kam in die Welt ... Und der Logos ist Fleisch geworden und hat unter uns gewohnt».[10] (Wenn man «Logos» mit «Wort» übersetzt, wird der Zusammenhang mit der zugrunde liegenden theologisch-philosophischen Spekulation verdunkelt. Im übrigen ist es merkwürdig, daß der Logos, und nicht Gott, an erster Stelle genannt wird.) Jedenfalls zeigt sich hier deutlich die das christliche Denken der folgenden Jahrhunderte beherrschende Tendenz, die Grundgedanken der biblischen Religion in der Sprache der Philosophie – zunächst des Mittelplatonismus – auszudrücken.[11] Entscheidend für das christliche Denken ist die über jede Art von Philosophie hinausgehende Annahme der Inkarnation des Logos in einem einzigen Menschen, in Jesus Christus.

d) Die Dreieinigkeitslehre

In der Folgezeit konzentrierte sich die Spekulation auf die Frage nach dem Verhältnis des in Christus Fleisch gewordenen Logos zu Gott. Wenn Christus als der Logos ursprünglich bei Gott war, mußte er dann nicht Gott gleich und seine Erscheinung in menschlicher Gestalt bloßer Schein sein? Wenn man diese Konsequenz aber nicht ziehen wollte, mußte dann nicht eingeräumt werden, daß Christus Mensch gewesen sei, wenn auch ein Mensch, der Gott besonders nahestand, weil er Gott ähnlich geworden war? Tatsächlich konnten sich diese beiden Auffassungen, die während der ersten christlichen Jahrhunderte vertreten worden waren, nicht durchsetzen, sondern sie wurden durch die Lehre verdrängt, daß Christus Mensch und zugleich Gott gewesen sei, oder – wie es in der Sprache der alten Theologie heißt – daß sich in ihm die menschliche mit der göttlichen «Natur» verbunden habe. Auch die Frage, wie der Logos aus Gott hervorgegangen sei, war heftig umstritten: Bald wurde Christus als Geschöpf Gottes betrachtet, bald erblickte man in ihm eine Emanation Gottes. Auch hier entschied sich die Theologie der Großkirche für eine dritte Möglichkeit: Das Konzil von Nizäa erklärte Christus für «gezeugt» vom Vater, nicht für geschaffen. Diese Ausdrucksweise ist metaphorisch; sie soll zum Ausdruck bringen, daß der Sohn nicht wirkursächlich vom Vater abhängt. Im Hintergrund steht der platonistische Gedanke der Selbstdifferenzierung des Einen, das den *Logos* aus sich entläßt, ohne daß dessen Verbindung mit dem Einen verloren ginge. Betrachtet man die Beziehung der Unterschiedenen als ein Drittes, so ergibt sich jene Dreiheit, die das christliche Dogma in Gott annimmt. Diese Auffassung war nicht von Anfang an vorhanden, sondern sie entstand als Ergebnis einer allmählichen Entwicklung. Nachdem Paulus die Präexistenz Christi angenommen hatte und Christus im Johannes-Evangelium mit dem Logos identifiziert worden war, wurde erst später zwischen dem Logos und dem Hl. Geist unterschieden und schließlich der Logos mit dem Ideenreich identifiziert.[12] Die Probleme, die sich im Zusammenhang mit der Trinitätslehre ergeben, sind unabhängig von der Philosophie nicht zu verstehen. Die philosophischen Begriffe, deren sich die christlichen Theologen bedienten – z.B. «Wesenheit», «Substanz» und «Person» –, waren nicht neutral, sondern sie beeinflußten das theologische Denken, das zu Fragen geführt wurde, die sich unabhängig von dem philosophischen Rahmen, in den die biblische Überlieferung gestellt wurde, nicht ergeben hätten. Gleichzeitig darf nicht übersehen werden, daß zwischen dem ursprünglichen und dem christlich gedeuteten Platonismus ein wesentlicher Unterschied bestand: Die für die platonistische Philosophie leitende Frage, wie die Einheit des Gegenstands, die Einheit der Natur und die Einheit des Ideenreichs als möglich begriffen werden können, verlor bei den christlichen Denkern die Bedeutung, die sie bei Plato und den späteren Platonikern gehabt hatte. Wirksam blieb die Frage, wie das Eine Göttliche sich zur Vielheit entfalte, und diese Frage führte – auf das Verhältnis von Gott-Vater, Gott-Sohn und Hl. Geist bezogen – zu den trinitarischen Auseinandersetzungen, die im Mittelpunkt der theologischen Spekulation standen.

Berücksichtigt man die philosophischen Grundlagen der Trinitätslehre, dann erscheint der Vorwurf, das Christentum habe mit der Lehre von drei göttlichen Personen den vom Judentum und vom Islam vertretenen reinen Monotheismus aufgegeben, als ungerechtfertigt. Wenn Gott der absolut einfache Ursprung aller Wesen ist, dann erhebt sich die Frage, wie aus dem Einen eine Vielheit hervorgehen konnte. Um dies begreiflich zu machen, nahm man an, daß in Gott selbst das Prinzip der Vielheit erzeugt werde: Um die vielen Wesen erschaffen zu können, scheint das Eine Göttliche sich in sich vervielfältigen zu müssen. Das Verhältnis von Gott-Vater, Gott-Sohn und Hl. Geist begrifflich so zu fassen, daß der Unterschied die vorausgesetzte Wesensgleichheit nicht aufhob, war jedoch äußerst schwierig, wenn nicht gar unmöglich. Wendungen wie «Ein Wesen und drei Substanzen (Hypostasen)» oder «Ein Wesen und drei Personen» sind weniger Lösungen, als vielmehr Symptome der Schwierigkeit. Noch Augustinus war sich dessen bewußt, wenn er schrieb: «... um wenigstens wie im Rätsel zu verstehen, was man sagt, entschloß man sich zu dieser Formel, damit man auf die Frage, was die drei seien, doch irgendeine Antwort geben könne».[13] In ähnlicher Weise betonte Hieronymus die Unbegreiflichkeit der Trinität:

«Wenn du mich ... fragst, wie drei mit einem Namen benannt werden können, dann weiß ich es nicht, und ich bekenne ehrlich meine Unwissenheit, weil Christus hierüber nichts offenbaren wollte.»[14]

e) Die christliche Apologetik

Sobald die christliche Lehre mit Hilfe philosophischer – vor allem der platonistischen Tradition entstammender – Begriffe formuliert war, kam es zu einer merkwürdigen Verkehrung der Beziehung zwischen Christentum und Platonismus: Nicht die Theologie sollte in der Schuld Platos stehen, sondern Plato sollte einerseits vom Alten Testament beeinflußt, andererseits von der göttlichen Vorsehung zum Wegbereiter des Christentums gemacht worden sein. Die göttliche Vernunft hat sich dieser Ansicht nach in der griechischen Philosophie geäußert, so daß in gewissem Sinne schon Heraklit und Sokrates als Christen gelten könnten, wie der Märtyrer Justin meinte. Die griechische Philosophie ließ sich von diesem Standpunkt aus als Vorschule des Glaubens verstehen.

Das Niveau der griechisch-römischen Philosophie wurde von den Vertretern des christlichen Denkens zunächst nicht erreicht. Das hing einerseits mit der Vorherrschaft des apologetischen Interesses zusammen, die wertfreie Erörterungen von Problemen verhinderte; andererseits wurde die Entfaltung des selbständigen philosophischen Denkens durch die Forderung gehemmt, theologische und philosophische Aussagen mit Aussagen der Bibel in Einklang zu bringen. Zwar suchten sich auch die spätgriechischen Philosophen an Autoritäten – namentlich an Plato – zu orientieren, deren Werke sie daher sorgfältig interpretierten; aber bei dieser spätantiken Scholastik handelte es sich um philosophische Autoritäten, während die christliche Philosophie eine religiöse Autorität zum Maßstab erklärte. Daß dies als problematisch empfunden wurde, zeigt die oben erwähnte verbreitete Tendenz, Plato und anderen griechischen Philosophen Abhängigkeit von der Bibel zu unterstellen. Die Forderung, den Glauben zum Maßstab des Wissens zu machen, fand ihren prägnantesten Ausdruck in der Formel «Credo, ut intelligam» («Ich glaube, um zu erkennen»). Angesichts des Unterschieds zwischen christlicher Theologie und griechischer Philosophie konnten Kontroversen zwischen Vertretern beider Positionen nicht ausbleiben; tatsächlich wird schon in der Apostelgeschichte (17, 18ff.) berichtet, daß Paulus in Athen mit Epikureern und Stoikern disputierte. Im 2. Jahrhundert kritisierte Celsus die christliche Lehre, was Origenes im 3. Jahrhundert (siehe Abschn. 3) zu einer Entgegnung veranlaßte; diese löste wiederum eine Replik des Neuplatonikers Porphyrius (siehe Teil I, Kap. VI, Abschn. 4 c) aus.

Der Sieg des Christentums über die antike Philosophie bedeutete nicht ohne weiteres einen Verlust für die Philosophie. Obwohl das christlich-philosophische Denken der damaligen Zeit vielfach nicht an die klassische griechische Philosophie heranreichte, zeigen sich in ihm Ansätze, die in der alten Philosophie entweder kaum vorhanden oder wenig entwickelt waren. Hier seien nur zwei Aspekte genannt: Mit dem Christentum rückt die Betrachtung der menschlichen Seele, um deren Heil es geht, in einer Weise in den Mittelpunkt der Aufmerksamkeit, die dem früheren Denken fremd war. Das Selbstbewußtsein beginnt eine Rolle zu spielen, die neu ist und die eine Umorientierung der Philosophie vorbereitet. In Verbindung damit wird das Problem der Freiheit in neuer Weise gestellt, nämlich als Frage nach der Möglichkeit der Selbstbestimmung des Willens angesichts von Alternativen, namentlich der Alternative von Gut und Böse. Die zweite Perspektive, auf die hier hingewiesen werden soll, betrifft die Geschichte: Das klassische Griechentum kannte keine entfaltete Geschichtsphilosophie; erst das Christentum verhalf dem geschichtsphilosophischen Denken zum Durchbruch, da es die Geschichte der Welt und die Geschichte der Menschheit als ein einmaliges, auf ein jenseitiges Ziel gerichtetes Geschehen sehen lehrte. Die Weltgeschichte beginnt mit der Schöpfung und endet mit dem jüngsten Gericht; ihre wesentlichen Zäsuren sind die Erschaffung des Menschen, der Sündenfall und die Erlösung durch Jesus Christus. Da nach dieser Auffassung die Bestimmung des Menschen die ewige Seligkeit ist, die durch Gottes Gnade erlangt werden kann, lassen sich die historischen Ereignisse als göttliche Erziehungsmaßnahmen deuten: Lessings Gedanke einer Erziehung des Menschengeschlechts ist erst auf christlichen Grundlagen möglich.

Die nachapostolische christliche Literatur beginnt mit dem Brief des römischen Bischofs Klemens an die Korinther (um 70 n. Chr.), in dem unter Berufung auf den Willen Gottes die Einhaltung der Ordnung im kirchlichen Bereich gefordert wird. Mit der Abwertung des Alten Testaments zugunsten der christlichen Lehre hat es der sog. Barnabasbrief (gegen Ende des 1. Jahrhunderts) zu tun, dessen Verfasser nicht bekannt ist. Ein eindrucksvolles Beispiel frühchristlicher Frömmigkeit und Bereitschaft zum Martyrium sind die sieben Briefe, die der unter Kaiser Trajan (98–117) zum Tode verurteilte Ignatius von Antiochien während des Transports nach Rom, wo die Hinrichtung erfolgte, an verschiedene christliche Gemeinden schrieb. Unter dem Titel «Der Hirte des Hermas» verfaßte um die Mittel des 2. Jahrhunderts ein Anonymus einen auf apokalyptische Visionen gestützten Aufruf zu Besserung und Buße.

Mit dem Erstarken des Christentums setzten Angriffe auf die neue Religion ein, die deren Vertreter zur Verteidigung veranlaßten. Die ersten Apologeten traten im frühen 2. Jahrhundert auf, um dessen Mitte die bedeutenden Apologien Justins des Märtyrers entstanden. Der Syrer Tatian suchte in seiner «Rede an die Griechen» griechische Philosophie, Religion und Dichtung zugunsten des Christentums herabzusetzen; zugleich erweist er sich aber als beeinflußt von der griechischen Philosophie, so z.B. wenn er schreibt: «Gott war im Anfang; der Anfang aber ist nach unserer Überlieferung die Kraft des *Logos* (...). Der Herr aller Dinge, der zugleich die

Hypostase (...) des Alls ist, war nämlich zu der Zeit, da es noch keine Schöpfung gab, allerdings allein: insofern aber jegliche Kraft alles Sichtbaren und Unsichtbaren bei ihm war, bestanden eben auch alle Dinge schon bei ihm vermöge der Kraft des Logos. Erst durch einen Willensakt Gottes, dessen Wesen einfach ist, trat der Logos hervor ...»[15] Nicht mehr gegen die Heiden, sondern gegen christliche Häretiker kämpfte der um 115 geborene Irenäus in den fünf Büchern «Gegen die Häresien», einem Werk, das wichtige Informationen über das Denken der Gnostiker enthält.

2. Die Gnosis[16]

a) Der Charakter des gnostischen Denkens

Der Gedanke, daß der Weg der Seele zum ewigen Heil durch eine über das diskursive Denken hinausgehende höhere Erkenntnis zu finden sei, trat um die Zeitenwende immer wieder auf; besonders ausgeprägt ist er jedoch in jenen Strömungen, die mit dem Namen «Gnosis» zusammengefaßt werden. «Gnosis» bedeutet allgemein «Erkenntnis»; unter «Gnosis» im religiösen Sinn wird jedoch eine besondere Erkenntnis verstanden, nämlich die zum Heil der Seele notwendige, nicht nur über den Glauben, sondern auch über die verstandesmäßige Erkenntnis hinausgehende Einsicht in den jenseitigen Grund der Welt, in die Wurzel des Bösen sowie in die Herkunft und in die Bestimmung der Seele. Als Grundgedanke der im einzelnen recht verschiedenen Richtungen der Gnosis kann die Annahme gelten, daß die geistige Wirklichkeit aus einem absolut jenseitigen Prinzip in Form einer Stufenordnung von Seinsbereichen hervorgegangen, die materielle Welt aber von einem Weltenbildner (der oft mit dem Schöpfer-Gott der Bibel identifiziert wurde) gebildet worden sei. Die Seele, obwohl an die Materie als Prinzip des Bösen gebunden, sehnt sich infolge ihrer Herkunft aus dem geistigen Bereich nach Befreiung von der stofflichen Welt und verlangt daher nach der höheren Einsicht – der Gnosis –, die ihr den Weg der Erlösung weisen soll. Für den Pneumatiker, der im Besitz der höheren Wahrheit ist, verliert die Welt der Dinge jegliche Bedeutung. Damit wird auch der menschliche Leib mit seinen Schwächen zu etwas Untergeordnetem, ja zu etwas Negativem: für den Gnostiker zählt nur die spirituelle Wirklichkeit. Da das gnostische Heilswissen unabhängig von religiösen Institutionen und Traditionen erlangt werden kann, bildet es die Basis einer institutionsfreien, mystischen Religiosität. Das Fehlen einer institutionellen Verankerung führte zur Entstehung recht unterschiedlicher gnostischer Richtungen, deren keine der institutionalisierten, auf eine einheitliche Tradition festgelegten christlichen Orthodoxie auf Dauer standhalten konnte. Im übrigen haben sich nicht allzu viele gnostische Texte erhalten; vieles wissen wir nur durch christliche Schriftsteller wie Irenäus oder Hippolyt, die nicht als unvoreingenommene Zeugen gelten können.

In einer Zeit, in der die Philosophie beanspruchte, unbedingt sichere Erkenntnis, und nicht bloße «Meinungen», zu vermitteln, konnte die Beschränkung auf den Appell zum Glauben leicht als Verzicht auf vollkommenes Wissen verstanden werden. Daher ist es nicht erstaunlich, daß im religiösen Bereich – nicht nur im Christentum – versucht wurde, den bloßen Glauben (die «pistis») in Richtung auf vernünftige Erkenntnis («gnôsis») der heilsnotwendigen Wahrheiten zu überschreiten. Die Vertreter dieser Tendenz werden zusammenfassend als «Gnostiker» bezeichnet, und zum Teil nannten sie sich selber so. Sie stießen auf Widerspruch sowohl von seiten der zeitgenössischen Philosophie – Plotin polemisierte gegen sie[17] – als auch von seiten der kirchlichen Theologie, selbst wo diese (wie bei Origenes) ihrerseits gnostische Züge aufwies. Vom Standpunkt der Großkirche aus traten vor allem Irenäus und Hippolyt gegen sie auf. Als sich schließlich die Theologie der Großkirche durchsetzte, wurden die gnostischen Strömungen unterdrückt und ihre Schriften zum großen Teil vernichtet, so daß sich manche Auffassungen der Gnosis heute nur noch aus den gegen sie gerichteten Polemiken erschließen lassen.

Die Gnosis war nicht Philosophie, sondern kann eher als Theosophie bezeichnet werden und ist in dieser Hinsicht mit hermetischen und ähnlichen Richtungen verwandt. Von «Gnosis» – d. h. von Erkenntnis im Unterschied zum bloßen Glauben – ist bei Philo, aber auch in den Evangelien und bei Paulus die Rede. Da es keinen präzisen Begriff der Gnosis gibt, ist es bei einzelnen Vertretern einer mystisch-theosophischen Position strittig, ob sie als Gnostiker zu benennen sind oder nicht.[18] «Gnosis» bezeichnet eine verbreitete Tendenz der damaligen Zeit, die in heidnischer, jüdischer und christlicher Form auftrat. Bei der letzteren ist zwischen einer christlich-häretischen und einer kirchlich orientierten Gnosis (oder Gnostizismus) zu unterscheiden, der Klemens und Origenes (siehe Abschn. 3), zuzurechnen sind. Die Abgrenzung zwischen christlicher Gnosis (bzw. Gnostizismus) und kirchlicher Theologie fällt nicht leicht, da sich erst im Verlauf der Zeit aus einer Reihe theologischer Auffassungen jene Dogmen herausbildeten, die dann zur offiziellen Lehre der Großkirche wurden.

Die Gnosis ist im 1. Jahrhundert im Osten des Reichs und in Ägypten entstanden, wo sich verschiedene Kulturen und Völker trafen. Demgemäß war die gnostische Bewegung vielfältig; in ihr verbanden sich traditionelle religiöse Vorstellungen aus den östlichen Gebieten des Reiches und seiner Nachbarländer mit Begriffen, die der griechischen Philosophie entlehnt waren. Ungeachtet der Vielheit und Unterschiedlichkeit der einzelnen Richtungen lassen sich gewisse Charakteristika des gnostischen Denkens im allgemeinen hervorheben. An erster Stelle ist der schroffe Dualismus zu nennen, d. h. die scharfe Trennung zwischen materieller und geistiger Wirklichkeit, zwischen Finsternis und Licht: Wahrhaft wirklich ist die Welt der Geister; die materielle Welt ist im Grunde nichtig. Das sehen die der Erde verhafteten Menschen nicht ein, sondern nur diejenigen, die im Besitz eines höheren Wissens sind. Der Anspruch eines über die rationale Erkenntnis hinausgehenden Wissens von der wahren Wirklichkeit stellt ein zweites Charakteristikum der Gnosis dar. Ihre Anhänger wurden eingeteilt in solche, die dieses Wissens fähig sind – die Pneumatiker –, und in solche, die nur der geglaubten Lehre folgen. Nur der Pneumatiker kennt den Sinn der heiligen Schriften, der von ihren Autoren, die ebenfalls Pneumatiker waren, verschlüsselt übermittelt wurde. Die Gnostiker deuteten die Erlösungs- und Schöpfungsmythen, an denen sie sich orientierten, in allegorischer Weise. Zum gnostischen Denken gehört ferner die Verbindung zwischen der Vorstellung eines universalen kosmischen Ab- und Aufstiegs und der Annahme, daß die Seele infolge einer kosmischen Katastrophe oder durch eigene Schuld in die materielle Welt herabgesunken, aber fähig und berufen sei, von der Bindung an die Materie befreit zu werden. Deshalb gehört schließlich zur Gnosis als praktische Konsequenz die Forderung, im Kampf zwischen Licht und Finsternis Stellung zu nehmen, um den Sieg über die materielle Welt herbeizuführen. Die menschliche Seele ist auf Grund ihrer Herkunft göttlich und hat daher die Möglichkeit, zu Gott zurückzukehren, ja vergöttlicht zu werden. Bei den christlichen Gnostikern verband sich die Vorstellung eines entscheidenden Wendepunktes der Weltgeschichte mit der Lehre von der Erlösung durch Christus.

b) Einzelne gnostische Lehren

Sowohl die jenseitige geistige Welt wie auch der Prozeß der Entfaltung Gottes zur Mannigfaltigkeit der geistigen Wesen stellt sich bei den Gnostikern als äußerst kompliziert dar, da sie zwischen Gott und die erfahrbare Wirklichkeit eine Fülle von Zwischenwesen einschoben, so daß auch sie, wie die Vertreter des mittleren und neuen Platonismus, einerseits die Transzendenz des Göttlichen betonten, andererseits zwischen Gott und der Welt der Dinge durch Einfügung von Zwischenwesen zu vermitteln suchten. Zu diesem Zweck wurde z.B. angenommen, daß Gott den Logos gezeugt habe (nach manchen Gnostikern zusammen mit einer weiblichen Gottheit), daß der Logos dann die Ideen erzeugt habe usw. Immer wieder taucht die Vorstellung einer heiligen Hochzeit auf. Zum Beispiel verbanden sich nach Ansicht des Gnostikers Valentinus der Urgrund (bythos) und das Schweigen (sigé), um den Geist (noûs) zu zeugen, der sich mit der Wahrheit vermählte und mit ihr den Logos zeugte, der sich wiederum mit dem Leben (zoé) vermählte usw. Andererseits soll der Urgrund zusammen mit der Weisheit Christus erzeugt haben, der dann zusammen mit dem Heiligen Geist Jesus hervorbrachte. Auf diese Weise ergibt sich eine komplizierte Stufenordnung im Bereich der geistigen Wesen, die sich in den Stufen der materiellen Wirklichkeit fortsetzt. Der Inbegriff der geistigen Wesen heißt «Pleroma» («Fülle»), während die geistferne Realität «Kenoma» («Leere») genannt wurde.

Häufig (aber nicht überall) finden sich bei den Gnostikern dualistische Auffassungen, denen zufolge neben einem gütigen, die Menschen liebenden Gott auch ein strafender Gott angenommen wurde. Bei Marcion (etwa 85–160) kann man erkennen, wie die Annahme zweier Gottheiten mit dem Verhältnis von Altem und Neuem Testament Hand in Hand geht. Wenn der Gott des Alten Testaments, der die Welt geschaffen hat, ein gerechter und strafender Gott ist, der Gott des Neuen Testaments dagegen der von Christus verkündete Gott der Liebe, dann kann es sich nicht um ein und denselben Gott handeln. Der gute, schlechthin jenseitige Gott will die Menschen von der Welt und ihrem Schöpfer, somit auch vom Gesetz des Alten Testaments erlösen. Da Marcion überzeugt war, daß die Verkündigung Jesu in den Evangelien bereits teilweise verfälscht sei, suchte er sie, ausgehend vom Lukas-Evangelium, auf ihren ursprünglichen Gehalt zurückzuführen. Der Dualismus fand seine schärfste Ausprägung in der Lehre des Babyloniers Mani im 3. Jahrhundert, nach der im Weltprozeß ein gutes und ein böses Prinzip im Streit liegen. Gott wurde als allmächtig, aber nicht als gütig gedacht. Die Welt galt als böse, und um diese Auffassung mit dem Neuen Testament in Einklang zu bringen, scheute man sich nicht vor Eingriffen in die Texte; das Alte Testament wurde gänzlich verworfen. Der von Jesus verheißene Paraklet wollte Mani selbst sein. Der Kampf zwischen Gut und Böse spielt sich nach manichäischer Auffassung sowohl in jedem einzelnen Menschen als auch in der Geschichte als Gesamtprozeß ab. Manichäisches Denken war nicht nur in der ausgehenden Antike wirksam – Augustinus war eine Zeitlang von ihm beeinflußt –, sondern es wirkte bis weit ins Mittelalter hinein weiter.

Manche Gnostiker (z.B. Karpokrates und Basilides) vertraten den sogenannten Doketismus, d.h. die Ansicht, daß Christus, da er von Gott gezeugt sei, nicht gelitten haben könne: Sein Leib, der ans Kreuz geschlagen wurde, kann nur ein Scheinleib gewesen sein. Infolgedessen können die Menschen nicht dadurch erlöst worden sein, daß Christus gelitten hätte, sondern nur durch seine Lehre und sein Vorbild.

Von der Gnosis dürften starke Anstöße auf das christliche Denken ausgegangen sein, das sich nicht nur zur Abgrenzung veranlaßt sah, sondern auch positiv auf die spekulativen Ansätze der Gnosis reagierte. Bei Theologen wie Klemens und Origenes ist die Nähe zur gnostischen Spekulation noch deutlich festzustellen. Die kirchlich orientierte Lehre war aber gegenüber den oft verworrenen Spekulationen der Gnostiker einfacher, vor allem deshalb, weil sie zwischen dem dreieinigen Gott und der Schöpfung keine «Archonten», «Äonen» und «Hypostasen» annahm; beim Sieg des Christentums der Großkirche dürfte auch eine Rolle gespielt haben, daß es eine einzige Wahrheit für alle verkündigte, also nicht einer bevorzugten Gruppe eine besondere – «höhere» – Wahrheit reservierte. Schließlich kam der orthodoxen Theologie zugute, daß sie sich ernsthaft auf die griechische Philosophie einließ, wie es bei den großen Kirchenvätern zu sehen ist.

Die Gnosis darf nicht als Rückkehr zum mythischen Denken aufgefaßt werden; sie ist nicht Mythus, sondern Mystizismus. Für den Mythus ist das Erlebnis der Einheit der gesamten Wirklichkeit wesentlich; im Mystizismus äußert sich dagegen nur noch die Sehnsucht nach Einheit, die mit Hilfe komplizierter Spekulationen zu befriedigen gesucht wird. Die Rückkehr zum Mythus ist unmöglich, wenn erst einmal der Schritt zum rationalen Denken getan ist; aber es ist möglich, die Rationalität abzuwerten, wie es in der Gnosis und anfangs auch im christlichen Denken geschah.

3. Griechische Kirchenväter[19]

Zwei Gegner sind es, die sich boxen,
Die Arianer und die Orthodoxen;
Durch viele Säkla dasselbe geschicht,
Es dauert bis an das Jüngste Gericht.
(Goethe: Sprüche)

a) Justin der Märtyrer

Das Christentum war, wie gesagt, ursprünglich keine Philosophie, streng genommen zunächst nicht einmal eine Theologie, sondern eine religiöse Heilslehre, für die Christus «der Weg, die Wahrheit und das Leben» war. Erst das Bedürfnis, das Christentum als dem Heidentum mindestens ebenbürtig, ja als diesem überlegen darzustellen, veranlaßte zur Auseinandersetzung mit der anfänglich wenig geschätzten Philosophie.[20] Wie sehr die apologetische Absicht zunächst im Vordergrund stand, zeigt z.B. ein Blick auf Justin den Märtyrer (hingerichtet um 165). Schon bei Justin taucht der (von Späteren oft wiederholte) Gedanke auf, daß Plato und andere Philosophen christliche Lehren vorweggenommen hätten, weil in ihrem Denken Keime des göttlichen Logos wirksam waren.[21] Zugleich handelt es sich aber offensichtlich um eine Anleihe beim philosophischen Denken, wenn Justin Christus als göttlichen «Logos» (im Sinne von «Weltvernunft») auffaßte und ihm die Aufgabe zuschrieb, zwischen der Welt und Gott, dem er untergeordnet ist, zu vermitteln. Im Mittelpunkt seines Denkens stehen aber die biblische Lehre und die gelebte christliche Tugend. Die christliche Lehre läßt sich seiner Ansicht nach im Grunde nicht argumentativ rechtfertigen, sondern sie beruht auf göttlicher Offenbarung und auf Gnade. Justin war sich somit des Gegensatzes von Theologie und Philosophie bewußt.

b) Die Alexandriner

Von besonderer Bedeutung für die Entwicklung der christlichen Theologie und Philosophie waren die sogenannten Alexandriner, namentlich Klemens von Alexandrien und Origenes.[22] Sie waren nicht nur philosophisch gebildeter als ihre Vorgänger, sondern sie dachten auch viel selbständiger als diese. Da sich aber ihre Auffassungen in der Kirche nicht durchsetzten, pflegen sie nicht zu den Kirchenvätern gerechnet zu werden.

Klemens von Alexandrien (Titus Flavius Clemens, geboren um 150), ein weitgereister und umfassend gebildeter Mann, wirkte in Alexandrien, wo sich wie kaum in einer anderen Stadt die kulturellen Kraftlinien der damaligen Zeit trafen. Er lehrte an der dortigen Katechetenschule, doch gehörten keineswegs nur Christen oder Katechumenen zu seinen Hörern. Bald nach 200 verließ er Alexandrien, um der Christenverfolgung unter Septimius Severus zu entgehen. Er starb gegen 215 in Kappadozien (Kleinasien). Nur ein Teil seiner Schriften ist erhalten, so namentlich die «Mahnrede» (Protreptikós) an die Griechen, der «Paedagogus» und die «Teppiche».[23] Die erste dieser Schriften ruft zur Abwendung von Götzendienst, Mysterienkulten und Mythenglauben auf und wirbt für die wahre Religion, die vom Logos geoffenbart wurde; die zweite soll den Weg zur christlichen Lebensführung weisen, und die dritte öffnet den Blick für die höchsten Wahrheiten der Religion.

Ziel der Theologie war für Klemens die Umwandlung des bloßen Glaubens (pístis) in Wissen (gnôsis), doch grenzte er seine Auffassung scharf von der häretischen Gnosis ab. Ausgangspunkt und verbindlicher Rahmen aller Bemühungen um religiöse Erkenntnis ist für ihn die Lehre der Evangelien und der Kirche. In diesem Sinne schrieb er: «Gegenstand des Glaubens wird demnach die Erkenntnis, und Gegenstand der Erkenntnis der Glaube durch eine Art göttlicher, notwendig erfolgender Wirkung und Gegenwirkung.»[24] Seiner Ansicht nach «gibt es ... weder die Erkenntnis ohne den Glauben, noch den Glauben ohne Erkenntnis».[25] Der Glaube ist nicht nur im religiösen, sondern auch im wissenschaftlichen Bereich unentbehrlich, da alles Wißbare auf letzten Voraussetzungen beruht, die nicht mehr bewiesen werden können. Keineswegs ist es aber gerechtfertigt, wenn versucht wird, unter Berufung auf den Glauben die Erkenntnis abzuwerten. Die Philosophie steht nicht im Gegensatz zum Glauben, sondern bereitet auf ihn vor, da sie immerhin einen Teil der Wahrheit enthält. Klemens war überzeugt, daß Griechen und Barbaren, soweit sie sich um die Wahrheit bemühten, etwas von der Wahrheit erfaßt hätten.[26]

Wie Philo, von dem er neben Plato und der Stoa nachhaltig beeinflußt war, nahm auch Klemens an, daß Gott vermittels des Logos als des Inbegriffs der Ideen auf die Welt wirke. Auf dem Logos beruht alles Wissen, und deshalb ist die Gnosis «das Wissen vom Seienden selbst».[27] Gott als Vater bleibt dagegen unerkennbar; wegen seiner Jenseitigkeit läßt sich von ihm (im Sinne der negativen Theologie, die in ihm einen ihrer wichtigsten Wegbereiter hat) nur aussagen, was er nicht ist. In bezug auf das Verhältnis des Logos als Sohn zu Gott als Vater sind Klemens' Äußerungen nicht eindeutig: Bald hebt er die Wesensgleichheit des Sohnes mit dem Vater hervor, der ihn vor aller Zeit gezeugt hat, bald scheint er den Sohn dem Vater unterzuordnen.

Der Sohn ist erkennbar, der Vater nicht; von ihm wissen wir nur durch die Offenbarung. Die dritte Stufe nach dem Vater und dem Sohne nimmt der Hl. Geist ein.

Die wahre Gnosis findet ihre Vollendung erst durch die von ihr geleitete Praxis: «Folgende drei Dinge sind es ..., mit denen sich unsere Philosophie unablässig beschäftigt, erstens die wissenschaftliche Betrachtung, zweitens die Erfüllung der Gebote, drittens eine Heranbildung tüchtiger Männer. Die Vereinigung von allen drei macht den vollendeten Gnostiker aus. Was auch immer von ihnen fehlen mag, so ist die Erkenntnis lahm und unvollkommen.»[28] Wer zur wahren Gnosis vorgedrungen ist, lebt durch Vermittlung des Logos in liebender Verbindung mit Gott; die Bindung an die Materie und die alltäglichen Dinge sind für ihn bedeutungslos geworden.

Theologisch bedeutender als Klemens war Origenes, der um 185 als Kind christlicher Eltern in Ägypten geboren wurde. Er war umfassend gebildet und hatte weite Reisen unternommen; wie Plotin war er Hörer von Ammonius (Sakkas) gewesen. Zunächst lehrte er in Alexandrien, nach der Vertreibung durch den dortigen Bischof in Caesarea in Palästina. Unter Kaiser Decius wurde er, dessen Vater bereits einer Christenverfolgung zum Opfer gefallen war, verhaftet und gefoltert. Bald danach starb er in Tyrus (254 oder wenig später).

Origenes war der erste Theologe, der in einen Konflikt mit der kirchlichen Autorität verwickelt wurde: Der Bischof von Alexandrien beanspruchte offenbar die Kontrolle über die an der Katechetenschule praktizierte Lehre und stieß damit bei Origenes auf Widerstand. Origenes verließ seine Heimat und zog nach Caesarea, wo man ihm nicht nur die Möglichkeit der freien Lehre bot, sondern ihn auch zum Presbyter weihte. Der Bischof von Alexandrien erkannte die Weihe nicht an, teils weil dieser Akt seiner Ansicht nach in seine Zuständigkeit fiel, teils weil sich Origenes auf Grund wörtlicher Auslegung des Bibelworts «Es gibt Eunuchen, die sich selbst kastrieren um des Himmelreichs willen»[29] entmannt hatte, was als Weihehindernis betrachtet wurde. Außerdem dürften gewisse seiner Auffassungen als anstößig gegolten haben. Die Auseinandersetzungen um Origenes und seine Lehre setzten sich nach seinem Tode fort: Bereits im 4. Jahrhundert war er, der stets der apostolischen Lehre treu bleiben wollte, stark umstritten, und im 6. Jahrhundert wurde er durch das V. ökumenische Konzil in Konstantinopel zum Häretiker erklärt. Seine Auffassungen, die der platonistischen Philosophie besonders stark verpflichtet waren und denen zufolge dem Wissen (gnôsis) mehr Gewicht zukommt als dem Glauben, paßten nicht mehr in den Rahmen jener Theologie, die sich inzwischen durchgesetzt hatte. Obwohl ihm die Anerkennung als Kirchenvater versagt blieb, wirkte er nachhaltig durch seine Lehrtätigkeit und durch seine Schriften, von denen nur ein Teil erhalten ist. Außer Predigten, Bibelauslegungen und einer Bibel-Ausgabe (der Hexaplâ) sind zu erwähnen die Werke «Von den Prinzipien» und «Gegen Celsus».[30] Sein Einfluß blieb nicht auf den griechischen Osten beschränkt, wo Basilius, Gregor von Nyssa und Gregor von Nazianz an ihn anknüpften, sondern reichte auch in den Westen, wo vor allem Ambrosius von ihm beeindruckt war.[31]

Origenes' Bedeutung liegt darin, daß er erstmals den Versuch unternahm, die theologischen Gedanken des damaligen Christentums zu systematisieren, und zwar in engem Zusammenhang mit der Auslegung der Bibel, der er neben dem wörtlichen einen «höheren» allegorischen Sinn entnehmen zu können meinte. Demgemäß unterschied er zwischen einfachen Gläubigen, die sich an der wörtlich verstandenen Schrift orientieren, und wahrhaft Erkennenden, denen sich der tiefere Sinn der Bibelworte erschließt. Die ersteren finden das Heil im Glauben an Christus und in einer frommen Lebensweise, die letzteren erheben sich im vernünftigen Wissen zum Logos, der in Christus leibliche Gestalt angenommen hat.

In seiner Polemik gegen Celsus, der ein dreiviertel Jahrhundert früher das Christentum in einer verlorengegangenen Schrift mit dem Titel «Wahre Rede» angegriffen hatte, wies er Celsus' Versuch zurück, auf der Grundlage der Lehre vom absolut jenseitigen Einen zu einer Verständigung von griechischer Philosophie und Christentum zu kommen. Daß zwischen ihm und dem Kritisierten philosophische Gemeinsamkeiten bestanden, konnte er nicht leugnen. Wenn Celsus forderte: «Wir sollten der Vernunft und einem vernünftigen Führer bei der Annahme von Lehren folgen»,[32] dann konnte Origenes ebenso zustimmen wie angesichts der Annahme eines höheren und göttlichen Teils im Menschen, der zu Gott hin strebt. Er bemühte sich aber zu zeigen, daß solche Äußerungen mit anderen Sätzen des Kritisierten im Widerspruch stünden, ja er unterstellte diesem, den er im Grunde für einen Epikureer hielt, Heuchelei. In anderen Punkten gelang die Abgrenzung leichter, z.B. in bezug auf den Heroen- und Dämonenglauben oder auf den Kaiserkult.

Eine besondere Rolle spielt bei Origenes – namentlich in dem Werk «Von den Prinzipien» – die Trinitätsspekulation. Der Logos galt ihm nicht als geschaffen, sondern als vor aller Zeit von Gott-Vater gezeugt, bei dem er ursprünglich war; er ist der Erstgeborene der Schöpfung, das unsichtbare Bild Gottes.[33] So wie der Sohn geht auch der Heilige Geist aus Gott hervor, der somit dreieinig ist. Da Sohn und Hl. Geist nicht geschaffen sind, kann von Schöpfung nur mit Bezug auf die unter ihnen stehenden Wesen gesprochen werden. Dies sind zunächst die geistigen Seienden, die Gott in Liebe zugewandt sind und die Anteil am göttlichen Wesen haben, somit von gleicher Art sind wie Gott. Aus der Ewigkeit Gottes folgt die Ewigkeit aller von ihm abhängigen Substanzen.[34] Diejenigen von ihnen, deren Liebe zu Gott erkaltet, erhalten individuelle Seelen und Körper.[35] Da ihre Verbindung mit Gott aber nicht völlig verlorengeht, sehnen sie sich nach Erlösung bzw. nach der Rückkehr zu Gott. Durch Christus wird ihnen der Weg zur Erlösung eröffnet, und zwar nicht nur den Menschen, sondern allen Geschöpfen, einschließlich des Teufels und seines Anhangs. Die Lehre, daß der

Zustand vor dem Sündenfall am Ende der Zeiten wiederhergestellt werden würde, galt in der späteren Kirche als besonders anstößig.

Dagegen folgte ihm die Theologie in der Ablehnung der Annahme, daß die Materie ungeschaffen sei und von Gott nur ihre Form erhalte. Daß geistige Wesen wie die menschliche Seele in Verbindung mit der Materie treten, ist Folge einer Ursünde; die Erlösung – d. h. die Befreiung von der Materie – wird durch die Inkarnation des Logos ermöglicht. Weltentstehung und Erlösung betrachtete Origenes nicht als einmaliges Geschehen, sondern er rechnete mit mehreren Welt-Zyklen.[36] Der Zustand der Seele im jeweiligen Leben und das Maß an Gnade, das ihr zuteil wird, hängen von ihrer früheren Existenz ab.

Obwohl Origenes nachdrücklich betonte, daß die Wahrheit nur in Jesus Christus zu finden sei und daß die kirchliche Verkündigung seit der Zeit der Apostel die Richtschnur des theologischen Denkens bilden müsse,[37] hielten sich seine Spekulationen nicht durchweg innerhalb dieses Rahmens. Da er überzeugt war, daß die Evangelien und die Apostel-Briefe zwar die grundlegenden Wahrheiten enthalten, aber keine Begründungen geben und daher manche Fragen offenlassen, hielt er es für nötig, Lücken zu schließen und die fehlenden Begründungen zu liefern. Dies ist Aufgabe der theologischen Spekulation, die jedoch nicht jedermanns Sache sein kann, sondern durch besondere Einsicht ausgezeichneten Menschen vorbehalten bleibt. Angesichts dieser Einstellung kann man vermuten, welches die eigentlichen Motive des Konflikts zwischen Origenes und der kirchlichen Autorität waren.

Die platonistischen Einflüsse, die in Origenes' Denken festzustellen sind, weisen auf den Mittelplatoniker (bzw. Neupythagoreer) Numenius (2. Jahrhundert n. Chr.) zurück, den Origenes schätzte und den er hoch über den von ihm bekämpften Celsus stellte. Platonistisch ist vor allem die Identifikation Gottes mit dem Einen, das jenseits aller Vielheit liegt und dem daher keine Prädikate beigelegt werden können. Der Logos enthält dagegen bereits das Moment der Vielheit. Während Gott an nichts teilhat, ist für den Logos die Teilhabe an Gott wesentlich, weshalb (wie am Beginn des Johannes-Evangeliums) von ihm gesagt werden kann, daß er Gott ist. Gott als Vater transzendiert jedoch auf Grund seiner absoluten Einheit den Sohn.[38] Daneben finden sich bei Origenes auch stoische Gedanken, insbesondere im Zusammenhang mit der Lehre vom Übel und mit der teleologischen Auffassung der Wirklichkeit und dem Begriff der Vorsehung.

c) Das Trinitätsproblem und das Konzil von Nizäa

Klemens und Origenes gehörten einer Zeit an, in der der Prozeß der Dogmatisierung noch in vollem Gange war. Deshalb konnten damals noch Auffassungen vertreten werden, die später als häretisch galten. Der Spielraum der philosophisch-theologischen Spekulation wurde in dem Maße enger, in dem die christlichen Grundlehren fixiert wurden. Bedenkt man, wie relativ frei sich das theologische Denken zunächst entfalten konnte, dann wird man es nicht erstaunlich finden, daß sich Meinungsunterschiede bemerkbar machten, auch in zentralen Fragen des Glaubens. Diese Differenzen hingen, wie oben gesagt, zu einem guten Teil mit dem Umstand zusammen, daß die christliche Theologie philosophische Begriffe und Grundsätze verwendete, die in andersartigen Zusammenhängen entstanden waren. Das gilt insbesondere für die Frage nach dem Verhältnis Jesu Christi zu Gott-Vater, auf die das Neue Testament keine Antwort gab. Als Lehre der Kirche wurde schließlich auf den Konzilien von Nizäa und Konstantinopel festgesetzt, daß Gott aus drei Personen in Wesenseinheit – als Dreifaltigkeit bzw. Dreieinigkeit – bestehe, und nicht etwa nur unter drei Aspekten zu betrachten sei.[39] Wenn Jesus Christus als menschgewordener, vom Vater «gezeugter» Logos aufgefaßt wurde, erhob sich die Frage, ob er denn wesentlich Gott und nur scheinbar Mensch oder wesentlich Mensch und Gott nur in besonderer Weise verbunden sei. Gegen die erste Auffassung – den Doketismus – und gegen die zweite – den Monophysitismus (die Annahme einer einzigen (menschlichen) «Natur» [physis] in Christus) – setzte sich in der Großkirche die Lehre von der substantiellen Einheit der göttlichen und der menschlichen Natur in Christus durch. In bezug auf den Heiligen Geist war strittig, ob er vom Vater allein oder vom Vater und vom Sohne ausgehe.

Die Entscheidung in den Fragen in bezug auf die Dreiheit von Gott-Vater, Sohn und Heiligem Geist sowie in bezug auf die Natur Christi fiel nicht als Ergebnis theologischer Diskussionen allein, sondern kam durch energische Mithilfe der staatlichen Gewalt zustande. Als auf dem Konzil von Nizäa (325) die Lehre des Arius (gest. 336), der zufolge Christus von Gott geschaffen und daher nicht Gott wesensgleich ist, verurteilt wurde, geschah das unter kaiserlichem Druck: Konstantin der Große, der das Konzil einberufen hatte, ging es um die Einheit der Kirche, hatte er sich ihr doch in der Hoffnung zugewandt, eine neue einheitsstiftende Macht im Reiche gefunden zu haben. Der Konzilsbeschluß bewirkte aber nicht die erhoffte Einheit, da sich die Streitigkeiten noch lange hinzogen. Unter Theodosius wurde schließlich das Nizänische Glaubensbekenntnis als allgemeinverbindlich dekretiert. Die Zeit der ursprünglich freien theologischen Spekulation ging zu Ende. Gleichzeitig machte sich von nun die Tendenz bemerkbar, die Kirche in den Staat zu integrieren.

Am heftigsten war Athanasius von Alexandrien (etwa 295–373) gegen Arius und seine Lehre aufgetreten, und er bekämpfte die Arianer auch nach dem Konzil von Nizäa noch mit allen Mitteln. Die Formel des Konzils stieß verschiedentlich auf Widerspruch, und auch der Kaiser fand sie nicht überzeugend. Athanasius, der unbeugsam die Lehre von der Wesensgleichheit von Vater und Sohn vertrat und gegen jede Abweichung kämpfte, stieß auf innerkirchlichen und staatlichen Widerstand. Mehrmals wurde er wegen seiner Konflikte geradezu provozierenden Haltung verbannt, konnte sich aber schließlich behaupten. Wenn aber die von ihm bekämpften Ansichten als häretisch beiseitegeschoben wurden, heißt das nicht, daß sie von vornherein häretisch waren; sie wurden erst durch die weitere Entwicklung des Dogmas zu Häresien.

Schwierigkeiten mit dem Dogma der Wesensgleichheit von Gott-Vater und Christus hatte auch Eusebius aus Caesarea in Palästina, der später Bischof in seiner Vaterstadt wurde. Er war Zeitgenosse Konstantins des Großen, den er um wenige Jahre überlebte (er starb 338 oder 339), und als solcher war er Zeuge des Siegs, den das Christentum mit der Anerkennung durch den Kaiser errang. Eusebius brauchte das Christentum also nicht mehr gegen die weltliche Gewalt zu verteidigen, wie es Justin getan hatte; ihm ging es darum, die Richtigkeit der christlichen Lehre gegenüber der Philosophie zu beweisen, und diesen Nachweis suchte er auf zwei Wegen zu erreichen, einerseits auf dem Weg der Geschichte, indem er die Entwicklung der Kirche als allmähliche Durchsetzung der Wahrheit deutete, andererseits auf dem Weg des Vergleichs, der in seinen Augen zeigt, daß alles, was namentlich Plato gelehrt und gefordert hatte, sich mit christlichen (teilweise auch schon mit jüdischen) Lehren und Geboten deckt. In der «Evangelischen Vorbereitung» wird oft über viele Seiten aus Platos Schriften zitiert und dann ein Vergleich mit jüdisch-christlichen Auffassungen vorgenommen, der zeigen soll, daß das Beste der Platonischen Philosophie im Christentum enthalten ist. Die Überlegenheit der christlichen Weltanschauung beruht seiner Ansicht nach darauf, daß sie, da auf Offenbarung gestützt, die volle Wahrheit darstellt, während Platos Philosophie nicht frei von Irrtümern blieb.[40]

Als Kirchenhistoriker wurde der «Vater der Kirchengeschichte» auch zum Geschichtsphilosophen, der im Kaiser das Werkzeug der göttlichen Vorsehung erblickte. Gott habe in einer Zeit, als die Christen schwer bedrängt waren, «aus tiefer Finsternis und dunkelster Nacht ein großes Licht ... aufleuchten lassen, seinen Diener Konstantin mit erhobenem Arme auf den Schauplatz führend».[41] Die Art, in der Eusebius das Verhältnis von Kaiser und Kirche auffaßte, weist schon in die Richtung des Staatskirchentums, wie es in der Ostkirche verwirklicht wurde. Besonders aufschlußreich ist in dieser Hinsicht die Schilderung von Konstantins Auftreten auf dem Konzil von Nizäa im dritten Buch der «Kirchengeschichte». Während die frühen Apologeten die Distanz der christlichen Religion gegenüber dem Staat hervorgehoben hatten, bemühten sich Eusebius und andere Theologen nach der Konstantinischen Wende um eine Neubestimmung des Verhältnisses von Kirche und Staat im Interesse des kirchlichen Einflusses. In den dogmatischen Auseinandersetzungen seiner Zeit machte sich Eusebius zum Verteidiger des Arius, der Christus nur als gottähnlich betrachtete, beugte sich aber dem Konzil von Nizäa (325) bzw. dem Willen des Kaisers, ohne jedoch die Formel von der Gottgleichheit Christi innerlich zu akzeptieren. In seinem «Leben Konstantins» (II, 69ff.) gab er ein Schreiben des Kaisers wider, in dem dieser erklärte, man hätte die Frage nach dem Verhältnis von Gott-Vater und Christus gar nicht aufwerfen sollen, da sie auf einen Streit um Worte hinauslaufe.

d) Die kappadozischen Väter

Der Sieg, den die Kirche mit der Anerkennung durch Konstantin und später mit ihrer Erhebung zur Staatskirche unter Theodosius I. (391) errungen hatte, konnte solange nicht vollständig sein, als das Christentum nicht den allgemeinen kulturellen Rückstand gegenüber dem Griechentum aufgeholt hatte. Kaiser Julian hatte das erkannt und den Christen den Zugang zur hellenischen Bildung verwehrt. Da aber sein Restaurationsversuch Episode blieb, konnte die Kirche erfolgreich danach trachten, nicht nur die griechische Philosophie, sondern die griechische Kultur im allgemeinen zu assimilieren.

Zu diesem Verschmelzungsprozeß trugen wesentlich die Kirchenväter aus dem kleinasiatischen Kappadozien im 4. Jahrhundert bei, nämlich Basilius, Gregor von Nazianz und – als bedeutendster – Gregor von Nyssa, Basilius' jüngerer Bruder. Basilius und Gregor von Nyssa waren von ihrer älteren Schwester Makrina geistig geprägt. (Die religiösen Gedanken dieser bemerkenswerten Frau lassen sich dem von ihrem jüngeren Bruder überlieferten «Gespräch mit Makrina über Seele und Auferstehung»[42] entnehmen.) Die Charaktere der Brüder unterschieden sich jedoch merklich: Basilius (gest. 379) war ein Mann der Tat, eine Führerpersönlichkeit; Gregor war eine spekulative Natur und in praktischen Dingen unerfahren, ja ungeschickt, wie sich zeigte, als er das Bistum von Nyssa übernahm. Höhepunkt seines Wirkens war das II. ökumenische Konzil von Konstantinopel, bei dem er die überragende theologische Autorität war. Der dritte große Kappadozier, Gregor von Nazianz (gest. um 390), war ein Studienfreund von Basilius und ragte als Redner und Dichter hervor. Alle drei lebten zeitweise in mönchischer Einsamkeit, alle drei wurden Bischöfe, allerdings mit ungleichem Erfolg.

Die Nähe zur platonischen bzw. neuplatonischen Philosophie und zur Theologie des Origenes war den Kappadoziern gemeinsam, doch wichen sie von dem großen Alexandriner in wichtigen Punkten ab, indem sie z.B. die Präexistenz der Seele leugneten. In der trinitarischen Spekulation orientierten sie sich am Konzil von Nizäa.

Wie die Alexandriner stützten sie sich auf rationale Argumente und waren, wie sich vor allem bei Gregor von Nyssa zeigt, vom hohen Rang der theologischen Erkenntnis – im Sinne der christlichen Gnosis – überzeugt. Als Ziel betrachteten sie, in Übereinstimmung mit dem Neuplatonismus, mit Klemens und Origenes, die Gottverähnlichung.[43] Vom letzteren übernahmen sie auch die Lehre von der allgemeinen Wiederherstellung aller Geschöpfe (apokatástasis) am Ende der Zeiten. Besonders bei Gregor von Nyssa (etwa 335–394) zeigen sich, unbeschadet der Bemühungen um rationale Durchdringung der Theologie, Ansätze mystischen Denkens in Abhängigkeit von Origenes, Philo und den Neuplatonikern. So erklärte er, die Seligkeit bestehe nicht darin, etwas über Gott zu wissen, sondern Gott in sich zu haben;[44] die Schau Gottes erfolge nicht auf Grund von Schlüssen von den äußeren Dingen auf eine Ursache der Welt, wie sie auch den Heiden möglich sind, sondern auf Grund der Gottebenbildlichkeit des Menschen, die zur Folge habe, daß der Mensch ein Bild Gottes in seinem Inneren trägt. Wir müssen, wie er betont, begreifen, «daß alle, die ihr Herz von allem Bösen und von jeder Leidenschaftlichkeit gereinigt haben, in ihrer eigenen Schönheit das Abbild des göttlichen Wesens sehen».[45] Schaut man in die Tiefe der eigenen Seele, dann läßt sich in ihr der unzugängliche und unsagbare Gott erfassen, wenn auch nicht umfassen.

Ungeachtet der mystischen Ansätze bedienten sich die Kappadozier aber der Ausdrucksmittel der griechischen Rhetorik und der Dichtung. Basilius hatte in der Schrift «An die Jünglinge, wie ihnen die Bücher der Heiden von Nutzen sein können» die Form der hellenischen Bildung gebilligt, ihren Inhalt jedoch abgelehnt: Man muß sich ihr gegenüber verhalten wie die Bienen gegenüber den Blüten, zwischen denen sie sorgfältig unterscheiden.[46] Mit der Forderung, den Menschen mit Hilfe des göttlichen Geistes zu «formen», legten die Kappadozier den Grund für jenen christlichen Humanismus, der an der Schwelle vom Mittelalter zur Neuzeit von griechischen Emigranten dem Abendland übermittelt wurde und hier eine wichtige kulturelle Rolle spielte.[47]

Eine andere Richtung der griechischen Patristik, die ihren Mittelpunkt in Antiochien hatte und weniger spekulativ eingestellt war, zählte zu ihren Vertretern Johannes Chrysostomus (gest. 407), der mit seinen Predigten stark wirkte.

e) Pseudo-Dionysius Areopagita

Besondere Erwähnung verdient der unbekannte Verfasser mehrerer mystisch-theologischer Schriften aus der Zeit um 500,[48] der sich den Namen des Areopagiten Dionysius (aus der Zeit des Apostels Paulus) beilegte. Er verband die neuplatonische Philosophie mit der christlichen Lehre und berief sich auf die Offenbarung bzw. auf die Hl. Schrift, die er so deutete, daß sich ihre Aussagen als Umschreibungen philosophischer Gedanken darstellten. Seine Spekulationen lassen deutlicher als das frühere christliche Denken (z.B. eines Gregor von Nyssa) die bereits im Neuplatonismus feststellbare Tendenz zur Mystik erkennen, wobei vor allem der Einfluß des Neuplatonikers Proklus (siehe Teil I, Kap. VI, 4 c) zu bemerken ist.

Mit dem Neuplatonismus bzw. dem Platonismus im allgemeinen teilte Pseudo-Dionysius die Überzeugung, daß das höchste Prinzip das Eine/Gute sei, an dem alle Wesen teilhaben, das aber selbst jenseits aller bestimmten Wesenheiten ist, so daß ihm kein Begriff entspricht. Als Christ konnte er jedoch die Emanationslehre des Neuplatonismus nicht ohne weiteres übernehmen; deshalb lehrte er, daß Gott die Welt durch seinen Willen erschaffen habe, um sich in sie zu ergießen. Das höchste Prinzip ist der Sonne als der Quelle des alles durchdringenden Lichts vergleichbar; es ist Gott in einem ursprünglicheren Sinn als der bestimmt vorstellbare Gott und daher der Ur-Gott, dem die anderen göttlichen Wesen untergeordnet sind. Die göttlichen Wesen (Henaden) unterhalb des Urgrunds, die Proklus angenommen hatte, werden in Engel umgedeutet und die Vermittlung mit dem Urgrund Christus zugewiesen, der aber nicht mehr als historische Gestalt, sondern als metaphysische Macht aufgefaßt wird. Der Mensch ist von der göttlichen Kraft erfüllt; seine Aufgabe besteht darin, an Gottes Werk mitzuwirken. Damit wird einer Religion der reinen Innerlichkeit die Forderung nach aktiver Tätigkeit aus dem Glauben heraus gegenübergestellt.

Platonistisch ist der Gedanke, daß die konkreten Dinge Abbilder einer jenseitigen geistigen Ordnung sind. Diesen Gedanken bezog Dionysius auch auf das Verhältnis zwischen himmlischer Ordnung und Ordnung der Kirche: Die kirchliche Hierarchie ist Abbild einer Hierarchie im jenseitigen Bereich. Wie er schreibt, «hat ... die geheiligte ... Satzung ... auch unsere heiligste eigene geheiligte [d. h. die kirchliche] Hierarchie dadurch ausgezeichnet, daß sie in über die Welt hinausweisender Weise die immateriellen himmlischen Hierarchien abbildet ...»[49] Daß uns der Urquell aller Wesen die himmlische Hierarchie nur durch Vermittlung der irdischen Dinge erkennen läßt, hat den Sinn, uns auf den Weg der Erhebung zu Gott zu führen, wie der Autor meinte, der offensichtlich nicht auf den Gedanken kam, daß die Vorstellung einer himmlischen Ordnung die Projektion einer bestimmten irdischen Ordnung auf ein geglaubtes Jenseits sein könnte.

Unter «Hierarchie» verstand der vorgebliche Dionysius «eine geheiligte Ordnung, Wissenschaft und Wirksamkeit, sich Gottes Art so gut wie möglich angleichend und ... sich zur nachahmenden Darstellung Gottes erhebend.»[50] Der Gedanke einer an sich seienden vernünftigen und zugleich werthaften Ordnung der Wirklichkeit, der für den Platonismus charakteristisch ist, kommt hier besonders klar zum Ausdruck. Die Hierarchie hat die Funktion, den Menschen zur Verähnlichung mit Gott zu führen. Sie ist der göttlichen Schönheit zugewandt und gibt sie nachbildlich wieder, so daß die Geweihten zu völlig reinen Spiegeln des göttlichen Lichts werden, das sie ihrerseits weitergeben. Die Erleuchtung besteht darin, daß die Wesen sich vom göttlichen Licht erfüllen lassen und eben dadurch gereinigt werden. Das Verhältnis der Wesen zu Gott wird von Pseudo-Dionysius in platonistischer Weise als Teilhabe gekennzeichnet: Das Seiende «existierte ... nicht, wenn es nicht am Seinsgrund teilhätte».[51] Die unbelebten Dinge verdanken dem überseienden Göttlichen ihr Sein, die belebten ihr Leben, die geistigen ihr Denken. Am meisten haben aber die Gott am nächsten stehenden Wesen an ihm teil. Es gibt also Grade des Seins der Wesen gemäß der geringeren oder größeren Teilhabe am göttlichen Prinzip der Wirklichkeit.

Die Licht-Metapher, deren sich Pseudo-Dionysius bediente, ist unverkennbar neuplatonisch: sie hängt mit der Lehre von der «Ausstrahlung» der niederen Seinsstufen aus Gott zusammen. So wie das Sonnenlicht ohne Abschwächung den Äther durchdringt und ihn erstrahlen läßt, durch dichtere Stoffe aber getrübt wird, so gibt es auch eine Abstufung des göttlichen Lichts, das die ihm am nächsten stehenden Wesen am stärksten erleuchtet, während die in der Seinsordnung tiefer stehenden weniger Licht empfangen und daher weniger zur Gottesschau befähigt sind.[52] Die Licht-Symbolik hat nicht nur die spätere Mystik bis hin zu naturphilosophischen Spekulationen der Renaissance beeinflußt, sondern auch in der Kunstauffassung des Mittelalters einen Niederschlag gefunden, namentlich in der Konzeption, die den gotischen Kathedralen zugrunde lag.

Der Gedanke, daß die einzelnen Wesen Spiegeln gleichen, die das letztlich vom Göttlichen ausgehende Licht aufnehmen und es den ihnen nachgeordneten Wesen übermitteln, hat die ausdrücklich hervorgehobene Pointe, daß auch in der Kirche eine Hierarchie anzuerkennen ist, nach der die einen berufen sind, in die heiligen Geheimnisse einzuweihen, während die anderen die Bestimmung haben, sich einführen zu lassen.[53] Die kirchliche Hierarchie ermöglicht die Verähnlichung mit Gott, indem sie die himmlische Hierarchie in Form von Symbolen sinnenfällig widerspiegelt und dem Menschen ihre Heilsmittel zur Verfügung stellt. Die Verbindung zwischen der kirchlichen und der himmlischen Hierarchie stellen die Priester durch die Sakramente her.

Sofern wir positive Aussagen über Gott zu machen suchen, müssen wir ihm Namen beilegen. Wegen der Unerkennbarkeit Gottes kommen nur solche Namen in Betracht, die uns in der Hl. Schrift geoffenbart wurden, da Gott von uns nicht benannt werden könnte, wenn er nicht über sich selbst Auskunft gegeben hätte. Nur in diesem Sinne ist es zu verstehen, wenn der Areopagite nach den Namen Gottes fragt und als solche «der Gute», «der Seiende», «der ewig Lebende», «der Gerechte» usw. anführt, was immer mit dem Vorbehalt geschieht, daß nicht jener Sinn dieser Namen gemeint ist, den sie in bezug auf endliche Wesen haben. Deshalb heißt Gott ebenso auch der Über-Gute, der Über-Seiende usw. Selbst der höchste Name, der des Einen, kommt Gott nicht in demselben Sinne zu wie den Seienden, die Einheiten in der Vielheit sind, so wie er auch nicht adäquat als dreieinig erkannt werden kann. Somit bleiben alle Versuche, Gott zu benennen, hinter Gottes Wesen prinzipiell zurück, da die Gottheit jenseits aller Wesenheit ist und uns daher ewig entrückt bleibt, wie es gegen Ende des Werkes «Von den göttlichen Namen» heißt: Von der «Übergottheit gibt es weder Namen noch Aussage, denn sie ist in das Unzugängliche enthoben.»[54] Ähnlich hatte Proklus, von dessen Auffassungen der Areopagit abhängig ist, erklärt, vom Einen lasse sich weder sagen, daß es ist, noch daß es nicht ist, da es jenseits der Wesenheiten sei. Deshalb sind in bezug auf das Eine weder bejahende noch verneinende Aussagen angemessen.

Angesichts der Annahme, daß alles aus dem göttlichen Urgrund hervorgegangen ist, erhebt sich die Frage, wie es Übel bzw. Böses geben könne, wenn doch alles, was ist, von Gott stammt, aus dem nur Gutes hervorgehen kann. Die Antwort, die der Areopagit in Anlehnung an Proklus gibt, besagt, daß dem Übel keine positive Realität zugeschrieben werden dürfe.[55] Ohne in irgendeiner Weise am Urgrund als dem Ur-Guten teilzuhaben, kann etwas nicht existieren; vom Übel, das dem Sein entgegengesetzt ist, kann daher nur im Sinne einer Privation des Seins bzw. des Guten die Rede sein. Auch die Auffassung, das Böse bestehe in der Materie, die den Geist in die Tiefe ziehe, wird zurückgewiesen, so daß der menschliche Körper nicht als Ursache des Bösen im menschlichen Bereich in Betracht kommt. Damit wird eine dualistische Auffassung von der Art des manichäischen Dualismus von Gut und Böse zurückgewiesen. Das Böse ist stets ein Mangel des Guten bzw. eine Folge der Schwäche eines Wesens. Diese Schwäche gilt hier aber nicht, wie bei den platonistischen Philosophen, als Irrtum, sondern als Verirrung, somit nicht als rein theoretischer Fehler, sondern als primär praktische Verfehlung. Da der Mensch prinzipiell stets die Fähigkeit zum Guten hat, ist die Verirrung zu tadeln; die Anerkennung der kreatürlichen Schwäche bedeutet nicht, daß jede Verfehlung des Guten als verzeihlich zu gelten hätte.

Die Tendenz zur Hervorhebung der absoluten Jenseitigkeit des Göttlichen kommt auch in der Christologie zur Geltung: Auch von Jesus als Geist des Ur-Gottes gilt, daß er den Bereich der Wesenheiten überragt; seine Funktion besteht darin, den endlichen Wesen die ur-göttliche Macht zu übermitteln. Jesus ist aus dem Urgrund herausgetreten, ohne ihn zu verlassen. Er gehört notwendig der göttlichen Einheit (Monas) an, die sich zur Dreiheit (Trias) entfaltet, ohne aufzuhören, der einheitliche Grund allen Seins und die Quelle allen Lebens zu sein.

Dem Göttlichen am nächsten stehen die Engel, weil sie am meisten an der urgöttlichen Allgegenwart Anteil haben. Sie vermitteln zwischen Gott und den Menschen und bilden drei Stufen mit jeweils drei Wesenheiten, nämlich auf der höchsten Stufe Throne, Cherubim und Seraphim, auf der zweiten Gewalten, Herrschaften und Mächte, auf der dritten Engel, Erzengel und Fürsten der Geister. Dabei ist nicht an einzelne Engel, sondern an Arten von Engeln zu denken; die Vielheit der individuellen Engel übersteigt jede Zahl. Die Namen der Engelwesen sind der Bibel entnommen, die Gliederung in Triaden entspricht neuplatonischem Denken und orientiert sich vor allem an der Dialektik des Proklus.

Mit Pseudo-Dionysius Areopagita, näherhin mit seiner negativen Theologie, beginnt die Geschichte der christlichen Mystik im vollen Sinne. Da er mit den neuplatonischen Philosophen die Jenseitigkeit des über-seienden Gottes betonte, mußte er die Konsequenz ziehen, daß wir über Gott nur negative Aussagen machen können. Das Göttliche – oder richtiger: das Übergöttliche – hat keinen Namen, und streng genommen kann es auch nicht als Einheit und Dreiheit – also als Dreieinigkeit – bezeichnet werden. In der «Mystischen Theologie» des Areopagiten heißt es vom Urgrund, weit mehr als alle Eigenschaften jedes Seins (die alle aus ihm stammen) gebühre ihm die Verneinung aller Eigenschaften des Seins. Der Urgrund ist weder Geist noch Seele, er verfügt nicht über Vernunft und Erkenntnis, so wie sich die Kategorien der Gleichheit und Ungleichheit, der Ähnlichkeit und Unähnlichkeit, der Möglichkeit und Wirklichkeit, der Größe, der Bewegung, der Ordnung oder der Zahl nicht auf ihn anwenden lassen. Von ihm kann daher weder Bewegung noch Bewegungslosigkeit ausgesagt werden, er ist nicht Wesenheit, nicht Existenz, nicht Sein und nicht Wirken. «Er ist nichts von dem, was dem Nichtsein angehört, aber auch nichts von dem, was dem Sein angehören könnte.»[56] Hier wird mit aller Entschiedenheit die Richtung der negativen Theologie eingeschlagen.

Die absolute Transzendenz Gottes schließt nicht nur aus, daß der Urgrund von endlichen Wesen erkannt wird, sondern auch, daß er Endliches erkennt: Der Gott der Mystik weiß nicht von der Welt und vom Menschen. Der Areopagit bediente sich widerspruchsvoller Wendungen, um die Unerreichbarkeit Gottes anzudeuten: Er sprach von einem lauten Schweigen oder von einem dunklen Licht, um schließlich zu erklären, daß der Urgrund auch nicht als Dunkel oder Helligkeit bezeichnet werden dürfe. So mündet die mystische Spekulation in das Schweigen, in jenes Wissen von unserem Unwissen, von dem um 1300 Meister Eckhart und im 15. Jahrhundert Nikolaus von Kues wieder sprechen sollten. Erkennbar sind nur die Seinsbereiche unterhalb des absolut jenseitigen Einen, aus dem alles Wirkliche hervorgeht. Wenn Gott manchen Menschen erscheint, dann handelt es sich um eine Schau vermittels von Gestalten, die dem Bereich des bestimmten Seienden angehören; Gott ist absolut gestaltlos. Jede Mystik, die Gott in (gefühlsbetonten) Bildern erfahren zu können meint, wird damit zurückgewiesen. Die eigentliche Wahrheit gehört nicht der Oberfläche der anschaulichen Vorstellungen, der Bilder und Symbole an: sie ist unmittelbare Wirkung des göttlichen Geistes. Damit hängt die bei Pseudo-Dionysius wie bei aller späteren Mystik feststellbare Tendenz zur Unterscheidung zwischen einer öffentlich verkündeten und einer geheimen, nur einem kleinen Kreis Eingeweihter zugänglichen Lehre zusammen. Die große Menge muß sich mit der in anschauliche Bilder gekleideten Wahrheit begnügen, während der tiefere Sinn der Bilder und Symbole einem kleinen Kreis von Eingeweihten vorbehalten bleibt. Obwohl Gott als unerkennbar gilt, kann der Mensch nach Pseudo-Dionysius mit ihm eins werden – freilich nicht auf der Ebene der Erkenntnis, sondern in einer über den rationalen Bereich hinausgehenden Weise. Auch dieser Gedanke findet sich im mystischen Denken der Folgezeit wieder.

Wer sich hinter dem Namen Dionysius verbarg, läßt sich nicht feststellen; daß er nicht der Paulus-Schüler dieses Namens gewesen sein kann, wurde bald nach dem Auftauchen seiner Schriften geargwöhnt, später aber wieder verdrängt, so daß er von Johannes Scotus Eriugena in der Karolingischen Renaissance bis zu Nikolaus von Kues im Zeitalter des Humanismus als Apostelschüler hohes Ansehen genoß. Erst Lorenzo Valla, der auch die Fälschung der Konstantinischen Schenkung aufdeckte, hat erkannt, daß es sich bei den pseudo-dionysischen Schriften nicht um Werke aus der Zeit der Apostel handeln kann. Um 1900 hat die Kritik schließlich zeigen können, daß die Schrift über die himmlische Hierarchie nach 476, wahrscheinlich sogar erst nach 482, entstanden ist.

4. Lateinische Kirchenväter vor Augustinus[57]

Im Vergleich mit dem griechischen Osten ist die lateinische Theologie weniger spekulativ, auch weniger philosophisch – mit einer einzigen Ausnahme, nämlich der Theologie bzw. Philosophie des Augustinus, auf die im nächsten Abschnitt eingegangen wird. Schon in vorchristlicher Zeit zehrten die römischen Philosophen von den Anstößen, die von den Griechen kamen. Auch die christliche Apologetik hatte ihren Schwerpunkt in der östlichen, griechisch sprechenden Reichshälfte. Im Westen kann den griechisch schreibenden Apologeten vor allem Tertullian (geb. etwa 150) zur Seite gestellt werden. Er wurde erst als Erwachsener getauft, und vielleicht empfing er auch die Priesterweihe, doch wandte er sich später von der Großkirche ab und der Lehre des Montanus zu. Die Montanisten glaubten an ein nahes Weltende und erhoben daher strengste moralische Forderungen. Dieser moralische Rigorismus dürfte Tertullian beeindruckt haben. Er starb vermutlich zwischen 220 und 225.

Tertullian bemühte sich nicht, von der christlichen Lehre zu zeigen, daß sie der Philosophie ebenbürtig oder gar überlegen sei, wie es die früheren Verteidiger des Christentums getan hatten, sondern er wertete – anders als die Gnostiker, die den Glauben in Wissen überzuführen suchten – das philosophische Denken zugunsten des Glaubens ab. Ein Gott, der sich vernünftig erkennen läßt, ist nur ein «Gott der Philosophen»,[58] nicht der Gott des Christentums, und erst recht nicht der Gott der vollkommenen Religion, die – wie Tertullian unter dem Einfluß des Montanismus meinte – die Religion des Alten Testaments und die Religion der Apostel ablösen soll. Charakteristisch für seine Einstellung ist die Formel «Credo quia absurdum» («Ich glaube es, weil es widersinnig ist»), die sich bei ihm nicht findet, die aber gewisse seiner Überlegungen griffig zusammenfaßt.[59] Auf einen Kompromiß zwischen Theologie und Philosophie oder auf ihre Synthese legte er keinen Wert: Zwischen «Jerusalem» und «Athen» kann man nicht vermitteln; man muß sich zwischen ihnen entscheiden.

Die Unbeugsamkeit Tertullians zeigt sich deutlich angesichts der Frage, ob es zulässig sei, sich der Verfolgung und dem Martyrium durch die Flucht zu entziehen. Obwohl Matthäus 10,23 empfohlen wird, im Falle von Verfolgungen in eine andere Stadt zu ziehen, vertrat Tertullian die entgegengesetzte Ansicht, wobei er sich nicht scheute, die fragliche Bibelstelle umzudeuten.[60] Beträchtlichen Mut bewies er, als er an die Provinzobrigkeit Afrikas mit einer Verteidigungsschrift (dem «Apologeticum» von 198) herantrat, in der die Anliegen der Christen vor allem vom juristischen und politischen Standpunkt aus dargelegt werden.[61] Auch gegen die häretischen Valentinianer polemisierte Tertullian. Er verglich sie mit Skorpionen, die bei heißem Wetter – d.h. bei verschärfter Christenverfolgung – ihre Schlupfwinkel verlassen.[62]

Ein entschiedener Vertreter der Lehren der Großkirche und Gegner des Arianismus war Ambrosius, der seit 374 Bischof von Mailand und theologisch, moralisch sowie politisch einflußreich war. Als Theologe stand er unter dem Eindruck der großen griechischen Kirchenväter. Das gilt auch für Marius Victorinus[63] im 4. Jahrhundert, der erst in späteren Jahren Christ wurde. Er verfaßte theologische Schriften und übersetzte bzw. kommentierte Werke der griechischen Philosophie – vor allem der platonistischen – ins Lateinische. Augustinus ist teilweise von ihm beeinflußt. Ganz im Geiste des Neuplatonismus betonte Marius Victorinus nachdrücklich die Transzendenz Gottes: Gott ist über allem, was ist, und über allem, was nicht ist;[64] er ist Erzeuger des Logos und Schöpfer der Welt vermittels des Logos. Der Hl. Geist verbindet den Vater mit dem Logos, so wie das «ist» im Urteil (die Copula) Subjekt und Prädikat verbindet – ein kühner Vergleich, der das Verhältnis von Vater und Sohn nicht klarer macht. Wie später Augustin glaubte auch Marius Victorinus an die Prädestination der Seele zum Heil oder zur Verdammnis. Zu erwähnen ist schließlich der Bibel-Übersetzer und -kommentator Hieronymus (geboren etwa 347 vermutlich im heutigen Laibach, gestorben 420 als Abt eines Klosters in Bethlehem), der das Alte Testament aus dem Hebräischen und das Neue Testament aus dem Griechischen übertrug. Seine Bibel-Übersetzung – die Vulgata – verdrängte nach und nach die altlateinischen Versionen. In theologischen Fragen war Hieronymus wenig selbständig, an Philosophie war er nicht interessiert.

5. Augustinus

a) Vom Weltmenschen zum Kirchenführer

Philosophisch wirklich bedeutend war nur einer der lateinisch schreibenden theologischen Autoren der Epoche,[65] nämlich Aurelius Augustinus, geboren 354 im nordafrikanischen Thagaste, gestorben 430 als Bischof von Hippo Regius (heute Annaba, frz. Bône) zu der Zeit, als bereits die Wandalen nach Nordafrika vorstießen.[66] Geburts- und Sterbeort sind nicht weit voneinander entfernt, aber der Lebensweg Augustins, der die Ausbildung eines Rhetors genossen hatte, führte ihn weit von seiner Heimat fort, nämlich über Karthago nach Rom und Mailand. Obwohl er durch seine Mutter Monika (Monnica) christlich erzogen worden war, spielte das Christentum in seiner Jugend keine entscheidende Rolle. Er faßte eine durchaus weltliche Laufbahn ins Auge und hatte schon in frühen Jahren mit seiner Lebensgefährtin einen Sohn, den er innig liebte. Eine erste innere Wende trat ein, als er, noch nicht zwanzigjährig, Ciceros (inzwischen verloren gegangenen) Dialog «Hortensius»[67] las und sich für die Philosophie zu interessieren begann. In religiöser Hinsicht orientierte er sich am Dualismus der Manichäer, die der Tatsache des Übels durch die Annahme eines bösen, mit dem guten konkurrierenden Weltprinzips Rechnung zu tragen suchten und die die Weltgeschichte als Kampf zwischen dem Reich des Guten und dem Reich des Bösen deuteten (s. Abschn. 2). Die Faszination, die diese Lehre auf ihn ausübte, entsprang auch dem (für die Gnosis charakteristischen) Anspruch, ein über den bloßen Glauben hinausgehendes religiöses Wissen vermitteln zu können. Etwa ein Jahrzehnt stand Augustinus unter dem Einfluß des Manichäismus, bis er ihn als widersprüchlich erkannte und vom unmoralischen Verhalten gewisser ihrer Vertreter abgestoßen wurde. Trotzdem finden sich auch später noch Spuren dieser Weltanschauung in seinem Denken. Als Dreißigjähriger ging er nach einem kurzen Aufenthalt in Rom als Lehrer der Rhetorik nach Mailand (384), das seit Diokletian Sitz des für den Westen zuständigen Kaisers war und dies bis 404 blieb, als die Residenz nach Ravenna verlegt wurde. Seine Beschäftigung mit philosophischen Fragen führte zunächst zu einer skeptischen Einstellung, wie sie die jüngere Akademie vertreten hatte, die er aber bald unter dem Eindruck der neuplatonischen Philosophie aufgab. Wahrscheinlich studierte er vor allem Plotin und Porphyrius, mit deren Schriften er durch Marius Victorinus in Berührung kam und die ihn veranlaßten, sich vom manichäischen Dualismus zu distanzieren. In Mailand beeindruckte ihn Ambrosius so nachhaltig, daß er von nun an die Philosophie eindeutig dem Glauben unterordnete, ohne jedoch einen Gegensatz von Wissen und Glauben anzunehmen; diese beiden Einstellungen sollen sich vielmehr gegenseitig stützen, gemäß der Formel: «Erkenne, damit du glaubst, glaube, damit zu erkennst».[68] In den «Bekenntnissen» berichtete er, welche Rolle die Bibel bei dieser Wende gespielt hat. Auf sein inbrünstiges Gebet, Gott möge ihn aus der Krise, in der er sich befand, befreien, vernahm er eine Stimme, die ihn aufforderte: «Nimm, lies!» Die Tränen, in die er ausgebrochen war, versiegten, er glaubte zu verstehen, daß er die Paulinischen Briefe, in denen er vorher gelesen hatte, zur Hand nehmen solle; dort fand er die Stelle: «Laßt uns ehrenhaft leben wie am Tag, ohne maßloses Essen und Trinken, ohne Unzucht und Ausschweifung, ohne Streit und Eifersucht. Legt ‹als neues Gewand› den Herrn Jesus Christus an, und sorgt nicht so für euren Leib, daß die Begierden erwachen.» (Röm. 13, 13–14)[69]

Mit seiner Mutter, die ihm nachgereist war und ihn zur Trennung von seiner Lebensgefährtin veranlaßt hatte, zog er sich aufs Land zurück, um sich auf die Taufe vorzubereiten, die er 387 empfing. Bald danach gab er den Lehrstuhl für Rhetorik auf und kehrte in seine Heimat zurück, wo er Presbyter und im Jahre 395 Bischof von Hippo Regius wurde. Nach seiner Priesterweihe gründete er eine klösterliche Gemeinschaft, der er eine für das Mönchstum im Westen beispielhafte Regel gab: Sie berücksichtigte neben den geistlichen Übungen auch die Aufgaben der Kleriker in der Gemeinschaft, für die jeder Christ Verantwortung trägt. Als Bischof widmete er sich nicht nur der Seelsorge und der Predigt, sondern auch dem Kampf gegen Häretiker – namentlich gegen die Donatisten –, wobei er notfalls auch die weltliche Macht zu Hilfe rief, um Andersdenkende zum Heil zu zwingen. Diese Vorgangsweise konnte später als Präzedenzfall betrachtet werden, der geeignet schien, das Zusammenwirken von kirchlicher und staatlicher Autorität bei der Durchsetzung von Lehrmeinungen zu rechtfertigen. Augustinus zeigt sich in dieser Situation mehr als Kirchenpolitiker denn als Philosoph. Er erlebte noch den Vorstoß der Wandalen nach Nordafrika, die 430 Hippo belagerten. Er starb kurz vor dem Fall der Stadt.

Von Augustinus' zahlreichen philosophischen Schriften[70] seien nur die wichtigsten genannt, nämlich die (in die Zeit der Taufvorbereitung fallende) Auseinandersetzung mit der Skepsis in der Schrift «Gegen die Akademiker», die (aus derselben Zeit stammenden) «Selbstgespräche», das (in Rom begonnene, aber erst Mitte der neunziger Jahre in Afrika abgeschlossene) Werk «Über den freien Willen», die um 400 (also wenige Jahre nach der Übernahme des Bischofsamtes) geschriebenen «Bekenntnisse», der 413 begonnene, aber erst 426 abgeschlossene «Gottesstaat» sowie die späten «Retraktationen» (d.h. Verbesserungen seiner früheren Schriften; um 427).

b) Zweifel und Gewißheit

Augustinus war antiken Traditionen verpflichtet, nämlich in philosophischer Hinsicht dem Platonismus und der Stoa; gleichzeitig war er mit einer Reihe von Einzelwissenschaften vertraut (Grammatik, Logik, Arithmetik usw.). Besonders stark war er jedoch von den griechischen Kirchenvätern beeinflußt und wie diese in erster Linie dem Neuplatonismus verpflichtet. Dennoch unterscheiden sich seine Auffassungen merklich von denjenigen der Alexandriner und Kappadozier.[71] Zwar betonte auch er die Überlegenheit der geistigen Wirklichkeit über die materielle Welt und die Jenseitigkeit Gottes, aber er folgte nicht der Lehre von der Emanation, sondern sah in Gott den Schöpfer, der ohne Dazwischentreten eines Demiurgen alle Wesen erschaffen hat. An der Annahme einer Stufenordnung der Wirklichkeit hielt er fest, jedoch ohne die Lehre von den Hypostasen zu übernehmen. Oberhalb der Körperwelt und der Seelen befindet sich seiner Ansicht nach das Reich der (objektiven) Wahrheiten bzw. der Ideen. Die Spitze der Seinspyramide bildet Gott. Die spekulative Tiefe der großen griechischen Kirchenväter erreichte Augustinus nicht. Während jene wegen der Entfremdung zwischen West- und Ostkirche dem abendländischen Denken ferner standen, übte Augustinus auf das christliche Denken des Westens einen nachhaltigen Einfluß aus. In der Gegenwart findet er vor allem bei Vertretern einer «existentiellen» Einstellung Beachtung, war doch sein Denken sehr persönlich gefärbt, ja oft leidenschaftlich. So wie sich Augustinus in seiner Jugend dem «weltlichen» Leben ganz hingegeben hatte, so ging er später ganz in seinem Glauben an eine jenseitige Welt als Heimat der unsterblichen Seele auf. Schmerzlich erfuhr er die Vergänglichkeit irdischer Freuden und Güter; ihm wurde bewußt, daß die staatliche Ordnung unter dem Druck sich wandelnder Verhältnisse nicht standhalten konnte, und er zweifelte, daß die Philosophie dauerhaften Halt im Leben bieten könne. Die resignative Einstellung der Skeptiker schien ihm in dieser Situation nicht die richtige Reaktion zu sein. Der Skeptizismus verspricht zwar Ruhe des Gemüts; tatsächlich aber läuft er auf die Forderung hinaus, sich mit dem Unglück abzufinden. Wer nicht erreicht, wonach er strebt, ist nämlich unglücklich, und nach Ansicht der Skeptiker können wir die Gewißheit, nach der wir naturgemäß streben, grundsätzlich nicht erreichen. Die Menschen, die nach Wahrheit suchen, mit dem skeptischen Hinweis auf Wahrscheinlichkeit zu vertrösten bedeutet also, sie dem Unglück auszuliefern.

Der Skeptizismus hat aber nicht nur in praktischer Hinsicht negative Konsequenzen, sondern er ist auch theoretisch unhaltbar, da gar nicht alles bezweifelt werden kann. Die Skeptiker widerlegen sich nach Augustinus selbst: Wenn sie behaupten, nichts entspreche dem Kriterium der Wahrheit, dann behaupten sie dies als wahr und erkennen somit die ausdrücklich geleugnete Wahrheit an.[72] Auch wenn man an der Realität der Außenwelt zweifelt, läßt sich nicht bezweifeln, daß wir etwas wahrnehmen, und wenn man unter «Welt» die Wahrnehmungsgegenstände versteht, muß eingeräumt werden, daß auch an der Existenz der Welt nicht gezweifelt werden kann.[73] Das heißt, daß nur in bezug auf die Dinge an sich gezweifelt werden kann, nicht in bezug auf die Erscheinungen. Augustinus wollte aber das Wissen nicht auf den Bereich der Erscheinungen einschränken, sondern er war überzeugt, daß es eine Weltordnung gibt und daß sich Gott in ihr offenbart.[74]

Den Kern der Argumentation enthält folgende Überlegung: Wer zweifelt, weiß zum mindesten, daß er zweifelt, daß er existiert, daß er denkt, daß er lebt, und dieses Wissen ist unbezweifelbar. In der Selbstgewißheit findet Augustinus somit den festen Punkt, den keine Skepsis zu erschüttern vermag.

Die notwendige Bedingung der Wahrheitsfindung ist die Rückwendung auf das eigene Selbst und seine Innerlichkeit, verbunden mit der Abwendung von allem Äußeren: «Gehe nicht nach außen! Kehre in dich selbst zurück; im Innern des Menschen wohnt die Wahrheit»,[75] wie es in der Schrift «Über die wahre Religion» heißt. In diesem Rückgang in die Innerlichkeit des

Selbstbewußtseins wurde in der Neuzeit immer wieder eine Vorwegnahme der Versuche der modernen Philosophie erblickt, in der Selbstgewißheit das erste Prinzip der Philosophie zu finden. Tatsächlich gibt es bei Augustinus Formulierungen, die an das Cartesianische «Ich denke, also bin ich» (siehe Teil IV, Kap. I, Abschn. 1) erinnern. So heißt es im «Gottesstaat»: «Doch ohne das Gaukelspiel von Phantasien und Einbildungen fürchten zu müssen, bin ich dessen ganz gewiß, daß ich bin ... Mögen sie [die Skeptiker] sagen: Wie, wenn du dich täuschst? Wenn ich mich täusche, bin ich ja. Denn wer nicht ist, kann sich auch nicht täuschen; also bin ich, wenn ich mich täusche.»[76]

Descartes leugnete allerdings jeden Einfluß Augustins und betonte mit Recht, daß nicht auf einzelne Sätze, sondern auf das System zu achten sei, in dem Sätze eine Rolle spielen. Tatsächlich finden sich Ansätze der Reflexion auf das Selbstbewußtsein nicht erst bei Augustinus, sondern bereits im Neuplatonismus. Schließlich muß bedacht werden, daß der Kontext, in dem Augustinus das Problem des Wissens erörterte, nicht rein philosophischen, sondern letzten Endes theologischen Charakter hatte.[77]

c) Die Gottesbeweise

Mit der Gewißheit der eigenen Existenz wäre wenig gewonnen, wenn von ihr nicht zur Erkenntnis Gottes übergegangen werden könnte. Augustinus führte, ausgehend vom «Ich bin», einen Gottesbeweis, der Ausgangspunkt für zahlreiche ähnliche Beweisversuche im Mittelalter, aber auch in der Neuzeit werden sollte. Er argumentierte, daß die Sätze «Ich bin» und «Ich lebe» nur durch den Verstand als wahr erfaßt werden können. Der Verstand gehört aber einer höheren Ebene an als das bloße Dasein und als das Lebendigsein. Noch höher als der Verstand steht die Wahrheit, die der Verstand einsieht, denn sie ist unwandelbar, während der Verstand der Veränderung unterworfen ist. Die Wahrheit, als die Form der vielen Wahrheiten, ist entweder Gott oder von Gott abhängig; auf jeden Fall existiert also Gott als etwas, über das hinaus es nichts Höheres gibt:[78] «Wenn es etwas Vorzüglicheres [als die Wahrheit] gibt, ist dies Gott; wenn nicht, ist die Wahrheit selbst Gott».[79] Kurz: Gott als Wesen, dem kein anderes überlegen sein kann, muß existieren, wenn es Wahrheit gibt; da es Wahrheit gibt (mindestens in der Selbsterkenntnis), gibt es etwas, das dem menschlichen Geist überlegen ist und das entweder Gott ist oder seinen Grund in Gott hat. Augustinus entschied sich für das letztere: Die Ideen bzw. die in ihnen fundierten Wahrheiten sind seiner Überzeugung nach Inhalte des göttlichen Geistes. (Dieser Gottesbeweis, der als der Augustinische bezeichnet werden darf, findet sich noch in der Neuzeit, z.B. bei Leibniz; siehe Teil IV, Kap. I, Abschn. 6.)

Die Selbsterkenntnis des denkenden Ich und die Erkenntnis Gottes sind gleichsam die Pole der Achse, die alle anderen Erkenntnisse trägt. «Gott» und «Seele» bezeichnen daher die beherrschenden Themen der Augustinischen Metaphysik, denen gegenüber jedes andere Wissen zweitrangig ist. «Gott und die Seele begehre ich zu erkennen. Sonst nichts? Gar nichts sonst!» heißt es in den «Selbstgesprächen».[80] Damit erscheint das Interesse an den endlichen Dingen, die der Veränderung unterworfen sind, auch wenn sie – wie die Gestirne – noch so erhaben sind, als untergeordnet. Die Abwertung der Naturerkenntnis hängt nicht nur damit zusammen, daß wir von den Dingen der Natur kein wahres Wissen haben können, sondern auch damit, daß uns naturwissenschaftliche Erkenntnisse in keiner Weise unserem eigentlichen Ziel näherbringen. Auch der menschliche Geist, an dessen Dasein wir nicht zweifeln können, ist der Zeit unterworfen und muß daher in Richtung auf etwas überstiegen werden, das unwandelbar und zeitlos ist, d. h. in Richtung auf Gott, in dem das unruhige Herz erst die Ruhe findet, nach der es sich sehnt.

Die Verbindung zwischen der Seele und Gott eröffnet nach Augustinus auch die Möglichkeit, etwas vom Wesen Gottes zu erfassen, so daß wir uns nicht mit dem Standpunkt der negativen Theologie begnügen müssen. Da die menschliche Seele Abbild Gottes ist, muß ein Analogieschluß von ihr auf ihren Schöpfer möglich sein. In diesem Sinne ordnete Augustinus dem Sein, dem Erkennen und dem Wollen als Aspekten der Seele die drei göttlichen Personen zu, die er im Sinne des göttlichen Seins, Erkennens und Wollens als Aspekte des Einen Gottes auffaßte. Schon im Hinblick auf den Menschen stößt Augustins Auffassung auf Schwierigkeiten, da ungeklärt bleibt, wie sich die Dreiheit von Sein, Erkennen und Wollen zu der *einen* Person verhält. Einerseits soll es sich nicht um unselbständige Aspekte handeln, andererseits wird die Ansicht zurückgewiesen, daß drei Substanzen vorliegen. Gelegentlich drückte sich Augustin jedoch so aus, als denke er an selbständige «Teile» der Seele. Noch größer sind die Schwierigkeiten in bezug auf die Gottesvorstellung, wo Vater, Sohn und Hl. Geist ebensowenig als bloße Aspekte des Einen Gottes wie als substantielle Wesen aufgefaßt werden können. Die erste Ansicht, die Sabellius im 3. Jahrhundert vertreten hatte, wurde von der Kirche verurteilt; die zweite Auffassung verbot sich wegen ihres Gegensatzes zum Monotheismus. Augustinus war sich der Schwierigkeit der Trinitätslehre bewußt; das Wesen der Gottheit ist, wie er einräumte, unausdenkbar. Dennoch glaubte er positive Aussagen über das Verhältnis der göttlichen Personen machen zu können, da er im Gegensatz zur neuplatonischen Philosophie in Gott nicht das schlechthin unerkennbare und unsagbare Eine sah, sondern meinte, mindestens indirekt etwas von Gott erkennen zu können, wenn auch nur in der einem unvollkommenen Intellekt entsprechenden Weise. Namentlich lehrte er, über das Glaubensbekenntnis von Chalcedon hinausgehend, daß der Hl. Geist nicht nur vom Vater, sondern vom Vater und dem Sohne ausgehe. Diese Auffassung setzte sich im Westen durch, während sie von der Ostkirche bis auf den heutigen Tag abgelehnt wird.

Wenn Augustinus die Existenz Gottes behauptet, beruft er sich nicht, wie die Vertreter des Neuplatonismus, auf eine ekstatische Schau, die alles Begreifen hinter sich läßt, sondern wählt den Weg des Arguments, wie ein Mathematiker, der den pythagoreischen Lehrsatz beweist. Damit setzt er voraus, daß die Seele die Fähigkeit habe, die Wahrheit zu erfassen und namentlich zur Gotteserkenntnis zu gelangen. Diese Auffassung blieb für Augustinus bis in die Mitte der neunziger Jahre maßgeblich. Später betonte er jedoch neben der Fähigkeit des Subjekts zur Erkenntnis die Notwendigkeit der Mitwirkung Gottes: Wissen – insbesondere Wissen von Gott – wäre nicht möglich ohne göttliche Erleuchtung. Wir erkennen nicht rein aus eigener Kraft, sondern weil Gott uns die Wahrheit zugänglich macht. Nur der von Gott erleuchtete Geist vermag die Wahrheit zu erfassen; er schaut die Wahrheit in gewissem Sinne in Gott.

d) Der Gegensatz von Gut und Böse und das Freiheitsproblem

Neben dem Erkenntnisproblem ist ein weiterer Brennpunkt des Augustinischen Denkens das Problem des Übels und der Sünde. Wenn Gott als Schöpfer aller Wesen vollkommen gut ist, erhebt sich unweigerlich die Frage, wie es in der von ihm geschaffenen Welt Übel und Sünde geben könne. Der Manichäismus hatte die Lösung in Form der Annahme zweier ursprünglicher Prinzipien, eines guten und eines bösen, gefunden, und Augustinus war eine Zeitlang dieser Auffassung gefolgt; nachdem er sich von ihr gelöst hatte, mußte er nach einer anderen Antwort suchen. Er fand sie in Gestalt der Annahme, daß das Übel keine positive Wirklichkeit habe, sondern nur ein Mangel (eine «Privation»), nämlich das Fehlen von etwas sei, das vorhanden sein sollte. Das Übel verhält sich dieser Ansicht nach wie der Schatten zum Licht: es hat seinen Sinn als Kontrast des Guten. Darüber hinaus hat es die Funktion, als Ansporn unserer Bemühungen um das Gute zu wirken. Dem Übel kommt somit im Weltplan eine wichtige Rolle zu, weshalb Zweifel an der Güte Gottes, die sich auf die Tatsache des Übels stützen, verfehlt sind.

Die Möglichkeit zu sündigen führte Augustinus in der Schrift «Über den freien Willen» darauf zurück, daß der Wille frei ist und daher mißbraucht werden kann. Das war bei Engeln wie Luzifer und beim ersten Menschenpaar der Fall. Da die Sünde willentliche Abkehr von Gott ist, erhebt sich jedoch die Frage, ob eine solche Freiheit in Anbetracht der göttlichen Allmacht überhaupt denkbar ist. Obwohl es scheint, daß Freiheit nur auf Kosten der göttlichen Allmacht behauptet werden kann, schrieb Augustinus sie dem Menschen in seinem ursprünglichen Zustand zu und nahm an, daß sie mit dem ersten Sündenfall verloren gegangen sei. Von Adams Sünde sind alle Menschen betroffen, da sie bei der Fortpflanzung weitergegeben wird. (Deshalb konnte Jesus nur sündenlos sein, weil er von einer Jungfrau geboren wurde.) Während die Menschen im Paradies fähig waren, ohne Sünde zu leben, ist es nach dem Fall unmöglich, nicht zu sündigen, wenn nicht die göttliche Gnade das Gute bewirkt. Der von der göttlichen Gnade erfaßte Mensch kann wiederum nicht mehr sündigen: er ist zur Seligkeit auserwählt. Würde gefragt, ob nicht Gott alle seine Geschöpfe zur Seligkeit führen müsse bzw. ob nicht in der unverdienten Gnadenwahl eine Ungerechtigkeit liege, wäre nach Augustinus zu antworten, daß von Ungerechtigkeit nicht die Rede sein könne, wo niemand Ansprüche habe. Kein Mensch hat Anspruch auf Rettung, weshalb jenen, die nicht gerettet werden, kein Unrecht geschieht. Augustins Gnadenlehre beeinflußte an der Schwelle der Neuzeit Luther und Calvin (siehe Teil III, Kap. II, Abschn. 1), später Jansenius (s. Teil IV, Kap. I, Abschn. 2 d).

Augustinus hat die Lehre von der Prädestination mit allen Mitteln verteidigt, namentlich gegen die Auffassung des britischen Theologen Pelagius (seit 400 in Rom, später in Nordafrika und Palästina lebend, gestorben nach 418), der gelehrt hatte, der Mensch könne sich durch eigenes freies Bemühen der göttlichen Gnade würdig erweisen, weil er über ein natürliches Vermögen zum Guten verfüge. Nach Pelagius kommt die Gnade dem Menschen zu Hilfe, macht aber dessen eigene Entscheidung nicht überflüssig. Augustinus hielt die Ansicht, der Mensch könne auch nach dem Sündenfall die göttliche Gnade entweder annehmen oder ausschlagen, für häretisch, da sie auf eine Einschränkung der göttlichen Allmacht hinauslaufe. Ohne die Gnade Gottes ist der Mensch seiner Ansicht nach gänzlich unfähig, Gutes zu tun, so wie er unabhängig von der Erleuchtung durch Gott nicht zur Wahrheit gelangen kann. Augustins Ansichten wurden im Verlauf des Streits mit Pelagius immer radikaler, so daß geradezu von einer Wende in seiner Gnadenlehre gesprochen werden kann.[81]

Die Augustinische Gnadenlehre hängt mit der Abwertung des Endlichen zugunsten der göttlichen Allwirksamkeit zusammen. Sie hat insofern eine bedenkliche Konsequenz, als sie sittliche Forderungen als unwirksam erscheinen lassen muß. Trotzdem forderte Augustinus, daß sich der menschliche Wille Gott als dem höchsten Gut zuwenden und alles bejahen solle, was Mittel zu diesem Zweck sei. Darüber hinaus scheint mit der Lehre von der Gnadenwahl ein Moment der Willkür in die Gottesidee einzugehen, da nach Augustins Überzeugung bestimmte Menschen nicht auserwählt werden, weil Gott ihre Verdienste vorhersähe, sondern die Menschen scheiden sich in gute und böse ausschließlich auf Grund der Gnadenwahl. Das Bedenken, Gott sei ungerecht, bleibt bestehen, wenn die Unerforschlichkeit des göttlichen Ratschlusses betont wird. Im übrigen besteht die Schwierigkeit, die Augustinus gegen Pelagius und die Pelagianer hervorhob, auch bei seiner eigenen Lehre: Während er dem Willen der sündigen Menschen die Freiheit absprach, hielt er an der Annahme der ursprünglichen Freiheit der Engel und Menschen fest. Wenn es aber auch nur einigen Wesen freistand, sich von Gott abzuwenden, kann Gottes Macht nicht absolut sein.

Mit seinen Überlegungen zum Problem der Freiheit hat Augustinus eine

Diskussion eröffnet, die während des ganzen Mittelalters nicht abreißen sollte und sich auch in der Neuzeit noch fortsetzte, wobei bald die Freiheit des Menschen, bald die Allmacht der göttlichen Gnade stärker betont wurde. Eine befriedigende Lösung im Sinne der Anerkennung sowohl der menschlichen Freiheit und Verantwortlichkeit als auch der göttlichen Allmacht ist nicht gefunden worden.

e) Gottesreich und Reich dieser Welt

Gut und Böse stehen sich auch in der Weltgeschichte als antagonistische Mächte gegenüber. Nach Augustinus teilt sich die Menschheit in zwei Lager, das Gottesreich und das Reich dieser Welt. Dabei ist nicht an Reiche im buchstäblichen Sinne zu denken, sondern an Tendenzen, die die Weltgeschichte bestimmen. Die Entwicklung seit der Schöpfung vor 6000 Jahren vollzog sich in einer Reihe von Schritten, die von einem Zustand ohne Gesetze über einen gesetzlich geordneten Zustand zum Zustand der Gnade führten, der mit Christus eingetreten ist. Die Geschichte zielt auf die Errichtung des Tausendjährigen Reichs ab, von dem Augustin zunächst in historischer, später aber nur noch in metaphorischer Bedeutung mit Bezug auf das Himmelreich sprach.

Wenn die Geschichte als Ringen des Guten und des Bösen aufgefaßt wird, dann liegt es nahe, in dieser Auffassung ein Echo von Augustinus' frühen manichäischen Überzeugungen zu erblicken; wenn das Ziel der Geschichte im Sieg des Gottesreichs erblickt und gesagt wird, daß die Gottesfeinde zur Verdammnis bestimmt sind, dann entspricht das der Augustinischen Prädestionationslehre.

Anlaß für das Werk «Vom Gottesstaat», in dem nicht nur der Begriff des Staates erörtert, die Geschichte der Völker der Alten Welt rekonstruiert und eine gedrängte Geschichte der philosophischen Auffassungen geboten, sondern eine Philosophie der Geschichte als ganzer entworfen wird, war die Plünderung Roms durch die Goten Alarichs im Jahre 410. In den «Retraktationen» erklärte Augustinus, er habe der Meinung entgegentreten wollen, die Katastrophe sei eine Folge der Vernachlässigung der herkömmlichen Götterverehrung gewesen. Sein Werk hat somit auch apologetischen Charakter, allerdings nicht im negativen Sinn eines bloßen Widerlegungsversuchs, sondern in Form eines positiven Gegenentwurfs zur bekämpften Auffassung.

Die Augustinische Geschichtsphilosophie ist in eine Metaphysik eingebettet, in deren Mittelpunkt die Fragen des Weltanfangs und des Weltendes, der Existenz Gottes und des Verhältnisses zwischen Gott und Welt, der Geistigkeit und Unsterblichkeit der Seele, der Natur von Engeln und Dämonen, der Seligkeit der Erwählten und der Strafen der Verworfenen stehen. Eine allgemeine Erlösung der Kreatur, wie sie Origenes gelehrt hatte, schloß Augustinus aus. Gott gilt ihm als allgegenwärtig, die Erhaltung der Welt durch Gott besteht in ständiger Neuschöpfung. Der Gottesstaat ist nicht die Kirche, wie auch das Reich dieser Welt nicht mit einem konkreten Staat identifiziert wird. Gottesreich und Reich dieser Welt sind gegensätzliche metaphysische Prinzipien, die miteinander in der Geschichte konkurrieren, sich aber zugleich in mannigfaltiger Weise durchdringen. Das Gottesreich entstand mit der Erschaffung der Engel, das Reich dieser Welt beginnt mit dem Abfall Luzifers. Erst am Ende der Zeiten wird der Kampf der beiden Reiche endgültig entschieden, indem ihre Angehörigen teils in die ewige Seligkeit eingehen, teils der ewigen Verdammnis anheimfallen.

Die staatliche Rechtsordnung ist nach Augustin etwas Positives, auf das die Menschen in ihrem Zusammenleben angewiesen sind, kann aber nicht als wahrhaft gerecht gelten: Der Staat verhindert eher gewisse Übel, als daß er das Gute herbeiführte. Die Politik läßt sich nicht definitiv von der Moral trennen, sondern ist im Gegenteil moralischen Kriterien zu unterwerfen. Im Hinblick auf das Verhältnis von Staat und Kirche vertrat Augustinus die Auffassung, daß die Regierenden die Aufgabe hätten, die Kirche zu unterstützen, daß sie sich aber nicht anmaßen dürften, sie zu leiten.

Im Rahmen der Lehre von der Weltschöpfung erörterte Augustinus die Frage, ob auch die Zeit geschaffen sei. In den «Bekenntnissen» stellte er der Zeitlichkeit der geschaffenen Dinge die Ewigkeit Gottes gegenüber und erklärte es für verfehlt zu fragen, was Gott vor der Schöpfung getan habe; diese Frage ist sinnlos, da es keine Zeit vor der Schöpfung geben kann: «So gab es also niemals eine Zeit, in der Du [o Gott] nicht etwas schufst, weil Du die Zeit selbst geschaffen hast.»[82] Die Zeit mit den Aspekten der Gegenwart, Vergangenheit und Zukunft sowie die Zeitmessung sind nur im menschlichen Geist möglich, der aktuell erlebt, sich an etwas erinnert und etwas erwartet. Unsere Aufmerksamkeit richtet sich auf ein Ganzes, das sich aber im Erleben in eine Mannigfaltigkeit unter den Gesichtspunkten der Vergangenheit, Gegenwart und Zukunft aufspaltet: «Siehe, Zerstreuung ist mein Leben».[83] Augustinus betont den Aspekt der Zerstreuung, um durch den Gegensatz zu ihr die Ewigkeit Gottes um so deutlicher hervorheben zu können. Bemerkenswert ist, daß er bei der Erörterung der Zeit nicht mehr (wie Aristoteles) von Bewegungen äußerer Dinge, insbesondere der Gestirne, ausgeht, sondern von Haltungen des Geistes. Eine Definition der Zeit hielt er nicht für möglich, wie sich zeigt, wenn er erklärt, wenn ihn niemand frage, was die Zeit sei, wisse er es; wenn er dem Frager antworten wolle, wisse er es nicht.[84]

So wie Boëthius für das abendländische Mittelalter zum wichtigen Vermittler philosophischer Lehren wurde, so gab Augustinus dem Westen viele der entscheidenden theologischen Themen vor. Augustinische Auffassungen gingen in die Sentenzen des Petrus Lombardus (s. Kap. II, 2 d) ein und übten über dieses Werk nachhaltigen Einfluß auf die christliche Scholastik aus. Durch Vermittlung Gratians (12. Jahrhundert), dessen sog. «Decretum» in der Entwicklung des Kirchenrechts eine wichtige Rolle spielte, flossen Augustinische Gedanken ins kanonische Recht ein. Darüber hinaus prägte auch Augustins Stil das Denken der Folgezeit, wie man feststellt, wenn man etwa Anselm von Canterbury liest. Zunächst wurde jedoch mit dem Zusammenbruch Westroms die philosophisch-theologische Entwicklung unterbrochen; erst als sich nach den Wirren der Völkerwanderung eine neue Ordnung bildete, konnte wieder an die Philosophen und Theologen des Altertums angeknüpft werden.

II.
Christliche, islamische und jüdische Philosophie des Mittelalters bis 1200[1]

Glaube, der nach vernünftiger Einsicht verlangt
(Anselm von Canterbury)

1. Die Entwicklung der christlichen Philosophie bis zur karolingischen Renaissance[2]

Der Untergang des weströmischen Reiches erfolgte nicht mit einem Schlag, sondern vollzog sich allmählich, wobei die Tragweite der einzelnen Ereignisse in diesem Auflösungsprozeß den Zeitgenossen wohl meist nicht deutlich bewußt war. So war der Vorstoß der Westgoten nach Rom im Jahre 410 zwar für die Bewohner Italiens ein schwerer Schock, wurde aber doch als Episode empfunden. Größer war die Erschütterung, die das Vordringen der Vandalen nach Nordafrika und die Belagerung von Hippo, das kurz nach Augustins Tod eingenommen wurde, bewirkten; aber noch in der Zeit des Boëthius, als die Ostgoten zur neuen Ordnungsmacht in Italien geworden waren, hatten die Menschen nicht das Gefühl, daß eine neue Zeit angebrochen sei. Wenn wir in der Rückschau das Jahr 476, in dem der letzte weströmische Kaiser abgesetzt wurde, als Ende des Altertums bzw. als Beginn des Mittelalters betrachten, so entspricht das nicht dem Bewußtsein der damals Lebenden. Erst als unter den Nachfolgern Theoderichs des Großen die von den Ostgoten aufrechterhaltene Ordnung zusammenbrach, ohne daß Ostrom die Reichseinheit wiederherzustellen vermocht hätte, wurde den Menschen im Abendland klar, daß die alte Welt zugrunde gegangen war. Neue Völker traten in das Licht der Geschichte, neue, oft nur kurzlebige Staaten entstanden, eine neue Gesellschaftsordnung – das Lehenssystem – bildete sich heraus. Die neuen Strukturen wuchsen jedoch nur allmählich, und erst als sie sich gefestigt hatten, konnten sie den äußeren Rahmen für eine ungestörte Entwicklung von Philosophie und Theologie bilden.

Obwohl die Philosophie der Epoche aufs engste mit der Theologie verbunden ist – die Vertreter der Philosophie waren zugleich, ja in erster Linie Theologen, und die Probleme der Philosophie interessierten vor allem wegen ihrer vermeintlichen Konsequenzen für die Theologie –, wird im Folgenden auf theologische Ansichten nur Bezug genommen, wenn das zum Verständnis philosophischer Auffassungen erforderlich ist.

In gewisser Hinsicht spielt die Verbindung des philosophischen mit dem theologischen Denken allerdings eine wesentliche Rolle: Da der Glaube an einen Gott, von dem alles Endliche abhängt und der in allen Dingen wirkt, den Horizont des Nachdenkens über die Welt, den Menschen und seine Seele, über Gut oder Böse und über den Sinn der Geschichte bildete, wurden die Fragen nach dem Wesen und nach der Erkennbarkeit endlicher Seiender immer im Lichte des Verhältnisses von diesseitiger und jenseitiger Wirklichkeit erörtert. So spielte zum Beispiel bei der Frage nach der Seinsweise von Arten und Gattungen – dem Universalienproblem – die Annahme der Abhängigkeit der allgemeinen Formen aller Wesen von Gott eine wichtige Rolle; wo unabhängig von menschlichem Denken und Sprechen bestehende allgemeine Strukturen der endlichen Wirklichkeit geleugnet wurden, tauchte daher sogleich der Verdacht der Häresie auf. Auch im praktischen Bereich hatte die Idee der Abhängigkeit alles Endlichen vom transzendenten Gott eine wichtige Funktion. Wenn die menschliche Seele von Gott geschaffen und daher von Gott seins- und wesensmäßig abhängig ist, dann stellt sich die Frage, ob ihr eine selbständige Aktivität, namentlich in Form der Willensfreiheit, zugeschrieben werden kann. Nimmt man an, daß sich der menschliche Wille von Gott abwenden kann, scheint das auf eine Einschränkung der göttlichen Allmacht hinauszulaufen; erklärt man den Menschen dagegen für willensmäßig ohnmächtig, dann scheint man ihm auch die Verantwortung für sein Tun, insbesondere für seine Sünden, zu nehmen.

Die Konzentration auf die Abhängigkeit des Endlichen vom Unendlichen hatte zur Folge, daß die endliche Wirklichkeit nur so weit Gegenstand des Interesses war, als man sie auf das Unendliche bezog und annahm, daß sie Gottes Wesen widerspiegelt und den Aufstieg zur Erkenntnis Gottes ermöglicht. Rein diesseitig gerichtete Wissenschaften konnten sich daher lange Zeit nicht entfalten; wo man Einzelwissenschaft betrieb, geschah das letzten Endes immer im Interesse der Theologie. Auch die Philosophie vermochte sich niemals völlig dem Einfluß der Theologie zu entziehen. Am ehesten gelang das im Bereich der Logik, doch auch logische Probleme wurden letztlich oft mit theologischen Fragen in Zusammenhang gebracht. Offensichtlich ist die Verbindung der Philosophie mit der Theologie jenes Charakteristikum, das das philosophische Denken des Mittelalters vom Denken der Antike und der Neuzeit unterscheidet. Außerdem ist zu beachten, daß die Probleme, mit denen sich das Mittelalter auseinandersetzte, zum größten Teil von der Antike ererbt waren, sofern es sich um rein philosophische Probleme handelte; erst als sich die Philosophie von der Theologie wieder abkoppelte, entstanden neuartige Konzeptionen. Das war in dem Augenblick der Fall, in dem nicht mehr die Theologie, sondern die Naturwissenschaft die Richtung des philosophischen Denkens bestimmte – das heißt in der frühen Neuzeit.

In der Zeit der Völkerwanderung und der allmählichen Entstehung einer neuen europäischen Ordnung wurde die spätantike Überlieferung im engen Kreis der Klöster gepflegt, allerdings in selektiver Weise. Im Vordergrund standen die Werke der Kirchenväter sowie die Schriften von Origenes, Pseudo-Dionysius und Boëthius mit ihrer wesentlich neuplatonisch-christlichen Tendenz. Aristoteles war nur teilweise bekannt – nicht einmal die Metaphysik war zur Gänze zugänglich –; im Anschluß an den Aristotelismus spielten die Begriffe von Wesenheit, Substanz und Akzidenz, von Stoff und Form sowie die Kategorien- und Ursachenlehre eine Rolle, allerdings zunächst vor einem platonistischen Hintergrund. Stoische Gedanken lernte das frühe Abendland durch Cicero und Seneca kennen; ausgeschlossen blieben philosophische Richtungen wie Epikureismus und Skepsis, die mit der christlichen Religion nicht verträglich schienen. Tatsächlich spielten materialistische Auffassungen, wie sie der von den Epikureern vertretene Atomismus darstellte, im Mittelalter ebensowenig eine Rolle wie die epikureische Moral der Gemütsruhe.

Die vorchristliche antike Bildung, einschließlich der Sieben Freien Künste, wurde zunächst in den Klöstern, später an den bischöflichen und Ordensschulen und erst ab etwa 1200 an unabhängigen Universitäten gepflegt. Den «artes» – Grammatik, Rhetorik und Dialektik als «Trivium», Arithmetik, Geometrie, Astronomie und Musik als «Quadrivium» – wurde nur eine dienende Funktion zugebilligt, so wie auch die Philosophie gelegentlich in die Rolle einer Magd der Theologie verwiesen wurde. Die erste Klosterbibliothek entstand in Vivarium in Unteritalien, wohin sich Cassiodor, Boëthius' Nachfolger als Kanzler Theoderichs, zurückgezogen hatte. Die Bibliothek, an der auch Abschriften hergestellt wurden, ist untergegangen, sie war aber Vorbild für zahlreiche andere ähnliche Einrichtungen im ganzen Abendland. Cassiodor, ein fruchtbarer Schriftsteller, schrieb unter anderem eine Geschichte der Goten und verfaßte einen Abriß der Theologie und der Sieben Freien Künste, die «Institutiones». Im 7. Jahrhundert faßte Isidor, Bischof von Sevilla, in den «Etymologien» den Wissensstand seiner Zeit in einer Art Enzyklopädie zusammen. Ähnliche Bemühungen finden sich beim Angelsachsen Beda Venerabilis und bei den irischen Mönchen, die die kulturelle Kontinuität – auch in der Kenntnis des Lateinischen und Griechischen – aufrechtzuerhalten suchten. Ansätze einer selbständigen Philosophie sind in dieser Zeit nicht zu erkennen.

Mit der Berufung des Angelsachsen Alkuin (gest. 804) an den Hof Karls des Großen wurde die spätantike, namentlich patristische Tradition auch im Frankenreich wirksam. Da die Franken vom Arianismus nicht erfaßt wurden, blieb ihre Beziehung zu den Päpsten von dogmatischen Schwierigkeiten unbelastet. Alkuin behandelte in seinen Schriften theologische und philosophische, namentlich auch logische Themen, wobei er an Aristoteles, Porphyrius und Boethius anknüpfte. Er leitete nicht nur die Hofschule und die Klosterschule von Tours, wo er Abt wurde, sondern schrieb auch für Unterrichtszwecke Lehrbücher und schuf einen Kreis von Gelehrten mit beträchtlicher Ausstrahlungskraft. Einer seiner Schüler war Hrabanus Maurus aus Mainz (gest. 856), der das Kloster Fulda zu einem Zentrum klerikaler Bildung machte, später Erzbischof von Mainz wurde und auch als exegetischer und enzyklopädischer Schriftsteller tätig war. Auf die Wiederaufnahme theologisch-philosophischer Motive der ausgehenden Antike weist die Bezeichnung «Karolingische Renaissance» hin, unter der die kurze kulturelle Blüte der damaligen Zeit bekannt ist.

Die überragende Gestalt der Epoche war der Ire Johannes Scottus (Scotus),[3] der wegen seiner Herkunft den Beinamen «Eriugena» trägt. Dank seiner Ausbildung an einer irischen Klosterschule verstand er die alten Sprachen und war mit der damals bekannten älteren Literatur vertraut, namentlich mit den Kirchenvätern. Eine besondere Rolle spielten in seinem Denken die Spekulationen des Pseudo-Dionysius Areopagita. Kaiser Karl der Kahle berief ihn an die Pariser Hofschule. Aufsehen erregte er durch seine Stellungnahme in dem Streit um die Prädestinationslehre, den Gottschalk (Godescalc) ausgelöst hatte: Beide Kontrahenten wurden des Irrglaubens verdächtigt, Gottschalk, weil er gelehrt hatte, gewisse Menschen seien von vornherein zur Verdammnis bestimmt, Scottus, weil er nicht nur – wie Augustinus – dem Bösen die Realität absprach und es als Mangel des Guten betrachtete, sondern weil er darüber hinaus auch die Wirklichkeit der Sündenstrafen außerhalb der Seele des Sünders leugnete, so daß er folgerichtig auch die Existenz einer Hölle mit physischen Strafen bestritt. Selbst den Begriff der Vorherbestimmung (Prädestination) wies er zurück: Da Gott nicht der Zeit unterworfen ist, kann es bei ihm ein Vorher und Nachher nicht geben. Gottschalk wurde verurteilt und bis zu seinem Lebensende in Haft gehalten, Eriugena blieb unbehelligt; seine Gedanken verfielen erst postum der Verurteilung. Der Konflikt zeigt, daß die Tradition der dogmatischen Divergenzen, die die ausgehende Antike geprägt hatte, im mittelalterlichen Abendland eine Fortsetzung fand.

Besondere Erwähnung verdient der Einfluß, den die Schriften des Pseudo-Dionysius ausübten. Die unter dem Namen des Areopagiten verbreiteten Werke waren im Frankenreich schon unter Kaiser Ludwig dem Frommen bekanntgeworden, der sie vom oströmischen Kaiser zum Geschenk erhielt. Den Verfasser identifizierte man mit dem Franken-Apostel Dionysius, dem die Kathedrale Saint-Denis bei Paris geweiht ist. Eine bald nach der Schenkung vorgenommene Übersetzung war unbefriedigend, so daß Johannes Eriugena den Auftrag erhielt, eine angemessenere Übertragung in Angriff zu nehmen.

Johannes Eriugenas in Dialogform geschriebenes Hauptwerk trägt den Titel «Über die Einteilung der Natur»[4] und zeigt vor allem den Einfluß der pseudo-dionysischen Schriften. Unter neuplatonischem Einfluß und mit wiederholter Berufung auf Pseudo-Dionysius wird hier eine spekulative Philosophie entwickelt, die durch ihre pantheisierende Tendenz und durch die Auffassung der Weltschöpfung als Selbstverwirklichung Gottes im Sinne der Emanationslehre die spätere Mystik beeinflußte. Anknüpfend an die neuplatonische Lehre vom Verharren des Einen in sich bei gleichzeitigem

Hervorgehen niedrigerer Wirklichkeitsbereiche aus ihm und deren Rückwendung zum Ursprung stellte Johannes Eriugena die Schöpfung als Manifestation Gottes in der Wirklichkeit, als Gottes In-die-Erscheinung-Treten (Theophanie) dar und lehrte die Rückkehr aller Dinge zu Gott auf Grund der Erlösung durch den Logos, ohne jedoch zu behaupten, daß sie mit Gott identisch würden.

Der Ausdruck «Natur» ist bei Scottus in einem so weiten Sinne verstanden, daß seine Bedeutung allumfassend wird: Zur Physis gehört alles, selbst das, was als relativ nicht-seiend gilt. «Natur» kann viererlei bedeuten, nämlich erstens das, was schafft, ohne geschaffen zu sein; zweitens das, was schafft und geschaffen ist; drittens das, was geschaffen ist, aber nicht selbst schafft, und viertens das, was weder geschaffen noch schaffend ist.[5] Dieser begrifflichen Einteilung wird eine ontologische zugeordnet: Das ungeschaffene Schaffende ist Gott, das geschaffene Schaffende sind die (in platonisch-augustinischem Sinne aufgefaßten) Ideen, nach deren Vorbild alles andere gebildet ist, nämlich die raum-zeitlichen Wesen als das nicht selbst schaffende Geschaffene. Das nicht schaffende Ungeschaffene ist wiederum Gott, aber nicht als Ursache, sondern als Ziel aller Wesen betrachtet.

Nennt man Ideen und konkrete Dinge seiend, dann kann mit Bezug auf Gott wegen dessen absoluter Jenseitigkeit nicht im gleichen Sinn das Sein ausgesagt werden: Gott ist überseiend. Da er aber gleichzeitig zur Natur im weiten Sinne gehört, konnte Johannes Eriugena sagen, daß die Erörterung der Natur nicht nur alles betrifft, was ist, sondern auch alles, was nicht ist. Von einem relativen Nichtsein kann auch im Gegensatz zum wahrhaft Seienden, d.h. den Ideen, gesprochen werden. Auf der Ebene der Sinneserfahrung gilt als seiend, was beobachtbar ist; alles andere gilt nach dieser Ansicht, die Eriugena nicht übernahm, als nicht-seiend, insbesondere alles, was nicht in Raum und Zeit entstanden ist.[6] Somit enthält das Werk auch die Grundzüge einer Ontologie, in deren Rahmen Verwendungsweisen von «Sein» bestimmt werden.

Pantheistische Konsequenzen liegen nahe, wenn von Gott gesagt wird, er sei Anfang, Mitte (medium) und Ende bzw. Ziel aller Wesen: Er ist Anfang, weil alles aus ihm ist; er ist das Medium, weil alle Wesen in ihm sind und sich in ihm bewegen, und er ist das Ziel, weil sich alles auf ihn zu bewegt.[7] Nichts besteht außerhalb der göttlichen Natur; folglich ist sie selbst wahrhaft und wirklich in allem, und nichts wäre wahrhaft und wirklich, was nicht in ihr wäre.[8] Wir können Gott nicht direkt erkennen, weiß er doch selbst nicht, was er ist. Allgemein wird von Scottus die Jenseitigkeit Gottes, wie im Neuplatonismus, so stark akzentuiert, daß bejahende Aussagen über Gottes Wesen als unmöglich erscheinen. In diesem Sinne steht Scottus auf dem Standpunkt der negativen Theologie. Indirekt soll es aber dennoch möglich sein, positiv über Gott zu sprechen, freilich nur mit Hilfe von Metaphern. Obwohl Gott als überseiend, übergut, überwahr, ja als übergöttlich bezeichnet wird, kann Eriugena als Theologe nicht umhin, positive

Aussagen über ihn zu machen, indem er zum Beispiel von der Wesenheit (essentia) Gottes sagt, daß sie in drei Substanzen – den göttlichen Personen – existiert.

Die Unterscheidung von negativer und positiver Theologie, die sich zueinander komplementär verhalten sollen, dient dazu, das Dilemma, in dem sich Eriugena als Vertreter neuplatonischer Gedanken und als Vertreter der Kirchenlehre sah, wenn nicht zu überwinden, so doch zu relativieren. Schon bei ihm findet sich das für die scholastische Philosophie charakteristische Bestreben, Offenbarung und philosophische Einsicht als miteinander verträglich darzustellen. Aber noch zu seinen Lebzeiten haben Lokal-Synoden seine Auffassungen verurteilt, und 1225 verfügte Papst Honorius III. die Vernichtung aller Exemplare seines Hauptwerks.

Johannes Eriugenas letzte Lebenszeit liegt im dunkeln: Wo und wann er starb, ist nicht bekannt. Seine Schüler waren ihm philosophisch nicht ebenbürtig, so daß er eine in seiner Zeit singuläre Philosophen-Persönlichkeit bleibt. Auch das zehnte Jahrhundert war philosophisch unfruchtbar; erst im 11. Jahrhundert finden sich wieder Ansätze selbständigen philosophischen Denkens.

2. Christliche Philosophie im 11. und 12. Jahrhundert

a) Dialektiker und Anti-Dialektiker

Da die an den Schulen – zunächst den Kloster- und Bischofsschulen – gepflegte theologisch-philosophische Lehre, die Scholastik, sowohl Theologie als auch Philosophie sein wollte, konnte die Frage nach dem Verhältnis von Glauben und Wissen nicht umgangen werden: Sollen die theologischen Lehrsätze der vernünftigen Einsicht als Maßstab unterworfen werden, oder soll umgekehrt die Vernunft dem in den Dogmen formulierten Glauben untergeordnet sein? In der christlichen Philosophie der Antike wurde die Vernunfterkenntnis dem Glauben klar untergeordnet, und auch in der frühchristlichen Theologie zeigte sich häufig eine ähnliche Tendenz, besonders deutlich in der Gnosis. Allerdings gab es auch Vertreter der Gegenposition, der zufolge die vernünftige Erkenntnis höher steht als der Glaube. Der Gegensatz von Glaube und Erkenntnis brach im 11. Jahrhundert wieder auf: Auf der einen Seite standen jene, die – wie Berengar von Tours – in der Theologie nur gelten lassen wollten, was der Logik bzw. der «Dialektik» entsprach; auf der anderen Seite finden wir Theologen, die die «Dialektik» bzw. die Philosophie im allgemeinen zugunsten des Glaubens abwerten. Der Rationalismus der «Dialektiker» wie der Irrationalismus der «Anti-Dialektiker» waren extreme Positionen, die für die Mehrzahl der Theologen unannehmbar waren; eine Vermittlung wurde als nötig empfunden, und sie wurde in einer Richtung gesucht, die durch Augustins Formel «Ich glaube, um zu erkennen» gewiesen wurde. Anselm von Canterbury gehörte zu jenen, die sich der Aufgabe der Harmonisierung von Glauben und Wissen widmeten; wenn er vom Glauben spricht, der nach Einsicht strebt, weist er auf diese Aufgabe hin. Einerseits wollte er – wie die Dialektiker – Existenz und Wesen Gottes mit rationalen Mitteln erkennen, andererseits betonte er, er suche die Erkenntnis nicht, um zu glauben, sondern er glaube, um zu erkennen. Wir können Gott nicht suchen, wenn er uns nicht belehrt, und ihn nicht finden, wenn er sich uns nicht zeigt.[9]

In der scholastischen Philosophie spielte die Frage eine entscheidende Rolle, ob und wie Gott, und in Abhängigkeit von ihm das Wesen der Dinge, erkannt werden können. Anders als Neuplatoniker und neuplatonisch beeinflußte Theologen nahmen die Scholastiker keine unmittelbare Gottesschau in ekstatischer Vereinigung mit dem Absoluten an, wie es die Mystiker taten, die sich vor allem in diesem Punkte von den Scholastikern unterscheiden. Da für sie nur eine mittelbare Gotteserkenntnis in Betracht kam, mußten sie Argumente suchen, mit deren Hilfe gezeigt werden konnte, daß Gott existiert und daß er jene Attribute besitzt, die ihm die Offenbarungsreligion zuschreibt. Gottesbeweise wurden schon in der alten Philosophie formuliert, und die Scholastiker griffen auf die älteren Argumente zurück, so wie sie sich auch des von Augustinus entwickelten Beweises bedienten. Mit Anselm trat aber ein neuartiger, allerdings von langer Hand vorbereiteter Beweis auf, der Grund dafür ist, daß sein Urheber heute immer noch Beachtung findet, vielleicht sogar stärkere Beachtung als die meisten anderen Scholastiker.

b) Anselm von Canterbury

Anselm wurde 1033 in Aosta geboren, doch sein Vater Gundolf war Lombarde, seine Mutter Ermenberga kam aus Burgund. Für einen Mann der mittelalterlichen Kirche waren allerdings Geburtsort und Herkunft zweitrangig: seine Heimat war die Kirche oder, im engeren Sinne, ein Orden bzw. ein Kloster. Als Mönch des Klosters Bec in der Normandie war Anselm Schüler des dortigen Priors Lanfranc, dessen Nachfolge er antrat, als dieser Erzbischof von Canterbury wurde. Auch in dieser Funktion folgte Anselm seinem Lehrer nach. Als Erzbischof vertrat er in der Frage der Investitur der Bischöfe die Interessen der Kirche und erreichte schließlich einen Kompromiß, ähnlich der Übereinkunft, die 1122 den Investiturstreit im Reich beenden sollte. Anselm, den die katholische Kirche unter ihre Heiligen zählt, starb im Jahre 1109.[10] Von seinen Werken sind (neben kleineren Abhandlungen) philosophisch wichtig das «Monologion» und das «Proslogion» (so genannt, weil Gott in Form eines Gebetes angerufen wird); außerdem schrieb er theologische Traktate wie «Über die Fleischwerdung des Wortes» und «Warum Gott Mensch wurde».[11] So sehr sich Anselm auch um vernünftige Argumente bemühte, so wenig wollte er durch sie den Glauben überflüssig machen; im Gegenteil: der Glaube stellt sozusagen den Horizont dar, innerhalb dessen nach rationalen Begründungen gesucht wird. So steht der berühmte Gottesbeweis im «Proslogion», von dem unten die Rede sein wird, in einem Zusammenhang, der den Charakter eines Gebets hat. Anselm ist von vornherein sicher, daß Gott existiert, und deshalb fleht er ihn an, ihm bei der Suche nach vernünftigen Gründen zu helfen. Als gläubiger Christ will Anselm rechtfertigen, was er glaubt, nicht um den Glauben zu festigen, sondern um ihn zu objektivieren. Der Glaube mag so stark sein wie nur möglich – als Glaube bleibt er ein subjektives Phänomen, dessen objektive Geltung nicht aus seiner Festigkeit folgt. Daher verlangt der Glaube an Gott nach Gründen, ja nach notwendigen Gründen, d. h. nach Vernunftbeweisen.

Bereits im «Monologion» hat Anselm eine Reihe von Gottesbeweisen entwickelt. So suchte er zu zeigen, daß Gott erste Ursache aller Wesen sei, weil alles eine Ursache haben muß und die Kette der Ursachen nicht unendlich sein kann. Auf die Existenz Gottes läßt sich auch schließen, wenn man sich klarmacht, daß die Wesen, von denen wir wissen, unterschiedlich vollkommen sind: Ein Lebewesen steht höher als etwas Unbelebtes, ein Vernunftwesen steht höher als ein vernunftloses Lebewesen usw. Die Stufenleiter, die sich auf diese Weise ergibt, muß nach Anselm in einer höchsten Stufe absoluter Vollkommenheit, d. h. in Gott, enden. Schließlich findet sich im «Monologion» auch der platonisch-augustinische Beweis, dem zufolge es absolut Wahres, Gutes und Schönes geben muß, wenn relativ wahre, gute und schöne Dinge existieren. Daß dies der Fall ist, zeigt die Erfahrung, so wie auch die anderen Beweise im «Monologion» an Erfahrungssätze anknüpfen, die besagen, daß es Wirkungen gibt bzw. daß es Vollkommenheitsgrade gibt.

Wegen dieser Abhängigkeit von Voraussetzungen, die den Charakter von Erfahrungssätzen haben, erschienen Anselm die Beweise im «Monologion» als unbefriedigend: So wie Gott nicht von der Welt abhängt, so soll nach Anselms Überzeugung auch die Gotteserkenntnis nicht von der Erkenntnis endlicher Dinge der Welt abhängen. Gottes Würde, so meinte er, verlange nach einem Beweis, der ebenso unabhängig von Erfahrungstatsachen ist, wie Gott selbst unabhängig von erfahrbaren, endlichen Dingen existiert. Einen solchen Beweis legte er im «Proslogion» vor. So wie Augustinus nur Gott und die Seele zu erkennen strebte, so wollte Anselm, ganz in augustinischem Geiste, zu einer Gotteserkenntnis vorstoßen, in der nur die Relation der Seele und ihrer Inhalte zu Gott eine Rolle spielt. Er war sich bewußt, mit diesem Beweis etwas Neues geschaffen zu haben, und tatsächlich hat er mit ihm Probleme aufgeworfen, die nicht nur die scholastische Philosophie, sondern die Philosophie der Folgezeit überhaupt auf weite Strecken beschäftigen sollten.[12]

Noch in der Schilderung, die Anselms erster Biograph vom Zustandekommen des Arguments gab, spiegelt sich das Ringen um den gesuchten Beweis: Anselm soll ihn auf eine Tafel geschrieben haben, bevor er zum Gottesdienst ging; als er zurückkehrte, hatte der böse Feind die Aufzeichnungen vernichtet. Nach langen Bemühungen konnte Anselm den Beweis rekonstruieren, aber wieder gelang es dem Teufel, seine Notizen zu löschen. Als schließlich das Argument mit Mühe rekonstruiert war, wurde die Tafel, auf der es stand, von einem Mitbruder bewacht, so daß der Beweis nicht mehr verlorengehen konnte. In dieser Legende kommt die Überzeugung zum Ausdruck, daß mit dem fraglichen Beweis dem Unglauben, also der Sache des Teufels, ein entscheidender Schlag versetzt war, so daß die Hölle alle Mittel aufbot, um ihn zu unterdrücken.

Der im «Proslogion» entwickelte Beweis, der zum berühmtesten aller Gottesbeweise wurde, verläuft etwa so: Nicht nur der Gläubige, sondern auch der Gottesleugner muß, wenn er die Existenz Gottes bestreitet und (mit den Worten des Psalmisten) in seinem Herzen spricht «Es gibt keinen Gott», Gott denken, und zwar mindestens als ein Wesen, über das hinaus ein Größeres nicht gedacht werden kann. Auch für den Gottesleugner existiert somit Gott in seinem Denken; was er leugnet, ist die Existenz Gottes unabhängig vom Denken. Da es aber, wie Anselm annimmt, etwas Größeres ist, im Denken und unabhängig vom Denken in der Wirklichkeit zu existieren, als im Denken allein zu existieren, ist es widerspruchsvoll, Gott nur Existenz im Denken, nicht aber unabhängig vom Denken zuzuschreiben, da Gott dann gerade nicht als etwas gedacht wird, über das hinaus Größeres nicht gedacht werden kann. Es gäbe in diesem Falle etwas Größeres, nämlich Gott nicht nur als Denkinhalt, sondern als denkunabhängige Wirklichkeit. Sagt der Gottesleugner «Ich denke ein Wesen, über das hinaus ein größeres nicht gedacht werden kann, doch dieses Wesen ist außerhalb meines Denkens nicht wirklich», dann widerspricht er sich selbst. Also muß jeder, der Gott angemessen begreift, nämlich als dasjenige, worüber hinaus Größeres nicht denkbar ist, anerkennen, daß Gott in Wirklichkeit ist. Wie kann dann der Tor behaupten, es gebe keinen Gott? Dies ist, wie Anselm meint, nur möglich, weil er den Selbstwiderspruch in seiner Behauptung nicht bemerkt, und das heißt: weil er ein Tor ist.

Der Beweis, in dem gezeigt werden soll, daß der Satz «Gott existiert» wahr, ja notwendig wahr ist, ist nur ein erster Schritt einer Argumentation, die das Ziel verfolgt, auch die Attribute der absoluten Güte, Allmacht, Gerechtigkeit usw. unabhängig von der Erfahrung, aber auch unabhängig von der Autorität der Schrift, Gott beizulegen; ja Anselm kommt zum Ergebnis, daß Gott nicht nur etwas ist, über das hinaus Größeres nicht gedacht werden kann, sondern daß er größer ist als alles, was gedacht werden kann. Das ist bemerkenswert, weil hier, nachdem im Sinne der positiven Theologie Gott eine Reihe von Bestimmungen beigelegt wurden, auch der Grundgedanke der negativen Theologie zur Geltung kommt.

Der Gottesbeweis, den man seit Kant den «ontologischen» nennt, stieß sogleich auf Widerspruch. In einer kleinen Schrift, dem «Buch zur Verteidigung des Toren» («Liber pro insipiente») machte sich der Mönch Gaunilo insofern zum Anwalt des «Toren», als er zu zeigen suchte, daß die Leugnung der Existenz Gottes nicht widerspruchsvoll sei. Gaunilo hielt die Behauptung des Gottesleugners zwar für falsch; aber ein Satz kann falsch sein, ohne daß er widerspruchsvoll sein müßte. Anselm antwortete seinem Kritiker, indem er die Hauptpunkte seiner Argumentation nochmals hervorhob.

Wer das Proslogion-Argument kennenlernt, dürfte den Eindruck haben, daß hier mit einem logischen Trick gearbeitet wird. Man wird sich vermutlich fragen, wie ein Schluß korrekt sein kann, durch den bloß mit Hilfe einer Definition und formaler Grundsätze die Existenz des Definierten sichergestellt werden soll. Ein solches Bedenken ist gerechtfertigt, wenn man an eine Definition im Sinne der Festlegung des Wortgebrauchs denkt. Anselm bezog aber die Kennzeichnung Gottes als etwas, worüber hinaus Größeres nicht gedacht werden kann, auf etwas, das unabhängig von der Kennzeichnung besteht und eine Art Sein hat, wenn auch nicht das Sein raum-zeitlicher Dinge. Allen widerspruchsfreien Begriffen entsprechen entweder reale oder ideale Gegenstände, und die Bedeutung von Begriffen besteht in ihrer Beziehung auf Gegenstände. Wenn, wie Anselm überzeugt war, dem Ausdruck «worüber hinaus Größeres nicht gedacht werden kann» ein idealer Gegenstand entspricht, dann geht es nicht nur darum, ob jener Ausdruck die Existenz impliziert, sondern darum, ob zum entsprechenden idealen Gegenstand die Existenz gehört. Diese Frage meinte Anselm beantworten zu müssen. Will man seinem Argument gerecht werden, dann muß man berücksichtigen, daß er nicht nur raum-zeitlichen Dingen, sondern auch idealen Gegenständen, denen unsere Begriffe korrespondieren, eine Art Sein zusprach, also nicht einfach von einem Inhalt des subjektiven Denkens direkt auf die Existenz Gottes schloß, sondern vom Begriff auf den begriffenen idealen Gegenstand, und erst von diesem zu zeigen suchte, daß ihm nicht ohne Widerspruch die Existenz abgesprochen werden könne. Damit soll der Beweis nicht gerechtfertigt werden; es ist aber nötig, Anselms Voraussetzungen in Rechnung zu stellen, wenn man gerecht über seinen Beweis urteilen will.

Die späteren Scholastiker sprachen sich bald für, bald gegen den Beweis aus, und in der Neuzeit brachte ihn Descartes, allerdings in veränderter Form, wieder zur Geltung. Obwohl sich wiederum die Kritiker zu Wort meldeten, bedienten sich die Vertreter der rationalistischen Metaphysik – außer verschiedenen Cartesianern auch Spinoza, Leibniz und Wolff – dieses Beweises, gegen den im 18. Jahrhundert vor allem Hume und Kant Einwände vorbrachten. Nichtsdestoweniger nahmen ihn nachkantische Philosophen wie Hegel wieder auf, und noch in unserer Zeit gibt es Bemühungen, seine Schlüssigkeit zu erweisen. Der Umstand, daß in der jahrhundertelangen

Auseinandersetzung um den Beweis keine endgültige Entscheidung herbeigeführt werden konnte, weist darauf hin, daß Verfechter und Gegner von unterschiedlichen Voraussetzungen ausgingen. Während Anselm und alle, die nach ihm seinen Beweis verwendeten, ideale Gegenstände als Entsprechungen von Begriffen annahmen, lehnten die Kritiker diese Annahme ab.

c) Das Universalienproblem im 12. Jahrhundert

Mit der Annahme, daß Begriffen ideale Gegenstände zuzuordnen seien, stand Anselm nicht allein, sondern gehörte einer bis zu Plato zurückreichenden Tradition an. Zugunsten dieser Annahme wurde ins Treffen geführt, daß es sich mit der Bedeutung allgemeiner Begriffe ähnlich verhalten müsse wie mit der Bedeutung von Eigennamen: Wenn ein Eigenname ein individuelles Seiendes bedeutet, dann scheint ein Begriff als allgemeiner Name einen allgemeinen Gegenstand, ein Universale, bedeuten zu müssen. Weil dieser Ansicht nach dem Allgemeinen eine Art Realität zugeschrieben wird, pflegt sie als Universalien-Realismus bezeichnet zu werden. Diese Auffassung blieb aber nicht unwidersprochen; ihr wurde als Gegenposition der Nominalismus entgegengestellt, d.h. die These, daß es kein reales Allgemeines, sondern nur allgemein verwendbare Namen (nomina) gebe. Die Erörterung der Seinsweise der Universalien wird im Mittelalter immer wieder aufgenommen, sie endete aber nicht mit dem Übergang zur Neuzeit, sondern beschäftigte auch die neuzeitliche Philosophie bis in unsere Zeit.

Die hauptsächlichen Positionen in der Debatte über die Seinsweise des Allgemeinen, d.h. der Arten und Gattungen, wurden, wie oben erwähnt, bereits in der ausgehenden Antike festgelegt: Porphyrius formulierte die möglichen Auffassungen in der Universalien-Frage, und Boëthius nahm nicht nur die Frage auf, sondern gab auch eine Antwort.[13] Innerhalb der eng mit der Theologie verbundenen Philosophie des Mittelalters wurde das Universalienproblem allerdings nicht nur als rein theoretische Frage diskutiert. Es ging nicht nur darum, ob zum Beispiel der Begriff «Dreieck» lediglich ein gemeinsamer Name einzelner Dreiecke oder Ergebnis der abstraktiven Isolierung einer in den besonderen Dreiecken realisierten allgemeinen Form oder die Entsprechung einer unabhängig vom Denken wie von der Realisierung in konkreten Gegenständen bestehenden idealen Wesenheit ist, die das Muster konkreter Dinge einer bestimmten Art darstellt. Wenn die Scholastiker dieses Problem erörterten, dachten sie vielmehr an theologische Implikationen, namentlich im Zusammenhang mit der Gottesfrage. Wenn es kein reales Allgemeines gibt, so wurde z.B. überlegt, dann ist «Gott» nur ein gemeinsamer Name für Vater, Sohn und Heiligen Geist, und es gibt nicht einen Gott in drei Personen, sondern drei Götter. Eine solche Auffassung, der «Tritheismus», ist offensichtlich mit der Kirchenlehre unverträglich. Wenn der Nominalismus, der außer allgemein verwendbaren Namen kein Allgemeines anerkannte, zu dieser Auffassung zu führen schien, mußte er inakzeptabel sein. Die Heftigkeit, mit der die Auseinandersetzung zwischen den Vertretern der verschiedenen Positionen – den Nominalisten und den Universalien-Realisten, die das Allgemeine für etwas Reales hielten, das entweder vor den Dingen oder in den Dingen existiert – geführt wurde, ist ein Zeichen dafür, daß das Problem nicht als rein philosophisches betrachtet wurde.

Der nominalistische Standpunkt scheint schon von Roscelinus (gestorben nach 1120) eingenommen worden zu sein, dessen Auffassung nur durch Äußerungen anderer, insbesondere Anselms, ungenau genug bekannt ist. Wenn er das Allgemeine als Lautgebilde (flatus vocis) bezeichnete, so ist nur soviel klar, daß er die realistische Position ablehnte; auf eine entwickelte nominalistische Theorie kann aus den Berichten nicht sicher geschlossen werden. Jedenfalls wurde ihm als Konsequenz seines Nominalismus die tritheistische Auffassung unterstellt. Die extreme Gegenposition vertrat zur gleichen Zeit Wilhelm von Champeaux, der in Paris lehrte und später Bischof von Châlons wurde. Auch seine Auffassung ist nur indirekt bekannt. Sie besagt, daß das Allgemeine nicht nur real, sondern realer ist als die konkreten Dinge, die sich zum Allgemeinen verhalten wie die Bestimmungen zur Substanz. Gegenüber der allgemeinen Wesenheit des Menschen sind demgemäß die einzelnen Menschen nur Modifikationen der Wesenheit. Diese Auffassung bietet zwar in theologischer Hinsicht den Vorteil, verständlich zu machen, wie von Adams Sündenfall alle Menschen betroffen sein können – die Sünde verdirbt die Wesenheit, an der alle Individuen teilhaben –, sie hat aber auch große Schwierigkeiten im Gefolge, z.B. im Hinblick auf die Unsterblichkeitslehre: Wenn die einzelnen Menschen nur Akzidentien der Wesenheit «Mensch» sind, scheint von individueller Unsterblichkeit nicht die Rede sein zu können. Angesichts der Kritik, auf die seine Auffassung stieß, sah sich Wilhelm genötigt, sie abzuschwächen. Die scholastische Philosophie tendierte in der Folgezeit zu einem gemäßigten Realismus, dem zufolge das Allgemeine nur als Form konkreter Dinge real ist.

Um eine solche mittlere Position bemühte sich Roscelins und Wilhelms Schüler Petrus Abaelard(us) (1079–1142), der ein berühmter Lehrer der Philosophie und ein klarer Denker war, wie vor allem seine Schriften zur Logik erkennen lassen; zugleich war er ein scharfer Kritiker, wie seine Auseinandersetzung mit Wilhelm von Champeaux erkennen läßt, aber auch ein Theoretiker, der seinerseits Kritik provozierte, und offenbar ein leidenschaftlicher Mensch, wie seine Beziehung zu Héloïse zeigt.[14] In der Frage der Universalien, die in seinen Arbeiten zur Logik eine Rolle spielt, griff er den begriffsrealistischen Standpunkt, wie er in seiner Zeit namentlich von Wilhelm von Champeaux vertreten wurde, an.[15] Ausdrücklich knüpfte er an die von Porphyrius aufgeworfene und von Boëthius erörterte Frage an, ob Arten und Gattungen wirkliche Entitäten oder nur Denkinhalte seien. Gegen die Ansicht, daß Prädikate allgemeine Namen seien, die als solche ein

Universale als «Ding» (res), ein reales Allgemeines (wie z.B. die Ideen im Sinne Platos), benennen müßten, gab er zu bedenken, daß niemals Dinge, sondern immer nur Wörter ausgesagt werden könnten. Die begriffsrealistische Auffassung ist seiner Ansicht nach widerspruchsvoll: Wenn es allgemeine Wesenheiten gäbe, die in mehreren Dingen konkretisiert sind, dann müßten die gegensätzlichen Bestimmungen dieser Dinge den Wesenheiten zugeschrieben werden. Gäbe es zum Beispiel eine allgemeine Wesensform «Lebewesen», durch die etwas zu einem Lebewesen wird, dann müßte dieser Wesenheit sowohl Vernunft wie deren Gegenteil zugeschrieben werden, da Lebewesen bald vernünftig (wie der Mensch), bald vernunftlos (wie das Tier) sind. Was wirklich ist, kann aber keine Widersprüche enthalten.

Das, worauf sich allgemeine Ausdrücke beziehen, kann aber auch nicht als Gesamtheit von Teilen (als Aggregat oder Komplex) aufgefaßt werden, da eine Kollektion ebensowenig von mehreren konkreten Dingen ausgesagt werden kann wie ein Ding. Daher kann nur das Wort, der sprachliche Ausdruck, allgemein sein, allerdings nicht das Wort als bloßes Lautgebilde (vox), sondern die sinnvolle Rede (sermo), die auf Grund von Übereinkunft eine Bedeutung hat. Nur Ausdrücke im letzteren Sinne werden als Prädikate ausgesagt.

Wenn allgemeine Ausdrücke nicht allgemeine Entitäten abbilden, dann erhebt sich die Frage, worauf sie sich beziehen. Die Antwort auf diese Frage suchte Abaelard im Rahmen einer erkenntnis-psychologischen Theorie zu geben, die auf der Unterscheidung zwischen Sinneswahrnehmung (sensus), Einbildungskraft (imaginatio) und Verstand (intellectus) beruht. Sinneswahrnehmungen bilden nach Abaelard reale Dinge ab, und zwar geschieht das bei gegenwärtigen Dingen unmittelbar, d.h. ohne daß es der Vermittlung eines Bildes bedürfte. Erst die Einbildungskraft erzeugt ein konfuses Bild des Gegenstandes, das Züge enthält, die allen Individuen einer Art gemeinsam sind, aber keine eigentümlichen Züge dieses oder jenes Individuums. Die Formen der Einbildungskraft sind eigentlich nichts, da sie weder Substanzen noch Bestimmungen von Substanzen sind. Abaelard bezeichnet sie als etwas Imaginäres bzw. Fiktives, vergleichbar den Traumbildern. Sie entsprechen nicht Ideen im Sinne Platos, aber auch nicht Formen im göttlichen Geist, nach denen die konkreten Dinge geschaffen sind. Auf die Bilder der Einbildungskraft richtet sich der Verstand. Es wäre daher verfehlt zu sagen, die Seele werde dem Ding ähnlich, indem sie dessen Form annimmt.

Die Einführung allgemeiner Ausdrücke geschieht dennoch nicht ohne reale Grundlage: Die Dinge verhalten sich in einer bestimmten Weise, sie stimmen namentlich in gewissen Eigenschaften überein, und auf Grund dieser Übereinstimmung in ihrem «Status»[16] bzw. in der Art, in der sie sich verhalten, lassen sich Ausdrücke auf eine Mehrheit von Dingen beziehen.

Die Annahme von vagen Typen-Vorstellungen gehört zu einer psychologischen Theorie der Begriffsbildung und hat als solche nicht unmittelbar mit dem Universalienproblem zu tun, das teils ein semantisches, teils ein ontologisches Problem ist: Einerseits handelt es sich darum, ob Ausdrücke für Universalien (Mengen, allgemeine Eigenschaften) für sich Bedeutung haben oder nicht; andererseits geht es um die Frage, ob man, wenn solche Ausdrücke eingeführt werden, ihnen Entitäten zuordnen soll, die in ihrer Art wirklich sind. Die erste Frage gehört in die Semantik, die zweite in die Ontologie. Abaelard scheint in semantischer Hinsicht Universalien zugelassen zu haben, und das dürften jene gemeint haben, die seine Position als «Konzeptualismus» – im Sinne der These, daß Universalien, als Begriffe, im Denken erzeugt würden – charakterisierten; seine Kritik richtet sich gegen die Annahme, daß Ausdrücken für allgemeine Eigenschaften (wie «Röte») oder für Mengen (wie «Menge der Lebewesen») Gegenstände eigener Art, nämlich ideale Entitäten (von der Art der Platonischen Ideen) zuzuordnen seien. Gegen das Argument, wir könnten ohne allgemeine Prädikatausdrücke keine Urteile fällen und durch die Prädikation werde einem Ding eine Eigenschaft beigelegt, die daher allgemein sein müsse, betonte Abaelard, daß im Urteil nicht behauptet würde, daß eine Eigenschaft dem Ding anhafte, sondern lediglich, daß ein Prädikat-Ausdruck in einem bestimmten Verhältnis zum Subjekt des Urteils stehe.

Abaelards Auffassung stößt auf eine Schwierigkeit, die sich darin äußert, daß er einerseits die allgemeinen Ausdrücke auf Bilder der Einbildungskraft bezieht, die gemeinsame Züge einer Menge von Dingen enthalten, andererseits aber den Gemeinsamkeiten die Wirklichkeit abspricht: «Wenn jemand fragte, ob die imaginären Formen, denen gemäß sich Einbildungskraft bzw. Verstand verhalten, etwas seien, antworten wir mit Nein.»[17] Um eine Übereinstimmung zwischen mehreren Gegenständen behaupten zu können, bedarf man des allgemeinen Begriffs einer Eigenschaft, in der sie übereinstimmen; will man, wie Abaelard, diese Konsequenz vermeiden, dann darf man nicht annehmen, daß die Einführung allgemeiner Begriffe auf einem bewußten Vergleichen ähnlicher Dinge beruht, sondern man muß sich auf den Standpunkt stellen, daß gewisse Dinge bestimmte (sprachliche) Reaktionen hervorrufen, ohne daß ein bewußter Vergleich vorhergegangen wäre. Nur auf diesem Wege scheint man zu einem konsequenten Nominalismus gelangen zu können. Abaelard hat diese Position nicht erreicht, sondern einen Standpunkt vertreten, den man treffender als «Partikularismus» bezeichnen könnte: Seiner Ansicht nach gibt es keine idealen Entitäten (wie Platonische Ideen oder Wesensformen), sondern nur besondere (partikuläre) Seiende. Nichtsdestoweniger hat Abaelard einen wichtigen Beitrag zur Entfaltung des Unviersalien-Problems geleistet, so daß gesagt werden konnte, seine logischen Analysen bildeten nicht nur den Höhepunkt der Philosophie des 12. Jahrhunderts, sondern nähmen auch die nominalistischen Auffassungen des 14. Jahrhunderts im wesentlichen bereits vorweg.[18]

Als Theologe bemühte sich Abaelard um eine systematische Darstellung der Glaubensinhalte; für die Methode der theologischen Diskussion wurde sein Werk «Ja und Nein» (»Sic et non«) wichtig, weil es dem kritischen

Denken einen besonderen Impuls verlieh. Abaelard stellte gegensätzliche Äußerungen der Tradition einander gegenüber und machte damit deutlich, daß die Berufung auf die Überlieferung nicht ausreiche, sondern daß man auch in theologischen Fragen begründete Entscheidungen treffen müsse. Dem entspricht im praktischen Bereich eine Auffassung, die als gesinnungsethisch zu bezeichnen ist: Nicht die Handlung ist Gegenstand moralischer Bewertung, sondern ausschließlich die innere Einstellung. «Die Handlung ist nicht gut, weil sie etwas Gutes enthält, sondern weil sie einer guten Absicht entspringt.»[19] Über die Güte der Absicht entscheidet aber letztlich das eigene Gewissen. Seine Einstellung trug ihm den Vorwurf des Rationalismus ein. Noch zu seinen Lebzeiten wurde sein Standpunkt als häretisch verdächtigt und verurteilt.

d) Andere Richtungen der christlichen Philosophie im 12. Jahrhundert

Mit der von Abaelard repräsentierten «rationalistischen» Einstellung konkurrierten andersartige Richtungen, wie sich schon in der Kontroverse um Abaelards Auffassungen zeigt. Besonders heftig war der Angriff des Zisterziensers Bernhard von Clairvaux (1091–1153), der auf Grund seiner mystischen Einstellung das ablehnte, was in seinen Augen nur «eitle Geschwätzigkeit der Philosophen» war, nämlich die Bemühungen um rationale Durchdringung der Glaubensinhalte. Bernhard machte den Glauben an den Gekreuzigten und die demütige Liebe zu Gott so ausschließlich zur Aufgabe des religiösen Menschen, daß dem gegenüber alles andere als unwesentlich erscheinen mußte. Als Ziel galt ihm die ekstatische Beziehung zu Gott und seine unmittelbare Anschauung als Vorwegnahme der Seligkeit im Jenseits, die er als Verähnlichung mit Gott beschrieb. Bernhard scheint von Pseudo-Dionysius unabhängig gewesen zu sein, aber die Übereinstimmung seines Standpunktes mit der neuplatonischen Einstellung läßt sich nicht übersehen.

Im 12. Jahrhundert waren Hugo und Richard von St. Victor durch Bernhard beeinflußt, und in Abhängigkeit von ihnen die späteren Viktoriner, deren berühmte Abtei in der Nähe des damaligen Paris lag. Hugo (geb. 1096 in Sachsen, gest. 1141) bemühte sich einerseits um die Einbeziehung der Sieben Freien Künste in das theologische Lehrsystem, was zeigt, daß er die einzelwissenschaftlichen Kenntnisse schätzte, namentlich die Logik; andererseits knüpfte er an das frühere mystische Denken an. Obwohl er, in Übereinstimmung mit der aristotelischen Tradition, die Vernunft als Vermögen auffaßte, durch Abstraktion zur Erkenntnis der Wesensformen der Dinge vorzudringen, glaubte er an die Möglichkeit, in rein geistiger Kontemplation Gott intuitiv zu erfassen.

Richard von St. Victor (gest. 1173) hat, ähnlich wie Anselm von Canterbury, der Philosophie die Aufgabe gestellt, die Existenz Gottes mit rationalen Mitteln zu erkennen. Dabei faßte er wie Anselm mehrere Beweise ins Auge, die aber sämtlich eine empirische Voraussetzung enthalten, z.B. den

Satz, daß endliche Dinge entstehen und vergehen, somit auch inexistent sein können. Sie existieren daher nicht aus sich, sondern aus einem anderen, und letzten Endes aus einem Wesen, das aus sich allein existiert und daher ewig ist, d. h. aus Gott. Auch wenn auf Grund der Verschiedenheit von Vollkommenheitsgraden im Bereich der Dinge auf etwas geschlossen wird, das absolut vollkommen ist, hat die Voraussetzung, daß es Dinge unterschiedlicher Vollkommenheit gibt, empirischen Charakter. Gäbe es kein aus sich selbst seiendes, absolut vollkommenes Wesen, dann könnte es auch nicht entstehende und vergehende Dinge unterschiedlicher Vollkommenheit geben. Da es aber, wie die Erfahrung lehrt, solche Dinge gibt, muß es auch etwas geben, über das hinaus Größeres bzw. Besseres nicht möglich ist und das aus sich allein existiert, d. h. Gott ist.[20] Eine empirische Prämisse ist schließlich auch im Spiel, wenn argumentiert wird, nichts könne sein, wenn es die Möglichkeit des Seins nicht entweder aus sich oder von etwas anderem habe; da nicht alles auf Grund von anderem möglich sein könne, müsse es etwas geben, das aus sich allein sein kann. Hier wird stillschweigend vorausgesetzt, daß es überhaupt etwas gebe, und geschlossen, daß möglich sein muß, was wirklich ist.[21] Das Argument, das Anselm im «Proslogion» vorgetragen hatte, spielt bei Richard, wie im 12. Jahrhundert im allgemeinen, keine Rolle – sei es, daß man es nicht kannte, sei es, daß man sich durch es mehr verwirrt als überzeugt fühlte.[22] Erst im 13. Jahrhundert fand Anselms berühmter Beweis wieder Verfechter; allerdings wurde er in diesem Jahrhundert auch besonders scharf angegriffen, namentlich von Thomas von Aquin. In Richards Augen war übrigens die Gotteserkenntnis auf Grund rationaler Argumente nicht die höchste Stufe, zu der sich der Mensch erheben kann; höher als sie steht die mystische Schau Gottes in ekstatischer Erhebung des Geistes zu ihm.

Platonistische Einflüsse prägten die Schule von Chartres, die von Fulbert von Chartres gegründet wurde und zu der unter anderen Adelard von Bath, Bernhard von Chartres, Gilbert de la Porrée, Johann von Salisbury gehörten. Der platonistische Einfluß veranlaßte die Vertreter dieser Schule zur Betonung der Vernunfterkenntnis auf Kosten der Sinneswahrnehmung, die als Quelle von Irrtümern gilt. In der Universalienfrage neigten sie in Anlehnung an Plato zum Begriffsrealismus, indem die Ideen als Formen der Wirklichkeit im göttlichen Geiste dargestellt wurden. Die Transzendenz Gottes schließt ihrer Ansicht nach die Anwendung der Kategorien auf Gott aus. In platonistischem Geist schrieben sie der Mathematik philosophische Bedeutung zu, wobei sie sich an Platos «Timaeus», an Boëthius und an neupythagoreischen Spekulationen orientierten, aber auch an Euklids «Elementen». So stellten sie die Schöpfung der Dinge durch Gott in Analogie zur Erzeugung der natürlichen Zahlen aus der Eins dar. Auch der Naturwissenschaft, die sie als angewandte Mathematik verstanden, schenkten sie Beachtung, ebenso der Medizin, wobei zum Teil schon Kenntnisse antiker Quellen eine Rolle spielten, die durch die Araber vermittelt wurden.

Sichtbare Gestalt hat der Platonismus der Schule in der Kathedrale von

Chartres angenommen: So wie Gott die Welt nach mathematischen Prinzipien erbaut, so hat sich auch der menschliche Baumeister nach diesen Prinzipien zu richten. Platonischer Geist macht sich auch in der Geschichtsphilosophie bemerkbar, die der unteritalienische Abt Joachim von Floris (Fiore) (1145–1202) entwarf, indem er den drei göttlichen Personen drei weltgeschichtliche Epochen zuordnete, nämlich das Zeitalter des Vaters, das Zeitalter des Sohnes und das Zeitalter des Heiligen Geistes, mit dem die Geschichte durch den Sieg des «ewigen Evangeliums», d.h. durch ein spirituelles Christentum und eine entsprechend reformierte Kirche, ihren Abschluß findet. Die eschatologischen Visionen Joachims übten auf die Zeitgenossen eine starke Wirkung aus, obwohl sie zu Beginn des 13. Jahrhunderts als häretisch erklärt worden waren.

Im 12. Jahrhundert entstehen Zusammenfassungen theologisch-philosophischer Lehren, die man als Sentenzenbücher bzw. als Summen bezeichnete, wobei der letztere Ausdruck bald für systematische Darstellungen reserviert wurde. Das Vorbild der späteren Werke dieser Art wurden die Sentenzen[23] des Petrus Lombardus (gest. um 1160), die selbst von der «Summa sententiarum» eines unbekannten Autors und von Abaelards «Ja und Nein» angeregt waren. Sie waren das wichtigste Lehrbuch der Theologie; sie wurden in der Folgezeit sowohl bearbeitet wie kommentiert und übten starken Einfluß aus, da sich die angehenden Magister der Theologie in der Auseinandersetzung mit ihnen zu bewähren hatten. Sie sind Ausdruck des Strebens nach Zusammenfassung und Ordnung der Glaubenslehren. In ihnen wirkte und durch ihren Einfluß verstärkte sich auch die für die Scholastik charakteristische Tendenz, bei der Darstellung von Auffassungen an traditionelle theologische und philosophische Autoritäten anzuknüpfen. Diese Tendenz ist den Vertretern der Scholastik gemeinsam, obwohl es natürlich Grade der Abhängigkeit von der Überlieferung gab. Der Name «Scholastik» deutet dies schon an: Er meint ein Denken, das Schultraditionen verpflichtet ist, sich in Verbindung mit maßgeblichen Texten entwickelt und zum großen Teil kommentierenden Charakter hat. Die so verstandene Scholastik ist eine Einstellung, die nicht auf das christliche Denken und auch nicht auf das Mittelalter beschränkt ist.

3. Islamische und jüdische Philosophie

a) Philosophie im islamischen Kulturbereich[24]

Wenn im Folgenden von «islamischer Philosophie» gesprochen wird, dann ist das dahingehend zu verstehen, daß es sich um philosophisches Denken im islamischen Kulturbereich handelt, nicht um ein wesentlich durch die Religion des Islam geprägtes Denken. Tatsächlich versuchten zwar die in diesem Abschnitt zu erwähnenden Philosophen, ihr Denken an den Voraussetzungen der Religion zu orientieren, aber von seiten der islamischen Theologen wurden ihre Bemühungen in der Regel nicht geschätzt. Der philosophische Gehalt ihres Denkens entstammt im wesentlichen der antiken Philosophie, vor allem dem Platonismus bzw. dem Neuplatonismus und dem Aristotelismus, wobei zunächst der Platonismus, später der Aristotelismus überwog. Diese kommentierende und konstruktive Auseinandersetzung mit Aristoteles und seinen Kommentatoren wurde auch für das Abendland wichtig, weil sie in der von Albert dem Großen und Thomas von Aquin ausgehenden Richtung der Scholastik bewirkte, daß gegen beträchtliche Widerstände versucht wurde, die christliche Theologie auf aristotelische Grundlagen zu stellen. Das gelang freilich nur durch Umdeutung nicht nur gewisser Aristotelischer Lehren, sondern auch der Aristoteles-Deutung namentlich des Averroës.

Das abendländische Denken sah sich vom 12. Jahrhundert an zur Auseinandersetzung mit der islamischen Philosophie und Wissenschaft gezwungen, da islamische Autoren durch ihre bessere Kenntnis der Antike für den Westen zu wichtigen Vermittlern der Gedanken der antiken Philosophen, Mathematiker, Naturwissenschaftler und Mediziner wurden. Im Hinblick auf die Philosophie zeigte sich der Abstand der beiden Kulturkreise unter anderem darin, daß man in der islamischen Welt fast den ganzen Aristoteles kannte, von dem im Abendland bis dahin nur weniges direkt zugänglich war, daß man mit wichtigen, dem Abendland noch unzugänglichen Werken Platos vertraut war («Timaeus», «Staat», «Gesetze», «Phaedo», «Crito», «Parmenides») und daß man den Neuplatonismus rezipiert hatte, allerdings ohne Plotin unmittelbar zu kennen. Wie in der Spätantike vielfach üblich, verfuhr man eklektisch und war namentlich überzeugt, daß zwischen Platonismus und Aristotelismus kein schroffer Gegensatz bestehe. Demgemäß konnte ein Auszug aus Plotins Werken als «Theologie des Aristoteles» gelten, und ein später im Westen unter dem Titel «Liber de causis» dem Aristoteles zugeschriebenes Werk erwies sich als abhängig von Proklus.

Die islamische Kultur knüpfte in mancher Hinsicht an das Denken der griechischen Antike an, wurde aber auch vom spätantiken Christentum beeinflußt. Die Bereitschaft, von den antiken Autoren zu lernen, erklärt sich aus dem Umstand, daß sich der Islam, der nach Mohammeds Tod (632) militärisch höchst erfolgreich war und sich rasch über Syrien, das Zweistromland und Persien bis nach Indien hinein sowie in Nordafrika ausbreitete, wissenschaftlich und philosophisch rückständig war und daß dies seinen Repräsentanten auch bewußt wurde. Ostrom und das Perserreich hatten sich in langwierigen Kämpfen gegenseitig geschwächt, so daß es den islamischen Heeren gelang, das Perserreich zu unterwerfen und Byzanz wichtige Gebiete im Osten zu entreißen. Dort stießen die Eroberer auf eine der ihren überlegene Kultur, die man sich anzueignen suchte, auch um den Rückstand gegenüber Byzanz aufzuholen. Im Osten des Reiches hatten sich wichtige kulturelle Zentren entwickelt, auch im persischen Reich wurde die Philosophie gepflegt: Dorthin hatten sich die letzten Angehörigen der Athenischen Akademie nach deren Schließung durch Justinian gewandt, und dort wurden sie von König Chosrau gern aufgenommen.

Die griechische Kultur konnte sich unter islamischer Herrschaft zunächst eine Zeitlang behaupten. So lebte Johannes Damascenus (gest. um die Mitte des 8. Jahrhunderts) bereits im Reich der Kalifen, was ihn nicht hinderte, zu einer für die gesamte Ostkirche bedeutenden Autorität zu werden (insbesondere durch sein das gesamte theologische Wissen umspannendes Werk «Quelle der Erkenntnis»). Die Berührung von Christentum und Islam wirkte anregend, führte allerdings auch zu Polemiken, in denen die Differenzpunkte der beiden Religionen hervorgehoben wurden.

In dem Bestreben, sich so viel wie möglich von antiker Philosophie und Wissenschaft – näherhin Mathematik und Physik, Astronomie und Medizin – anzueignen, wurden Übersetzungen in Angriff genommen, wobei die Übersetzer meist des Griechischen bzw. des Syrischen wie des Arabischen kundige Christen oder Juden waren. Dabei übertrug man nicht nur griechische, sondern auch syrische Texte, die ihrerseits Übertragungen aus dem Griechischen waren, ins Arabische. Damit trat zu den verschiedenen bereits bisher im Islam verschmolzenen Elementen – der ursprünglichen arabischen Religion, christlichen, jüdischen und persischen Vorstellungen – ein weiteres Element hinzu, nämlich das hellenistische; mit ihm kamen gnostische, hermetische und neupythagoreische Auffassungen, die das Denken der Spätantike geprägt hatten, zur Geltung. Von diesen Auffassungen werden im Folgenden nur jene berücksichtigt, die für die Scholastik wichtig wurden.

Islamische Denker bedienten sich zunächst der Begriffe und Methoden der Philosophie als Hilfsmittel zur Deutung des Korans; später benutzten sie sie, um theologische Fragen zu klären. Dabei suchten sie, ähnlich wie die christlichen Philosophen, stets den von der Religion vorgegebenen Rahmen zu respektieren, der allerdings zunächst nicht starr war, da sich Philosophie und Theologie bis zum 12. Jahrhundert relativ frei entfalten konnten. Dennoch verhielten sich Philosophie und Theologie im Bereich der islamischen Kultur zueinander anders als im Abendland, wo das philosophische Denken lange Zeit eng an die Theologie gebunden war. Die islamischen Theologen standen der Philosophie meist argwöhnisch gegenüber. Wegen der Distanz zwischen Philosophie und Theologie kann nur mit Vorbehalt von einer islamischen Philosophie gesprochen werden. Auch die Bezeichnung «arabische Philosophie» ist mit Vorsicht zu gebrauchen; sie ist nur berechtigt, wenn sie als Hinweis auf die Sprache, in der die Philosophie vorgetragen wurde, verstanden wird; die meisten der ihr zugeordneten Denker waren jedoch nicht arabischer Abstammung. Mit Sicherheit läßt sich nur von Alkindi (al-Kindi)[25] sagen, daß er Araber war. Dieser Gelehrte unternahm im 9. Jahrhundert als erster den Versuch, griechische Philosophie und islamische Theologie zu verbinden, zu welchem Zweck er Aristotelische Werke kommentierte. Damit setzte eine rege philosophische Entwicklung ein, die sich zunächst im Osten, später vor allem in Spanien und Nordafrika vollzog.

Von Bedeutung war ferner der 950 in Turkestan geborene und in Damaskus gestorbene Alfarabi, der sich einerseits als Übersetzer und Kommentator griechischer Werke betätigte, andererseits die aristotelische Logik für theologische Erörterungen nutzbar zu machen suchte. Im einzelwissenschaftlichen Bereich galt sein Interesse besonders der Mathematik und der Musiktheorie. Im Mittelpunkt seiner Philosophie stand der Gedanke, daß alle Dinge von Gott abhängig seien und daß zu Gottes Wesenheit die Existenz gehörte, während alle anderen Seienden ihre Existenz von Gott empfangen. Daher ist nur Gott absolut notwendig, alles andere ist an sich nur möglich und wird erst durch Gott notwendig. Das gilt selbst für den göttlichen Verstand, der aus Gott hervorgeht und eine Reihe weiterer Intelligenzen aus sich entläßt, deren letzte die menschliche Seele ist. Die Gottesidee diente Alfarabi auch dazu, begreiflich zu machen, wie die Erkenntnis der Dinge möglich ist. Nach einem bekannten (bei der Erörterung der Platonischen Philosophie in Teil I, Kap III, Abschn. 3 erwähnten) erkenntnismetaphysischen Modell nahm Alfarabi an, daß die Dinge und das auf sie gerichtete menschliche Denken aus demselben absoluten Grund hervorgehen, so daß wegen dieser gemeinsamen Abhängigkeit angenommen werden kann, daß ihre Formen übereinstimmen. Infolge der Strukturgleichheit von Subjekt und Gegenständen ist Erkenntnis möglich. Die Abhängigkeit des Denkens von Gott beschrieb Alfarabi als Erleuchtung des Geistes durch das göttliche Licht.

Die Übernahme dieses Platonischen Modells hinderte ihn jedoch nicht, sich auch Aristotelischer Begriffe zu bedienen. Aristoteles hatte neben dem aufnehmenden einen tätigen Verstand (als Vermögen der Abstraktion) angenommen, sich aber über das Verhältnis zwischen tätigem und rezeptivem Intellekt nicht so klar geäußert, daß nicht Raum für verschiedene Deutungen geblieben wäre. Alfarabi nahm an, daß zwar die Denkfähigkeit an den Körper gebunden, das Abstrahieren jedoch eine Tätigkeit sei, die unabhängig vom Körper bzw. von der Materie im allgemeinen ausgeübt wird. Der tätige Verstand als Vermögen der Abstraktion wird dabei nicht als individuelles Vermögen, sondern als überindividuelles Prinzip aufgefaßt, an dem alle vernünftig denkenden Wesen teilhaben. Für diese Auffassung gibt es bei Aristoteles in der Tat Anknüpfungspunkte; sie war aber kaum mit der auch im Islam vertretenen Lehre von der individuellen Unsterblichkeit vereinbar, und erst recht war sie für die Vertreter der christlichen Philosophie unannehmbar. Wenn Alfarabi den erworbenen Verstand, der mit der Aktualisierung des potentiellen Verstandes durch den tätigen Intellekt entsteht, schließlich doch als unsterblich auffaßte, so erscheint das nicht konsequent, zumal er die neuplatonische Auffassung vertrat, daß alle Wesen unterhalb des Göttlichen aus diesem durch Emanation hervorgehen, was die Annahme einer Weltschöpfung ausschließt.

Gegen die Lehren von der Weltschöpfung und von der individuellen Unsterblichkeit wandte sich auch Avicenna (Ibn Sina), der aus einem Ort in der Nähe von Buchara in Transoxanien (heute Usbekistan) stammte und 1037 in Hamadan (Persien) starb. Er war umfassend gebildet, schrieb zahlreiche Werke, darunter eines, das unter dem Titel «Kanon» zum medizinischen Standardwerk der nächsten Jahrhunderte werden sollte. Sein philosophisches Hauptwerk ist das «Buch der Genesung», dessen vier Teile der Logik, der Physik (einschließlich der Psychologie), der Mathematik und der Metaphysik gewidmet sind.[26] Der grundlegende Teil der Metaphysik ist die Erste Philosophie, deren Thema wie bei Aristoteles das Seiende als solches ist. Demgemäß nahm Avicenna auch an, daß der Begriff des Seienden systematisch fundamental sei. Wie Aristoteles behandelt er in der Ersten Philosophie außerdem die Begriffe von Substanz und Akzidenz, Form und Materie, Allgemeinem und Besonderem sowie der Ursache als Stoff-, Form-, Wirk- und Zweckursache. Wenn er die absolute Transzendenz des Göttlichen in einer Weise betonte, daß von Gott weder Substantialität noch Vollkommenheit ausgesagt werden können, und wenn er die Dinge im Sinne der Emanationslehre aus Gott hervorgehen ließ und ihr Sein darauf zurückführte, daß sie von Gott erkannt werden, dann zeigt sich deutlich der Einfluß des Neuplatonismus, mit dem Avicenna auch die Emanationslehre vertrat. Unmittelbar aus Gott geht nur die höchste Stufe der geistigen Wirklichkeit hervor, alle anderen Wesen verdanken ihr Dasein Gott nur mittelbar, sofern jede von ihnen aus der nächsthöheren erfließt, nur die höchste aber aus Gott selbst. Die Dinge existieren nicht notwendig, da bei ihnen – anders als bei Gott – die Existenz nicht zur Wesenheit gehört. Sie sind daher nur möglich; wenn sie existieren, dann verdanken sie ihre Existenz Gott. Die Wesenheit (das Was der Dinge) hat eine Art Sein, nämlich das Möglich-Sein, das fundamentaler ist als das Wirklich-Sein, da etwas nur verwirklicht werden kann, sofern es möglich ist. Dieser Überordnung der Wesenheit (bzw. der Möglichkeit) über das aktual existierende Ding (bzw. die Wirklichkeit) stieß schon in der islamischen Philosophie auf Widerspruch, namentlich bei Averroës; im Abendland wurde sie von Thomas von Aquin bekämpft.

In der Auseinandersetzung mit dem Universalienproblem fand Avicenna eine Formulierung, die scheinbar die drei zur Debatte stehenden Auffassungen verband: Seiner Ansicht nach kann man vom Allgemeinen sagen, daß es sowohl vor den Dingen, als auch in den Dingen, als auch nach den Dingen (d. h. auf Grund der Erfahrung von Dingen) existiere: Sofern es im göttlichen Geist enthalten ist, existiert es vor den Dingen; als Form der Dinge existiert es in diesen, und als Begriff, der ausgehend von der Erfahrung von Dingen durch Abstraktion gebildet wird, existiert es nach den Dingen. Erst der Begriff ist im eigentlichen Sinne allgemein, sofern er auf eine Vielheit von Gegenständen bezogen werden kann. Der allgemeine Begriff entsteht erst im Denken, das ihn durch Abstraktion erzeugt, und das setzt voraus, daß das menschliche Denken vom tätigen Verstande als einem überindividuellen geistigen Prinzip – einer allgemeinen Denkkraft, an der die einzelnen Subjekte teilhaben – erleuchtet wird. Tatsächlich steht Avicenna auf dem Standpunkt des Universalien-Realismus, weil er ein reales Allgemeines anerkennt; von einem echten Kompromiß in der Universalienfrage kann daher bei ihm keine Rede sein. Da die entscheidende Frage lautet, ob es abstrakte Gegenstände gibt oder nicht, ist ein Kompromiß auch gar nicht möglich.

Mit dem Problem des Allgemeinen hängt das sogenannte Individuationsproblem zusammen, nämlich die Frage, wie es eine Vielheit von Individuen einer bestimmten Art geben kann, wenn doch die Art einzig ist. Wie Aristoteles nahm auch Avicenna an, daß die Konkretisierung einer Art in einer Vielheit von Individuen dadurch erfolgt, daß die Art in der Materie verwirklicht wird.

Die spekulative Gotteslehre Avicennas kam der christlichen Philosophie in mancher Hinsicht entgegen, enthielt aber auch Auffassungen, die für die Vertreter der Scholastik unannehmbar waren. Nachdem Gundisalvi (Gundissalinus) gegen Ende des 12. Jahrhunderts Avicennas Metaphysik ins Lateinische übertragen hatte, wurden bereits im zweiten Jahrzehnt des 13. Jahrhunderts verschiedene ihrer Sätze vom Pariser Bischof verurteilt, so die These, daß die Welt keinen Anfang in der Zeit gehabt habe, die Behauptung, daß Gott notwendig wirke, aber nur die höchste Intelligenz unmittelbar hervorbringe, die Lehre vom tätigen Verstand als überindividueller Substanz und die Lehre von der Individuation. Diese Auffassungen widersprachen den christlichen Lehren von der Weltentstehung als eines freien Schöpfungsaktes und von der Unsterblichkeit des Geistes in individueller Form. Daher konnten auch jene Scholastiker, die Avicenna als Aristoteles-Kommentator schätzten, seine Philosophie nur mit Einschränkungen übernehmen. Das zeigt sich zum Beispiel bei Wilhelm von Auvergne, der die Lehre von der freien Erschaffung der Welt durch Gott verteidigte und infolgedessen die Emanationslehre ablehnte; er bestritt, daß es zwischen Gott und Mensch schöpferische Intelligenzen gebe, und lehnte die Annahme eines allgemeinen tätigen geistigen Prinzips, das in den Individuen wirkt, ohne individuell zu sein, ab. Gegen die These, daß sich die Gattungen und Arten durch die Materie zu Individuen konkretisieren, wurde eingewandt, daß sie die Annahme einer persönlichen Unsterblichkeit unmöglich mache. Ein hervorragender Kenner von Avicennas Lehre war auch Roger Bacon, der sie aber ebenfalls mit Rücksicht auf das christliche Dogma korrigierte. Thomas von Aquin setzte sich intensiv mit Avicenna auseinander. Die Lehre vom tätigen Verstand als überpersönlicher geistiger Energie, die im Einzelnen wirkt, ohne ein individuelles Vermögen zu sein, wies er nicht nur aus dogmatischen, sondern auch aus empirischen Gründen zurück: Der Mensch kann jederzeit das Allgemeine vom Besonderen abstrahieren, wenn er es will; deshalb ist anzunehmen, daß das der Abstraktion zugrunde liegende Vermögen dem Menschen eigen und nicht eine überpersönliche Kraft ist, die nur in ihm wirkt. Ebenso ist die Emanationslehre nach Thomas abzulehnen, da sie die Leugnung der Willensfreiheit nach sich zieht. Auch in der Ontologie distanzierte sich Thomas da und dort von Avicenna, doch ist klar, daß es keinen Thomismus bzw. keine an Aristoteles orientierte Scholastik gegeben hätte, wenn dem Abendland nicht durch Vermittlung von Autoren wie Avicenna die Aristotelische Philosophie besser als im früheren Mittelalter erschlossen worden wäre.

Im islamischen Raum stießen die Versuche einer Rationalisierung der Theologie durch deren Verbindung mit der griechischen Philosophie, namentlich mit dem Aristotelismus, auf den Widerstand der Theologen. So warf Algazel (al-Gazali, geb. 1059 in Tûs in Chorasan, Lehrer der Philosophie in Bagdad und später Vertreter der Mystik, 1111 in seinem Geburtsort gestorben) Philosophen wie Alfarabi und Avicenna vor, sie lehrten die Ewigkeit der Welt und leugneten im Gegensatz zum Koran die göttliche Vorsehung, die Willensfreiheit, die Möglichkeit von Wundern und die Auferstehung. Gegenüber der Philosophie nahm er eine skeptische Position ein, die ihn z.B. veranlaßte, die Annahme einer Verursachung im Sinne des Hervorbringens von Wirkungen zu bezweifeln. Was in den Dingen, die wir als Ursachen bezeichnen, eigentlich wirkt, ist Gott; sieht man von Gott ab, kann man nur ein (regelmäßiges) Nacheinander von Tatsachen feststellen.

Von Algazel wurde im Westen zunächst ein Werk über «Die Ziele der Philosophen» bekannt, dem der Titel «Logik und Philosophie des Arabers Algazel» gegeben wurde. Der Inhalt der späteren «Vernichtung der Philosophen» wurde den Scholastikern durch die Kritik zugänglich, die Averroës (siehe unten) in der «Vernichtung der Vernichtung» an Algazel übte. Averroës (Ibn Ruschd) wies die Kritik Algazels entschieden zurück, weil er überzeugt war, daß der Mensch zum Philosophieren berufen sei, sofern er über die erforderliche Begabung und Bildung verfüge. Die Philosophie ist zwar nicht jedermann zugänglich, aber diejenigen, die philosophisch denken, erreichen eine höhere Stufe der Erkenntnis als jene, die sich bloß glaubend an die bildhaften Darstellungen des Korans halten. Es gibt zwar nur eine Wahrheit, die bald religiös, bald philosophisch erfaßt wird, aber die philosophische Einstellung ist die höhere, weil sie sich vermittels der Erkenntnis der Welt zur Erkenntnis Gottes erhebt.

Averroës wurde 1126 in Córdoba geboren. Er gehörte neben Avempace (Ibn Badscha, gest. 1138) und Abubacer (Ibn Tufail, gest. 1184)[27] dem islamischen Westen an, wohin sich der Schwerpunkt der Philosophie infolge der Angriffe Algazels gegen das philosophische Denken verlagert hatte. Abubacer hatte Averroës dem Emir des schon stark durch die Reconquista reduzierten nordafrikanisch-spanischen Reiches als Aristoteles-Kenner vorgestellt. Der auch juristisch und medizinisch gebildete Philosoph wurde Richter in Sevilla und später in Córdoba, zugleich war er Hofarzt. Als er wegen Ungläubigkeit angeklagt wurde, wich er nach Marokko aus. Er starb 1198 in Marrakesch.

Für die Scholastik wurde er vor allem durch seine Aristoteles-Kommentare wichtig. So wie Aristoteles als «der Philosoph» schlechthin bezeichnet wurde, so nannte man Averroës «den Kommentator». Außer Kommentaren verfaßte Averroës philosophisch-theologische Schriften, in denen er das Verhältnis von Religion und Philosophie erörterte und die Grundzüge einer Dogmatik entwarf.[28]

Averroës wollte aber nicht nur den Sinn der Aristotelischen Schriften erläutern und wenn nötig wiederherstellen, sondern er nahm auch zu den von Aristoteles aufgeworfenen Problemen Stellung. Das zeigt sich deutlich bei der Frage nach dem Verhältnis von aufnehmendem und tätigem Verstand, das Aristoteles nicht klar genug bestimmt hatte, was schon Avicenna zu Klärungsversuchen veranlaßte. Averroës vertrat die Auffassung, daß der tätige, die allgemeinen Formen abstrahierende Verstand und der potentielle, die Begriffe aufnehmende Verstand substantiell nicht verschieden seien. In seinem großen Kommentar zum dritten Buch von Aristoteles' «Über die Seele» erklärte er, der tätige Verstand verhalte sich zum aufnehmenden wie die Form zum Inhalt; beide seien unerschaffen und unzerstörbar, wogegen der durch die Aktualisierung der Erkenntnisfähigkeit hervorgebrachte «erworbene» Intellekt – der Verstand, den wir durch Erfahrung und Lernen entwickeln – vergänglich sei. Diese Auffassung war mit der Unsterblichkeitslehre des Koran nicht verträglich, und sie wurde selbstverständlich auch von den Scholastikern fast allgemein zurückgewiesen. Eine Ausnahme bildete Siger von Brabant, der die Einzigkeit des Intellekts lehrte. Die Averroistische Ansicht hat in der Tat die Konsequenz, daß die individuelle Seele mit den Erkenntnissen, die sie im Verlauf des Lebens erworben hat, beim Tod des Individuums vergeht; unsterblich ist die Denkkraft, die überperönlich ist, sozusagen eine geistige Energie, die im Individuum wirkt, ihm aber nicht eigen ist.

b) Jüdische Philosophie[29]

Das als jüdische Philosophie des 11. und 12. Jahrhunderts bezeichnete Denken war nicht reine Philosophie, sondern stets auf den religiösen Glauben und die religiöse Praxis bezogen. Gleichzeitig entsprang es der Überzeugung, daß die menschliche Vernunft fähig sei, selbständig Wahrheiten zu erkennen, die bei der Bibelauslegung anerkannt werden müßten. Wie bei den islamischen Philosophen dieses Zeitraums stellt auch bei den jüdischen Denkern die griechische (platonistische und aristotelische) Philosophie die wichtigste Quelle dar, aus der die Problemstellungen geschöpft wurden.

Neuplatonischer Einfluß überwiegt bei Avicebron (oder Avencebrol, eigentlich Ibn Gabirol), der im 11. Jahrhundert in Spanien lebte und auch ein bedeutender Dichter war. In seinem «Quell der Wahrheit» entwickelte er eine Emanationslehre, bei der an die Stelle des Logos der göttliche Wille als Ersterzeugtes tritt. So wie nach neuplatonischer Auffassung der göttliche Geist zwischen dem Einen und der übrigen Wirklichkeit vermittelt, so hat bei Avicebron der göttliche Wille die Funktion, eine Brücke zwischen dem als absolut jenseitig gedachten Gott und der Welt zu schlagen: Der Wille geht aus Gott hervor, und dem Willen verdanken die übrigen Wesen ihr Dasein, nämlich der Weltgeist, sodann die Weltseele, die sich zu den einzelnen Seelen besondert. Ob der höchste Wille als Emanation Gottes oder als dessen Aspekt aufzufassen sei, ist eine offene Frage. Gott als die Quelle aller Wirklichkeit kann, wie der Neuplatonismus gelehrt hatte, nicht mehr mit rationalen Mitteln erkannt, sondern nur in der ekstatischen Vereinigung mit ihm erfaßt werden. Dabei erfahren wir nur, *daß* Gott existiert, nicht *was* er ist.

Eigentümlich für Avicebron ist der Gedanke, daß es nicht nur eine allgemeine Form der Wirklichkeit gebe, sondern auch eine allgemeine Materie. Dabei ist nicht an die Materie im physikalischen Sinn zu denken, sondern an ein metaphysisches Prinzip, das allgemeiner ist als das, was heute «Materie» genannt zu werden pflegt, da auch den geistigen Formen eine «Materie» zugeordnet wird, die von der Materie der körperlichen Dinge verschieden sein muß. Avicebron gelangte zu dieser Auffassung durch eine Art Analyse, nämlich durch sukzessives Absehen von den Formen der Dinge. Betrachtet man z.B. ein goldenes Armband und ein goldenes Halsband, dann handelt es sich um Dinge, die auf Grund ihrer Form verschieden sind, aber dieselbe Materie haben. Das gilt für körperliche Dinge im allgemeinen: Sehen wir von ihren verschiedenen Formen ab, dann behalten wir als Gemeinsames die körperliche Materie zurück. Nimmt man mit Avicebron an, daß es nicht nur körperliche, sondern auch geistige Wesen gibt, dann läßt sich in ähnlicher Weise folgern, daß ihnen etwas Gemeinsames zugrunde liegt, nämlich eine Art geistigen Stoffs. Geistigen und körperlichen Wesen muß aber ebenfalls etwas gemeinsam sein, nämlich eine allgemeine Materie, durch die alle Wesen – die körperlichen wie die unkörperlichen – zusammenhängen.

Auch in der jüdischen Theologie stieß der Versuch, die von der Religion gelehrten Zusammenhänge philosophisch zu interpretieren, auf Bedenken. So hat Jehuda Halevi – ähnlich wie Algazel, von dem er beeinflußt war – den Vorrang des religiösen Glaubens vor der philosophischen Erkenntnis betont. In seinem «Buch der Argumentation und des Beweises zur Verteidigung des mißachteten Glaubens» erklärte er die Versuche, mit Hilfe der bloßen Vernunft zu den höchsten Wahrheiten zu gelangen, für hinfällig. Der persönliche Gott ist für die Philosophie unerreichbar.

Mit Moses Maimonides (Moses ben Maimon) setzte sich auch in der jüdischen Philosophie der aristotelische Einfluß durch. Maimonides wurde in Córdoba geboren, wich wegen des zunehmenden religiösen Drucks nach Fes in Marokko aus und lebte schließlich in Ägypten, wo weit mehr Toleranz herrschte und er – hoch geachtet auch als Talmud-Erklärer – 1204 starb. In seinem «Führer der Unschlüssigen»[30] wollte er Menschen helfen, die nicht wußten, welche Philosophie am ehesten mit der Hl. Schrift verträglich sei. Er entschied sich für den Aristotelismus, distanzierte sich aber von solchen Aristotelischen Lehren, die mit unbezweifelbaren biblischen Lehren nicht verträglich zu sein schienen. So verhält es sich z.B. mit der Annahme, daß die Welt ewig sei. Hier bemühte sich Maimonides zu zeigen, daß Aristoteles die These der Ewigkeit der Welt nicht bewiesen, sondern nur als Meinung vertreten habe: «alles, was Aristoteles und seine Nachfolger in Form von Beweisen der Ewigkeit der Welt vorgebracht haben, stellt meiner Ansicht nach nicht zwingende Beweise, sondern Argumente dar, die schweren Bedenken ausgesetzt sind», wie Maimonides erklärt.[31] Seiner Ansicht nach läßt sich sowohl für als auch gegen die fragliche These argumentieren, ohne daß eine definitive Entscheidung herbeigeführt werden könnte. In dieser Situation kann man nur für die eine oder die andere Seite optieren, und Maimonides tat dies im Sinne der Schöpfungslehre, die zwar auch nicht unproblematisch ist, deren Schwierigkeiten aber weniger groß sind als die der Aristotelischen Auffassung.[32] So spricht zugunsten der Annahme einer Schöpfung aus dem Nichts, daß nur mit ihrer Hilfe die Möglichkeit von Wundern begriffen werden kann. Nur wenn Gott nicht lediglich eine vorhandene Materie geformt, sondern die Wirklichkeit ihrer Form und ihrer Materie nach geschaffen hat, läßt sich verstehen, daß er die Naturgesetze fallweise außer Kraft setzen, d. h. Wunder wirken kann.

Umgekehrt werden von Maimonides die Aussagen der Bibel nach rationalen Maßstäben beurteilt: Wenn sie Sätzen widersprechen, die auf Grund vernünftiger Einsicht feststehen, müssen sie entsprechend umgedeutet werden, indem sie nicht mehr wörtlich, sondern allegorisch verstanden werden. Maimonides hielt eine philosophische Gotteslehre für möglich, meinte aber, daß sie nur negative Aussagen über das Wesen Gottes enthalten könne. Nichtsdestoweniger hat er selbst positive Aussagen über Gott gemacht, so wenn er ihn mit Aristoteles als «Denken seines eigenen Denkens» charakterisierte.

Den Vertretern der Scholastik wurde bald klar, daß sie von den islamischen und jüdischen Vertretern viel lernen konnten, insbesondere was die griechische Philosophie anbelangt. Wichtig wurde insbesondere die gründlichere Kenntnis der Aristotelischen Philosophie, die Albert der Große oder Thomas von Aquin durch die Vermittlung eines Averroës oder Moses Maimonides erlangten und die sie veranlaßte, nach einer Synthese von christlicher Theologie und Aristotelismus zu suchen. Die Hinwendung zum Aristotelismus wurde aber nicht allgemein gebilligt: Es gab Widerstände von seiten der Vertreter des Augustinismus wie von seiten kirchlicher Autoritäten. Nichtsdestoweniger bewirkte der Kontakt mit dem Aristotelismus eine Zäsur in der Entwicklung des scholastischen Denkens; Aristotelische Argumente konnten von nun an nicht mehr übergangen werden, auch nicht von Philosophen, die sich primär am Platonismus orientierten.

Während sich die Anregungen, die das scholastische Denken durch den Kontakt mit den islamischen Philosophen erfuhr, im Abendland höchst fruchtbar auswirkten, stagnierte im islamischen Bereich die Entwicklung der

Philosophie. Dies dürfte vor allem damit zusammenhängen, daß der Islam die Philosophie nicht zu integrieren vermochte, während es dem Christentum gelang, philosophische Gedanken in eine umfassende religiös-philosophische Weltanschauung einzuschmelzen. Das war, wie oben gezeigt, schon in den Anfängen des christlichen Denkens der Fall, und im abendländischen Mittelalter setzte sich die Tendenz, philosophische Ideen in die Theologie zu integrieren, fort. Da die Philosophie damals noch eng mit den Einzelwissenschaften verbunden war, traten auch mathematische und naturwissenschaftliche Probleme in den Gesichtskreis der Scholastiker. Das Verhältnis von Theologie, Philosophie und Einzelwissenschaften war keineswegs frei von Spannungen, ja es kam zu Konflikten, die einzelne Theologen, Philosophen oder Wissenschaftler oft schwer belasteten; aber gleichzeitig wirkten sich die Beziehungen zwischen diesen Disziplinen anregend auf die geistige Situation im allgemeinen aus, indem sie die Stagnation in dogmatisch fixierten Traditionen verhinderten und Impulse kritischen Denkens auslösten. Hierauf ist es zurückzuführen, daß in der Philosophie des Hoch- und Spätmittelalters eine Differenzierung in mehrere Richtungen erfolgte und gleichzeitig das Interesse an den Einzelwissenschaften wuchs, bis schließlich im ausgehenden Mittelalter die Grundlagen sowohl der modernen Natur- als auch der Geisteswissenschaften gelegt wurden.

III.
Die Philosophie des Hochmittelalters

Die Dinge alle haben Ordnung untereinander,
und dieses ist die Form, welche die Welt
Gott ähnlich macht. Darin erschaun die
geistigen Geschöpfe das Bild der ewigen
Macht, das Ziel, auf das besagte Norm hin
geschaffen wurde.
(Dante: Göttliche Komödie, Paradies 1, 103 ff.)

1. Die aristotelische Scholastik des 13. Jahrhunderts

a) Die geistige Situation

Zu Beginn des 13. Jahrhunderts vollzieht sich ein Wandel im mittelalterlichen Denken, der äußerlich dadurch charakterisiert ist, daß der Einfluß der jüdischen und islamischen Philosophie sowie des durch sie vermittelten Aristotelismus spürbar wird.[1] Das Unterfangen, die christliche Weltanschauung auf aristotelische Grundlagen zu stützen, war nicht unproblematisch. Die Verbindung der christlichen Theologie mit dem Platonismus war nicht nur oberflächlich, sondern betraf zentrale Gedanken, wie die Überzeugung, daß die wahre Wirklichkeit jenseits der erfahrbaren bzw. erkennbaren Realität liege und daß die Seele dem ideellen Bereich zugehöre und daher unsterblich sei. Beim Unsterblichkeitsgedanken zeigte sich mit besonderer Deutlichkeit, wie schwer es war, traditionelle, dem Platonismus verpflichtete Dogmen mit dem Aristotelismus zu verbinden. Faßte man die menschliche Seele mit Aristoteles als Form des Körpers auf, dann schien zu folgen, daß der Tod des Individuums auch die Auflösung dieser Form sei. Knüpfte man an jene Aristotelischen Äußerungen an, denen zufolge der Geist von außen in die menschliche Person eintritt, dann schien er (wie bei Averroës) als eine überindividuelle Entität aufgefaßt werden zu müssen, so daß von persönlicher Unsterblichkeit nicht die Rede sein konnte. Der Kompromiß, den Thomas in dieser Frage vorschlug, vermochte den Gegensatz zwischen der platonistisch-pythagoreisch-orphischen Seelenlehre, an die die christliche Theologie angeknüpft hatte, und jener Auffassung, die die arabischen Kommentatoren Aristoteles zuschrieben, nicht wirklich zu überbrücken. Auch im Hinblick auf den Begriff Gottes warf der Aristotelismus Probleme auf. Schon die Versuche, die biblische Gottesvorstellung mit neuplatonischen Auffassungen zu verbinden, mußten auf Schwierigkeiten stoßen, weil der platonistischen Tradition die Vorstellung eines persönlichen

Gottes, der die Menschen liebt, über ihre Sünden zürnt und menschliche Taten belohnt oder bestraft, fremd war. Immerhin bot die neuplatonische Hypostasen-Lehre, nach der sich das Eine Göttliche zu einer Mehrheit geistiger Seinsbereiche entfaltet, einen Anknüpfungspunkt für die christliche Dreieinigkeits-Spekulation. Faßte man dagegen das Göttliche mit Aristoteles als ersten unbewegten Beweger bzw. als erste unverursachte Ursache aller Dinge auf, dann schien für den Gedanken der Trinität kein Raum zu bleiben. Tatsächlich sah sich Thomas gezwungen, die Trinitätslehre zum Inhalt des Offenbarungsglaubens zu erklären, d. h. einzuräumen, daß sie in der Philosophie keinen Platz habe.

Hinter der Aristoteles-Rezeption im 13. Jahrhundert steht die Tendenz zur Neubestimmung des Verhältnisses von Philosophie und Theologie, und dieser Aspekt der sich damals vollziehenden Wende scheint noch wichtiger als die Bemühungen, die Theologie von ihren platonistischen Wurzeln zu lösen und an den Aristotelismus zu binden. In der frühen Scholastik kann von Philosophie im Unterschied zur Theologie kaum die Rede sein: Ein Anselm von Canterbury zum Beispiel ist in erster Linie Theologe, freilich ein philosophierender Theologe. Auch im 13. Jahrhundert ist die Scholastik wesentlich theologisch geprägt; aber ungeachtet der theologischen Ausrichtung des Denkens zeigen sich in dieser Zeit erste Ansätze einer Verselbständigung der Philosophie. Obwohl die Beziehung der endlichen Wesen auf Gott nicht in Frage gestellt wird, setzt sich deutlicher als früher das Bewußtsein durch, daß Dinge auch in rein vernünftiger Weise, also unabhängig von göttlicher Offenbarung, bestimmt werden können. So unterschied Thomas von Aquin zwischen einem natürlichen und einem auf Offenbarung beruhenden Wissen von Gott und der Seele und glaubte an die Möglichkeit einer vom Glauben unabhängigen philosophischen Erkenntnis, wenn sie auch seiner Ansicht nach den Glaubenslehren niemals widersprechen kann. Diese Unterscheidung ist nicht absolut neu, hatte zum Beispiel doch auch Anselm von Canterbury gefordert, die Existenz Gottes durch notwendige Vernunftgründe, also unabhängig von geoffenbarten Sätzen, zu beweisen. Bei Anselm stehen aber die Bemühungen um vernünftige Einsicht im Dienst der Erhellung dessen, was ursprünglich im Glauben gewiß ist; bei Albert d. Gr. und Thomas von Aquin wird die prinzipiell autonome Vernunfterkenntnis Gottes und seiner Beziehung zu den endlichen Dingen zur Grundlage, auf der das Gedankengebäude der Theologie zu errichten ist. Freilich bleibt die Theologie auch in der Hoch- und Spätscholastik ebenso wie in der vorhergehenden Epoche die übergeordnete Instanz. Die Ansätze der Verselbständigung wirkten aber weiter und führten später zur Gegenüberstellung von philosophischer und theologischer Erkenntnis im Sinne der Lehre von der doppelten Wahrheit: Der Einfluß der Theologie auf Philosophie und Einzelwissenschaft wird aufgehoben, indem erklärt wird, was für die Theologie wahr sei, brauche für die Philosophie nicht wahr zu sein und umgekehrt. Sobald die beiden Bereiche autonom geworden waren, konnte eine neue

Gewichtung vorgenommen und die rein vernünftige Einsicht zum Maß dessen erklärt werden, was überhaupt auf Glauben Anspruch erheben darf. Dieser letzte Schritt sollte in der Neuzeit vollzogen werden.

Der Wandel, der sich im frühen 13. Jahrhundert abzuzeichnen begann, äußerte sich auch in einem verstärkten naturkundlichen Interesse. Von natur*wissenschaftlichem* Denken kann aber zunächst noch nicht gesprochen werden, weil man sich mit der Beschreibung und Klassifikation von Tatsachen begnügte, während von Naturwissenschaft erst die Rede sein kann, wo Tatsachen mit Hilfe von naturgesetzlichen Hypothesen zu erklären bzw. Hypothesen innerhalb umfassender Theorien zu systematisieren gesucht werden. Immerhin bewirkte das naturkundliche Interesse, daß man sich in selbständiger, d.h. nicht mehr der Theologie dienender Weise mit der materiellen Wirklichkeit zu beschäftigen begann. Dabei machten sich bald erste Ansätze einer Naturforschung bemerkbar, die nicht mehr in erster Linie die Funktion hatte, Gottes Größe im Spiegel der gottgeschaffenen Natur sichtbar zu machen.

Den Anstoß zur Verselbständigung sowohl der Philosophie als auch der Naturkunde gab die Auseinandersetzung mit der Aristotelischen Philosophie, die damals ungeachtet kirchlicher Verbote und des Widerstands konservativer Gelehrter immer größere Anziehungskraft gewann. Dabei war die Hinwendung zum Aristotelismus nicht notwendigerweise Ausdruck der Opposition gegen den Platonismus bzw. Augustinismus. So wie im islamischen Kulturbereich zum Beispiel Al-Farabi das Interesse an Aristoteles mit einer gewissen Nähe zum Platonismus verband, so waren dem wichtigen Aristoteles-Übersetzer Wilhelm vom Moerbeke im 13. Jahrhundert platonistische Überzeugungen keineswegs fremd, wie auch bei Albert dem Großen und Thomas von Aquin platonistische Gedanken eine Rolle spielten. Schon in der Spätantike hatte man, wie oben erwähnt, den Unterschied von Aristotelismus und Platonismus zu relativieren gesucht, und platonistisch geprägte Philosophen bedienten sich der Aristotelischen Logik. Man muß sich aber vor Augen halten, daß von Plato nur weniges direkt bekannt war – nur einige Dialoge waren ins Lateinische übersetzt –, so daß man weitgehend auf neuplatonische Quellen angewiesen war. Als nun Aristoteles gründlicher bekannt wurde, konnte leicht der Eindruck entstehen, seine Philosophie sei der Platonischen systematisch überlegen. Freilich war Aristoteles in der Frühscholastik keineswegs unbekannt; vor allem die Aristotelische Logik war durchaus geläufig, doch erst im 13. Jahrhundert wird die Aristotelische Philosophie im ganzen zugänglich.

Der Prozeß, von dem hier die Rede ist, vollzog sich gleichzeitig mit der Entstehung von Universitäten als Hochschulen, die nicht mehr der kirchlichen Aufsicht unterstanden. Hochschulen hatte es schon seit längerem gegeben, aber sie waren bischöfliche Einrichtungen oder standen unter der Leitung der Orden. Im frühen 13. Jahrhundert erkämpfte sich zuerst Paris die Unabhängigkeit vom Bischof und vom König – ein Prozeß, der nicht kampflos, sondern vielmehr recht dramatisch verlief. Die Universitäten wurden infolge ihrer Unabhängigkeit für die Studierenden besonders attraktiv; ihre Internationalität ergab sich ohne weiteres, da im Lateinischen eine allgemein akzeptierte Gelehrtensprache zur Verfügung stand und da auch die Lehrer aus verschiedenen europäischen Ländern stammten. Die Bedeutung der Universitäten wurde auch von den neuen Orden, den Dominikanern und Franziskanern, erkannt, die auf die Lehrstühle drängten. Der Dominikaner-Orden wurde zum Wegbereiter der Aristoteles-Rezeption, so daß die aristotelische Scholastik vor allem zur Sache dieses Ordens wurde.[2]

Während die scholastische Philosophie im 13. Jahrhundert einen Höhepunkt erreichte, ging das Kaisertum einer Krise entgegen, die nach dem Erlöschen der staufischen Dynastie zum Interregnum führte. Mit der Führungsrolle der deutschen Kaiser endete auch die Zeit der großen Kreuzzüge; die Vorstöße ins islamische Gebiet, die dann noch folgten, haben den Charakter eines bloßen Nachspiels der großen Kreuzzugsbewegung. Nach dem Niedergang des Kaisertums setzte bald der Niedergang des zunächst siegreichen Papsttums ein, das zu einem politischen Faktor geworden war und daher mit den neuen politischen Mächten in Konflikt geriet. Bei manchen Gläubigen entstand der Eindruck, die römische Kirche verliere die Verbindung mit der Religiosität der Evangelien. Die radikale Orientierung am Evangelium veranlaßte schon im 12. Jahrhundert Waldenser und Albigenser einen von der Kirche unabhängigen Weg zum Heil zu suchen, und die neuen Bettelorden, die im dritten Jahrzehnt des 13. Jahrhunderts gegründet wurden, trachteten solche Tendenzen durch Bindung an die Kirche aufzufangen.

Für die Schulphilosophie bleibt charakteristisch, daß sie sich innerhalb des vorgegebenen Rahmens religiöser Traditionen und maßgeblicher Texte bewegt – von der Bibel über antike Autoren bis zu den Kirchenvätern und Autoritäten der Scholastik selbst. In diesem Rahmen wurden philosophische Probleme dargelegt, diskutiert und zu lösen gesucht. Die Antworten auf diese Probleme sollten einerseits rational begründet, andererseits mit den Glaubensvoraussetzungen verträglich sein. Wenn die scholastischen Denker auch rational argumentierten, bleiben ihre Argumente doch immer an Voraussetzungen gebunden, die nicht mehr rational gerechtfertigt, sondern nur geglaubt werden konnten. Die ausdrückliche Bindung an einen vorgegebenen weltanschaulichen Rahmen ist das wichtigste Charakteristikum der mittelalterlichen Philosophie. Demgemäß waren die Scholastiker stets in erster Linie Theologen, und erst in zweiter Linie Philosophen: Die Philosophie bleibt der Theologie untergeordnet, sie soll der Explikation der Glaubenssätze und ihrer größtmöglichen Rationalisierung dienen. Ähnlich wie Anselm von Canterbury um 1100 sich mit der Bitte an Gott wandte: «O Herr, der Du dem Glauben Einsichtigkeit verleihst, gewähre mir also, daß ich, so weit Du es für förderlich hältst, einsehe, daß Du bist, wie wir glauben, und daß Du das bist, was wir glauben»,[3] so flehte Johannes Duns

Scotus in der Zeit der Hochscholastik: «Hilf mir, Herr, bei meinem Forschen danach, zu welchem Maß an Erkenntnis vom wahren Sein, welches Du bist, unsere natürliche Vernunft gelangen könne ...»[4] Allerdings wurde das Verhältnis von vernünftiger Erkenntnis und Glauben, von Philosophie und Theologie nicht immer in derselben Weise aufgefaßt, sondern man schrieb bald der Philosophie die Fähigkeit zu selbständiger Erkenntnis Gottes zu, bald leugnete man die Möglichkeit einer von der Offenbarung unabhängigen Gotteserkenntnis bzw. einer rationalen Theologie.

b) Albert der Große (Albertus Magnus)

Die Bekanntschaft mit den islamischen Aristoteles-Kommentatoren, die die antike Kommentatorentradition fortsetzten, ließ in manchen Theologen die Überzeugung entstehen, daß die christliche Theologie nur auf der Höhe der Zeit sein könne, wenn sie sich mit der aristotelischen Philosophie auseinandersetzte und sich deren positiven Gehalt aneignete. Die Übernahme aristotelischer Grundsätze und Methoden führte gelegentlich sogar zu Positionen, die mit dem religiösen Glauben nicht mehr verträglich zu sein schienen (z.B. bei dem 1284 gestorbenen Siger von Brabant).

Hinter der Zuwendung zum Aristotelismus stand eine neue Auffassung des Verhältnisses von Natur und Übernatur, die von der neuplatonischen Einstellung in entscheidenden Punkten abwich. Der Platonismus der ausgehenden Antike war vom Gedanken der absoluten Jenseitigkeit des Göttlichen beherrscht, das infolge seiner Transzendenz als unerkennbar galt. Gott läßt sich dieser Ansicht nach nur in ekstatischer Schau oder im gottgeschenkten Glauben erfassen; will man auf der Ebene des Verstandes über ihn sprechen, kann man bestensfalls im Sinne der negativen Theologie von ihm sagen, was er nicht ist. Im Gegensatz zu dieser Auffassung betrachtete der Aristotelismus das Göttliche als Gegenstand vernünftiger Erkenntnis, weil er davon ausging, daß die allgemeinen Prinzipien des Seins und Erkennens allumfassend sind, also nicht nur für die Dinge in der Welt, sondern ebenso sehr auch für das Göttliche gelten. Der Unterschied von Aristotelismus und Platonismus zeigt sich auch in der Bestimmung des Verhältnisses zwischen konkreten Dingen und Ideen: Hatte der Platonismus die Ideen für das eigentlich Wirkliche erklärt und den Dingen nur insofern Sosein und Dasein zugebilligt, als sie an den Ideen teilhaben, so stellt sich dem Aristotelismus das konkrete, individuell bestimmte Seiende als Wirklichkeit im eigentlichen und ursprünglichen Sinne dar; die Formen als das die Arten und Gattungen Bestimmende sind dieser Ansicht nach nur in den konkreten Seienden wirklich. Dem entspricht die These, daß die Erkenntnis immer von der Wahrnehmung konkreter Dinge ausgehen müsse, da es für den Verstand keinen direkten Zugang zum Bereich der allgemeinen Formen gebe. Das Allgemeine ist in den besonderen Dingen realisiert und daher nur vermittels der Beobachtung zu erkennen.

Die Anerkennung des Primats des Besonderen vor dem Allgemeinen läuft auf eine Aufwertung der sinnlich wahrnehmbaren Wirklichkeit hinaus, was allerdings in den Augen mancher Zeitgenossen dem Glauben an die Abhängigkeit aller Dinge von einem absolut jenseitigen Gott zuwiderlief. Überspitzt könnte man sagen: Der christliche Platonismus tendierte dazu, das Diesseits im Licht des Jenseits zu sehen; im christlichen Aristotelismus finden sich Ansätze einer Einstellung, der zufolge das Jenseits nur vom Diesseits aus zu erreichen ist.

So gesehen, ist es verständlich, daß die Versuche, den Aristotelismus zur Grundlage der christlichen Weltanschauung zu machen, vielfach auf Widerstand stießen, auch von seiten der Päpste, die das Studium der metaphysischen Schriften des Aristoteles an der Pariser Universität untersagten. Es war daher ein kühner Schritt, wenn sich Gelehrte wie Albertus Magnus dem Aristotelismus zuwandten. Albert, wie sein bedeutendster Schüler Thomas von Aquin, hielt jedoch die Verbindung von Theologie und Aristotelismus für unbedenklich, weil er überzeugt war, daß zwischen echter philosophischer Einsicht (wie er sie bei Aristoteles zu finden meinte) und christlicher Theologie kein Gegensatz bestehen könne. Damit sollte nicht gesagt sein, daß die Theologie in Philosophie aufgelöst werden könne; dies ist vielmehr unmöglich, weil die Theologie dank der Offenbarung über das, was die Philosophie von Gott erkennt, hinausgeht. Deshalb decken sich die philosophischen Wahrheiten nur mit einem Teil dessen, was die Theologie lehrt. Das hinter dieser Auffassung stehende Harmonisierungsprogramm schien zunächst auch ausführbar zu sein; die weitere Entwicklung des scholastischen Denkens zeigte aber, daß es keineswegs so unproblematisch war, wie Albert gemeint hatte.

Der um 1200 (vielleicht sogar schon 1193) in Lauingen in Schwaben, wohl als Sohn eines staufischen Ministerialen, geborene Albert, dessen Bedeutung durch die Bezeichnung «der Große» hervorgehoben wurde, war bei den Bemühungen um eine Verbindung von christlicher Theologie und Aristotelischer Philosophie bahnbrechend. Er war Dominikaner und diente seinem Orden nach Studien in Padua und Köln vor allem als Lehrer in Köln und Paris, zeitweise auch als Leiter der deutschen Ordensprovinz, deren Klöster er auf langen Fußwanderungen visitierte, als Bischof von Regensburg (1260–1262) und als päpstlicher Legat mit der Aufgabe, einen Kreuzzug vorzubereiten. Mittelpunkt seines Wirkens war jedoch Köln, wo die Hochschule seines Ordens in hohem Ansehen stand. Hier vor allem (aber gelegentlich auch anderswo) trat er wiederholt als Schlichter in politischen Streitfällen auf,[5] hier starb er auch im Jahre 1280.

Albert hinterließ ein eindrucksvolles Werk.[6] Er unternahm es, die Werke des Aristoteles in erläuternden, teilweise auch kritisch ergänzten Paraphrasen aufzuarbeiten, wobei er stets auf den ihm vorgegebenen weltanschaulichen Rahmen Rücksicht nahm und deshalb z. B. die Aristotelische Annahme der Ewigkeit der Welt zurückwies. Daneben galt sein Interesse der Naturkunde, von der Botanik und Zoologie bis zur Astronomie bzw. Astrologie. Auch hier knüpfte er an Aristoteles an, schöpfte aber auch aus Galen und Ptolemäus (zu den letzteren siehe oben Teil I, Kap. VI, 3). Darüber hinaus bemühte er sich jedoch um Erweiterung der Naturerkenntnis durch eigene Beobachtungen, und diese Hinwendung zur Empirie läßt ihn als einen der frühen Repräsentanten einer neuen Einstellung gegenüber der Natur erscheinen: Die Naturbeobachtung dient nicht mehr nur dazu, die Macht des Schöpfers hervorzuheben, sondern gewinnt selbständige, von der Theologie unabhängige Bedeutung. In diesem Sinne erklärte Albert: «In der Naturforschung haben wir nicht zu untersuchen, ob und wie der Schöpfer-Gott nach seinem vollkommen freien Willen durch unmittelbares Eingreifen sich seiner Geschöpfe bedient, um durch ein Wunder seine Allmacht kundzutun. Wir haben vielmehr einzig und allein zu erforschen, was im Bereich der Natur durch natureigene Kräfte auf natürliche Weise alles möglich ist.»[7] Namentlich in der Tier- und Pflanzenkunde hat Albert nicht mehr nur die alten Autoren – allen voran Aristoteles – wiederholt, sondern zahlreiche eigene Beobachtungen berücksichtigt. Seine Beschäftigung mit der Naturkunde bot der Legende Anlaß, ihn als Magier darzustellen. Schließlich gehören zu seinem Werk theologische Abhandlungen dogmatischen und exegetischen Charakters. Die Weite des Bereichs seiner philosophischen und naturkundlichen Forschungen rechtfertigt den ihm verliehenen Beinamen eines Doctor universalis.

Das Projekt, die Aristotelische Philosophie zur Grundlage eines Gedankengebäudes zu machen, dessen krönender Abschluß die Theologie ist, war riskant, da in den ersten Jahrzehnten des Jahrhunderts dem Aristotelismus – näherhin dem durch die islamischen Kommentatoren interpretierten Aristotelismus – durch päpstliche Verbote eine Absage erteilt worden war. Nichtsdestoweniger ließ sich das Interesse an der Aristotelischen Philosophie nicht unterdrücken, wie sich schon vor Albert zeigte; erst Albert aber gelang der Durchbruch: Seine Bemühungen um eine Synthese von Aristotelismus und christlicher Theologie bewirkten, daß von nun an kein Scholastiker mehr um die Auseinandersetzung mit Aristoteles herumkam, ohne daß die Stellungnahme immer positiv sein mußte. Bei Albert darf übrigens nicht übersehen werden, daß er sich keineswegs konsequent gegen nicht-aristotelische Einflüsse abschirmte; im Gegenteil: in seinem Denken spielen auch (neu-)platonische Elemente und Gedanken eine Rolle, die er durch Avicebron (s. Kap. II, 3 b), den «Liber de causis» (s. Teil I, Kap. VI, 4 c), der als Werk des Aristoteles galt, und die Schriften des Pseudo-Dionysius (s. Teil II, Kap. I, 3 e) kannte. Seine philosophiegeschichtliche Bedeutung beruht nicht so sehr auf den Gedanken, die er vertrat, als vielmehr auf der Art, in der er das Verhältnis von Philosophie und Theologie bestimmte: Die Philosophie enthält Erkenntnisse, die durch das natürliche Licht gewonnen werden und die, da sie allgemeingültig sind, auch für den Theologen gelten. Umgekehrt erschließt sich nicht alles, was die Theologie lehrt, dem natürlichen Licht der

Vernunft. So entziehen sich die im Mittelpunkt der christlichen Religion stehenden Lehren von der Dreifaltigkeit und der Menschwerdung Gottes vernünftiger Einsicht. Ein Konflikt zwischen natürlicher Erkenntnis und auf Offenbarung beruhendem Glauben ist nach Albert ausgeschlossen, weil natürliches Licht und übernatürliche Erleuchtung auf dieselbe Quelle, nämlich Gott, zurückzuführen sind.

Die Metaphysik, die es mit einer nicht erfahrbaren, den Dingen der Natur und ihren Veränderungen zugrunde liegenden Wirklichkeit zu tun hat, betrachtete auch Albert als höchste, alle anderen Erkenntnisse fundierende Wissenschaft. Sowohl die Real- als auch die Idealwissenschaften (namentlich die Mathematik) setzen die Existenz eines Gegenstandes – der raum-zeitlichen Dinge einerseits, der quantitativen Beziehungen andererseits – voraus; ihre Grundlagen müssen daher Inhalt einer höheren Wissenschaft – eben der Metaphysik – sein, die es mit den höchsten Prinzipien zu tun hat; sie betrifft nicht diesen oder jenen Seinsbereich, sondern das Sein selbst.[8] So wie bei Aristoteles die Metaphysik Lehre vom Seienden als solchen, andererseits Lehre vom höchsten (göttlichen) Seienden war, so hat sie auch nach Albert einen doppelten Gegenstand: Sie hat einmal einen Gegenstand, von dem sie in erster Linie handelt, nämlich Gott; und sie hat zum anderen einen Gegenstand, durch den sie im allgemeinen bestimmt wird, nämlich das Seiende als solches.[9] Das Sein als allgemeinster Inhalt der Metaphysik stellt sich in theologischer Sicht als der erste Ausfluß bzw. das Ersterschaffene Gottes dar. Dem so verstandenen Sein entspricht etwas Göttliches in den erkennenden Wesen, und diese Gemeinsamkeit macht überhaupt erst begreiflich, daß es Wirklichkeitserkenntnis geben kann.

Da der Erkenntnisprozeß, wie Albert annahm, immer von sinnlichen Wahrnehmungen ausgeht und da allgemeine Begriffe durch Abstraktion von Bestimmungen konkreter Dinge zustande kommen, ist die Naturlehre auf Beobachtungen zu stützen, ja Albert forderte, daß sie sich auf Kausalzusammenhänge innerhalb der erfahrbaren Wirklichkeit zu beschränken habe.[10] Im Bereich der Naturerklärungen darf somit nicht auf übernatürliche Ursachen Bezug genommen werden.

Die Rolle der Empirie wurde auch von anderen scholastischen Naturphilosophen betont, z.B. von Roger Bacon (gest. um 1292), der die empirische Methode klar der demonstrativen überordnete, ähnlich von Robert Grosseteste (gest. 1253), von Witelo (gest. um 1275) oder von Dietrich von Freiberg (gest. nach 1310). Die empirische Einstellung führte dazu, daß immer öfter die Natur als solche, d.h. unabhängig von ihrer Beziehung zu Gott, zum anerkannten Gegenstand der Forschung wurde. Im Rahmen dieser Denkweise wurde schließlich der Schritt zur modernen Naturwissenschaft möglich.

Im einzelnen hat Albert viele jener Positionen entwickelt, die sein Schüler Thomas von Aquin in systematisch strengerer Form vertreten sollte. So übermittelte er ihm die Grundgedanken der Aristotelischen Naturphilosophie und der Auffassung von der Seele als Form des Körpers, jedoch in Verbindung mit der Lehre von der individuellen Unsterblichkeit, an der er im Gegensatz zur Averroistischen Aristoteles-Deutung festhielt. Wie viele bedeutende Anreger hinterließ Albert kein vollendetes philosophisches System; ein solches zu entwickeln war Thomas von Aquin vorbehalten.

c) Thomas von Aquin

(1) Leben und Werke

Der einflußreichste Vertreter der aristotelischen Hochscholastik war Thomas von Aquin, der 1225 auf der Burg Roccasecca unweit von Neapel geboren wurde und 1274 im Kloster Fossanuova bei Terracina auf der Reise zum Konzil von Lyon starb. Nach Studien in Monte Cassino und Neapel trat er gegen den Widerstand seiner Familie in den Dominikaner-Orden ein und wurde Schüler Alberts des Großen in Paris und Köln. In diese Zeit fällt die Schrift über «Das Seiende und die Wesenheit». Thomas lehrte ab 1252 (ab 1256 als Magister) in Paris. Die Situation an der Pariser Universität war damals von dem mit großer Heftigkeit ausgetragenen Konflikt zwischen der Weltgeistlichkeit und den jungen Bettelorden geprägt. So ist es nicht verwunderlich, daß Thomas anfänglich auf Widerstand stieß, was ihn jedoch nicht hinderte, zu einer der Leuchten der Universität zu werden. 1259 gab er seine Lehrtätigkeit zugunsten anderer Aufgaben im Dienste seines Ordens und der päpstlichen Kurie für zehn Jahre auf, kehrte danach aber wieder nach Paris zurück und wirkte dort bis 1272. Anschließend lehrte er in Neapel. Sein Leben fällt in jene Zeit, in der das Reich, dem sein Vater als Ministeriale verbunden war, unter Friedrich II. zunächst zu großer Machtentfaltung gelangte, dann aber in eine schwere Krise geriet: Die staufische Herrschaft zerfiel, Konradins Versuch, sich in Unteritalien, wo unter seinem Vater, Kaiser Friedrich II., der Mittelpunkt der staufischen Macht lag, durchzusetzen, endete kläglich. Der junge Staufer wurde von Karl von Anjou besiegt und 1268 hingerichtet. Thomas' letzte Lehrtätigkeit fällt in die Zeit, als Neapel bereits Hauptstadt des Königreichs Sizilien unter dem Hause Anjous war.

In seinen ersten Pariser Jahren kommentierte Thomas, wie bei angehenden Magistri üblich, die Sentenzen des Petrus Lombardus; es folgten die «Quaestiones disputatae» sowie Kommentare zu Werken von Aristoteles und Boëthius. Im Mittelpunkt seines Schaffens stehen die beiden großen Summen: Die «Summe gegen die Heiden» («Summa contra gentiles») und die in Italien begonnene, während der zweiten Pariser Lehrtägigkeit und später in Neapel, wo Thomas Theologie lehrte, fortgeführte, aber von ihm nicht mehr vollendete «Theologische Summe» («Summa Theologiae»). Dazu kommt eine Reihe theologischer und philosophischer Kommentare.[11]

Thomas, der über ein umfassendes Wissen verfügte, war zugleich ein kritischer Denker, der angesichts verschiedener tradierter Meinungen stets seinen eigenen Weg suchte und für seine Option sorgfältig geprüfte Gründe ins Treffen führte. Aristoteles war zwar in seinen Augen die überragende philosophische Autorität, aber er akzeptierte die meisten seiner Auffassungen nicht deshalb, weil sie von Aristoteles stammten, sondern weil er die Aristotelischen Beweise für richtig hielt.

Sein Orden verehrt in ihm, dem der Beiname «Doctor angelicus» gegeben wurde, seinen größten Theologen und Philosophen. Aber der Thomismus sah sich im Mittelalter konkurrierenden Richtungen gegenüber, so daß er die Scholastik des 13. Jahrhunderts keineswegs ausschließlich prägte. Neben ihm gab es im Hochmittelalter die augustinisch beeinflußte franziskanische Richtung, die Distanz zu Aristoteles hielt, und im Spätmittelalter wandten sich viele einem Nominalismus zu, der weder mit aristotelischen noch mit platonistischen Auffassungen vereinbar war. Erst im 19. Jahrhundert wurden (mit Leos XIII. Enzyklika «Aeterni Patris») die Methode und die Grundlehren des Aquinaten als maßgeblich für die christliche Philosophie erklärt. Demgemäß war die Neuscholastik im ausgehenden 19. Jahrhundert und in der ersten Hälfte des 20. Jahrhunderts im wesentlichen thomistisch ausgerichtet.

(2) Grundgedanken der Metaphysik

Die Hinwendung zu Aristoteles, die Albert angebahnt hatte, wurde von Thomas konsequent vollzogen. Bedingung einer fundierten Synthese von Christentum und Aristotelismus war die gründliche Kenntnis auch des letzteren, weshalb sich Thomas, an die islamischen Kommentatoren anknüpfend, gründlich mit Aristoteles' Werken auseinandersetzte. Obwohl in seinem Denken auch platonisch-augustinische Gedanken eine Rolle spielten, dominierte doch der von Aristoteles ausgehende Einfluß. Da er von der prinzipiellen Unabhängigkeit der philosophischen Erkenntnis von der Theologie überzeugt war, konnte er eine Philosophie zur Grundlage der Theologie machen, die lange vor dem Christentum und unabhängig von religiösen Einflüssen entstanden war. Nach Thomas ist die Philosophie des Aristoteles im wesentlichen wahr und läßt sich daher auf die Dauer nicht ohne Schaden für die Theologie vernachlässigen. Sie kann seiner Ansicht nach auch nicht der geoffenbarten Wahrheit widersprechen, da die Wahrheit notwendig *eine* ist. Das Verhältnis von Philosophie und Theologie entspricht dabei dem Verhältnis von Natur und Gnade im allgemeinen: So wie die Gnade an der Natur ansetzt, die Natur aber auf die Vervollkommnung durch die göttliche Gnade angewiesen ist, so bildet einerseits die Philosophie bzw. die natürliche Erkenntnis überhaupt die Grundlage, auf der sich die theologische Spekulation erhebt, andererseits aber wird die beschränkte natürliche Einsicht durch die Theologie überhöht: das Wissen erlangt erst mit dem Schritt zu den geoffenbarten Wahrheiten die dem Menschen mögliche Vollkommenheit. Der Glaube setzt mit einem Wort die natürliche Erkenntnis ebenso voraus, wie die Gnade die Natur voraussetzt.[12]

Demgemäß gliedern sich nach Thomas die höchsten Wahrheiten in solche, die vernünftig erfaßbar sind, und in solche, die jenseits der Reichweite der natürlichen Vernunft liegen. Zu den ersteren gehören die Sätze über das Sein und die Gründe des Seins, über Gott, die Erschaffung der endlichen Wesen und deren Beziehung zu Gott, zu den letzteren die Sätze über die göttliche Dreifaltigkeit, über die Menschwerdung Gottes in Christus und über das Ende aller Dinge. Im Bereich der Philosophie kommt somit der Metaphysik die erste Stelle zu, da sie die allerallgemeinsten Prinzipien enthält, die den speziellen Disziplinen zugrunde liegen.

Mit Aristoteles erklärte Thomas den Begriff des Seienden als solchen für den allgemeinsten Begriff, zu dem das Denken aufsteigen könne. Dieser Begriff bezieht sich auf alles, was in irgendeiner Weise ist, jedoch nicht immer im gleichen Sinn, sondern unter Umständen in analoger Weise. Der Ausdruck «sein» wird analog gebraucht, wenn er sich auf Gott und die Geschöpfe oder auf die Substanz und ihre Eigenschaften bezieht. Im ursprünglichen Sinn Seiendes ist das konkrete Ding, in bezug auf das Form und Stoff, Möglichkeit und Wirklichkeit zu unterscheiden sind, allerdings nicht als selbständige Seiende, aus denen das Konkrete zusammengesetzt wäre, sondern als Prinzipien, die sich am Seienden unterscheiden lassen. Gott ist reine Wirklichkeit (Aktualität), somit notwendig seiend und unveränderlich. Das Seiende ist als solches notwendig eines und von anderem unterschieden; es ist (im ontologischen Sinne) gut und wahr, so daß diese Begriffe als austauschbar gelten. Auf Grund der Austauschbarkeit von «Sein» und «Einheit» nahm Thomas an, daß etwas um so mehr am Sein teilhabe, je mehr es Einheit ist. Die einheitslose reine Materie als Prinzip der Vielheit steht demnach dem Sein am fernsten, die geistigen Wesen kommen ihm näher als die materiellen, weil sie einheitlicher sind als diese, und Gott als vollkommene Einheit ist auch das vollkommenste Sein, die reine Wirklichkeit, ohne jede unverwirklichte Möglichkeit. Die (ontologische) Güte ergibt sich aus der Abhängigkeit der Geschöpfe vom wesentlich guten Gott, die (ontologische) Wahrheit besteht darin, daß jedes geschaffene Ding dem Gedanken Gottes, nach dem es geschaffen wurde, entspricht. Die Kategorien folgen bei Thomas wie bei Aristoteles dem Schema von Substanz und Akzidenz. Die Form wird mit der Wesenheit identifiziert und als etwas Substantielles aufgefaßt. Daher können für sich bestehende geistige Formen angenommen werden, die als solche nicht Formen stofflicher Dinge sind. Engel und menschliche Seelen, die nach dem Tode vom Körper getrennt sind, stellen solche Formen dar. Nach der ontologischen Konzeption des Aquinaten ist die Wirklichkeit als solche vernünftig und zugleich werthaft bestimmt; sie ist gleichzeitig zweckmäßig geordnet, da die Dinge auf das an sich seiende Gute, d. h. auf Gott, gerichtet sind. Die in ihrem Wesen vernünftige Wirklichkeit kann vernünftig erkannt werden, da der menschliche Geist seiner Form nach mit der Form der Wirklichkeit übereinstimmt.

Über Aristoteles hinausgehend blieb Thomas nicht beim Begriff des Seienden als solchen stehen, sondern unterschied vom Seienden «das Sein»: Von jedem Seienden läßt sich fragen, was es ist und ob es ist; auf den Umstand, *daß* etwas ist, beziehen wir uns mit dem Ausdruck «Sein». Sagt man von etwas, daß es *ist*, dann schreibt man ihm keine Bestimmung zu, die mit seinem *Was* zu tun hat, sondern man sagt aus, daß es sich um ein aktualisiertes Wesen handelt. Diese Auffassung setzt die Unterscheidung von Möglichkeit und Wirklichkeit als objektiver Bereiche voraus; was macht, daß etwas nicht nur mögliche Wesenheit, sondern wirkliches, aktual existierendes Seiendes ist, heißt «Sein». Mit dieser Auffassung wird die Objektivierung von Annahmen, die ursprünglich allgemeine Erkenntnisse begreiflich machen sollten, auf die Spitze getrieben: Um erklären zu können, wie es allgemeingültige Urteile geben kann, wurde angenommen, daß sich Begriffe auf allgemeine Entitäten beziehen. Das objektive Allgemeine wurde als Wesen einer Art von Dingen aufgefaßt und als etwas betrachtet, das sich unabhängig davon, ob Dinge der fraglichen Art vorhanden sind, einsehen läßt. Dem in Form des Wesens objektivierten Allgemeinbegriff schien dann als komplementäres Moment des Dings «das Sein» als objektives Prinzip, als Seinsakt, entsprechen zu müssen. Daß diese objektivistische Metaphysik letzten Endes auf einer bestimmten Auffassung des allgemeinen Begriffs beruht, die ihrerseits einer Theorie des Erkennens dient, tritt dabei in den Hintergrund: Nicht mehr das Erkenntnisproblem, sondern das Seinsproblem gilt als grundlegend. Wie Aristoteles versteht auch Thomas die Prinzipien des Widerspruchs und des ausgeschlossenen Dritten primär als Gesetze des Seins und nur sekundär als Denkgesetze. Demgemäß verhält sich der Geist im Erkennen des Seins rezeptiv; er erfaßt es intuitiv, durch intellektuelle Anschauung, und kann daher «Sein» und «Seiendes» nicht definieren. Begriffe wie «Seiendes» (außer diesem auch «eines», «gut» und «wahr» im Sinne der Seinswahrheit) heißen, da sie jenseits auch der allgemeinsten Gattungen stehen, Transzendentalien.

Wie bei Aristoteles spielt bei Thomas neben der Frage nach dem Seienden als solchen in der Metaphysik die Frage nach dem höchsten Seienden, d.h. Gott, eine wesentliche Rolle. Gott als Grund der geschaffenen Wirklichkeit und als Ziel des Menschen ist sogar das beherrschende Thema der Philosophie des hl. Thomas; die Lehre vom Seienden als solchen ist diesem Thema untergeordnet. Obwohl Gott, seine Eigenschaften und seine Gebote in allgemeiner Weise vernünftig erkannt werden können, ist die philosophische Gotteserkenntnis, die stets von der Erfahrung ausgehen muß, unweigerlich beschränkt und daher auf die Ergänzung durch den Glauben an die in der Bibel niedergelegte göttliche Offenbarung angewiesen. Gewisse Fragen – wie die Frage nach dem Anfang der Welt – sind nach Thomas philosophisch unentscheidbar; da die Antwort auf sie aber im Hinblick auf den Weg der Seele zu Gott wesentlich ist – nämlich im Sinne der spezifisch christlichen, somit bei Aristoteles nicht zu findenden Schöpfungslehre –, erweist sich der Schritt vom natürlichen Wissen zum Glauben, von der vernünftigen Einsicht zur Offenbarung, von der Philosophie zur Theologie als unumgänglich.

Thomas vertrat insofern eine realistische Auffassung, als er die Existenz einer unabhängig vom Menschen bestehenden Wirklichkeit voraussetzte, in der die allgemeinen Wesensformen realisiert sind. Die Gegenstandserkenntnis besteht in der Beziehung des Urteils auf denkunabhängige Dinge. Ohne Einwirkungen von seiten der Dinge gibt es keine Vorstellungen und Begriffe, somit auch keine Erkenntnis. Vor jedem Kontakt mit der denkunabhängigen Realität gleicht die Seele einer unbeschriebenen Tafel (tabula rasa); es gibt somit keine eingeborenen Begriffe oder Erkenntnisse. Ein Urteil ist (wie schon Aristoteles erklärt hatte) wahr, wenn es mit dem Beurteilten übereinstimmt. Die Wahrheit eines Urteils beruht auf der Angleichung (adaequatio) des urteilenden Verstandes an den Gegenstand. Diese Übereinstimmung deutete Thomas im Sinne der Abbildtheorie der Erkenntnis. Wenn wir ein Ding wahrnehmen, entsteht im Wahrnehmenden ein Bild des Dings, das ebenso konkret ist wie das Ding. Auf Grund dieses Bildes lassen sich allgemeine Begriffe und Grundsätze bilden: Die Einbildungskraft nimmt das sinnliche Abbild auf und ermöglicht es dem aktiven Verstand, von seinen Besonderheiten abzusehen und seine allgemeinen Züge festzuhalten, d.h. abstrakte Begriffe zu bilden. (Während z.B. bei der Wahrnehmung einer Rose das sinnliche Bild bzw. das Phantasma konkret ist, also zum Beispiel als Vorstellung einer roten Rose, enthält der abstrakte Begriff keine Bestimmungen, die, wie die Farbe, nur manchen, aber nicht allen Rosen zukommen.) Der Begriff gilt aber immer noch als Abbild, wenn auch als verstandesmäßiges Abbild. Das, was der Begriff abbildet, kann offensichtlich nicht das konkrete Ding sein, das individuell bestimmt ist; Thomas nahm daher mit Aristoteles an, daß der Begriff der allgemeinen Form entspricht, durch die eine Art von Dingen charakterisiert ist. Gleichzeitig bezog er ihn aber auch auf die Idee als Inhalt des göttlichen Geistes, die Urbild der geschaffenen Dinge ist.[13] Mit Hilfe abstrakter Begriffe lassen sich allgemeine Grundsätze – etwa der Satz, daß alles, was bewegt ist, durch eine Bewegung verursacht ist – aufstellen, und mit Hilfe solcher Grundsätze ist es schließlich möglich, den Bereich der sinnlich wahrnehmbaren Dinge denkend zu überschreiten, indem zum Beispiel geschlossen wird, daß alle beobachtbaren Bewegungen durch einen prinzipiell nicht mehr beobachtbaren Ersten Beweger (d.h. durch Gott) hervorgerufen sein müssen.

Mit der Annahme, daß Begriffe Abbilder allgemeiner Formen sind, übernahm Thomas den Aristotelischen Essentialismus. Da konkrete Substanzen aus Wesenheit (Washeit, Essenz) und Existenz bestehen, hat das Allgemeine keine selbständige Existenz als (ideales) Seiendes, wie Thomas gegen Plato betonte; es besteht nur als Form der Dinge, die sich abstrahierend isolieren und als Begriff erfassen läßt. So gesehen, ist das Universale «in den Dingen» bzw. sekundär «nach den Dingen» (im Sinne des Konzeptualismus). Dennoch wollte Thomas auch die Position, der zufolge das Universale «vor den

Dingen» ist, nicht schlechthin verwerfen; sofern es als Idee im göttlichen Intellekt ist, gilt auch die letztgenannte Position, wie in ähnlicher Weise schon Avicenna gemeint hatte. Vom Platonismus unterscheidet sich die von Thomas vertretene Auffassung aber dadurch, daß das Universale nicht als etwas Dingliches – als «res» – betrachtet wird. Die von Plato behauptete «Kluft» zwischen dem Allgemeinen (den Ideen) und den konkreten Dingen besteht nicht.

Die Wesenheiten gelten als ewig, wogegen die Existenz endlicher Dinge in dem Sinne «zufällig» (kontingent) ist, als sie sich widerspruchsfrei im Denken aufheben läßt. (Die Wesenheit des Menschen ist ewig, da sie ihren Grund im Wesen Gottes hat; aus dem Begriff «Mensch» folgt aber nicht, daß es Menschen und namentlich einen bestimmten Menschen geben müsse.) Angesichts des Vorrangs der Wesenheit bzw. der Form vor der Existenz erhebt sich die Frage, wie sich verstehen lasse, daß eine Wesenheit eine Vielzahl konkreter Seiender formt, also z.B. die Wesenheit «Mensch» Form zahlreicher individueller Menschen ist. Thomas antwortet, wiederum im Anschluß an Aristoteles, daß für die Individuation (die Vereinzelung) der Stoff verantwortlich sei: Während z.B. von «Dreieckigkeit» gesprochen werden kann, ohne daß auf eine bestimmte Größe oder ein bestimmtes Winkelverhältnis Bezug genommen wird, muß ein materialisiertes Dreieck (als dreieckiges Ding oder als gezeichnetes Dreieck) bestimmte Seitenlängen haben und entweder spitz-, oder recht- oder stumpfwinklig sein. Als stoffliches Gebilde kann es nicht groß und zugleich klein, spitz- und zugleich stumpfwinklig sein. Das Prinzip der Individuation, d.h. der Verwirklichung des Allgemeinen in individuellen Dingen, ist die Materie.[14]

Substantielle Formen haften entweder unablösbar einem konkreten Seienden an (wie die Form einer Vase, die zu bestehen aufhört, wenn die Vase zerbricht), oder sie sind selbständige («subsistierende») Formen. Hier unterschied Thomas nochmals zwischen abgesondert von der Materie bestehenden Formen (wie es die reinen Geister der Engel sein sollen) und Formen, die zwar selbständig sind, aber ein materielles Wesen formen. Mit dieser Auffassung geht er über Aristoteles hinaus, und der Grund der von ihm für nötig gehaltenen Korrektur ist leicht zu erkennen: Es geht darum, Platz für die Annahme der Unsterblichkeit der menschlichen Seele zu schaffen. Die Seele ist, wie Thomas mit Aristoteles lehrte, Form des Leibes in seinen verschiedenen (vegetativen, sensitiven und intellektuellen) Funktionen, somit ein einheitliches Prinzip, das ganz im ganzen Körper ist. Damit wird ausgeschlossen, daß der Geist «von außen» in die menschliche Persönlichkeit eintritt (wie Aristoteles gesagt hatte). Leib und Seele können nicht als zwei Substanzen gelten, die zu einer zusammengesetzten Substanz – der menschlichen Person – verbunden sind. Die Seele kann aber nach Thomas auch nicht in der Art der Tierseelen eine Form sein, die unlösbar an das konkrete Lebewesen gebunden ist, denn dann könnte sie den Tod nicht überdauern. Um die Lehre von der Unsterblichkeit der Seele vertreten zu können, mußte Thomas daher die menschliche Seele von den seelischen Prinzipien anderer Lebewesen – den Tier- und Pflanzenseelen – unterscheiden und ihr eine Sonderstellung zuschreiben: Obwohl sie als Form des Lebewesens Mensch diesem inhäriert, existiert sie nach dessen Tod abgesondert weiter, um nach der Auferstehung des Fleisches wieder zur Form eines (verklärten) Leibes zu werden.

Wenn in dieser Weise der menschlichen Seele eine Sonderstellung innerhalb des Bereichs der Formen konkreter Seiender eingeräumt wird, dann bedarf das einer Begründung, die Thomas darin findet, daß der menschliche Geist kein bloß passives, sondern ein wesentlich aktives Prinzip ist, d. h. daß er aus sich allein tätig werden kann.[15] Da die Materie auf Grund ihres Wesens passiv ist, kann der Geist, zu dessen Natur die Spontaneität gehört, nicht materiell sein. Die Seele ist keine Komplexion (wie der Arzt Galen gemeint hatte) oder Mischung von Elementen (wie Alexander von Aphrodisias gelehrt hatte), sie ist nicht nur vorübergehender Bewohner des Körpers (wie es Platos Auffassung entspricht) und auch nicht Harmonie der Teile des Körpers (wie die Pythagoreer meinten), sondern sie ist ganz im Körper und ganz in jedem seiner Teile und doch vom Körper und seinen Teilen wesenhaft unterschieden.[16]

Mit besonderem Nachdruck wendete sich Thomas gegen die (von Avicenna und Averroës vertretene) Ansicht, der Verstand sei ein allgemeines Prinzip, an dem die einzelnen Menschen nur teilhätten. Eine solche Auffassung kam für ihn nicht in Betracht, weil sie mit der Annahme der individuellen Unsterblichkeit unverträglich ist. Die Thomanische Auffassung ist aber ihrerseits mit beträchtlichen Schwierigkeiten belastet: Wenn die Seele (und mit ihr der Verstand) Form des konkreten Menschen ist, dann scheint für sie zu gelten, was für Formen im allgemeinen gilt, nämlich daß die Individualisierung durch die Verbindung mit der Materie erfolgt. Das konnte Thomas aber nicht akzeptieren: Wäre die Seele nur deshalb etwas Individuelles, weil sie auf den Stoff des Lebewesens bezogen ist, dann müßte sie nach der Trennung vom materiellen Leibe ihre Individualität verlieren. Daher erklärte Thomas, die Seele werde zwar auf Grund des konkreten Körpers individuiert, doch sei der Körper nicht Ursache der Individuation. Obwohl er mit dieser Ansicht entschieden über Aristoteles hinausging, versuchte er, seine Auffassung als identisch mit der Aristotelischen darzustellen und den von ihm kritisierten Theoretikern (namentlich Avicenna und Averroës) Abweichungen von der Lehre des Stagiriten anzukreiden. Bei der Debatte über die genuin Aristotelische Auffassung schien aber übersehen zu werden, daß die Annahme eines beim Tod erfolgenden Übergangs der menschlichen Seele aus dem Bereich der inhärierenden Formen in den der separierten Formen in der Aristotelischen Philosophie keinen Platz hat. Sie ist offensichtlich das Ergebnis der Bemühungen des Aquinaten, den Aristotelismus mit der christlichen Unsterblichkeitslehre zu verbinden.

(3) Die fünf Wege zur Erkenntnis Gottes

Infolge der Überzeugung, daß gegenständliche Erkenntnis nur auf Grund von Wahrnehmungen möglich sei, beschränkte sich Thomas auch bei seinen Versuchen, die Existenz Gottes zu beweisen, auf Argumente, die empirische Voraussetzungen enthalten. Das läuft auf die Zurückweisung jenes Arguments hinaus, das Anselm von Canterbury im «Proslogion» verwendet hatte. Thomas führt es auf die Annahme zurück, daß Gottes Dasein durch sich selbst bekannt sein könne – eine Annahme, die er als unhaltbar betrachtete. Die Aussage «Gott existiert» wäre an sich bekannt, wenn ihr Prädikat («existiert») dem Subjektbegriff («Gott») entnommen werden könnte; das wäre jedoch nur möglich, wenn das, was Gott ist (seine «Washeit» oder «Quiddität»), und somit der Begriff Gottes, an sich bekannt wäre. Da das nicht der Fall ist, kann die Existenz Gottes nicht auf Grund des Gottesbegriffs allein erschlossen werden.[17] Aber auch die von manchen befürwortete Alternative, Gottes Dasein für einen Glaubensinhalt zu erklären, ist für Thomas unbefriedigend, so daß nur die Möglichkeit bleibt, die Existenz Gottes ausgehend von Erfahrungssätzen zu beweisen.

Thomas hat (besonders deutlich in der «Summe der Theologie») fünf Argumente – die sogenannten *quinque viae* – unterschieden, die zum Beweis der Aussage «Gott existiert» führen. Dabei wird (1) von der Bewegung auf Gott als ersten unbewegten Beweger, (2) von der Ordnung der Wirkursachen auf Gott als erste Ursache, (3) von seinszufälligen Dingen auf Gott als notwendiges Wesen, (4) vom Mehr-und-Weniger-Sein der endlichen Dinge auf Gott als absolut Höchstes und (5) von der Zweckmäßigkeit der Natur auf Gott als erstes Prinzip der Zweckmäßigkeit zurückgeschlossen.

Die Art, in der Thomas argumentiert, soll kurz anhand des Arguments aus der Bewegung veranschaulicht werden:[18] Als empirische Voraussetzung verwendet er die Aussage «Es gibt Bewegtes». Außerdem benötigt er allgemeine Grundsätze, nämlich «Alles, was bewegt wird, wird von etwas anderem bewegt» und «Die Reihe der Beweger kann nicht unendlich sein». Die Tatsachenannahme bedarf keiner Begründung, wogegen die genannten allgemeinen Prinzipien begründet werden müssen. Im Falle des ersten Grundsatzes bediente er sich der oben erwähnten metaphysischen Grundbegriffe «Potenz» und «Akt». «Bewegung» ist nach Thomas als «Übergang von der Potentialität zur Aktualität» zu bestimmen. Was gemeint ist, macht man sich am besten anhand eines Beispiels klar: Wachstum als Bewegung in dem weiten, von Thomas zugrunde gelegten Sinne besteht darin, daß der Keim, der der entwickelte Organismus der Möglichkeit nach (potentiell) ist, sich zur reifen Pflanze entwickelt und so aus der Möglichkeit (Potentialität) zur Wirklichkeit (Aktualität) übergeht. Die im Keim angelegten Möglichkeiten werden durch den Wachstumsprozeß aktualisiert. Nach der Akt-Potenz-Lehre kann die Aktualisierung immer nur durch etwas erfolgen, das aktual existiert. Zum Beispiel kann etwas Kaltes nur durch etwas von ihm verschiedenes Warmes erwärmt werden. Da die Aktualisierung durch etwas vom potentiell Seienden Verschiedenes erfolgen muß, muß auch alles, was bewegt wird, von einem anderen bewegt werden. Im Falle des zweiten Grundsatzes ist zu bedenken, daß spätere Bewegungsursachen immer von früheren und letzten Endes von einer ersten Ursache abhängen. Wäre die Kette der Ursachen unendlich, dann könnte es eine erste Ursache nicht geben; infolgedessen kann die Ursachenreihe nicht unendlich sein. (Das sieht ganz so aus, als hätte Thomas die Notwendigkeit eines ersten Bewegers, die er beweisen wollte, von Anfang an vorausgesetzt.) Mit Hilfe der angedeuteten Voraussetzungen läßt sich dann so schließen: Wenn es Bewegtes gibt, dann wird es von etwas anderem bewegt, wobei die Reihe der Bewegungsursachen nicht unendlich sein kann. Nun gibt es auf Grund unbezweifelbarer Erfahrung Bewegtes, also muß es auch einen ersten Beweger geben.[19]

Gegen diesen Beweisversuch wurden immer wieder Einwände vorgebracht. So wurde darauf hingewiesen, daß der von Thomas verwendete metaphysische Begriff der Bewegung wegen seiner Abhängigkeit von der Akt-Potenz-Lehre nicht mehr brauchbar sei, während der physikalische Bewegungsbegriff für den Beweis nicht in Betracht komme; ferner wurde bemerkt, daß sich die Annahme unendlicher Beweger-Reihen nicht ausschließen lasse und daß das Argument eine Erschleichung (Petitio principii) darstelle.[20] Wie immer die Frage der Schlüssigkeit beurteilt werden mag – man wird auf jeden Fall bedenken müssen, daß die Thomanischen Gottesbeweise einen bestimmten, entscheidend von aristotelischen Vorstellungen geprägten metaphysischen bzw. kosmologischen Rahmen voraussetzen. Die Bewegerreihen, von denen Thomas spricht, sind nicht Reihen sukzessiver Ortsbewegungen, sondern Reihen gleichzeitiger Beweger, die zum Teil geistige Wesen sind. Das Geschehen im Bereich der Dinge ist von Vorgängen in der Atmosphäre abhängig, diese sind durch den Einfluß der Gestirne bedingt, die ihrerseits von Gestirngeistern (Engeln) und letztlich von Gott bewegt werden. Thomas hat also nicht mit Bezug auf sukzessive Beweger argumentiert, wie der moderne Leser nur allzu leicht anzunehmen geneigt ist. Ähnlich ist nach Thomas beim Argument aus den Wirk-Ursachen mit simultanen, nicht mit sukzessiven Ursachen zu rechnen. Die erste Ursache, von der Thomas erklärt, daß es sie geben müsse, weil es beobachtbare Wirkungen gebe, ist nicht zeitlich früher als diese, sondern gleichzeitig mit ihnen. Da nach Thomas die Wirkung aufgehoben wird, wenn die Ursache aufgehoben wird,[21] folgt aus der Tatsache von Wirkungen in der Erfahrungswirklichkeit die Existenz von Ursachen auch jenseits des empirischen Bereichs und schließlich die Existenz einer ersten Ursache. Dies ergab sich ihm auf Grund der Aristotelischen Annahme, daß eine Wirkung nur solange anhält, als die Ursache wirksam ist. Diese Auffassung spielte in der neuzeitlichen Physik keine Rolle mehr, da sie mit dem Trägheitsprinzip nicht verträglich ist. Im Rahmen der Naturwissenschaft, die sich in der frühen Neuzeit durchsetzte, läßt sich daher der Gottesbeweis des Aquinaten nicht mehr aufrechterhalten.

Da für das mittelalterliche Denken die teleologische Betrachtungsweise der Wirklichkeit eine wichtige Rolle spielte, konnte Gottes Existenz auch aus der angenommenen Zielgerichtetheit aller Dinge zu beweisen gesucht werden. Dabei wird folgendermaßen geschlossen: Wenn bewußtlose Dinge auf ein Ziel gerichtet sind, dann müssen sie von einem Zweckprinzip geleitet sein, das als etwas Vernünftiges zu gelten hat; nun sind die Dinge zielgerichtet, also hängen sie von einer höchsten Vernunft ab. Thomas meinte nicht, daß sich in gewissen Dingen eine Zweckmäßigkeit zeige, in anderen nicht, sondern er behauptete, daß alles, was wirkt, um eines Zweckes willen wirkt.[22] Jedes Streben richtet sich auf etwas Bestimmtes, und wenn dies ein von der Tätigkeit verschiedener Zweck ist, richtet es sich schließlich auf einen letzten Zweck, weil sekundäre Zwecke, die ihrerseits Mittel zu anderen Zwecken sind, keine unendliche Reihe bilden können. Im Hintergrund steht die Annahme, daß alle Wirksamkeit in der Welt auf das Gute gerichtet ist, und da das Gute an sich mit Gott identifiziert wurde, konnte Thomas sagen, daß Gott das Ziel allen Wirkens ist.

Wie die angeführten Argumente beruhen alle Gottesbeweise, die Thomas führte, auf metaphysischen Voraussetzungen, die alles andere als selbstverständlich sind. Teils sind sie fragwürdig – der Ausschluß unendlicher Reihen wird nicht überzeugend gerechtfertigt –, teils erweisen sich schon die empirischen Aussagen, von denen ausgegangen wird, als problematisch. So wird etwa die Voraussetzung, daß alles Wirkende in dem Sinne zielgerichtet wirkt, daß es auf das Gute gerichtet ist, kaum allgemein akzeptiert werden.

Entscheidend für den Anspruch, die Existenz Gottes in der von Thomas ins Auge gefaßten Art beweisen zu können, ist die stillschweigende Voraussetzung, daß Gott zwar vom Endlichen himmelweit verschieden ist, aber doch nicht so verschieden, daß er nicht in gewisser Weise erkannt werden könnte. Wenn wir vom Sein, der Güte, der Weisheit Gottes usw. sprechen, meinen wir nicht dasselbe wie in Aussagen über menschliches Sein, menschliche Güte und Weisheit; aber wenn wir Gott und einen Menschen «gut» nennen, wird dieser Ausdruck doch nicht doppeldeutig (wie z.B. der Ausdruck «Tau» als Bezeichnung eines dicken Seils und einer Art Niederschlag). Die fraglichen Prädikate werden mit Bezug auf das Endliche und das Unendliche «analog» verwendet, d.h. nicht in gleicher Bedeutung, doch auch nicht ohne jeden sachlich fundierten Zusammenhang. Die Annahme der Analogie ist dazu angetan, die Möglichkeit einer gewissen – freilich nicht vollkommenen – Gotteserkenntnis behaupten und gleichzeitig doch den Abstand, der die Kreatur vom Schöpfer trennt, wahren zu können. Sobald die Lehre von der Analogie aufgegeben wird, läßt sich nicht mehr von direkten Beweisen der Existenz und der Eigenschaften Gottes sprechen. In dieser Lage befand sich der spätmittelalterliche Nominalismus,[23] für dessen Vertreter die Gewißheit des Daseins Gottes nur im Glauben erreichbar zu sein schien. Ähnlich muß der Mystiker, der sich Gott nähern will, den

Verstand der überrationalen Schau unterordnen, wie z.B. Nikolaus von Kues meinte.[24] (Zu diesem siehe unten Teil III, Kap. I, 2 b)

(4) Der Ansatz der Moralphilosophie

Die Philosophie des Aquinaten – von seinen spezifisch theologischen Spekulationen, etwa über die Trinität, ist hier abzusehen – ist wesentlich Lehre vom Sein und vom höchsten Seienden. Sie beschränkt sich jedoch nicht darauf, die Existenz des höchsten Seienden, d.h. Gottes, zu beweisen, sondern sie stellt Gott auch als Ziel aller Dinge, als höchstes Gut, nach dem alles strebt, und als Bedingung der wahren, freilich erst im Jenseits erreichbaren Glückseligkeit dar. Infolgedessen ist nach Thomas die Ausrichtung des menschlichen Lebens auf Gott hin moralisch verpflichtend. In diesem Sinne sprach er wie Plato und viele Platoniker von einer Verähnlichung mit Gott.

Gott erhält die geschaffene Wirklichkeit und lenkt sie durch seine Vorsehung. Gott ist, wie Thomas ausdrücklich erklärte, die Ursache jeder Tätigkeit.[25] Damit erhebt sich das Problem der Willensfreiheit: Wenn Gott in allem Endlichen wirkt, dann auch im menschlichen Willen, so daß kein Raum für freie Entscheidungen zu bleiben scheint. Thomas stellte aber der These von der Allwirksamkeit Gottes die komplementäre These gegenüber, daß auch alle endlichen Substanzen wirksam seien, so daß bestimmte Wirkungen immer durch das Zusammenspiel beider Arten von Wirksamkeit – der göttlichen und der kreatürlichen – zustande kommen. Deshalb konnte er auch dem menschlichen Willen partielle Wirksamkeit und Entscheidungsfreiheit zuschreiben. Dazu kommt, daß die menschliche Freiheit eine Vollkommenheit ist und Gottes Wirken niemals zur Aufhebung von Vollkommenheiten führen kann. In der Willensfreiheit zeigt sich die Ähnlichkeit des Menschen mit Gott, und daher wäre es widerspruchsvoll, wenn sie durch die göttliche Vorsehung aufgehoben würde.[26] Daher ist es möglich, gegen das Sittengesetz zu verstoßen, d.h. ein Übel einem Gut vorzuziehen. Dem Übel kommt aber keine positive Wirklichkeit zu; es ist lediglich Mangel von etwas, das wirklich sein sollte, wie Thomas mit den Vertretern einer bis in die Antike zurückreichenden Tradition meinte.

In inhaltlicher Hinsicht beruht die Ethik des Aquinaten, deren beherrschendes Thema das Streben des Menschen nach dem höchsten Gut ist, auf naturrechtlichen Grundlagen: Seiner Ansicht nach ist es möglich, durch Reflexion auf die menschliche Natur zu moralischen und rechtlichen Prinzipien zu gelangen, die unabhängig von geoffenbarten Wahrheiten gelten. Die Natur des Menschen ist durch die Tendenz bestimmt, die ihr eigentümlichen Möglichkeiten zu entfalten und namentlich nach der Glückseligkeit zu streben, und diese Tendenz zur Geltung zu bringen ist nicht nur ein Recht des Menschen, sondern zugleich seine Pflicht. Dasselbe gilt auch für die Tendenz zur Selbsterhaltung oder die Tendenz zum Wissenserwerb. Die normativen Tendenzen der Natur bilden in ihrer Gesamtheit ein ewiges Gesetz als unwandelbare, in Gott fundierte Zweckordnung. Dem menschlichen Verstand stellt sich das ewige Gesetz als natürlich und als evident einsichtig dar: Die natürlichen Gesetze lassen sich prinzipiell der Ordnung der Natur allein entnehmen. Da jedoch die Naturordnung selbst als von Gott abhängig betrachtet wird, hat mittelbar das natürliche Gesetz als göttliches Gesetz zu gelten. Die Annahme der Abhängigkeit des natürlichen Gesetzes von Gott sichert diesem den normativen Charakter, der somit nicht aus rein faktischen Verhältnissen hervorgeht.

Das Gesetz der Natur soll auch der Rahmen sein, innerhalb dessen sich die staatliche Gesetzgebung zu halten hat, die die Aufgabe hat, die Bedingungen für die Wirksamkeit des natürlichen (im Grunde göttlichen) Gesetzes zu schaffen. In moderner Formulierung heißt das, daß die staatliche Gesetzgebung das Naturrecht in positives Recht umzusetzen hat. Thomas hielt am Aristotelischen Gedanken fest, daß der Mensch von Natur aus auf die Gesellschaft angelegt sei, modifizierte ihn aber im Sinne der Lehre von der Erbsünde: Der gefallene Mensch ordnet sich nicht mehr ohne weiteres der gottgewollten Ordnung ein. Darum bedarf es der weltlichen Regierung, die aber von Gott stammt und daher der Autorität des Papstes unterworfen ist.[27]

Wenn die weltliche Rechtsordnung das Naturrecht zu positivieren hat, dann müssen die naturrechtlichen Normen inhaltlich interpretiert werden. Dabei liegt es nahe, die zeitgenössischen Umstände zu berücksichtigen, wie es Thomas selbst tat, wenn er sich zum Beispiel bemühte, das mit den wirtschaftlichen Verhältnissen des 13. Jahrhunderts nicht mehr verträgliche biblische Zinsverbot zu relativieren. Wer Geld verleiht, nimmt damit einen Gewinnentgang in Kauf, als dessen Ausgleich Zinsen gerechtfertigt sind.[28] Schon Albert hatte mit ähnlicher Tendenz darauf hingewiesen, daß die Geldleihe für den Gläubiger einen Schaden bedeute, weshalb eine Entschädigung angemessen sei.[29] (Siehe unten Kap. IV, 3 b) Wenig später fügte Duns Scotus (siehe unten Abschn. 2 b) den Gedanken hinzu, daß das mit der Geldleihe verbundene Risiko des Gläubigers eine Entschädigung in Form des Zinses rechtfertige. Spätere Scholastiker folgten der damit gewiesenen Richtung, wobei sich allmählich die Einsicht durchsetzte, daß das Kapital ein wesentlicher Produktionsfaktor ist. Man darf davon ausgehen, daß bei solchen Bemühungen die Rücksicht auf jene ersten Ansätze des Kapitalismus eine Rolle spielte, die sich in den während der Kämpfe zwischen Papst- und Kaisertum politisch und wirtschaftlich erstarkten norditalienischen Kommunen bemerkbar machten.

Nachdem sich die Scholastik mit Albert und Thomas dem Aristotelismus geöffnet hatte, sahen andere Philosophen keinen Grund, bei der Übernahme Aristotelischer Lehren (auch in ihrer averroistischen Deutung) Zurückhaltung zu üben. Die wichtigsten dieser Aristoteliker, die an der Pariser Artisten-Fakultät wirkten, waren Siger von Brabant und Boëthius von Dacien. Von Averroës übernahmen sie die Lehre vom Intellekt als einheitlicher, überpersönlicher Entität, die in den Individuen wirkt, ohne ein individuelles Vermögen zu sein – eine Auffassung, die Thomas noch ausdrücklich bekämpft hatte. Diese Radikalisierung hatte zur Folge, daß eine Reihe von Sätzen, die als averroistisch galten, 1277 vom Pariser Bischof verurteilt wurde (darunter auch Sätze aus Thomas' Schriften); gleichzeitig wurde die platonistisch-augustinische Tradition stärker zur Geltung gebracht, deren wichtigster Vertreter Johannes Duns Scotus war (siehe den nächsten Abschnitt). Nichtsdestoweniger übte Thomas weiter großen Einfluß auf die Theologie aus. Im Jahre 1323 wurde er heiliggesprochen, 1567 in den Rang eines Kirchenlehrers erhoben.

2. Die augustinisch geprägte Richtung der Hochscholastik

In der Philosophie des 13. Jahrhunderts war, ungeachtet des Interesses am Aristotelismus, der Einfluß platonisch-augustinischer Gedanken keineswegs erloschen. Als besonders stark erweist sich dieser Einfluß bei jenen Scholastikern, die dem Orden der Franziskaner angehörten, ohne daß davon gesprochen werden könnte, daß sie die aristotelischen Lehren beiseitegeschoben hätten. Offenbar war es im 13. Jahrhundert nicht mehr möglich, sich über die aristotelische Tradition einfach hinwegzusetzen. Eine Besonderheit dieser Richtung ist der Voluntarismus, d.h. die Überzeugung, daß der Wille vom Verstand unabhängig, ja dem Verstand übergeordnet sei, und zwar nicht nur im Menschen, sondern auch in Gott. Auf Grund dieser Auffassung wurde die Willensfreiheit stark betont: Man nahm an, daß der Wille nicht durch den Verstand in seinen Entscheidungen festgelegt sei. Verbreitet findet sich bei den Vertretern dieser Richtung die Hochschätzung von Mathematik und Naturphilosophie. Die meisten von ihnen übernahmen den von Augustinus (und mittelbar vom Neuplatonismus) stammenden Gedanken, daß der menschliche Geist nur deshalb zur Erfassung der Wahrheit fähig sei, weil er von Gott als der höchsten und vollsten Wahrheit erleuchtet wird. In dieser Hinsicht stimmten Robert Grosseteste (gest. 1253), Übersetzer und Kommentator Aristotelischer und Pseudo-Dionysischer Werke sowie Verfasser naturphilosophischer Untersuchungen aus mathematischem Geiste, Alexander von Hales (gest. 1245), Verfasser einer umfangreichen «Summe der gesamten Theologie», Johannes von La Rochelle (Johannes de Rupella) (gest. 1245) und Bonaventura überein, während der bedeutendste Repräsentant der Franziskaner-Schule, Johannes Duns Scotus, die Erleuchtungstheorie verwarf. Nur die beiden zuletzt Genannten sollen hier berücksichtigt werden.

a) Bonaventura

Der Gedanke, daß unser Geist, um zur Wahrheit vorzudringen, der Erleuchtung durch Gott bedürfe, läßt eine mystische Deutung zu, wie sie sich in der Tat bei einem Angehörigen der Franziskanerschule, nämlich bei Johannes Fidanza, genannt Bonaventura, findet, der nach Studien und Lehrtätigkeit in Paris zunächst General seines Ordens, später Bischof und Kardinal in seiner italienischen Heimat wurde und 1274 starb. Zu seinen Werken gehören ein Sentenzen-Kommentar, das «Breviloquium», «Die Beschreibung des Weges zu Gott» («Itinerarium mentis in Deum»)[30] und Vorträge über das Sechstagewerk. Auch zur Armutsfrage nahm er Stellung. Augustinischer (und mittelbar platonischer bzw. neuplatonischer) Geist wirkte, hauptsächlich wohl durch die Vermittlung seines Lehrers Alexander von Hales, in seinem Denken, insbesondere in Form der Lehre von der Erleuchtung des Geistes durch die Wahrheit an sich, durch Gott. Bonaventura lehrte im Anschluß an Augustinus, daß die Vorbilder aller Dinge in Gott seien, und nahm damit unter theistischen Bedingungen den Grundgedanken der Platonischen Ideenlehre auf. Wer Zusammenhänge im Bereich der Dinge vernünftig erkennt, erkennt etwas von Gott, er schaut das Wesen der Dinge in Gott bzw. er wird, wie Bonaventura meist sagt, vom göttlichen Licht erleuchtet. Dieser Erleuchtung entspricht das Licht, in dem die Dinge infolge ihrer Abhängigkeit von Gott erstrahlen: Die Ordnung der Dinge und die Ordnung der Begriffe entsprechen einander, so daß die Erkenntnis des Wesens der Dinge möglich erscheint. In Anlehnung an Aristoteles identifizierte Bonaventura das Licht, das im Menschen wirkt, mit dem tätigen Intellekt als dem Vermögen der Abstraktion. Durch das so verstandene Licht erfassen wir die obersten Grundsätze der Metaphysik und der Moral. Wenn auch die einzelnen Erkenntnisse durch Erfahrungen – näherhin durch Abbilder [species] der Dinge im Subjekt – bedingt sind, ist doch das geistige Licht nach Bonaventura angeboren. Deshalb konnte er das Wissen, das wir von Gott und von unserer Seele haben, für angeboren erklären. In gewissem Sinne läßt sich davon sprechen, daß unser Geist die ewige Wahrheit berührt. Augustinische Einflüsse finden sich übrigens auch außerhalb der Franziskanerschule, z.B. bei Heinrich von Gent (gest. 1293).

Auf Grund der Annahme, daß die Vorbilder aller Dinge in Gott sind und in Gott geschaut werden («Exemplarismus»), eröffnet sich ein Weg zur Erkenntnis Gottes: Wenn es Wahrheitserkenntnis gibt und wenn die Wahrheit letzten Endes in Gott geschaut wird, dann muß Gott existieren. Mit Bezug auf die verschiedenen Wege zur Betrachtung Gottes heißt es im «Itinerarium»: «Gott können wir nicht nur außer uns und in uns, sondern auch über uns schauen: außer uns durch seine Spuren [in der Natur], in uns durch sein Bild und über uns durch das Licht, das über unserem Geist aufleuchtet.»[31] Außerdem meinte Bonaventura auch durch Betrachtung des Begriffs «Sein» zur Gewißheit der Existenz Gottes gelangen zu können:

«Das Sein selbst ist in sich so sehr das Allergewisseste, daß seine Nicht-Existenz nicht gedacht werden kann ...»[32] Das Sein schließt das Nichtsein aus, es hängt von keinem anderen ab, es enthält keine Vielheit, kein Werden, keine Beschränkung. Man erinnert sich an Parmenides, der in ähnlichen Wendungen vom Einen, ungewordenen, unveränderlichen und unvergänglichen Seienden gesprochen und erklärt hatte, daß es nicht als nicht-seiend gedacht werden könne. Aber Parmenides wollte keinen Beweis für die Existenz des Seienden führen, sondern nur seine Attribute ermitteln. Bonaventuras Gedankengang scheint dagegen in Form von Anselms Proslogion-Beweis (s. oben Kap. II, 2 b) entfaltet werden zu müssen: Wenn wir den Begriff des Seins bilden, dann müssen wir ihn als Aktualität bestimmen, und zwar als reine Aktualität, ohne irgendwelche Potentialität. Der Begriff der reinen Aktualität ist aber der Gottesbegriff, so daß die Reflexion auf den Begriff des Seins zur Erkenntnis Gottes führt, und zwar nicht nur als aktuales Sein, sondern auch als Güte. Gott ist in höchstem Maße gut, so daß seine Güte aus ihm aus- und in die Kreaturen überfließt.

Nicht nur die Naturerkenntnis, auch die Philosophie steht nach Bonaventuras Überzeugung im Dienste des Glaubens bzw. der Theologie. Die Seele ist fähig und berufen, sich von der Erkenntnis der Dinge durch Wahrnehmung und Verstand zur Schau Gottes und zur Vereinigung mit Gott zu erheben, um von diesem höchsten Punkt aus sich wieder der geschaffenen Wirklichkeit zuzuwenden. Der Aufstieg ist möglich, weil alle geschaffenen Dinge Gott widerspiegeln. Die Ordnung der wahrnehmbaren Dinge weist ebenso auf Gott zurück wie die rational erkennbare Ordnung der Dinge unter den Gesichtspunkten von Zahl, Maß und Gewicht, also den Gesichtspunkten, die der naturwissenschaftlichen Betrachtung der Wirklichkeit zugrunde liegen. Gott kann aber auch im Innern des Menschen gefunden werden, weil die menschliche Seele in besonderer Weise Abbild Gottes ist. Zugleich spiegelt sich in der Seele die Ordnung der Welt, der Mensch als Mikrokosmos ist Abbild des Makrokosmos.[33]

Letztes Ziel ist die Vereinigung der Seele mit Gott, die in diesem Leben in der mystischen Schau vollzogen werden kann, wie sie dem heiligen Franziskus vergönnt war. In dieser Schau hört alle Verstandestätigkeit auf, das Gemüt geht in Gott auf und wird in Gott umgewandelt. Wie alle Mystiker betonte auch Bonaventura, daß das, was in der mystischen Schau erfahren wird, nicht mehr beschrieben werden kann: Niemand kennt es, der es nicht empfängt. Den Weg zu diesem Ziel weist nicht die Wissenschaft, sondern die Gnade. Der irdische Mensch stirbt im mystischen Akt, um in das Dunkel einzutreten, in dem alle Sorgen, Gelüste und Vorstellungen schweigen; er geht mit Christus aus dieser Welt zum Vater, um an ihm sein Genügen zu haben.

b) Johannes Duns Scotus

Der bedeutendste Vertreter dieser Richtung im ausgehenden 13. und beginnenden 14. Jahrhundert war Johannes Duns Scotus, geboren in Schottland Mitte der sechziger Jahre, gestorben 1308 in Köln. Er lehrte in Paris, Oxford, Köln und verfaßte eine Reihe von Schriften, die ihm wegen ihrer minutiösen Analysen den Beinamen «Doctor subtilis» – der scharfsinnige Lehrer – eintrugen.[34] In ihnen ist der Einfluß von Augustinus, Anselm, Bonaventura und anderen Vertretern der augustinischen Tradition zu spüren, ohne daß sich Duns Scotus in jedem Fall auf die Seite Augustins geschlagen hätte. Außerdem findet der Aristotelismus in seinen Schriften größte Beachtung. Offenbar war es in der damaligen Zeit nicht mehr möglich zu philosophieren, ohne in dieser oder jener Weise an Aristoteles anzuknüpfen. Duns Scotus nahm aber im wesentlichen eine kritische Haltung gegenüber dem Aristotelismus ein, da er ihn, anders als Thomas von Aquin, nicht für geeignet hielt, der Theologie als Fundament zu dienen. Insbesondere wandte er sich gegen den Aristotelischen Intellektualismus, da er die Idee eines Gottes, der wesentlich auf sich selbst reflektierender Intellekt ist, mit der christlichen Gottesvorstellung nicht vereinbaren konnte; aus ähnlichen Gründen lehnte er es ab, die Glückseligkeit auf die selige Schau, also auf eine theoretische Einstellung, zu beschränken.

(1) Glauben und Wissen

Duns Scotus war, wie alle Scholastiker, in erster Linie Theologe, weshalb es seine philosophischen Untersuchungen letzten Endes immer mit theologischen Fragen zu tun haben. Sein Denken ist eingebettet in den Glauben an Gottes Wirksamkeit in der Welt, an die Göttlichkeit der Bibel, an die in der Bibel berichteten Wunder, an den dauernden Bestand der Kirche. Zwar kann der Verstand unabhängig von der Offenbarung philosophische Wahrheiten erkennen, aber viele vom religiösen Standpunkt aus wesentliche Eigenschaften Gottes entziehen sich der metaphysischen Erkenntnis. Die Theologie geht also über die der Philosophie gezogenen Grenzen hinaus, ist aber nicht im selben Sinne Wissenschaft wie die Philosophie, da die Wahrheit ihrer Sätze nicht auf Beziehungen der in ihnen verwendeten Begriffe beruht und da sie im Unterschied zur Philosophie praktische Erkenntnis, d. h. zur Lenkung des Willens geeignet ist. Für den Theologen Duns Scotus gibt es keinen Zweifel an der Überlegenheit der Theologie über die Philosophie. In ihr ist die Erkenntnis nicht Selbstzweck, sondern auf praktische Ziele, schließlich das letzte dem Menschen gesetzte Ziel, bezogen; sie wendet sich somit in erster Linie an den Willen, nicht an den Verstand, obwohl der Maßstab, mit dessen Hilfe wir eine Praxis richtig oder falsch nennen, nur vom Verstand erfaßt werden kann. In diesem Sinne konnte Duns Scotus feststellen: «Da der primäre Gegenstand der Theologie das letzte Ziel ist, und die auf ihn bezogenen Grundsätze des Intellekts in bezug auf das letzte

Ziel praktische Grundsätze sind, sind also die theologischen Grundsätze praktisch, und somit sind auch die Folgerungen praktisch.»[35]Gleichzeitig wollte Duns Scotus die Selbständigkeit der Philosophie gegenüber der Theologie bewahren. Dies ist möglich, weil für die philosophische Erkenntnis die natürlichen Kräfte des Geistes ausreichen, so daß sie nicht auf Offenbarung angewiesen ist. In unübersehbarem (von ihm jedoch verschleiertem) Gegensatz zu Augustinus verwarf Duns Scotus die Lehre von der göttlichen Erleuchtung als Bedingung des wahrhaften Erkennens.[36] Er brauchte eine solche Annahme ebensowenig wie die Annahme eingeborener Ideen, weil er die ersten Prinzipien der Metaphysik für Aussagen hielt, deren Wahrheit auf Grund von Begriffsbeziehungen einleuchtet.[37] Die Begriffe, um deren Beziehungen es geht, sind allen, die vernünftig denken, oder mindestens allen mit entsprechendem Wissen Ausgestatteten (sapientibus) bekannt.[38] Wenn die metaphysischen Prinzipien analytisch wahre Sätze sind, dann sind sie unabhängig von der Erfahrung und können daher nicht auf derselben Ebene liegen wie irgendwelche (physikalischen) Aussagen über Dinge. Infolgedessen bedarf es, um diese Prinzipien zu formulieren, nicht irgendwelcher eingeborener Ideen. Angesichts dieser Auffassung der metaphysischen Prinzipien ist es nicht verwunderlich, daß Duns Scotus das Vorgehen der Metaphysik in Analogie zum Verfahren der Mathematik sah.

(2) Metaphysische Grundgedanken

Die Metaphysik ist die Lehre vom Seienden als solchem (somit nicht primär die Lehre vom höchsten Seienden, dem beherrschenden Thema der Theologie). «Seiendes» ist der allgemeinste Begriff, dem nur der Begriff des Nicht-Seienden gegenübersteht; er – und nicht etwa der Begriff Gottes – bildet gleichzeitig das erste Objekt unseres Verstandes. Da er von allem, was irgendwie ist, univok ausgesagt wird, tritt er in allen Existenz-Behauptungen im gleichen Sinne auf; somit hat er auch in bezug auf Gott wie in bezug auf die Welt dieselbe Bedeutung. Die thomistische Lehre von der Analogie des Ausdrucks «seiend», nach der dieser Ausdruck von Gott in anderem Sinn als von endlichen Wesen, jedoch nicht äquivok, auszusagen ist, wird damit zurückgewiesen.

Der Begriff des Seienden als solchen, den schon Aristoteles als fundamentalen ontologischen Begriff behandelt hatte, wird von Duns Scotus allen anderen Begriffen insofern übergeordnet, als er der allgemeinste Begriff ist. Deshalb ist er an sich der erste Begriff, der in systematischer Hinsicht Vorrang genießt, obwohl er von uns erst gebildet werden kann, wenn wir bereits über andere Begriffe verfügen. Sieht man davon ab, daß Begriffe, die sich auf einen Gegenstand beziehen, auf Gegenstände bald dieser, bald jener Art gerichtet sind, dann bleibt nur ein Etwas übrig, auf das wir uns denkend beziehen, und dieses «Etwas» heißt in der von Aristoteles stammenden Metaphysik «Seiendes als solches» oder «Seiendes als Seiendes». Duns Scotus nahm aber, abweichend von Aristoteles, an, daß der Begriff des Seienden als solchen, d. h. des Seienden ohne irgendwelche Bestimmungen, «unendliches Seiendes» bedeute, so daß er ihn als philosophische Entsprechung der theologischen Idee Gottes behandeln konnte. Die Theologie kann allerdings dem Unendlichen Attribute beilegen, die dem philosophischen Denken unzugänglich bleiben, z. B. «absolute Weisheit», «absolute Güte», «Dreieinigkeit».

Angesichts der These, daß «Seiendes als solches» den Grundbegriff der Metaphysik bezeichne, konnte der Einwand erhoben werden, daß diesem Ausdruck wohl überhaupt kein Begriff entspricht. Begriffe sind, wie auch Duns Scotus annahm, distinkte Vorstellungen, und als solche definiert oder definierbar; im vorliegenden Fall handelt es sich aber um etwas, das zugegebenermaßen nicht definiert werden kann. Außerdem ist die Annahme, daß Begriffe immer auf etwas (ein Seiendes im allgemeinen) bezogen sein müßten, fragwürdig. Der Bezug auf Gegenstände wird erst in Urteilen hergestellt: Nicht der Begriff «rechtwinklig» bezieht sich auf etwas, sondern dieser Bezug kommt erst durch ein Urteil, wie «Es gibt geometrische Gebilde, die rechtwinklig sind» zustande.

(3) Die Gotteserkenntnis

Als Denker, der Philosoph und Theologe in Personalunion war, mußte sich Duns Scotus mit der Frage auseinandersetzen, ob bzw. wie die Existenz Gottes beweisbar sei. Wie die Scholastiker im allgemeinen beschränkte er sich nicht auf einen einzigen Beweis, sondern bediente sich einer Reihe von Beweisgründen. In der «Abhandlung vom Ersten Prinzip», wo die Gottesbeweise in gedrängter Form entwickelt werden, steht am Beginn eine gebetsartige Anrufung, die aber zunächst nicht, wie bei Anselm von Canterbury, an Gott, sondern an das Erste Prinzip adressiert ist: «Das erste Prinzip der Dinge gewähre mir, das zu glauben, zu verstehen und vorzutragen, was seiner Majestät gefällt und unseren Geist zu seiner Beschauung erhebt.»[39] Obwohl mit dem Ersten Prinzip natürlich Gott gemeint ist, dürfte der Bezug auf ein Prinzip doch nicht zufällig sein, sondern mit der Form der folgenden Argumentation zusammenhängen. Duns Scotus entwickelte eine Argumentation, die offenbar dem Vorbild mathematischer Ableitungen folgt, gemäß seiner Überzeugung, daß die Gotteserkenntnis demonstrativen Charakter hat. Er geht von Unterscheidungen im Bereich ontologischer Begriffe aus (namentlich der kausalen, teleologischen und rangmäßigen Ordnung) (Kap. I), formuliert anschließend eine Reihe von Sätzen (Kap. II), die als Prämissen der Gottesbeweise (in Kap. III) dienen, wobei gezeigt wird, daß es eine erste Ursache gibt, die von nichts verursacht oder zum Wirken veranlaßt wird und die alles als Ziel bestimmt. Das absolut Erste ist das Wirklichste, Beste und Vollkommenste; was es will, ist das Ziel alles anderen. Auf das Wollen des absolut Ersten muß man sich auch beziehen, wenn man verstehen möchte, daß es zufällige («kontingente», d. h. nicht wesensnotwendige) Tatsachen gibt. Solche Tatsachen hängen von zufälligen

Ursachen ab, daher kann ihre Verursachung nicht wesensmäßig bestimmt sein: sie beruht auf dem Willen, nicht auf dem Wesen Gottes.

Auch der Beweis, den Anselm im «Proslogion» führte – der später «ontologisch» genannte Gottesbeweis – wird von Duns Scotus übernommen und durch die Forderung ergänzt, die Widerspruchsfreiheit der Kennzeichnung «das, worüber hinaus Größeres nicht denkbar ist» zu beweisen.[40] Da Duns überzeugt war, daß es sich um einen widerspruchsfreien Begriff handle, konnte er den Beweis mit Bezug auf das höchste Denkbare umformulieren: «Das höchste Denkbare ist nicht nur im denkenden Verstand; denn dann könnte es sein – weil denkbar – und könnte (zugleich) nicht sein, weil es seinem Wesensgehalt widerstreitet, von einem anderen her zu sein ... Ein größeres Denkbares ist also, was in der Wirklichkeit ist, als was nur im Verstande ist; das ist nicht so zu verstehen, als ob nun eben dasselbe, wenn es gedacht wird, nun dadurch ein größeres Denkbares sei, wenn es existiert, sondern so: Größer als jedes, was nur im Verstande ist, ist ein Denkbares, das existiert.»[41]

Von Gott wird im weiteren Verlauf gezeigt, daß er Verstand und Willen habe und daß dem Willen der Vorrang vor dem Verstand zukomme. Gott ist frei, das heißt, er hätte die Welt, die er geschaffen hat, auch unerschaffen lassen oder sie anders erschaffen können, so wie er auch hätte ein anderes Sittengesetz aufstellen können. Ist die Welt jedoch geschaffen, dann spricht Gottes Unveränderlichkeit gegen die Annahme einer Abänderung der sie beherrschenden, von Gott stammenden Gesetze.

Da Duns Scotus überzeugt war, nicht nur die Existenz, sondern auch eine Reihe von Eigenschaften Gottes rational erkennen zu können, konnte er sagen: «Herr, unser Gott, gar viele Vollkommenheiten, welche den Philosophen von Dir bekannt waren, können nach dem Gesagten die Katholiken von Dir vielfältig erschließen. Du bist das erste Bewirkende, Du das letzte Ziel, Du der Höchste an Vollkommenheit, alles überschreitest Du. Du bist völlig unverursacht, daher unerzeugbar und unvergänglich; ja Du kannst ganz unmöglich nicht sein, denn Du bist aus Dir selbst Notwendigsein; und so auch ewig ... Du lebst das Leben höchsten Ranges, denn Du bist verstehend und wollend. Du bist selig, ja wesentlich Seligkeit, denn Du bist Begreifen Deiner selbst. Du bist klare Schau Deiner selbst und freudvollste Liebe ... Du kannst zugleich alles Verursachbare kontingent und frei wollen und wollend verursachen; in wahrstem Sinne bist Du also von unendlichem Vermögen. Du bist unbegreifbar, unendlich; denn nichts Allwissendes ist endlich, nichts von unendlichem Vermögen ist endlich, und weder das Höchste im Seienden noch das letzte Endziel ist endlich, noch ist vollends das durch sich existierende Einfache endlich.»[42]

Nicht alle Bestimmungen Gottes sind jedoch erkennbar. Wenn die Theologie lehrt, daß Gott gerecht und barmherzig ist und daß er die Menschheit erlöst hat, dann ist das ebensowenig beweisbar wie die Lehre von der Unsterblichkeit der Seele. Hier handelt es sich um Glaubensinhalte, an die die Philosophie nicht heranreicht.

(4) Individuum und Allgemeines

Wie Thomas vertrat auch Duns Scotus in der Universalienfrage den realistischen Standpunkt: Er bezog Begriffe auf etwas Allgemeines, das den unter den Begriff fallenden Dingen gemeinsam ist. Das Allgemeine ist nur in den individuellen Seienden wirklich, oder in der Sprache der damaligen Philosophie: die Wesenheit (das Esse essentiae) ist von der Existenz (dem Esse existentiae) nicht real verschieden.[43] Die Ansicht, daß erst der abstrahierende Verstand das Allgemeine erzeuge, wies er entschieden zurück.[44] Das Allgemeine existiert aber nicht als etwas Selbständiges, sondern es ist in den konkreten Seienden verwirklicht und wird erst vom abstrahierenden Verstand als etwas Selbständiges gedacht.

Wenn das Allgemeine, das Gegenstand rationaler Erkenntnis ist, im Individuellen existiert, dann folgt, daß auch das Individuelle durch den Verstand erkannt wird. Damit distanzierte sich Duns nicht nur von Aristoteles, sondern auch von Aristotelikern wie Thomas von Aquin, die annahmen, daß individuelle Gegenstände nur durch die Wahrnehmung erfaßt würden.[45] Die These, daß das Individuelle unmittelbar erkannt werden könne, ist jedoch nicht unproblematisch, da nach Duns Scotus das Individuum nicht definierbar ist.[46] Diese Auffassung wird allerdings dahingehend abgeschwächt, daß der menschliche Verstand in seiner tatsächlichen Verfassung das Individuelle nicht in seiner reinen Individualität, sondern nur als etwas der Art nach Bestimmtes erkennen könne.

Für Duns Scotus stellte sich, wie für alle, die Universalien – also Gattungen und Arten – für etwas Reales halten, das Problem, wie sich angesichts der Einheit des allgemeinen Wesens das Vorhandensein einer Vielheit von Dingen der entsprechenden Art erklären lasse. Auf die Frage, wie es eine Vielheit von Menschen geben könne, wenn doch das Menschsein nur eines ist, wurde von Aristoteles und den Aristotelikern geantwortet, daß der Grund der Individualität in der Beziehung des Allgemeinen auf räumliche bzw. materielle Verhältnisse liege. Der Raum spielt hier eine Rolle, die der des Prismas in der Optik zu vergleichen ist: So wie das Prisma den Sonnenstrahl in die Mannigfaltigkeit der Spektralfarben zerlegt, so bricht sich das allgemeine Wesen im Medium des Raumes bzw. der räumlich bestimmten Materie zur Vielheit der Individuen; der Raum ist mit einem Wort das Prinzip der Individuation. Duns Scotus schlug eine völlig andere Richtung ein: Er nahm an, daß es individuelle Naturen gebe, die die Besonderheit der einzelnen Seienden konstituieren.[47] So ist Sokrates Mensch, weil er an der allgemeinen Natur des Menschen teilhat, aber er ist Sokrates durch seine individuelle Natur, die «Sokratität» (das Sokrates-Sein). Der individuelle Charakter eines Dings – seine «Diesheit» (wie der von den Scotisten verwendete Ausdruck «haecceitas» übersetzt zu werden pflegt) – liegt in der «Natur» bzw. der «Wesenheit» begründet, die als verwirklichte Möglichkeit aktual existiert. Die reale Existenz fällt mit der bestimmten Wesenheit zusammen.[48]

Mit dieser Auffassung war es Duns nicht nur möglich, Schwierigkeiten zu umgehen, mit denen Thomas zu ringen hatte. Er brauchte z.B. nicht mehr anzunehmen, daß es immer nur einen Engel einer bestimmten Art geben könne, da reine Geister keine Materie haben, die bei Thomas als Prinzip der Vielheit von Wesen derselben Art gilt. Zugleich eröffnete sich die Möglichkeit einer neuartigen Auffassung des Individuellen. Nach Aristoteles und seinen Nachfolgern ist jede Art allgemein, und auch zwischen einer noch so weitgehend bestimmten Art und dem Individuum besteht ein unüberbrückbarer ontologischer Abstand. Da nach aristotelischer Auffassung die vernünftige Erkenntnis immer das Allgemeine – Arten und Gattungen – betrifft, kann es ihr zufolge keine Erkenntnis des Individuellen geben: das Individuum ist nicht aussagbar, es kann kein Wissen vom Individuellen geben. Folgerichtig hatte Aristoteles der Historie den Charakter einer Wissenschaft abgesprochen. Indem Duns Scotus individuelle Naturen annahm, konnte er auch das konkrete Einzelne als Gegenstand rationaler Erkenntnis gelten lassen. Damit wird es möglich, von der vernünftigen Erkenntnis der Einzelseele zu sprechen und besondere Tatsachen des religiösen Glaubens, wie die Erschaffung der Welt oder die Erlösung der Menschheit durch Christus, als Gegenstand möglicher vernünftiger Erkenntnis zu betrachten.[49] Dieser Schritt war insofern folgenschwer, als er auf eine Aufwertung des Individuellen hinauslief; es bedurfte nur noch eines Schrittes, um zu der These, daß nur Individuelles wirklich ist, zu gelangen, und diesen Schritt tat wenig später Wilhelm von Ockham (siehe Kap. IV. 1). Nach dieser konsequenteren Auffassung ist den Universalien – den Art- und Gattungsbegriffen – die Wirklichkeit abzusprechen; sie sind allgemein verwendbare Ausdrücke, die nicht Namen allgemeiner Wesenheiten sind.

Die Frage, wie sich das Individuelle zum Allgemeinen (also z.B. die «Sokratität» zum «Menschsein») verhalte, versetzte Duns Scotus in Verlegenheit. Da er dieses Verhältnis weder als realen Unterschied bestimmen, noch es als bloß subjektive Unterscheidung deuten wollte, mußte er einen Mittelweg suchen, den er durch die Annahme einer besonderen Art von Unterschied – der «Formaldistinktion» – gefunden zu haben glaubte. Dieser Vermittlungsversuch vermochte auf die Dauer nicht zu überzeugen, da er allzu sehr nach einer Annahme aussieht, die nur zur Lösung der vorliegenden Schwierigkeit eingeführt wurde und die sonst nichts erklärt.

(5) Der Voluntarismus

Eine weitere Besonderheit der franziskanischen Tradition, die bei Duns Scotus klar zur Geltung kommt, ist der Voluntarismus, d.h. die Auszeichnung des Willens vor dem Verstand, wobei sowohl an den göttlichen wie an den menschlichen Willen gedacht ist. Die Überordnung des Willens Gottes über den göttlichen Verstand hat weitreichende Konsequenzen für den ethischen Bereich: Als gut gilt, was Gott will; hätte Gott anderes gewollt, dann wäre etwas anderes gut (z.B. könnte die Polygamie zulässig sein).

Nach dieser Auffassung ist der Wille Gottes nicht abhängig von einem Guten, das der göttliche Verstand erkennt und auf das sich Gottes Wollen notwendig richten müßte. Dies legt die Folgerung nahe, daß Werturteile nicht auf Einsicht in eine absolute Ordnung von Sachverhalten beruhen; was moralische Pflicht ist, läßt sich nicht erkennen, und sittliche Gebote lassen sich nicht rational begründen, weil Werte vom Willen Gottes abhängen und das göttliche Wollen für uns unbegreiflich bleibt. Hier wird im Grund bereits der ethische Rationalismus, wie er z.B. in der Naturrechtslehre wirksam ist, in Frage gestellt, obwohl sich Duns Scotus nicht vollständig von der Annahme eines natürlichen Sittengesetzes gelöst zu haben scheint.

Auch in der menschlichen Persönlichkeit steht der Wille höher als der Verstand, und nur unter dieser Bedingung kann von Willensfreiheit die Rede sein. Wäre nämlich der Wille an das gebunden, was der Verstand als gut erfaßt, dann wäre er durch diese Einsicht festgelegt, also nicht frei. Der Voluntarismus hat schließlich Konsequenzen für die Auffassung der Theologie, deren Sätze sich nach Duns Scotus in erster Linie an den Willen wenden und die daher keine rein theoretische Wissenschaft, sondern eine «Kunst» ist (eine «ars» im Sinne praxisbezogenen Wissens). Damit wird der von Aristoteles stammenden Ansicht eine Absage erteilt, der zufolge die höchste Glückseligkeit im Erkennen, letzten Endes in der Schau Gottes besteht; nach Duns Scotus beruht die Glückseligkeit auf der Liebe zu Gott, also auf einer Willenshaltung. Dem Vorrang des Willens in Gott entspricht von seiten des Menschen der Vorrang der Gottesliebe vor der Gotteserkenntnis.

Der Voluntarismus des 13. und 14. Jahrhunderts ist eine theologisch geprägte Einstellung; aber die Praxis, die hier der Theorie übergeordnet wird, brauchte nur säkularisiert zu werden, um die in der Neuzeit immer wieder – bei Francis Bacon, bei den Positivisten des 19. Jahrhunderts und im Pragmatismus unserer Zeit – anzutreffende Unterordnung der Theorie unter praktische Zielsetzungen zu ermöglichen.

IV.
Der spätmittelalterliche Nominalismus

1. Die Abwendung vom Universalienrealismus: Wilhelm von Ockham

Im 14. Jahrhundert wagten es verschiedene Scholastiker wieder, den von Thomisten und Scotisten vertretenen Universalienrealismus in Frage zu stellen und eine Auffassung zu vertreten, die als «nominalistisch» bezeichnet zu werden pflegt. Diese Auffassung war lange diskreditiert, weil man argwöhnte, daß sie zu dogmatischen Schwierigkeiten führe, und auch im 14. Jahrhundert blieb sie nicht unangefochten. Dennoch setzte sie sich immer stärker durch, bis sie sich als «Via moderna» zur Gegenposition des herkömmlichen Standpunkts als der «Via antiqua» verfestigte. Die Erneuerung des Nominalismus wird in erster Linie mit dem Namen Wilhelms von Ockham in Verbindung gebracht, auf dessen Auffassungen daher in erster Linie einzugehen ist; sein französischer Ordensbruder Petrus Aureoli (1280–1322), Erzbischof von Aix in der Provence, dessen Auffassungen in die gleiche Richtung wiesen, bleibt an Bedeutung hinter Ockham zurück, obwohl er diesen möglicherweise beeinflußt hat.

a) Ockhams Leben

Wilhelm von Ockham wurde um 1280 (vermutlich südlich von London) geboren. Er trat in den Orden der Franziskaner ein und lehrte nach Abschluß seiner Studien in Oxford und London, ohne jedoch Magister zu werden, weil er im Verdacht stand, Auffassungen zu vertreten, die mit der Kirchenlehre unverträglich waren. Er sah sich genötigt, einer päpstlichen Vorladung nach Avignon zu folgen, wo sich die Spannungen verschärften, weil Wilhelm im Armutsstreit gegen den Papst Stellung nahm: Er erklärte, daß der Besitz weltlicher Güter den Forderungen des Evangeliums widerspreche. Damit war ein besonders empfindlicher Punkt berührt, weil in einer Zeit zunehmender sozialer Spannungen die Stellung der Kirche und ihrer Angehörigen zum Reichtum verständlicherweise besonders intensiv diskutiert wurde. Die Forderung nach Verzicht auf irdische Güter drängte gewisse religiöse Gruppen in die Häresie; mit der Gründung der Bettelorden gelang es, entsprechende Tendenzen in die Kirche zu integrieren, doch zeigt der Armutsstreit, daß das nicht vollkommen gelang. Während die Untersuchung gegen Ockham noch im Gange war, entzog er sich dem Zugriff der päpstlichen Kurie durch die Flucht nach Italien, wo er sich unter den Schutz Kaiser Ludwigs des Bayern stellte. Papst Johannes XXII. (gest. 1334) erkannte Ludwigs Wahl nicht an, ja er verhängte den Bann über den Kaiser; Ludwig bezichtigte ihn im Gegenzug, ein Ketzer zu sein. Zum letzten Mal erhob hier ein Papst den Anspruch, über der weltlichen Macht zu stehen, allerdings ohne Erfolg. Tatsächlich hatte sich schon zu Beginn des 13. Jahrhunderts gezeigt, daß ein solcher Anspruch nicht mehr durchzusetzen war.

Ockham begleitete den Kaiser nach München und setzte sich dort in den folgenden Jahren literarisch zugunsten des kaiserlichen Standpunkts, somit gegen die Ansprüche des Papstes ein, sah sich aber nach Ludwigs Tod im Jahre 1347 seiner Stütze beraubt. Er starb bald nach dem Kaiser (spätestens 1349). Unter seinen philosophischen Schriften, die hier allein zu berücksichtigen sind, verdienen vor allem der Sentenzenkommentar und die Summe der gesamten Logik («Summa [totius] logicae») Beachtung. Außerdem verfaßte er theologische Schriften (z.B. über das Sakrament des Altars) und Arbeiten naturphilosophischen Charakters.[1]

b) Wissen und Glauben

Wilhelm von Ockham war ein Denker, dem es darum ging, die absolute Überlegenheit Gottes über die gesamte geschöpfliche Wirklichkeit und ihre Gesetze so nachdrücklich wie nur möglich hervorzuheben und die Abhängigkeit des kreatürlichen Seins von der göttlichen Allmacht zu betonen. Wegen der Unvergleichlichkeit von göttlichem und geschöpflichem Sein entzieht sich das göttliche Wirken unseren Erkenntnisbemühungen und muß daher zum ausschließlichen Inhalt des Glaubens erklärt werden. Nach Wilhelm von Ockham lassen sich z.B. die Existenz eines einzigen Gottes und der unsterblichen substantiellen Seele nicht philosophisch beweisen, so daß sie lediglich geglaubt werden können. Dasselbe gilt für die Attribute Gottes, namentlich für seine absolute Macht und Freiheit, die durch nichts beschränkt ist. Dies läuft auf die Auffassung hinaus, daß die Theologie keine Wissenschaft im eigentlichen Sinn (nach der Aristotelischen Kennzeichnung in den «Zweiten Analytiken») ist; als wissenschaftlich können nur demonstrative Disziplinen, wie Logik und Mathematik, gelten.

Aus der Unterscheidung von religiöser Gewißheit und philosophischer bzw. wissenschaftlicher Erkenntnis konnte im weiteren Verlauf die (Ockham selbst fernliegende) Lehre von der doppelten Wahrheit hervorgehen, der zufolge etwas für die Theologie wahr, für die Vernunfterkenntnis dagegen falsch (und umgekehrt) sein kann. Hand in Hand damit wurde der analytisch-kritische Geist in der Philosophie gestärkt: Die Vertreter der nominalistischen Richtung konzentrierten sich auf die Analyse der Termini und ihrer Funktion im Erkenntnisprozeß und warfen den Vertretern des Begriffsrealismus vor, die Aufgabe der logischen Klärung der Erkenntnisbedingungen unter Berufung auf eine vorgebliche Einsicht in die Wesenheiten zu vernachlässigen.

Bei Wilhelm von Ockham zeichnet sich bereits die Ansicht ab, daß sich Wissenschaft und Philosophie im Rahmen dessen halten sollen, was durch Erfahrung oder Raisonnement aus evidenten Voraussetzungen erkannt werden kann. Wenn die wissenschaftliche Erkenntnis auf diese Bedingungen festgelegt wird, dann muß der Theologie, die weder auf Erfahrung noch auf evidenten Grundsätzen, sondern auf dem Glauben beruht, der Charakter einer Wissenschaft abgesprochen werden. Gleichzeitig forderte Ockham, in wissenschaftlichen Theorien nicht *mehr* anzunehmen, als zur Erklärung der in Frage stehenden Tatsachen erforderlich ist. Das gilt auch für den ontologischen Bereich: Man soll nach Ockham nicht mehr Seinsbereiche postulieren, als nötig ist, um von der Tatsache der Erkenntnis Rechenschaft zu geben. Wenn diese Tatsache ohne die Einführung abstrakter Gegenstände (Universalien) begreiflich gemacht werden kann, dann muß man sich mit einer Ontologie begnügen, die nur mit individuellen Seienden rechnet. (Auf diese methodologische Forderung pflegt mit dem Ausdruck «Ockhams Messer» bzw. «Ockham's razor» hingewiesen zu werden: Alles ontologisch Entbehrliche wird gleichsam weggeschnitten.) Demgemäß soll nicht ohne Grund durch mehr geleistet werden, was sich durch weniger leisten läßt.[2] Abgelehnt wird bei Ockham auch der Gedanke, daß es in der Wirklichkeit etwas Notwendiges gebe; seiner Ansicht nach kann alles, was ist, auch anders sein: die Dinge sind durchweg seinszufällig (kontingent).

c) Die Kritik an der Annahme allgemeiner Wesenheiten

Konkrete Gegenstände sind stets das erste, was wir erkennen – und nicht Gott oder allgemeine Wesenheiten. Hatte Thomas von Aquin unter Berufung auf Aristoteles noch gelehrt, daß es Wissen im vollen Wortsinn – d. h. vernünftige Einsicht – nur vom Allgemeinen geben könne, so erklärte Ockham, daß die individuellen Dinge den ersten und grundlegenden Inhalt des Wissens bildeten. Alle anderen Erkenntnisarten setzen die Erkenntis konkreter Gegenstände voraus.

Ockham sah klar, daß die Annahme denkunabhängiger allgemeiner Gegenstände (Universalien) in erster Linie der Lösung des Erkenntnisproblems dient. Sie ermöglichte es manchen Philosophen (wie Plato und Aristoteles), gewisse Erkenntnisse als absolut wahr, d. h. als grundsätzlich unkorrigierbar, aufzufassen,[3] denn wenn Wissen auf Ideenschau zurückgeführt wird, braucht es nicht mehr als hypothetisch betrachtet zu werden. Allgemeine Urteile gelten auf Grund der Annahme allgemeiner, vernünftig erfaßbarer Sachverhalte als wahr, sofern sie solche Sachverhalte abbilden. Demgegenüber vertrat Ockham die Ansicht, daß man die Tatsache allgemeingültiger Erkenntnisse auch dadurch begreiflich machen könne, daß man sich auf Termini – als Inhalte des Denkens – bezieht, die allgemein verwendet werden. Reicht das aus, um begreiflich zu machen, daß es Wissen gibt, erweist sich die Annahme denkunabhängiger allgemeiner Wesenheiten als überflüssig; daher ist nach dem Prinzip der Denk-Ökonomie auf sie zu verzichten: Sie fallen Ockhams Messer zum Opfer. Das heißt allerdings nicht, daß das Allgemeine überhaupt entbehrlich ist; lediglich unabhängig vom Denken bestehende Universalien werden verworfen, während Ockham durchaus bereit war, allgemeine Termini – als Allgemeines im Denken – anzuerkennen. Sein Standpunkt ist daher streng genommen nicht nominalistisch, sondern konzeptualistisch: Es gibt Allgemeines, aber nur in Form von Allgemeinbegriffen [conceptus]. Auf die Frage, in welcher Weise das Allgemeine im Bewußtsein sei, gab Ockham drei verschiedene Antworten: bald faßte er es als Denk-Inhalt auf – und in diesem Sinne besteht sein Sein im Erkanntwerden[4] –, bald als Bewußtseinsqualität, bald als Denkakt.[5] Die erste Auffassung, die Ockham ursprünglich vertrat, hat er später aufgegeben. Seine endgültige Ansicht faßte er folgendermaßen zusammen: «Die Verstandesakte (intellectiones animae) heißen Zustände der Seele und stehen auf Grund ihrer Natur für die äußeren Dinge selbst oder für andere Dinge in der Seele, so wie Wörter kraft Festsetzung für Dinge stehen.»[6] Zugunsten der letzteren Auffassung spricht, daß sie zur Erklärung ausreicht; da man aber nicht mehr annehmen darf, als nötig ist, um etwas begreiflich zu machen, fällt die Entscheidung zugunsten der sparsamsten Auffassung. Was gemeint ist, wenn der Terminus in der Seele mit dem Denkakt identifiziert wird, ist nicht ohne weiteres klar, da der Akt selbst immer ein besonderer Vorgang ist; dies könnte auf die Ansicht hinauslaufen, daß unter Umständen ein Terminus allgemein als Zeichen verwendet wird, ohne daß außerhalb oder innerhalb des Bewußtseins etwas Allgemeines angenommen werden müßte. Damit hätte Ockham auch den Konzeptualismus hinter sich gelassen und einen im eigentlichen Sinn nominalistischen Standpunkt eingenommen.

Jedenfalls gibt es nach Ockham in der Wirklichkeit nur konkrete Seiende: Anorganische Dinge, Pflanzen, Tiere und Menschen, aber auch reine Geister wie die Engel, und über allem Gott. Sie alle sind individuelle Wesen, und weder außerhalb ihrer noch in ihnen gibt es etwas Allgemeines. Für diese Auffassung ist der Ausdruck «Partikularismus» (d. h. die Ansicht, daß es nur besondere Seiende gebe) angemessener als der landläufige Name «Nominalismus». Im Hintergrund dieser Auffassung steht das erwähnte Ökonomie-Prinzip: Man benötigt die Annahme abstrakter Gegenstände nicht, um all das zu erklären, was die Begriffsrealisten mit ihren stärkeren Voraussetzungen erklärten. Zugunsten dieser Auffassung spricht auch die Tatsache, daß die Vertreter der Gegenposition auf Schwierigkeiten stoßen, die sie nicht überwinden können. Nimmt man nämlich an, daß es so etwas wie Ideen im Sinne Platos gibt, dann handelt es sich um etwas Individuelles, also gerade nicht um etwas Allgemeines; nimmt man dagegen allgemeine Formen an, die in den Dingen bestehen, aber von den einzelnen Dingen verschieden sind, dann muß es ebensoviele solche Formen geben wie Dinge, da das Allgemeine vervielfacht wird und die ihm zugeschriebene Einheit verliert, wenn es sich in die einzelnen Dinge einer Art zerstreut.

In diesem Punkte ist Ockhams Argumentation allerdings nicht zwingend. Das erste Bedenken wird hinfällig, wenn man sich vor Augen hält, daß nur konkrete Dinge nicht zugleich allgemein sein können; die platonischen Ideen sind aber nicht-konkrete Gegenstände; sie so zu behandeln, als wären sie etwas Konkretes, heißt, den Platonisten Unrecht tun. Beim zweiten Bedenken wird so getan, als hätten die Aristoteliker das Allgemeine für einen Teil des Dings gehalten, und auch das ist eine verfehlte Deutung. Bemerkenswerter Weise hat sich Ockham gelegentlich eines theologischen Arguments bedient, um die Kritik am Begriffsrealismus zu stützen: Gott erschafft die Dinge aus Nichts; wären die Dinge von allgemeinen Wesenheiten abhängig, dann wäre die Erschaffung eines neuen Dings einer bestehenden Art aber nicht mehr Schöpfung aus dem Nichts, sondern Erzeugung in Abhängigkeit von der entsprechenden Wesenheit.

Obwohl sich der Schritt zur «nominalistischen» Auffassung in der Rückschau als abrupte Abwendung von der älteren «realistischen» Ansicht darstellen könnte, war sie doch schon durch die vorangegangenen Erörterungen des Verhältnisses von Allgemeinem und Individuellem vorbereitet. Johannes Duns Scotus hatte versucht, neben den allgemeinen auch individuelle Formen einzuführen, war aber nicht imstande gewesen, die letzteren in einleuchtender Weise zu bestimmen. Wenn er erklärte, daß zwischen dem Einzelding und seiner besonderen Form ein «formaler» Unterschied bestehe, der weder ein realer Unterschied noch im Denken erzeugt sein sollte, dann ist der Verdacht naheliegend, daß es sich um eine Ad-hoc-Annahme handelt. Ockham bemerkte das und wies die Annahme von Unterschieden, die über bloß gedankliche Unterscheidungen hinausgehen und dennoch nicht wirkliche Unterschiede sein sollen, zurück.[7] Wenn aber das Einzelding nicht durch eine besondere individualisierende Form – die «Haecceitas» – bedingt ist, dann ist es konsequent, es für das Primäre und die allgemeinen Begriffe für abhängig von der Erfahrung einzelner Dinge zu erklären. Die Diskussion führt von der begriffsrealistischen Auffassung, der zufolge z.B. das Menschsein das eigentlich Wirkliche, Sokrates dagegen nur in abgeleitetem Sinne wirklich ist, über eine Auffassung, nach der es ein Sokrates-Sein gibt, durch das das Individuum Sokrates bestimmt wird, zu der Auffassung, daß das Individuum Sokrates das allein Wirkliche ist.

Die Fragestellung nach dem Verhältnis von Allgemeinem und Individuellem wird damit umgekehrt: Es geht nicht mehr darum zu erklären, warum allgemeine Wesenheiten zu Individuen konkretisiert werden, sondern darum zu verstehen, wie wir auf Grund der Anschauung konkreter Dinge zu allgemeinen Begriffen kommen. Die Tragweite dieser These wird klar, wenn man sie auf die Auffassung der Wissenschaft bezieht: Aristoteles und die späteren Aristoteliker hatten erklärt, daß es wissenschaftliche Erkenntnis nur vom Allgemeinen geben könne, so daß die Erfahrung besonderer Gegenstände als zweitrangig erschien; indem Ockham die besonderen Seienden als das allein Wirkliche bezeichnete, mußte auch ihre Erfahrung einen höheren Rang erhalten: Von Ockhams Partikularismus führt der Weg zum Empirismus eines Francis Bacon oder John Locke.

d) Die Erkenntnislehre

Ausgangspunkt jeder Erkenntnis ist nach Ockham, wie gesagt, die sinnliche Anschauung (Intuition), in der sich uns individuelle Gegenstände (der äußeren oder der inneren Erfahrung) als existent darbieten. Wir erfassen die Existenz von Dingen, von Denk- und Willensakten intuitiv. Am anschaulich Gegebenen kann die Abstraktion ansetzen, indem sie einerseits auf Grund von Unterschieden konkreter Dinge allgemeine Termini erzeugt, andererseits von der Realität des Gedachten absieht. Unmittelbare Gegenstände der Verstandeserkenntnis sind aber nicht die Dinge selbst, sondern Begriffe von Dingen,[8] d. h. die Termini, die nicht (wie seit der Antike gelehrt wurde) als Abbilder (species) von Dingen aufzufassen sind. Die Annahme einer Erleuchtung des Verstandes durch Gott, wie sie sich z. B. bei Augustinus findet, wird damit überflüssig.

Da Gottes Wirken nicht an vorgegebene Prinzipien gebunden ist, muß die Ordnung der Wirklichkeit von Gott auf Grund absolut freier Entscheidung geschaffen worden sein. Die Anerkennung von Gottes absoluter Macht zwingt zu dem Eingeständnis, daß Gott grundsätzlich alles unmittelbar bewirken kann, auch wenn es faktisch nur mittelbar von ihm hervorgerufen wird. So werden zwar unsere Vorstellungen natürlicherweise durch Reize von seiten der Dinge erzeugt, und in diesem Falle haben wir ein unbezweifelbares anschauliches (intuitives) Wissen vom Objekt. Gott kann aber, wenn er will, die Vorstellungen auch direkt hervorbringen. Prinzipiell könnten daher alle unsere Gegenstandsvorstellungen von Gott erzeugt sein, ohne daß es unabhängig von uns entsprechende reale Gegenstände gäbe. Dieser Gedanke tauchte im 17. Jahrhundert bei Hobbes und Descartes wieder auf, und im 18. Jahrhundert sollte George Berkeley die Auffassung vertreten, daß es eine von uns unabhängige Welt materieller Dinge nicht gibt, sondern daß die Vorstellungen materieller Dinge von Gott im menschlichen Geist hervorgerufen werden. (Siehe Teil IV, Kap. II, 2 a) Unbezweifelbar ist nach Ockham nur das Wissen, das wir von uns selbst bzw. von den Akten unseres Geistes haben. Allgemein gilt, daß es die Wissenschaft nicht unmittelbar mit Gegenständen zu tun hat, sondern mit Begriffen von Gegenständen und mit Aussagen über sie; nur sofern Begriffe für Gegenstände stehen, beziehen sich wissenschaftliche Sätze mittelbar auf die Realität. Unter diesen Voraussetzungen läßt sich die Annahme, daß die Wirklichkeit insgesamt vernünftige Form habe und daß unsere Erkenntnisse die objektiv-rationale Ordnung der Dinge abbilden, nicht mehr vertreten; Gottes Wille, von dem die Existenz wie die Eigenschaften der geschaffenen Wirklichkeit abhängen, ist nicht rational durchschaubar.

e) Grundgedanken der Logik

Vom Standpunkt der heutigen Philosophie aus erscheint Ockhams Logik als besonders interessant, namentlich sofern sie eine Theorie der Bedeutung von Termini (gedanklichen Zeichen) enthält. Die Logik gliedert sich in die Lehre vom Begriff (Terminus), die Lehre vom Satz und die Lehre vom Schluß. Schlüsse bestehen aus Sätzen, und Sätze bestehen aus Begriffen als Elementen. Neben gesprochenen und geschriebenen Sätzen nahm Ockham auch mentale Sätze (propositiones mentales) an, die nur im Geist bzw. in der Seele bestehen, so daß auch deren Termini nicht unabhängig vom Denken sind. Grundlegend für die gesamte Logik ist somit die Lehre von den Termini und ihren Verwendungsweisen, weshalb die Vertreter dieser Art Logik als «Terministen» bezeichnet wurden.

Ockham unterschied zwischen Termini, die für sich selbst etwas bedeuten, und Termini, die nur in Verbindung mit anderen Bedeutung haben. Erstere sind kategorematisch (hierher gehören die Substantive), letztere synkategorematisch (z.B. Hilfsverben und Konjunktionen). Kategorematische Ausdrücke beziehen sich entweder auf Gegenstände (wie «Mensch») und heißen dann Termini erster Intention, oder sie beziehen sich auf andere Termini (z.B. «Gattungsbegriff»), in welchem Fall man von Termini zweiter Intention spricht. Dies entspricht der heute üblichen Unterscheidung von Ausdrücken der Objekt- und der Metasprache. Schließlich lassen sich nach Ockham Termini im Hinblick auf die Suppositionsweise – d.h. die Art, in der sie für etwas stehen – einteilen. Da Ausdrücke nicht als isolierte, sondern immer nur als Termini eines Satzes für etwas stehen, ist die Suppositionsanalyse auf einen sprachlichen Kontext angewiesen. Die Lehre von der Supposition der Termini ist wohl der interessanteste (wenn auch nicht völlig neue) Teil von Ockhams (und seiner Nachfolger) Logik.[9]

Wenn Termini für Dinge stehen, liegt «personale Supposition» vor; stehen sie für Begriffe («Intentionen der Seele»), spricht Ockham von «einfacher Supposition»; supponieren sie für Termini – unter Umständen für sich selbst – handelt es sich um «materiale Supposition».[10] (Dies sind Kunstwörter, die nicht im üblichen Sinn zu verstehen sind.) Diese Unterscheidung läßt sich durch ein Beispiel veranschaulichen: Der Ausdruck «Rose» tritt im Satz «Rosen duften» in personaler Supposition auf, was besagen soll, daß er sich auf bestimmte Gegenstände bezieht. In der Aussage «Rose ist ein Artbegriff» kommt er in einfacher Supposition vor, sofern er für den Begriff «Rose» steht. Der Name dieser Suppositionsweise deutet an, daß sich der Terminus hier nicht auf ein von ihm bezeichnetes Ding bezieht, sondern «einfach» auf den Begriff. Schließlich liegt materiale Supposition vor, wenn man sagt «Rose hat vier Buchstaben». In diesem Fall ist nämlich das materielle Gebilde des geschriebenen Wortes gemeint. (Ockhams Beispiel für die personale Supposition – nämlich «Sokrates ist ein Mensch» – ist weniger günstig, weil es zu der Ansicht verleiten könnte, bei dieser Suppositionsweise stehe ein Ausdruck für eine Person.)

Im Rahmen der Suppositionslehre läßt sich besser als mit den Mitteln der älteren Logik sagen, worin die Wahrheit eines Satzes besteht. Nach herkömmlicher Auffassung gilt ein Satz als wahr, wenn er mit den Dingen übereinstimmt. Der Ausdruck «Übereinstimmung» bleibt dabei jedoch vage. Ockham benötigte ihn nicht mehr, da er eine Aussage über Tatsachen dann als wahr bezeichnete, wenn Subjektbegriff und Prädikat für dasselbe Ding stehen. So ist die Aussagen «Sokrates ist weise» wahr, wenn «Sokrates» und «weise» für denselben Menschen stehen.

Die Suppositionslehre, die auf den ersten Blick nur ein spezielles sprachlogisches Problem zu betreffen scheint, hat eine wichtige metaphysische Konsequenz: Wenn Termini nur in personaler Supposition etwas bezeichnen, dann bezeichnen Termini in «einfacher» Supposition – also Art- und Gattungsbegriffe – nichts, und es ist nicht möglich, aus der Tatsache, daß solche Begriffe in Sätzen vorkommen, zu folgern, daß es etwas Allgemeines geben müsse, das durch sie bezeichnet würde. Bei der einfachen Supposition wird ein Terminus nicht signifikativ gebraucht – er bezeichnet keine Entität –, sondern er steht für eine Intention der Seele.[11] Die (platonistische) Annahme, daß auch allgemeine Ausdrücke Namen seien, denen etwas Benanntes (Ideen im Sinne Platos oder Wesenheiten) entsprechen müsse, ist damit hinfällig geworden. Auch die Ansicht, im Subjekt eines wahren bejahenden Satzes müsse das im Prädikat ausgesagte Allgemeine enthalten sein, wird hinfällig.[12] Wer z.B. urteilt «Sokrates ist ein Mensch», bringt nicht zum Ausdruck, daß das Menschsein in Sokrates sei bzw. daß «Mensch» zur Wesenheit von Sokrates gehört, sondern das Urteil drückt lediglich aus, daß Sokrates wirklich ein Mensch ist. Damit wird das Einzelne zum ersten Objekt der Erkenntnis, und wie es sich mit Einzeldingen verhält, können wir nur auf Grund von Erfahrung feststellen. Jene Philosophen, die eine ideale Ordnung der Wirklichkeit annahmen, erblickten in der Einsicht in diese Ordnung die Erkenntnis par excellence: Wissen gibt es demnach – wie schon Aristoteles gelehrt hatte – nur vom Allgemeinen. Weist man den Gedanken einer vernünftig erkennbaren Wesensordnung zurück, dann können sich die Erkenntnisbemühungen nur auf die Erfahrung von Einzeldingen stützen; sie bleiben auf die empirische Kenntnis des Einzelnen zwar nicht beschränkt, sondern machen sie zum Ausgangspunkt begrifflicher Verarbeitung, aber sie bleiben immer von der Beobachtung abhängig.

Dies läuft auf die Auffassung hinaus, daß nur individuelle Seiende wirklich sind, und nicht allgemeine Wesenheiten, an denen die konkreten Dinge lediglich teilhätten, und auch nicht Raum, Zeit und Relationen. Es gibt nur Dinge, die so oder so bestimmt sind, die eine räumliche oder zeitliche Position einnehmen und zu anderen Dingen in Beziehung gesetzt werden.[13] Wirkliches nennt man «seiend», und da sich der letztere Ausdruck in gleicher Weise auf alles Wirkliche bezieht, enthält er keine unterscheidenden

Merkmale und ist somit inhaltsleer. Obwohl der Begriff «Seiendes» ebenso auf Gott wie auf Endliches bezogen werden kann, sind wir nicht fähig, einen angemessenen Begriff von Gott zu bilden. An die Stelle der Gotteserkenntnis, die uns versagt bleibt, tritt bei Ockham der Gottesglaube, d. h. letzten Endes eine Willensentscheidung.

Versuche, Gottes Existenz zu beweisen, sind nach Ockham zum Scheitern verurteilt. Der Satz «Gott existiert» ist nämlich nicht unmittelbar evident und er läßt sich weder aus einsichtigen noch aus empirischen Prämissen ableiten. Versteht man unter «Gott» etwas, das besser ist als alles andere, dann läßt sich zeigen, daß es nicht mehr als einen Gott gibt, jedoch nur, wenn die Existenz Gottes vorausgesetzt wird; bedeutet «Gott» etwas, über das hinaus es Besseres bzw. Vollkommeneres nicht geben kann, dann läßt sich ein Existenzbeweis führen – eine unendliche Reihe immer vollkommenerer Wesen ist ausgeschlossen –, aber man kann nicht zeigen, daß es nur *ein* dieser Definition entsprechendes Wesen gibt. Für einen Gottesbeweis wäre es aber nötig zu zeigen, daß es ein der Definition entsprechendes Wesen und nicht mehr als ein solches Wesen gebe. «Hier hilft nur der Glaube», wie Ockham feststellt.[14]

Wenn der Verstand nicht mehr als Vermögen gilt, mit dessen Hilfe der Mensch eine ihm vorgegebene ideale Ordnung erfaßt, dann kann er auch nicht mehr der Praxis als Richtschnur dienen; diese Funktion fällt nach Ockham daher dem Willen zu. Die Überordnung des Willens über den Verstand hat Konsequenzen für die Auffassung der Moral. Ockham war überzeugt, daß Handlungen gut sind, wenn sie mit dem von Gott Gewollten übereinstimmen. Der Wille Gottes ist absolut frei, da er nicht an eine vorgegebene Ordnung der Wesenheiten im göttlichen Geist gebunden ist. Gott hätte anders wollen, d. h. andere Gebote geben können, und dann wäre etwas anderes gut. Diese Auffassung (der sogenannte Voluntarismus) sollte dreihundert Jahre später wieder aufleben, nämlich bei Descartes, der meinte, auch die sogenannten ewigen Wahrheiten wären vom Willen Gottes abhängig und hätten auch in völlig anderer Weise geschaffen werden können.

Wilhelm von Ockham war in erster Linie Theologe, und als solchem ging es ihm vor allem darum, die Theologie gegen schädliche Einflüsse abzuschirmen. Indem er die Theologie auf den Glauben verwies, machte er Philosophie und Wissenschaft zur Domäne des Verstandes und schied sie damit von der Theologie. Damit trug er dazu bei, daß Philosophie und Wissenschaften sich von der Theologie emanzipieren konnten. Ähnlich folgenschwer war seine These, daß die weltliche Macht von der geistlichen unabhängig sei. In der Kirche tendierte er insofern zu einer Demokratisierung, als er die Lehr-Autorität des Papstes der Kontrolle durch alle Gläubigen unterworfen wissen wollte.[15] Dabei verfolgte er letzten Endes stets das Ziel, die Kirche davor zu bewahren, vom Evangelium abzuirren. Daß er gegen den Papst, den er für einen Häretiker hielt, mit den Waffen des Geistes kämpfte, hängt mit jenem Ziel zusammen.

Der für den weiteren Weg der Philosophie entscheidende Schritt bestand aber darin, daß die in der Metaphysik von Plato und Aristoteles bis Thomas von Aquin angenommene Verbindung zwischen der Ordnung der Wirklichkeit und der Form des vernünftigen Denkens von Ockham aufgehoben wurde. Seiner Ansicht nach gibt es keine allgemeinen Wesenheiten, deren Zusammenhang die ideale Struktur der Wirklichkeit bildet, und es gibt keinen vernünftigen Zugang zu Gott als Grund der geschaffenen Wirklichkeit. Daß Gott existiert, daß er unendlich, dreieinig usw. ist, läßt sich nur glauben, nicht beweisen. Mit dieser Auffassung sollte der religiöse Glaube auf Kosten der rationalen Metaphysik gestärkt werden, aber auf längere Sicht mußte der Glaube, der nun nicht mehr auf Vernunftgründe gestützt werden konnte, in Mitleidenschaft gezogen werden. Philosophiegeschichtlich wichtig ist auch die Konsequenz, daß der Anspruch, das Wesen der Wirklichkeit vernünftig erkennen zu können, als hinfällig erschien. Aussagen über die Wirklichkeit, insbesondere auch naturwissenschaftliche Aussagen, können nur noch als Annahmen gelten, mit deren Hilfe wir Zusammenhänge erzeugen, ohne sicher wissen zu können, ob ihnen eine objektive Ordnung entspricht. An der Realität der individuellen Dinge und ihrer Erkennbarkeit zweifelte Ockham nicht, weshalb es nicht unproblematisch ist, ihn als Skeptiker zu bezeichnen – es sei denn, man nennt die Leugnung einer idealen Wirklichkeit vernünftig erkennbarer Wesenheiten Skeptizismus.

2. Der moderne Weg: Die scholastische Philosophie nach Ockham

Unter dem Einfluß von Ockhams Auffassungen entwickelte sich eine Richtung, die im Gegensatz zur begriffsrealistischen Tradition – der *via antiqua* – als «modern», d.h. als zeitgemäß (von lat. «modo», d.i. «eben jetzt») bezeichnet wurde. Die *via moderna* wurde im 14. Jahrhundert neben anderen von Johannes Buridanus, Adam Wodeham und Albert von Sachsen vertreten; sie setzte sich an zahlreichen Universitäten, oft gegen hartnäckigen Widerstand, durch. Innerhalb dieser Richtung bahnte sich die Ablösung von der aristotelischen Physik und damit die Grundlegung der neuzeitlichen Naturwissenschaft an.

Dem kritischen Geist der von Ockham ausgehenden Richtung stand Nikolaus von Autrecourt (geboren um 1300) nahe. Wie Wilhelm von Ockham wurde ihm vorgeworfen, daß gewisse seiner Auffassungen für den Glauben gefährlich seien, was zur Folge hatte, daß Nikolaus die Lehrbefugnis entzogen wurde. Wann er starb, ist nicht bekannt.

Nikolaus von Autrecourt nahm mit der aristotelischen Tradition an, daß von «Wissen» (bzw. von «Wissenschaft») im strengen Sinne nur in bezug auf notwendig wahre Sätze die Rede sein kann. Als solche erkannte er aber nur Sätze an, deren Negation widerspruchsvoll ist. (Sätze dieser Art pflegt man als analytisch wahr zu bezeichnen.) Das hat eine Konsequenz, die im 18. Jahrhundert von Hume in aller Schärfe gezogen wurde: Da in analytischen Sätzen das Prädikat zur Definition des Subjekt-Begriffs gehört oder aus dieser folgt, sind sie im Grunde tautologisch und daher nicht informativ. Wenn nur Sätze dieser Art Wissen ausdrücken, heißt das, daß Sätze, die einen informativen Gehalt haben, nicht Wissen (im strengen Wortsinn) vermitteln können: Sie sind lediglich Annahmen. Nach Nikolaus gibt es keine andere Gewißheit als die des Widerspruchsprinzips oder die von Sätzen, die aus diesem Prinzip folgen.[16] Das gilt auch für Kausalsätze: Da sie eine Information über die Wirklichkeit enthalten, haben sie als Annahmen zu gelten. Sie sind niemals notwendig wahr, weil ihre Leugnung zwar unter Umständen falsch, aber niemals widerspruchsvoll sein kann. Mit anderen Worten: Aus der Feststellung, daß ein bestimmtes Ereignis (die Ursache) stattgefunden hat, läßt sich nicht logisch folgern, daß ein bestimmtes anderes Ereignis (die Wirkung) stattfindet. Man kann zwar auf Grund von Erfahrungen wissen, daß bisher stets auf ein bestimmtes Ereignis ein bestimmtes anderes gefolgt ist, hieraus läßt sich aber nicht schließen, daß das auch in Zukunft der Fall sein müsse. In einer Weise, die Formulierungen Humes vorwegnimmt, erklärte Nikolaus: «Daraus, daß etwas als existent erkannt wird, kann nicht mit Evidenz gefolgert werden ..., daß etwas anderes existiert.»[17] Ein Satz wie «A (die Ursache) existiert, also existiert B (die Wirkung)» könnte nur evident (analytisch wahr) sein, wenn seine Negation «A existiert und B existiert nicht» widerspruchsvoll wäre; da das nicht der Fall ist, können Kausalsätze nicht notwendig wahr sein.

Wenn aus der Existenz von etwas nicht auf die Existenz eines anderen geschlossen werden kann, dann läßt sich auch nicht aus dem Vorhandensein von Bewußtseinsakten auf die Existenz einer Substanz schließen. Da es keine intuitive Gewißheit von Substanzen gibt – nicht einmal von der Substanz der eigenen Seele –, ist überhaupt kein Wissen von Substanzen möglich, da jedes Wissen letztlich auf intuitiver Erkenntnis beruht. Aus ähnlichen Gründen gibt es kein Wissen von denkunabhängigen Dingen. Wenn Nikolaus eine atomistische Auffassung der Materie vertrat, dann kann es sich also nur um eine hypothetische Theorie handeln.

Die These, daß aus der Existenz eines Dinges nicht auf die Existenz eines anderen Dinges geschlossen werden kann, ergibt sich aus der Leugnung von Wesensbeziehungen zwischen Dingen: Wenn Dinge nicht in eine objektive Ordnung eingebettet sind, zu der z.B. Kausalbeziehungen oder die Beziehung zwischen Eigenschaften und Substanzen gehören, dann muß eingeräumt werden, daß sie an sich voneinander getrennt sind, so daß man nur empirisch feststellen kann, daß sie miteinander auftreten oder aufeinander folgen. Nikolaus erteilte mit einem Wort der Annahme einer an sich vernünftigen und vernünftig erkennbaren Ordnung der Wirklichkeit selbst eine Absage, so daß die Wirklichkeit als beziehungslose Menge isolierter Dinge erscheint. Seine spezielleren Thesen sind Folgen dieser Auffassung.

Wie sich in der Naturphilosophie allmählich Auffassungen durchsetzten, die über den Aristotelismus hinauswiesen, zeigt sich unter anderem bei Nikolaus von Oresme (gest. 1382), der im Gegensatz zum geozentrischen Weltbild die tägliche Bewegung der Erde (Rotation) lehrte, so daß er den Fixsternhimmel für unbewegt erklären konnte, und der das später von Galilei aufgestellte Gesetz des freien Falles vorwegnahm. Dabei stellte er Geschwindigkeit des fallenden Körpers und Fallzeit in einem Koordinatensystem dar, in dieser Hinsicht ebenfalls die Darstellungsweise Galileis (und Descartes') antizipierend. Jakob von St. Martinus (auch Jakob von Neapel genannt) schied alle spekulativen Elemente aus der Theorie des freien Falls aus und reduzierte sie auf den mathematisch ausdrückbaren Gehalt des Vorgangs. In dieser Form wurde sie bis zum 16. Jahrhundert gelehrt.[18] Außerdem beschäftigte sich Nikolaus von Oresme auch mit Fragen der Ökonomie. Sein Denken ist ein Beispiel für die damalige Tendenz, metaphysische Probleme zugunsten einzelwissenschaftlicher Fragen in den Hintergrund treten zu lassen.

Logische und naturphilosophische Themen beschäftigten Johann Buridanus (geb. um 1300 im Artois, Lehrer an der Pariser Universität, gest. um 1360). Er kommentierte verschiedene Werke des Aristoteles und erörterte ethische bzw. politische Fragen. Folgenreich war seine Hinwendung zur Impetus-Theorie, der zufolge sich ein Körper nicht nur solange bewegt, als die Bewegungsursache vorhanden ist (wie es aristotelischer Ansicht entspricht), sondern solange der ihm verliehene Bewegungsanstoß (Impetus) wirksam bleibt. Die Wurfbewegung hält ja an, nachdem der geworfene Körper die Hand des Werfers verlassen hat. Diesem Umstand suchte man durch die Annahme Rechnung zu tragen, daß im Körper der ihm vom Werfenden verliehene Anstoß erhalten bleibt; daß sich der geworfene Körper nicht unbegrenzt weiterbewegt, soll damit zusammenhängen, daß sich der Impetus durch den Widerstand der Luft erschöpft. Die Wurfbahn ist außerdem durch die Schwere bedingt, die sie in Richtung Erdmittelpunkt lenkt. Die Impetus-Theorie setzte sich vorübergehend durch. Sie wurde von Marsilius von Inghen (gest. 1396) und anderen übernommen; noch im 17. Jahrhundert fand sie Vertreter. Mit der Formulierung des Trägheitsprinzips durch Galilei und Descartes wurde sie hinfällig. Wenn nämlich angenommen wird, daß jeder Körper seinen Bewegungszustand beibehält, solange nicht andere Ursachen ins Spiel kommen, dann braucht man keine Kraft mehr zu fingieren, die im Körper wirkt, solange er sich bewegt. Die Impetus-Theorie nimmt nicht das Trägheitsprinzip vorweg, aber sie bereitete seine Formulierung vor, sofern sie die aristotelische Bewegungslehre verdrängte.

Der Name Johann Buridans ist nicht zuletzt durch den sprichwörtlichen Esel des Buridanus bekannt: Ein Esel verhungert zwischen zwei gleich großen und gleich weit von ihm befindlichen Heubündeln, weil er von beiden Seiten her gleich stark angezogen wird und wegen des Gleichgewichts der Motive zu keinem Willensakt fähig ist. Schopenhauer hat festgestellt, daß das berühmte Beispiel in Buridans Schriften nicht zu finden ist.

Von Ockhams Logik und Buridans Impetus-Theorie war Albert von Sachsen (Albert der Kleine) beeinflußt, der in Paris lehrte, später als erster Rektor die Wiener Universität leitete und schließlich Bischof von Halberstadt wurde. Er starb 1390.

Wichtiger als metaphysische Überlegungen waren für die Entwicklung des naturwissenschaftlichen Denkens methodologische Erörterungen, die vor allem durch die Medizin angeregt wurden. An den medizinischen Fakultäten, wo der Einfluß Galens auch in methodologischer Hinsicht spürbar war, konzentrierte man sich verständlicherweise nicht so sehr auf die Aristotelische Logik und Metaphysik, als vielmehr auf die naturphilosophischen und naturkundlichen Schriften des Stagiriten. In Padua, wohin auch der englische Terminismus ausstrahlte, entwickelte sich eine methodologische Auffassung, die der Bedeutung der Analyse (der regressiven Methode) in den Naturwissenschaften gerecht zu werden suchte, d. h. der Erklärung von Tatsachen durch deren Unterordnung unter naturgesetzliche Hypothesen. Im 16. Jahrhundert fand die «Schule von Padua»[19] in Jacopo Zabarella (gest. 1589) einen wichtigen Vertreter, der Galileis methodologische Auffassung vorbereitete.

3. Staats- und Geschichtsphilosophie

a) Rechts- und staatsphilosophische Grundgedanken

Der geschichtsphilosophische Rahmen war durch die Lehren von der Weltschöpfung, der Erschaffung des Menschen, vom Sündenfall, von der Erlösung und der Verheißung des Weltgerichts am Ende aller Tage vorgegeben. Innerhalb dieses Rahmens mußte versucht werden, das Verhältnis von Staat und Kirche – als der Gewalt dieser Welt und der auf vermeintlich göttliche Einsetzung gestützten Autorität – zu bestimmen.

Thomas von Aquin ging von der Gültigkeit des natürlichen Rechts aus, mit dem das menschliche Handeln in Einklang stehen muß, wenn es dem göttlichen Heilsplan gemäß sein soll. Das gilt namentlich für das positive Recht, das so zu gestalten ist, daß es dem natürlichen Recht entspricht: Seine Aufgabe besteht im wesentlichen in der Konkretisierung und der Positivierung des Naturrechts. So hat es zum Beispiel festzulegen, unter welchen Umständen eine Tötung als Mord zu gelten hat und welche Sanktionen in diesem Falle zur Geltung zu bringen sind.

In der Auseinandersetzung zwischen Kirche und Reich stand die Theologie im Hochmittelalter zunächst auf der Seite des Papstes, dessen universalen Führungsanspruch sie zu rechtfertigen suchte. So vertrat Thomas von Aquin die Ansicht, daß in allen Fragen, die die Moral berührten, der Kaiser dem

Urteil des Papstes unterworfen und ihm gegenüber zum Gehorsam verpflichtet sei. Im Verlauf der Zeit formierten sich jedoch oppositionelle Kräfte, die die Ansprüche der Päpste in Frage stellten. Dies war beim radikalen Flügel des Franziskanerordens der Fall, der die Idee einer rein geistigen, besitzlosen Kirche in Distanz gegenüber allen weltlichen Angelegenheiten vertrat. Diese Richtung fand in Wilhelm von Ockham (siehe oben Abschn. 1) einen eindrucksvollen Vertreter, sie führte aber gelegentlich auch zur Entstehung häretischer Bewegungen. Ockham formulierte Gedanken, die in der Folge bei den innerkirchlichen Auseinandersetzungen bis zur Reformationszeit eine wichtige Rolle spielten, wie z.B. die Forderung, zwischen staatlicher und kirchlicher Gewalt zu trennen, oder die Ansicht, daß es keinen wesentlichen Unterschied zwischen Kirchenvolk und Klerus gebe. Als Vertreter des Konziliarismus kann Ockham jedoch nur bedingt gelten: Weder der Papst noch ein Konzil können seiner Ansicht nach als irrtumsfrei gelten; die Wahrheit liegt vielmehr nur bei der Gesamtkirche. Wyclif und Hus griffen diese Ideen auf. (Siehe Teil III, Kap. 1)

Während sich die Autorität des Kaisertums in der Auseinandersetzung mit den Päpsten rascher verbrauchte als die des Papsttums, kam eine neue Macht empor, nämlich die des einzelstaatlichen Königtums, das sich in Frankreich, England und Spanien auf Kosten der universalen Mächte zu etablieren begann. In Oberitalien entfalteten die wirtschaftlich aufstrebenden Kommunen immer größeren Einfluß, in Deutschland sahen sich die Könige in dem Maß auf innerdeutsche Angelegenheiten verwiesen, in dem der Anspruch auf das Kaisertum und auf dessen übernationale Aufgaben in Frage gestellt wurde. In dieser Situation erhielt die Frage, wie das Verhältnis von geistlicher und weltlicher Macht zu bestimmen sei, eine neue Bedeutung.

Bei Marsilius von Padua (gest. um 1342) zeigt sich bereits deutlich die Auflösung der Idee eines materialen, von der Kirche zu interpretierenden Naturrechts, an dem die weltliche Gesetzgebung zu messen sei. Während Thomas von Aquin die Auffassung vertrat, daß es ein ewiges, im Wesen Gottes begründetes Recht gebe, das vom Menschen eingesehen werden könne und für ihn verbindlich sei, hatten schon Johannes Duns Scotus und Wilhelm von Ockham bestritten, daß es ein Recht gebe, das im Wesen Gottes bzw. im gottgeschaffenen Wesen des Menschen gründet; ihrer Ansicht nach beruht das natürliche Recht auf dem Willen Gottes; es ist daher nicht vernünftig einsehbar. Da ihrer Ansicht nach der Wille des Menschen frei, d.h. nicht an die Erkenntnis des Guten gebunden ist, muß er durch Strafandrohungen zur Einhaltung der rechtlichen Anordnungen veranlaßt werden. Marsilius ging noch einen Schritt weiter: In seinem «Defensor pacis» («Verteidiger des Friedens») faßte er, an die Aristotelische «Politik» anknüpfend, den Staat als autarke und alle Lebensbereiche umfassende gesellschaftliche Ordnung auf, was zur Folge hatte, daß die Kirche nicht mehr als eine selbständige Ordnungsmacht neben oder gar über dem Staate gelten konnte: sie wird in den Staat einbezogen.

Die Bestimmung des Verhältnisses von Staat und Kirche hängt bei Marsilius mit einer Auffassung des Rechts zusammen, in der man eine Vorwegnahme rechtspositivistischer Ansichten erblicken kann. Das Recht ist nach Marsilius wesentlich Zwangsrecht, denn seiner Ansicht nach gehört zu einer Rechtsregel notwendig die Androhung von Sanktionen für den Übertretungsfall. Ein Naturrecht, das seine Verbindlichkeit nur der vernünftigen Einsicht (dem «dictamen rectae rationis») verdanken soll, kann daher nicht «Recht» im eigentlichen Wortsinn heißen. Letzter Grund der Rechtsgeltung ist die Zustimmung des Volkes. Sofern das Recht nicht mehr auf das Wesen oder den Willen Gottes, sondern auf den Willen des Volkes zurückgeführt wird, verliert es sein metaphysisches Fundament: Die moderne Theorie der Volkssouveränität kündigt sich hier bereits an.

Es ist bezeichnend, daß sowohl Marsilius als auch Wilhelm von Ockham (der mit ähnlicher Tendenz allen Menschen das natürliche Recht zugesprochen hatte, politische Autoritäten einzusetzen) im Konflikt mit der Kirche ihre Zuflucht beim Kaiser suchen mußten: Ludwig der Bayer nahm sie auf, offenbar weil er sich von ihren Ansichten eine Stärkung seiner Position in der Auseinandersetzung mit Papst Johann XXII. und seinen Nachfolgern, die in Avignon residierten und die politischen Interessen Frankreichs vertraten, versprach. Das Papsttum war in die Abhängigkeit von der französischen Krone geraten, was in der Verlegung des Sitzes der Päpste von Rom nach Avignon zum Ausdruck kam. Johann XXII. setzte den Bann als politisches Mittel gegen den Kaiser ein und trug damit dazu bei, den moralischen Anspruch des Papsttums als fragwürdig erscheinen zu lassen. Dem Kaiser mußte eine Theorie gelegen kommen, der zufolge die politische Gewalt vom Volke und somit nicht von Gott ausgeht und die daher auch nicht mehr dem Urteil des Statthalters Gottes unterworfen sein kann. Diese Auffassung war nicht völlig neu, auch nicht für das Mittelalter: Schon im späten 11. Jahrhundert hatte der Mönch Manegold von Lautenbach (Elsaß) erklärt, daß die Macht des Königs auf einem Vertrag beruhe: «Weil nämlich niemand sich selbst zum Kaiser oder König machen kann, erhöht das Volk zu dieser Stellung irgendeinen Einzelnen über sich, damit er es kraft gerechten Grundes der Herrschaft leite und regiere ...»[20] Manegold zog die Konsequenz, daß der Inhaber der Regierungsgewalt seinen Herrschaftsanspruch verliere, wenn er gegen den Vertrag [pactum], durch den er eingesetzt wurde, verstoße.

b) Ökonomische Fragen

Für das Hochmittelalter war die Bindung der Wirtschaft an die christliche Moral eine Selbstverständlichkeit. Die Arbeit galt nicht mehr als verächtliche Notwendigkeit, sondern als sittliche Pflicht, allerdings differenziert nach dem Charakter der Stände. Nicht nach Angebot und Nachfrage sollte sich der Preis einer Ware richten, sondern nach dem, was im Sinne des gesellschaftlichen Gleichgewichts als «gerecht» galt.

Nach Thomas von Aquin besteht der letzte Zweck der Ökonomie im guten, der Erhaltung des Hauswesens angemessenen Leben.[21] Thomas vertrat eine Auffassung, die sich mit der heutigen Auffassung von der Sozialbindung des Eigentums berührt: Die dem Menschen von Gott übergebenen zeitlichen Güter gehören ihm zwar im Sinne des Eigentumsrechts, aber im Hinblick auf den Gebrauch sollen sie nicht nur ihm, sondern auch anderen gehören, sofern sie aus deren Überfluß erhalten werden können.[22] Das heißt aber nicht, daß den Hilfsbedürftigen ein Recht auf das erwüchse, was andere besitzen. Thomas sah sich bereits veranlaßt, Anpassungen der traditionellen Auffassung an die im Gange befindliche Entwicklung vorzunehmen. Das Neue Testament hatte das Zinsnehmen als Wucher abgelehnt; die Wirtschaft des 13. Jahrhunderts kannte aber schon die Geldleihe gegen Zinsen. Daher kam es darauf an, das Zinsnehmen so aufzufassen, daß es nicht mehr als sittlich verwerflicher Wucher galt. Das geschah, indem der Zins als Ausgleich für entgangenen Gewinn und als Entschädigung für das mit der Geldleihe verbundene Risiko dargestellt wurde. (S. oben Kap. III, 1 c)

Im Spätmittelalter machten sich auch in der Ökonomie Ansätze moderner Denkweisen bemerkbar. Nikolaus von Oresme, der in der Naturphilosophie erstaunlich moderne Gedanken vertrat, gehört auch zu den Vorläufern der Nationalökonomie. In seinem «Traktat über die Veränderung der Münzen» wird die Frage erörtert, ob der Herrscher den Münzwert beliebig ändern könne. Nikolaus betonte, daß der Herrscher zwar Münzherr, aber nicht Eigentümer des Geldes sei, das vielmehr der Gemeinschaft gehöre und ihren Zwecken zu dienen habe.[23] Die Änderung des Münzwerts ist daher nur zu rechtfertigen, wenn sie nötig und von allgemeinem Nutzen ist. Die Rechte des Volkes kommen zur Geltung, wenn Nikolaus erklärt, daß in keinem Fall der Fürst allein über den Münzwert entscheiden darf, sondern daß stets die Gemeinschaft an der Entscheidung mitzuwirken habe. Profite aus Münzveränderungen sind nicht zu rechtfertigen, wie überhaupt Spekulationsgewinne abzulehnen sind. Eine Auffassung von der Stellung des Herrschers, die das Prinzip der Gewaltenteilung vorwegnimmt, klingt an, wenn gesagt wird, daß der Fürst nur ausführt, was öffentlich angeordnet wurde.[24] Im Hintergrund steht der Gedanke, daß eine absolutistische Herrschaft, die unbegründete Gesetzesänderungen möglich macht, abzulehnen sei. Tatsächlich bemühte sich der französische König Karl der Weise (1364–1380), der Nikolaus schätzte, nicht nur um die Ordnung der staatlichen Verhältnisse im allgemeinen, sondern insbesondere um die Erhaltung des Münzwerts. Im übrigen war die damalige Zeit, in der der Hundertjährige Krieg zwischen Frankreich und England (1339–1453) ausgetragen wurde, eine Zeit der politischen Erschütterungen und der sozialen Spannungen, in der es auch zu Manipulationen des Geldwerts kam, so daß Nikolaus in seinem Traktat keine wirklichkeitsfremde Theorie vortrug. Wenn der König sich des Rats des Philosophen bediente, so handelt es sich um einen der wenigen Fälle, in denen sich die Politik an philosophischen Überlegungen orientierte. Wenn König Karl V. den Beinamen des Weisen trug, so verdankt er das auch dem Umstand, daß er auf den Philosophen hörte.

Auch im 15. Jahrhundert galt noch der Grundsatz, daß der Erwerb von Gütern durch den Handel nur soweit zulässig sei, als er zum (standesgemäßen) Leben erforderlich ist. Der Handel gilt auch in dieser Zeit noch als unproduktive Tätigkeit. Aber gleichzeitig beginnt man zu erkennen, welche Rolle das Kapital in der Wirtschaft spielt. Bernhardin von Siena (gestorben 1444) und Antonin von Florenz (gestorben 1459) unterschieden bereits zwischen Geld und Kapital: Für letzteres ist es wesentlich, in gewinnbringende Unternehmen investiert zu werden, während Geld für sich allein wirtschaftlich unfruchtbar bleibt. Zu einer Definition von «Kapital» ist die damalige Zeit allerdings noch nicht vorgedrungen.[25]

c) Geschichtsphilosophie

Das christliche Geschichtsbild war durch den Gedanken charakterisiert, daß mit Christus der wesentliche Wendepunkt in der Menschheitsgeschichte erreicht sei, so daß die Zeit vor Christus und die Zeit nach ihm als die beiden Hauptepochen der Entwicklung der Menschheit gelten konnten. Diese Einteilung stellte der kalabresische Zisterzienser-Abt Joachim von Fiore (gest. 1202)[26] gegen Ende des 12. Jahrhunderts in Frage, indem er zu diesen beiden Epochen, die er als Reich des Vaters und als Reich des Sohnes bezeichnete, eine dritte, noch bevorstehende hinzufügte: ein drittes Reich als Reich des Geistes. Die drei Epochen entsprechen den drei göttlichen Personen, und da es nicht mehr als drei Personen in Gott gibt, folgerte er, daß es nach dem Dritten Reich keine weitere geschichtliche Epoche geben könne. Diese Auffassung führte Joachim auf eine religiöse Erleuchtung zurück, doch entstand sie vermutlich auch unter dem Eindruck einer politischen Entwicklung, die vielfach als Verfallsprozeß gedeutet wurde. Sie legte die Konsequenz nahe, daß die Kirche, wie sie um 1200 bestand, nicht die endgültige Form der christlichen Gemeinschaft sein könne, sondern durch eine neuartige spirituelle Gemeinschaftsform zu ersetzen sei. Bei dieser Geschichtskonstruktion spielten gnostische Gedanken eine Rolle: Von den Angehörigen des Dritten Reiches als den wahrhaft Wissenden wird angenommen, daß sie unabhängig von vermittelnden Instanzen und äußeren Organisationen in Verbindung mit Gott stehen. Zugleich wurde der Blick auf eine Endzeit eröffnet: Mit dem Reich des Geistes soll die Geschichte ihren Abschluß finden. Damit knüpfte Joachim, der sich stark an der metaphorisch gedeuteten Geheimen Offenbarung des Johannes orienterte,[27] an eschatologische Gedanken an, wie sie seit dem frühen Christentum immer wieder auftauchten. Seine Ideen fanden vor allem (aber nicht nur) im Franziskaner-Orden einen Widerhall, namentlich bei den Franziskaner-Spiritualen des 13./14. Jahrhunderts, die sich als die wahre Kirche betrachteten; sie übten jedoch keine Breitenwirkung aus,[28] obwohl sie in der Folge immer wieder da und dort aufflackerten. Bei den sogenannten Joachiten zeigten sich auch jene anarchistischen Konsequenzen der Lehre von einer rein geistigen, d. h. nicht mehr auf eine Hierarchie, auf Dogmen und Regeln des Handelns angewiesenen Gemeinschaft, die Joachim selbst nicht gezogen hatte. Die Kirche hielt solchen Vorstellungen gegenüber daran fest, daß die Vollendung der Menschheitsentwicklung nicht in der Geschichte, sondern erst nach dem Ende der Geschichte zu erwarten sei.

V.

Meister Eckhart und die spätere deutsche Mystik

1. Der Charakter von Eckharts Mystik

Die Mystik ist eine Einstellung, die eng mit dem Gedanken der absoluten Jenseitigkeit des Göttlichen oder, neutraler ausgedrückt, des letzten Grundes aller Wirklichkeit zusammenhängt. Wenn der Urgrund wesenhaft von allem Endlichen verschieden ist, dann kann er von einem Denken, dessen Funktion die Erkenntnis endlicher Dinge und ihrer Beziehungen ist, nicht mehr erfaßt werden; sofern es dennoch möglich sein soll, den ersten Grund allen Seins zu denken und das Verhältnis des Endlichen zu ihm zu erfassen, kann es sich nicht mehr um ein Wissen von der Art rationaler Gegenstandserkenntnis handeln. Das Wissen, das der Mystiker erreichen möchte, soll unabhängig von Begriffen sein und das Einswerden mit dem Gewußten einschließen. Da die Sprache die Funktion hat, begrifflich Erkanntes auszudrücken, läßt sich das mystische Wissen nicht mehr angemessen sprachlich artikulieren; die Aussagen der Mystiker dienen daher nur dazu, den Hörer oder Leser zu veranlassen, die Ebene des begrifflichen, sprachlich ausdrückbaren Erkennens hinter sich zu lassen. Eigentlich müßte der Mystiker über das, was er zu wissen meint, schweigen.[1] Ausdrücklich sei betont, daß eine gefühlsbetonte Schau symbolischer Bilder und das Erlebnis einer in Augenblicken zu erreichenden emotionalen Verzückung nicht zum Wesen jener Mystik gehört, von der im Folgenden die Rede ist.

Die Mystik ist nicht an die christliche Religion, ja nicht einmal an das europäische Denken gebunden. Oben wurde bereits auf mystische Tendenzen im Neuplatonismus hingewiesen (siehe Teil I, Kap. VI, insb. Abschn. 4) und auf die Mystik im frühen Christentum, vor allem bei Pseudo-Dionysius (siehe Teil II, Kap. I, 3 e), eingegangen. Mystische Tendenzen gab es auch im Islam. Im Folgenden werden Vertreter der christlichen Mystik im Hoch- und Spätmittelalter behandelt, allen voran Meister Eckhart, der der bedeutendste Vertreter mystischen Denkens im genannten Zeitraum war.

Mit Meister Eckhart von Hochheim (geb. etwa 1260 in Hochheim bei Gotha, gest. 1327 oder 1328) erreichte die mittelalterliche Mystik einen Höhepunkt, der zugleich Ausgangspunkt für eine bis in die frühe Neuzeit reichende mystische Richtung wurde. «Mystik» bedeutet bei Eckhart nicht eine ekstatische Verzückungsmystik, die sich in allegorischen Bildern äußert, sondern eine Denkweise, die über das schlußfolgernde, argumentierende Erkennen hinausgeht und zu einem unmittelbaren Erfassen des Absoluten (um diesen Ausdruck hier anachronistisch zu gebrauchen), ja zum

Erlebnis der Vereinigung mit dem Absoluten führt und somit nicht mehr in Worte gekleidet werden kann, wenigstens nicht in Worte, die in direkter Weise das vom Mystiker Gemeinte ausdrücken. Grundlegend ist die Überzeugung, daß alles Endliche Äußerung des Göttlichen sei, so daß es in gewissem Sinne selbst als göttlich gelten könne. Abgesehen von dieser Beziehung zum Göttlichen sind die endlichen Dinge nichts. Namentlich äußert sich das Göttliche in der menschlichen Seele, die am Göttlichen teilhat und berufen ist, ihm immer ähnlicher zu werden, indem die Besonderheiten der individuellen Existenz in ihrer Nichtigkeit erkannt und überwunden werden. Letzten Endes ging es Eckhart darum, Diesseits und Jenseits so zu verbinden, daß zwischen ihnen keine wesentliche Kluft mehr besteht. Gott ist zwar von der Welt der endlichen Dinge unterschieden, sofern er unendlich ist; aber das heißt nicht, daß er von der Welt getrennt wäre, da es die Welt nicht geben könnte, wenn sich nicht das Göttliche in ihr äußerte. Mit dieser Auffassung knüpfte Eckhart nicht nur an frühere mystische Lehren des Mittelalters (etwa an Johannes Scotus Eriugena) an, sondern auch an Pseudo-Dionysius (siehe Teil II, Kap. I, 3 e), den er für den Apostel-Schüler hielt und als Heiligen betrachtete. Damit trat er mittelbar in Verbindung mit dem Neuplatonismus, dessen philosophische Tendenz er wie kein anderer christlicher Theologe zur Geltung brachte. Gleichzeitig war sein Denken durch Augustinus, Albert den Großen und Thomas von Aquin geprägt.

Eckhart gehörte dem Dominikaner-Orden an, in den er zu Erfurt aufgenommen wurde. Nach Beendigung seiner Studien lehrte er in Paris, leitete acht Jahre lang die sächsische Provinz seines Ordens und widmete sich seit 1323 wiederum der Lehrtätigkeit, diesmal in Köln. Eckhart, der nicht nur ein angesehener akademischer Lehrer («magister», daher «Meister»), sondern auch ein eindrucksvoller Prediger war, wurde vorgeworfen, schwierige dogmatische Fragen in der Volkssprache vor Menschen zu erörtern, die nicht die zu ihrem Verständnis erforderlichen Voraussetzungen mitbrachten. Mit diesem Vorwurf verband sich der Verdacht der Häresie, den Papst Johann XXII. begründet fand. Achtundzwanzig Sätze, die sich in seinen Schriften fanden oder in denen man seine Auffassung konzentriert sah, wurden, obwohl sich Eckhart zu verteidigen suchte, verurteilt, doch erfolgte die Veröffentlichung des Urteils erst nach Eckharts Tod. Neben lateinischen Lehrschriften entstand eine umfassende lateinische Darstellung von Eckharts Philosophie – das «Opus tripartitum» (das dreiteilige Werk) –, das jedoch unvollendet blieb. Große Wirkung übten Eckharts deutsche Predigten und Traktate aus, in denen sein Denken den reifsten und klarsten Ausdruck fand.[2] In diesen Schriften wird erstmals eine deutsche philosophische Terminologie entwickelt.

2. Aufstieg zum Göttlichen und Entfaltung des Göttlichen

Um zu verstehen, wie Eckhart zu seinen Lehren über die Gegenwart des Göttlichen in den Dingen und in der Seele gelangte, muß man sich den platonistischen Hintergrund seines Denkens vergegenwärtigen. Mit allen Vertretern des Platonismus nahm er an, daß Dinge einer bestimmten Art angehören, weil sie an der entsprechenden Idee teilhaben (daß sie z.B. Lebewesen sind, weil sie an der Idee der Lebendigkeit partizipieren) bzw. daß sie eine bestimmte Eigenschaft haben, weil sie Abbilder der entsprechenden Wesenheit sind (daß sie z.B. rot sind, weil sie die Röte «nachahmen»). Die Vielheit der Ideen bildet einen einheitlichen Zusammenhang, und daher muß über sie hinausgegangen werden in Richtung auf eine Idee höherer Stufe, der dieser Zusammenhang seine Einheit verdankt: nämlich auf die Idee des Einen oder Guten, von der Plato und Plotin gesprochen hatten. An diesem Punkte hielt es Eckhart schließlich für fraglich, ob dem Göttlichen noch das Sein zugeschrieben werden könne oder ob es nicht auch die Bestimmung des Seins noch transzendiere.

Der Aufstieg erfolgt so, daß man von den wahrgenommenen Dingen die konkreten Bestimmungen «abscheidet» und damit von ihnen zu ihrem allgemeinen Wesen zurückgeht, etwa von einer Reihe schöner Gegenstände zur Idee des Schönen. Wenn man in einem weiteren Schritt die inhaltliche Bestimmtheit der vielen Ideen «abscheidet», gelangt man zu der einen Idee, die undifferenziert in Gott ist, ja die – als einheitlicher göttlicher Denkinhalt – göttlich ist. Das Verhältnis zwischen Gott als Denken und dem göttlichen Denkinhalt bezog Eckhart auf das Verhältnis von Gott dem Vater zu Gott dem Sohn. Indem er die Beziehung des Gedachten auf das Denken mit dem Heiligen Geist identifizierte, konnte er der christlichen Lehre von der Dreifaltigkeit Genüge tun. Schließlich versuchte er, auch noch hinter die Dreiheit der göttlichen Personen zurückzugehen und Gott als das undifferenzierte Eine zu erfassen. Dies ist, wie er überzeugt war, nicht mehr mit den Mitteln des diskursiven Denkens, sondern nur noch in Form einer unmittelbaren mystischen Schau möglich.

Eckharts Auffassung ist dadurch charakterisiert, daß der Rückgang von der Vielheit der Dinge zu den Ideen, von der Vielheit der Ideen zur einen göttlichen Idee und von der Dreiheit der göttlichen Personen zum Einen Göttlichen in den Hintergrund tritt zugunsten des Gedankens einer Entfaltung der absoluten Einheit in die Vielheit, zunächst der drei göttlichen Personen, sodann der Ideen und schließlich der Dinge. Diese Umkehrung setzt eine Umdeutung des Ergebnisses des Rückgangs voraus: Wenn in der Vielheit gleichartiger Dinge das Moment der Einheit des Wesens und in der Vielheit der Wesenheiten das Moment der Einheit des Ideenreichs hervorgehoben wird, dann heißt das zunächst nichts anderes, als daß die Vielheit nicht ohne das Moment der Einheit gedacht werden kann. Erst wenn man die gedachte Einheit in eine wirkliche Einheit umdeutet und sie für seinsmäßig früher erklärt als die vielen Wesen, kann gefragt werden, wie sich die Einheit in die Vielheit entfaltet. Erst auf Grund dieser Umdeutung konnte Eckhart sagen, das Frühere und Obere berühre das Spätere und Niedrigere bzw. es steige zu ihm herab.[3] Die Gottheit [deitas] als das undifferenzierte Eine, das als solches unsagbar ist, entfaltet sich zum dreieinigen Gott [Deus], der sich als Vater im Sohne selbst erfaßt. Der Sohn ist Bildner aller Dinge, jedoch nicht unabhängig vom Vater, sondern in ihm. Der Vater «gebiert» den Sohn, der als Sohn auf den Vater bezogen bleibt, und in dieser Beziehung besteht der Heilige Geist. Die Geburt des Sohnes erfolgt ohne Unterlaß, was nicht heißen kann, daß sie in jedem Augenblick erfolgt, sondern daß sie nicht in der Zeit vor sich geht, mithin ewig ist. «Der Vater gebiert seinen Sohn im ewigen Erkennen», ja «Vater» ist gleichbedeutend mit «reinem Gebären» bzw. mit «Leben aller Dinge».[4] Der Sohn ist nach Eckhart der göttliche Denk-Inhalt, der sich erst in der Schöpfung in eine Vielheit entfaltet. Die Schöpfung erfolgt durch den Sohn, indem die ungeschaffene Güte, Weisheit, Gerechtigkeit usw. den Guten, Weisen, Gerechten usw. erschafft. Sofern etwas gut, weise, gerecht ist, hat es am Ungeschaffenen Anteil, obwohl es – als etwas Individuelles – erschaffen ist. Das Individuelle als solches ist nichtig; wirklich ist nur, was sich im Endlichen verwirklicht, nämlich die ewige Idee, der Sohn Gottes, letztlich Gott selbst. Gott, der das Sein selbst ist, ist in allen Dingen als ihre wahre Natur enthalten; in den Dingen wirkt er auch und erkennt sich, aber nur in der Seele gebiert er sich: Alle Kreaturen sind Fußstapfen Gottes; nur der Mensch ist Gottes Ebenbild.

3. Gott und Seele

Zwischen der Gottes- und der Seelenlehre besteht bei Eckhart ein enger Zusammenhang: So wie von der Vielheit der Dinge zum Einen als deren Grund zurückgegangen werden soll, so nahm Eckhart an, daß auch von den verschiedenen Vermögen der Seele zu einem einfachen Grund der Seele zurückgegangen werden könne. So wie Gedächtnis, Vernunft und Wille im Geist gründen, so hat die «Dreifaltigkeit der Seele», nämlich die Dreiheit geistiger, im engeren Sinne seelischer (affektiver, emotionaler) und sinnlicher Vermögen ihren Grund in etwas, das in uns dem Göttlichen entspricht. Und so wie wir Gott nicht mit Hilfe eines Bildes, sondern unmittelbar und schlechthin unbildlich erfassen, so kann es auch vom Grund der Seele kein Bild geben. Nennt man jedes Erfassen mit Hilfe von «Bildern» (d. h. von anschaulichen Vorstellungen oder von Gegenstandsbegriffen) «Wissen», dann können der Seelengrund, Gott und sein Wirken in der Seele nicht «gewußt» werden.

Wenn wir Gott und Seele nichtsdestoweniger erfassen, dann handelt es sich um ein Erfassen, das von der Gegenstandserkenntnis verschieden ist. Wo Eckhart von unserer «Unwissenheit» in bezug auf Gott und Seele spricht, meint er keinen Mangel, sondern eine höhere Art des Erfassens und nimmt den Begriff der «belehrten Unwissenheit» (docta ignorantia) vorweg, den eineinhalb Jahrhunderte später Nikolaus von Kues verwenden sollte.

Im Grunde der Seele, den Eckhart auch den Funken oder das Fünklein[5] nennt, läßt sich die Einheit der Seele mit Gott erfassen. So wie alle Dinge durch ihre Teilhabe an der Idee etwas Unerschaffenes in sich tragen, obwohl sie als endliche geschaffen sind, so ist auch die Seele, die als individuelles Wesen geschaffen ist, im Grunde ewig, weil der «Funke» ungeschaffen ist. Hierauf wies Eckhart hin, wenn er von einer ewigen Geburt des Urbilds der Seele sprach. So wie der Vater den Sohn in einem ewigen Erkennen gebiert, so gebiert er ihn auch in der Seele und macht ihn ihr zu eigen, ja «sein Sein hängt daran, daß er in der Seele seinen Sohn gebäre, es sei ihm lieb oder leid».[6] Das Göttliche strahlt gleichsam in den Grund der Seele hinein. Die Geburt Gottes im tiefsten Grund der Seele vollzieht sich in tiefstem Schweigen, das heißt: alle Erkenntnisvermögen, die sich durch Vermittlung von Bildern auf etwas beziehen, sind ausgeschaltet. In dieses «Schweigen» hinein spricht Gott unmittelbar sein «Wort». Der Seelengrund (das Fünklein) ist eine Stätte, die für nichts empfänglich ist außer für Gott, sofern er frei ist von jeglicher Beziehung auf Dinge. Deshalb stellt sich die Geburt des Sohnes in der Seele als deren Vereinigung mit Gott dar, vergleichbar der Geburt des Sohnes in Gott selbst. In beiden Fällen gibt es keine Vermittlung durch «Bilder», d. h. durch anschauliche Vorstellungen oder Begriffe.

Durch die Geburt Gottes in der Seele werden alle seelischen Kräfte und selbst der äußere Mensch vom göttlichen Licht erleuchtet. Wenn die durch Gott erleuchtete Seele wahrhaft erkennt und liebt, dann erkennt und liebt Gott in der Seele. Dieser Gedanke findet sich nicht nur bei Meister Eckhart und anderen Mystikern, sondern er ist charakteristisch für ein Denken, das dem Pantheismus nahesteht. So spielte er z. B. im 17. Jahrhundert bei Spinoza (siehe Teil IV, Kap. I, 4) und im 19. Jahrhundert bei Hegel (siehe Teil V, Kap. VI) wieder eine Rolle.

4. Moralische Folgerungen

Wenn Gott in der Seele geboren wird, wird diese nicht nur Gott angenähert, sondern vergöttlicht. Bedingung der Vereinigung mit Gott ist die «Abgeschiedenheit» oder «Armut», d. h. ein Zustand der Seele, in dem sie alles Wollen und Erkennen hinter sich läßt und ihre Individualität verliert. So wie Gott jenseits aller Bestimmtheit liegt, so wird die Seele mit Gott vereint, wenn sie alle Bestimmtheit im Wollen und Denken aufgibt. Die «Armut» der Seele entspricht der absoluten Einfachheit des Göttlichen. In der Vereinigung mit Gott ändert die Seele nicht ihr Wesen, sondern sie entdeckt, daß sie im Grunde immer schon göttlich war. Dies geschieht, wenn der menschliche Geist, von seiner besonderen Form und seinen inhaltlichen Bestimmungen befreit, sich aller individuellen Bestimmungen entäußert und in diesem Sinne «leer» wird, denn nur unter dieser Bedingung kann er Gottes voll werden: «Und dû solt wizzen: lære sîn aller crêatûre ist gotes vol sîn, und vol sîn aller crêatûre ist gotes lære sîn.»[7]

Da es Eckhart darum geht, daß sich der Mensch der Einheit der Seele mit Gott bewußt werde, fordert er nicht ein Tun, sondern ein Sein der Seele. In Abhängigkeit von diesem Sein ergibt sich dann das sittliche Handeln und Verhalten, doch bleiben die äußeren Werke zweitrangig; entscheidend ist die innere Einstellung. Eckhart betonte den Gedanken der Vereinigung mit Gott in der Innerlichkeit der Seele so stark, daß er alle äußeren Verpflichtungen unter der Bedingung für hinfällig erklären konnte, daß Gott in der Seele geboren wird. Das Gebet hat nur den Sinn, die Einheit der Seele mit Gott zu vergegenwärtigen; Bittgebete sind dagegen sinnlos, da Gott alles von Ewigkeit voraussieht. Selbst in der Sünde geschieht Gottes Wille. Man kann verstehen, daß bei der Beanstandung von Eckharts Lehre Äußerungen wie die folgende eine Rolle spielten: «Ja, wer recht in den Willen Gottes versetzt wäre, der sollte nicht wollen, daß die Sünde, in die er gefallen, nicht geschehen wäre.»[8] Die wahre Reue besteht nicht in dem Wunsch, anders gehandelt zu haben, als man wirklich gehandelt hat, sondern darin, daß der Mensch um Gottes willen von Gott geschieden sein will.[9]

Die Unterordnung des sittlichen Tuns unter das Sittlich-Sein macht verständlich, daß Eckhart die «Abgeschiedenheit» höherstellen mußte als alle anderen Tugenden, die Verhältnisse im Bereich der geschaffenen Dinge betreffen. Sie steht auch höher als die Liebe zu Gott, denn diese veranlaßt mich, Gott zu lieben, während die Abgeschiedenheit Gott zwingt, mich zu lieben. Als Ziel betrachtete Eckhart einen Zustand, in dem der Mensch nichts mehr, und Gott alles will. Wahrhaft gut ist nur, was Gott will. Gelegentlich wird dieser Gedanke noch verstärkt: Nicht Gott wirkt im Menschen, sondern die Stätte des göttlichen Wirkens ist Gott selbst. Dies folgt aus der Annahme, daß der «arme» und «abgeschiedene» Mensch mit dem ewigen Wesen eins geworden ist.

Obwohl der platonisch-neuplatonische Grundzug von Eckharts Mystik unübersehbar ist, spielt in ihr der Gedanke keine Rolle, daß die Wirklichkeit selbst vernünftige Form habe. Erst recht ist sie weit von der Annahme entfernt, die Wirklichkeit habe mathematische Struktur. Eckhart ging es auch nicht – wie Plato und den Platonikern – darum, die Übereinstimmung zwischen dem vernünftigem Denken und der Wirklichkeit als möglich zu erweisen, sondern vor allem darum, dem Menschen die Nichtigkeit aller endlichen Wesen vor Augen zu führen und in ihm das Bewußtsein der Zugehörigkeit alles Endlichen, somit auch des Menschen, zum Einen Göttlichen zu wecken. Trotzdem läßt sich im Rahmen des mystischen Denkens auch eine Metaphysik der Erkenntnis entwerfen, wie sich bei Nikolaus von Kues im 15. Jahrhundert zeigt (siehe unten III, Kap. I, 2 b), der allerdings einer Zeit angehört, in der das Problem der Naturerkenntnis bereits eine größere Rolle spielte als in der Zeit um 1300, wo das Denken noch weitgehend von theologischen Problemen beherrscht war.

5. Spätere Mystiker

Im 14. Jahrhundert beeinflußte Eckharts mystisches Denken vor allem jene, die sich von der nominalistischen Richtung der scholastischen Philosophie nicht mehr angesprochen fühlten. Während Eckhart darum bemüht war, in Übereinstimmung mit den großen Lehrern seines Ordens, Albert und Thomas, zu bleiben, trat die spätere Mystik in deutlichen Gegensatz zur Scholastik. Sie wirkte daher nicht an den Universitäten, sondern in Kreisen von Gläubigen, die nach verinnerlichter Frömmigkeit suchten, insbesondere auch in Frauenklöstern. Sofern Frauen in der damaligen Zeit mit spekulativen Gedanken hervortraten, dachten sie – wie Hildegart von Bingen im 12. Jahrhundert und Mechthild von Magdeburg im 13. Jahrhundert – mystisch. Auch die Beginen standen vielfach dem mystischen Denken nahe. Eckhart-Schüler wie Heinrich Seuse (gegen Ende des 13. Jahrhunderts in oder bei Konstanz geboren, 1366 in Ulm gestorben), der den Meister in Köln hörte, und Johannes Tauler (um 1300 in Straßburg geboren, längere Zeit in Basel tätig, gest. 1361 in Straßburg), von dem nicht sicher ist, ob er Eckhart persönlich kannte, wirkten durch die Predigt, durch deutsche Schriften, aber auch durch die Seelsorge im Geiste der Mystik. Auch der Niederländer Jan van Ruysbroek (gest. 1381) knüpfte wohl an Eckhart an. Dabei trachteten die späteren Mystiker jene Auffassungen Eckharts, die zur Beanstandung geführt hatten, abzuschwächen und namentlich den Unterschied von Gott und geschaffenen Wesen stärker zu betonen. Wie Eckhart forderten sie, Gott in der schweigenden Tiefe der Innerlichkeit zu suchen und die Seele freizumachen von allen Bindungen an Willensziele und Vorstellungsinhalte. Wie alle Mystiker folgten sie der Richtung der negativen Theologie und hielten eine positive Erkenntnis des göttlichen Wesens für unmöglich. In diesem Sinne forderte Tauler: «wenn ihr zueinander kommt, so sollt ihr reden von Gott und vom tugendlichen Leben und nicht disputieren von der Gottheit in anderer Weise nach der Vernunft...»[10] Und das Motiv der «Abgeschiedenheit» kommt klar bei Seuse zum Ausdruck, wenn er schreibt: «Halte dich abgeschieden von allen Menschen. Halte dich lauterlich von allen eingezogenen Bildern. Befreie dich von allem, das Zufall, Anhaftung und Kummer bringen mag. Und richte dein Gemüt zu allen Zeiten auf ein tugendliches, göttliches Schauen ... Und was andere Übung ist, es sei Armut, Fasten, Wachen und alle andere Kasteiung, die richte nach diesem als auf ihr Ziel, und hab ihrer so viel, als dich hierzu fördern mag.»[11]

Der Geist Eckhartscher Mystik, allerdings ohne deren spekulativen Tiefgang und mit stärkerer praktischer Ausrichtung, ist auch in der «Nachfolge Christi» zu spüren, die um die Mitte des 15. Jahrhunderts entstanden ist und Thomas von Kempen (eigentlich Thomas Hemerken) zugeschrieben wird. Aus derselben Zeit stammt die «Deutsche Theologia», deren Verfasser unbekannt ist und die von Luther veröffentlicht wurde. Auch sie ist der negativen Theologie verpflichtet – «Das Vollkommene ... ist allen Kreaturen aus eigenem Vermögen unbegreiflich», wie es im ersten Kapitel heißt –, und sie enthält ebenfalls die Forderung, die Selbstheit (oder Ichheit), die Kreatürlichkeit, die Eigen- wie die Weltliebe aufzugeben, um frei zu werden für die Einwirkung Gottes. Alles Geschöpfliche ist nichtig, unabhängig von Gott gibt es kein wahres Wesen; daher soll die Seele abgeschieden sein von allen Kreaturen, ja von sich selber. «Je mehr Selbheit und Ichheit ..., je mehr Sünde und Bosheit. Und je weniger eigenen Willens und eigener Liebe, je weniger Sünde.»[12] Der Mensch soll nichts wollen, denn das Eine, das da ist.[13]

Die Motive dieser Mystik finden sich zusammengefaßt im 60. Kapitel, wo es heißt: «Wenn der Mensch schmecket das Vollkommene, so viel möglich ist, so werden alle geschaffenen Ding dem Menschen zunichte, und auch der Mensch selber. Und so man in der Wahrheit erkennt, daß das Vollkommene allein alles ist und überall, so folget notwendig daraus, daß man demselben Vollkommenen allein zuerkennen und zurechnen muß alles Gut, und keiner Kreatur, nämlich Wesen, Leben, Erkenntnis, Wissen, Vermögen und dergleichen. Und daraus folget, daß der Mensch sich nichts annimmt oder anmaßet, weder Lebens noch Wesens, Vergnügens, Wissens, Tuns und Lassens, noch alles des, das man Gut nennen mag. Und also wird der Mensch ganz arm, wird auch an ihm selber zunichte, und in ihm und mit ihm alles, was etwas ist, das ist, die geschaffenen Dinge. Allda erhebet sich allererst ein inwendig Leben, und dann wird hinfort Gott selbst der Mensch, also daß da nichts mehr ist, das nicht Gott oder Gottes ist, und da ist auch nichts, das sich etwas annehme oder anmaße. So geschieht's denn, daß Gott daselbst allein ist, lebet, erkennt, vermag, liebet, will, tut und lässet.»

Die spätmittelalterliche Mystik darf als Ausdruck eines religiösen Bedürfnisses verstanden werden, das in den herkömmlichen Formen des religiösen Lebens immer weniger Befriedigung fand und zu einer der Kräfte wurde, die später in der Reformation zur Wirkung gelangten. (Zur Mystik in der Zeit der Humanismus, bei Luther und in der Reformationszeit siehe Teil III, Kapitel II, 3–4.)

Dritter Teil

PHILOSOPHIE UND WISSENSCHAFT AN DER SCHWELLE DER NEUZEIT[1]

I.
Philosophie und Wissenschaft in der Renaissance

> O Jahrhundert, o Wissenschaft,
> es ist eine Lust zu leben!
> Die Wissenschaften blühen,
> die Geister regen sich!
> *(Ulrich von Hutten)*

1. Wiedergeburt der Antike oder Geburt einer neuen Weltauffassung?

a) Das philosophische Denken der Renaissance

Die Bezeichnung «Renaissance» weist auf Bemühungen im ausgehenden Mittelalter hin, eine Wiedergeburt der antiken Kultur herbeizuführen und damit zugleich das mittelalterliche Denken zu überwinden. In der Malerei, der Architektur, der Literatur und der Musik ist die Tendenz, sich an antiken Vorbildern (oder dem, was man dafür hielt) zu orientieren, in der Tat unübersehbar; in der Philosophie findet sich diese Tendenz ebenfalls: Man versuchte, die christliche Deutung des Aristotelismus und Platonismus rückgängig zu machen, man griff auf das Denken der Stoa zurück und suchte, wenn auch mit einiger Verzögerung, die epikureische Philosophie wieder zur Geltung zu bringen; deutlicher jedoch als in anderen Bereichen der Kultur stellt sich in der Philosophie der vorgebliche Rückgang zum Alten als Schritt zu neuen, noch unbegangenen Wegen dar. Selbst wenn man die Renaissance in erster Linie durch das Bemühen um Wiederbelebung antiker Ideen charakterisiert sehen wollte, ist zu bedenken, daß ein solches Bemühen nicht erst im ausgehenden Mittelalter einsetzte; auch früher schon wurde versucht, an die Antike anzuknüpfen, wie sich zum Beispiel in der karolingischen Renaissance zeigt (siehe oben Teil II, Kap. II, 1). Freilich erfolgte die Rückwendung zu antiken Ideen im früheren Mittelalter unter anderen Vorzeichen, weil sie darauf gerichtet war, theologische Lehren durch Zurückführung auf antike Auffassungen zu stützen. Dazu kommt, daß erst im ausgehenden Mittelalter die Auseinandersetzung mit der Antike auf eine hinreichend breite Textgrundlage gestellt wurde. Die Humanisten suchten systematisch nach verschollenen Werken der alten Philosophie und Dichtung, während man sich vorher auf einige wenige Texte beschränkt hatte.

Wenn von «Renaissance» gesprochen wird, ist also zu bedenken, daß nicht so sehr die Wiedergeburt antiken Geistes, die programmatisch gefordert wurde, im Vordergrund steht, als vielmehr – unter dem Deckmantel der Wiederentdeckung der Antike – die Überwindung des mittelalterlichen Denkens zugunsten eines neuen Weltbildes. Das gilt auch für den Versuch, an den genuinen Platonismus anzuknüpfen, wobei das, was man für die Philosophie Platos hielt, großenteils neuplatonistisches Denken war. Eine wichtige Rolle spielte die Platonische Akademie in Florenz, unter deren Mitgliedern vor allem Marsilio Ficino zu erwähnen ist. (Er, wie auch der der Akademie nahestehende Giovanni Pico della Mirandola, werden unten, Abschn. 2 a, behandelt.) Hier wirkten sich die Kontakte mit Ostrom aus, die sich im Zusammenhang mit den Bemühungen um die Wiedervereinigung von Ost- und Westkirche ergaben. Georgios Gemistos Plethon (gest. 1452), der am Unionskonzil von Florenz 1438/39 teilgenommen hatte, belebte das Interesse am Platonismus und gab den Anstoß zur Gründung der Platonischen Akademie durch Cosimo de' Medici. In ähnlichem Sinne wirkte Johannes Bessarion, der mit seiner reichhaltigen Bibliothek nach Italien übersiedelte und 1472 in Ravenna starb.

Auch der Aristotelismus fand Vertreter, die hinter die christliche Aristoteles-Deutung der Hochscholastik zurückzugehen trachteten. Hier ist in erster Linie Pietro Pomponazzi (Petrus Pomponatius, gest. 1525) zu nennen, der in Padua und Bologna lehrte und in seiner «Abhandlung über die Unsterblichkeit der Seele» («Tractatus de immortalitate animae», 1516)[2] die Auffassung vertrat, daß sich die Seele nicht als Substanz betrachten lasse, die vom Körper abtrennbar sei und deren Unsterblichkeit sich beweisen lasse. Der Aristotelismus wirkte im übrigen auch über den Philosophie-Unterricht an den Hochschulen weiter, der im großen und ganzen der aristotelischen Tradition verpflichtet war. Da viele Humanisten als Lehrer der Rhetorik an den Universitäten tätig waren, konnten sie sich dem Einfluß dieser Tradition nicht ganz entziehen, selbst wenn sie gegen den Aristotelismus polemisierten. Ihre Abhängigkeit von dieser Tradition zeigt sich oft schon in der Terminologie, die weitgehend aristotelisch war.[3] Die Aristotelische Philosophie, die nun anhand der griechischen Werke des Stagiriten studiert werden konnte, wurde allerdings in der Renaissance vielfach neu gedeutet, wobei zum Teil wieder die Tendenz einer Annäherung zwischen Aristotelismus und Platonismus wirksam wurde.[4] Eine gewisse Rolle spielte die anti-scholastische Tendenz auch bei der Wiederaufnahme skeptischer Ideen an der Schwelle der Neuzeit. Auch Gedanken der Stoa wurden aufgegriffen, wie das Beispiel von Justus Lipsius (gest. 1606) zeigt. Auch das geschah mit der Absicht, den Einfluß der aristotelischen Scholastik zurückzudrängen.

Erst später wurde die Atomistik der Epikureer zur Geltung gebracht. Dies erklärt sich aus dem Umstand, daß beim Epikureismus wegen seiner ausgeprägt materialistischen und eudämonistischen Tendenzen der Gegensatz zur christlichen Weltanschauung besonders groß war, was sich schon in der ausgehenden Antike gegen diese Richtung ausgewirkt hatte. Obwohl schon im 15. und 16. Jahrhundert da und dort epikureische Gedanken auftauchten, wurde der Epikureismus erst im 17. Jahrhundert ausdrücklich vertreten, weshalb auf diese Richtung der frühneuzeitlichen Philosophie erst in Band II eingegangen wird. (Vgl. dort die Ausführungen zu Pierre Gassendi, gest. 1655.) In der modernen Naturwissenschaft sollte die Atomtheorie, die man vor allem durch Lukrez kannte, eine wichtige Rolle spielen.

In der Rückschau stellt sich die Frage, ob die Renaissance nicht eher Durchbruch zu neuen Ideen und Methoden war denn Rückwendung zu traditionellen Denkweisen – sei es der Antike, sei es des Mittelalters. Daß die gedankliche Bewegung, die sich als Wiedergeburt antiker Ideen verstand und die auch tatsächlich in vielfacher Hinsicht an Denkweisen des Altertums anknüpfte, zugleich ein Schritt zu neuen Auffassungen war, zeigt sich besonders deutlich, wenn man auf die Rolle pythagoreisch-platonischer Vorstellungen im ausgehenden Mittelalter und in der frühen Neuzeit achtet. Der Gedanke, daß die Welt der Dinge wesentlich durch mathematische Beziehungen bestimmt sei, trat zunächst in spekulativer Gestalt auf; er bereitete aber dem naturwissenschaftlichen Denken den Weg, für das nur als real gilt, was in der Sprache der Mathematik ausgedrückt werden kann. Bei Galilei erhält die auf die Pythagoreer und Plato zurückgehende Ansicht, daß das Buch der Natur in mathematischer Sprache geschrieben und daß seine Schriftzeichen Dreiecke, Kreise und andere geometrische Gebilde seien, endgültig eine naturwissenschaftliche Bedeutung. Obwohl die Metapher durchaus traditionell ist, wird hier besonders deutlich, daß an der Wende vom Mittelalter zur Neuzeit nicht so sehr auf Vorstellungen des Altertums zurückgegriffen, als vielmehr eine neue Wirklichkeitsauffassung in antiker Einkleidung zur Geltung gebracht wurde. Während Galilei dem Wortlaut nach an platonistische Äußerungen anknüpfte, ging es doch in Wirklichkeit um etwas Neues: Er und die Vertreter der modernen Naturwissenschaft im allgemeinen wollten nicht sagen, daß die Dinge aus einfachen geometrischen Formen aufgebaut seien, wie z. B. Plato im «Timäus» angenommen hatte, wenn er Dreiecke als elementare Strukturen der Wirklichkeit betrachtete, sondern sie wollten mathematisch formulierte Naturgesetze finden. Man denke an Galileis Fallgesetz, das besagt, daß die Fallgeschwindigkeit dem Quadrat der Fallzeit proportional ist ($v = g/2 \cdot t^2$) oder an das dritte Keplersche Gesetz, nach dem sich die Quadrate der Umlaufzeiten von Planeten so verhalten wie die Kuben der großen Halbachsen ihrer Bahnen ($U_1^2 : U_2^2 = a_1^3 : a_2^3$). Die Mathematisierung betrifft in der neuen Physik nicht mehr, wie in der Antike, die Gestalt der Dinge, sondern die Form ihres gesetzmäßigen – insbesondere ihres kausalgesetzlichen – Zusammenhangs. Demgemäß sucht die neuzeitliche Naturwissenschaft Vorgänge durch Unterordnung unter (vor allem kausale) Gesetzmäßigkeiten, nicht mehr durch Einordnung in ein System von Formen zu erklären.

Was anhand dieses Beispiels deutlich wird, gilt allgemein. Obwohl das Denken der Humanisten und der Renaissance-Philosophen an antike und teilweise auch an mittelalterliche Ideen anknüpfte, schlug es doch neue Wege ein. Fragen in bezug auf die Natur, einschließlich der Natur des Menschen, traten in den Vordergrund; jenseitsbezogene Probleme wurden dagegen immer konsequenter ausgeklammert. Diese Tendenz kam auch, ja mit besonderer Deutlichkeit, in der Methodologie zum Ausdruck.

Nach und nach kam es zu einer Verlagerung des Interessenschwerpunkts vom geistes- auf den naturwissenschaftlichen Bereich. Hatten im 14. und 15. Jahrhundert philologisch-historische Interessen im Mittelpunkt des Interesses gestanden, so wendete sich im 16. Jahrhundert die Aufmerksamkeit verstärkt Fragen der Naturerkenntnis und der Naturbeherrschung zu. Als an die Stelle der für das Denken der Renaissance charakteristischen Spekulationen Beobachtung, Experiment und Erklärung mit Hilfe mathematisch formulierter Naturgesetze traten, erfolgte der Übergang zur modernen Naturwissenschaft, zu der die Renaissance zwar nicht vorgestoßen ist, die sie aber durch ihre allgemeine Interessenrichtung vorbereiten half.

Nicht minder wichtig, ja vom Standpunkt der vorliegenden Darstellung aus besonders bemerkenswert sind die neuen Auffassungen in der Erkenntnislehre. Wenn bereits im 15. Jahrhundert der Gedanke auftauchte, daß die Gegenstände der Erfahrung mathematische Form haben, diese Form aber vom erkennenden Subjekt geschaffen wird, kündigt sich jene moderne Auffassung an, die im Denken Kants einen ersten Höhepunkt erreichen sollte. Nach dieser Auffassung, die sich erstmals bei Nikolaus von Kues ankündigte, besteht das Erkennen nicht im Abbilden vorgefundener Gegenstände, sondern was wir als Gegenstand erkennen, gilt als Ergebnis von Deutungen, die das Subjekt auf Grund der ihm eigenen Denkformen vornimmt. Die Dinge, auf die wir uns im Erkennen beziehen, existieren daher als erkannte nicht unabhängig vom Subjekt; was immer wir erkennen, wird erst von uns, kraft der Spontaneität des menschlichen Geistes, zu einem Gegenstand der Erkenntnis gemacht. Mit dieser Auffassung kündigt sich einer der entscheidenden Schritte auf dem gesamten Weg der Philosophie an – der Schritt, durch den der Übergang zum typisch modernen Denken erfolgt.

b) Die Hinwendung zu den Humaniora[5]

Der Ausdruck «Humanismus» weist auf eine tiefgreifende Änderung der Interessenrichtung im ausgehenden Mittelalter und in der frühen Neuzeit hin: Nicht mehr Fragen der Theologie und einer theologischen Metaphysik, auch nicht Fragen der Logik oder Erkenntnistheorie galt nun in erster Linie die Aufmerksamkeit, sondern den «studia humanitatis», d. h. den Wissenschaften vom Menschen, seiner Kultur und seiner Geschichte, also Politik, Ethik, Historie, Philologie, Rhetorik. Die Abhängigkeit des Menschen von Gott wird zwar nicht geleugnet, ja die Macht, über die der Mensch verfügt und die vermehrt werden soll, gilt als Entsprechung der göttlichen Schöpfermacht, wenn sie auch nicht wie diese absolut, sondern notwendig beschränkt ist; aber unübersehbar bahnt sich eine Akzentverschiebung zugunsten des menschlichen Bereichs an, die auch in der bildenden Kunst und der Dichtung der Zeit sichtbar wird. Da der Name «Humanismus» auf die Bemühungen im Bereich der «humanae litterae» bezogen zu werden pflegt, fällt die systematische Philosophie einschließlich der in der Epoche besonders wichtigen Naturphilosophie aus dem Bereich der Humaniora heraus. Deshalb spricht man von «Renaissance-Philosophie», aber kaum von «humanistischer Philosophie»: Die humanistischen Studien betrafen in erster Linie jene Einzelwissenschaften, die den Menschen als geschichtliches, in Gemeinschaft mit anderen lebendes Wesen zum Thema hatten, nicht eigentlich die allgemeinen Fragen nach Gott, der Welt, dem Wesen der Wirklichkeit im allgemeinen und des menschlichen Geistes im besonderen. Es liegt auf der Hand, daß die humanistischen Studien in vielen Fällen nicht philosophischen Charakter haben. Sofern das der Fall ist, sind sie im vorliegenden Zusammenhang nicht zu berücksichtigen; Bedeutung für die Philosophie haben vor allem ethische und politische Auffassungen.

Angesichts der Veränderungen im politischen und sozialen Gefüge, angesichts des Aufkommens des Frühkapitalismus, der den Einfluß des Bürgertums stärkte, aber keineswegs die feudalen Verhältnisse beseitigte, angesichts der schlechten Lage der Bauern, die schon im Spätmittelalter Unruhen auslöste, verbreitete sich das Gefühl, daß die Theorien der Schulphilosophie nicht dazu angetan seien, einen Beitrag zur Lösung der aktuellen Probleme zu leisten. Tatsächlich hatte die christliche Philosophie des Mittelalters den Menschen in erster Linie auf das Jenseits verwiesen, während nun die Aufgaben des Diesseits in den Vordergrund traten. Daher richtete sich die Aufmerksamkeit nicht mehr so sehr auf metaphysische Probleme, als vielmehr auf Probleme der Geschichte, der Politik, des Rechts, der Moral. Die Naturphilosophie, die in der Renaissance eine wichtige Rolle spielte, war für die Humanisten von geringem Interesse.

Die Wiege des Humanismus war Italien, wo schon im 14. Jahrhundert der Lyriker, Gelehrte und Moralphilosoph, Gegner der Scholastik und Kritiker des Aristotelismus Francesco Petrarca (gest. 1374) überzeugt war, an der Schwelle eines neuen Zeitalters zu stehen,[6] das durch die Erneuerung des Geistes der römischen Antike gekennzeichnet sein sollte. Im republikanischen Rom sah er das Vorbild auch für die Verhältnisse seiner Zeit. Literarisch orientierte er sich an Cicero, Seneca und Vergil, philosophisch galt ihm Plato als maßgebliche Autorität, doch über alle Philosophie stellte er den christlichen Glauben. Dabei haben seine Auffassungen deutlich subjektiven Charakter und weisen in dieser Hinsicht auf die neue Zeit voraus. Im Mittelpunkt seines Denkens stand der Mensch, und Ausgangspunkt seiner Überlegungen ist vielfach der Mensch Petrarca. Im 15. Jahrhundert brachte Lorenzo Valla[7] den Geist philologisch-historischer Kritik zur Geltung – berühmt ist sein Nachweis, daß die sogenannte Konstantinische Schenkung eine Fälschung ist – und setzte sich mit moralphilosophischen Fragen – z. B. mit dem Problem, ob der menschliche Wille angesichts der göttlichen Vorsehung frei sein könne, oder mit der Frage nach dem höchsten Gut – auseinander, die er durchaus im christlichen Sinne beantwortete. Aufmerksamkeit schenkte er auch den Bemühungen um eine Reform der Logik im Interesse der Rhetorik. Im 16. Jahrhundert bekämpfte Marius Nizolius unter Berufung auf das Denken des Altertums die aristotelische Scholastik.

Den Humanismus nördlich der Alpen repräsentieren unter anderem Rudolf Agricola (gest. 1485), der Verkünder eines humanistischen Bildungs- und Lebensideals, Johann Reuchlin (gest. 1522), der dem Ideal kritischer historisch-philologischer Forschung verpflichtet war, und Desiderius Erasmus von Rotterdam (gest. 1536), dessen universale Gelehrsamkeit wohl von keinem Zeitgenossen übertroffen wurde. Als Zeitkritiker geißelte er im «Lob der Narrheit» die Schwächen der damaligen Kultur, der er das Ideal einer auf christlichen und antiken Grundlagen beruhenden Bildung gegenüberstellte. Dem allgemeinen Anliegen der Reformation brachte er Verständnis entgegen, Luthers Bruch mit der katholischen Kirche konnte er aber nicht billigen. Dagegen schloß sich Philipp Melanchthon (gest. 1565) entschieden der Reformation an, deren Grundgedanken er – anders als der philosophiefeindliche Luther – mit dem Aristotelismus zu verbinden trachtete. Ihm, der als «Lehrer Deutschlands» («praeceptor Germaniae») galt, ist es neben Luther zu verdanken, daß Wittenberg zum geistigen Mittelpunkt des protestantischen Deutschlands wurde. Reuchlins Eintreten zugunsten der Juden, denen nach Ansicht des Konvertiten Pfefferkorn ihre Bücher weggenommen werden sollten, war Anlaß eines erbitterten Streits, in dessen Verlauf auch die satirischen «Dunkelmännerbriefe» (von Crotus Rubeanus und Ulrich von Hutten) als Waffe gegen die auf der Seite Pfefferkorns stehenden Kölner Theologen eingesetzt wurden.

In Frankreich wirkte Pierre de la Ramée (Petrus Ramus, ermordet 1572 als Opfer der Bartholomäusnacht) im Geist des Humanismus. Er forderte, eine von der aristotelischen verschiedene Logik anzuwenden, die nicht nur die Ableitung von Urteilen aus anderen, sondern die Auffindung neuer Erkenntnisse lehren sollte. Die Erfindungskunst läßt sich, wie er sah, nicht auf Regeln bringen, sondern sie kann nur durch Übung erworben werden. Aus Spanien stammten die Humanisten Ludovico Vives (gest. 1540), der sich einerseits an Aristoteles orientierte, andererseits die aristotelische Scholastik kritisierte, Miguel Servet (gest. 1553), der mehrere kirchliche Dogmen in Frage stellte und auf der Flucht vor der Inquisition nach Calvins Genf kam, wo er als Ketzer verbrannt wurde, sowie Baltasar Gracián (gest. 1658), dessen Regeln der Lebensklugheit noch Schopenhauer so nachhaltig beeindruckten, daß er Graciáns «Handorakel» ins Deutsche übersetzte. In der Rechts- und Staatslehre vertrat Machiavelli die Auffassung, daß die Maßnahmen der Fürsten nicht mehr den Normen der christlichen Moral zu unterwerfen seien, und Bodin entwickelte eine Staatsauffassung, die auf dem modernen Begriff der Souveränität beruht. (Vgl. unten Kap. IV, 1)

Die Zeit der Renaissance ist durch eine Mannigfaltigkeit von Ideen und Tendenzen geprägt, die es kaum möglich erscheinen läßt, einen gemeinsamen Nenner der für die Epoche charakteristischen Ansätze zu finden. Eben dadurch erweist sich diese Zeit als Epoche, in der etwas Neues zu entstehen beginnt, ohne daß es inhaltlich bereits bestimmte Gestalt angenommen hätte. Verglichen mit den philosophischen Systemen des 17. Jahrhunderts, stellt sich das philosophische Denken der Renaissance eher als Erproben von Denkmöglichkeiten, die nicht in reifer Form verwirklicht wurden, dar, somit mehr als Suchen nach neuen Wegen denn als Finden.

c) Die Philosophie im Verhältnis zu Religion und Kirche

Im 14. und 15. Jahrhundert machte sich in verschiedenen Bereichen – der Gesellschaft, der Wirtschaft, der Politik, der Kunst und der Philosophie – ein Wandel bemerkbar, der als Auflösung übergeordneter traditioneller Strukturen zugunsten autonomer besonderer Kräfte beschrieben werden kann: So wie sich territoriale politische Gebilde gegenüber der durch den Kaiser repräsentierten Einheit des Abendlandes verselbständigten, und so wie die Bürger, vor allem in den wirtschaftlichen Zentren, ein neues Selbstbewußtsein entwickelten, so zeigt sich auch ein Erstarken der kulturellen Kräfte, die sich von den traditionellen weltanschaulichen Bindungen zu lösen beginnen. Die Kirche, die sich im Hochmittelalter erfolgreich bemüht hatte, die Macht der deutschen Könige bzw. Kaiser einzuschränken, sah sich nun selbst in ihren Ansprüchen in Frage gestellt. Die jungen Nationalstaaten, die im westlichen Europa entstanden, machten ihre Rechte auch gegen die Kirche geltend. Vorübergehend gelang es Frankreich, das Papsttum in seine Abhängigkeit zu bringen und die Päpste zu veranlassen, ihren Sitz nach Avignon zu verlegen. Daß zeitweise zwei Päpste (einmal sogar drei) einander die Herrschaft streitig machten, wirft ein grelles Licht auf die äußere Lage der Kirche. Aber auch im Inneren war die Situation kritisch. Glaube und Moral waren nicht mehr selbstverständlich, selbst Papst und Kurie fühlten sich oft nicht mehr an ihre Normen gebunden. Das Beispiel des Borgia-Papstes Alexander VI. zeigt besonders deutlich die Auflösung der herkömmlichen Wertordnung. Das Bedürfnis nach Glauben und religiöser Sittlichkeit war jedoch in weiten Kreisen des Volkes höchst lebendig. Das kam in Reformbemühungen zum Ausdruck, die der echten Religiosität in allen Lebensbereichen wieder Geltung verschaffen sollten. Das Auftreten Savonarolas in Florenz war ein Protest gegen die Auswüchse der Renaissance-Kirche; die theologisch motivierten Reformideen eines Johannes Hus (gest. 1415) in Böhmen, der an Vorstellungen Wyclifs (gest. 1384) anknüpfte, ließen bereits die tiefgreifenden Veränderungen ahnen, die schließlich die Reformation herbeiführen sollten. Wo nicht der Weg über äußere Reformen erstrebt wurde, wendete sich das religiöse Bedürfnis zur mystischen Gotteserfahrung in der Innerlichkeit des vermeintlich jenseits aller

Begriffe und allen diskursiven Denkens liegenden Seelengrundes. Die Mystik war jedoch eine Einstellung der wenigen oder kleiner Zirkel, wie z.B. der Anhänger der *Devotio moderna*, die sich von der rationalen Methode der Scholastik ab- und einer im täglichen Leben praktizierten Mystik zuwandten. Ausdruck dieser Einstellung ist die Thomas von Kempen zugeschriebene «Nachfolge Christi» (Siehe Teil II, Kap. V, 5).

Die Tendenz zur Verselbständigung äußerte sich auch in der Philosophie, die in dieser Zeit nicht mehr nur innerhalb der Kirche gepflegt wurde, sondern unabhängig von ihr und manchmal auch schon gegen sie. Im 16. Jahrhundert bewirkte die Reformation eine weitere Auflösung des einheitlichen weltanschaulichen Rahmens, auf den die Philosophie so lange festgelegt war. Zwar war die Philosophie auch im Hochmittelalter keineswegs monolithisch gewesen, da es auch innerhalb der Scholastik verschiedene Strömungen gab, ganz zu schweigen von den mystischen Anschauungen, die der Scholastik gegenübertraten; aber das hochmittelalterliche Denken entwickelte sich doch auf einer einheitlichen Grundlage, so daß ein weitgehend geschlossenes Weltbild entstand, das gewisse philosophische Positionen, namentlich materialistische, hedonistische und radikal-skeptische Auffassungen, nicht aufkommen ließ. Im ausgehenden Mittelalter und in der frühen Neuzeit wurde diese Einheitlichkeit zugunsten einer bisher ungeahnten Mannigfaltigkeit philosophischer Auffassungen preisgegeben. Philosophische Richtungen, die jahrhundertelang zurückgedrängt worden waren, fanden wieder Beachtung, und damit eröffnete sich für den einzelnen die Möglichkeit, zwischen einer Mehrheit philosophischer Standpunkte zu wählen. Die Relativierung philosophischer Erkenntnisansprüche, die in der Zeit des Humanismus da und dort zu bemerken ist, konnte sogar zu einem Relativismus führen, der unter dem Titel des Skeptizismus die traditionellen Fixpunkte weltanschaulicher Orientierung in Frage stellte.

d) Das Verhältnis zur Scholastik

Obwohl sich der Humanismus keineswegs vollständig von der Tradition des scholastischen Aristotelismus löste,[8] ging das Denken in der Zeit der Renaissance doch eigene Wege, und dies wird um so deutlicher, je weiter man über den Kreis der italienischen Humanisten hinausblickt und (wie es gelegentlich geschieht) auch Francis Bacon und Galilei noch der Renaissance zuzählt. Die sich anbahnende Neuorientierung zeigt sich in einer wichtigen Verschiebung des Schwerpunkts der metaphysischen Auffassungen: Hatten in der scholastischen Philosophie der Gottesbegriff und das Problem des Verhältnisses von Gott und Schöpfung im Mittelpunkt des philosophischen Denkens gestanden, so fiel in der Renaissance die Rolle des Schlüsselbegriffs der Idee der Natur zu. Die Natur galt zwar vielfach noch als göttlich oder als Offenbarung Gottes, aber nach und nach kam immer stärker die Auffassung zur Geltung, daß die Natur unabhängig von ihrer möglichen Beziehung zu

Gott zu betrachten sei. Für die Vertreter der modernen Naturwissenschaft ist die Natur ein Wirklichkeitsbereich, der als solcher – und nicht wegen seiner Abhängigkeit von Gott – zu erforschen ist. Entsprechend der Idee einer autonomen Natur tritt auch die Naturwissenschaft mit dem Anspruch auf, autonom zu sein.

Diese Tendenz verband sich mit der Neigung, die aristotelische Scholastik zu kritisieren. Die Schulphilosophie sah sich immer stärker in Frage gestellt, ihre Denkweise galt als unfruchtbar, ja als fortschrittsfeindlich. Namentlich wurde der Logik, in deren Mittelpunkt die Syllogistik stand, Sterilität vorgeworfen, da, wie man betonte, durch Unterordnung des Besonderen unter Art- und Gattungsbegriffe neue Erkenntnisse nicht gewonnen werden könnten. Demgegenüber forderte man eine inventive Logik, von der man sich weitere Erkenntnisfortschritte erhoffte. Der Erkenntnisoptimismus, der damals das Denken vieler Gelehrten bestimmte, fand Ausdruck in Ulrich von Huttens Worten aus dem Jahre 1518, die diesem Kapitel als Motto vorangestellt sind.

Charakteristisch für die Epoche ist die Zurückdrängung des Vorrangs der rein theoretischen Spekulation zugunsten einer Haltung, bei der es vor allem um vernünftige Gestaltung des individuellen wie des gesellschaftlichen Lebens geht. Mit der Hinwendung zum praxisbezogenen Denken hat auch die Ablehnung des logischen und ontologischen Formalismus der scholastischen Philosophie zu tun. In diesem Sinne gaben die Humanisten dem Ausdruck «Scholastik» die heute noch mitschwingende negative Bedeutung einer sich in fruchtlosen Abstraktionen und haarspalterischen Distinktionen verlierenden Philosophie. Für die neue Einstellung ist typisch, daß die etablierten Autoritäten nicht mehr anerkannt und Autoritätsbeweise angefochten wurden. Während für Thomas von Aquin Aristoteles noch «der Philosoph» schlechthin war, so überwiegt nun die Ablehnung des Aristotelismus, namentlich des christlich gefärbten Aristotelismus der Hoch- und Spätscholastik. Die Orientierung an Autoritäten gilt nunmehr als anrüchig.

Ein zwar äußerlicher, aber nicht unwichtiger Unterschied gegenüber der mittelalterlichen Philosophie und Wissenschaft besteht darin, daß die Philosophie der Renaissance nicht mehr nur eine Angelegenheit der Hochschulen war wie in der Zeit der Scholastik. Aber auch im Bereich der Universitäten kam es zu einer Differenzierung: Neben den wenigen alten Zentren der mittelalterlichen Philosophie entstand eine Reihe neuer Universitäten als kulturelle Mittelpunkte der erstarkenden Einzelterritorien, wie ganz allgemein die Fürsten oder die Signori der italienischen Stadtstaaten als Förderer der humanistischen Bestrebungen wirkten. Besonders seit der Reformation erschien es den Landesherren wichtig, auf die Hochschulbildung unmittelbaren Einfluß ausüben zu können.

Die scholastische Philosophie erlosch keineswegs sogleich; neben den Strömungen der Renaissance-Philosophie gab es eine immer noch einflußreiche Scholastik, die an den traditionellen Zentren Paris, Oxford, Padua,

Bologna gepflegt wurde und in der skotistische und ockhamistische Strömungen mit starkem Interesse an logischen und physikalischen Fragen überwogen. Noch an der Wende vom 16. zum 17. Jahrhundert hatte die Scholastik einen so bedeutenden Vertreter wie den spanischen Jesuiten Francisco Suárez (1548–1617). Auch in Deutschland fand die scholastische Tradition Fortsetzer, so daß noch der junge Leibniz von ihr beeinflußt wurde.

2. Platonismus und Aristotelismus

Daß ich erkenne, was die Welt
Im Innersten zusammenhält,
Schau' alle Wirkenskraft und Samen,
Und tu' nicht mehr in Worten kramen.
(Goethe, Faust I)

a) Der Renaissance-Platonismus

Besondere Beachtung verlangt die platonistische Strömung der Renaissance-Philosophie,[9] wie sie zunächst von Marsilio Ficino (1433–1499)[10] repräsentiert wurde, der Mitbegründer der Platonischen Akademie in Florenz[11] – eines losen Zusammenschlusses von Gelehrten – war. Er übersetzte Plato, Plotin, Jamblich und andere neuplatonische Autoren sowie die damals hochgeschätzten, weil in die Zeit des Moses zurückverlegten hermetischen Schriften. Seine eigene Philosophie läßt sich vor allem der «Platonischen Theologie» (mit dem Untertitel «Über die Unsterblichkeit der Seele») und dem in Dialogform gehaltenen Kommentar zum «Platonischen Gastmahl»[12] entnehmen.

In Ficinos Denken waren religiöse Motive wirksam: Die Philosophie soll seiner Ansicht nach fromme Philosophie bzw. gelehrte Religiosität sein. Die so verstandene Philosophie faßte er als Offenbarung des Logos auf, der sich in der Bibel ebenso wie bei den von Ficino anerkannten Philosophen – namentlich den Pythagoreern, Plato und den Platonikern – äußern soll. Die Wahrheit erfaßt der Mensch allerdings nur dank der Erleuchtung durch das göttliche Licht, so wie das Auge nur sieht, wenn die Sonne die Dinge beleuchtet. Wenn die von Gott erfüllte Seele sich zu Gott zu erheben trachtet, dann ist das nur unter der Bedingung möglich, daß die Kraft des Göttlichen in ihr wirksam ist.

Gott wird begriffen als das absolute Eine, Wahre und Gute, wobei Einheit, Wahrheit und Güte identifiziert werden. Gott ist nicht nur Intellekt, der unendlich viele Wahrheiten erkennt, sondern auch auf das Gute gerichteter Wille bzw. Liebe. Gott als das Gute an sich erschafft zuerst den Engelsgeist, darauf die Weltseele und zuletzt den Körper des Weltalls, indem er in allen drei Fällen etwas Formloses bzw. Chaotisches gestaltet.[13] Zu der Annahme eines dreifachen Chaos gelangte Ficino unter dem Eindruck von Platos Lehre vom Demiurgen, der eine chaotische Materie gestaltet, in Verbindung mit Plotins Gliederung der Wirklichkeit in Geist, (Welt-) Seele und Welt. An die Stelle des (göttlichen) Geistes tritt bei Ficino der Engelsgeist als Bereich der Ideen, und anstatt von der Emanation der Wirklichkeit aus dem Einen spricht er von Schöpfung. Gott erleuchtet die von ihm geschaffene Wirklichkeit unmittelbar oder mittelbar und ruft dadurch in ihr die Hinwendung zum Höheren, letztlich zum Göttlichen, hervor. Die Sehnsucht nach Gott ist die höchste Form der Liebe.

Die menschlichen Seelen gehen nach Ficino nicht, wie es neuplatonischer Auffassung entsprechen würde, aus der Weltseele hervor, sondern sie werden unmittelbar von Gott geschaffen.[14] Daher ist die individuelle Seele unsterblich. Sie ist ausgestattet mit dem natürlichen Licht und wird zugleich von Gott erleuchtet; dank diesem Licht strebt sie über die sinnliche Welt hinaus zum Himmel empor, und zwar nicht in erster Linie durch die Erkenntnis, sondern durch die Liebe.[15] Deutlich tritt bei Ficino der Platonische Gedanke zutage, daß das Ziel des Menschen darin bestehe, Gott ähnlich zu werden. Die Seele strebt nach Vergöttlichung, denn sie trachtet nach dem Ersten Wahren und dem Ersten Guten.[16] Die Liebe zu Gott, die Liebe zu den Dingen und die Selbstliebe hängen wesentlich zusammen: «Also werden wir zuerst Gott in den Dingen geliebt haben, um dann die Dinge in ihm zu lieben. Wir verehren die Dinge in Gott, um vor allem uns selbst wiederzugewinnen, und so haben wir in der Liebe zu Gott uns selbst geliebt.»[17]

Nachdrücklich betonte Ficino die Passivität der Materie und die Aktivität der Seele, die daher als spontanes Wesen nicht stofflich sein kann.[18] Gott wirkt nicht nur im Menschen, dessen Seele ein Tempel der Gottheit ist, sondern auch in den Dingen. Die Natur wird seiner Ansicht nach unter der Leitung der göttlichen Weisheit von der Weltseele kunstvoll gestaltet. Dabei ist nicht an eine äußerliche Gestaltung zu denken, bei der den Dingen eine Form aufgeprägt würde, sondern an einen innerlichen Prozeß, der noch die kleinsten Teilchen der Dinge erfaßt, so daß auch in ihnen Lebenskeime wirksam sind. Die Natur ist daher nach Ficino nicht nur als Ganzes, sondern in allen ihren Teilen beseelt. Das All ist nach Vollkommenheitsgraden hierarchisch geordnet: An der Spitze der Seinshierarchie steht Gott als das Eine/Gute; unter ihm stehen die Engel, ferner die Weltseele, die Gestirnsphären, die raum-zeitlichen Dinge und schließlich der formlose Stoff. Die menschliche Seele nimmt eine Mittelstellung zwischen dem höheren und dem niederen Wirklichkeitsbereich ein. Was wirklich ist, verdankt sein Sein dem Einen Göttlichen: «Die Funktion des Einen [Unius munus] erstreckt sich über das gesamte All; denn nicht nur der Geist ist einer, jegliche Seele eine und jeder Körper einer, sondern auch die erste Materie der Dinge, welche an sich formlos ist, und die Formlosigkeit selbst werden in gewissem Sinne als Einheit bezeichnet.»[19] Die Verhältnisse des Ganzen der Welt spiegeln sich im Menschen wider, der daher als eine Welt im kleinen, als Mikrokosmos, aufzufassen ist.

Im Rahmen dieses Weltbildes ist Platz für Astrologie, Alchemie und Magie: Wenn die Natur durchgängig beseelt ist, dann kann sinnvoll versucht werden, Naturvorgänge durch seelische Kräfte zu beeinflussen. Der Mensch ist nach Ficino grundsätzlich fähig, die von der Weltseele bzw. von den beseelten Gestirnen ausgehenden Kräfte zu lenken und mit ihrer Hilfe auf Dinge und ihre Eigenschaften einzuwirken. Die Natur erscheint als ein System lebendiger Kräfte, das sich nicht rein mechanistisch deuten läßt. Dies kommt daher, daß «Kraft» nicht als Produkt aus Masse und Beschleunigung aufgefaßt wird, sondern als etwas Quasi-Psychisches, so daß es sinnvoll ist, den Dingen Streben und Widerstreben, Liebe und Abneigung, Sympathie und Antipathie zuzuschreiben. Darum sind die Vorgänge in der Wirklichkeit nicht bloß physikalisch zu erklären, sondern spekulativ zu deuten, so wie sie nicht nur mit den Mitteln der Mechanik zu beeinflussen sind, sondern auch mit Hilfe von Magie.

Ein anderer bedeutender Vertreter des zeitgenössischen Platonismus ist Giovanni Pico della Mirandola, der erstaunlich früh eine umfassende humanistische Gelehrsamkeit erwarb und 1494, erst einunddreißigjährig, starb. Gestützt auf seine ausgedehnten philologischen und philosophischen Kenntnisse, formulierte Pico 900 Thesen aus griechischen, lateinischen, hebräischen und arabischen Autoren, die er in einer großen internationalen Disputation verteidigen wollte. Mehrere dieser Thesen wurden jedoch für häretisch erklärt, die Disputation wurde verboten und über ihren Urheber der Kirchenbann verhängt. Pico verfaßte eine Verteidigungsschrift und floh nach Frankreich, kehrte aber später nach Italien zurück, wo er in Verbindung mit der Platonischen Akademie trat. Ficino beeinflußte seine Auffassungen, aber er fühlte sich nicht als Platoniker – mit Recht, da er ein ausgesprochener Eklektiker war. Er berief sich auf die Bibel, die Kirchenväter, die Kabbala, die pythagoreisch-platonische Philosophie, auf die Mysterienreligionen, die chaldäische Weisheit und auf Magie, aber auch auf Albert den Großen, Thomas von Aquin, Johannes Duns Scotus und andere Scholastiker sowie auf die arabischen Platoniker. Mit besonderer Hochachtung erwähnte er Plato, Jamblich, Proklus und den Neuplatonismus im allgemeinen, immer mit der Absicht der «Sammlung der verschiedenen Schulen».[20] Zwischen Platonismus und Aristotelismus sah er keinen unüberbrückbaren Gegensatz.

Dem christlichen Dogma fühlte er sich nicht verpflichtet, war aber bereit, auch Auffassungen scholastischer Philosophen zu verteidigen. Gegen Ende seines Lebens wendete er sich unter Savonarolas Einfluß der Religion zu. Berühmt ist seine «Rede über die Würde des Menschen», die als Einleitung zu der erwähnten Thesen-Sammlung gedacht war, aber erst 1496 posthum veröffentlicht wurde. In dem Werk «Heptaplus» legte er eine siebenfache Deutung des Buches Genesis vor, und in den «Disputationen gegen die Astrologie» argumentierte er, daß die Gestirne nicht auf den menschlichen Geist wirken könnten, da sie materiell und daher vom Geist wesentlich verschiedenen seien.[21] Die Motive dieser Kritik waren nicht wissenschaftlich, sondern religiös bzw. ethisch.[22]

Ungeachtet seines Eklektizismus dominierten bei Pico platonistische Motive. Das zeigt sich deutlich, wenn er als Ziel des Menschen die Erhebung zu Gott auf dem Wege der Philosophie und der (rationalen) Theologie nennt. Er glaubte an die «Verbindung, die einmütige Freundschaft, durch welche alle Seelen in einem Geiste, der über allen Geistern ist, nicht nur übereinstimmen, sondern sogar im Grunde völlig eins werden».[23] Demgemäß betonte er auch die Einheit der Wirklichkeitsbereiche, nämlich der intelligiblen Welt, des Bereichs der Gestirne und der Welt unterhalb der Mond-Sphäre. Alle diese Bereiche hängen zusammen, da ihr Ursprung und ihr Zweck gleich sind. Die gesamte Wirklichkeit stellt sich zwar einerseits als Ordnung verschiedener Seinsstufen dar, andererseits aber hängt in ihr alles auf Grund wesentlicher Verwandtschaft zusammen. Was sich in den höheren Bereichen findet, kommt auch in den niederen vor, allerdings in veränderter und abgeschwächter Form. So wird das Feuer des seraphischen Geistes zunächst zum himmlischen Feuer, sodann zum irdischen Feuer, das brennt, während das himmlische Feuer Leben spendet und das überhimmlische Liebe ist. Der überhimmlische Wirklichkeitsbereich ist das unmittelbare Abbild Gottes und lenkt die neun Gestirnsphären, denen in der Welt der Dinge neun Ordnungen entsprechen, nämlich je drei Arten unbelebter Dinge, pflanzlicher und animalischer Lebewesen. Neben diesen drei «Welten» gibt es nach Pico eine vierte Welt, nämlich die des Menschen, der eine Welt im kleinen, ein Mikrokosmos ist. Auf Grund der Verbindung mit Gott und den Engeln hat der Mensch teil an der Vernunft, wegen seiner Zugehörigkeit zum animalischen Bereich ist er empfindungsfähig und mit den Pflanzen hat er die vegetativen Funktionen gemeinsam. Diese Auffassung der Wirklichkeit im allgemeinen bildet den Rahmen einer überwiegend platonistisch geprägten Naturphilosophie.

Platonistische Züge hat auch die Naturphilosophie Girolamo Cardanos (1501–1576). Obwohl der Arzt Cardano die Bedeutung der Empirie für die Erkenntnis der Wirklichkeit anerkannte, war er von der Bedeutung der Astrologie überzeugt und glaubte an das Wirken von Dämonen. Die Natur galt ihm als beseelt, und seelische Prinzipien sind überall dort am Werke, wo sich Einheit zeigt. Der Grund der Natur kann nicht mehr rational erkannt, sondern nur in der Ekstase erfaßt werden, so daß Gott als Prinzip aller Wesen für den Verstand unerreichbar ist; aber auch wenn sich jemand in ekstatischer Schau für Augenblicke zum Göttlichen zu erheben vermag, kann er nicht sagen, was Gott ist, wie Cardano in der Schrift «De subtilitate» (1580) ausführte.[24]

b) Nikolaus von Kues (Nicolaus Cusanus)

(1) Leben und Persönlichkeit

Nikolaus Cusanus nimmt in der Philosophie des ausgehenden Mittelalters bzw. innerhalb der platonistischen Richtung des Denkens einen besonderen Platz ein, weil sich bei ihm, deutlicher als bei seinen Zeitgenossen und auch noch bei manchen Späteren, bereits Züge des modernen Denkens ankündigen. Vor allem mit der Lehre vom schöpferischen Charakter des Denkens nahm er eine Auffassung vorweg, die in der Philosophie der Neuzeit eine entscheidende Rolle spielen sollte: Nikolaus von Kues sah bereits, daß die Tatsachen, die wir erkennen, uns nicht einfach gegeben sind, sondern von uns – d.h. von Denkformen des Subjekts – abhängen. Die Abwendung von der Tradition kommt bei ihm auch darin zum Ausdruck, daß er die Berufung auf Autoritäten für ungenügend, ja für gefährlich erklärte: Wer überkommenes Wissen aufnimmt, verzichtet auf die Ausübung jener Selbsttätigkeit, die zum Wesen des Geistes gehört. Trotz diesen modern anmutenden Zügen seines Denkens blieb Nikolaus von Kues selbst in manchem von älteren Auffassungen abhängig, vor allem von der neuplatonisch-mystischen Tradition mit ihrer Tendenz zum Pantheismus.

Nikolaus wurde 1401 in Kues an der Mosel geboren und bei den Brüdern vom gemeinsamen Leben in Deventer erzogen, bevor er in Heidelberg und Padua Jurisprudenz, aber auch Mathematik, Astronomie, Physik und Medizin studierte. Die theologischen Studien absolvierte er in Köln. 1426 zum Priester geweiht, wurde er, der Doktor des kanonischen Rechts war, Beisitzer beim Konzil von Basel. Ziel der Kirchenversammlung, die 1431 zusammentrat, war die Einleitung der nach den gescheiterten Anläufen von Pisa und Konstanz längst fälligen Reform der Kirche. Nikolaus betonte in der Schrift «Von der katholischen Übereinstimmung» («De concordantia catholica», 1433–1434) die Rechte des Konzils, ohne jedoch einen extremen Standpunkt einzunehmen. Bald danach wandte er sich von der Konzilspartei, die den Papst den Entscheidungen der Kirchenversammlung unterwerfen wollte, ab und der päpstlichen Partei zu. Die Anerkennung von seiten des Papstes blieb nicht aus: Er stieg zu höchsten kirchlichen Würden auf, wurde 1448 Kardinal und kurz danach Bischof von Brixen. In seinem Bistum sah er sich jedoch bald in unersprießliche Streitigkeiten und langwierige gewaltsame Auseinandersetzungen verwickelt. Er wurde belagert und gefangengenommen; schließlich mußte er Tirol verlassen (endgültig 1460).[25] Seine letzten Lebensjahre verbrachte er in Italien. 1464 starb er in Todi (Umbrien).

Bereits 1437 war er nach Konstantinopel gereist, um ein Konzil vorzubereiten, das die Wiedervereinigung von Ost- und Westkirche herbeiführen sollte, die 1439 tatsächlich, wenn auch nur vorübergehend, zustande kam. Auf der Rückreise hatte Nikolaus Cusanus ein Berufungserlebnis, in dem er sich seiner philosophischen Sendung bewußt wurde. Der erste Niederschlag seiner philosophischen Einsichten war die Schrift «Vom gelehrten Nichtwissen» («De docta ignorantia»). In der Folge suchte er seine Auffassungen in einer Reihe von Schriften immer klarer zum Ausdruck zu bringen.[26] Es gehört zum Erstaunlichsten im Leben des Cusanus, daß er viele seiner Werke unter Umständen schuf, die die Konzentration auf philosophische Fragen schier unmöglich zu machen scheinen; selbst während der Kämpfe in seinem Bistum widmete er sich intensiv der Philosophie.

(2) Wesen und Grenzen des Wissens

Die kritische Einstellung, die Nikolaus von Kues gegenüber dem Bildungswissen einnahm, ist typisch für die Epoche: Lediglich der Tradition entnommene Kenntnisse können seiner Ansicht nach nicht als echtes Wissen gelten. In diesem Sinne läßt Nikolaus in einem seiner Werke einen Laien zu einem Rhetor sagen: «Ich wundere mich über deinen Stolz, wie du dich in ständig fortgesetztem Lesen abplagst, unzählige Bücher zu verschlingen, und doch noch nicht zur Demut geführt bist; das kommt sicher daher, daß die Wissensbeherrschung dieser Welt, in der du dich vor anderen auszuzeichnen glaubst, vor Gott eine Torheit ist; deshalb bläht sie auf.»[27] Hier wird ein Bildungsideal zurückgewiesen, das auf den Erwerb möglichst vieler Kenntnisse gerichtet ist; die menschliche Vernunft findet im Streben nach diesem Ideal keine Befriedigung, weil sie wesentlich spontan ist und daher nur durch Wissen befriedigt werden kann, an dessen Erzeugung sie beteiligt ist. Nikolaus sah deutlich, daß wir im Erkennen nicht einfach Tatsachen vorfinden und sie so getreu wie möglich im Bewußtsein abzubilden haben, sondern daß die Erkenntnis stets eine Aktivität auf seiten des erkennenden Geistes einschließt. Dieser Gedanke steht bei ihm allerdings noch in einem theologischen Zusammenhang: Der menschliche Geist gilt als schöpferisches Vermögen, weil er als Abbild des schöpferischen göttlichen Geistes aufgefaßt wird. Da der menschliche Geist endlich ist, kann ihm nur eine beschränkte Schöpferkraft zukommen; er ist auf Inhalte angewiesen, die ihm gegeben werden, und seine schöpferische Leistung beschränkt sich darauf, sie zu ordnen, d. h. die Form der Erkenntnis zu erzeugen.

In dem Dialog «Der Laie über die Weisheit» läßt Nikolaus Cusanus einen Laien sagen, die Weisheit erschalle auf den Straßen und Märkten.[28] Die Geschäfte, die auf dem Markt abgewickelt werden, setzen seiner Ansicht nach nämlich «die Weisheit», d. h. rein theoretisches Wissen, voraus. Auf dem Markt werden die Waren gewogen und gezählt; Zählen und Wiegen beruhen aber auf Akten des Vergleichens und damit auf einer Art Messen, das nur mit Hilfe eines allgemeingültigen Maßstabs möglich ist. Letzten Endes ist nach Nikolaus alles Erkennen ein Messen, und der Maßstab der Erkenntnis liegt in den Zahlen. Zählen setzt aber die arithmetische Einheit voraus, die selbst nicht mehr gezählt werden kann, weshalb Nikolaus den Laien sagen läßt, «daß jenes, durch, aus und in dem alles Zählbare gezählt wird, durch keine Zahl erreicht wird».[29] Wo es kein Maß bzw. keine Zahl gibt, da gibt es auch kein Erkennen. (Nikolaus nahm fälschlich an, daß «mens», d.h. «Geist», mit «mensurare», d.h. messen, etymologisch verwandt sei, so daß er sich für seine Auffassung auch auf die Wortbedeutung berufen zu können meinte.)

Die Zahlen werden, wie Nikolaus lehrte, vom menschlichen Geist erzeugt. Wenn etwas Gegenstand der Erkenntnis ist, sofern es mit Hilfe von Zahlen bestimmt wird, und wenn die Zahlen Erzeugnisse des Subjekts sind, dann sind die Gegenstände der Erkenntnis vom Subjekt abhängig, allerdings nur der Form nach, denn die Inhalte müssen uns gegeben sein. Mit diesem Gedanken scheint jene Auffassung vorweggenommen zu sein, die später Kant und andere idealistische Philosophen zur Geltung brachten; tatsächlich wurde Nikolaus von Kues gelegentlich als erster deutscher Transzendentalphilosoph bezeichnet. Man darf aber nicht übersehen, daß Cusanus die im menschlichen Denken erzeugte Zahl nicht als rein subjektiven Denkinhalt betrachtete; sie ist seiner Ansicht nach Abbild der ursprünglichen Zahl, die im göttlichen Geiste enthalten sein soll. Auch hier zeigt sich deutlich die Abhängigkeit des Cusaners von der platonistischen Tradition, der zufolge es eine Idee der Zahl gibt, an der die Zahlen im üblichen Sinne teilhaben. So wie die mathematischen Zahlen von der Zahl im Geist Gottes abhängen, so kann der menschliche Geist nur in Abhängigkeit vom göttlichen Geist schöpferisch sein. Das gilt nicht nur für mathematische Erkenntnisse, sondern auch für die den Verstand übersteigenden Annahmen der Vernunft, wie es in dem Werk «Über Mutmaßungen» (Teil I, Kap. 3) heißt: «Die Vermutungen sollen aus unserem Geiste hervorgehen, wie die wirkliche Welt aus der unendlichen Vernunft Gottes hervorgegangen ist. Kraft seiner erhabenen Ähnlichkeit mit Gott nämlich nimmt der Geist des Menschen teil – soweit das möglich ist – an der Fruchtbarkeit schöpferischer Natur und bringt aus sich selbst, nach dem Bild der allmächtigen Formkraft, geistig Seiendes in Angleichung an die Dinge hervor.» Auch in der Naturerkenntnis spielt aber die Mathematik eine wesentliche Rolle: Was wir von den Gegenständen der Natur erkennen, verdanken wir der Mathematik. Was wir von der Wirklichkeit sicher wissen, verdanken wir den Zahlen; jenseits ihres Bereichs müssen wir uns mit Annahmen begnügen.

Das Verhältnis der mathematischen Eins zu den Zahlen diente Nikolaus als Modell zur Bestimmung des Verhältnisses von Erkenntnisgrund und Begründetem sowie schließlich auch des Verhältnisses von Seinsgrund und begründeten Seienden. So wie alles Zählbare seinen Grund in der Einheit hat, die selbst nicht mehr gezählt wird, so führt auch alle Begründung auf etwas zurück, das keinen Grund mehr hat und daher nicht mehr diskursiv erkannt werden kann: «Die Begründung [das Prinzip, lat. principium] von allem ist nämlich jenes, durch, in und aus dem alles Begründbare entsteht, und dennoch steht sie mit nichts Entstandenem in Berührung. Die Begründung [das Prinzip] ist es, durch, in und aus der alles Erkennbare erkannt wird, und an die dennoch keine Erkenntnis hingelangt. Sie ist es gleicherweise, durch die und aus der alles Sagbare gesagt wird, und dennoch ist sie nicht durch Sagen sagbar.»[30] Hier wird besonders deutlich, wie sehr der Cusaner der neuplatonischen Tradition verpflichtet war. Tatsächlich kannte er Proklus und berief sich wiederholt auf Dionysius Areopagita.

Das Beispiel des Cusaners zeigt, daß die heute immer wieder geäußerte Ansicht unhaltbar ist, die seit dem ausgehenden Mittelalter erfolgte Mathematisierung der Welt, die in der Neuzeit so eindrucksvolle Ergebnisse hervorbrachte, laufe notwendig auf die Entseelung der Natur hinaus; bei Nikolaus hängt sie im Gegenteil mit der Überzeugung zusammen, daß die Form des Alls geistig sei. Auch unabhängig von diesem Gedanken hatte jedoch die Auffassung, daß nichts Objekt der Erkenntnis werden könne, was nicht zahlenmäßig bestimmbar ist, größte Bedeutung für die Entstehung des neuzeitlichen naturwissenschaftlichen Denkens.

(3) Die Idee des Unendlichen

Die Mathematik führt uns auch an die Erkenntnis des absolut Unendlichen heran. Weil sie aber das absolut Unendliche selbst nicht mehr erreichen kann, markieren die Grenzen des mathematischen Wissens die Grenzen unseres Erkenntnisvermögens. Nach Nikolaus von Kues können wir uns aber mit Hilfe mathematischer Analogien dem Gedanken des Unendlichen annähern: Wir können zum Beispiel den Begriff des Kreises als Grenzbegriff auffassen, indem wir uns ein regelmäßiges Vieleck denken, dessen Seitenzahl über jede angebbare Zahl hinaus wächst. Je größer die Zahl der Seiten wird, desto mehr nähert sich das Vieleck dem Kreis an. So groß wir sie aber auch machen, so wenig ist ein Vieleck mit einem Kreis identisch; erst wenn die Seitenzahl unendlich würde, ginge das Vieleck in den Kreis über. Ebenso ist Gott oder das absolut Unendliche vom Endlichen verschieden, auch wenn wir die Grenzen des Endlichen noch so weit hinausschieben. Je umfassender wir aber das Endliche denken, desto näher kommen wir an das Unendliche heran, so wie sich das Vieleck dem Kreis annähert, wenn seine Seitenzahl vergrößert wird; solange wir es aber noch mit bestimmten Gegenständen zu tun haben, wird das Unendliche nicht erreicht.[31] Erst im Übergang zum Unendlichen werden die Bestimmungen der endlichen Dinge überwunden. So fallen, wie der Cusaner meint, in der unendlichen Linie Gerade, Dreieck, Kreis und Kugel zusammen.[32] Denken wir nämlich z.B. ein Dreieck mit einer unendlich langen Seite, dann müssen wir auch die beiden anderen Seiten als unendlich denken. Mehrere Unendliche kann es aber nicht geben, so daß die unendliche Linie als einzig zu gelten hat. Da es sich aber um ein Dreieck handeln soll, «muß die eine unendliche Linie drei sein».[33] Diese Überlegung soll den Gedanken der Dreieinigkeit Gottes nahebringen.[34] Analog werden auch beim Übergang von den endlichen Dingen zum göttlichen Unendlichen alle Gegensätze zwischen Bestimmungen von Dingen hinfällig. Im Unendlichen koinzidieren das Größte und das Kleinste, das Schönste und das Häßlichste usw. Christus läßt sich dabei als Wesen auffassen, in dem der Übergang vom Endlichen zum Unendlichen erfolgt.

Die prinzipielle Grenze, auf die Versuche, das absolut Unendliche mit Hilfe mathematischer Analogien zu denken, stoßen, wird in den Paradoxien des Unendlichen sichtbar. Eine Paradoxie ergibt sich zum Beispiel, wenn man sich eine unendliche Linie aus unendlich vielen Teilstrecken zusammengesetzt denkt. Als Teilstrecken kann man Längen von 1 Fuß oder von 2 Fuß (oder einem beliebigen anderen Vielfachen der Einheit) zugrunde legen. Obwohl 2 Fuß doppelt so lang sind wie 1 Fuß, sind unendlich viele Strecken von 1 Fuß Länge unendlich vielen Strecken von 2 Fuß Länge gleich.[35] Solche Überlegungen zeigen nach Ansicht des Cusaners, daß das Unendliche nicht durch das Endliche gemessen werden kann. Das Unendliche und Unbedingte ist letzte Voraussetzung allen Seins und allen Erkennens, kann aber selbst nicht mehr in der Weise erkannt werden, in der sich endliche, bedingte Wesen erkennen lassen. So wie der Maßstab, mit dem wir Längen messen, selbst nicht mehr gemessen werden kann, so kann auch Gott als Grund allen Wissens nicht mehr in der Weise gewußt werden, in der wir von Dingen wissen. Da nach Nikolaus von Kues weder die Mathematik noch die Logik, für die die Sätze vom Widerspruch und vom ausgeschlossenen Dritten gelten, auf Gott angewendet werden können, läßt sich Gott nicht rational erkennen. Da in Gott alle Gegensätze zusammenfallen, kann er nur in einem Akt überrationaler Schau, der zugleich ein «Berühren» Gottes ist, erfaßt werden.

Von der absoluten Unendlichkeit Gottes ist nach Nikolaus die relative Unendlichkeit der Welt zu unterscheiden, die nicht in der Weise unendlich ist wie Gott, aber auch nicht endlich. Absolut unendlich kann die Welt nicht sein, weil sie von Gott abhängt; endlich kann sie nicht sein, weil sie Erscheinung bzw. Äußerung Gottes ist. Infolgedessen muß ihr eine Art Unendlichkeit zugeschrieben werden, die nicht die Unendlichkeit Gottes ist. Diese Unterscheidung war nötig, um die Auffassung abzuwehren, die Welt selbst sei göttlich. Worin der Unterschied der beiden Arten des Unendlichen bestehen soll, läßt sich allerdings wegen der Unaussprechlichkeit des absolut Unendlichen nicht sagen.[36]

(4) Gott und Welt

Die Welt faßte Cusanus als Entfaltung (explicatio) des Unendlichen auf, so daß er sagen konnte, Gott sei in allem und alles sei in Gott. Als Entfaltung des göttlichen Geistes kann die Natur nicht etwas Geistloses sein; sie ist vielmehr durch und durch Geist, der durch das ganze Universum und durch dessen einzelne Teile verbreitet und verschränkt ist. Deshalb lassen sich die Zusammenhänge in der Welt auch als Zeichen verstehen, die auf den Grund der Welt verweisen.

Auch die Lehre von der Entfaltung Gottes zur Welt kann durch eine mathematische Analogie erläutert werden: Ein Körper läßt sich durch die Bewegung einer Fläche erzeugt denken, eine Fläche durch Bewegung einer

Linie und eine Linie durch Bewegung eines Punktes. Dies drückte Cusanus aus, indem er von der «Entfaltung» des Punktes zur Linie, der Linie zur Fläche und der Fläche zum Körper sprach. Analog suchte er die Welt als Entfaltung Gottes aufzufassen. Wenn aber die Natur «Explikation» Gottes ist, dann muß alles Endliche in Gott «impliziert» sein. In der Natur erscheint, was in Gott unentfaltet enthalten ist; die Natur ist in diesem Sinne Erscheinung Gottes, Theophanie. So wie die Dinge der Welt nur sind, sofern sich Gott in sie entfaltet, so können sie auch nur sein, sofern sie der Einheit der Wirklichkeit angehören und untereinander zusammenhängen: Die Natur ist ein Geflecht (complicatio) alles dessen, was durch Bewegung entsteht.[37] Die Explicatio Gottes zur Welt und die Complicatio der Dinge in der Welt gehören wesentlich zusammen.

Wenn sich Gott unmittelbar in der Natur äußert, dann ist die Annahme einer Weltseele, die zwischen Gott und Welt vermitteln soll, überflüssig. Daher deutete Nikolaus sowohl die Platonische als auch die Aristotelische Auffassung der Natur im theistischen Sinne um: Die Weltseele Platos ist ebenso wie die Aristotelische Natur mit Gott zu identifizieren.[38]

Angesichts dieser Auffassung des Verhältnisses von Gott und Welt scheint es verständlich, daß sich Nikolaus Cusanus fragen lassen mußte, ob unter seinen Voraussetzungen noch zwischen Welt und Gott unterschieden werden könne. Daß er am Unterschied zwischen Gott und Natur festhalten wollte, steht außer Frage: die christliche Lehre von der absoluten Jenseitigkeit Gottes blieb für ihn verbindlich; zugleich läßt sich schwerlich leugnen, daß sein Ansatz letztlich doch in die Richtung des Pantheismus weist. Als Erscheinung Gottes muß die Natur selbst göttlich sein. Das gilt auch für den Menschen, der einerseits als eine Welt im kleinen – ein Mikrokosmos –, andererseits als etwas Göttliches, als «menschlicher Gott», aufgefaßt wird.

Da sich die Welt nach Nikolaus von Kues nicht als begrenzt denken läßt, hat es keinen Sinn, von einem Mittelpunkt der Welt zu reden. Somit kann auch die Erde nicht als Mittelpunkt des Universums gelten, wie die Scholastiker gemeint hatten; sie ist ein Planet und damit ein Himmelskörper unter anderen. Die aristotelische Trennung von supra- und sublunarer Welt wird hinfällig, ebenso wie verschiedene andere aristotelische Auffassungen, z.B. die Lehre vom natürlichen Ort der Dinge, nach dem sie streben. Mit diesen Gedanken hat Nikolaus von Kues, ohne Astronom zu sein, die Entwicklung des astronomischen Weltbildes beeinflußt: Seine Auffassung wirkte bei Bruno, der wie Cusanus die Unendlichkeit des Alls lehrte, und bei Kepler weiter (siehe Kap. III, Abschn. 2–3).

c) Der Aristotelismus in der Renaissance

Neben dem Platonismus spielte auch der Aristotelismus in der Renaissance-Philosophie eine Rolle, obwohl er in der für die Epoche charakteristischen Form erst später wirksam wurde als der Platonismus.[39] In Pietro Pomponazzi (1462–1525) fand er einen eindrucksvollen Vertreter, der die christliche Interpretation der Aristotelischen Philosophie durch eine sozusagen säkularisierte, der Tendenz nach naturalistische Deutung rückgängig zu machen suchte, dabei aber auch von Aristoteles abwich, wenn er sich durch neue Erfahrungen dazu genötigt sah.[40] Eine aristotelische Strömung hatte es auch in Italien seit dem hohen Mittelalter gegeben, doch hatte sie vor Pomponazzi keine so hervorragenden Vertreter gefunden wie der Platonismus. Sie spielte aber eine wichtige Rolle an den medizinischen Fakultäten, wo man sich oft an einer aristotelisch beeinflußten Naturphilosophie orientierte. Eines der Zentren des spätmittelalterlichen Aristotelismus war Padua, wo Pomponazzi studierte und zunächst lehrte. Neben seinem berühmten Traktat über die Unsterblichkeit (s. Kap. I, 1 a) und zwei Schriften zur Verteidigung seiner Seelenlehre schrieb er ein umfangreiches Werk über das Schicksal («De fato») und eine Abhandlung über Zauberei («De incantationibus»), in dem er für vermeintliche Geistererscheinungen und Einwirkungen dämonischer Kräfte natürliche Erklärungen vorschlug, was nicht ungefährlich war, weil eine entsprechende Betrachtungsweise auch bei den Wunderberichten der Bibel zur Geltung gebracht werden konnte.[41] In der Natur vollziehen sich nach Pomponazzi alle Vorgänge nach strenger Gesetzmäßigkeit und lassen sich daher rational erklären, so wie auch der Erkenntnisprozeß rationaler Erklärung unterworfen werden soll; jenseits des Erfahrungsbereichs mag es sich anders verhalten, doch geht dies den Naturforscher nichts an.[42] Diese Auffassung läuft offensichtlich auf eine Absage an die in der Renaissance gehegte Hoffnung hinaus, natürliche Vorgänge mit magischen Mitteln beeinflussen zu können.

Aufsehen erregte vor allem die Art, in der sich Pomponazzi mit dem Problem der Unsterblichkeit der Seele auseinandersetzte. Er tat das nämlich nicht nur unabhängig von der christlichen Offenbarung, sondern auch unabhängig von philosophischen Autoritäten, somit in prononciert kritischer Weise. Gegen Plato und alle Platoniker meinte er, die Annahme, daß im sterblichen Körper eine unsterbliche Seele wohne, stelle die Einheit der menschlichen Person in Frage, von der nicht mehr die Rede sein könne, wenn man sich Geist und Körper nur in äußerlicher Weise – etwa wie Ochsen und Karren zu einem Gespann – verbunden denke.[43] Gegen Averroës bestritt er die Existenz eines überindividuellen, von der Materie unabhängigen Intellekts, an dem das Denken der Einzelmenschen nur vorübergehend teilhat. Die averroistische Auffassung scheitert seiner Ansicht nach an der schon von Aristoteles festgestellten Tatsache, daß das Erkennen stets von Vorstellungen der Einbildungskraft, somit vom Körper, abhängig ist. «Was der Vorstellung bedarf, ist ... vom Stoff nicht abtrennbar», wie es im 4. Kapitel der Abhandlung heißt. Auch Thomas von Aquin hat nach Pomponazzi geirrt, wenn er die Seele für schlechthin unsterblich und nur als Seele der konkreten menschlichen Person für sterblich erklärte. Gerade weil die Seele Form des Körpers ist, muß sie wesentlich auf den Körper bezogen sein und kann daher von diesem nicht getrennt werden. Sofern die Seele wie jede Form auf einen Stoff angewiesen ist, kann sie auch in gewissem Sinne stofflich heißen; sofern sie aber Form ist und als solche dem Stoff gegenübersteht, kann sie immateriell genannt werden. Ob man sie als materiell oder als immateriell auffaßt, hängt von dem jeweils gewählten Gesichtspunkt ab. Pomponazzi meinte jedoch letztlich nicht nur einen Unterschied der Betrachtungsweise, denn er erklärte: «Der Mensch besitzt eine doppelte Natur und nimmt eine Mittelstellung ein zwischen dem, was sterblich, und dem, was unsterblich ist.»[44] Auch die Moral erfordert nicht den Glauben an die Unsterblichkeit der Seele, da die Tugend nach Pomponazzi nicht darin besteht, daß um eines jenseitigen Lohnes willen gehandelt wird. Der Lohn der Tugend ist die Tugend selbst, wie Pomponazzi in stoischem Geiste sagte.[45]

Wenn am Schluß des Werkes die Unsterblichkeitsfrage für philosophisch unbeantwortbar erklärt und die Entscheidung zugunsten einer positiven Antwort im Sinne des christlichen Glaubens getroffen wird, dann scheint dies dem Ziel zu dienen, einem Konflikt mit der kirchlichen Autorität auszuweichen. Jedenfalls hat Pomponazzi die individuelle Unsterblichkeit nicht schlechthin geleugnet, sondern nur erklärt, daß sie mit rationalen Mitteln nicht bewiesen werden könne; willentlich, d. h. in einem Akt des religiösen Glaubens, läßt sie sich bejahen. Es scheint jedoch nicht, daß er sich damit zur Lehre von der doppelten Wahrheit in ihrer krassen Form bekannte, denn er wollte aller Wahrscheinlichkeit nach nicht behaupten, daß ein Satz für die Religion wahr, in der Philosophie oder Wissenschaft falsch sein könne. Näherliegend ist die Annahme, daß er rational unentscheidbare Probleme der Entscheidung durch den Glauben unterwerfen wollte. Ob er wirklich die christliche Unsterblichkeitslehre für annehmbar hielt, wird wohl offenbleiben müssen.

Pomponazzi sah sich heftigen Angriffen ausgesetzt, und die umstrittene Abhandlung wurde in Venedig öffentlich verbrannt. Seinen Gegnern (Gaspare Contarini, Agostino Nifo) antwortete er in apologetischen Schriften, wagte aber zwei weitere Werke – «Über die Ursachen natürlicher Wirkungen» und «Über das Schicksal, den freien Willen, die Vorherbestimmung und die Vorsehung Gottes» – nicht mehr zu veröffentlichen, so daß sie erst nach seinem Tode erscheinen konnten.[46] Die von ihm ausgelöste Kontroverse hatte zur Folge, daß die Bindung auch der christlichen Philosophie an den Aristotelismus gelockert wurde.[47]

Als Erkenntnistheoretiker betonte Pomponazzi die Abhängigkeit unseres Wissens von der Erfahrung: Seiner Ansicht nach kann es keine Erkenntnis geben, die sich nicht auf Wahrnehmungen zurückführen ließe. Deshalb sind wir auch nicht imstande, einen erfahrungsjenseitigen Grund der erfahrbaren Ordnung der Natur zu erkennen, so daß wir uns mit der Feststellung jener Zusammenhänge begnügen müssen, die uns die Erfahrung zeigt.

d) Medizin zwischen Spekulation und Empirie: Paracelsus

Hier kann auch Paracelsus erwähnt werden, in dessen Denken sich zwar manche mystischen Elemente finden, der aber nichtsdestoweniger gegenüber empirischen Forschungen aufgeschlossen war, insbesondere im Bereich der Medizin: Indem er nicht nur Naturheilmittel, sondern auch chemische Substanzen als Pharmaka einsetzte – er bemühte sich um eine wirksame Syphilis-Therapie und verwendete schmerzstillende Substanzen (Laudanum) –, wurde er zu einem Vorläufer der Iatrochemie.

Paracelsus – eigentlich Theophrastus Bombastus von Hohenheim – wurde 1493 in Einsiedeln geboren; er starb nach einem unsteten Wanderleben 1541 in Salzburg. Er war kurze Zeit Professor in Basel, wo er als erster deutsche Vorlesungen hielt, sah sich aber wegen seiner unorthodoxen medizinischen Praktiken immer wieder Anfeindungen ausgesetzt. Ihm schwebte eine Reform der Medizin vor, bei der er sich – gegen Autoritäten wie Galen und Avicenna – auf eine spekulative Lehre von den Kräften der Natur stützte. Da auch der menschliche Körper aus den Prinzipien der Natur besteht, kommt es nach Paracelsus darauf an, die Naturzusammenhänge zu durchschauen, um die Verhältnisse im menschlichen Körper medizinisch beeinflussen zu können: Die rechte Arznei geht, wie Paracelsus sagte, aus Himmel und Erden und aus allen Elementen und ihren Kräften hervor.[48] Er wurde nicht müde, die Abhängigkeit der ärztlichen Kunst von der Erkenntnis der Natur und ihrer Prinzipien zu betonen: «Der Arzt kommt aus der Natur, denn sie gibt es ihm, und der ist ein Arzt, dem die Natur ihre Experienz gibt, – nit der, der aus seinem spintisierenden Kopf wider die Natur, wider ihre Art und wider das, das in ihr ist, schreibt, redet und handelt. Die Natur macht einen Arzt; aus dem folgt, daß die Kur aus der Natur geht und der Arzt dieselbige appliciert.»[49] Wenn es für den Arzt nötig ist, die Kräfte der Natur zu kennen, dann darf er sich nicht auf Anatomie und Physiologie beschränken, sondern er muß auch in der Philosophie, der Theologie und der Astronomie bewandert sein. Auf die «Astronomie» – d.h. die Kosmologie nebst Mathematik, Astrologie, Magie usw. – legte Paracelsus größten Wert: «Wo der astronomus aufhört, da fängt der rechte Arzt an, da fängt der rechte philosophus an, da fängt die Gerechtigkeit an, da fängt die ewige Weisheit an, da fangen alle Künste an.»[50]

Obwohl bei Paracelsus der Einfluß der älteren Alchimie, des Hermetismus, des Gnostizismus und der Kabbalistik spürbar ist, war in seinem Denken doch eine so starke empirische Tendenz wirksam, daß er sich nicht mit den bei Alchimisten üblichen mystischen Deutungen des Verhältnisses der Elemente begnügte, sondern trachtete, ihre Kräfte durch Beobachtung kennenzulernen. So analysierte er Heilquellen und beschäftigte sich mit den Ursachen von Krankheiten bei Bergleuten. Dies hielt er deshalb für nötig, weil er überzeugt war, daß die Natur nicht offen zutage liegt, sondern nur aus ihren Äußerungen erkannt werden kann: «Der da die natürlichen Dinge beschreiben will, der muß die Zeichen vornehmen, und aus den Zeichen dasselbige erkennen.»[51]

Alle natürlichen Erscheinungen lassen sich nach Paracelsus auf drei Prinzipien oder Substanzen (die «drei Ersten»), nämlich Quecksilber, Schwefel und Salz, zurückführen. Vom Verhältnis dieser Substanzen hängen auch Gesundheit und Krankheit des Körpers ab. Die Annahme einer Analogie von Makrokosmos und Mikrokosmos spielt bei Paracelsus wie bei anderen Naturphilosophen der Zeit eine wichtige Rolle: So wie Gott nicht nur Himmel und Erde mit ihren Elemente erschaffen, sondern den Geist hinzugefügt hat, so wurde auch dem Menschen ein leitendes Prinzip (der Archäus) verliehen. Die Elemente, aus denen der Mensch besteht, gehören der materiellen Welt an; das Lebensprinzip ist dagegen mit den himmlischen Sphären verbunden. Beim Tode wird der Leib der Erde zurückgegeben, die ätherische (oder siderische) Seele kehrt zu den Gestirnen zurück. In dieser Hinsicht ähnelt der Mensch den übrigen Lebewesen; im Unterschied zu ihnen ist er aber nach dem Bilde Gottes erschaffen, und der in der Gottähnlichkeit bestehende Geist kehrt im Tode zu dem zurück, dessen Abbild er ist.[52]

Blickt man auf den mystisch-magischen Aspekt seiner Naturphilosophie, wird man dazu neigen, in Paracelsus einen Vertreter jener phantastischen Spekulationen zu sehen, wie sie in der damaligen Zeit verbreitet waren, und ihn wie seinen Zeitgenossen Johannes Faust in die Nähe der Scharlatanerie zu rücken; beachtet man aber die empirische Komponente seiner Einstellung und vergegenwärtigt sich seine Bemühungen um die Erforschung der Wirkungsweise von Medikamenten, wird man nicht umhin können, ihn unter die Wegbereiter einer bestimmten Richtung der modernen Naturauffassung zu rechnen.

e) Jenseits des Gegensatzes von Platonismus und Aristotelismus: Telesio und Campanella

Weder dem Platonismus noch dem Aristotelismus läßt sich Bernardino Telesio (1509–1588) zuordnen, der in Neapel lehrte und eine in gewissem Sinne empiristische Auffassung vertrat. Seine Naturphilosophie legte er vor allem in dem Werk «Von der Natur der Dinge» («De rerum natura», 1565)[53] dar. Obwohl er die Rolle der Empirie in der Naturerkenntnis entschieden betonte, stand er wie Cardano der eigentlich naturwissenschaftlichen Denkweise noch fern. Gegen Aristoteles, der in den konkreten Dingen eine Zusammensetzung aus Stoff und Form erblickte, nahm Telesio an, daß Wärme, Kälte und Materie die Prinzipien der Dinge seien. Die Eigenschaften der Dinge beruhen darauf, daß die passive Materie durch die Kräfte des Warmen und Kalten (bzw. durch Sonne und Erde, von denen sie ausgehen) bestimmt wird. Den Gesichtspunkt der Zweckmäßigkeit, der in der Aristotelischen Naturphilosophie eine wesentliche Rolle spielt, wies er zurück:

Die Kräfte der Natur sind zwar von Gott geschaffen, aber als rein kausale Agentien, die nicht auf irgendwelche Zwecke gerichtet sind.

Um das Verhältnis von Körper und Seele begreiflich zu machen, nahm Telesio an, daß materielle Dinge empfindungsfähig seien. Wäre die Möglichkeit der Empfindung nicht schon im körperlichen Bereich vorhanden, dann wäre nicht zu begreifen, daß materielle Wesen Bewußtsein erlangen können. Gleichzeitig faßte er auch die empfindungsfähige Seele als etwas Materielles auf. Dabei knüpfte er an die aus dem Altertum stammende Lehre von den Lebensgeistern an, der zufolge die Hohlräume des Körpers und namentlich die Nerven von einem äußerst feinen, nicht wahrnehmbaren Stoff, der die empfangenen Reize weiterleitet, erfüllt sein sollen. Auf Bewegungen der Lebensgeister, die auf Reize reagieren, beruhen die Wahrnehmung und die Empfindungen von Lust und Unlust, die anzeigen, ob ein Reiz der Selbsterhaltungstendenz des Lebens entgegenkommt oder ihr zuwiderläuft – eine Auffassung, die in ähnlicher Weise Hobbes im 17. Jahrhundert vertreten sollte. Auf Wahrnehmungen sollen alle unsere Begriffe und Urteile, bis hin zu Logik und Mathematik, letzten Endes zurückgeführt werden können. Mit dieser sensualistischen Auffassung erschwerte Telesio allerdings ein angemessenes Verständnis der Natur mathematischer Begriffe. Oberhalb der stofflichen Seele gibt es nach Telesio noch den Geist als von Gott dem Menschen verliehene Form, der es zu verdanken ist, daß sich der Mensch von den sinnlichen Bedürfnissen unabhängig machen und sein Streben auf das Jenseits richten kann. Ob die Annahme eines von der Seele verschiedenen Geistes Telesios Überzeugung ausdrückt oder nur dem Schutz vor weltanschaulichen Verdächtigungen diente, läßt sich wohl nicht mehr entscheiden.

Obwohl Telesio durch seine Aufgeschlossenheit für die empirische Betrachtungsweise, mit der er durch seine medizinischen Studien vertraut geworden war, und durch seine Kritik am Aristotelismus indirekt dazu beigetragen hat, den Weg zum naturwissenschaftlichen Denken freizumachen, kann er nicht direkt als Vorläufer der modernen Naturwissenschaft gelten. Bei ihm fehlt nämlich die Einsicht in die Rolle, die die Mathematik bei der wissenschaftlichen Erkenntnis spielt. Er sprach zwar von Kräften, dachte aber nicht daran, deren Wirksamkeit mit Hilfe mathematisch formulierter Gesetzesaussagen zu beschreiben. Betrachtet man überdies mit Telesio die materielle Wirklichkeit als beseelt, dann verzichtet man mindestens teilweise darauf, sie mit Hilfe mathematisch formulierter Naturgesetze zu erklären. Das sah später Descartes in aller Deutlichkeit, weshalb er den materiellen Dingen alle geistigen Bestimmungen absprach. Nur dadurch war es möglich, in ihnen nichts anderes als Gegenstände der mathematischen Physik zu erblicken. Umgekehrt leugnete er, daß der Geist Eigenschaften habe, die materiellen Gegenständen zukommen können. Eine Annäherung von materieller und bewußter Wirklichkeit, wie sie Telesio erstrebte, war damit unmöglich gemacht, doch der Anspruch, mit Hilfe mathematisch formulierter Gesetzesaussagen etwas vom Wesen der Dinge erkennen zu können, schien gerechtfertigt.

Eine Ahnung von der Bedeutung, die der Mathematik für die Naturwissenschaft, insbesondere für die Mechanik, zukommt, findet sich dagegen bei Leonardo da Vinci (1452–1519), dem wohl universellsten Geist des Zeitalters. Leonardo hat nicht nur seinen Platz in der Geschichte der Kunst, sondern er beschäftigte sich zugleich mit Naturkunde, Optik, Anatomie und Physiologie, Geometrie, Architektur und Technik. In seinem Denken kündigt sich die Konzeption einer Wissenschaft auf empirischen Grundlagen und mit technischer Zielsetzung an,[54] wodurch er in Gegensatz zur platonisierenden zeitgenössischen Naturspekulation trat. Obwohl er die Unentbehrlichkeit von Beobachtung und Experiment nachdrücklich betonte, wollte er die Erkenntnis doch nicht auf den Bereich der beobachtbaren Tatsachen beschränken, sondern wies ihr die Aufgabe zu, die den Erscheinungen zugrunde liegende Ordnung der Wirklichkeit zu erfassen. Zu diesem Zweck bedarf es seiner Ansicht nach der Mathematik – was für ihn heißt: der Geometrie. So notierte er: «Die Mechanik ist das Paradies der mathematischen Wissenschaften, weil man bei ihr die Früchte der Mathematik erntet.» In dieser Hinsicht stimmt er mit den Bahnbrechern der modernen Naturwissenschaft überein, mit denen er betonte: «Es gibt keine Gewißheit, außer wenn man eine der mathematischen Wissenschaften anwenden kann.» Allerdings war er von einer systematischen Durchführung seiner Auffassung weit entfernt, so wie auch die meisten seiner Erfindungen keine Verwirklichung fanden, freilich unter den Bedingungen der damaligen Zeit auch nicht finden konnten.

Von Telesio war der unteritalienische Dominikaner Tommaso Campanella (1568–1639) beeinflußt, der sich entschieden für dessen Auffassungen einsetzte.[55] Wie Telesio war er der Ansicht, daß alle Begriffe letzten Endes der Wahrnehmung entstammten, was ihn aber nicht hinderte, auch platonistische Auffassungen zu vertreten, die ihn mit dem Renaissance-Platonismus verbinden. Seine Entscheidung für Plato und gegen Aristoteles war religiös motiviert, da er überzeugt war, daß der Aristotelismus der Kirchenlehre widerspreche. Die platonisch-neuplatonische Sicht der Wirklichkeit brachte ihn jedoch in die Nähe eines Pantheismus, der seinerzeit mit der Lehre der Kirche nicht vereinbar war.

Campanella glaubte an die Möglichkeit sicheren Wissen und bekämpfte daher den Skeptizismus. Die absolute Grenze jeden Zweifels fand er (wie Augustinus) in der Gewißheit der eigenen Existenz bzw. des eigenen Erkennens und Wollens.[56] Von der Selbsterkenntnis erhebt sich die Metaphysik zur Erkenntnis Gottes und der Welt, die Campanella für beseelt und durchdrungen von Kräften der Sympathie und Antipathie hielt. In Campanellas Weltbild mischen sich in merkwürdiger Weise aristotelische und platonische, naturalistische und spekulative Elemente, einschließlich astrologischer und okkulter Lehren.

Campanellas Leben verlief tragisch: Bereits 1591 sah er sich erstmals wegen seiner Hinwendung zu Telesio angeklagt, worauf weitere Verfahren, auch mit Anwendung der Folter, folgten. Zwischen 1599 und 1626 war er wegen eines Plans zum Sturz der spanischen Herrschaft in Unteritalien in Haft. Später wurde er der Inquisition übergeben, die ihn 1634 freiließ, worauf er nach Paris ging und dort seine letzten Lebensjahre verbrachte. (Zu seinem sozialphilosophischen Werk «Der Sonnenstaat» siehe Kap. IV, 3.)

3. Der Skeptizismus in der Zeit des Humanismus

Die Humanisten wollten nicht nur ältere philosophische Auffassungen, die in der Scholastik vernachlässigt worden waren, wieder zur Geltung bringen, sondern ihr Denken ist auch durch die Tendenz geprägt, die traditionellen Autoritäten im Bereich der Religion und im Bereich der Philosophie in Frage zu stellen. In der Philosophie zeigte sich das besonders deutlich in der Beurteilung der aristotelischen Lehren, die im Mittelalter eine so überragende Rolle spielten, daß Montaigne sagen konnte, der Gott des Christentums sei eigentlich Aristoteles.

Während im Mittelalter, ungeachtet der auch damals vorhandenen divergierenden Richtungen, doch in bezug auf gewisse grundlegende Überzeugungen Einhelligkeit herrschte, ging im 15. und 16. Jahrhundert diese Einheitlichkeit des allgemeinen weltanschaulichen Rahmens verloren, nicht nur im philosophischen, sondern auch im religiösen Raum. Das Spektrum philosophischer und theologischer Richtungen war in der Zeit des Humanismus viel breiter als in der vorangegangenen Epoche; gleichzeitig fiel es immer schwerer, eine dieser Richtungen auf Kosten aller anderen Auffassungen als die richtige zu erweisen. Daher konnte der Eindruck entstehen, daß der Konflikt der konkurrierenden Meinungen grundsätzlich nicht überwunden werden könne, und dies schien darauf hinzuweisen, daß die menschliche Vernunft nicht fähig sei, das Wesen der Dinge zu erkennen. Indem die Zuversicht schwand, in rein vernünftigen Einsichten oder in anerkannten Autoritäten Orientierungspunkte des Urteilens und Wertens finden zu können, ergab sich eine in gewissem Sinne skeptische Einstellung. Man begann zu bezweifeln, daß es objektive Wahrheiten und objektive Werte überhaupt gibt.

Es blieb nicht bei einer vagen skeptischen Stimmung, sondern da und dort wurde versucht, den Zweifel an der Möglichkeit sicherer Erkenntnis mit Gründen zu rechtfertigen. Zu diesem Zweck griff man auf Argumente zurück, die man bei den antiken Vertretern der Skepsis fand. Trotz der Ablehnung des Anspruchs, zu absoluten Wahrheiten gelangen zu können, war die Skepsis der damaligen Zeit jedoch nicht radikal: Der Glaube an Gott und an die Ordnung der gottgeschaffenen Natur blieb von ihren Bedenken unberührt, wenigstens bei den bedeutenden Vertretern des humanistischen Skeptizismus. In weiteren Kreisen der Intellektuellen breitete sich jedoch ein subjektivistischer Relativismus aus, der jegliche Bindung an Wahrheiten und Werte in Frage stellte bzw. alle Meinungen und Wertungen für vertretbar erklärte. Diese Einstellung nannte man Libertinismus und meinte mit diesem Ausdruck nicht nur theoretische Freigeisterei, sondern vor allem moralische Ungebundenheit. Die Leugnung objektiver Wahrheiten und objektiver Werte wurde vielfach als Gefahr betrachtet; die Neubegründung einer Metaphysik mit absolutem Wahrheitsanspruch diente der Widerlegung der Skepsis wie der Widerlegung des ethischen Relativismus und konnte daher als Überwindung der libertinistischen Tendenzen gesehen werden.

Skeptische Gedanken finden sich bereits bei Heinrich Cornelius Agrippa von Nettesheim (1486–1535), der in seiner ironisch getönten «Rede über die Unsicherheit und Eitelkeit der Wissenschaften»[57] auf die Zweifelsgründe der antiken Skeptiker zurückgriff und namentlich die offenkundig unüberwindlichen Gegensätze möglicher theoretischer und praktischer Überzeugungen hervorhob. Er war in seinem Werk über die geheime Philosophie («De occulta philosophia», 1510) von neuplatonischen bzw. mystischen Auffassungen ausgegangen, in deren Rahmen er die Beeinflussung natürlicher Vorgänge mit magischen Mitteln für möglich hielt. Das magisch-mystische Weltbild wurde ihm später zweifelhaft, und er zog sich auf einen skeptischen Standpunkt zurück.

Der bedeutendste Vertreter der humanistischen Skepsis war Michel de Montaigne (1533–1592). In seinen einflußreichen «Essais» entwickelte er eine stark persönlich gefärbte Auffassung, die darauf hinausläuft, die Wissensansprüche im Interesse praktischer und religiöser Ziele einzuschränken. Wenn seine Einstellung als «Skeptizismus» bezeichnet wird, heißt das nicht, daß er den Zweifel als Selbstzweck betrachtete; es ging ihm vielmehr darum, die unseren Erkenntnisbemühungen gezogenen Grenzen sichtbar zu machen, um den Menschen zur Bescheidenheit, zum Gehorsam gegenüber Gott, zur Anerkennung der Kirchenlehre und der gewachsenen staatlichen Ordnung zu veranlassen. Um zu verhindern, daß die menschliche Vernunft ihre Fähigkeiten überschätzt, betonte er nachdrücklich, daß Mensch und Tier, die sich seiner Ansicht nach nur graduell unterscheiden, einander ähnlich sind. Dort, wo sich Unterschiede zeigen, namentlich bei der Fähigkeit des vernünftigen Urteilens, wirken sie sich nicht unbedingt zum Vorteil des Menschen aus: Sie machen Lüge, Aberglauben, Unentschlossenheit möglich, deren das Tier nicht fähig ist. Die Logik tröstet nicht, die Vernunft befreit uns nicht von den Nachteilen des Menschenlebens, sie macht uns nicht besser, sondern im Gegenteil überheblich und maßlos. Daher verdient die Unwissenheit den Vorzug vor dem Wahn, etwas zu wissen. «Die Meinung, etwas zu wissen, ist die Pest des Menschen,» wie Montaigne überspitzt sagte.[58]

Gegen den Anspruch, sichere Erkenntnis erlangen zu können, führte Montaigne eine Reihe von Argumenten ins Treffen. Wie schon die alten Skeptiker betonte er die Abhängigkeit der Erkenntnis von der Sinneswahrnehmung und schloß aus der Unzuverlässigkeit der Wahrnehmung auf die

Unsicherheit aller Erkenntnis. Wenn der Mensch glaubt, etwas zu empfinden, heißt das nicht, daß er wirklich in der angenommenen Weise empfindet; und wenn er tatsächlich etwas empfinden sollte, weiß er noch lange nicht, warum, wie und was er empfindet. Die Empfindung kann also nicht als Grundlage sicheren Wissens gelten. Aber auch die Vernunft bietet keine sichere Grundlage des Wissens, da es kein Kriterium der Wahrheit rationaler Urteile gibt. Was als Vernunfteinsicht gilt, sind oft Vorurteile, die die Beobachtungsergebnisse verfälschen. Somit konnte Montaigne sagen, Sinne und Vernunft täuschten sich gegenseitig. Auch in bezug auf unseren Geist haben wir kein sicheres Wissen, und doch müßten wir, wenn wir überhaupt etwas sicher erkennen könnten, in erster Linie unser eigenes Wesen erkennen können. Noch unsicherer sind unsere Theorien über die Welt: Wenn selbst ein so bedeutender Gelehrter wie Ptolemäus irrte, indem er die Erde für den Mittelpunkt des Universums erklärte, dann muß damit gerechnet werden, daß die Welt in Wirklichkeit ganz anders ist, als wir meinen. Nicht besser ist die Situation im praktischen Bereich, wo die vorgeblichen natürlichen Gesetze keineswegs auf allgemeine Zustimmung stoßen, somit nicht wirklich in der Natur begründet sein können.

Dieser Befund veranlaßte Montaigne zu der Ansicht, daß das Wissen nicht zum höchsten Gut, nämlich zur Ruhe des Gemüts, führe; das leiste die schlichte, naturgemäße Geistesverfassung des unverbildeten Menschen viel besser als alle Gelehrsamkeit. Mit dieser Auffassung knüpfte Montaigne an den Simplizismus gewisser religiöser Richtungen der damaligen Zeit an, wie er sich auch schließlich klar zum christlichen Glauben bekannte. Angesichts der Schwäche des menschlichen Verstandes, der Wandelbarkeit bzw. Gegensätzlichkeit der individuellen Meinungen und der Spitzfindigkeit der philosophischen Theorien empfahl er, sich der Autorität der Kirche anzuvertrauen. Da unserem Wissen von Gott und der Natur enge Grenzen gezogen sind, ist es töricht, die wesentlichen Dinge des individuellen und gemeinschaftlichen Lebens dem Maß der menschlichen Fähigkeiten zu unterwerfen.

Montaignes Überlegungen führte sein Freund und Schüler Pierre Charron (1541–1603) weiter, insbesondere in seinem Werk «Über die Weisheit». Auch Charron war kein radikaler Skeptiker, da es ihm nicht in erster Linie um das Erkenntnisproblem, sondern um praktische Weisheit in Verbindung mit den Lehren der römisch-katholischen Kirche ging, für die er apologetisch eintrat. Im 17. Jahrhundert vertraten Francisco Sanchez (gest. 1632), François de La Mothe le Vayer (gest. 1672) und der Sextus-Übersetzer Samuel Sorbière (gest. 1670) die skeptizistische Richtung, die auch in der Literatur, nämlich bei den sogenannten Moralisten (La Rochefoucauld, Saint-Evremond, La Bruyère) ein Echo fand. Besonders einflußreich wurde Pierre Bayle (gest. 1706), der jedoch bereits einer anderen Epoche angehört.[59]

Die Skepsis, wie sie Montaigne und andere vertraten, läuft auf eine Absage an die Autonomie-Ansprüche der Vernunft und auf die Anerkennung der kirchlichen und staatlichen – nicht der philosophischen und wissenschaftlichen – Autoritäten hinaus. Den Metaphysikern des 17. Jahrhunderts, die der autonomen Vernunft die Fähigkeit definitiver Wahrheitserkenntnis zuschrieben, mußte eine theoretische Skepsis, die in praktischer Hinsicht zum Fideismus führte, suspekt erscheinen. Deshalb suchte z.B. Descartes die Skepsis mit den Mitteln der rationalistischen Philosophie zu überwinden, um sichere Grundlagen für den Neuaufbau der Metaphysik, der Naturphilosophie und der Ethik zu schaffen. (Siehe Teil IV, Kap. I.)

II.
Religiöse Tendenzen an der Wende vom Mittelalter zur Neuzeit: Reformation, Vernunftreligion, protestantische Mystik

1. Die Reformation

Die Bemühungen um eine Reform der Kirche setzten schon im Mittelalter ein. Sie gingen teils von Mönchsorden oder Ordensrichtungen, teils von einzelnen Theologen, teils von Bewegungen aus, die oft zur Sektenbildung führten. Im 14. Jahrhundert hatte der englische Theologe John Wyclif (Wiclif) unter Berufung auf die Evangelien nicht nur die kirchliche Hierarchie in Frage gestellt, sondern die von der Kirche vertretene Sakramentenlehre bestritten und namentlich in der Abendmahlslehre eine von der herrschenden Lehre abweichende Position eingenommen. An seine Ansichten knüpfte später der tschechische Theologe Jan Hus an. Nachdem Hus vor das Konstanzer Konzil geladen und 1415 als Ketzer verbrannt worden war, griffen seine Anhänger, teils von religiösen, teils von nationalistischen, teils von ökonomischen Motiven geleitet, zur Gewalt und überfielen wiederholt die Nachbarländer Böhmens.

Nachdem die Reformkonzilien von Konstanz und Basel nicht die erhoffte Reform der Kirche gebracht hatten, war auch von der konziliaren Richtung der Kirche keine Wende mehr zu erwarten. Die Päpste hatten ihrerseits nur allzu deutlich erkennen lassen, daß sie eine tiefgreifende Reform nicht wünschten. In dieser Situation bedurfte es nur einer außergewöhnlichen Persönlichkeit, um aus den Hoffnungen der gläubigen Menschen eine einheitliche Bewegung hervorgehen zu lassen. Martin Luther fiel diese Rolle zu, ohne daß er sie angestrebt hätte. Sein Auftreten war auch nicht in erster Linie deshalb epochemachend, weil er sich gegen den Mißstand des Ablaßverkaufs wandte, an dem viele Anstoß nahmen, sondern weil er erkannte, daß die starken religiösen Bedürfnisse vieler Menschen durch die veräußerlichte religiöse Praxis nicht mehr befriedigt wurden. Gegenüber den entleerten Formen des traditionellen religiösen Lebens betonte er die Innerlichkeit des religiösen Erlebens. Zugleich brachte er auch Motive der deutschen mystischen Tradition zur Geltung. Daß seine Bemühungen um Reform schließlich zur Reformation bzw. zur Kirchenspaltung führten, lag nicht in seiner Absicht; ebensowenig war es sein Ziel, die evangelischen Landeskirchen den jeweiligen Territorialherren zu unterstellen.

Martin Luther (1483–1546) hatte, gegen den Willen des Vaters, der es gern gesehen hätte, wenn der Sohne Jurist geworden wäre, in Erfurt und Wittenberg Theologie studiert und war in den Augustiner-Orden eingetreten. In Wittenberg wurde er Professor und legte dort die Grundlagen seiner Gnaden- und Rechtfertigungslehre. Seine 95 Thesen gegen den Ablaßhandel (1517) machten ihn rasch über seinen eigentlichen Wirkungskreis hinaus bekannt, ließen aber auch den Gegensatz zwischen seinem Anliegen und den Interessen der damaligen Kirche zutage treten. Der Konflikt endete nach einer Reihe ergebnislos verlaufener Glaubensgespräche schließlich mit Luthers Exkommunikation (1521). Vor dem Wormser Reichstag bekräftigte er seine Auffassung und wurde mit der Acht belegt, vor deren Folgen ihn jedoch Friedrich II. von Sachsen bewahrte. Auf der Wartburg, wo er Asyl erhielt, übersetzte er das Neue Testament in ein klares, kräftiges Deutsch. Diese Übersetzung und seine verschiedenen Schriften, in denen er seine Lehre vertrat, fanden dank der neuen, von Johannes Gutenberg (gest. 1468) entwickelten Technik des Buchdrucks mit beweglichen Lettern weite Verbreitung. Die Unterstützung durch eine Reihe deutscher Fürsten stärkte die von Luther eingeleitete Bewegung, die schließlich zur Loslösung großer Teile Europas von Rom führte, wozu auch andere Reformatoren beitrugen, vor allem Ulrich (Huldrych) Zwingli (gest. 1531) und Johann Calvin (Cauvin) (gest. 1564).

Luthers theologische Grundüberzeugung, daß der Mensch nicht durch Werke, sondern nur durch den Glauben gerechtfertigt werde, beruht auf metaphysischen Grundlagen: Der Mensch ist wesentlich Geist und steht als geistiges Wesen mit dem Wort Gottes in Verbindung. Das Wort Gottes ist zunächst die Lehre Christi in den Evangelien, gleichzeitig aber auch das «Wort» im Sinne des göttlichen «Logos», der die gesamte endliche Wirklichkeit durchdringt. Auf dieser Grundlage entwickelte Luther eine Auffassung der Frömmigkeit, die nur die geistige Seite des Menschen, seine Innerlichkeit, berücksichtigt und alle äußerlichen Verhältnisse den inneren unterordnet. Namentlich ergibt sich aus dem Vorrang des Geistigen, daß im religiösen Bereich alles auf den Glauben und nichts auf die Werke ankommt, die der äußeren Wirklichkeit angehören und daher keine Bedeutung für das Heil der Seele haben. Wallfahrten, Fastenübungen, Kasteiungen usw., die in der damaligen religiösen Praxis eine große Rolle spielten, werden damit abgelehnt. Nur durch den Glauben tritt die Seele in Verbindung mit dem Wort Gottes und wird durch dieses verändert: «Wie das Wort ist, so wird auch die Seele von ihm, gleich wie das Eisen wird glutrot wie das Feuer aus der Vereinigung mit dem Feuer.»[1] Die Seele verbindet sich im Glauben mit Christus, so daß alles, was ihr eigen ist, auch Christus eignet – einschließlich der Sünde, die durch Christi übermächtige Gerechtigkeit vertilgt wird. Wenn Luther das Einswerden der Seele mit Gott als Ziel betrachtet, ist die mystische, letztlich auf neuplatonische Spekulationen zurückgehende Komponente seines Denkens nicht zu übersehen.

Der Mensch wird durch den Glauben, und nur durch ihn, frei. Die

Freiheit, die Luther dem Gläubigen in Aussicht stellte, besteht darin, unabhängig von Werken gerechtfertigt werden zu können. Luther wollte nicht sagen, daß es vom religiösen Standpunkt aus gleichgültig sei, was der Mensch tut; er betonte lediglich, daß die Werke nicht als solche, sondern nur als Bekundungen des Glaubens zur Ehre Gottes gereichen. Damit erst entsprechen sie dem ersten Gebot, Gott zu ehren, d.h. alles Gute ausschließlich Gott zuzuschreiben. Die Werke haben aber insofern eine gewisse Bedeutung, als der Mensch auch ein leibliches Wesen und als solches Neigungen unterworfen ist, die unter Umständen gezügelt werden müssen. Sie spielen auch deshalb eine Rolle, weil ein jeder auf das Zusammenleben mit anderen Menschen angewiesen ist und ihnen gegenüber die Pflicht der Nächstenliebe zu erfüllen hat. Obwohl also die guten Werke nicht bedeutungslos sind, ist daran festzuhalten, daß sie den Menschen nicht fromm machen; vielmehr macht ein frommer Mensch gute Werke.

Die Freiheit des Christen besteht nicht in der Willensfreiheit. Nach Luther ist der Mensch nicht fähig, eine beliebige von mehreren Möglichkeiten zu wählen. Die Freiheit besteht vielmehr darin, daß der Mensch vom göttlichen Wort allein abhängig, d.h. unabhängig von äußerlichen Verhältnissen ist. Freiheit als Willkür kann es nicht geben, weil alle Macht Gott zukommt und daher der Mensch für sich selbst ohnmächtig ist. Der Glaube, durch den der Mensch gerechtfertigt wird, ist der göttlichen Gnade zu verdanken, die der Mensch sich nicht verdienen kann, weil keine Handlung ohne Glauben bzw. Gnade verdienstlich ist.

Luther übte in dem philosophisch besonders wichtigen Werk «Über den unfreien Willen» («De servo arbitrio», 1525) Kritik an Erasmus, der (auf Drängen von Luthers Gegnern) in seiner Schrift «Über den freien Willen» (1524)[2] eine vermittelnde Position empfahl, indem er daran festhielt, daß es eine gewisse, allerdings sehr beschränkte Fähigkeit des menschlichen Willens gebe, sich die Gnade zu verdienen. Diese Kontroverse wird recht unterschiedlich bewertet. Es fehlen nicht die Stimmen zugunsten von Erasmus. Es scheint plausibel, mit Erasmus zu argumentieren, daß im Interesse der moralischen Verantwortlichkeit die menschliche Willensfreiheit nicht gänzlich preisgegeben werden dürfe. Manchen ist Erasmus durch sein Bemühen sympathisch, den Gegensatz zwischen den konfessionellen Richtungen nicht allzu groß werden zu lassen. Über solchen Erwägungen darf man aber nicht übersehen, daß Luther der konsequentere war: Da er an eine absolute Wahrheit glaubte, konnte er die «sanfte und gelinde Theologie» eines Erasmus nicht billigen. Das Bekenntnis zu einer skeptischen Einstellung, für die es keine absolute Gewißheit gibt, ist für den Gläubigen, der in seinem Glauben nicht zu erschüttern ist, unannehmbar. «Der Heilige Geist ist kein Skeptiker», wie Luther seinem Kritiker entgegenhielt.[3] Daher wies er die Ansicht zurück, daß die Frage der Willensfreiheit nicht den Kern der christlichen Religion berühre und daß es daher nicht opportun sei, sie vor einer breiteren Öffentlichkeit zu diskutieren. (Ähnlich war Meister Eckhart vorgeworfen worden, Fragen, deren Tragweite nur ein Fachmann abschätzen könne, vor Laien erörtert zu haben). Luther betonte gegenüber Erasmus, daß für jeden Christen die Frage entscheidend sei, «ob unser Wille vermag etwas zu wirken oder nicht in den Sachen, so zur Seligkeit dienen».[4] Denn wenn man nicht weiß, wie weit das Vermögen des freien Willens reicht, dann kann man auch nicht wissen, wie groß Gottes Gnade ist. Immerhin billigte er Erasmus zu, der einzige gewesen zu sein, der den Hauptgrund der Differenz zwischen Reformation und Papsttum gesehen habe. Die Kritik an den Mißständen der römischen Kirche ist in Luthers Augen also nicht das Entscheidende; wesentlich ist die Art, in der das Verhältnis zwischen göttlicher Gnade und menschlichem Wollen bestimmt wird. Dies ist in der Tat der zentrale Punkt, den Luther klar im Auge behält: Wenn Gott allmächtig ist, dann kann dem menschlichen Willen (wie allem Endlichen) keine Macht zukommen; er ist im strengen Sinn des Wortes gegenüber Gott ohnmächtig, und wenn es scheint, als habe er eine gewisse Macht, dann kann es nur Gottes Macht sein, die im Menschen wirkt. Die Allmacht Gottes besteht nicht darin, daß Gott alles vermag, was er möchte, sondern darin, daß er «alles in allen [Dingen] bewegt und tut», wie Luther es ausdrückt.[5] Angesichts der so aufgefaßten göttlichen Allmacht bzw. Vorsehung kann es daher keine Willkürfreiheit des Willens und keinen Akt der verderbten Kreatur geben, durch den sie, unabhängig von Gottes Gnade, ihr Heil sichern könnte. Luther hat zweifellos richtig gesehen, wenn er feststellte, daß die Annahme der Willensfreiheit (als selbständiger seligmachender Wirksamkeit) mit der Annahme der göttlichen Allmacht (als Allwirksamkeit) unverträglich ist. Will man dem Menschen Freiheit zuschreiben, muß man die Idee eines allmächtigen, in allem Endlichen ausschließlich wirkenden Gottes aufgeben. Das Beharren auf diesem Standpunkt Starrsinn zu nennen läuft auf eine Verkennung der Konsequenzen von Luthers Voraussetzungen hinaus. Gegen den Einwand, daß die Lehre von der Unfreiheit des Willens jeden Appell zur sittlichen Besserung sinnlos erscheinen lasse und darauf hinauslaufe, daß von Lohn, Verantwortung und Strafe, von göttlichem Gericht und göttlicher Gerechtigkeit nicht mehr gesprochen werden könne, was moralisch bedenklich sei, wie Erasmus hervorgehoben hatte, gab Luther zu bedenken, daß der Mensch niemals selbst sein Leben bessern kann. Wird man sich dagegen des eigenen Unvermögens bewußt, dann wird man zur Demut geführt, und den Demütigen hat Gott seine Gnade zugesichert. Wer wirklich fromm werden will, muß an sich und seinen Werken verzagen, um alle Hoffnung in den Glauben zu setzen.

Tatsächlich liegt die entscheidende Differenz in der Auffassung der göttlichen Allmacht: Luther verstand sie als einzige Macht in allem, Erasmus als Macht Gottes, zu tun, was er will.[6] Demgemäß erklärte Luther die göttliche Wirksamkeit für einzig und ausschließlich, während sie Erasmus als primäre, nicht aber als alleinige Ursache der menschlichen Werke betrachtete: Die Mitwirkung des (freien) Willens – als «Kraft des menschlichen Wollens

..., durch die sich der Mensch dem zuwenden, was zum ewigen Heil führt, oder sich davon abkehren könnte»[7] – ist seiner Ansicht nach unentbehrlich. Mit Recht verwahrte sich Luther gegen die Ansicht, seine Lehre vom unfreien Willen laufe auf die These hinaus, der Wille werde von Gott in eine bestimmte Richtung gezwungen. Die Unfreiheit besteht in Wirklichkeit darin, daß der nicht von Gottes Geist erfüllte Mensch nichts Gutes tun kann; sein Wille wird nicht von Gott zum Bösen veranlaßt, sondern er ist unfähig, dem Bösen zu widerstehen. Aber auch der unter dem Einfluß des Heiligen Geistes stehende Wille unterliegt nicht einem Zwang, sondern tut das Gute willig und mit Freuden. Vielleicht wäre die Diskussion positiver verlaufen, wenn Luther nicht von Willens-Unfreiheit, sondern nur vom Unvermögen des menschlichen Willens gesprochen hätte, unabhängig von Gottes Gnade das Heil zu erringen. Gelegentlich deutete er an, daß er die menschliche Freiheit nicht in jedem Sinne leugnen, sondern dem landläufigen Sprachgebrauch entgegenkommen wollte: Dem Menschen könne Freiheit in bezug auf das, was unter ihm ist, zugebilligt werden, solange man nicht behauptet, daß er in bezug auf das Heil der Seele frei sei. «Mit meinen Gütern, Äckern, Haus, Hof mag ich schaffen, walten, lassen tun frei, wie mein Wille ist ... Aber gegen Gott und in den Sachen, die die Seligkeit betreffen, hat der Mensch gar keinen freien Willen ...»[8]

Wenn Luther das Wesen Gottes im Willen erblickte und diesen Willen als unabhängig von jeglicher Norm betrachtete, zeigt sich in seinem Denken der Einfluß des spätmittelalterlichen Voluntarismus; wenn er das Wesen Gottes als schlechthin unerkennbar bezeichnete, kommt ein Zug aller Mystik seit Pseudo-Dionysius zum Vorschein. Die mystischen Elemente in Luthers Denken beeinflußten die protestantische Mystik der frühen Neuzeit. Die Tendenz, den endlichen Dingen als solchen alle Möglichkeit des Wirkens zugunsten der Allwirksamkeit Gottes abzusprechen, kam noch in gewissen metaphysischen Systemen des 17. Jahrhunderts, namentlich im Okkasionalismus (siehe Teil IV, Kap. I, 3), zum Ausdruck.

Luther wollte, obwohl seine Theologie offensichtlich auf gewissen philosophischen Voraussetzungen beruht, kein Philosoph sein, ja er verwarf Philosophie und Wissenschaft – namentlich den Aristotelismus – als der Religion abträglich, wie er in der Vernunft geradezu «des Teufels Hure» erblickte. Gegenüber dem heliozentrischen System verhielt er sich ablehnend, und Zinsgewinn aus Kapital hielt er für verwerflich, so daß die modernen wissenschaftlichen und ökonomischen Auffassungen über seinen Standpunkt hinausgehen mußten. Hieraus zu folgern, daß er keinen Beitrag zur Entwicklung des neuzeitlichen Denkens geleistet hätte, wäre jedoch verfehlt. Indem er die Freiheit des Glaubens gegenüber kirchlicher und weltlicher Gewalt betonte und die These vom allgemeinen Priestertum aufstellte, legte er mit theologischen Mitteln den Grund des Freiheits- wie des Gleichheitsgedankens, die den modernen Geist prägen sollten.

Philipp Melanchthon (1497–1565) unternahm es, den Protestantismus mit der Philosophie zu versöhnen. Während Luther dem Humanismus verständnislos gegenüberstand, schlug Melanchthon die Brücke vom Luthertum zum humanistischen Denken, so wie er auch in bezug auf die Willensfreiheit der von Erasmus vertretenen Auffassung entgegenkam. Indem er den Aristotelismus mit den Grundlehren der Reformation zu verbinden suchte, machte er den Weg zur Ausbildung einer protestantischen Scholastik frei.

Luthers Lehre hatte zum Teil Wirkungen, die ihr Urheber nicht gewollt hat, ja kaum hätte vorhersehen können. Indem er die herkömmliche kirchliche Autorität in Frage stellte, die öffentliche Ordnung jedoch gesichert wissen wollte, blieb als Ordnungsfaktor nur der Staat übrig, dessen Machtansprüchen die Kirche nicht mehr als Gegengewicht gegenüberstand. Wo auch die Rechtmäßigkeit der staatlichen Autorität bestritten wurde, setzten sich – wie bei den Wiedertäufern – anarchistische Ideen durch. Durch die Lehre von der Freiheit förderte Luther Freiheitsbestrebungen auch außerhalb des kirchlichen Bereichs, namentlich bei den Bauern, die sich in verschiedenen Teilen Deutschlands gegen die Grundherren erhoben. Erschreckt von den Ausschreitungen während des Bauernkrieges (1524–1525) und besorgt um sein Reformwerk, forderte Luther in der Schrift «Wider die räuberischen und mörderischen Rotten der Bauern» die gewaltsame Unterdrückung des Aufstands.

Nachdem die Einheit der Kirche einmal in Frage gestellt war, wurde der Weg für andere Reformatoren, wie für Zwingli und Calvin, frei. Calvin hat mit seiner Lehre von der sich auch in den Handlungen des Menschen äußernden Allwirksamkeit Gottes einen Gedanken ausgesprochen, der sich als mächtiges Motiv der Lebensgestaltung erweisen sollte. Auf seiner Grundlage entwickelte sich die puritanische Auffassung, daß die berufliche Betätigung das hervorragende Mittel der Askese und der berufliche Erfolg das Zeichen der religiösen Wiedergeburt sei.[9] Die asketische Einstellung führte zu weitgehendem Konsumverzicht und ermöglichte damit die Akkumulation von Kapital, das zu immer weiterer wirtschaftlicher Expansion führte.

Noch bevor Luther starb, trat das Konzil von Trient (1545–1563) zusammen, wo die Kräfte der Gegenreformation gesammelt und die Lehrunterschiede gegenüber dem Protestantismus präzisiert wurden. Der kirchlichen Überlieferung wurde ein eigenständiger Wert neben der Bibel zugeschrieben, die Sakramentenlehre Luthers wurde zurückgewiesen und die Bedeutung der Werke für das Seelenheil hervorgehoben. Wichtig für die Verbreitung der Gegenreformation wurde der Jesuitenorden, der auch an den katholischen Universitäten großen Einfluß ausübte. Die Reformation ließ sich aber nicht rückgängig machen, so daß Europa von nun an religiös gespalten blieb. Eine Folge der Kirchenspaltung waren Religionskriege und religiös bedingte Verfolgungs- und Vertreibungsaktionen. Auch die Entwicklung der Philosophie blieb nicht unberührt von den religiösen Problemen der Zeit.

2. Ansätze des religiösen Rationalismus

Angesichts der dogmatischen Streitigkeiten und der Entstehung von Landeskirchen ist es verständlich, daß nach einer religiösen Wahrheit gesucht wurde, die unabhängig von irgendwelchen Lehrentscheidungen für alle Menschen – auch die ungelehrten – gültig sein sollte. Eine solche Wahrheit schien sich durch den Rückgriff auf die natürliche Vernunft finden zu lassen. So versuchte Edward Herbert von Cherbury zu Beginn des 17. Jahrhunderts in seinem Hauptwerk «Über die Wahrheit im Unterschied zur Offenbarung, zum Wahrscheinlichen, Möglichen und Falschen»[10] die Gegensätze zwischen den verschiedenen Kirchen durch Aufweis einer einheitlichen, allgemeinmenschlichen und aus reiner Vernunft erkennbaren Religion zu überwinden. Die Vernunftreligion soll von jeglicher Offenbarung unabhängig sein und mit dem wahren Kern der Offenbarung im Einklang stehen. Im Geist der humanistischen Kritik bemängelte Herbert, daß in der damaligen Zeit nicht mehr nach selbständiger Wahrheitserkenntnis gesucht werde, sondern als wahr gelte, was eine bestimmte Kirche oder Philosophenschule dekretiere. Humanistischer Geist äußert sich auch in Herberts Anlehnung an Auffassungen der Antike, namentlich an Plato und den Neuplatonismus, an Aristoteles und die Stoa.

Wahrheit ist nach Herbert nicht primär Urteilswahrheit, sondern Seinswahrheit, und was in diesem Sinne wahr ist, soll sich darin zeigen, daß alle Menschen in bezug auf einen Sachverhalt übereinstimmen. Wie wenig diese Ansicht dem Geist des 17. Jahrhunderts entspricht, in dessen erste Hälfte Herberts Wirken fällt – er starb 1648 –, läßt sich den Reaktionen von seiten der eigentlich modernen Philosophen entnehmen: Descartes betonte den Unterschied zwischen dem von Herbert in dessen Werk über die Wahrheit eingeschlagenen und seinem eigenen Weg, der sich nicht an der allgemeinen Übereinstimmung, sondern am natürlichen Licht orientiere,[11] und Gassendi, der Erneuerer des epikureischen Sensualismus, wies darauf hin, daß Herbert die Skepsis nicht überwinden konnte, weil der allgemeine Konsens kein geeignetes Wahrheitskriterium sei.[12] Tatsächlich war Herbert kein systematischer Philosoph, sondern in erster Linie ein Mann der Praxis: Er war Diplomat und vertrat sein Land eine Zeitlang als Botschafter in Frankreich. Als solcher beobachtete er mit Sorge die Verschärfung der religiösen Gegensätze. Um eine Annäherung der Standpunkte zu erreichen, verfuhr er weitgehend eklektisch, indem er Auffassungen akzeptierte, die seinem Ziel dienlich zu sein schienen. Dabei fällt auf, daß er sich im wesentlichen nicht an der zeitgenössischen, sondern an der alten Philosophie orientierte. Der Rationalismus kam in der Religionsphilosophie erst mit dem modernen Deismus voll zur Geltung (siehe Teil IV, Kap. II, 1 a), der ähnlich wie Herbert, aber konsequenter als dieser, die religiösen Meinungsunterschiede durch den Rückgang zu einer rein vernünftigen Gotteslehre zu überwinden suchte.

3. Die protestantische Mystik vor Jakob Böhme

Auch im protestantischen Bereich gab es eine Mystik, und das ist nicht erstaunlich, wenn man bedenkt, daß sich mystische Gedanken auch beim frühen Luther finden. Die protestantischen Mystiker wollten der Erstarrung entgegenwirken, in die auch die protestantische Orthodoxie zu geraten drohte; gleichzeitig wollten sie über alle dogmatischen Gegensätze hinweg zu einem Kernbereich der Religiosität vorstoßen, der jenseits aller theologischen Meinungsunterschiede liegt. Dabei versuchten sie nicht, wie Herbert von Cherbury, die wahre Religion auf Vernunfteinsichten zu stützen, sondern sie glaubten in einer unmittelbaren, stark emotional gefärbten Schau das Göttliche zu finden. Der Einfluß gnostischer Auffassungen zeigt sich, wenn Mystiker beanspruchten, ein höheres, über die Verstandeserkenntnis hinausgehendes Wissen zu besitzen. Unter Berufung auf ein solches Wissen werteten sie die kirchliche Lehrautorität ab und faßten die Aussagen der Bibel als verhüllende Andeutungen einer esoterischen Lehre auf. Sie waren offensichtlich abhängig von der deutschen Mystik des hohen und späten Mittelalters bzw. vom Denken eines Nikolaus von Kues, waren aber auch von der Naturspekulation eines Paracelsus beeinflußt. Bei Sebastian Franck (1499–1542) zeigt sich deutlich der Zug zur Loslösung von jeglichem Dogmatismus und zur Distanzierung gegenüber bestimmten Religionsgemeinschaften – eine Tendenz, die zu einer spiritualistischen Auffassung der Kirche führte: Die wahre Kirche ist nicht identisch mit einer äußerlichen Organisation, schon gar nicht mit einer Organisation unter der Schirmherrschaft eines Fürsten, sondern sie ist die geistliche Gemeinschaft der Gläubigen. Diese Auffassung hängt mit der Überzeugung zusammen, daß alles in Gott ist und Gott in allem wirkt, so daß alle Wirksamkeit in den geschaffenen Wesen als Äußerung Gottes zu begreifen ist. Da das auch für den Menschen gelten soll, ist das menschliche Bewußtsein jener Bereich, in dem Gott in erster Linie zu suchen ist. Auch bei Valentin Weigel (1533–1588) zeigt sich das Bestreben, die Religion der Regelung durch die Vertreter der dogmatischen Orthodoxie zu entziehen und die wahre Kirche von den vorhandenen Kirchen zu unterscheiden. Wie Nikolaus Cusanus hob Weigel die Rolle des Subjekts in der Erkenntnis hervor und verwarf die Ansicht, das Erkennen sei ein bloßes Aufnehmen eines unabhängig von uns gegebenen Objekts – eines «Gegenwurfs», wie Weigel in wörtlicher Übersetzung von «objectum» sagt. Dies gilt aber nur von der natürlichen Erkenntnis; im Falle der übernatürlichen Erkenntnis verhalten wir uns in der Tat empfangend, sofern sich Gott uns offenbart. Da aber bei der übernatürlichen Erkenntnis Gott nicht nur das Erkannte, sondern auch das Erkennende ist, wirkt der Geist in gewisser Weise auch an der Gotteserkenntnis mit: Gott wird sich im Menschen seiner selbst bewußt. Dies läuft auf die Auffassung hinaus, daß immer dann, wenn wir Gott erkennen, Gott sich selbst erkennt.[13]

4. Die Mystik Jakob Böhmes

a) Böhmes Persönlichkeit und Werk

Für die Geschichte der Mystik, aber auch für die Geschichte einer bestimmten Richtung der Philosophie ist Jakob [Jacob] Böhme die wichtigste Gestalt der Epoche. Der unweit von Görlitz als Sohn wohlhabender Bauern 1575 Geborene erlernte, weil er für schwere körperliche Arbeit zu schwach war, das Schusterhandwerk und ließ sich nach Jahren der Lehre und der Wanderschaft in Görlitz nieder. 1600 hatte er ein Erweckungserlebnis, in dem er die Gewißheit gewann, sich ungeachtet seiner Nichtigkeit zu Gott erheben und seine tief depressive Stimmung – seine «Melancholie» – überwinden zu können. In den folgenden Jahren entwickelte er seine mystischen Gedanken in zusammenhängender Weise und legte sie in einem Werk nieder, dem er den Titel «Morgenröte im Aufgang» gab (der geläufige Titel «Aurora» stammt nicht von ihm).[14] Dieses Werk habe er, wie er später sagte, für sich selber als Memorial und um sich innerlich aufzurichten geschrieben, wobei ihn ein feuriger Trieb, ohne Vorherwissen des Ergebnisses, geleitet habe.[15] Obwohl die «Morgenröte» nicht veröffentlicht wurde – nur wenige Schriften Böhmes wurden zu seinen Lebzeiten von Gönnern publiziert –, entstanden Abschriften, die der Geistlichkeit in Görlitz zu Gesicht kamen. Der Görlitzer Hauptpastor griff ihn vehement an, und Böhme verpflichtete sich, keine weiteren Schriften zu verfassen, falls die Geistlichkeit ihre Angriffe einstelle. Fünf Jahre lang hielt er sich an seine Zusage, obwohl die Übereinkunft von der Gegenseite nicht respektiert wurde. Dann griff er wieder zur Feder, weil – wie er es ausdrückte – sein «innerer Mensch» stärker war als sein äußerer. Offenbar sah sich Böhme als Werkzeug einer höheren Macht. Auch in seinen Werken habe er, wie er hervorhob, nichts aus der eigenen Vernunft denken oder dichten wollen, sondern er ließ den Geist Gottes in sich wirken.[16] Von 1618 an entstand in rascher Folge eine Reihe von Schriften, die die Gedanken seines Erstlingswerks klarer zum Ausdruck bringen sollten.[17] Auf Veranlassung des Hauptpastors legte der Görlitzer Rat Böhme nahe, die Stadt zu verlassen. Eine Einladung nach Dresden, wo sich Kreise des Hofes für ihn interessierten, befreite ihn zunächst aus seiner Verlegenheit, danach hielt er sich als Gast auf Landsitzen schlesischer Adeliger auf, kehrte aber schließlich todkrank nach Görlitz zurück, wo er 1624 starb.

Böhme war von einer mystischen Tradition beeinflußt, von der man nicht weiß, wie er sie kennenlernte, so wie sich auch nicht feststellen läßt, woher seine astrologischen und alchimistischen Kenntnisse stammen. Daß er belesen war, steht fest, ohne daß sich jedoch seine Quellen bestimmen ließen. Erstaunlich ist die Wirkung, die er ausübte: Seine Werke, die nach seinem Tod in mehreren Gesamtausgaben erschienen, beeinflußten nicht nur den deutschen Pietismus, sondern auch verschiedene englische und französische

Mystiker. Seine Wirkung reicht bis zur Romantik, namentlich zu Franz v. Baader und Schelling (siehe Teil V, Kap. V), die im «Philosophus teutonicus», wie er schon früh genannt wurde, einen tiefsinnigen Anreger erblickten. Böhme hatte aber auch viele Gegner. Er wurde nicht nur von den zeitgenössischen Vertretern der evangelischen Orthodoxie, auch noch nach seinem Tode, bekämpft, sondern er stieß auch auf Widerspruch von seiten verschiedener Aufklärer, die in ihm den Prototyp des Obskuranten erblickten.

Böhme schrieb im Bewußtsein, Sprachrohr des Heiligen Geistes zu sein. Der Umstand, daß er nicht gebildet war und sich nur einfältig auszudrükken vermochte, schien ihm demgegenüber bedeutungslos zu sein. In der «Morgenröte» ermahnte er den Leser, sich nicht in die heidnische Weisheit zu vergaffen, aber auch nicht Anstoß an der Einfalt des Autors zu nehmen: «denn das Werk ist nicht seiner Vernunft, sondern des Geistes Trieb».[18] Böhme war überzeugt, in sich selbst eben jene Kräfte zu erfahren, die in der Welt wirksam sind und letztlich ihren Grund in Gott haben. Wer selbst den Geist Gottes in sich trägt, würde den Verfasser, wie Böhme hoffte, verstehen.

b) Gott und Welt; das Problem des Bösen

Die Betonung der Innerlichkeit des religiösen Erlebens ist ein Zug aller Mystik und namentlich auch bei Luther zu finden. Gott ist nach mystischer Überzeugung kein jenseitiges Wesen, das seinen Sitz im Himmel hätte, sondern er wirkt in der Seele, wie er in der Natur im allgemeinen wirkt. Dieser Gedanke findet sich auch bei Böhme, der unter dem Eindruck der Emanationslehre die Annahme einer Schöpfung aus dem Nichts verwarf. Wäre die Welt aus dem Nichts entstanden, und nicht aus Gott hervorgegangen und ständige Äußerung der Kraft Gottes, dann würde die wesentliche Verbindung von Welt und Gott, von Endlichem und Unendlichem, an die Böhme glaubte, unbegreiflich.

Hinter Böhmes theosophischen Spekulationen stehen Fragen, die schon frühere Vertreter der Mystik bzw. des Neuplatonismus beschäftigt hatten. Vor allem ging es darum, wie sich angesichts der Einheit des Urgrundes allen Seins begreifen lasse, daß es eine Vielheit von Wesen gebe, und wie angesichts der Güte des Urgrundes das Vorhandensein des Bösen verständlich gemacht werden könne. Ganz im Geist des Neuplatonismus antwortete Böhme, daß der Urgrund nicht als undifferenzierte Einheit zu denken sei, sondern als Einheit, die sich in sich selbst differenziert und damit zum Prinzip der Vielheit, aber auch des Gegensatzes und somit des Bösen, werde. Weit entfernt von der Ansicht, daß dem Bösen keine wahre Wirklichkeit zukomme, sah sich Böhme genötigt, es auf Gott zu beziehen: Wenn die gesamte Wirklichkeit aus Gott stammt, dann muß auch das Böse einen Grund in Gott haben. Die Beziehung zwischen Gott und dem Bösen muß aber so gedacht werden, daß nicht Gott selber als böse erscheint. Man wird bezweifeln dürfen, ob ein solches Unterfangen zu einem befriedigenden Abschluß geführt werden kann.

In enger Verbindung mit dem Problem des Bösen steht die Frage, was Gott veranlaßt, die Natur aus sich hervorgehen zu lassen. Böhme gab zur Antwort, daß Gott sich selbst betrachten, sich seiner bewußt werden wollte und daher in sich ein Anderes – den Grund der Natur – entspringen ließ. In Gott haben die «Quellgeister» ihren Grund, die sich als Qualitäten äußern. (Böhme, der eine Neigung zu gewagten Etymologien hatte, brachte «Qualität» mit «quallen» und «quellen» in Verbindung.) Die Quellgeister sind göttliche Kräfte, die nach Böhme den Elementen im Sinne der Alchemie zugrunde liegen. Aus ihnen geht die Welt hervor, die somit nicht aus dem Nichts geschaffen worden ist. Mit der Auffassung, daß in allem dieselben Elemente wirken und daß die Elemente in ihrer Unterschiedlichkeit Ergebnis der Aufspaltung einer ursprünglichen Einheit sind, folgte Böhme der Ansicht des Arztes und spekulativen Naturphilosophen Paracelsus, dessen Schriften er offensichtlich kannte.

Wenn die gesamte Welt eine Manifestation Gottes ist, so daß alles in Gott und Gott in allem ist, dann muß auch der Ursprung des Bösen bzw. des Übels in Gott gesucht werden. An der Realität des Übels hat Böhme nicht gezweifelt, und tatsächlich lag es in der Zeit der nachreformatorischen religiösen Konflikte und des beginnenden Dreißigjährigen Krieges nahe, das Geschehen auf das Wirken des Bösen zurückzuführen. Wenn aber alles Wirkliche aus Gott ist, dann scheint auch das als wirklich betrachtete Übel seinen Grund in Gott haben zu müssen. Gott als böse zu denken ist jedoch unmöglich. Daher nahm Böhme an, daß es in Gott einen Grund des Bösen gebe, nämlich einen ursprünglichen Gegensatz im Wesen Gottes: Gott stellt sich gegen Gott.[19] In Gott gibt es nicht nur das Ja, sondern auch das Nein, nicht nur die Positivität, sondern auch die Negativität, die zunächst Moment Gottes ist, sich dann aber verselbständigt. Die Erzählung vom Abfall Luzifers deutet nach Böhme diese Verselbständigung des negativen Moments an. Der Abfall ruft den Zorn Gottes hervor. Das göttliche Zornfeuer löst die ursprüngliche Einheit auf und führt damit zur Entstehung der materiellen Wirklichkeit. Böhme wollte nicht sagen, daß Gott selbst gut und böse sei: Gott ist vielmehr das Gute selbst. Aber in Gott entbrannte nach dem Fall der Zorn, so daß nun neben dem Liebefeuer auch ein Zornfeuer in ihm brennt. Die «Finsternis», die im Mittelpunkt des göttlichen Lichts vorhanden ist, entsteht durch Verderbnis der Kräfte Gottes, die als solche wesentlich gut sind.

Gottes Zorn hat zur Folge, daß in der Welt neben dem Licht das Dunkel, neben der Süßigkeit die Bitterkeit vorhanden sind. Weil in Gott selbst neben dem Guten der Grund des Bösen liegt, war Böhme überzeugt, daß in der Natur, in der sich Gott äußert, alles eine gute und eine böse Komponente habe, also nichts ganz gut oder ganz schlecht sei: «Es ist in allen Kreaturen in dieser Welt ein guter und böser Wille und Quell ... Es ist nichts in der

Natur, da nicht Gutes und Böses innen ist; es wallet und lebet alles in diesem zweifachen Trieb.»[20] Nur im Streit wird die Natur offenbar, nur wo ein Wille auf einen Wider-Willen stößt, gibt es Veränderung, Werden und Vergehen und somit Leben. Der Gedanke einer durchgängigen Polarität in allen Wesen ist ein Leitmotiv von Böhmes Spekulation. So heißt es in der Schrift «Von der Gnadenwahl»: «Es ist in der Natur immer eines wider das ander gesetzt, daß eines des andern Feind sei, und doch nicht zu dem Ende, daß sichs feinde; sondern daß eines das ander im Streite bewege und in sich offenbare...»[21]

Bei Böhme lassen sich auch Ansätze des Theodizeeproblems erkennen, d.h. der Frage, wie sich das Vorhandensein des Bösen in der vom guten Gott abhängigen Welt rechtfertigen lasse. Böhme erklärte das Böse deshalb für notwendig, weil das Gute nicht offenbar würde, wenn nicht Böses vorhanden wäre. Dies ist deshalb so, weil allgemein keine Eigenschaft erfahren werden kann, wenn es nicht auch kontrastierende Eigenschaften gibt. Ungeachtet der Notwendigkeit des Bösen wies Böhme die Lehre von der Vorherbestimmung zurück.

Hinter dem Problem des Bösen steht bei Böhme die Frage, wie angesichts der Unterschiedlichkeit, ja Gegensätzlichkeit von Qualitäten und Dingen die Wirklichkeit als Einheit begriffen werden könne. So wie das Gute und das Böse mit der Einheit des Urgrundes bzw. des Ungrundes verträglich sein müssen, so müssen die vielfältigen Dinge und Qualitäten auf die Einheit der Wirklichkeit bezogen werden. Eine rationale Lösung des Problems läßt sich, wie Böhme überzeugt war, nicht mehr finden: Das Prinzip der Einheit in der Gegensätzlichkeit bleibt für den Verstand ein Geheimnis, ja es ist *das* Geheimnis, das Mysterium magnum. So muß auch die Möglichkeit des Abfalls von Gott, d.h. von der All-Einheit, bzw. der Verselbständigung göttlicher Potenzen, ein Rätsel bleiben, da nicht zu begreifen ist, wie sich Luzifer gegen Gott empören konnte, wenn er doch in Gott war. Obwohl dieses Problem theoretisch nicht gelöst werden kann, bleibt die mit der Entzweiung gestellte praktische Aufgabe der Wiederherstellung der Einheit bestehen.

c) Der praktische Aspekt der Mystik Böhmes

Böhme ging es um die Wiedergeburt des Menschen aus dem Glauben, d.h. um die Überwindung der Sünde als Verderbnis der Natur und damit um die Wiederherstellung des Zustands vor dem Fall und vor der Entzweiung von Mensch und Gott. Nach dem Sündenfall griff Gott zunächst durch Gebote, Verbote und abschreckende Beispiele in das Weltgeschehen ein; später verhalf er durch den Gottmenschen Christus dem göttlichen Licht, das in der Schöpfung nicht völlig erlischt, zum Durchbruch, so daß es dem Menschen möglich wird, unabhängig von äußerlichen Normen nach der Vereinigung mit Gott zu streben. Aber die christliche Religion wurde in vielfältiger

Weise verfälscht, schließlich sogar kommerzialisiert, bis die Menschen begannen, sich wieder ihrem Ursprung zuzuwenden. Ein einfacher Mönch leitete die entscheidende Wende ein, und er war dazu berufen, weil sich das Wesen der Religion im allgemeinen, wie Böhme meinte, eher den Einfältigen als den Weltklugen erschließt. Gott ist nahe, er wirkt im Inneren eines jeden, es kommt nur darauf an, seine Wiedergeburt im eigenen Herzen zu ermöglichen. Wenn Gott in der menschlichen Seele wiedergeboren wird, dann ist die Seele bei Gott und Gott in ihr.[22] Die Einheit ist durch den Fall der Engel und der ersten Menschen gestört, die sittlich-religiöse Aufgabe besteht darin, sie wiederherzustellen. Die Sehnsucht nach der verlorenen Einheit aller Wesen in Gott ist das immer wiederkehrende Motiv in Böhmes Ringen mit dem Mysterium; die Gewißheit, daß diese Sehnsucht gestillt werden kann, gab ihm die Kraft, sein Schicksal zu meistern und das zu erfüllen, was er für seine Sendung hielt. Er glaubte die Morgenröte des Tages zu sehen, an dem die Menschen die verlorene Einheit mit Gott wiederfinden werden. Auf diese Morgenröte weist der Titel von Böhmes Erstlingswerk hin. So wie nichts in sich ruhen kann, wenn es nicht dahin zurückkehrt, von wo es gekommen ist, so findet der Mensch erst seine Ruhe, wenn er mit Gott vereinigt wird, wenn sein Wille schweigt und die vollkommene Stille eintritt, die mit der Preisgabe des Eigenwillens durch Versenkung in den Willen Gottes (des Ur- oder Ungrundes) verbunden ist.

Vergegenwärtigt man sich den allgemeinen Charakter von Böhmes Denken, das auf weite Strecken mystische Theologie ist, und berücksichtigt man den prophetischen Ton seiner Schriften, dann ist verständlich, daß gefragt wurde, ob Böhme überhaupt als Philosoph gelten könne. Die Antwort hängt davon ab, welche Auffassung von Philosophie zugrunde gelegt wird. Im engeren Wortsinn war Böhme sicherlich kein Philosoph; dazu fehlte ihm die Vertrautheit mit Logik, Erkenntnistheorie, Ontologie usw. Aber wenn man unter «Philosophie» eine allgemeine und umfassende Weltsicht verstehen möchte, bei der Fragen nach der Herkunft der Natur und insbesondere des Menschen sowie nach dem Sinn des Daseins eine entscheidende Rolle spielen, dann könnte man Böhme auch unabhängig von seinem Einfluß auf spätere Philosophen wohl einen Platz in der Geschichte der Philosophie einräumen. Noch schwerer fällt die Antwort auf die Frage, ob seine Philosophie als typisch deutsch zu gelten habe, wie durch seine Bezeichnung als *Philosophus teutonicus* nahegelegt wird. Mag auch ein Leibniz dem schlesischen Mystiker Beachtung geschenkt haben, mögen die Spekulationen Baaders und Schellings ihm Anregungen verdanken, und mag selbst die Hegelsche Dialektik bei ihm schon vorbereitet sein –, man wird dennoch zögern, die deutsche Philosophie auf diese Tradition festzulegen. Zu bedeutend ist die kritische, Spekulationen wie den Böhmeschen ablehnend gegenüberstehende Richtung der deutschen Philosophie, die in Kant ihren Höhepunkt erreichte, als daß man die von Böhme repräsentierte mystische Art des Denkens als typisch deutsch bezeichnen könnte.

5. Angelus Silesius

Von Böhme beeinflußt war Johannes Scheffler (1624–1677), genannt Angelus Silesius, der aber nur in seinen Anfängen der protestantischen Mystik zugehörte. Er trat zum Katholizismus über, empfing später die Priesterweihe und verschrieb sich ganz dem Geist der Gegenreformation. Hier ist er, der bereits dem 17. Jahrhundert angehörte, nur wegen seiner Beziehung zu Böhme zu erwähnen.[23] Auf Böhme hatte ihn ein anderer schlesischer Mystiker, Abraham von Franckenberg (Frankenberg) (1593–1652), aufmerksam gemacht. Außerdem kannte er viele andere Mystiker verschiedener Zeiten und Länder. In seinem «Cherubinischen Wandersmann» (1657), der von den Vertretern der protestantischen Orthodoxie abgelehnt wurde, ist Böhmescher Geist spürbar, wie überhaupt die Gedanken dieses Werkes zum Teil auf die Zeit vor seiner Konversion zurückgehen. Wie Böhme betonte Angelus Silesius die innerliche Einheit von Gott und Mensch:

> Soll ich mein letztes End und ersten Anfang finden,
> So muß ich mich in Gott und Gott in mir ergründen,
> Und werden das, was er; ich muß ein Schein im Schein,
> Ich muß ein Wort im Wort, ein Gott im Gotte sein.[24]

Angelus Silesius geht noch einen Schritt weiter und bekennt sich in den folgenden vielzitierten Versen zu der Lehre, daß Gott sich erst im Menschen findet:

> Ich weiß, daß ohne mich Gott nicht ein Nu kann leben,
> Werd ich zunicht, er muß von Not den Geist aufgeben.

Im großen und ganzen hat der «Wandersmann» eher den Charakter eines Erbauungsbuches; in dieser Hinsicht erinnert er an Thomas' von Kempen (1380–1471) «Nachfolge Christi».[25]

Die Mystik beruht auf dem Glauben an die Möglichkeit, des letzten Grundes aller Wirklichkeit unmittelbar innewerden zu können. Tatsächlich wird jedoch das, was sie so zu schauen vermeint, nur angenommen, um gewisse Züge der Wirklichkeit – etwa das Vorhandensein des Übels – begreiflich zu machen. Daneben dürften auch gewisse emotionale Bedürfnisse eine Rolle spielen, namentlich der Wunsch nach Entlastung von echten oder vermeintlichen Konflikten in der Natur. Der Mystiker macht den Inhalt seiner spekulativen Annahmen zum Ersten, verselbständigt ihn zu realen Prinzipien und sieht daher nicht mehr, daß es sich um Annahmen handelt. Folgerichtig muß sich ihm die Frage stellen, wie wir von den vorgeblichen ersten Prinzipien und namentlich von Gott wissen können; die Antwort ergibt sich ihm im Rahmen der Lehre vom unmittelbaren Wissen Gottes, und um ein solches Wissen behaupten zu können, postuliert er die Einheit von Gott und Mensch bzw. Gott und Natur im allgemeinen –

allerdings wiederum ohne zu bemerken, daß es sich um ein Postulat handelt. Letzten Endes beruft er sich auch hier auf eine unmittelbare, überrationale Schau und macht dadurch seine Auffassung gegen Kritik immun: Wer die mystische Lehre anzweifelt, beweist damit in den Augen des Mystikers nur, daß er der mystischen Schau nicht fähig ist. Dieses Ziel wird jedoch um einen hohen Preis erkauft: Der Mystiker muß zugeben, daß der wesentliche Gehalt seiner Erfahrung nicht mitteilbar ist. Konsequenterweise müßte er schweigen; wenn er dennoch redet, tut er das in Form von bildhaften Andeutungen und allegorischen Hinweisen, so daß er mehr religiöser Dichter und Verkünder als Theoretiker ist.

III.

Von der spekulativen Naturphilosophie zur empirischen Naturwissenschaft[1]

1. Geozentrisches und heliozentrisches System

Die moderne Naturwissenschaft entsprang einer Betrachtungsweise, die in der Naturspekulation der Renaissance in gewisser Hinsicht vorbereitet wurde, die aber über das spekulative Denken entscheidend hinausging: Erst in dem Augenblick, wo Naturgesetze in mathematischer Sprache formuliert und der Erklärung von Vorgängen zugrunde gelegt werden, erfolgt der Schritt von der Spekulation zur exakten Wissenschaft. Dabei kam der Astronomie eine besondere Rolle zu, nicht nur weil sie sich auf ein relativ reiches Beobachtungswissen und entwickeltere mathematische Methoden als andere Wissenschaften stützen konnte, sondern auch weil ihre Theorien am schärfsten mit den mittelalterlichen Vorstellungen vom Kosmos kontrastierten, ja sogar mit den Aussagen der Bibel und deren kirchlicher Interpretation im Widerspruch zu stehen schienen. Die Auseinandersetzung mit dem geozentrischen System war daher in hohem Maße weltanschaulich belastet. Der Sieg des heliozentrischen Systems konnte als Sieg der modernen Denkweise über die traditionelle Weltanschauung gedeutet werden, darüber hinaus aber auch als Sieg der freien Forschung über ein dogmatisch gebundenes Denken, das offenkundig an den Beobachtungstatsachen scheiterte.

Der Antike war der Gedanke, daß die Erde nicht Mittelpunkt des Kosmos sei, nicht gänzlich fremd. Bereits bei den Pythagoreern war die Vermutung aufgetaucht, daß die Erde mit den anderen Planeten sich um ein Zentralfeuer als Mittelpunkt des Alls bewege, und Aristarch von Samos hatte schon im dritten vorchristlichen Jahrhundert angenommen, daß die Planeten sich nicht um ein fiktives Zentralfeuer, sondern um die Sonne drehten. Seine Auffassung setzte sich jedoch nicht durch; das geozentrische System fand in Ptolemäus einen eindrucksvollen Vertreter, dessen Lehren das Christentum um so entschiedener bejahte, als sie, und nur sie, dem von der Bibel vorausgesetzten Weltbild entsprachen. Erst in der frühen Neuzeit besann man sich wieder der Auffassung Aristarchs. So äußerte Girolamo Fracastoro (gest. 1553) Zweifel an der geozentrischen Anschauung. Den entscheidenden Schritt zum heliozentrischen System vollzog aber Nikolaus Kopernikus (Copernicus) (geb. 1473 in Thorn, gest. 1543 als Domherr in Frauenburg).[2] Er hatte an mehreren italienischen Universitäten studiert und sich unter anderem intensiv mit astronomischen Fragen beschäftigt, wobei ihm klar wurde, daß sich die Planetenbewegungen viel einfacher vom heliozentrischen als vom geozentrischen Standpunkt aus beschreiben ließen. Diese Überzeugung, zu der er bereits vor 1510 gekommen sein dürfte, suchte er möglichst gut zu begründen; weil ihm jedoch nur sehr ungenaue Meßergebnisse zur Verfügung standen – das Fernrohr wurde erst um 1600 erfunden –, ließen ihn die unbewältigten Schwierigkeiten, auf die er stieß, die Veröffentlichung seiner Theorie immer wieder hinauszögern. Die Befürchtung, weltanschauliche Widerstände zu wecken, dürfte dabei ebenfalls eine Rolle gespielt haben. Als er sich zur Publikation seines Werkes entschloß, das unter dem (nicht von ihm formulierten) Titel «De revolutionibus orbium coelestium» 1543 erschien, neigte sich sein Leben dem Ende zu; das erste Exemplar des Buches erreichte ihn auf dem Sterbebette. In dem von dem Theologen Andreas Osiander stammenden Vorwort wird der hypothetische Charakter der neuen Ansicht betont und damit deren Gegensatz zur traditionellen Anschauung abgeschwächt.

Das ptolemäische System war in dem Maß komplizierter geworden, als man versuchte, nicht nur die Bewegung der Planeten im allgemeinen, sondern auch die Tatsache zu erklären, daß sich die Planeten scheinbar bald recht-, bald rückläufig bewegen. Um dieser Tatsache Rechnung zu tragen, nahm man an, daß ein Planet sich nicht auf einem Kreis, dessen Mittelpunkt die Erde ist, sondern auf einem weiteren Kreis – dem Epizykel – bewegt, dessen Mittelpunkt sich mit dem ersteren bewegt. Durch die zusammengesetzte Bewegung der beiden Kreise entsteht eine schleifenförmige Bahn, auf der der Himmelskörper, von der Erde aus gesehen, zeitweise rückwärts läuft. Da im Rahmen dieser Theorie die Beobachtungstatsachen nur annähernd beschrieben werden können, nahm man schließlich Epi-Epizyklen an und gelangte so zu einem mathematisch außerordentlich komplizierten Modell. Kopernikus war nun überzeugt, daß das heliozentrische System eine viel einfachere Beschreibung der Tatsachen erlaube und in dieser Hinsicht dem geozentrischen System überlegen sei, obwohl er selbst teilweise noch mit der Annahme von Epizyklen arbeitete.

Da die Theorie des Kopernikus, wie gesagt, nur auf recht ungenaue Beobachtungen gestützt war, ergab sich für die Astronomie die Aufgabe, eine zuverlässigere empirische Basis zu schaffen. Dieser Aufgabe unterzog sich Tycho Brahe (1546–1601), der zunächst in seiner dänischen Heimat, später am kaiserlichen Hof in Prag wirkte. Das heliozentrische System übernahm er nicht, sondern suchte einen mittleren Weg, indem er annahm, daß sich die Planeten zwar um die Sonne, die Sonne aber um die Erde als Mittelpunkt des ganzen Systems bewegten.

Kopernikus blieb noch insofern dem alten Weltbild verhaftet, als er annahm, daß das Universum durch die Fixstern-Sphäre – eine Kristall-Hohlkugel, an der die Fixsterne befestigt sein sollen – abgeschlossen werde. Das All ist nach Kopernikus somit begrenzt, und zwar – wie seit den Eleaten immer wieder angenommen wurde – in Form jenes geometrischen Gebildes, das als das vollkommenste galt: der Kugel. Die Vorstellung eines begrenzten, kugelförmig abgeschlossenen Kosmos zu überwinden gelang Giordano Bruno, der zwar kein Astronom war, durch seine naturphilosophischen Überlegungen aber die Entwicklung der Astronomie entscheidend beeinflußte.

2. Die Idee des unendlichen Universums: Giordano Bruno

Der Schritt vom geschlossenen Kopernikanischen Weltbild zur Konzeption eines unendlichen Universums wurde von Giordano (bürgerlich Filippo) Bruno (geboren 1548 in Nola bei Neapel) vollzogen. Er trat in den Dominikaner-Orden ein, verließ ihn aber bald wieder, weil er in manchen Punkten die Kirchenlehre nicht akzeptieren konnte. Der Ketzerei beschuldigt, flüchtete er und lebte in der Folgezeit zunächst in Oberitalien, später in Genf (wo er vorübergehend Kalviner wurde), Toulouse, Paris, London, Oxford, anschließend in verschiedenen Unversitätsstädten im deutschen Reich, nämlich Marburg, Wittenberg (wo er sich dem Lutheranismus anschloß), Prag, Helmstedt und Frankfurt am Main. Wo sich die Möglichkeit bot, betätigte er sich als Hochschullehrer; gleichzeitig entfaltete er eine rege schriftstellerische Tätigkeit, teils in lateinischer, teils in italienischer Sprache. 1592 wagte er es, einer Einladung nach Venedig zu folgen. Er wurde bei der Inquisition angezeigt, unter Anklage gestellt, später der römischen Inquisition übergeben und in Rom nach mehrjähriger Haft im Jahre 1600 auf öffentlichem Platz als Ketzer – keineswegs nur wegen seines Kampfes gegen das geozentrische Weltbild – verbrannt.

Schon in der Jugend war er mit den Ideen des Kopernikus bekannt geworden, die er sich einerseits aneignete, andererseits als beschränkt erkannte und daher zu verallgemeinern suchte. Mit Bezug auf Kopernikus schrieb Bruno im «Aschermittwochsmahl», man werde «den erhabenen Geist dieses Deutschen nicht genug loben können, wenn man bedenkt, wie er mit wenig Rücksicht auf die dumme Menge sich dem Strom der entgegengesetzten Ansicht fest entgegengestemmt und, obwohl des Rüstzeugs lebendiger Gründe fast gänzlich beraubt, es doch verstanden hat, die wenigen zerstreuten und trümmerhaften Fragmente, die ihm von der besseren Wissenschaft des Altertums in die Hände kamen, wieder zu reinigen ...» Zugleich bemerkt Bruno, Kopernikus «hätte noch weiter kommen können, wenn er weniger einseitig mathematisch und mehr naturwissenschaftlich befähigt» gewesen wäre.[3] Damit wollte Bruno vermutlich ausdrücken, daß ihm eine neue mathematische Beschreibung der Verhältnisse innerhalb des Sonnensystems nicht genüge, sondern daß es ihm auf eine neue Theorie mit realistischem Anspruch ankomme.

Das All hielt Bruno für unendlich, weshalb er die Annahme einer Fixstern-Sphäre, die den Kosmos umschließt, zurückweisen mußte. Er war überzeugt, daß die Welt grenzenlos sei und daß die Fixsterne für Gestirne von der Art unserer Sonne gehalten werden müßten. Im unbegrenzten Raum gibt es, wie er glaubte, zahllose Teilsysteme von der Art unseres Planetensystems. Die Fixsterne ruhen nur scheinbar, da wir ihre Bewegung infolge ihrer großen Entfernung von der Erde aus nicht wahrnehmen, so wie man in einem kürzeren Zeit-Intervall die Positionsänderung weit entfernter Schiffe nicht wahrnimmt.

Brunos Weltbild weist Züge auf, die nicht so sehr kosmologisch im wissenschaftlichen Sinn als vielmehr spekulativ sind: Das All ist seiner Ansicht nach belebt bzw. beseelt, in ihm äußert sich die Gottheit, ja es ist in gewissem Sinne selbst göttlich. Eine solche Auffassung konnte er nicht bei Kopernikus oder Tycho Brahe finden, und tatsächlich galt seine Bewunderung ebenso sehr Nikolaus von Kues, dessen Einfluß in seinem Denken immer wieder spürbar ist, sowie Paracelsus, aber auch Martin Luther. Im Hintergrund steht der italienische Neuplatonismus, dem vor allem seine erste Schrift («Über die Schatten der Ideen») unübersehbar verpflichtet ist. In England entstanden seine italienischen Dialoge, deren bekanntester das polemisch getönte «Aschermittwochsmahl» ist; der wichtigste Dialog handelt «Vom unendlichen Universum und den Welten». Seine späteren lateinischen Werke, die er während seines Aufenthalts in Deutschland ausarbeitete, enthalten seine Konzeption in ihrer letzten Gestalt (darunter «Über das dreifache Minimum» und «Über die Monade, die Zahl und die Figur»).

Seine Auffassungen, die er mit tiefer Überzeugung und poetischem Schwung (zum Teil in Versen) vortrug, blieben im wesentlichen spekulativ; den Schritt zu einem Weltbild, das den Ergebnissen der sich eben konstituierenden modernen Naturwissenschaft entsprochen hätte, vermochte er nicht zu tun, weil er die Bedeutung der Mathematik als der Sprache, in der die Naturgesetze zu formulieren sind, nicht erfaßte. Bruno hätte dies vermutlich nicht als Mangel empfunden, rückte er doch selbst die Philosophie in die Nähe der Dichtung. Der Philosoph folgt wie der Dichter einer vernünftigen Leidenschaft, die ihn den Ideen nachjagen und schließlich selbst zur Beute der Ideen werden läßt, wie im Dialog «Von den heroischen Leidenschaften» gesagt wird. Die leidenschaftliche Hinwendung zum Guten und Schönen, die in reinster Form im Heros zum Ausdruck kommt, entspricht jenem philosophischen Eros, von dem Plato im «Gastmahl» gesprochen hatte.

Brunos Gedanken sind, obwohl sie nicht eigentlich naturwissenschaftlichen Charakter haben, im Bereich der Wissenschaftsentwicklung nicht wirkungslos geblieben: Indem er die Erkenntnis der Natur als mittelbare Gotteserkenntnis auffaßte, gab er ihr ein metaphysisches Gewicht, durch das sie innerhalb des zeitgenössischen Denkens beträchtlich an Bedeutung gewann. Darüber hinaus fand die junge Wissenschaft in ihm ihren ersten Märtyrer. Obwohl seine Verurteilung durch die Inquisition vermutlich nicht nur wegen seiner wissenschaftlichen, sondern auch wegen seiner theologischen Ansichten erfolgte, mußte er als Vorkämpfer der Denkfreiheit erscheinen.

Die Lehre von der Unendlichkeit der Welt trug Bruno nicht als Glaubenssatz vor, sondern suchte sie zu beweisen, worauf kurz eingegangen werden soll. Nimmt man an, daß der Raum durch eine umfassende Sphäre begrenzt sei, dann wird die Frage unabweisbar, was jenseits der vorgeblich äußersten Begrenzung sei. Antwortet man: das Nichts, so ist die Annahme hinfällig, weil es unmöglich ist, daß das Nichts etwas begrenzt; sagt man, jenseits jener begrenzenden Fläche sei der leere Raum, dann gibt man zu, daß der Raum selbst nicht als begrenzt gedacht werden kann.[4] Der unendliche Raum kann aber nicht leer sein. Der Raum ist jedenfalls fähig, Körper aufzunehmen, und diese Fähigkeit muß realisiert sein. Da nämlich die Raumerfüllung etwas Positives ist und da alles Positive würdig ist, zu existieren, muß Gott den Raum mit Materie erfüllt haben. Andernfalls würde Gott hinter seinem eigenen Vermögen zurückbleiben, was absurd ist.

Zugunsten der Unendlichkeit des Universums läßt sich nach Bruno auch folgendermaßen argumentieren: Gott als dem unendlichen Urbild muß ein Abbild entsprechen, das in seiner Art ebenfalls unendlich ist. Das Universum ist das Abbild Gottes, also muß es unbegrenzt sein und unzählige Welten enthalten.[5] Die Unendlichkeit der Welt folgt somit aus der Unendlichkeit Gottes, wie Bruno im Dialog «Von der Ursache, dem Prinzip und dem Einen» sagt. Das Argument beruht auf der Voraussetzung, daß die Natur Abbild Gottes ist und daher in wesentlichen Zügen mit Gott als Urbild übereinstimmt. Die Unendlichkeit des Alls ist aber nach Bruno von anderer Art als die Unendlichkeit Gottes, wie schon Nikolaus von Kues gelehrt hatte. Gott ist überall unendlich, nämlich in der Welt als ganzer und in jedem ihrer Teile; die Welt ist dagegen nicht in diesem Sinne unendlich, da ihre Teile nicht selbst unendlich sind.[6] Von einem anderen Standpunkt aus läßt sich der Unterschied auch so ausdrücken, daß die Unendlichkeit der Welt in ihrer Grenzenlosigkeit besteht, die Unendlichkeit Gottes dagegen darin, daß alle seine Attribute unendlich sind. Ähnliche Auffassungen finden sich von nun an in der Metaphysik immer wieder. So unterschied Descartes zwischen der indefiniten Welt und der infiniten Gottheit, und Hegel sprach im gleichen Sinne von guter und schlechter Unendlichkeit. Während sich die letztere – die potentielle Unendlichkeit im aristotelischen Sinn – in der Weise als unendlich auffassen läßt wie die Folge der ganzen Zahlen, stoßen die Versuche, den Begriff einer aktuellen Unendlichkeit zu bilden, auf große Schwierigkeiten.

Bruno verwarf entschieden den aristotelischen Dualismus von Stoff und Form: Es gibt keine formlose Materie, so wie es keine unstofflichen Formen gibt. Zugleich distanzierte er sich vom Aristotelismus, indem er die Spaltung des Alls in zwei unterschiedliche Bereiche, in denen verschiedene Gesetze gelten sollen, zurückwies. Schließlich lehnte er auch den Dualismus von Welt und Gott ab: Im Gegensatz zur Annahme eines ersten Bewegers, der der Welt einen Bewegungsanstoß gibt, lehrte er, daß das erste Prinzip, das unbeweglich ist, nicht auf die Welt wirkt: Es verursacht die Bewegung der

Dinge nicht durch einen Anstoß von außen, sondern es bewirkt in den Dingen, daß Bewegungen im Bereich der Dinge andere Bewegungen hervorrufen. Es ist mit einem Wort inneres Prinzip der kausalen Wirksamkeit. In diesem Sinne ist es in den Himmelskörpern und allen anderen Dingen der Welt ständig wirksam. Da die Gottheit als die Weltseele oder die «Seele der Seelen» alles durchdringt, ist alles belebt und beseelt.

Hatte Bruno zunächst den Akzent auf die Einheit des Göttlichen in der Mannigfaltigkeit der Dinge gelegt – Gott ist Prinzip von allem, alles andere existiert nur in Abhängigkeit von ihm[7] –, so hob er später den Aspekt der Vielheit der Wesen im All stärker hervor, ohne jedoch den Gesichtspunkt der Einheit aus dem Auge zu verlieren. Wo es eine Vielheit gibt, da muß es Einheiten geben, im Bereich der Mathematik ebenso wie im Bereich der physischen Dinge und im metaphysischen Bereich. In der Arithmetik ist die kleinste Einheit die Eins, in der Geometrie der Punkt, in der Physik das Atom, in der Metaphysik die geistige Monade, wie Bruno in der Schrift «Über das dreifache Minimum» ausführte. Die Monas ist – als arithmetische Einheit, als Atom im Sinne der Physik und als geistige Einheit der Seele – dasjenige, aus dem alle abhängigen Entitäten bestehen, das aber selbst keine Teile mehr hat und in diesem Sinne ein Kleinstes, ein Minimum, ist. Ohne die Einheit im mathematischen, physikalischen und metaphysischen Sinne kann es nichts geben, weshalb Bruno sagen konnte: «Nimm überall das Minimum weg, und es wird überall nichts sein. Beseitige überall die Monas, und es wird keine Zahl, nichts Zählbares und keinen geben, der zählt.»[8]

Die reale Monade ist wesentlich Kraft, d. h. ein aktives Prinzip, sie ist beseelt und wirkt zweckmäßig. Die Monaden insgesamt bilden wiederum eine Einheit – die Einheit des Universums –, so daß Bruno auch das All als Monade bezeichnen konnte, nämlich als Monade höherer Ordnung. Die Einheit des Alls ist in Gott als «Monade der Monaden» fundiert. Mit der Berücksichtigung der Vielheit der individuellen Wesen verbindet sich somit die Idee der Einheit aller Dinge im Göttlichen.

Im Zusammenhang mit der Frage, auf welche Weise zwischen der These «Das All ist endlich» und der Antithese «Das All ist unendlich» entschieden werden könne, erklärte Bruno, daß die Antwort nicht mit Hilfe der Anschauung zu finden sei: Es gibt keinen Sinn, der das Unendliche anzuschauen vermöchte. Wir müssen uns auf das diskursive Denken des Verstandes und auf die Vernunft, die die Grundsätze einsieht, stützen, um zur Erkenntnis des Unendlichen zu gelangen.[9] Die Beobachtung hat nach Bruno im Erkenntnisprozeß zwar eine wichtige Funktion, indem sie Verstand und Vernunft zur Tätigkeit veranlaßt; für sich allein liefert sie jedoch keine Erkenntnis. Bruno war somit kein Empirist; er glaubte aber auch nicht an die Möglichkeit, etwas von der Wirklichkeit aus reiner Vernunft, d. h. unabhängig von der Erfahrung, erkennen zu können.

Bruno dachte nicht daran, den religiösen Glauben zugunsten der Wissenschaft zu opfern oder ihn auch nur der Wissenschaft unterzuordnen. Gott als Gegenstand des Glaubens unterscheidet sich wesentlich von den Gegenständen der wissenschaftlichen Erkenntnis, sofern sich sein Wesen niemals positiv bestimmen läßt; wir können – wie Bruno im Sinne der negativen Theologie überzeugt war – von Gott letzten Endes nur sagen, was er nicht ist. Zur Frage nach dem Verhältnis Gottes zur Welt hat sich Bruno jedoch nicht hinreichend klar geäußert. Auf der einen Seite zeigt sich in seinem Denken die Tendenz, Gott als Natura naturans mit dem schöpferischen Aspekt des Alls zu identifizieren, wie sich daraus ergibt, daß er zwar vom göttlichen Prinzip aller Wesen sprach, aber zugleich das Universum selbst als einzig und unendlich bezeichnete;[10] auf der anderen Seite suchte er jedoch den Unterschied von Gott und All festzuhalten, wie sich z.B. darin zeigt, daß er, wie oben angedeutet, nur Gott, nicht aber das All, als absolut unendlich betrachtete.

Im Zusammenhang mit der Lehre von den unzähligen Welten erörterte Bruno den Einwand, daß zwischen den Welten keine Verbindung bestehen könnte, so daß ihren Bewohnern die Kommunikation, die doch ein Wert wäre, versagt bliebe. In der Auseinandersetzung mit diesem Einwand äußerte Bruno den kulturkritischen Gedanken, «daß der Verkehr zwischen den verschiedenen Welten ebensowenig notwendig ist, wie es wünschenswert ist, daß alle Menschen ein Mensch, alle Tiere ein Tier sein sollen».[11] Es ist seiner Ansicht nach fraglich, ob der Verkehr zwischen solchen Völkern dieser Welt, welche die Natur durch Meere und Gebirge, durch Sprache und Sitten vorsichtig geschieden hat, mehr nützt als schadet, da durch den Kontakt die Laster leichter vervielfältigt werden als die Tugenden. Der Gedanke, daß der Verkehr zwischen Völkern und Kulturen nicht nur Vorteile bringt, richtet sich gegen den Kolonialismus. Bruno hat ihn auch in poetischer Form vorgetragen:

Ein Schicksalspesthauch hat die Argonauten,
Des Genuesers Gier, des Tuskers Habsucht,
Des Spaniers Grausamkeit dir zugesandt,
Amerikas einst jungfräuliche Küste! ...
Habsüchtig wird alsbald der Europäer
Auch noch des Nordens Bollwerk überschreiten;
Der Eingeborne, kein Barbar,
Wird Gastfreundschaft dem Fremdling bieten,
Indessen dieser, der aus schon erkranktem
‹Zivilisationsgebiete› kommt,
Dafür ihm ungeahnte Übel bringen wird,
Den Pesthauch der verderbten Welt.
Dann wird auch euch, wofern noch rein
Naturgemäß war eure Sitte,
Der ›Segen‹ der Verkehrswelt blühn,
Die jedes Laster schnell befördert ...[12]

Bruno hat nicht nur, wie oben angedeutet, das astronomische Denken angeregt und die Tendenz zum weltanschauungsfreien Forschen durch sein Beispiel ermutigt, er hat auch mit seinen philosophischen Lehren gewisse spätere Auffassungen vorweggenommen, vielleicht auch vorbereitet. So ist Spinozas Auffassung Gottes als Natura naturans bei ihm schon antizipiert, und die Lehre von den Monaden nimmt Züge von Leibnizens Metaphysik vorweg. Freilich wird man hier nicht ohne weiteres auf einen Einfluß schließen dürfen. Im Falle Leibnizens kommen andere Quellen (z.B. die Naturphilosophie von Franciscus Mercurius van Helmont, gest. 1699) in Betracht, in manchen Fällen haben er und Bruno aus denselben Quellen geschöpft. Besondere Beachtung fand Bruno verständlicherweise bei den Romantikern, z.B. bei Schelling. Der italienische Liberalismus verehrte in ihm den Vorkämpfer der Geistesfreiheit, den Kritiker des Dogmatismus, den Vorläufer des Antiklerikalismus.

3. Die Überwindung des alten Weltbilds: Johannes Kepler und Galileo Galilei[13]

Was Tycho Brahe durch sorgfältige Beobachtungen vorbereitet hatte, sollte Johannes Kepler (geb. 1572 in Weil der Stadt, gest. 1630 in Regensburg) vollenden. In seinen Anfängen war er allerdings viel eher Neupythagoreer als Naturwissenschaftler. Ganz in pythagoreischem Geist wollte er die Vorstellung des Planetensystems dadurch geometrisieren, daß er die Bahnen der bekannten Planeten den sogenannten Platonischen Körpern (also Tetraeder, Würfel, Oktaeder, Dodekaeder und Ikosaeder) eingeschrieben dachte. Da es genau fünf Platonische Körper gibt, folgerte er, daß auch genau fünf Planeten existieren. Solche Spekulationen, wie sie Kepler im «Mysterium Cosmographicum» anstellte, führten dennoch in eine für die Entwicklung der wissenschaftlichen Astronomie bedeutende Richtung, da sie von der Tendenz zur Mathematisierung geleitet waren. Sobald sich diese Tendenz mit der angemessenen Berücksichtigung von Beobachtungsergebnissen verband, war der Weg zur modernen Astronomie frei. Daß Kepler veranlaßt wurde, der Empirie die gebührende Beachtung zu schenken, ist Tycho Brahe zu verdanken, der ihn nach Prag einlud, wo er Brahes Mitarbeiter und später dessen Nachfolger wurde. Von Brahes (noch ohne Fernrohr angestellten) Beobachtungen ausgehend, konnte er zeigen, daß Kopernikus' Annahme kreisförmiger Planetenbahnen unhaltbar ist; Übereinstimmung mit den Beobachtungsdaten ergab sich dagegen, sobald man annahm, daß sich die Planeten auf elliptischen Bahnen um die Sonne bewegen, in deren einem Brennpunkt die Sonne steht. Dies besagt das erste der nach Kepler benannten Gesetze. Nach dem zweiten dieser Gesetze überstreicht eine von der Sonne zum Planeten gezogene Linie in gleichen Zeiten gleiche Flächen, woraus folgt, daß sich die Geschwindigkeit der Planetenbewegung in Abhängigkeit vom Sonnenabstand ändert. Diese beiden Gesetze veröffentlichte Kepler 1609 in der «Astronomia nova», während das dritte in dem Werk «Weltharmonie» (Harmonice mundi) (1619) ausgesprochen ist. Es besagt, daß sich die Kuben der großen Halbachsen der Bahnen von Planeten so verhalten wie die Quadrate ihrer Umlaufzeiten. Hier war mit naturwissenschaftlichen Mitteln erreicht, was Kepler zunächst in spekulativer Form vorgeschwebt war: die Beschreibung der Verhältnisse zwischen den Planetenbahnen mit mathematischen Mitteln. Die Keplerschen Gesetze wurden später zum Ausgangspunkt für Newtons Erklärung der Planetenbewegung auf der Grundlage der Gravitationstheorie.[14]

Auch in einem anderen Bereich der damaligen Naturwissenschaft, der die Aufmerksamkeit vieler Forscher auf sich zog, betätigte sich Kepler, nämlich in der Optik. Er berechnete den Strahlengang im Teleskop und konstruierte das nach ihm benannte astronomische Fernrohr. Ungeachtet seiner wissenschaftlichen Erfolge lebte er in dürftigen Verhältnissen: Das vom Kaiser zugesagte Gehalt wurde nur teilweise ausgezahlt, Wallenstein, an den er mit seinen Forderungen verwiesen wurde, ging auf sie nicht ein, und als er sich schließlich an den Reichstag von Regensburg wandte, um zu seinem Recht zu kommen, war es zu spät: Er starb kurz nach seinem Eintreffen in der Stadt.

Noch entschiedener als Kepler wandte sich Galileo Galilei (geb. 1564 in Pisa, gest. 1642 in Arcetri bei Florenz) von der platonistischen Naturspekulation ab; er stand von vornherein auf dem Boden der empirischen Naturforschung, und seine Impulse entsprangen nicht der Metaphysik oder der Theologie, sondern der an handwerkliche Techniken anknüpfenden experimentierenden Praxis von Männern wie Leonardo da Vinci (gest. 1519). Galilei lehrte an den Universitäten Pisa und Padua und wurde Mathematiker am Hofe der Medici in Florenz. Er formulierte das Fallgesetz und das Gesetz der Pendelschwingung, er entdeckte mit Hilfe des von ihm nachgebauten, in den Niederlanden erfundenen Fernrohrs vier Jupitermonde sowie die Phasen der Venus, worüber er im «Sidereus Nuncius» berichtete. In seinen letzten Lebensjahren entwickelte er eine atomistische Auffassung der Materie. Im Mittelpunkt seiner Bemühungen stand der Einsatz für das heliozentrische System, in dem er nicht nur eine angemessenere Beschreibung der Beziehungen innerhalb des Sonnensystems, auch nicht nur eine plausible Hypothese, sondern eine beweisbare, ja eine bewiesene Wahrheit erblickte. Als Kämpfer für die neue Auffassung geriet er mit der Kirche in Konflikt, wie wenig früher Giordano Bruno. Anders als dieser zog er es vor, seine Lehre zu widerrufen und sich so das Martyrium zu ersparen. Obwohl er unter Hausarrest gestellt wurde, hatte er die Möglichkeit, seine Forschungen fortzusetzen und wichtige Resultate zu erzielen.

Der erste Prozeß eines Inquisitionstribunals gegen Galilei fand 1615–1616 statt. Galilei wurde aufgefordert, sich in bezug auf seine astronomischen

Ansichten der Autorität der Kirche zu unterwerfen, ohne daß das Verfahren bedrohliche Konsequenzen gehabt hätte. Daher meinte er, sich in seinem Einsatz für die heliozentrische Auffassung keine Einschränkungen auferlegen zu müssen und unternahm es im «Dialog über die beiden hauptsächlichen Weltsysteme»,[15] die These, daß sich die Erde wie die übrigen Planeten um die Sonne als Mittelpunkt drehe, zu beweisen. Die Möglichkeit eines solchen Beweises schien die Theorie der Gezeiten zu eröffnen: Nimmt man im Sinne des heliozentrischen Systems an, daß die Erde sich im doppelten Sinne bewegt, nämlich einerseits um die Sonne, andererseits um ihre eigene Achse, dann werden sich die beiden Bewegungen bald addieren, bald wird die eine von der anderen zu subtrahieren sein, je nachdem, ob ein betrachteter Punkt der Erdoberfläche innerhalb oder außerhalb des Kreises liegt, den der Erdmittelpunkt um die Sonne beschreibt. Infolgedessen wird ein solcher Punkt sich bald schneller, bald langsamer bewegen, und es wird das eintreten, was Galilei oft genug beobachtet hatte, wenn die Gondeln mit Frischwasser vom Festland in Venedig ankamen: Das Wasser schwappt bei Verlangsamung der Bewegung vorwärts, bei Beschleunigung rückwärts. Eben das geschieht auch mit den Wassermassen der Ozeane: Je nachdem, ob ein Meer infolge der Rotation sich im gleichen Sinne bewegt wie die Erde auf ihrer Bahn um die Sonne und damit beschleunigt wird, oder ob es sich im entgegengesetzten Sinne bewegt und damit seine Bewegung verlangsamt, schwappen die Wassermassen vor- oder rückwärts; sie steigen und fallen periodisch, und es kommt zum Wechsel von Flut und Ebbe.

Galilei hielt seine Erklärung der Gezeiten nicht nur für hinreichend, sondern für die einzig mögliche. Wenn eine Tatsache nur mit Hilfe einer einzigen Theorie begreiflich gemacht werden kann, dann müssen die Sätze dieser Theorie als wahr gelten. Da nach Galilei die Gezeiten nur im Rahmen des heliozentrischen Systems erklärbar sind, hielt er die Annahme einer doppelten Bewegung der Erde – als Revolution und als Rotation – für bewiesen. Diese Ansicht ist unhaltbar. In der Rückschau fällt auf, daß Galilei nicht die heute geläufige Erklärung der Gezeiten in Betracht zog; er dachte nicht daran, sie auf die Anziehung der Wassermassen der Ozeane durch Mond und Sonne zurückzuführen. Das ist um so seltsamer, als Kepler bereits den Weg zu dieser angemesseneren Erklärung gefunden hatte. Galilei schlug diesen Weg nicht ein, weil er die Annahme von Anziehungskräften für leere Spekulation hielt und sie daher vermied. Mit seinem Anspruch, endgültig die Richtigkeit der heliozentrischen Auffassung bewiesen zu haben, beschwor Galilei den zweiten Prozeß herauf, der 1632 mit seiner Verurteilung endete. Unter Androhung der Folter zwang man den alternden Gelehrten zum Widerruf einer Ansicht, von deren Richtigkeit er tief überzeugt war.

Der Streit um das heliozentrische System betraf eine spezielle naturwissenschaftliche Auffassung, deren Zusammenhang mit der im Gang befindlichen allgemeinen wissenschaftlichen Revolution nicht auf den ersten Blick zu erkennen ist. Tatsächlich hat sich Galilei vom aristotelisch-mittelalterlichen Weltbild nicht nur durch die Ablehnung der geozentrischen Auffassung distanziert. Der wesentliche Gegensatz zwischen seiner Auffassung und dem traditionellen Weltbild besteht darin, daß Galilei seinen Theorien das Trägheitsprinzip – das er allerdings nicht vollständig formuliert hat – zugrunde legte. Dies führte zur Preisgabe der aristotelischen Unterscheidung von natürlicher Bewegung (nach dem natürlichen Orte) und erzwungener («violenter») Bewegung, an der in der damaligen Naturphilosophie noch vielfach festgehalten wurde. Die Distanzierung gegenüber der Aristotelischen Auffassung begann mit der spätmittelalterlichen Impetus-Theorie (s. Teil II, Kap. IV, 2). In Sinne dieser Theorie nahmen Johannes Buridanus, Nikolaus von Oresme und andere an, daß einem geworfenen schweren Gegenstand eine Kraft mitgeteilt werde («vis impressa»), die der natürlichen Abwärtsbewegung entgegenwirke. Wenn sich diese dem Körper verliehene Kraft verbraucht, weil in einem bestimmten Augenblick die natürliche die aufgezwungene Bewegung überwiegt, dann bewegt sich der Körper abwärts. Nach Galilei gibt es keinen Impetus, sondern ein bewegter Körper bleibt so lange in Bewegung, als keine andere Kraft auf ihn einwirkt. Damit wird das Prinzip der Trägheit zur Grundlage einer neuen, von der aristotelischen prinzipiell verschiedenen Mechanik.

Galilei überwand auch die aristotelische Unterscheidung zwischen unvollkommener sublunarer und vollkommener supralunarer Welt. Die Art, in der er das tat, läßt erkennen, wie gut er es verstand, seine Ansichten plausibel zu machen. Im «Dialog über die beiden hauptsächlichen Weltsysteme» wird auf eine sonnenbeschienene Mauer hingewiesen, die gleichmäßig hell wirkt, obwohl ihre Oberfläche rauh ist. Befestigt man an dieser Mauer einen Spiegel, dann wird er, unter einem bestimmten Winkel betrachtet, blendend hell sein, weil er das Sonnenlicht ins Auge des Betrachters reflektiert; unter allen anderen Winkeln erscheint er dagegen viel dunkler als die Mauer, obwohl er viel glatter ist als diese. Hieraus schließt dann der Wortführer des Gesprächs, daß der Mond keine vollkommen glatte Kugel sein kann, weil in diesem Falle immer nur ein Punkt der Mondoberfläche blendend hell, der Rest aber dunkel erscheinen müßte; infolgedessen muß seine Oberfläche Unebenheiten haben. Der Mond hat also keine vollkommene geometrische Gestalt, wie die aristotelischen Kosmologen geglaubt hatten. Dies läßt sich verallgemeinern: Die obere Welt, beginnend mit der Mond-Sphäre, ist nicht vollkommener als die Welt unterhalb des Mondes, und es besteht kein Grund anzunehmen, daß in ihr andere Gesetzmäßigkeiten herrschen als im terrestrischen Bereich.

Dabei war die Methode, die Galilei anwandte, im Grunde aristotelisch. Sie wurde in der Beschäftigung mit Aristoteles' naturphilosophischen und naturwissenschaftlichen Schriften, für die sich vor allem die Mediziner interessierten, entwickelt. Einen Kreis solcher Aristoteliker gab es an der Universität Padua, den man in jüngerer Zeit als «Paduaner Schule» zu bezeichnen pflegt. Die Methode, zu der sich die Angehörigen dieses Kreises bekannten, war die analytische, d.h. die Methode der Erklärung von Tatsachen durch deren Unterordnung unter Gesetzesaussagen. (So kann man z.B. die Tatsache, daß ein Stein mit einer gewissen Geschwindigkeit fällt, aus dem Fallgesetz und Angaben über die Fallhöhe ableiten und damit erklären.) Galilei unterschied bei der Methode der wissenschaftlichen Erklärung zwei Aspekte: einen, der es mit der Formulierung geeigneter Gesetzeshypothesen zu tun hat – die sogenannte Resolution –, und einen, bei dem es um die Ableitung der Aussage über den erklärungsbedürftigen Sachverhalt aus den (zum Teil gesetzesartigen) Prämissen geht – die sogenannte Komposition. Daher spricht man von «resolutiv-kompositiver Methode».

Daß Galilei nach seinem Widerruf der Lehre von der Bewegung der Erde in den Bart gemurmelt haben soll «Und sie bewegt sich doch», ist pure Erfindung; sie bringt aber gut zum Ausdruck, daß sein Widerruf lediglich ein taktischer Zug war: Ihm war es wichtiger, seine Forschungen weiterführen zu können, denn als Märtyrer der Gedankenfreiheit zu sterben. Die äußerliche Unterwerfung mochte ihm um so leichter gefallen sein, als er überzeugt war, daß die Wahrheit auf die Dauer nicht unterdrückt werden kann. Die Debatte über den Fall Galilei ist in den letzten Jahren wieder aufgenommen worden, und zwar vielfach mit der Tendenz, die Kirche vom Vorwurf der Wissenschaftsfeindlichkeit zu entlasten und Galilei als eigensinnigen Querkopf darzustellen, der es den kirchlichen Autoritäten unmöglich machte, jenes Entgegenkommen zu zeigen, zu dem sie angeblich neigten. Daran ist wohl wahr, daß Galilei eine eigenwillige Persönlichkeit war und daß er dazu tendierte, seine Position überzubewerten; der gegen ihn geführte Prozeß bleibt nichtsdestoweniger anstößig, auch wenn er unter den Bedingungen der damaligen Zeit beurteilt werden muß. Man kann nicht darüber hinwegsehen, daß im Galilei-Prozeß mit außerwissenschaftlichen Mitteln versucht wurde, die Entwicklung der Wissenschaft zu beeinflussen. Die Berufung auf eine allgemeinere Verantwortung für das Schicksal der Menschheit, durch die die Kirche möglicherweise ihr Vergehen meinte rechtfertigen zu können, verfängt in Wirklichkeit nicht: Im theoretischen Bereich ist der Mensch in erster Linie dem gegenüber verantwortlich, was er als wahr erkennt, nicht irgendwelchen praktischen Interessen. Inzwischen hat die Kirche eingeräumt, im Falle Galileis einen Fehler begangen zu haben.

Jedenfalls hat das Vorgehen gegen Männer wie Bruno und Galilei Wirkung gezeigt: Der Einschüchterungseffekt wurde erreicht, wie das Beispiel Descartes' zeigt, der sein erstes systematisches Werk, in dem er sich zum heliozentrischen System bekannte, nicht zu veröffentlichen wagte. Es fällt auf, daß um die Mitte des 17. Jahrhunderts die große Zeit der italienischen Philosophie und Wissenschaft ihr Ende findet, was natürlich nicht heißt, daß es in Italien nicht auch später noch bedeutende Gelehrte gegeben habe; die führende Rolle, die die italienische Wissenschaft eine Zeitlang gespielt hatte, mußte sie jedoch an andere Länder abgeben.

Das moderne naturwissenschaftliche Denken erwuchs teilweise aus Gedanken, die in der Renaissance-Philosophie entwickelt wurden. Insbesondere die platonistische Idee, daß die Wirklichkeit mathematischen Formen unterworfen sei, spielte bei Wissenschaftlern wie Galilei oder Kepler eine wichtige Rolle. Gleichzeitig mußte die moderne Naturwissenschaft die für die Naturspekulation der Renaissance auf weite Strecken typische Ansicht überwinden, daß Erscheinungen im Bereich der Dinge auf dem Wirken seelenartiger bzw. dämonischer Kräfte beruhen könnten. Demgegenüber ist die moderne Naturwissenschaft durch die Überzeugung charakterisiert, daß Ursachen natürlicher Phänomene wiederum nur natürliche Phänomene sein könnten, und zwar sofern zwischen Ursachen und Wirkungen ein gesetzmäßiger, jeglicher Willkür übernatürlicher Kräfte entzogener Zusammenhang besteht. Es war eine der wichtigsten Aufgaben der modernen Philosophie seit Descartes, diese Auffassung der Natur metaphysisch und erkenntnistheoretisch zu analysieren. Wenn Descartes erklärte, daß die Natur nicht irgendeine Gottheit, sondern eine Ordnung wesentlich durch Ausdehnung bestimmter und notwendigen Kausalgesetzen unterworfener Dinge ist, präzisierte er die neue Auffassung und distanzierte sich gleichzeitig von der Einstellung der Renaissance-Philosophie.

4. Die Reflexion auf Methode und Tragweite der modernen Wissenschaft: Francis Bacon

For knowledge itself is power.
(Francis Bacon: Essays)

a) Wissen und Praxis

In England war die überragende Gestalt an der Schwelle zur neuzeitlichen Philosophie Francis Bacon, Baron von Verulam (1561–1626), der nicht so sehr als Metaphysiker oder als Einzelwissenschaftler, als vielmehr durch seine Überlegungen über die Methode der Wissenschaften und vor allem durch seine Gedanken über die Rolle der Wissenschaften in der menschlichen Kultur im allgemeinen Beachtung verdient. Bacon war nicht reiner Theoretiker, sondern zugleich ein Mann der Praxis, der in der Zeit Elisabeths I. und Jakobs I. hohe staatliche Ämter innehatte. Als Politiker war er oft rücksichtslos, auch gegenüber Freunden. Schließlich geriet er in den Verdacht der Korruption, wurde verurteilt und verlor seine Ämter. Dies hatte zur Folge, daß er sich ganz auf seine wissenschaftlichen Aufgaben konzentrierte. Die bekanntesten seiner philosophischen Werke sind «Über die Würde und den Fortgang der Wissenschaften» und das «Neue Organon», in dem er dem Aristotelischen Organon, insbesondere der syllogistischen Logik, eine neue Logik bzw. Methodologie gegenüberstellte. Literarische Qualitäten weisen seine «Essays» auf.[16]

Als Methodologe betonte er nachdrücklich die Bedeutung von Beobachtung und Experiment, vermochte sich aber nicht völlig von der Auffassung zu lösen, daß die Wissenschaft die verborgenen Formen der Dinge zu enthüllen habe. Daß er noch der Naturphilosophie der Renaissance verhaftet war, zeigt sich darin, daß er die Alchimie nicht schlechthin ablehnte und selbst magische Mittel zur Beeinflussung des Naturgeschehens in Betracht zog. Gleichzeitig mutet aber seine Betonung der Erfahrung durchaus modern an. Wie hoch er die Empirie schätzte, zeigt die Tatsache, daß er an einer Erkältung starb, die er sich beim Versuch zugezogen hatte, Fleisch durch Einfrieren in Schnee frisch zu halten.[17] Er war überzeugt, daß das Streben nach Erkenntnis nur dann gerechtfertigt sei, wenn seine Ergebnisse praktische Bedeutung hätten. Obwohl er die Autonomie der Naturforschung proklamierte, stützte er sein Programm teilweise auf religiöse Voraussetzungen: Der Wissenstrieb ist uns von Gott verliehen, daher sind Bemühungen, ihn zu befriedigen, gottgewollt und somit richtig, und dasselbe gilt für die Nutzung der Ergebnisse unserer Erkenntnisbemühungen. Gleichzeitig betonte er die Notwendigkeit, zwischen wissenschaftlicher Forschung und Politik zu vermitteln: Er konzipierte die Umrisse einer zentralen staatlichen Forschungspolitik, die er in seinem utopischen Werk «Neu-Atlantis» zu veranschaulichen suchte. (Siehe Kapitel IV, 3)

Zum Propheten des modernen technischen Zeitalters wurde Bacon dadurch, daß er nur die anwendungsbezogene Forschung gelten ließ. Das Streben nach Wissen dient nicht der Befriedigung des Geistes, sondern entspringt einem Bedürfnis, das in unserer Natur wurzelt und letztlich auf Gott zurückgeht. Daher müssen auch die Früchte der von Gott eingesetzten Pflanze als gottgewollt angesehen werden, denn Gott gab uns nicht nur das Streben nach Wissen, sondern auch das Streben nach technischer Nutzung der Ergebnisse dieses Strebens.[18] Die Naturforschung ist nicht nur religiös gerechtfertigt, sondern sie hat auch für die Religion Bedeutung, da sie bewirkt, daß wir Gott immer deutlicher erkennen; außerdem bietet sie Schutz vor Irrtum, namentlich vor dem Unglauben. Vor allem aber dient sie den Interessen des Menschen und der menschlichen Gesellschaft bzw. des Staates. Hieraus läßt sich dann leicht die Konsequenz ziehen, daß der Staat, dem die Forschung dienen soll, sie auch organisieren darf, ja muß.

Die allgemeinste Formel für Bacons Programm lautet «Wissen ist Macht»:[19] Der Sinn aller Erkenntnisbemühungen liegt darin, daß die Erkenntnis Macht über die Natur verleiht, so daß deren Kräfte zur Verbesserung der menschlichen Lebensbedingungen genutzt werden können. Was dieses Programm geistesgeschichtlich bedeutet, wird klar, wenn man es mit der Auffassung vergleicht, die Aristoteles vertreten hatte, nach dessen Ansicht die reine Theorie sowohl der sozialen Praxis als auch dem Genußstreben übergeordnet ist. Bei Bacon wird das Verhältnis von Theorie und Praxis umgekehrt: Der reinen Theorie wird jeglicher Wert abgesprochen und nur die praxisbezogene Theorie gebilligt. In einem Bild, das an Deutlichkeit nichts zu wünschen übrigläßt, verglich Bacon die reine Wissenschaft mit einer Dirne, der es nur um Befriedigung, nicht aber um Nachwuchs geht. Natürlich tritt Bacon mit dieser Wertung auch in Gegensatz zu jener christlichen Auffassung, die die höchste Seligkeit in der reinen Schau Gottes erblickt. Bacon faßte die Natur nicht mehr primär als jenen Bereich auf, in dem (wie Augustinus und die christliche Philosophie des Mittelalters meinten) der Mensch die Spuren des Schöpfers suchen soll, sondern als Feld praktischer Betätigung. Im Mittelalter und in der Renaissance galt die Natur entweder als Spiegel Gottes oder geradezu als göttlich. Diese Auffassung wird nun preisgegeben. Bacon, Descartes, Newton, Leibniz usw. sahen zwar die Natur immer noch in ihrer Beziehung zu Gott; aber wissenschaftliche Theorien wurden völlig unabhängig von dieser Beziehung formuliert. Daher konnte eines Tages die Konsequenz gezogen werden, daß die Idee Gottes vom Standpunkt der Naturwissenschaft entbehrlich, ja daß sie der Naturforschung hinderlich sei.

Die Macht über die Natur, die letztes Ziel der Erkenntnisbemühungen ist, wird gegen Widerstände ausgeübt, weil der ursprüngliche Einklang aller Wesen und insbesondere die Harmonie von Mensch und Natur verloren gegangen ist. Selbst die Erkenntnis der Formen und Gesetzmäßigkeiten muß der Natur abgezwungen werden: Nur die sozusagen unter Druck gesetzte Natur – die «natura vexata» – gibt ihre Geheimnisse preis. Freilich wurde nicht erst in der Neuzeit experimentiert; schon die Antike stellte Versuche an, wie ein Blick auf die alte Physik – z.B. Archimedes – oder auf die antike Medizin zeigt. Auch die Alchemisten experimentierten. Das Besondere bei Bacon ist daher nicht so sehr in der Betonung der Rolle von Experimenten zu erblicken, als vielmehr in der Beziehung der experimentell gewonnenen Erkenntnisse auf praktische Ziele.

Heute wird das von Bacon repräsentierte Ideal oft für gewisse negative Aspekte der Technik verantwortlich gemacht. Weil die Technik angewandte Naturwissenschaft ist, wird häufig die Kritik auch auf die Wissenschaft ausgedehnt, sofern sie exakte, auf das Ziel mathematischer Formulierung von Naturgesetzen gerichtete Naturforschung ist. Eine solche Auffassung ist in ihrer Einseitigkeit bedenklich. Zwar erfolgte mit Bacon ein entscheidender Schritt in Richtung auf die mechanistische Naturauffassung, und ebenso steht außer Zweifel, daß damit die Auffassung der Natur als eines beseelten Ganzen lebendiger Kräfte überwunden wurde. Das sollte aber nicht dazu veranlassen, die positiven Aspekte von Bacons Programms zu übersehen. Man muß sich vor Augen halten, wie sehr es damals darauf ankam, den Druck einer übermächtigen Natur auf den Menschen zu mindern, d.h. bessere Lebensbedingungen durch Erleichterung der Arbeit, Verbesserung der hygienischen Verhältnisse und der Methoden zur Erhaltung bzw. Wiederherstellung der Gesundheit usw. zu schaffen. Um in

Naturzusammenhänge eingreifen zu können, muß man sie kennen; man muß namentlich die Gesetzmäßigkeiten kennen, denen die Vorgänge in der Natur unterworfen sind: Nur wenn vorhersagbar ist, welche Ereignisse unter gewissen Bedingungen eintreten, können Ereignisse gezielt herbeigeführt oder verhindert werden. Die Aufstellung und Bestätigung von Gesetzesannahmen ist aber Sache der Naturwissenschaft, die somit als Mittel zur Erreichung der angedeuteten praktischen Ziele erscheint. Die verbreitete Meinung, mit dem naturwissenschaftlich-technischen Weltbild sei das Wesen der Natur verfälscht worden, ist verfehlt, da auch die mittelalterliche, die antike oder die mythische Naturauffassung nicht die Natur in ihrem An-sich-Sein betrafen, sondern ebenfalls auf Deutungen beruhten. Deshalb ist es auch irreführend, wenn dem modernen Weltbild kontrastierend das Bild einer vermeintlich rein erschauten Natur gegenübergestellt wird. Was in der frühen Neuzeit geschieht, ist vielmehr als Ablösung einer bestimmten Deutung der Natur durch eine andere zu verstehen.

b) Erkenntnis als Abbildung der Wirklichkeit

Bacon tendierte dazu, das Naturgeschehen mechanistisch zu erklären, und diese Tendenz beeinflußte auch seine Auffassung der Erkenntnis, die er als Widerspiegelung der Formen der Wirklichkeit im Denken verstand. Diese Auffassung kommt zum Ausdruck, wenn das erkennende Bewußtsein mit einem Spiegel verglichen wird, der nur dann die Dinge richtig widerspiegelt, wenn er frei von Unebenheiten und Unreinheiten ist. Ähnlich muß das erkennende Bewußtsein von Einflüssen freigehalten werden, die zu einer verzerrten Sicht der Dinge führen. Nach Bacon muß man somit, bevor man bestimmte Forschungsaufgaben in Angriff nimmt, die Quellen möglicher Irrtümer beseitigen. Die Vorurteile, die der Erkenntnis im Wege stehen, nannte er «Idole» und teilte sie in vier Klassen ein, nämlich in die «Idole der Höhle», die im Charakter und der Einstellung des Individuums wurzeln, die «Idole der Gattung», die artspezifische Vorurteile sind, die «Idole des Marktes», die wesentlich mit der Sprache als Mittel der Kommunikation zu tun haben, und die «Idole des Theaters», die den weltanschaulichen Traditionen entspringen.[20]

Ein gattungsspezifisches Vorurteil ist zum Beispiel dafür verantwortlich, daß wir meinen, die Natur wirke nach Zwecken. Zu dieser Auffassung gelangt man, wenn man die Struktur des zweckorientierten menschlichen Handelns auf die Natur projiziert. Das ist wiederum nur möglich, weil man sich die Natur insgesamt nach Analogie des Menschen vorstellt. Um ein Idol des Marktes handelt es sich, wenn man abstrakten Ausdrücken wie dem Wort «Schicksal» etwas Wirkliches zuordnet und im Schicksal eine jenseitige Macht erblickt, die unser Leben lenkt. Idole des Theaters sind jene Ideen, die Philosophen und Theologen gebildet haben. Sie sind gleichsam Kulissen einer Theaterszene, die die Illusion einer Wirklichkeit schaffen, aber keiner

Wirklichkeit entsprechen. Die Aufgabe, den erkennenden Geist zu einem möglichst reinen Spiegel der Wirklichkeit zu machen, stößt allerdings auf die Schwierigkeit, daß sich die Zuverlässigkeit der Widerspiegelung nur feststellen ließe, wenn man die Gegenstände der Erkenntnis unabhängig von der Art erfassen könnte, in der sie sich im Bewußtsein spiegeln; dies ist jedoch unmöglich.[21] Hier zeigt sich ein Problem, das bei jeder objektivistischen Erkenntnislehre auftaucht. Auch wenn Bacon meint, die Strukturen der Wirklichkeit könnten nur durch unvoreingenommene, d. h. von ungerechtfertigten Vorwegnahmen freie Beobachtung erfaßt werden, ist seine Auffassung nur auf den ersten Blick plausibel: Zweifellos bilden Vorurteile ein Hindernis der Naturerkenntnis; aber die Forderung, von reinen, d. h. von allen theoretischen Deutungen unabhängigen, Beobachtungen auszugehen, ist nicht erfüllbar, da die Tatsachen, die wir erfahren, immer schon in gewisser Weise gedeutet sind, so daß Bacons Ideal einer deutungsfreien Beobachtung nicht verwirklicht werden kann.

Bacon stellte der Deduktion die Methode der empirischen Verallgemeinerung – die «Induktion» – gegenüber. Er sah, daß die syllogistische Logik (vgl. zu dieser Teil I, Kap. IV, Abschn. 6) als Methode der Naturforschung nicht geeignet ist: Sie entfaltet nur das in den Prämissen von Schlüssen enthaltene Wissen und vermag kein Wissen von neuen Tatsachen zu vermitteln. Sofern Bacon damit nur sagen wollte, daß die Syllogistik als Logik der Forschung nicht ausreicht, hatte er zweifellos recht; wenn er aber der Syllogistik bzw. der deduktiven Logik im allgemeinen alle Bedeutung absprechen wollte, wurde er Opfer eines Mißverständnisses: Die Deduktion, d. h. die Ableitung von Sätzen aus anderen, allgemeineren Sätzen, ist eine völlig legitime Denkweise, allerdings kein Weg zur Entdeckung neuer Tatsachen. Bacon dürfte nicht gesehen haben, daß der induktive Schritt von Einzelbeobachtungen zu allgemeinen Aussagen, namentlich zu Gesetzesaussagen, nicht logischen Charakter hat: Aus Aussagen über einzelne Beobachtungstatsachen läßt sich nicht auf allgemeine Sätze schließen.

Ob Bacon wirklich überzeugt war, daß es genüge, hinreichend viele Beobachtungen einer bestimmten Art zu sammeln, um aus ihnen ohne weiteres allgemeine Gesetzmäßigkeiten herausfiltern zu können, ist nicht klar. Daß er eine solch enge empiristische Auffassung vertreten habe, scheint daraus hervorzugehen, daß er Beobachtungsdaten in Tabellen zusammenfaßte, um mit deren Hilfe Verallgemeinerungen vornehmen zu können. Zwar meinte er, wir dürften uns nicht wie die Ameisen verhalten, die unentwegt sammeln, sondern wir müßten ähnlich verfahren wie die Bienen, die die gesammelten Stoffe innerlich verarbeiten, um aus ihnen etwas Neues zu machen, nämlich Honig und Wachs.[22] Aber zugleich warnte er davor, dem Geist des Forschers Flügel zu verleihen; man muß ihn im Gegenteil mit Gewichten beschweren, um ihn möglichst lang bei den Tatsachen festzuhalten. Erst von einer sicheren und hinreichend breiten Tatsachenbasis aus soll versucht werden, schrittweise zu allgemeineren Erkenntnissen – d. h. zu den Formen der Wirklichkeit – aufzusteigen.

Wenn Bacon von «Formen» der Dinge sprach, übernahm er zwar einen Aristotelischen Ausdruck, ging aber doch über die herkömmliche Stoff-Form-Lehre der Aristoteliker entscheidend hinaus: Die Formen, um deren Erkenntnis es geht, sind geometrisch beschreibbare gesetzmäßige Zusammenhänge materieller Teilchen, so daß sich «Materie» und «Bewegung» als Grundbegriffe der Naturlehre erweisen. Bacon hielt es mit anderen Worten für möglich, alle Vorgänge der Natur mit Hilfe von Aussagen über die korpuskulare Struktur der Dinge und mit Hilfe von Bewegungsgesetzen zu erklären. Auf Grund dieser Auffassung konnte er die Ausdrücke «Form» und «Gesetz» geradezu als gleichbedeutend erklären.[23] An diese Auffassung knüpfte in der folgenden Generation Thomas Hobbes (siehe Teil IV, Kap. I) an.

Bacon ging nicht nur durch seine Methodenlehre und seine utilitaristische Auffassung des Wissens über die älteren Auffassungen hinaus, sondern besonders deutlich durch die Überordnung des menschlichen über das theologische Wissen («human learning» gegenüber «divine learning»). Sein besonderes Interesse galt der Physik bzw. der Mechanik. Die zu seiner Zeit noch verbreitete hochmütige Verachtung der Mechanik hielt er für völlig unangebracht. Im übrigen darf man nicht meinen, Bacons Forderung, die Forschung auf nützliche Erkenntnisse zu konzentrieren, laufe auf die Vernachlässigung der Grundlagenwissenschaften hinaus; ganz im Gegenteil: die Bedeutung der grundlegenden Disziplinen kann gar nicht hoch genug veranschlagt werden. Bei den Wissenschaften verhält es sich wie bei einem Baum: Will man mehr Früchte ernten, muß man nicht so sehr die Zweige als vielmehr die Wurzeln pflegen, indem man die umgebende Erde lockert, düngt und bewässert.

Von Bacon wurde treffend gesagt, er habe das gelobte Land der exakten Wissenschaft gesehen, ohne es betreten zu können. Tatsächlich stand er, der einer Zeit des Übergangs angehörte, an der Schwelle einer neuen philosophischen und wissenschaftlichen Epoche, die mit Denkern wie Descartes und Hobbes einsetzt. Mit ihnen, und nicht so sehr mit Bacon, beginnt die Geschichte der eigentlich modernen Philosophie.

IV.
Auffassungen von Recht und Staat an der Wende vom Mittelalter zur Neuzeit

Der Gegensatz zwischen Renaissance-Denken und mittelalterlicher Philosophie zeigt sich auch im Bereich der Rechts- und Staatslehre. Hatte das Mittelalter die Autorität des Herrschers und die Verbindlichkeit des Rechts in Gott zu verankern gesucht, so setzt sich nunmehr immer deutlicher eine Betrachtungsweise durch, die lediglich Faktoren des menschlichen Bereichs und der Natur, in der sich menschliches Leben abspielt, berücksichtigt. So hat sich Machiavelli bemüht, Recht und Staat unabhängig von theologischen und metaphysischen, aber auch von moralischen Prinzipien zu begreifen, und selbst da, wo – wie z.B. bei Bodin – am Gedanken eines natürlichen Rechts jenseits der staatlichen Rechtsordnung festgehalten wird, dient diese Idee nicht mehr dazu, bestimmte Rechtsnormen abzuleiten. Die Grundzüge der neuen Auffassung sollen zunächst am Beispiel Machiavellis, sodann am Beispiel der Vorläufer der modernen Naturrechtslehre dargestellt werden.

1. Machiavelli

Anders als jene seiner Zeitgenossen und Landsleute, die sich in erster Linie naturphilosophischen Spekulationen widmeten, erörterte Niccolò Machiavelli (1469–1527) vor allem Fragen in bezug auf den Staat und die Staatsregierung, die angesichts der Situation des politisch zerrissenen, dem Einfluß fremder Mächte ausgesetzten Italiens als dringlich erscheinen mußten.

Machiavellis politische Laufbahn begann während der republikanischen Ära seiner Vaterstadt. In Florenz waren 1494 die Medici gestürzt und unter dem Einfluß Savonarolas, des Feindes der Renaissance-Kultur, Verhältnisse geschaffen worden, die weniger demokratisch als theokratisch waren. Nach Savonarolas Hinrichtung (1498) wurde Machiavelli vom Rat der Stadt zum Segretario della Repubblica ernannt und mit der Durchführung außenpolitischer und militärischer Angelegenheiten betraut. In dieser Funktion war er vierzehn Jahre tätig. Als die Medici 1512 zurückkehrten, verlor er seine Stellung, und es dauerte Jahre, ehe er wieder politische Aufgaben übernehmen durfte. Inzwischen widmete er sich literarischen und historischen Arbeiten. So entstand 1513 sein berühmtestes, erst nach seinem Tod gedrucktes Werk «Der Fürst» («Il principe»), und gleichzeitig begann er die Arbeit an den «Unterredungen über die ersten zehn Bücher von Titus Livius».[1] Mit dem neuerlichen Sturz der Medici im Zusammenhang mit dem Sieg der kaiserlichen Truppen über Franz I. von Frankreich verlor Machiavelli wiederum seine Ämter, starb aber noch im gleichen Jahr.

Nach Machiavelli ist die Politik – anders als nach Plato, Aristoteles, Augustinus, Thomas von Aquin und anderen – nicht mehr den herkömmlichen moralischen Normen unterworfen, und diese Auffassung meint man in erster Linie, wenn von «Machiavellismus» gesprochen wird. Politische Maßnahmen wie die Gestaltung politischer Strukturen sind nach Machiavelli nicht mit Hilfe moralischer Kriterien, sondern unter dem Gesichtspunkt des Nutzens für den Fürsten, den Staat[2] bzw. für das Gemeinwohl zu betrachten. Entscheidend ist letzten Endes der politische Erfolg, wie es im 18. Kapitel des «Fürsten» heißt: «Die Handlungen aller Menschen und besonders die eines Herrschers, der keinen Richter über sich hat, beurteilt man nach dem Endergebnis. Ein Herrscher braucht also nur zu siegen und seine Herrschaft zu behaupten, so werden die Mittel dazu stets als ehrenvoll angesehen und von jedem gelobt.» Machiavelli wollte die Grundzüge einer Technik des Machterwerbs, der Machterhaltung und der Machtfestigung im Hinblick auf das Interesse des Staates bzw. des Gemeinwesens entwickeln. Das letzte Ziel der Politik besteht in der Schaffung eines möglichst beständigen republikanischen Gemeinwesens;[3] einzelne politische Maßnahmen sollen im Hinblick auf ihre Eignung, jenes Ziel zu erreichen, bewertet werden. Dabei sah Machiavelli im Staat nicht eine Institution neben anderen – z.B. der Kirche –, sondern er hielt die staatliche Rechtsordnung für umfassend, so daß alle Sonderrechte (etwa Feudalrechte) als hinfällig erscheinen. Eine Theorie der Souveränität bietet Machiavelli allerdings noch nicht, wie er sich auch nicht auf ein natürliches Recht beruft.

Unter Machiavellis Voraussetzungen haben Versuche keinen Sinn, die Notwendigkeit des Staates oder die unbedingte Überlegenheit einer bestimmten Staatsform über alle anderen aus «der Natur» (der Dinge, des Menschen, der Gemeinschaft) abzuleiten. Verfehlt ist es seiner Ansicht nach auch, den Staat oder das Verhältnis zwischen Staaten unter dem Gesichtspunkt transzendenter Zwecke zu sehen. Die gesellschaftlich-politischen Verhältnisse sind durch kausale Zusammenhänge bedingt und in diesem Sinne notwendig. Infolgedessen läßt sich das politische Geschehen auch grundsätzlich kausalgesetzlich erklären, und ebenso ist es möglich, durch Beeinflussung der Kausalfaktoren in das Geschehen einzugreifen. Hier deutet sich eine Auffassung an, die in der Neuzeit eine wichtige Rolle spielen sollte.

Die Entstehung von Staaten skizzierte Machiavelli in den «Discorsi» (erstes Buch, Kapitel 2) folgendermaßen: Die Menschen, die anfänglich wie Tiere zusammenlebten, sahen sich, als ihre Zahl zunahm, gezwungen, sich zusammenzuschließen und zwecks wirksamerer Verteidigung den Stärksten und Tapfersten zum Anführer zu machen. Was der Anführer befahl, wurde getan und galt als gut; was er verbot, galt als böse. Die Grundbegriffe der Moral haben demnach ihre Grundlage in Machtverhältnissen; sie entwickeln sich im Zusammenhang mit Nützlichkeitsüberlegungen. Die Menschen sahen ein, daß alles, was sie anderen zufügten, auch ihnen selbst zugefügt werden könnte, und dies veranlaßte sie, sich in ihrem eigenen Interesse Gesetzen zu unterwerfen. Sobald Gesetze erlassen sind, machte man nicht mehr die Tapfersten, sondern die Klügsten zu Oberhäuptern. «Gerecht» handelt, wer gesetzeskonform handelt. Der Begriff der Gerechtigkeit läßt sich also bilden, ohne daß auf ein überpositives Recht Bezug genommen werden müßte. Eine der staatlichen Rechtsordnung übergeordnete Gerechtigkeitsnorm gibt es nach Machiavelli nicht.

Die Moral ordnete Machiavelli dem Staatsinteresse unter, so daß die moralische Bewertung politischer Akte als verfehlt erscheinen muß. Tatsächlich ist die herkömmliche Moral in Machiavellis Augen allenfalls ein Mittel, um die Untertanen leichter regieren zu können. Aber das heißt nicht, daß er keine selbständige moralische Auffassung gehabt hätte. Seine Moral unterscheidet sich jedoch von der herkömmlichen, namentlich der christlichen Moral, sofern sie eine Tugendlehre ist, in deren Rahmen jene Eigenschaften und Verhaltensweisen als Tugenden gelten, die den Staat mächtig und frei machen (z.B. Stärke, Energie, Entschlossenheit, Ruhmbegier). Umgekehrt werden Unterwürfigkeit, Demut, Askese nicht als Tugenden anerkannt. Die Tugend – «virtù» –, von der Machiavelli in positivem Sinne spricht, wird als Tugend im antiken, vorchristlichen Sinn verstanden, dem zufolge der Ausdruck «Mannhaftigkeit» bedeutet, so wie das Deutsche «Tugend» vermutlich «Tüchtigkeit» bedeutet.

Neben der (kausalen) Notwendigkeit (necessità) und der Tugend (virtù) spielt noch ein dritter Faktor im politischen Leben eine entscheidende Rolle: das Glück (fortuna), die Fortüne, auf die auch heutiger Überzeugung nach ein Politiker angewiesen ist. Die großen politischen Persönlichkeiten verdankten freilich dem Glück nur die Gelegenheit; entscheidend war ihr Handeln auf Grund von virtù, wie es im 6. Kapitel des «Fürsten» heißt: «Ohne diese Gelegenheit hätten ihre Kraft und Tüchtigkeit keine Möglichkeit zu wirken gehabt, und ohne ihre Kraft und Tüchtigkeit hätte sich die Gelegenheit vergeblich eingestellt.» Solange die Geschicke des Staates von der virtù der Staatsmänner bestimmt werden, entwickeln sich die politischen Verhältnisse positiv; geht die virtù zurück und überläßt man die Ereignisse der fortuna, ist der Niedergang des Staates unvermeidlich.

Da man lange Zeit in Machiavelli nicht den Analytiker der Politik sehen wollte, sondern ihn bestimmten ethischen Wertungen unterwarf, wurde «Machiavellismus» zur Bezeichnung einer moralisch verwerflichen Auffassung von Politik. Das eigentliche Motiv der weltanschaulich bedingten Ablehnung dürfte aber nicht so sehr die Mißbilligung einer Einstellung gewesen sein, der zufolge der Zweck die Mittel heiligt, sondern die Ablehnung einer Denkweise, bei der die Beziehung von Recht und Staat auf Gott keine Rolle mehr spielt.

2. Die Theorie der Souveränität

Machiavelli hatte die souveräne Gewalt, um deren Erwerb und Erhalt es bei ihm ging, nicht definiert; diese Aufgabe nahm Jean Bodin (1530–1596) in Angriff, der in der politischen Praxis einen Ausgleich zwischen den Rechten des Königs und den Rechten der Stände erstrebte, die im damaligen Frankreich noch nicht endgültig voneinander abgegrenzt waren. Zugleich wollte er die Spannungen zwischen Katholiken und Kalvinern (Hugenotten) reduzieren, die 1572 zur Bartholomäusnacht führten. Bedeutend wurde er nicht durch die verschiedenen politischen Funktionen, die er ausübte, sondern als Theoretiker, insbesondere als Autor des Werkes «Von der Republik» (1576) und des «Colloquium Heptaplomeres»,[4] eines siebenteiligen religionsphilosophischen Dialogs, in dem die Positionen der römischen Katholiken, der Evangelischen, der Reformierten, der Juden, der Mohammedaner, Naturalisten und Atheisten erörtert werden, ohne daß einer dieser Standpunkte endgültig vor den anderen ausgezeichnet würde. Bodin wollte offenbar einen toleranten Theismus empfehlen. Zu diesem Zweck stellte er kritische Überlegungen zur christlichen Erlösungslehre, zu den Berichten des Neuen Testaments, zur Lehre von der Erbsünde und den Wunderberichten, aber auch zur protestantischen Gnadenlehre an. Allerdings verfaßte er, in seltsamem Gegensatz zu seinen relativ modernen staatsrechtlichen Werken, auch ein Buch mit dem Titel «Daemonomania», in dem er sich dem zeitgenössischen Aberglauben verpflichtet zeigt und das zum Handbuch für Hexenrichter wurde.

Anders als Machiavelli sah Bodin, der von der Tradition der Legisten, d.h. der für das bürgerliche Recht zuständigen Juristen, geprägt war, das Recht in der menschlichen Natur begründet, in der sich seiner Überzeugung nach Gottes Weisheit äußert. Deshalb hielt er es für möglich, Rechtsprinzipien zu finden, die allen Staaten gemeinsam sind. So wie es ein allgemeinmenschliches Recht gibt, so gibt es nach Bodin auch eine universale Moral, die nicht vom Recht zu trennen ist.

Bodin hat eine Reihe von Begriffen, die für das moderne Rechtsdenken grundlegend wurden, in die Staatslehre eingeführt. So definierte er im ersten Kapitel des ersten Buches seines Hauptwerks die Republik – d. h. den Staat – als «eine rechtmäßige Leitung mehrerer Hauswesen und ihrer gemeinsamen Angelegenheiten mit souveräner Gewalt». Unter «Staat» wird meist dasselbe wie unter «Republik» verstanden, doch liegt bei diesem Begriff der Akzent auf dem Grundgesetz der souveränen Gewalt, an das die aus ihr hervorgehenden besonderen Gewalten gebunden sind. Die Leitung einer Gemeinschaft ist rechtmäßig, wenn sie mit den gottgegebenen Gesetzen der Natur übereinstimmt und daher auf das allgemeine Wohl gerichtet ist (im Unterschied von unrechtmäßiger Leitung, wie z.B. bei Räuberbanden). Das Wohl, das als letzter Zweck des Staates gilt, besteht nicht im Glück der Individuen, sondern in der Entfaltung der geistigen Möglichkeiten unter günstigen physischen Bedingungen. Da auch der Staat einen Körper, nämlich das Staatsgebiet, und einen Geist hat, ist seine vornehmste Aufgabe die Entfaltung der geistigen Güter auf der Grundlage entsprechender materieller Verhältnisse.

Die Souveränität bestimmte Bodin im achten Kapitel des ersten Buches als absolute (unbeschränkte) und dauernde Gewalt im Staate. Nicht jede unbeschränkte Gewalt ist souverän, sondern nur diejenige, die ohne zeitliche Beschränkung ausgeübt wird und unwiderruflich ist. (Der Dictator im alten Rom verfügte zwar über absolute Gewalt, da sie ihm aber nur auf Zeit übertragen war, war sie nicht souveräne Gewalt.) Der Inhaber der souveränen Gewalt hat die ausschließliche Befugnis, Gesetze zu geben, ohne daß er selbst an sie gebunden wäre, über Krieg und Frieden zu entscheiden, die höchsten Beamten einzusetzen, in Rechtsfragen letzte Instanz zu sein und das Begnadigungsrecht auszuüben.

Mit dieser Definition der Souveränität, die epochemachend war, ist zunächst noch nicht gesagt, wer Inhaber der souveränen Gewalt ist. Als Träger der Souveränität kommen in Betracht das Volk, ein Stand (namentlich die Aristokratie) oder ein einzelner (der König). Bodin hielt die Monarchie für die «natürlichste» Regierungsform, da er in der Familie das Modell des Staates und in der väterlichen Gewalt, die gleichsam monarchisch ist, die ursprüngliche natürliche Autorität erblickte. Letztlich begriff er das vom Fürsten erlassene Gesetz in Analogie zum göttlichen Gesetz, da sich das Wirken des Fürsten am Vorbild des göttlichen Wirkens orientieren soll. Damit wird die Bindung der positiven Gesetzgebung an ein natürliches Recht prinzipiell bedeutungslos: Wenn der Fürst im Einklang mit dem göttlichen Recht Gesetze erläßt, müssen sie notwendig mit der universalen Gerechtigkeit übereinstimmen.

Bodins Theorie der Souveränität mußte in einer Zeit, in der sich absolutistische Tendenzen immer stärker bemerkbar machten, von größter Bedeutung sein. Neben ihr bestanden aber andere Auffassungen vom Verhältnis zwischen Herrscher und Volk, die in eine ganz andere Richtung wiesen. So hatte der Schotte George Buchanan (gest. 1582) von einem Vertrag zwischen dem Fürsten und dem Volk gesprochen und gemeint, dieser Vertrag werde hinfällig, wenn sich der Fürst als Feind des Volkes erweise, d.h. zum Tyrannen werde. François Hotman (gest. 1590) wies darauf hin, daß bei den germanischen Völkern nur ein Wahlkönigtum bestanden habe, und bemerkte, daß das Recht, den König zu wählen, auch das Recht auf seine Absetzung einschließe. Etienne de La Boëtie (gest. 1563) bezeichnete Freiheit und Gleichheit als göttliche Forderungen und hielt eine Gemeinschaft ohne Oberhaupt und Gesetze für möglich.

Eine Wendung in Richtung auf die Volkssouveränität erhält die Souveränitätslehre bei Johannes Althusius (1557–1638), der 1603 in seiner «Politik» – ähnlich wie die sogenannten Monarchomachen – den von Bodin gezogenen monarchistischen Konsequenzen auszuweichen suchte. Nach

Althusius liegen die Majestätsrechte ausschließlich beim Volke. Unter «Staat» verstand er nicht die Gesamtheit der Einzelnen, sondern die Gesamtheit der Korporationen, so daß bei ihm noch nicht in dem Sinne von «Volkssouveränität» gesprochen werden kann wie z.B. bei Rousseau. Auf Grund seiner Voraussetzungen definierte er den Staat als «allgemeine öffentliche Vereinigung, durch die sich mehrere Städte und Provinzen verpflichten, das Recht des Reiches im wechselseitigen Austausch von Sachen und Leistungen ... zu beachten, festzustellen, anzuwenden und zu verteidigen».[5] Glieder des Staates sind also nicht Einzelpersonen oder Privatvereinigungen, sondern politische Körperschaften, die sich über die Errichtung eines umfassenden politischen Körpers einig sind.

Da die Souveränität unveräußerlich ist, kann sie nicht rechtmäßig von einem einzelnen in Anspruch genommen werden; ein Herrscher, der das tut, wird zum Tyrannen. Der Inhaber der Regierungsgewalt ist nur höchster Beamter im Dienst der Gemeinschaft, deren Mitglieder ihm als Gegenleistung für den gewährten Schutz Gehorsam schulden. Den Rahmen dieser Staatsauffassung bildet das Naturrecht: Von Natur aus kommt dem Volk die Souveränität zu. Die Natur wird, wie in verschiedenen Strömungen der zeitgenössischen Naturphilosophie, auf Gott bezogen, der sich in ihr äußert. Wenn daher der staatliche Zusammenschluß auf dem Recht der Natur beruht, dann ist seine Ursache letzten Endes Gott. Aber die Berufung auf Gott ist für die von Althusius konzipierte Theorie nicht mehr wesentlich: Wenn die gottgeschaffene Natur auch zur vertraglichen Begründung rechtlich geordneter Gemeinschaften veranlaßt, so läßt sich aus Aussagen über die Natur doch keine bestimmte Rechtsnorm ableiten. Die Verfassung des Staates wird auf Grund rationaler Überlegungen von den Menschen festgelegt.

Hugo Grotius (de Groot, 1583–1645), der Begründer des Völkerrechts, erklärte ausdrücklich, die Naturrechtslehre unabhängig von der Gottesidee begründen zu wollen, obwohl auch er unter der Natur, der er die das Recht fundierenden Beziehungen entnehmen wollte, die gottgeschaffene Natur verstand. Die Menschen tendieren von Natur aus zur Vergesellschaftung und neigen daher dazu, sich im Sozialkontrakt zu einem Staat zu verbinden, der die bestmögliche Verwirklichung der durch die Vernunft gesetzten Ziele erlaubt. Der Krieg widerspricht der Idee einer vernünftigen Gemeinschaft, weshalb es nötig ist, eine für alle Völker geltende Rechtsordnung zu entwikkeln, deren Grundzüge in Grotius' «De iure belli ac pacis» (1625) entwickelt werden. Weil das Völkerrecht aus dem Naturrecht hervorgeht, ist seine Gültigkeit von positiven Gesetzen unabhängig.

3. Utopische Entwürfe

Die Entwicklung des Staatsdenkens wurde auch durch Autoren beeinflußt, die den bestehenden Verhältnissen in einem Nirgendwo angesiedelte Ideale gegenüberstellten. Besonders die Utopien von Th. More, Campanella und Bacon übten beträchtlichen Einfluß aus.[6]

Der Name der ganzen literarischen Gattung stammt von Thomas More (Morus), der in dem Roman «Utopia» (1516) die Verhältnisse auf der fiktiven Insel Utopia («Nirgendwo») schilderte. In Utopia leben die Menschen unter den Bedingungen einer primitiven Wirtschaft auf der Basis des Tauschhandels, ohne Geld und ohne Industrie, glücklich und friedfertig. More war der Ansicht, daß die moralischen Übel, die er bei seinen Zeitgenossen feststellen zu können meinte, ihre Wurzel in erster Linie in der ungleichen Besitzverteilung hätten; um sie radikal auszurotten, forderte er die Abschaffung des Privateigentums. In Utopia erhält jeder soviel an Gebrauchsgütern, als er benötigt; die für die Verteilung nötigen Autoritäten werden gewählt. Allerdings bedarf es der Sklaven, um es den Bewohnern von Utopia zu ermöglichen, sich der Verwirklichung ihrer geistigen Anlagen zu widmen. In religiösen Dingen sind sie tolerant, doch gilt die Leugnung der Grundwahrheiten der Vernunftreligion als schmählich. Kriege führen die Utopianer nur zur Selbstverteidigung oder zur Verteidigung der berechtigten Interessen anderer.

Einen konsequenteren Kommunismus empfahl ein Jahrhundert später Tommaso Campanella (gest. 1639) (siehe oben Kap. I, 2 e) in seinem «Sonnenstaat» (1602).[7] Er empfahl nicht nur Güter-, sondern auch Frauengemeinschaft und räumte damit der Familie in seinem Idealstaat keinen Platz mehr ein. Die Partnerwahl soll nicht mehr dem Zufall überlassen bleiben, sondern unter dem Gesichtspunkt planvoller Züchtung erfolgen. So materialistisch das klingt, so liegt Campanellas Entwurf doch ein durchaus idealistischer Gedanke zugrunde: Das Modell der politischen Verhältnisse liefert die Gottheit selbst mit ihren ursprünglichen Attributen der Macht, Weisheit und Liebe. Dementsprechend ist die Herrschaft im Sonnenstaat theokratisch, und im Auftrag des Herrschers werden die militärische Macht, die Förderung der Wissenschaft und die Maßnahmen zur physischen Erhaltung der Untertanen durch drei höchste Beamte ausgeübt, die für diese Bereiche zuständig sind.

Die modernste der genannten Utopien ist Bacons bereits erwähnte «Nova Atlantis», weil sie das Bild einer zentral gelenkten wissenschaftlich-technischen Zivilisation zeichnet. In einer Art Akademie der Künste und Wissenschaften – dem «Haus Salomonis» – werden in Neu-Atlantis mit staatlicher Förderung systematisch neue, praktisch brauchbare Erkenntnisse erarbeitet und zum Nutzen der Menschen eingesetzt. Vom Haus Salomonis heißt es, sein Zweck sei, «die Erkenntnis der Ursachen und Bewegungen sowie der verborgenen Kräfte in der Natur und die Erweiterung der menschlichen

Herrschaft bis an die Grenzen des überhaupt Möglichen». Im Geiste dieser Institution entstand in England eine Vereinigung von Wissenschaftlern, aus der die Royal Society hervorging – ein Beispiel dafür, daß auch utopische Ideen durchaus reale Faktoren der Entwicklung werden können.

ANHANG

Werke in Auswahl

(wichtige Editionen und leicht erreichbare Ausgaben bzw. Übersetzungen)

Zum ersten Teil

Aristoteles: Opera, I–II. Hrsg. von I. Bekker im Auftrag der Preußischen Akademie der Wissenschaften. Berlin 1831 (verbesserte 2. Aufl., betreut von O. Gigon, Berlin 1960). Bd. V der Akademieausgabe: H. Bonitz: Index Aristotelicus. Nachdruck Berlin 1960. (Photomechan. Nachdruck der Akademie-Ausgabe auch in der Wiss. Buchgesellschaft Darmstadt 1960.)

–: Werke in deutscher Übersetzung. Begründet von E. Grumach, hrsg. von H. Flashar. Berlin 1958ff. (Lizenzausgabe in der Wiss. Buchgesellschaft Darmstadt).

[Atomistik:] Griechische Atomisten. Hrsg. von F. Jürss u.a. Leipzig 1977.

Boëthius: Trost der Philosophie. Deutsch von K. Büchner mit Einführung von Fr. Klingner. Leipzig 1939 [Sammlung Dieterich, 33], Neuausg. Stuttgart 1971 [Reclams Universal-Bibliothek, 3154].

–: Trost der Philosophie/De consolatione philosophiae. Lat./dt. hrsg. u. übers. von E. Gegenschatz und O. Gigon. Zürich u. München ^{4}1990;

Cicero, Marcus Tullius: Scripta quae manserunt omnia. Philosophica, XIIff. Stuttgart 1915ff. und öfter [Bibliotheca Teubneriana].

–: De fato/Über das Fatum. Lat./dt., hrsg. von K. Bayer. Zürich ^{3}1980.

–: De re publica/Vom Gemeinwesen. Lat./dt. Eingel. und übertragen von K. Büchner. Zürich ^{2}1960.

–: Gespräche in Tuskulum. Eingel. u. übertr. von K. Büchner. Zürich 1952 [Bibliothek der Alten Welt].

–: Hortensius, Lucullus, Academici libri. Lat./dt., hrsg., übers. und komm. von Laila Straume-Zimmermann u.a. München und Zürich 1990. [Sammlung Tusculum].

–: Vom rechten Handeln/De officiis. Eingel. u. übers. von K. Büchner. Zürich und Stuttgart ^{2}1964 [Bibliothek der Alten Welt].

–: Vom Wesen der Götter/De natura deorum. Hrsg., übers. und erl. von W. Gerlach und K. Bayer. München und Zürich ^{2}1987 [Sammlung Tusculum].

Epicurea. Hrsg. von H. Usener. Leipzig 1887, Nachdruck Stuttgart 1966.

Epicuro, Opere. Hrsg. von G. Arrighetti. Turin ^{2}1973 (1. Aufl. 1960).

Epikur: Briefe, Sprüche, Werkfragmente, griech./dt., übers. u. hrsg. von H.-W. Krautz. Stuttgart ^{2}1985 [Reclams Universal-Bibliothek].

–: Philosophie der Freude. Eine Auswahl aus seinen Schriften, übers., erläutert u. eingeleitet von J. Mewaldt. Stuttgart ^{5}1985;

–: Von der Überwindung der Furcht [Katechismus, Lehrbriefe, Spruchsammlung und Fragmente]. Hrsg. von O. Gigon. Zürich 1949 [Bibliothek der Alten Welt];

[Hellenistische Philosophie:] A.A. Long und D.S. Sedley (Hrsg.): The Hellenistic Philosophers, I–II. Cambridge 1988f.

Jamblich: Aufruf zur Philosophie (Protreptikos). Übers. von O. v. Schönberger. Würzburg 1984 [mit zweisprachiger Ausgabe der Fragmente von Ciceros «Hortensius»].

–: Über die Geheimlehren. Übers., eingl. und erklärt von Th. Hopfner. Leipzig 1922 (Nachdruck Hildesheim usw. 1987).

Lukrez (Titus Lucretius Carus): Vom Wesen des Weltalls. Übers. von D. Ebener. Leipzig 1989 [Reclams Universal-Bibliothek].
–: Von der Natur der Dinge/De rerum natura. Dt. von K. L. v. Knebel. Frankfurt a. M. 1960 [Die Fischer Bibliothek der hundert Bücher];
–: Welt aus Atomen/De rerum natura. Einl. und Übers. von K. Büchner. Zürich 1956. [Bibliothek der Alten Welt; röm. Reihe];
Philo von Alexandreia: Die Werke in deutscher Übersetzung. Hrsg. von L. Cohn u. a., Band I–VII. Berlin ²1962–1964, mit Index Philoneus, 1974.
Plato: Platonis opera, hrsg. von I. Burnet in 5 Bänden. Oxford 1900 ff.
–: Werke in acht Bänden. Griech. u. dt., hrsg. von G. Eigler. Darmstadt 1990.
–: Werke. Übersetzung und Kommentar, hrsg. von E. Heitsch und C. W. Müller im Auftrag der Akad. d. Wiss. und der Literatur zu Mainz. Göttingen 1993 ff. [36 Bände geplant]
–: Deutsche Übersetzungen in der Philosophischen Bibliothek (übers. von O. Apelt), 7 Bände, Hamburg 1988, und in Rowohlts Klassikern der Literatur und Wissenschaft (nach der Übers. von F. Schleiermacher und H. Müller), 6 Bände, Hamburg 1957 ff. Eine Reihe von Dialogen, die Apologie und der siebente Brief auch in Reclams Universal-Bibliothek.
Plotin: Opera. Hrsg. von P. Henry und H. R. Schwyzer. Paris und Brüssel 1951–1973.
–: Schriften, griechisch und deutsch, hrsg. und übers. von R. Harder (später auch R. Beutler und W. Theiler). Hamburg 1956 ff.
Plutarch: Große Griechen und Römer, I–VI. Übers. von Konrat Ziegler. Zürich 1955 ff. [Bibliothek der Alten Welt].
–: Lebensklugheit und Charakter. Aus den «Moralia», ausgew., übers. u. eingel. von R. Schottlaender. Leipzig 1979 u. ö. [Sammlung Dieterich, 380].
–: Moralia, hrsg. von Wilhelm Ax. Leipzig 1950 [Sammlung Dieterich].
–: Über Gott und Vorsehung, Dämonen und Weissagung. Eingel. und übertragen von Konrat Ziegler. Zürich und Stuttgart 1952 [Bibliothek der Alten Welt, griech. Reihe].
–: Von der Ruhe des Gemüts und andere philosophische Schriften. Übertragen und eingel. von Bruno Snell. Zürich 1948 [Bibliothek der Alten Welt, griech. Reihe].
Proklus: In Platonis Theologiam libri sex. Hamburg 1618, Nachdruck Frankfurt am Main 1960.
–: The Elements of Theology. Hrsg. von E. R. Dodds. Oxford ²1963 (u. ö.).
–: Théologie platonicienne. Texte établie et traduit par H. D. Saffrey et L. G. Westerink, I ff. Paris 1968 ff.
–: Tria opuscula – De providentia, De fato, De malorum subsistentia. Hrsg. von H. Boese. Berlin 1960.
–: Über die Existenz des Bösen. Übers. u. erläutert von M. Erler. Meisenheim am Glan 1978 [Beiträge zur klassischen Philologie, 102].
–: Über die Vorsehung, das Schicksal und den freien Willen an Theodoros, den Ingenieur. Übers. und erläutert von M. Erler. Meisenheim am Glan 1980 [Beiträge zur klassischen Philologie, 121].
Sextus Empiricus: Werke, I–IV. Griech./engl., übers. von R. G. Bury. London 1933–1949 u. ö. [Loeb Classical Library].
–: Grundriß der pyrrhonischen Skepsis. Eingel. u. übers. von M. Hossenfelder. Frankfurt a. M. ²1985.
[Stoa:] Die Fragmente zur Dialektik der Stoiker, 4 Bände. Neue Sammlung der Texte mit deutscher Übers. u. Kommentaren, hrsg. von K. Hülser. Stuttgart-Bad Cannstatt 1987–1988.
Stoicorum veterum Fragmenta, I–III u. Index. Fragmenta. Hrsg. von Hans von Arnim. Nachdruck Stuttgart 1964 (zuerst 1903 ff.).

Stoa und Stoiker, I–IV. Zürich 1950ff. (Bibliothek der Alten Welt. Griechische Reihe).
[Vorsokratiker:] Hermann Diels (Hrsg.): Die Fragmente der Vorsokratiker, griechisch und deutsch, herausgegeben von Walther Kranz. Dublin/Zürich [16]1972.

Zum zweiten Teil

Textsammlungen:

Patrologiae cursus completus. Hrsg. von J. P. Migne. Paris 1844ff. Griechische Reihe (Patrologia graeca) und lat. Reihe (Patrologia latina).
Corpus Scriptorum Ecclesiasticorum Latinorum. Wien 1886ff.;
Griechische Christliche Schriftsteller der ersten drei Jahrhunderte. Leipzig 1899ff. bzw. Berlin 1953ff.;
Corpus Christianorum, Series latina. Turnhout 1954ff.; Series graeca. Turnhout 1977ff.
Bibliothek der Kirchenväter, hrsg. von O. Bardenhewer u.a. Kempten und München 1911; Neue Reihe 1932ff.

Autoren:

Abaelard (Petrus Abaelardus): Dialectica. Hrsg. von L. M. de Rijk. Assen 1956 ([2]1972).
–: Nosce te ipsum. Die Ethik des Petrus Abaelard. Übers. und eingel. von F. Hommel. Wiesbaden 1947.
–: Philosophische Schriften. Hrsg. von B. Geyer. Münster 1919–1933.
–: Sic et non. Hrsg. von B. Boyer und R. McKeon. Chicago und London 1976.
Albertus Magnus: Ausgewählte Texte, lat./dt. Hrsg. u. übers. von A. Fries, mit einer Kurzbiographie von W. P. Eckert. Darmstadt 1981 [Texte zur Forschung, 35].
–: Opera omnia. Hrsg. vom Institutum Alberti Magni Coloniense unter dem Vorsitz von B. Geyer, später von W. Kübel. Münster 1951ff.
Anselm von Canterbury: Opera omnia, Iff. Hrsg. von Franciscus Salesius Schmitt. Sekkau, später Rom und Edinburgh, 1938ff. (Nachdrucke in 2 Bänden. Stuttgart-Bad Cannstatt 1968 und 1984).
–: De veritate/Über die Wahrheit, lat./dt. Hrsg. und eingel. von F. S. Schmitt. München und Stuttgart 1966.
–: Monologion, lat./dt. Hrsg. u. eingel. von F. S. Schmitt. München und Stuttgart 1964.
–: Proslogion, lat./dt. Hrsg. mit Untersuchungen von F. S. Schmitt. München und Stuttgart [2]1984.
Averroës: Philosophie und Theologie von Averroës. Übersetzt von Marcus Joseph Müller, mit einem Nachwort von Matthias Vollmer. Weinheim 1991 [Collegia. Philosophische Texte].
Avicenna: La métaphysique du shifâ'. Übers. von Georges C. Anawati; I – V, Paris 1978; VI – X, Paris 1985.
Bonaventura: Pilgerbuch der Seele zu Gott und Zurückführung der Künste auf die Theologie, lat./dt., mit Einl. und Erläuterungen hrsg. von Julian Kaup. München 1961.
–: Über den Grund der Gewißheit. Ausgewählte Texte, lat./dt. Übers. u. erl. von Marianne Schlosser. Berlin 1993 [Collegia. Philosophische Texte].
(Pseudo-)Dionysius Areopagita: Corpus Dionysicum; I: De divinis nominibus. Berlin 1990; II: De coelesti hierarchia usw. Berlin 1991.
–: Über die göttlichen Namen; Über die mystische Theologie; Über die himmlische Hierarchie und Über die kirchliche Hierarchie. Neue deutsche Übersetzung in der Bibliothek der griechischen Literatur. Stuttgart 1986ff.

Eckhart (Meister Eckhart): Die deutschen und lateinischen Werke, hrsg. im Auftrage der Deutschen Forschungsgemeinschaft. Stuttgart 1936ff.

–: Deutsche Schriften und ausgewählte lateinische Schriften: Meister Eckhart. Werke. 2 Bde., hrsg. von N. Largier. Frankfurt am Main 1993.

Eusebius: Werke, Bd. Iff. Leipzig (später Berlin) 1902ff. [Die griechischen Schriftsteller der ersten drei Jahrhunderte, hrsg. von der Kirchenväterkommission der Kgl. Preußischen (später Deutschen) Akademie der Wissenschaften.]

[Gnosis:] Carl Andresen (Hrsg.): Die Gnosis, Bd. I, eingeleitet, übersetzt und erläutert von W. Foerster. Zürich und Stuttgart 1969; Bd. II, eingeleitet, übersetzt und erläutert von M. Krause und K. Rudolph, hrsg. von W. Foerster. Zürich und Stuttgart 1971.

Johannes Duns Scotus: Abhandlung über das Erste Prinzip/Tractatus de primo principio. Lat./dt., hrsg. von W. Kluxen. Darmstadt 1974.

–: Opera omnia. Hrsg. von C. Balic, betreut von der Commissio Scotistica. Vatikan-Stadt 1950ff. [Editio Vaticana].

Johannes Scottus Eriugena: Periphyseon. Hrsg. v. I. P. Sheldon-Williams. Dublin 1968ff.

–: Über die Einteilung der Natur. Übers. von L. Noack. Hamburg 1983 (^{2}1984) [Phil. Bibliothek, 86/87].

Klemens von Alexandrien: Die Teppiche. Übers. von O. Stählin. München 1936–1938 [Bibl. der Kirchenväter, 2. Reihe, Bde. 17, 19 und 20].

Maimonides, Moses: Führer der Unschlüssigen. Übertragen und mit erklärenden Anmerkungen versehen von A. Weiss. Hamburg 1972 (zuerst Leipzig 1923–1924) [Phil. Bibliothek, 184 a–c].

Origenes: Werke in 12. Bänden, hrsg. von P. Koetschau. In: Griechische Christliche Schriftsteller der ersten drei Jahrhunderte. Leipzig 1899ff.

–: Vier Bücher von den Prinzipien. Herausgegeben, übersetzt, mit kritischen und erläuternden Anmerkungen versehen von H. Görgemann und H. Karpp. Darmstadt 1976.

Petrus Lombardus: Sententiae in IV libris distinctae, Bd. I, Grottaferrata ^{3}1971; Bd. II, Grottaferrata ^{3}1981.

Thomas von Aquin: Opera omnia. Rom 1882ff. (Editio Leonina).

–: Opera Omnia ut sunt in Indice Thomistico, I–VII. Stuttgart-Bad Cannstatt 1980. In Verbindung mit: Index Thomisticus. Sancti Thomae Aquinatis Operum Omnium Indices et Concordantiae, 49 Bände. Hrsg. von R. Busa. Stuttgart-Bad Cannstatt 1974ff.

–: Summa contra Gentiles oder Die Verteidigung der höchsten Wahrheiten, hrsg. von Helmut Fahsel. Zürich 1942–1960.

–: Summe gegen die Heiden. Hrsg. u. übers. von K. Albert u.a. Darmstadt 1974ff. [Texte zur Forschung, 15ff.];

–: Summa theologica. Vollständige, ungekürzte dt./lat. Ausgabe, übers. von Dominikanern und Benediktinern Deutschlands, hrsg. von der Albertus-Magnus-Akademie Walberberg. Heidelberg 1933ff.

–: Summe der Theologie [Auswahl]. Zsgef., eingel. u. erl. von J. Bernhart, 3 Bde. Stuttgart 1954 [Kröners Taschenausgabe, 105, 106, 109].

Wilhelm von Ockham: Opera philosophica et theologica, cura Instituti Franciscani Universitatis S. Bonaventurae. St. Bonaventure, N. Y., 1974ff.

–: Opera politica, I–III. Hrsg. von J. G. Sikes u.a. Manchester 1940ff.

–: Kurze Zusammenfassung zu Aristoteles' Büchern über Naturphilosophie [«Summulae in libros physicorum»]. Aus dem Lat. hrsg. und übers. von H.-U. Wöhler. Leipzig 1983 [Reclams Universal-Bibliothek, 1013].

–: Summa logicae. Hrsg. von Philotheus Boehner. Franciscan Institute St. Bonaventure, N. Y. Löwen und Paderborn 1951ff.;

–: Summe der Logik [Auswahl]. Hrsg., übers. u. eingel. von P. Kunze. Hamburg 1984 [Philosophische Bibliothek, 363]).

–: Texte zur Theorie der Erkenntnis und der Wissenschaft. Lat./dt., übers., kommentiert u. hrsg. von R. Imbach. Stuttgart 1984 [Reclams UB 8239].

Zum dritten Teil

Agrippa von Nettesheim, Heinrich Cornelius: Die Eitelkeit und Unsicherheit der Wissenschaften und die Verteidigungsschrift, 2 Bände. Hrsg. von Fr. Mauthner. München 1913 [Bibliothek der Philosophen, 5 und 8].

–: Über die Fragwürdigkeit, ja Nichtigkeit der Wissenschaften, Künste und Gewerbe. Hrsg. von S. Wollgast. Berlin 1993.

Angelus Silesius (Scheffler, Johannes): Cherubinischer Wandersmann. Eingeleitet und erläutert von Will-Erich Peuckert. Bremen o.J. [Sammlung Dieterich, 64].

Althusius, Johannes: Politica methodice digesta. Hrsg. u. eingel. von C. J. Friedrich (Nachdr. der 3. Aufl. von 1614, mit dem Vorwort der 1. Aufl. und 21 Briefen). Cambridge 1932.

Bacon, Francis: The Works, I–XIV. Hrsg. von Spedding, Ellis und Heath. London 1857ff. (Nachdruck Stuttgart-Bad Cannstatt 1961–1963.)

Bodin, Jean: Oeuvres philosophiques. Hrsg. von P. Mesnard. Paris 1951ff.

–: Sechs Bücher über den Staat. Hrsg. von P.C. Mayer-Tasch. Buch I–III: München 1981; Buch IV–VI: München 1986.

Böhme, Jacob: Die Urschriften. Im Auftrag der Akad. d. Wiss. zu Göttingen hrsg. von W. Buddecke, 2 Bde. Stuttgart-Bad Cannstatt 1963 und 1966.

–: Sämtliche Schriften. Hrsg. von W.-E. Peuckert, I–XI. Stuttgart 1955ff.

Bruno, Giordano: Gesammelte Werke, übers. von L. Kuhlenbeck, I–VI. Nachdruck Darmstadt [4]1973.

–: Opere italiane, hrsg. von Giovanni Gentile, Iff. Bari [2]1925.

–: Opera latine conscripta. Hrsg. von F. Fiorentino u.a. Neapel und Florenz. 1879–1891 (Nachdruck Stuttgart-Bad Cannstatt 1961f.).

–: Das Aschermittwochsmahl. Übers. von F. Fellmann. Frankfurt a.M. 1969.

–: Von der Ursache, dem Prinzip und dem Einen. Hrsg. von P.R. Blum. Hamburg 1977.

Campanella, Tommaso: Opera omnia, I–X. Stuttgart-Bad Cannstatt 1966 (Nachdr. der Ausgabe von 1663).

–: Opere complete. Hrsg. von L. Firpo. Mailand 1954ff.

Cardanus Hieronymus (Cardano, Girolamo): Opera Omnia, I–X. Lyon 1663 (Nachdruck Stuttgart-Bad Cannstatt 1966).

Copernicus (Kopernikus), Nicolaus: Gesamtausgabe, Iff. Hrsg. von M. Nobis u.a. Berlin 1974ff.

Cusanus, s. Nikolaus von Kues.

Erasmus von Rotterdam, Desiderius: Opera omnia. Hrsg. von J.H. Waszink u.a. Amsterdam 1969ff.

–: Ausgewählte Schriften, 8 Bände. Hrsg. von W. Welzig. Darmstadt 1967ff.

Ficino, Marsilio: Opera omnia. Basel 1561 und 1576 (Nachdruck mit Einl. von P.O. Kristeller, Turin 1959f.

–: De triplici vita. Nachdruck Hildesheim und New York 1978. (Deutsche Übersetzung von D. Benesch. Frankfurt am Main 1977.)

–: Theologia Platonica. Lat.-ital., hrsg. u. eingeleitet von M. Schiavone, 2 Bde. Bologna 1965 [Filosofi moderni, 7–8];

–: Traktate zur Platonischen Theologie. Lat./dt., übers. u. erl. von Elisabeth Blum u.a. Berlin 1993 [Collegia. Philosophische Texte].

–: Über die Liebe oder Platons Gastmahl. Lat.-deutsch, hrsg. u. eingeleitet von P. R. Blum. Hamburg ²1984. [Philosophische Bibliothek, 368].

Galilei, Galileo: Opere, I–XX. Hrsg. von A. Favaro [Edizione nazionale]. Florenz 1890ff. (Nachdr. 1965).

–: Dialog über die beiden hauptsächlichen Weltsysteme. Übers. von E. Strauß. Leipzig 1891.

–: Unterredungen und mathematische Demonstrationen über zwei neue Wissenszweige, die Mechanik und die Fallgesetze betreffend. Hrsg. von A. v. Oettingen. Leipzig 1890f. (Nachdruck Darmstadt 1964).

Herbert von Cherbury, Edward: Hauptwerke, I–III. Hrsg. von G. Gawlick. Stuttgart-Bad Cannstatt 1966–1971.

Kepler, Johannes: Gesammelte Werke, Iff. Hrsg. v. d. Kepler-Kommission der Bayerischen Akad. d. Wiss. München 1937ff.

Kopernikus, s. Copernicus.

Luther, Martin: Werke. Kritische Gesamtausgabe. Weimar 1883ff.

–: Werke in Auswahl, hrsg. von O. Clemen, Bonn (später Berlin) 1925ff.

Machiavelli, Niccolò: Tutte le opere. Hrsg. von M. Martelli. Florenz 1971.

–: Gesammelte Schriften in 5 Bänden, hrsg. von H. Floerke. München 1925.

–: Der Fürst. Stuttgart ³1963 (Kröners Taschenausgabe 235).

–: Politische Betrachtungen über die alte und die italienische Geschichte. Köln und Opladen ²1965.

Montaigne, Michel de: Essais. Hrsg. von M. Rat. Paris 1962 [Classiques Garnier, 2 Bände].

Morus, Thomas: Opera omnia latina. Frankfurt a. M. 1963 (Nachdruck der Ausgabe von 1689).

–: The Complete Works. New Haven und London 1963ff.

Nikolaus von Kues (Nicolaus Cusanus): Opera omnia. (Im Auftr. der Heidelberger Akad. d. Wiss.) Leipzig (später Hamburg) 1932ff.

–: Schriften. Im Auftrag der Heidelberger Akademie der Wissenschaften hrsg. von E. Hoffmann, P. Wilpert und K. Bormann. Leipzig (später Hamburg) 1936ff.

Paracelsus: Werke, besorgt von Will-Erich Peuckert, 5 Bände. Darmstadt 1965–1968.

Petrarca, Francesco: Opera, I–IV. Ridgewood 1965 (Nachdruck der Ausgabe von 1554).

Pico della Mirandola, Giovanni: Opera omnia. Basel 1553 und 1572 (Nachdrucke Hildesheim 1969; Turin 1971, mit Einl. von E. Garin).

–: Ausgewählte Schriften, übers. von A. Liebert. Jena 1905.

–: Über die Würde des Menschen. Aus dem Neulateinischen übertragen von H. W. Rüssel. Mit der Lebensbeschreibung Picos von Thomas Morus [1510]. Zürich ³1992 [Manesse Bücherei, 8].

Pomponazzi Pietro: Opera. Hildesheim und New York 1970 (Nachdruck der Ausgabe von 1567).

–: Abhandlung über die Unsterblichkeit der Seele. Lat./dt.; übers. u. mit einer Einleitung hrsg. von B. Mojsich. Hamburg 1990 [Philosophische Bibliothek, 434].

Telesio, Bernardino: De rerum natura. Hrsg. von L. De Fresco. I–VI: Cosenza 1965–1974; VII–IX: Florenz 1976.

Valla, Lorenzo: Opera omnia. Hrsg. von E. Garin. Turin 1962.

Weigel, Valentin: Gesammelte Schriften. Hrsg. von W. Zeller u. a. Stuttgart-Bad Cannstatt 1962ff.

Einführungs- und Übersichtsliteratur

Bibliographisches Nachschlagewerk:

Wilhelm Totok: Handbuch der Geschichte der Philosophie, Band I: Altertum. Bearbeitet von H. D. Finke unter Mithilfe von H. Schröer. Frankfurt a. M. [2]1997; Band II: Mittelalter, Frankfurt a. M. 1973; Band III: Renaissance. Frankfurt am Main 1980.

Gesamtdarstellungen:

Bubner, Rüdiger (Hrsg.): Geschichte der Philosophie in Text und Darstellung, 8 Bde. mit versch. Hrsg. Stuttgart 1978ff. [Reclams Universal-Bibliothek, 9911–9918].

Höffe, Otfried (Hrsg.): Klassiker der Philosophie, I: Von den Vorsokratikern bis David Hume. II: Von I. Kant bis J.-P. Sartre. München [3]1994.

Hoerster, Norbert (Hrsg.): Klassiker des philosophischen Denkens, I–II. München [5]1992 [dtv 4386–4387].

Maier, Hans u.a. (Hrsg.): Klassiker des politischen Denkens, I: Von Plato bis Hobbes. II: Von Locke bis M. Weber. München [6]1986.

Röd, Wolfgang (Hrsg.): Geschichte der Philosophie, I–XII. Philosophie der Antike, Bd. I: W. Röd, Von Thales bis Demokrit. München [2]1988; Bd. II: A. Graeser: Sophistik und Sokratik, Plato und Aristoteles. München [2]1993; Bd. III: M. Hossenfelder: Stoa, Epikureismus und Skepsis. München 1985; Bd. IV: W. L. Gombocz: Die Philosophie der ausgehenden Antike und des frühen Mittelalters 1997; Bd. VII: W. Röd: Von Fr. Bacon bis Spinoza. München [2]1999; Bd. VIII: W. Röd: Von Newton bis Rousseau. München 1984; Bd. X: S. Poggi und W. Röd: Positivismus, Sozialismus und Spiritualismus im 19. Jahrhundert. München 1989.

Ueberweg, Friedrich: Grundriß der Geschichte der Philosophie; I: Die Philosophie des Altertums. Hrsg. von K. Praechter. Basel 1953 (Nachdr. der 12. Aufl. 1926); II: Die patristische und scholastische Philosophie. Hrsg. von B. Geyer. Basel und Stuttgart 1956 (Nachdr. der 11. Aufl. 1927); III: Die Philosophie der Neuzeit bis zum Ende des 18. Jhdts. Hrsg. von M. Frischeisen-Köhler und W. Moog. Basel 1953 (Nachdr. der 12. Aufl. 1924); IV: Die deutsche Philosophie des 19. Jhdts. und der Gegenwart. Hrsg. von T. K. Österreich. Basel 1951 (Nachdr. der 12. Aufl. 1924); V: Die Philosophie des Auslandes vom Beginn des 19. Jhdts. bis auf die Gegenwart. 12. Aufl. 1927.

Ueberweg, Fr.: Grundriß der Geschichte der Philosophie, begründet von Fr. Überweg, völlig neu bearbeitete Ausgabe. Die Philosophie der Antike, 3: Ältere Akademie – Aristoteles – Peripatos. Hrsg. von H. Flashar. Basel und Stuttgart 1983; Die Philosophie des 17. Jhdts., 2/1-2 und 3/1-2. Hrsg. von J.-P. Schobinger. Basel und Stuttgart 1993 bzw. 1988.

Philosophiegeschichtliche Nachschlagewerke:

Ritter, Joachim und Gründer, Karlfried (Hrsg.): Historisches Wörterbuch der Philosophie, Iff. Basel 1971ff. [zugleich Wiss. Buchgesellschaft Darmstadt].

Volpi, Franco und Nida-Rümelin, Julian (Hrsg.): Lexikon der philosophischen Werke. Stutttgart 1988 [Kröner Taschenausgabe, 486].

Zum ersten Teil

1. Allgemeine Darstellungen:

Diogenes Laertius: Leben und Meinungen berühmter Philosophen. Deutsche Übersetzung von O. Apelt, Hamburg ²1967.
Gomperz, Theodor: Griechische Denker, I–III. Leipzig 1893–1909 (³1911/12);
Krafft, Fritz: Geschichte der Naturwissenschaft, I: Die Begründung der Wissenschaft von der Natur durch die Griechen. Freiburg 1970.
Praechter, Karl: Die Philosophie des Altertums [Ueberwegs Grundriß der Geschichte der Philosophie, Bd. I.] Berlin ¹²1926; Basel ¹³1953 (unveränderter Nachdruck der 12. Aufl.); Darmstadt 1967 (unveränderter Nachdruck);
Zeller, Eduard: Die Philosophie der Griechen in ihrer geschichtlichen Entwicklung, 6 Bände. Hrsg. von W. Nestle. Darmstadt ⁶1963.

2. Werke zu einzelnen Philosophen und philosophischen Richtungen:

Albrecht, M. v. (Hrsg.): Pythagoras – Legende, Leben, Lebensgestaltung. Stuttgart 1963 [Bibliothek der Alten Welt; Reihe Antike und Christentum].
Armstrong, A.H. (Hrsg.): The Cambridge History of Later Greek und Early Medieval Philosophy. Cambridge 1967.
Barnes, Jonathan: The Presocratic Philosophers, I–II. London ²1982.
Bormann, Karl: Platon. Freiburg und München 1973.
Bracht Branham, R., und Marie-Odile Goulet-Gazé (Hrsg.): The Cynics. The Cynic Movement in Antiquity and Its Legacy. Berkeley und London 1996.
Dillon, John: The Middle Platonists. London 1977.
Dörrie, Heinrich: Der Platonismus in der Antike. Grundlagen, System, Entwicklung. Fortgeführt von M. Baltes. Stuttgart-Bad Cannstatt 1987ff.
–: Platonica Minora. München 1976.
Düring, Ingemar: Aristoteles. Darstellung und Interpretation seines Denkens. Heidelberg 1966.
Forschner, Maximilian: Die stoische Ethik. Über den Zusammenhang von Natur-, Sprach- und Moralphilosophie im altstoischen System. Stuttgart 1981.
Friedländer, Paul: Platon, I–III. Berlin ³1964–1975.
Gaiser, Konrad: Platons ungeschriebene Lehre. Stuttgart 1963 (Nachdr. 1968).
– und Th. A. Szlezak (Hrsg.): Supplementum Platonicum, Iff. Stuttgart-Bad Cannstatt 1988ff.
Gauß, Hermann: Philosophischer Handkommentar zu den Dialogen Platos, I–III. Bern 1952ff.
Gersh, Stephen: Middle Platonism and Neoplatonism, I–II. Notre Dame (Indiana) 1986;
Gibson, Margaret (Hrsg.): Boëthius. His Life, Thought and Influence. Oxford 1981.
Gigon, Olof: Der Ursprung der griechischen Philosophie. Von Hesiod bis Parmenides. Basel und Stuttgart ²1968.
–: Grundprobleme der antiken Philosophie. Bern und München 1959 [Sammlung Dalp, 66].
– : Sokrates. Sein Bild in Dichtung und Geschichte. Bern 1947 (²1979)..
Gombocz, Wolfgang L.: Die Philosophie der ausgehenden Antike und des frühen Mittelalters (= W. Röd, Hrsg.: Geschichte der Philosophie, IV).
Gomperz, Theodor: Griechische Denker. Eine Geschichte der antiken Philosophie, I. Leipzig 1896.
Graeser, Andreas: «Die Vorsokratiker» . In: O. Höffe (Hrsg.): Klassiker der Philosophie,

I. Von den Vorsokratikern bis David Hume. München 1981 u.ö., 13ff.;
–: Platons Ideenlehre. Sprache, Logik und Metaphysik. Bern und Stuttgart 1975.
–: Sophistik und Sokratik, Plato und Aristoteles. München ²1993 (= W. Röd: Geschichte der Philosophie, Bd. II).
–: Zenon von Kition. Positionen und Probleme. Berlin und New York 1975.
–: Hauptwerke der Philosophie. Antike. Stuttgart 1992 [Reclams Universal-Bibliothek, 8740].
Gruber, J.: Kommentar zu Boëthius De consolatione philosophiae. Berlin u. New York 1978.
Guthrie, W. K. C.: A History of Greek Philosophy, I–VI [nicht abgeschlossen]. Cambridge 1962–1981;
Heitsch, Ernst: Parmenides und die Anfänge der Erkenntniskritik und Logik. Donauwörth 1979.
Henry, Paul: Etudes plotiniennes, I: Les états du texte de Plotin. Brüssel 1938; II: Les manuscrits des Ennéades. Brüssel 1941.
Hirzel, Rudolf: Plutarch. Leipzig 1912.
Hossenfelder, Malte: Epikur. München 1991 [Beck'sche Reihe, Bd. 520: Große Denker].
–: Stoa, Epikureismus und Skepsis. München 1985 (= W. Röd, Hrsg.: Geschichte der Philosophie, Bd. III).
Irmscher, Johannes (Hrsg.): Lexikon der Antike. Leipzig ¹⁰1990.
Jaeger, Werner: Aristoteles. Grundlegung einer Geschichte seiner Entwicklung. Berlin 1923; ²1955 (Nachdr. 1967).
Krämer, Hans-Joachim: Arete bei Platon und Aristoteles. Zum Wesen und zur Geschichte der Platonischen Ontologie. Heidelberg 1959.
–: Der Ursprung der Geistmetaphysik. Untersuchungen zur Geschichte des Platonismus zwischen Platon und Plotin. Amsterdam 1964 (²1967).
–: Platonismus und hellenistische Philosophie. Berlin 1971.
Long, Anthony A.: Hellenistic Philosophy. Berkeley (Cal.) ²1986.
Long, A. A., und D. N. Sedley: Die hellenistischen Philosophen. Texte und Kommentare. Stuttgart und Weimar 2000 (The Hellenistic Philosophers, 1987).
Nasemann, Beate: Theurgie und Philosophie in Jamblichs De mysteriis. Stuttgart 1991.
Nestle, Wilhelm: Vom Mythos zum Logos. Die Selbstentfaltung des griechischen Denkens von Homer bis auf die Sophistik und Sokrates. Stuttgart ²1942 [Nachdruck Aalen 1966].
O'Meara, Dominic J.: Pythagoras Revived. Mathematics and Philosophy in Late Antiquity. Oxford 1989.
Patzig, Günther: Die aristotelische Syllogistik. Logisch-philologische Untersuchungen über das Buch A der Ersten Analytiken. Göttingen ³1969.
Pohlenz, Max: Die Stoa, I–II. Göttingen 1948f. (⁶1984 bzw. ⁶1990).
Reinhardt, Karl: Parmenides. Frankfurt a. M. ³1977.
–: Poseidonios. München 1921.
Reitzenstein, Richard: Die hellenistischen Mysterienreligionen nach ihren Grundgedanken und Wirkungen. Darmstadt 1980 (Nachdruck der 3. Aufl. von 1927).
Ricken, Friedo: Philosophie der Antike. Stuttgart usw. ²1993 [Urban Taschenbücher; Grundkurs Philosophie, 6];
Röd, Wolfgang: Geschichte der Philosophie, I: Die Philosophie der Antike, 1: Von Thales bis Demokrit. München ²1988.
Snell, Bruno: Die Entdeckung des Geistes. Studien zur Entstehung des europäischen Denkens bei den Griechen. Göttingen ⁶1986.
Speck, Josef (Hrsg.): Grundprobleme der großen Philosophen. Philosophie des Altertums und des Mittelalters. Göttingen 1972 [UTB 146]
Stückelberger, A. (Hrsg.): Antike Atomphysik. Texte zur antiken Atomlehre und zu ihrer

Wiederaufnahme in der Neuzeit. München 1979.
Sweeney, Leo: Divine Infinity in Greek and Medieval Thought. New York etc. 1992.
Theiler, Willy: Forschungen zum Neuplatonismus. Berlin 1966;
–: Die Vorbereitung des Neuplatonismus. Zürich und Berlin ²1964.
van der Waerden, B. L.: Die Pythagoreer. Zürich 1979.
Vlastos, Gregory: Socrates. Ironist and Moral Philosopher. Cambridge und New York 1991 (und öfter).
Volkmann, Richard: Leben, Schriften und Philosophie des Plutarch von Chaeronea. 2 Bde., Berlin 1869 [Nachdruck Leipzig 1970].
Volkmann-Schluck, Karl-Heinz: Die Metaphysik des Aristoteles. Frankfurt a. M. 1979.
–: Plotin als Interpret der Ontologie Platons. Frankfurt a. M. ³1966.
Wieland, Wolfgang: Die aristotelische Physik. Göttingen ²1970.
Wolfson, Harry Austryn: Philo. Foundations of religious philosophy in Judaism, Christianity, and Islam, I–II. Cambridge (Mass.) und London 1982.
Zintzen, Clemens (Hrsg.): Der Mittelplatonismus. Darmstadt 1981 [Wege der Forschung, LXX].
–: (Hrsg.): Die Philosophie des Neuplatonismus. Darmstadt 1977 [Wege der Forschung, CLXXXVI].

Zum zweiten Teil

1. Allgemeine Darstellungen:

Böhner, Philotheus und Gilson, Etienne: Christliche Philosophie von ihren Anfängen bis zur Gegenwart. Paderborn ³1954.
Copleston, Frederick: Geschichte der Philosophie im Mittelalter. München 1976 [Beck'sche Elementarbücher].
Crombie, Allister C.: Von Augustinus bis Galilei. Die Emanzipation der Naturwissenschaft. München 1977.
Denzinger, H. und Schönmetzer, A.: Enchiridion Symbolorum. Barcelona usw. ³⁶1976.
Gilson, Etienne: L'être et l'essence. Paris ²1972.
Grabmann, Martin: Geschichte der scholastischen Methode, I–II. Freiburg i. Br. 1909/1911.
Harnack, Adolf v.: Lehrbuch der Dogmengeschichte, I. Tübingen ⁵1931.
Kritzmann, N., Kenny, A. und Pinborg, J. (Hrsg.): The Cambridge History of Later Medieval Philosophy. From the Rediscovery of Aristotle to the Disintegration of Scholasticism, 1100–1600. Cambridge usw 1982.
Neumark, David: Geschichte der jüdischen Philosophie im Mittelalter, I/1–II/2. Berlin (und Leipzig) 1907–1928.
Simon, Heinrich und Simon, Marie: Geschichte der jüdischen Philosophie. München 1984 [Beck'sche Elementarbücher].
Sturlese, L.: Die deutsche Philosophie im Mittelalter. Von Bonifatius bis zu Albert dem Großen, 748–1280. München 1993.
Schneemelcher, W. (Hrsg.) : Bibliographia patristica. Internat. patr. Bibliographie. Berlin 1959ff.

2. Werke zu einzelnen Philosophen und philosophischen Richtungen:

Bardenhewer, Otto: Geschichte der altkirchlichen Literatur, I ff. Freiburg i. Br. 1913ff.
Campenhausen, Hans Frh. v.: Griechische Kirchenväter. Stuttgart 1955 [Urban-Bücher].

–: Lateinische Kirchenväter. Stuttgart 1960. [Urban-Bücher].

Chenu, M.-D.: Das Werk des hl. Thomas von Aquin. Heidelberg usw. 1960 (urspr.: Introduction à l'étude de saint Thomas d'Aquin. Paris 1950).

Colpe, C. u.a. (Hrsg.): Spätantike und Christentum. Beiträge zur Religions- und Geistesgeschichte der griechisch-römischen Kultur und Zivilisation der Kaiserzeit. Berlin 1992.

Craemer-Ruegenberg, Ingrid: Albertus Magnus. München 1980 [Beck'sche Schwarze Reihe, 501; Große Denker].

Elders, L. J.: Die Metaphysik des Thomas von Aquin in historischer Perspektive, I–II. Salzburg und München 1985/1987.

Fischer, Heribert: Meister Eckhart. Einführung in sein Denken. Freiburg und München 1974 [Kolleg Philosophie, 12].

Flasch, Kurt: Augustin. Einführung in sein Denken. Stuttgart 1980 [Reclams Universal-Bibliothek, 9962].

–: Das philosophische Denken im Mittelalter. Von Augustin zu Machiavelli. Stuttgart 1988 [Reclams Universal-Bibliothek, 8342].

Goodman, Lenn E.: Avicenna. London und New York 1992 [Arabic Thought and Culture].

Honnefelder, Ludger: Ens inquantum ens. Der Begriff des Seienden als solchen als Gegenstand der Metaphysik nach der Lehre des Johannes Duns Scotus. Münster 1979.

Jaeger, Werner: Das frühe Christentum und die griechische Bildung. Übers. von W. Eltester. Berlin 1963.

Kenny, Anthony: The Five Ways. St. Thomas Aquinas Proofs of God's Existence. London ²1972.

Leisegang, Hans: Die Gnosis. Stuttgart ⁵1985 [Kröners Taschenausgabe, 32]; K. Rudolph: Die Gnosis. Göttingen 1990 [UTB 1577].

Marenbon, John: Early Medieval Philosophy (480–1150). An Introduction. London usw. 1983.

Merki, Hubert: Homoiosis theôi. Von der platonischen Angleichung an Gott zur Gottähnlichkeit bei Gregor von Nyssa. Freiburg in der Schweiz 1952. [Paradosis. Beiträge zur Geschichte der altchristlichen Literatur und Theologie, VII.]

Otto, Rudolf: Das Heilige. Über das Irrationale in der Idee des Göttlichen und sein Verhältnis zur Rationalität. München 1987 [Beck'sche Reihe, 328].

–: West-östliche Mystik. Vergleich und Unterscheidung zur Wesensdeutung. Überarbeitet von G. Mensching. München ³1971.

Reitzenstein, Richard: Die hellenistischen Mysterienreligionen nach ihren Grundgedanken und Wirkungen. Darmstadt 1980 [Nachdruck der 3. Aufl. von 1927].

Ruhbach, Gerhard und Sudbrack, Josef (Hrsg.): Große Mystiker. Leben und Wirken. München 1984.

–: Christliche Mystik. Texte aus zwei Jahrtausenden. München 1989.

Scheeben, Heribert Chr.: Albert der Große. Zur Chronologie seines Lebens. Bonn ³1980.

Seidl, Horst: Die Gottesbeweise in der «Summe gegen die Heiden» und der «Summe der Theologie». Lateinisch-deutsch, mit Einleitung und Kommentar. Hamburg 1982 [Philosophische Bibliothek, 300].

Sertillanges, Antonin G.: Der heilige Thomas von Aquin. Hellerau ²1954.

Vossenkuhl, Wilhelm und Schönberger, R. (Hrsg.): Die Gegenwart Ockhams. Weinheim 1990 [Acta humaniora].

Wolfson, Harry Austryn: The Philosophy of the Church Fathers. Faith, Trinity, Incarnation. Cambridge (Mass.) und London ³1976.

Zum dritten Teil

1. Allgemeine Darstellungen:

Blumenberg, Hans: Die Legitimität der Neuzeit. Frankfurt a.M. 1966.

Burckhardt, Jacob: Die Kultur der Renaissance in Italien. Basel 1860 (viele Auflagen).

Cassirer, Ernst: Individuum und Kosmos in der Philosophie der Renaissance. Darmstadt ²1963.

Dilthey, Wilhelm: Weltanschauung und Analyse des Menschen seit Renaissance und Reformation. Göttingen ⁹1970 (Gesammelte Schriften, II).

Garin, Eugenio: Der italienische Humanismus. Bern 1947.

Hall, A. Rupert: Die Geburt der wissenschaftlichen Methode 1630–1720. Von Galilei bis Newton. Darmstadt 1965.

Koyré, Alexandre: Von der geschlossenen Welt zum offenen Universum. Frankfurt a.M. 1969.

Mittelstraß, Jürgen: Neuzeit und Aufklärung. Studien zur Entstehung der neuzeitlichen Wissenschaft. Berlin und New York 1970.

Schmitt, Charles B. und Skinner, Qu. (Hrsg.): The Cambridge History of Renaissance Philosophy. Cambridge University Press 1988 (mit ausführlicher Bibliographie).

2. Werke zu einzelnen Philosophen oder philosophischen Richtungen:

Blumenberg, Hans: Die kopernikanische Wende. Frankfurt a.M. 1965.

–: Die Genesis der kopernikanischen Welt. Frankfurt a.M. ²1981.

Deppe, Frank: Niccolò Machiavelli. Zur Kritik der reinen Politik. Köln 1987.

Field, A.: The Origins of the Platonic Academy of Florence. Princeton, N.J., 1988.

Fischer, Klaus: Galileo Galilei. München 1983 [Beck'sche Schwarze Reihe, 504: Große Denker].

Garfagnini, G.C. (Hrsg.): Marsilio Ficino e il ritorno di Platone, I–II. Florenz 1986.

Garin, Eugenio: Giovanni Pico della Mirandola. Florenz 1937.

Grunsky, Hans: Jacob Böhme. Stuttgart ²1984 [Frommanns Klassiker der Philosophie, XXXIV].

Hankins, J.: Plato in the Italian Renaissance, I–II. Leiden 1991.

Henry, J. und Hutton, S. (Hrsg.): New Perspectives on Renaissance Thought. London 1990.

Jacobi, Klaus: Die Methode der Cusanischen Philosophie. Freiburg und München 1969.

Jaspers, Karl: Nikolaus Cusanus. München 1964.

Kersting, Wolfgang: Niccolò Machiavelli. München 1988 [Beck'sche Reihe, 515: Große Denker].

Keßler, Eckhard: Petrarca und die Geschichte. Geschichtsschreibung, Rhetorik, Philosophie im Übergang vom Mittelalter zur Neuzeit. München 1978.

–: (Hrsg.): Theoretiker humanistischer Geschichtsschreibung im 16. Jahrhundert. München 1970.

Koyré, Alexandre: Etudes galiléennes, I–III. Paris ²1966.

–: Mystiques, spirituels, alchimistes du 16ᵉ siècle allemand. Paris 1955.

Kristeller, Paul Oskar: Acht Philosophen der italienischen Renaissance. Petrarca, Valla, Ficino, Pico, Pomponazzi, Telesio, Patrizi, Bruno. Weinheim 1968 [Acta humaniora; urspr. englisch, Stanford UP 1964].

–: Die Philosophie des Marsilio Ficino. Frankfurt a.M. 1972;

–: Humanismus und Renaissance, I–II. Hrsg. von E. Keßler. München 1974/1976.

–: Studies in Renaissance Thought and Letters, I–III. Rom 1969, 1985 und 1993.
–: The Philosophy of Marsilio Ficino. New York 1943.
Krohn, Wolfgang: Francis Bacon. München 1987 [Beck'sche Reihe, 509: Große Denker].
Popkin, Richard: The History of Scepticism from Erasmus to Descartes. Assen 1960 ([2]1964); erweiterte Ausgabe: The History of Scepticism from Erasmus to Spinoza, 1979.
Randall jr., John Herman: The School of Padua and the Emergence of Modern Science. Florenz 1961.
Strnad, Alfred: Niccolò Machiavelli. Politik als Leidenschaft. Göttingen u. Zürich 1984 [Persönlichkeit und Geschichte, 120–121].
Vansteenberghe, Edmond: Le cardinal Nicolas de Cues. Paris 1920.
Volkmann-Schluck, Karl-Heinz: Nicolaus Cusanus. Die Philosophie im Übergang vom Mittelalter zur Neuzeit. Frankfurt a. M. [2]1968.
Ward, Gilbert Neal: Renaissance Concepts of Method. New York und London [2]1963.

Anmerkungen

Einleitung

1 I. Kant: Lose Blätter zur Preisschrift über die Fortschritte der Metaphysik. Kants Gesammelte Schriften, hrsg. von der Preußischen (Deutschen) Akademie der Wissenschaften, Berlin 1902ff.; Band XX, S. 340. Vgl. hierzu die Überlegungen des Verfassers in dem Aufsatz «Über die Möglichkeit einer philosophierenden Geschichte der Philosophie». In: Doxa 17 (Budapest 1989), S. 11–37.

2 Diese Einstellung wurde zur Geltung gebracht von Wolfgang Stegmüller: Gedanken über eine mögliche rationale Rekonstruktion von Kants Metaphysik der Erfahrung. In: Aufsätze zu Kant und Wittgenstein. Darmstadt 1972; sie leitete Stegmüller bei seinen philosophiehistorischen Arbeiten; vgl. vor allem W. Stegmüller: Hauptströmungen der Gegenwartsphilosophie, Bd. I. Stuttgart [7]1989; Bd. II. Stuttgart [8]1987.

3 Edmund Husserl: Die Krisis der europäischen Wissenschaften, § 7. Hamburg [2]1982 [Philosophische Bibliothek, 292], S. 18f.

4 Dies hat Nicolai Hartmann: «Der philosophische Gedanke und seine Geschichte». In: Abhandlungen der Preußischen Akademie der Wissenschaften, philos.-hist. Klasse, 1935/5, nachdrücklich betont.

5 Vgl. Karl Jaspers: Die großen Philosophen, Band I. München 1957, S. 99.

6 Hans-Georg Gadamer: «Zur Systemidee in der Philosophie». In: Festschrift für Paul Natorp. Berlin und Leipzig 1924, S. 55–75.

7 Martial Gueroult: «La légitimité de l'histoire de la philosophie». In: Archivio di Filosofia. Mailand und Rom 1954, S. 39–63, insb. S. 56–60.

8 Franz v. Brentano: Die vier Phasen der Philosophie und ihr augenblicklicher Stand (Vortrag, Wien 1895). Hamburg [2]1968 (Philos. Bibliothek, 195).

9 Wilhelm Windelband: Lehrbuch der Geschichte der Philosophie. Hrsg. von H. Heimsoeth, Tübingen [15]1957, Vorwort zur ersten Auflage.

10 Ähnlich Nicolai Hartmann in der oben zitierten Abhandlung. Vgl. die Arbeit des Verfassers «Kontinuität und Diskontinuität in der Philosophiegeschichte» in: Der Aquädukt 1763–1988. Ein Almanach aus dem Verlag C.H. Beck im 225. Jahr seines Bestehens. München 1988, S. 304–312.

11 So drückte sich aus Paul Natorp: Philosophische Systematik. Aus dem Nachlaß hrsg. von Hans Natorp. Hamburg 1958, S. 23.

12 Thomas Hobbes: Lehre vom Körper [De corpore], Teil IV, Kap. XXV, Abschn. 1.

13 J.H. Fries: Neue oder anthropologische Kritik der Vernunft, 2. Aufl. 1831, S. 18.

14 K.R. Popper: Objektive Erkenntnis. Hamburg 1973, S. 11: «Die Erkenntnis ist ohne Zweifel das größte Wunder des Universums.»

15 E. Husserl, a.a.O., § 5; S. 13. Auch Ludwig Wittgenstein sprach vom «Erstaunen, daß etwas existiert» (Schriften 3. Wittgenstein und der Wiener Kreis, von Friedrich Waismann. Aus dem Nachlaß hrsg. von B.F. McGuinness. Frankfurt am Main 1967, S. 68), meinte aber, daß sich dieses Staunen nicht in Worte fassen lasse. Vgl. L. Wittgenstein: Vortrag über Ethik und andere kleine Schriften. Hrsg. u. übers. von J. Schulte. Frankfurt am Main 1989, S. 9–19, insb. S. 14 und S. 18.

16 I. Kant: Kritik der reinen Vernunft, B 833; Gesammelte Schriften, Bd. III, S. 522.

Erster Teil
DIE PHILOSOPHIE DER ANTIKE

I. Die Anfänge der Philosophie im 6./5. Jahrhundert

1 Zur alten Philosophie im allgemeinen vgl. Eduard Zeller: Die Philosophie der Griechen in ihrer geschichtlichen Entwicklung, 6 Bände. Hrsg. von W. Nestle. Darmstadt ^{6}1963; Theodor Gomperz: Griechische Denker, I-III. Leipzig 1893–1909 (^{3}1911/12); W. K. C. Guthrie: A History of Greek Philosophy, I-VI [nicht abgeschlossen]. Cambridge 1962–1981; Friedo Ricken: Philosophie der Antike. Stuttgart usw. ^{2}1993 [Urban Taschenbücher; Grundkurs Philosophie, 6]; Karl Praechter: Die Philosophie des Altertums [Ueberwegs Grundriß der Geschichte der Philosophie, Bd. I. Berlin ^{12}1926; Basel ^{13}1953 (unveränderter Nachdruck der 12. Aufl.); Darmstadt 1967 (unveränderter Nachdruck); W. Röd (Hrsg.): Geschichte der Philosophie, I-IV [Philosophie der Antike, Bd. 1: W. Röd, Von Thales bis Demokrit. München ^{2}1988; Bd. II: A. Graeser: Sophistik und Sokratik, Plato und Aristoteles. München ^{2}1993; Bd. 3: M. Hossenfelder: Stoa, Epikureismus und Skepsis. München 1985; Bd. 4: W. L. Gombocz: Die Philosophie der ausgehenden Antike und des frühen Mittelalters, München 1997]. Die Texte der vorsokratischen Philosophen werden zitiert nach H. Diels (Hrsg.): Die Fragmente der Vorsokratiker. Hrsg. und übers. von W. Kranz. Dublin und Zürich ^{16}1972. [im Folgenden abgekürzt «DK»; es folgt die Kennziffer des jeweiligen Philosophen, sodann entweder «B» für Fragmente oder «A» für Zeugnisse; die letzte Ziffer ist die Nummer des Fragments oder des Zeugnisses. Von Kranz' Übersetzung wird da und dort abgewichen].

2 Zur Orientierung besonders geeignet sind Olof Gigon: Der Ursprung der griechischen Philosophie. Von Hesiod bis Parmenides. Basel/Stuttgart ^{2}1968; Andreas Graeser: «Die Vorsokratiker». In: O. Höffe (Hrsg.): Klassiker der Philosophie, I. Von den Vorsokratikern bis David Hume. München 1981 u. ö., S. 13ff.

3 Hierzu Karl Albert: Über Platons Begriff der Philosophie. Sankt Augustin 1989 [Beiträge zur Philosophie, 1].

4 Zur Geschichte der antiken Mathematik vgl. J. L. Heiberg: Geschichte der Mathematik und Naturwissenschaften im Altertum. München 1960 (Handbuch der Altertumswissenschaft, hrsg. von W. Otto, 5. Abt., 1. Teil, 2. Band).

5 Die Stelle über die Unterwelt [tartara] gilt als unecht, da sie in den Berichten Platos und Aristoteles' fehlt. Vgl. die Ausgabe von Paul Mazon: Hésiode: Théogonie – Les travaux et les jours – Le Bouclier. Paris ^{5}1960, zu den Versen 118–119 der Theogonie.

6 Vgl. hierzu Olof Gigon: Der Ursprung der griechischen Philosophie. Von Hesiod bis Parmenides. Basel und Stuttgart ^{2}1968, S. 13ff.

7 Das klassische Werk zum Thema ist Wilhelm Nestle: Vom Mythos zum Logos. Die Selbstentfaltung des griechischen Denkens von Homer bis auf die Sophistik und Sokrates. Aalen 1966. (Nachdruck der 2. Auflage von 1942.)

8 Zum naturwissenschaftlichen Denken von den Anfängen bis Plato vgl. Fritz Krafft: Geschichte der Naturwissenschaft, I. Die Begründung einer Wissenschaft von der Natur durch die Griechen. Freiburg 1971.

9 Aristoteles: Metaphysik I 5, 985 b 23ff.

10 Vgl. Euklid: Die Elemente, III, Lehrsatz 31. Diogenes Laërtius scheint – etwa 550 Jahre später – in seinem Werk über Leben und Meinungen berühmter Philosophen (I, 24; vgl. DK 11 A 1.24) den Beweis unter Berufung auf die römische Autorin Pamphila dem Thales zuschreiben zu wollen, der ihn aber schwerlich so geführt haben dürfte wie Euklid.

11 Vgl. G. W. F. Hegel: Vorlesungen über die Geschichte der Philosophie, I. Sämtliche Werke (Jubiläumsausgabe), Band XVII (1959), S. 217.

12 Aristoteles vermutete (Metaphysik I 3, 983 b 22f.), Thales habe sich von der Erfahrung leiten lassen, daß der Same der Lebewesen feucht sei. Dabei dürfte es sich aber um eine nachträgliche Deutung, die Aristoteles auch mit einem «vielleicht» versieht, und nicht um eine von Thales selbst vorgetragene Begründung handeln.

13 DK 12 B 1.

14 Das Fragment ist durch Simplicius (6. Jhdt. n. Chr.) überliefert, der zu den letzten Mitgliedern der Platonischen Akademie in der Zeit Kaiser Justinians gehörte. Siehe unten, Kap. VI, 4 c.

15 DK 12 A 14.

16 Zur Mysterienreligion vgl. Robert Muth: Einführung in die griechische und römische Religion. Darmstadt 1988, S. 151ff.

17 Da sich die Annahme einer Seelenwanderung auch außerhalb des griechischen Kulturraums, namentlich in Indien, findet, ist es verständlich, daß immer wieder über ein mögliches Abhängigkeitsverhältnis spekuliert wurde, doch ohne daß Beweise beizubringen wären. Herodots Behauptung, daß jene Annahme aus Ägypten stamme, steht auf schwachen Füßen.

18 DK 21 B 14.

19 DK 21 B 23.

20 DK 21 B 24.

21 DK 21 B 34.

22 DK 21 B 18.

23 DK 22 B 49 a.

24 DK 22 B 31.

25 DK 22 B 90.

26 DK 22 B 53.

27 DK 22 B 125.

28 DK 22 B 123.

29 DK 22 B 26.

30 DK 22 B 27.

31 Als seine Blütezeit wurde die 96. Olympiade angegeben, d.h. 504–501. Da die «Blüte» eines Denkers ins 40. Lebensjahr verlegt wurde, würde sich ein Geburtsjahr um 540 ergeben, was aber neuerdings als weniger wahrscheinlich gilt.

32 Dies ist der Sinn des Fragments DK 28 B 3: «Dasselbe ist, etwas zu denken und zu sein».

33 DK 28 B 8.9–10.

34 Vgl. Andreas Graeser: «Die Vorsokratiker». In: O. Höffe (Hrsg.): Klassiker der Philosophie, I. München 1981 u.ö., S. 24.

35 Diogenes Laërtius: Leben und Meinungen berühmter Philosophen, VIII 57. [Deutsche Übersetzung von O. Apelt, Hamburg [2]1967]

36 DK 31 B 6.

37 DK 31 B 17.

38 DK 31 B 109. Empedokles nahm wie vor ihm Parmenides an, daß Wahrnehmung auf Grund einer Gleichartigkeit von Wahrgenommenem und Wahrnehmungsorgan zustande kommt. Plato knüpfte an diese Auffassung an und führte die Fähigkeit, das Sonnenlicht zu sehen, auf die Sonnenhaftigkeit des Auges zurück (Der Staat, VI; 508 ab). Plotin nimmt diesen Gedanken auf: «kein Auge könnte je die Sonne sehen, wäre es nicht sonnenhaft» (Enn. I 6, 9; [1] 43). Vgl. Goethes Verse: «Wär nicht das Auge sonnenhaft, Die Sonne könnt' es nie erblicken ...» (Hamburger Ausgabe, I, S. 367).

39 DK 31 B 146–147.

40 Leicht abgeändert nach DK 59 B 17.

41 Vgl. DK 59 B 11 und 12.
42 Vgl. DK 59 B 4.
43 Vgl. DK 59 B 12.
44 Metaphysik I 3, 984 b 15ff.

II. Sophistik und Sokratik

1 Vgl. die ausführliche Darstellung von Andreas Graeser: Die Philosophie der Antike, 2: Sophistik und Sokratik, Plato und Aristoteles. [= W. Röd, Hrsg.: Geschichte der Philosophie, II. München [2]1992].
2 Möglicherweise handelt es sich um einen Teil des Buches «Über die Natur».
3 Nach Aristoteles: Rhetorik, II 24, 1402 a 23, hat erstmals Protagoras diesen Anspruch erhoben.
4 Überliefert von Diogenes Laërtius: Leben und Meinungen berühmter Philosophen, Buch IX, 56.
5 Diogenes Laërtius, a.a.O., IX 51, stellt fest, daß Protagoras der erste – also nicht der einzige – war, der diese Ansicht vertrat.
6 Nach Plutarchs Darstellung von Perikles' Leben (Diels/Kranz 80 A 10) war bei einem Wettkampf ein Zuschauer durch einen Speerwurf getötet worden, und es fragte sich, ob der Werfer oder die Organisatoren des Wettkampfs zur Verantwortung zu ziehen seien.
7 Zur kulturellen Situation Athens im 5. Jahrhundert, insbesondere seit 461, vgl. Fritz Schachermeyr: Geistesgeschichte der Perikleischen Zeit. Stuttgart usw. 1971.
8 Sextus Empiricus: Gegen die Mathematiker, VII 60; nach Diels/Kranz: Fragmente der Vorsokratiker, 80 B 1.
9 Vgl. Plato: Theätet 172 a, wo Sokrates als Lehre des Protagoras vorträgt: «das Schöne und Schlechte, das Gerechte und Ungerechte, das Fromme und Unfromme, was in diesen Dingen ein Staat für eine Meinung faßt und dann feststellt als gesetzmäßig, das ist es nun auch für jeden in Wahrheit ...».
10 Vgl. W. Röd: «Absolutes Wissen oder kritische Rationalität. Platos Auseinandersetzung mit der Sophistik». In: Hans Poser (Hrsg.): Wandel des Vernunftbegriffs. Freiburg/München 1981, S. 67–106.
11 Plato: Theätet 167 c.
12 Plato: Theätet 169 d.
13 Plato: Theätet 166 d.
14 Plato: Protagoras 320 c ff.
15 Plato, Theätet 167 c.
16 Vgl. hierzu Hans-Joachim Newiger: Untersuchungen zu Gorgias' Schrift Über das Nichtseiende. Berlin und New York 1973.
17 Sextus Empiricus: Gegen die Mathematiker VII 72 (DK 82 B 3).
18 Es handelt sich um die pseudo-aristotelische Schrift «De Melisso Xenophane Gorgia» und den Bericht des Sextus Empiricus.
19 Man muß aber bedenken, daß der «Herakles» nur in der Fassung überliefert ist, die ihm Xenophon: Memorabilien II 1, 21ff., gegeben hat; was davon auf Prodicus zurückgeht und was spätere Zutat ist, läßt sich wohl nicht mehr entscheiden.
20 Diels/Kranz: Fragmente der Vorsokratiker, 87 B 44.
21 Plato: Gorgias 483 cd.
22 Plato: Der Staat, I, 338 a ff.
23 Vgl. Aristoteles: Politik III 9, 1280 b 10.
24 Vgl. O. Gigon: Sokrates. Sein Bild in Dichtung und Geschichte. Bern 1947 ([2]1979).

25 Vgl. K. R. Popper: The Open Society and Its Enemies [dt.: Die offene Gesellschaft und ihre Feinde], I. [4]1962, S. 189ff.
26 Vgl. Platos Dialog «Laches».
27 Der Begriff der Frömmigkeit ist das Thema des Platonischen «Eutyphro».
28 Hier ist vor allem Platos «Protagoras» zu nennen, in dem es um die Einheit der Tugend und deren Lehrbarkeit geht.
29 Zur Natur der Sokratischen Was-ist-Frage vgl. A. Graeser: Die Philosophie der Antike 2. Sophistik und Sokratik, Plato und Aristoteles [W. Röd, Hrsg.: Geschichte der Philosophie, II]. München [2]1992, 89ff.
30 Dieser Gedanke klingt schon bei Euripides: Hippolytos, 380–382, an: «Wir wissen das Gute und erkennen es, führen es jedoch nicht aus ...»
31 Derselbe Gedanke findet sich bei Demokrit, Diels/Kranz 68 B 45: «Wer Unrecht tut, ist unseliger, als wem Unrecht geschieht.»
32 Plato: Phaedo 114e–115a.
33 Dieser Gedanke wird schon Antisthenes zugeschrieben. Ähnlich bereits Antisthenes' Zeitgenosse Demokrit, Diels/Kranz 68 B 247, der ebenfalls den Kosmos als Heimat der guten Seele bezeichnet hat. Auf den politischen Hintergrund der cynischen Moral hat hingewiesen Arnold Gehlen: Moral und Hypermoral. Eine pluralistische Ethik. Frankfurt a. M. und Bonn 1969, S. 13ff. Seiner Ansicht nach «muß man Antisthenes unter die großen politischen Denker rechnen; sein geschichtlicher Einfluß war ... weit machtvoller als der platonische ...» (S. 21).
34 Vgl. Xenophon: Memorabilien, II, 1.
35 Nach Diogenes Laërtius: Leben und Meinungen berühmter Philosophen, II, 108, geht das Argument auf Eubulides zurück.
36 Diogenes Laërtius, a. a. O., II, 106.

III. Plato und das Problem der Erkenntnis aus reiner Vernunft

1 Zur Einführung in Platos Philosophie vgl. Karl Bormann: Platon. Freiburg und München 1973.
2 Plato: Siebenter Brief, 324 e–325 a. (Zitiert wird, wie üblich, mit Angabe von Seite und Spalte der Ausgabe der Platonischen Schriften von Henricus Stephanus, Paris 1587, die sich heute bei allen Ausgaben, auch bei Übersetzungen, finden.) Leicht erreichbare deutsche Übersetzungen sind die Ausgabe der Philosophischen Bibliothek (übers. von O. Apelt), sieben Bände, Hamburg 1988, und die Ausgabe in Rowohlts Klassikern der Literatur und Wissenschaft (nach der Übers. von F. Schleiermacher und H. Müller), sechs Bände, Hamburg 1957ff. Eine Reihe von Dialogen, die Apologie und der siebente Brief erschienen auch in Reclams Universal-Bibliothek. 1993 begannen zu erscheinen: Platon: Werke, Übersetzung und Kommentar. Hrsg. von E. Heitsch und C. W. Müller im Auftrag der Akad. d. Wiss. und der Literatur zu Mainz. Göttingen 1993ff.
3 A. a. O., 325 ab.
4 A. a. O., 325 d–326 a.
5 A. a. O., 326 b.
6 Der Staat, VI; 473 c.
7 Aristoteles: Metaphysik I 6, 987 a 32ff. (Bei Aristoteles-Zitaten werden nach Buch und Kapitel Seite, Spalte und Zeile der Ausgabe von Aristoteles' Werken durch Immanuel Bekker, Berlin 1831, angegeben. Auf diese Ausgabe verweisen auch jüngere Editionen und Übersetzungen. Die im Text deutsch zitierten Stellen sind an die Übersetzung von Franz F. Schwarz: Metaphysik. Schriften zur Ersten Philosophie. Stuttgart 1970 [Reclams Universal-Bibliothek, 7913–7918], angelehnt.)

8 Aristoteles, a.a.O., 987 b 1 ff.

9 Das erste Zeugnis in bezug auf das «Medeîs ageométretos eisíto» stammt von Johannes Philoponos aus dem 6. Jh. n. Chr.; der nächste Bericht findet sich bei dem byzantischen Gelehrten Johannes Tzetzes im 12. Jh. Andere schreiben diesen Satz den Pythagoreern zu.

10 Plato: Siebenter Brief, 341 c. Auch im «Phädrus» (275 c) schränkte Plato die Bedeutung schriftlich fixierter Lehren stark ein, wenn er Sokrates sagen läßt: «Wer ... eine Kunst in Schriften hinterläßt, und auch wer sie aufnimmt, in der Meinung, daß etwas Deutliches und Sicheres durch Buchstaben kommen könne, der ist einfältig genug ...» Das Geschriebene dient nur als Gedächtnisstütze, und auch dies gilt nur für den, der das entsprechende Wissen bereits besitzt.

11 Aristoteles: Physik IV 2, 209 b 15.

12 Vgl. z.B. Aristoteles: Metaphysik XIII 8, 1083 a 18.

13 Vgl. Konrad Gaiser: Platons ungeschriebene Lehre. Stuttgart 1963.

14 Zur Bedeutung der Namentheorie (Benennungstheorie) für die Platonische Ideenlehre vgl. Andreas Graeser: Platons Ideenlehre. Sprache, Logik und Metaphysik. Eine Einführung. Bern u. Stuttgart 1975, insb. S. 21 ff.

15 Andreas Graeser, a.a.O., S. 26. Sofern Plato nicht nur die Existenz von Klassenbegriffen behauptete, sondern auch dem «Sinn» allgemeiner Begriffe (wie «gerecht») einen allgemeinen Gegenstand – das Gerechte selbst bzw. die Idee des Gerechten – zuordnete, kann man mit Graeser sagen, solche Ideen wären Hybride von Sinn [Intension eines Begriffs] und Bedeutung [als Bezug auf eine Extension].

16 Der Staat, VII. Buch; 514 a–515 d.

17 Meno, 82 c.

18 Theätet, 147 dff.

19 Gastmahl, 211 b–d.

20 Timäus, 51 e.

21 Der Staat, VI; 509 cff.

22 Die Unterscheidung in «génos horatón» und «génos noetón» bzw. in den «kósmos aisthetikós» (mundus sensibilis, die sinnlich wahrnehmbare Welt) und den «kósmos noetós» (mundus intelligibilis, die im reinen Denken erfaßbare Welt) spielt in der späteren Philosophie immer wieder eine Rolle. In unserem Jahrhundert wurde sie, allerdings unter anderen Namen, von Edmund Husserl und Karl R. Popper zur Geltung gebracht.

23 Der Staat, VI; 509 c.

24 Parmenides, 130 c.

25 Parmenides, 132 a.

26 Phädrus, 246 ab; 253 cff.

27 Vgl. zum Folgenden: Phädo, 65 dff.

28 Theätet, 184 d.

29 Der Staat, 435 cff.

30 Phädo, 113 dff.

31 Der Staat, 614 bd.

32 Phädo, 70 dff.

33 Phädo, 114 dff.

34 Phädrus, 245 ce. – Hier wird man sich allerdings fragen müssen, ob nicht schon die Welt-Seele gemeint ist.

35 Gesetze, 899 b.

36 Timäus, 55 c: Der Demiurg benutzte dieses Element für das Weltganze, indem er Figuren darauf anbrachte. Woran hier zu denken ist, läßt sich nicht genau sagen.

37 Timäus, 53 d: «Alle Dreiecke nun gehen von zweien aus, deren jedes einen rechten und sonst spitze Winkel hat; das eine von beiden hat zu beiden Seiten die Hälfte eines

rechten Winkels, der durch gleiche Seiten eingefaßt wird, das andere aber ungleiche Teile eines rechten Winkels, der an ungleiche Seiten verteilt ist.»

38 Für weitere Einzelheiten vgl. die ausführliche Darstellung von Fritz Krafft: Geschichte der Naturwissenschaft, I. Die Begründung einer Wissenschaft von der Natur durch die Griechen. Freiburg 1970, S. 332ff.

39 Timäus, 50 c–52 d.

40 A.a.O., 29 e.

41 A.a.O., 27 c.

42 A.a.O., 29 c.

43 A.a.O. 29 bc.

44 Der Staat, 509 b. (Der griechische Ausdruck für «Wesenheit» ist «ousía», was gelegentlich irreführend mit «Sein» wiedergegeben wird. Plato wollte jedoch nicht sagen, das Gute hätte kein Sein mehr, sondern lediglich, daß es nicht durch irgendwelche anderen Ideen wesenhaft bestimmt sei.)

45 A.a.O., 507 b.

46 Philebus, 11 e–12 a.

47 A.a.O., bc.

48 A.a.O., de.

49 A.a.O., 63 e.

50 Der Staat, 338 de.

51 A.a.O., 473 cd.

52 A.a.O., 607 a.

53 Der Staatsmann [Politikós, Politicus], 292 dff.

54 Der Staat, 546 a.

55 A.a.O., achtes Buch.

56 Gesetze, 903 bc [Freiere Wiedergabe].

57 Angesichts dieser Konsequenzen erweisen sich K. R. Poppers Bedenken gegen Platos Rechtsphilosophie als begründet. Vgl. K. R. Popper: Die offene Gesellschaft und ihre Feinde, I: Der Zauber Platos. München 1957 und öfter.

58 Gesetze, 508 a.

59 Die wichtigsten neueren Werke, die diesen Fragenkreis umfassend behandeln, sind Konrad Gaiser: Platons ungeschriebene Lehre. Studien zur systematischen und geschichtlichen Begründung der Wissenschaften in der Platonischen Schule. Stuttgart 1963, und Hans Krämer: Arete bei Platon und Aristoteles. Heidelberg 1959; Ders.: Platone e i fondamenti della metafisica. Milano 1987 [noch nicht in deutscher Sprache veröffentlicht]. An die Arbeiten der Genannten schließt sich die Darstellung im Text an. Vgl. auch das Supplementum Platonicum, I ff. Begründet von K. Gaiser, fortgeführt von Th. A. Szlezak. Stuttgart-Bad Cannstatt 1988ff.

60 In Anlehnung an K. Gaiser: Platons ungeschriebene Lehre (1963), S. 24.

61 Aristoteles' Hinweis auf Platos späte Auffassung der Ideen als Zahlen hat immer wieder zu Rekonstruktionsversuchen angeregt; vgl. Jürgen Mittelstraß: Enzyklopädie Philosophie und Wissenschaftstheorie, II (1984), S. 186ff., Stichwort «Ideenzahlen». Vgl. Oskar Becker: Zum Problem der platonischen Idealzahlen. In: Ders.: Zwei Untersuchungen zur antiken Logik. Wiesbaden 1957, wo die Ansicht vertreten wird, Plato habe, ausgehend von der Eins und der Möglichkeit, jede Zahl zu verdoppeln («unbestimmte Zweiheit»), sowie durch Bildung des arithmetischen Mittels zweier Zahlen die Reihe der natürlichen Zahlen konstruiert.

IV. Aristoteles

1 Gesamtdarstellung: Werner Jaeger: Aristoteles. Grundlegung einer Geschichte seiner Entwicklung. Berlin 1923 [2. Aufl. 1955]; Ingemar Düring: Aristoteles. Darstellung und Interpretation seines Denkens. Heidelberg 1966, Hellmut Flashar: Die Philosophie der Antike 3: Ältere Akademie, Aristoteles, Peripatos. Basel 1983 [Grundriß der Geschichte der Philosophie, begründet von Fr. Überweg]; Kurze Einführungen: John L. Ackrill: Aristoteles. Eine Einführung in sein Philosophieren. Berlin und New York 1985 [Sammlung Göschen 2224]; Jonathan Barnes: Aristoteles. Eine Einführung. Stuttgart 1992 [Reclams Universal-Bibliothek, 8773]. Zur Biographie siehe I. Düring: Aristotle in the Ancient Biographical Tradition. Göteborg 1957, sowie A. H. Chroust: Aristotle. New light on his life and on some of his lost works. I–II. London 1973.

2 Wolfgang Wieland bezeichnete in der Einleitung zu dem von ihm herausgegebenen Band: Geschichte der Philosophie in Text und Darstellung. Antike. Stuttgart 1978, S. 30, die von Aristoteles entwickelte Philosophie geradezu als «Theorie der Erfahrung».

3 Metaphysik I 6, 987 a 32ff.

4 Metaphysik I 9, 990 b 8 u.ö. Vgl. W. Jaeger: Aristoteles. Grundlegung einer Geschichte seiner Entwicklung. Berlin 1923 (Nachdr. 1955), S. 176; S. 204. Jaeger hat die Abhängigkeit der Aristotelischen von der Platonischen Philosophie eindrucksvoll herausgearbeitet. Zur Verwendung von «wir» vgl. I. Düring: Aristoteles. Darstellung und Interpretation seines Denkens. Heidelberg 1966, S. 286.

5 Vgl. Karl Praechter: Die Philosophie des Altertums [= Fr. Überwegs Grundriß der Geschichte der Philosophie, I]. Basel 1953, 349.

6 Plutarch: Parallele Lebensläufe, Sulla-Vita.

7 Die erste moderne Gesamtausgabe ist die der Preußischen Akademie der Wissenschaften in der Bearbeitung von Immanuel Bekker. Berlin 1831ff. (Nachdr. 1960–1963). Nach dieser Ausgabe wird mit Angabe von Seite, Spalte und Zeile heute allgemein zitiert. Jüngere Ausgabe von W. D. Ross u.a. in der Scriptorum Classicorum Bibliotheca Oxoniensis. Deutsche Gesamt-Übersetzung: Aristoteles' Lehrschriften, übers. von P. Gohlke, 16 Bände. Paderborn 1952–1972. Noch unabgeschlossen: Aristoteles' Werke in deutscher Übersetzung, begründet von E. Grumach, hrsg. von H. Flashar. Berlin 1956ff. (auch Wiss. Buchgesellschaft, Darmstadt); ferner: Die Werke von Aristoteles, eingeleitet und neu übertragen von Olof Gigon. Zürich und Stuttgart 1950ff. (Bibliothek der Alten Welt); nicht vollständig. In der «Philosophischen Bibliothek» liegen vor: Organon, Metaphysik, Physik, Nikomachische Ethik und Politik. Die «Metaphysik» liegt als griech./dte. Parallel-Ausgabe in der Übersetzung von H. Bonitz vor, neu bearbeitet, mit Einleitung und Kommentar hrsg. von Horst Seidl, 2 Bände. Hamburg 1978 bzw. 1980 [Philosophische Bibl. 307–308]. Eine deutsche Ausgabe der «Metaphysik. Schriften zur Ersten Philosophie», übersetzt und herausgegeben von Franz F. Schwarz. Stuttgart 1970, ist in Reclams Universal-Bibliothek erschienen.

8 Gegen die bibliothekarische Deutung wandte sich Theo Kobusch: Metaphysik als Einswerdung. Zu Plotins Begründung einer neuen Metaphysik. In: L. Honnefelder und W. Schüßler (Hrsg.): Transzendenz. Zu einem Grundwort der klassischen Metaphysik. Paderborn etc. 1992, S. 97. Der bibliothekstechnische Sinn ist eine in der Antike nicht nachweisbare, vermutlich auf metaphysikkritische Kreise der frühen Neuzeit zurückgehende Unterstellung.

9 Der Ausdruck bezeichnet eine Werbeschrift, ist somit Name einer literarischen Gattung, nicht Titel einer einzelnen Schrift.

10 Dies verdanken wir vor allem dem Umstand, daß der Neuplatoniker Jamblich im 4. Jhdt. n. Chr. namentlich in seinem eigenen «Protreptikos» die gleichnamige Aristotelische Schrift ausbeutete. Rekonstruktion von I. Düring: Protrepticus. An attempt at a

reconstruction. Göteborg 1961. Übersetzung in I. Düring: Aristoteles (s. Anm. 1), S. 406–429: «Mahnrede an Themison»; ferner in: Aristoteles. Einführungsschriften, eingel. und neu übertragen von O. Gigon. Zürich und Stuttgart 1961.

11 W. Jaeger: Aristoteles. Grundlegung einer Geschichte seiner Entwicklung. Berlin 1923 ([2]1955), hatte zwischen dem Denken der Lehrjahre, der Wanderjahre und der Meisterzeit unterschieden, wogegen heute öfter Bedenken geäußert werden, z. B. von Hellmut Flashar, a. a. O., Kap. 2, § 9.

12 Aristoteles: Fragmenta selecta, hrsg. von W. D. Ross; Protreptikos, Fragm. 10 c; zitiert nach der Übersetzung von O. Gigon: Einführungsschriften, 116. (Vgl. I. Düring, B 108)

13 I. Düring: Aristoteles (s. Anm. 1), S. 431, hat darauf hingewiesen, daß bei Aristoteles nicht mehr, wie bei Plato, die Ideen, sondern die Natur den Gegenstandsbereich der philosophischen Erkenntnis bildet.

14 Aristoteles: Über die Philosophie, fr. 26 Ross.

15 Metaphysik IV 1, 1003 a 21.

16 Metaphysik IV 2, 1003 a 33ff.

17 Über die Ideen, fr. 187 Ross.

18 Metaphysik IV 3, 1005 b 19.

19 Metaphysik IV 7, 1011 b 23.

20 I. Düring: Aristoteles. Darstellung und Interpretation seines Denkens. Heidelberg 1966, 116f., warnte davor, von einer Theologie des Aristoteles zu sprechen. Der Ausdruck «Theologie» (theologiké) bei Aristoteles ist s.A.n. nur ein gelegentlicher Einfall.

21 Aristoteles: Über die Philosophie, fr. 16 Ross.

22 Metaphysik XII 9, 1074 b 17.

23 Über den Himmel, I 4, 271 a 33.

24 Metaphysik XII 8, 1073 a 14–b 5. Nach Eudemus gibt es 47, nach Calippus 55 Sphären.

25 Metaphysik XII 8, 1074 a 34.

26 Über den Himmel [Über das Weltall], III. Buch. Eine deutsche Übersetzung dieser Schrift in Band II der Werke des Aristoteles, eingel. und neu übertragen von O. Gigon. Zürich 1950. Für die Aristotelische Kosmologie sind ferner «Über Entstehen und Vergehen» und die «Meteorologie» wichtig.

27 Vgl. Über die Teile der Lebewesen, I, Kap. 5.

28 Über die Seele II 1, 312 b 5–6.

29 Über die Seele III 6, 430 b 24 (wörtlich: es muß in ihm darinnen sein).

30 Über die Seele III 8, 431 b 21; He psyche ta onta pos esti panta.

31 Über die Seele III 5, 430 a 22; deutsche Übersetzung nach: Werke des Aristoteles, II. Zürich 1950.

32 Eudemus oder Über die Seele, fr. 1 Ross.

33 Über die Entstehung der Tiere II 3, 736 b 27.

34 Über die Seele III 5, 430 a 17.

35 Eudemus oder Über die Seele, fr. 6.

36 Über die Seele I 2, 403 b 17.

37 Über die Seele II 1, 413 a 4.

38 Über die Seele II 1, 413 a 8.

39 O. Gigon ist in seiner Einleitung zu der Schrift «Über die Seele» in Aristoteles: Vom Himmel, Von der Seele, Von der Dichtkunst. Zürich 1950 [Die Bibliothek der Alten Welt], S. 217ff., auf die im Text erwähnte Schwierigkeit eingegangen und hat auf die Möglichkeit hingewiesen, die verschiedenen Auffassungen verschiedenen Phasen der Denkentwicklung des Philosophen zuzuordnen, sich ihr jedoch nicht angeschlossen. Wenn im dritten Buch der Schrift «Über die Seele» die Unsterblichkeit gelegentlich geradezu ausgeschlossen zu werden scheint, könnte das seiner Ansicht nach auf Eingriffe des späteren Redaktors der Schrift zurückgehen.

40 Kant: Kritik der reinen Vernunft, 2. Aufl. (B), S. VIII.

41 Aristoteles: Metaphysik IV 3, 1005 b 15.

42 «Substantia» und «Accidens» sind die lateinischen Entsprechungen von «ousía» und «symbebekós».

43 Aristoteles: Zweite Analytiken I 22, 83 a 17f.: [Mit Bezug auf das Urteil «Das Holz ist weiß»] «Was dann die Stelle von *weiß* einnimmt, ist das Ausgesagte, und was die Stelle von *Holz* einnimmt, ist das, wovon etwas ausgesagt wird.» Die ausgesagten Bestimmungen lassen sich dann klassifizieren.

44 Metaphysik V 7, 1017 a 22: «An sich zu sein aber wird von all dem gesagt, was die Formen der Kategorien bezeichnen; denn so vielfach diese ausgesagt werden, so viele Bedeutungen des Seins bezeichnen sie.»

45 Metaphysik XIV 2, 1089 b 23.

46 So Kategorien 4, 1 b 26; Topik A 9, 103 b 22. In den Zweiten Analytiken I 22, 83 a 21 und b 15 unterscheidet Aristoteles nur acht Kategorien.

47 Kant: Kritik der reinen Vernunft, B 107.

48 Aristoteles: Metaphysik XI 10, 1051 b 2.

49 Zur Schlußlehre vgl. vor allem Aristoteles: Erste Analytiken (Analytica priora). Zur Aristotelischen Syllogistik ist auf das ältere Werk von Heinrich Maier: Die Syllogistik des Aristoteles. 2 Bände, Tübingen 1896 bzw. 1900 (Neuausg. von Bd. I, Leipzig 1936), sowie auf die neueren Arbeiten von Günther Patzig: Die aristotelische Syllogistik. Logisch-philologische Untersuchungen über das Buch A der Ersten Analytiken. Göttingen [3]1969, und Jan Łukasiewicz: Aristotle's Syllogistic from the Standpoint of Modern Formal Logic. Oxford 1951 u.ö., hinzuweisen.

50 Aristoteles: Erste Analytiken I 1, 24 b 26–28.

51 Aristoteles, ibid.

52 Kurt v. Fritz: «Die APXAI [archaí] in der griechischen Mathematik». In: Archiv für Begriffsgeschichte I (1955), S. 13–103, betonte S. 43, daß in den «Zweiten Analytiken», I, vieles neu sei, daß sich Aristoteles aber auf Beispiele aus der früheren Mathematik bezog; das zeige, daß er an die Ansätze einer axiomatischen Grundlegung der Mathematik anknüpfte.

53 Aristoteles: Topik, I 12, 105 a 13.

54 Zu diesem Bereich der Aristotelischen Philosophie vgl. O. Höffe: Praktische Philosophie – Das Modell des Aristoteles. München u. Salzburg 1971, sowie G. Bien: Die Grundlegung der politischen Philosophie bei Aristoteles. Freiburg u. München 1973.

55 Aristoteles: Nikomachische Ethik X 7, 1177 b 26. (Zitiert nach der Übersetzung von Fr. Dirlmeier: Aristoteles, Werke in deutscher Übersetzung, VI. Darmstadt 1974.)

56 A.a.O., I 1, 1094 a 3.

57 A.a.O., I 2, 1095 a 2.

58 A.a.O., I 3, 1095 b 14.

59 A.a.O., I 1, 1094 a 27.

60 A.a.O., I 6, 1098 a 16.

61 A.a.O., X 8, 1178 a 34.

62 Zum Folgenden vgl. Aristoteles, a.a.O., III 5, 1112 a 18ff.

63 A.a.O., III 6, 1113 a 23.

64 A.a.O., III 1, 1109 b 35.

65 A.a.O., III 7, 1113 b 3.

66 Aristoteles: Politika III 6, 1278 b 8.

67 Aristoteles: Politika VII – VIII.

68 A.a.O., 1298 a I.

69 Hierzu Ingemar Düring, a.a.O., 505.

V. Die Philosophie im Zeitalter des Hellenismus

1 Zur hellenistischen Philosophie im allgemeinen vgl. Malte Hossenfelder: Stoa, Epikureismus und Skepsis [= Geschichte der Philosophie, hrsg. von W. Röd, Band III. München 1985]; Anthony A. Long: Hellenistic Philosophy. Berkeley (Cal.) [2]1986; A. A. Long und D. S. Sedley: The Hellenistic Philosophers, I–II. Cambridge 1988 bzw. 1989; H.-J. Krämer: Platonismus und hellenistische Philosophie. Berlin 1971.

2 Zur Geschichte der antiken Mathematik vgl. J. E. Hofmann: Geschichte der Mathematik, I. Berlin [2]1963 [Sammlung Göschen 226/226a].

3 Vgl. J. L. Heiberg: Geschichte der Mathematik und Naturwissenschaften im Altertum. München 1925 (Neudruck 1960) [Handbuch der Altertumswissenschaften, V; Abt. I, 2. Band].

4 Vgl. Malte Hossenfelder: Epikur. München 1991 [Beck'sche Reihe, 520; Große Denker]; H. Usener (Hrsg.): Epicurea. Leipzig 1887, Nachdruck Stuttgart 1966 (deutsche Textausgaben s. unten).

5 Epikur: Vatikanische Spruchsammlung, 58 (Long und Sedley, 22 E; deutsche Übers.: Griechische Atomisten. Texte und Kommentare zum materialistischen Denken der Antike. Leipzig 3. Aufl. 1988 [Philipp Reclam jun.]).

6 Deutsche Ausgaben des Katechismus, der Lehrbriefe, der Spruchsammlung und der Fragmente: Epikur: Von der Überwindung der Furcht. Hrsg. von O. Gigon. Zürich 1949 [Bibliothek der Alten Welt]; Epikur: Philosophie der Freude. Eine Auswahl aus seinen Schriften, übers., erläutert u. eingeleitet von J. Mewaldt. Stuttgart [5]1985; Epikur, Briefe, Sprüche, Werkfragmente, griech./dt., übers. u. hrsg. von H.-W. Krautz. Stuttgart [2]1985 [Reclams Universal-Bibliothek].

7 Lat.-deutsche Parallel-Ausgaben von Lukrez: Welt aus Atomen/De rerum natura. Einl. und Übers. von K. Büchner. Zürich 1956. [Bibliothek der Alten Welt; röm. Reihe]; Von der Natur der Dinge/De rerum natura. Dt. von K. L. v. Knebel. Frankfurt a. M. 1960 [Die Fischer Bibliothek der hundert Bücher]; Vom Wesen des Weltalls. Übers. von D. Ebener. Leipzig 1989 [Reclams Universal-Bibliothek].

8 Epikurs Brief an Pythokles. In: Epikur. Von der Überwindung der Furcht. Eingeleitet und übertragen von O. Gigon. Zürich 1949, S. 33.

9 Ebenda, S. 31 (= Long und Sedley, 18 C).

10 Vgl. Diogenes Laërtius, X 31 f. (Long und Sedley, 16 B).

11 Zum Kriterienproblem vgl. Gisela Striker: «Kriterion tes aletheías». In: Nachrichten der Akad. d. Wiss. in Göttingen 1974, Phil.-Hist. Klasse, H. 1, 47–110.

12 Zu diesem Absatz vgl. Diogenes Laërtius, X 30–34.

13 Vgl. Long und Sedley, 146 f.

14 Nach Diogenes Laërtius, X 31.

15 Vgl. Long und Sedley, 19 A.

16 Long und Sedley, 21 M; zitiert nach: Von der Überwindung der Furcht, übers. von O. Gigon, S. 109 und S. 103.

17 Vgl. Long und Sedley, 21 B.

18 Long und Sedley, 21 G 3 (Vatikanische Spruchsammlung).

19 Long und Sedley, 21 B 6.

20 Epikur: Katechismus, Nr. 31 (= Long und Sedley, 22 A 1): «Die natürliche Gerechtigkeit ist eine Abmachung über das Zuträgliche, um einander gegenseitig weder zu schädigen noch sich schädigen zu lassen.» (Der Text hat im Griechischen den Titel «Kyriai doxai», was auch mit «Hauptlehren» übersetzt wird.)

21 Katechismus (Hauptlehren), Nr. 36 (= Long und Sedley, 22 B 1).

22 Katechismus (Hauptlehren), Nr. 38 (nicht bei Long und Sedley).

23 Das Standardwerk über die Stoa ist nach wie vor das Werk von Max Pohlenz: Die Stoa.

Geschichte einer geistigen Bewegung. Göttingen, 3. Aufl. 1964. Grundlage des Studiums der alten Stoiker ist Hans von Arnim: Fragmenta Stoicorum veterum, I–III u. Index. Nachdruck Stuttgart 1964 (zuerst 1903ff.). Ferner K. Hülser (Hrsg.): Die Fragmente zur Dialektik der Stoiker, I–IV, mit dt. Übers. Stuttgart–Bad Cannstatt 1987–1988; Auswahl stoischer Texte in deutscher Übersetzung: Stoa und Stoiker, I–IV. Zürich 1950ff. [Bibliothek der Alten Welt. Griechische Reihe]. Ferner: Die Nachsokratiker. In Auswahl übersetzt und herausgegeben von W. Nestle, Bd. II. Jena 1923.

24 Epiktet: Handbüchlein der Moral, 17. Griech.-deutsche Ausgabe, übers. und hrsg. von Kurt Steinmann. Stuttgart 1992 [Reclams Universal-Bibliothek]. S. auch Handbüchlein der Moral und Unterredungen. Hrsg. von H. Schmidt. Stuttgart [11]1984 [Kröners Taschenausgabe, 2].

25 Zum Gründer der Schule vgl. Andreas Graeser: Zenon von Kition. Positionen und Probleme. Berlin und New York 1975.

26 Diese Einteilung findet sich schon bei Zeno, in dessen Werk «Über den Logos», und in Chrysipps «Physik», I, und wurde von Späteren übernommen; vgl. Diogenes Laërtius, VII 39 (= Long und Sedley, 26 B).

27 Vgl. Long und Sedley, I, 160f.; vorbereitet wurde diese Auffassung vermutlich von Platos Schüler Xenocrates.

28 Posidonius nach Sextus: Adversus mathematicos [Gegen die Wissenschaftler], VII 19 (= Long und Sedley, 26 I).

29 Stoicorum vet. fragmenta, III, 68, bzw. Long und Sedley, 60 A.

30 Diese Auffassung wird den älteren Stoikern zugeschrieben von Sextus Empiricus: Adversus mathematicos [Gegen die Wissenschaftler], VII 253ff.; vgl. Long und Sedley, 40 K. Nach stoischer Ansicht ist die kataleptische Vorstellung von solcher Art, daß sie das Bestehen der vorgestellten Tatsachen verbürgt und in diesem Sinne zu deren Erkenntnis führt, was sich mit vollkommener Sicherheit feststellen lassen soll. Gegen diesen Anspruch hegten die zeitgenössischen Skeptiker Bedenken.

31 Cicero: Lucullus, XLVII 145; Stoicorum vet. fragmenta, I, 88.

32 Stoicorum vet. fragmenta, II, 847; vgl. Long und Sedley, 39 F.

33 Vgl. Stoicorum vet. fragmenta, II, 166 = Sextus Empiricus: Adversus mathematicos [Gegen die Wissenschaftler], VIII 11f.; Long und Sedley, 33 B.

34 Epiktet: Handbüchlein, 52.

35 Vgl. Diogenes Laërtius, VII 76ff. = Long und Sedley, 36 A; Sextus Empiricus: Grundzüge des Pyrrhonismus, II 135ff. = Long und Sedley, 36 B.

36 Vgl. Stoicorum vet. fragmenta, I, 88; II, 318.

37 Vgl. Long und Sedley, 46 F–N.

38 Vgl. Diogenes Laërtius, VII 135 = Stoicorum vet. fragmenta, I, 102, bzw. Long und Sedley, 46 B.

39 Vgl. Cicero: De natura deorum, II 15ff. = Long und Sedley, 54 C.

40 Vgl. Stoicorum vet. fragmenta, III, 264; I, 200; III, 262; 285.

41 Cleanthes nach Diogenes Laërtius, VII 91.

42 Diogenes Laërtius, VII 87f.

43 Cicero: Das höchste Gut und das schlimmste Übel [De finibus bonorum et malorum], III, Kap. 6, 21. Lat./deutsche Ausgabe von A. Kabza. München 1960, S. 209. Vgl. auch die Ausgabe in der Bibliothek der Alten Welt, übers. von K. Albert. München 1964.

44 Cicero: Das höchste Gut und das schlimmste Übel, IV, Kap. 6, 14, bezeichnet ein Leben gemäß der Natur (convenienter naturae vivere) als höchstes Gut. Die griechische Formel «homologouménôs te(i) physei zên» scheint im zweiten Bestandteil des Wortes «homologouménôs» den Ausdruck «logos» zu enthalten. Deshalb schien es möglich, sich mit der Formulierung «homologouménôs zên» zu begnügen, wie es Zeno tat,

während sich die vollständigere Formulierung bei Cleanthes und Chrysipp findet. Wegen der angenommenen Identität des vermeintlich implizit bereits genannten *logos* mit der *physis* konnte die Nennung der letzteren als überflüssig gelten. Zu «homologoumenos» bei Zeno und Cleanthes siehe Diogenes Laërtius, VII 88; ferner Cicero: Über die Natur der Götter, I, Kap. 14, 36. Vgl. M. Pohlenz, a.a.O., I, 116.

45 Cicero: Das höchste Gut und das schlimmste Übel, III, Kap. 29, 62.
46 Stoicorum vet. fragmenta, I, 537.
47 Stoicorum vet. fragmenta, III, 473.
48 Handbüchlein, I; hrsg. von A. v. Gleichen-Rußwurm, S. 283.
49 Mark Aurel: Selbstbetrachtungen, IV 23.
50 Mark Aurel, a.a.O., IX 29.
51 Zur pyrrhonischen Skepsis vgl. Malte Hossenfelder: Stoa, Epikureismus und Skepsis. [= Geschichte der Philosophie, hrsg. von W. Röd, Bd. III]. München 1985, S. 147ff.
52 Nach Diogenes Laërtius, IX 107.
53 Sextus Empiricus: Grundriß der pyrrhonischen Skepsis, I 12 (Deutsche Ausgabe dieses Werkes von M. Hossenfelder. Frankfurt am Main [2]1985).
54 Nach Diogenes Laërtius, IX 106.
55 Die deutschen Namen der Werke nach M. Hossenfelder, a.a.O., S. 148. In der vierbändigen griechisch/englischen Ausgabe von R. G. Bury in der Loeb Classical Library. London und Cambridge (Mass.) 1933ff. und öfter, hat das zuletzt genannte Werk den englischen Titel «Against the Professors».
56 Nach Sextus Empiricus: Grundriß der pyrrhonischen Skepsis, I 164ff. – Die Ähnlichkeit mit dem von Hans Albert: Traktat über kritische Vernunft. Tübingen 1968 u.ö., S. 13, aufgestellten Trilemma (dem sog. Münchhausen-Trilemma), in das Vertreter des Begründungspostulats geraten, fällt in die Augen. Außerdem wird die Urteilsenthaltung (epoché) nach der angeführten Stelle durch den Umstand nahegelegt, daß zwischen konkurrierenden Ansichten nicht endgültig entschieden werden kann und daß Urteile relativ auf den jeweiligen Zustand des Subjekts sind. Zu letzterem vgl. Grundriß I, 135ff.
57 Vgl. Cicero: Academica, II [Lucullus] 28, 91.
58 Nach Cicero: De oratore, III, Kap. 28, 67.
59 Nach Sextus Empiricus: Gegen die Wissenschaftler [= Adversus mathematicos], VII 159ff. [= Gegen die Logiker I].
60 Carneades nach Sextus Empiricus: Gegen die Wissenschaftler, VII 173ff.
61 Arcesilaus nach Johannes Stobäus: Eklogen, 82, 10.
62 Vgl. M. Hossenfelder, a.a.O., S. 154: «Den Pyrrhoneern ging es demnach darum, jedweden Eifer in der Verfolgung irgendeiner Sache, jedes Engagement überhaupt auszuschalten, um alles Geschehen in der Welt und in ihnen selbst mit größtmöglicher Gelassenheit an sich vorübergehen zu lassen.»
63 Arcesilaus nach Sextus Empiricus: Gegen die Wissenschaftler, VII 158.
64 M. Hossenfelder, a.a.O., S. 196, hat darauf aufmerksam gemacht, daß die Akademiker nicht klarmachten, wie die Selbstanwendung der Skepsis erfolgen solle, weshalb er in den entsprechenden Äußerungen einen Ausdruck der Hilflosigkeit gegenüber stoischer Kritik erblickt.
65 Nach Cicero Academica II [Lucullus], Kap. 8, 28.
66 Zu Cicero vgl. Stephen Gersh: Middle Platonism and Neoplatonism. The latin tradition, I. Notre Dame, Indiana, 1986, S. 53–154.
67 Cicero: De re publica libri/Vom Gemeinwesen. Lateinisch und deutsch. Eingeleitet und übertragen von K. Büchner. Zürich [2]1960, 349/351.
68 Ferner «Naturales quaestiones», «Dialogi», sowie Tragödien und eine satirische Schrift auf Kaiser Claudius.

69 Vgl. die ausführliche Darstellung von Fritz Wehrli: Der Peripatos bis zum Beginn der römischen Kaiserzeit. In: Grundriß der Geschichte der Philosophie, begründet von Fr. Überweg. Die Philosophie der Antike, 3: Ältere Akademie – Aristoteles – Peripatos. Hrsg. von H. Flashar. Basel und Stuttgart 1983, S. 459ff.; Fr. Wehrli (Hrsg.): Die Schule des Aristoteles. Texte und Kommentar, 10 Bände. Basel [2]1967ff.

VI. Der Übergang von der Philosophie zur Theosophie in der ausgehenden Antike

1 Zur Philosophie der Epoche im allgemeinen vgl. A. H. Armstrong (Hrsg.): The Cambridge History of Later Greek und Early Medieval Philosophy. Cambridge 1967, sowie Wolfgang L. Gombocz: Die Philosophie der ausgehenden Antike und des frühen Mittelalters (= Geschichte der Philosophie, hrsg. von W. Röd, Band IV [im Erscheinen]).

2 Vgl. Richard Reitzenstein: Die hellenistischen Mysterienreligionen nach ihren Grundgedanken und Wirkungen. Darmstadt 1980 (Nachdruck der 3. Aufl. von 1927).

3 Die Fragmente wurden herausgegeben von Willy Theiler: Poseidonios, I: Texte. Berlin und New York 1982 (Kommentar in Poseidonios, II), mit Berücksichtigung von Stellen ohne Namensnennung. Ferner L. Edelstein und J. G. Kidd: Posidonius, I: The Fragments. Cambridge 1972 (Kommentar von Kidd in Posidonius, II und III). Vgl. die Darstellung seines Denkens von Karl Reinhardt: Poseidonios. München 1921, sowie ders.: Kosmos und Sympathie [1926]. Nachdruck Hildesheim und New York 1976.

4 Vgl. Corpus Hermeticum. Übers. u. kommentiert von J. Holzhausen, 2 Bände. Stuttgart-Bad Cannstatt 1993.

5 Im Folgenden wird zitiert nach: Philo von Alexandreia. Die Werke in deutscher Übersetzung. Hrsg. von L. Cohn u.a., Band I-VII. Berlin [2]1962–1964, mit Index Philoneus, 1974.

6 Zu Philos Interpretationsmethode vgl. insb.: Allegorische Erklärung des heiligen Gesetzbuches. Werke, Band III, S. 16–165.

7 Die Existenz Gottes läßt sich, wie schon die Stoiker hervorgehoben hatten, auf Grund der Vortrefflichkeit der Weltordnung erkennen; vgl. Philo: Über die Einzelgesetze, I, §§ 32–35. Werke, Band II, S. 20f.

8 Über die Einzelgesetze, I, § 37. Werke, Band II, S. 21f.

9 Ebda., § 44. Werke, Band II, S. 23.

10 Über die Verwirrung der Sprachen, § 97. Werke, Band V, S. 126.

11 Der Erbe des Göttlichen, § 206. Werke, Band V, S. 269.

12 Über die Einzelgesetze, I, § 329. Werke, Band II, S. 102.

13 Über die Einzelgesetze, I, § 47. Werke, Band II, S. 24.

14 Vgl. Harry Austryn Wolfson: Philo. Foundations of religious philosophy in Judaism, Christianity, and Islam, I–II. Cambridge (Mass.) und London 1982; hier: Band I, S. 200ff. Zur Weltentstehunglehre vgl. Philo: Über die Weltschöpfung, Werke, Band I.

15 Über Abraham, §§ 121f. Werke, Band I, S. 121f.

16 Das Erbe des Göttlichen, § 205. Werke, Band V, S. 269.

17 Über Abraham, § 122. Werke, Band I, S. 122.

18 Vgl. Plato: Theätet 176 b.

19 Philo: De Cherubim 48.

20 Über die Einzelgesetze, I, §§ 55–57. Werke, Band II, S. 26f.

21 Vgl. Harry Austryn Wolfson: The Philosophy of the Church Fathers. Cambridge (Mass.) und London 1956 ([3]1976).

22 Zum Neupythagoreismus vgl. Dominic J. O'Meara: Pythagoras Revived. Mathematics and Philosophy in Late Antiquity. Oxford 1989.

23 Numenius nach Eusebius: Praeparatio evangelica, 11.18; W. Nestle: Die Nachsokratiker, Band. II, Fragmente 2 und 3.

24 Zum Mittleren Platonismus vgl. Stephen Gersh: Middle Platonism and Neoplatonism, I–II. Notre Dame (Indiana) 1986; John Dillon: The Middle Platonists. London 1977; Willy Theiler: Die Vorbereitung des Neuplatonismus. Zürich und Berlin ²1964; Hans-Joachim Krämer: Der Ursprung der Geistmetaphysik. Untersuchungen zur Geschichte des Platonismus zwischen Platon und Plotin. Amsterdam 1964; Heinrich Dörrie: Platonica Minora. München 1976; H. Dörrie und M. Baltes: Der Platonismus im 2. und 3. Jahrhundert n. Chr. Stuttgart-Bad Cannstatt 1993 [Der Platonismus in der Antike, Band 3]; Auswahl wichtiger Arbeiten bei C. Zintzen (Hrsg.): Der Mittelplatonismus. Darmstadt 1981 [Wege der Forschung, LXX]. Im Zusammenhang mit den anderen philosophischen Richtungen der ausgehenden Antike behandelt den Mittelplatonismus Wolfgang L. Gombocz: Geschichte der Philosophie IV (hrsg. von W. Röd) (erscheint in Kürze).

25 Vgl. Richard Volkmann: Leben, Schriften und Philosophie des Plutarch von Chaeronea. 2 Bde., Berlin 1869 [Nachdruck Leipzig 1970]; ferner Rudolf Hirzel: Plutarch. Leipzig 1912. Plutarch war ein äußerst fruchtbarer Schriftsteller, dessen historischen, exegetischen, psychologischen, religiösen und kritischen (vor allem gegen Epikureismus und Stoa gerichteten) Schriften die Folgezeit wichtige Informationen über die alte Philosophie entnehmen konnte.

26 Plutarch: Große Griechen und Römer, I–VI. Übers. von Konrat Ziegler. Zürich 1955ff. [Bibliothek der Alten Welt].

27 Neuere Übersetzungen: Moralia, hrsg. von Wilhelm Ax. Leipzig 1950 [Sammlung Dieterich]; Lebensklugheit und Charakter. Aus den «Moralia», ausgew., übers. u. eingel. von R. Schottlaender. Leipzig 1979 u.ö. [Sammlung Dieterich, 380]; Von der Ruhe des Gemüts und andere philosophische Schriften. Übertragen und eingel. von Bruno Snell. Zürich 1948 [Bibliothek der Alten Welt, griech. Reihe]; Über Gott und Vorsehung, Dämonen und Weissagung. Eingel. und übertragen von Konrat Ziegler. Zürich und Stuttgart 1952 [Bibliothek der Alten Welt, griech. Reihe].

28 Plutarch: Über das E in Delphi, Kap. 20.

29 Ebda., Kap. 17.

30 Ebda., Kap. 20 (zitiert nach der Übers. von K. Ziegler, s.o.).

31 Dies zeigt sich z.B. in Plutarchs «Über Isis und Osiris».

32 Vgl. Plutarchs Dialoge «Warum weissagt die Pythia jetzt nicht in Versen?» und «Über die eingegangenen Orakel».

33 Vgl. Plato: Theätet 176 b: «Der Weg dazu [nämlich zur jenseitigen Welt, in der die Götter wohnen] ist größtmögliche Verähnlichung mit Gott [homóiosis theô] ...»

34 Plutarch: Über die eingegangenen Orakel, Kap. 17.

35 Zum Neuplatonismus vgl. das Anm. 1 genannte Werk von W.L. Gombocz; ferner Willy Theiler: Forschungen zum Neuplatonismus. Berlin 1966; Hans Joachim Krämer: Der Ursprung der Geistphilosophie. Amsterdam ²1967; Clemens Zintzen (Hrsg.): Die Philosophie des Neuplatonismus. Darmstadt 1977 [Wege der Forschung, CLXXXVI]; darin: Paul Henry: «Plotins Standort in der Geschichte des Denkens» (urspr. Einleitung zu Plotinus: The Enneads. London 1962.). Henry geht es vor allem um Beziehungen zwischen Plotin und Sokrates, Plato, Aristoteles, der Stoa, dem Mittelplatonismus und der Gnosis.

36 Porphyrios: Über Plotins Leben und über die Ordnung seiner Schriften. Text, Übersetzung, Anmerkungen. [Plotins Schriften, übers. von R. Harder, Band V c.] Hamburg 1958. Zu Plotins Philosophie vgl. Karl-Heinz Volkmann-Schluck: Plotin als Interpret der Ontologie Platos. Frankfurt a.M. ²1957; Stephen Gersh: Middle Platonism and Neoplatonism, I–II. Notre Dame (Indiana) 1986.

37 Porphyrius: Über Plotins Leben, 2.
38 Vgl. Siegfried Laufer: Kurze Geschichte der antiken Welt. München 1971, S. 213ff.
39 Porphyrius: Über Plotins Leben, 2.
40 Ebenda, 23.
41 Maßgebliche Ausgabe: Plotini Opera, edd. P. Henry und H. R. Schwyzer. Paris und Brüssel 1951–1973. Ferner Plotins Schriften, griechisch und deutsch, hrsg. und übers. von R. Harder (später auch R. Beutler und W. Theiler). Hamburg 1956ff. Im Folgenden wird in Klammern die chronologische Ordnungszahl der Schrift und die Ziffer des Paragraphen nach dieser Ausgabe angeführt. Zur Textüberlieferung vgl. Paul Henry: Etudes plotiniennes, I: Les états du texte de Plotin. Brüssel 1938; II: Les manuscrits des Ennéades. Brüssel 1941. Zur Einführung in Plotins Philosophie vgl. Venanz Schubert: Plotin. Freiburg und München 1973; H. R. Schwyzer: Art. «Plotinus». In: Paulys Realencyclopädie der classischen Altertumswissenschaft, XXI/1 (1951), Spalte 471ff.; Karl Heinz Volkmann-Schluck: Plotin als Interpret der Ontologie Platos. Frankfurt am Main [2]1957.
42 Porphyrius: Über Plotins Leben, 13.
43 Porphyrius, a.a.O., 14, wies auf die Rolle Aristotelischer, aber auch stoischer Anschauungen in Plotins Denken hin. Porphyrius hebt Plotins Originalität nachdrücklich hervor, weshalb er sich dagegen verwahrt, in ihm einen Fortsetzer oder gar Nachahmer früherer Philosophen, wie namentlich des in Abschn. 3 erwähnten Numenius, zu erblicken (Kap. 18ff.).
44 Theo Kobusch: Metaphysik als Einswerdung. Zu Plotins Begründung einer neuen Metaphysik. In: L. Honnefelder/W. Schüßler (Hrsg.): Transzendenz. Zu einem Grundwort der klassischen Metaphysik. Paderborn etc. 1992, S. 93–114, sieht die Originalität Plotins in der Grundlegung einer Philosophie des Subjekts: «Mit Plotin beginnt eine neue Epoche in der Geschichte der Metaphysik. Metaphysik ist nicht mehr die Schau eines intelligiblen Inhalts, der sich als Gegenstand der Analyse und Rückführung der sinnfälligen Substanz ergibt. Metaphysik ist jetzt die Reflexion der Selbsterfahrung des Subjekts bzw. der Seele.» (98) Auch die Hypostasen sind dieser Deutung nach primär Existenzweisen der Seele (99). Zugleich findet Kobusch bei Plotin Ansätze einer kritischen Philosophie, bei der es um die Ermittlung der Reichweite des Erkenntnisvermögens geht. Schließlich tritt bei Plotin der neue Gedanke auf, daß die Vereinigung der Seele mit dem Absoluten nicht bloß von außen betrachtet, sondern vollzogen werden soll. (101) – Demgegenüber wird im folgenden Abschnitt das Problem des Verhältnisses von Vielheit und Einheit als zentral betrachtet und argumentiert, daß Plotin eine objektivistische Lösung anstrebte.
45 Plotin: Enn. V 3, 1; [49] 1.
46 Enn. V 3, 7; [49] 58.
47 Vgl. Leo Sweeney: Divine Infinity in Greek and Medieval Thought. New York etc. 1992, insb. Kap. 9: Infinity in Plotinus.
48 Enn. VI 7, 40; [38] 308.
49 Ebenda, 41; [38] 314.
50 Enn. V 9, 5; [5] 9–21.
51 Enn. VI 9, 5; [9] 31–33.
52 Enn. V 9, 7; [5] 29.
53 Enn. V 4, 1; [7] 5–6.
54 Enn. V 4, 2; [7] 8–12.
55 Enn. I 7, 1; [54] 7.
56 Wenn Plotin: Enn. V 3, 12; [49] 115, die Fluß-Metapher gebraucht, fügt er bezeichnenderweise ein «gleichsam» hinzu und erklärt, die vom Einen ausgehende Energie sei anzusehen wie das von der Sonne ausgehende Licht.

57 Enn. VI 2, 6; [43] 47.
58 Enn. IV 9, 1; [8] 2.
59 Ebenda, 2; [8] 4.
60 Ebenda, 3; [8] 9.
61 Enn. II 9, 4; [33] 25–26. Zum Abstieg der Seele in die körperliche Welt vgl. auch Enn. IV 8; [6]
62 Enn. V 2; [11].
63 Enn. V 2, 2; [11].
64 Enn. VI 1; [42].
65 Enn. VI 2, 6ff.; [43] 44ff.
66 Enn. VI 2, 5; [43] 39.
67 Enn. VI 2, 8a; [43] 61.
68 Enn. III 8, 1; [30]. Plotins Naturauffassung ist klar in den Schriften [30], [31] und [32] der chronologischen Zählung entwickelt, die aller Wahrscheinlichkeit nach eine zusammenhängende Schrift bilden.
69 Ebenda, Kap. 2.
70 Anders als in der Übersetzung von R. Harder wird hier «theoria» mit «Schau» bzw. «Schauen», nicht mit «Betrachtung» wiedergegeben.
71 Enn. I 6,2; [1] 11: Das Jenseitige ist an sich schön, Körperliches ist schön durch Teilhabe an der Idee. Es ist das Höchste selbst, das als Erstrebtes gut und als Erschautes schön ist (Enn. I 6, 7; [1] 34). Vgl. V 8, 1; [31] 7: Die Künste «steigen hinauf zu den rationalen Formen, aus denen die Natur kommt».
72 Enn. II 4, 16; [12] 64; nach [12] 66 ist die Materie aber kein Seiendes.
73 Enn. II 4, 12; [12] 45; vgl. I 8, 15; [51] 102, wo von der Notwendigkeit der Existenz der Materie die Rede ist.
74 Enn. II 4, 15; [12] 60.
75 Enn. II 4, 10; [12] 34.
76 Enn. I 8, 9; [51] 73.
77 Enn. II 4, 16; [12] 66.
78 Enn. I 8, 3; [51] 14.
79 Enn. I 8, 5; [51] 30–32.
80 Enn. I 8, 6; [51] 45.
81 Enn. I 8, 4; [51] 24f.
82 Enn. VI 9, 3; [9] 15–21.
83 Enn. VI 9, 11; [9] 76.
84 Enn. VI 9, 11; [9] 77; ähnlich III 8, 9; [30] 63.
85 Theo Kobusch weist a.a.O. darauf hin, daß Plotin im Anschluß an Aristoteles von einem wort- und begrifflosen «Berühren» des Einen sprach, in dem der Geist die Subjekt-Objekt-Spaltung überwindet und in sich die ursprüngliche Einheit findet. «Das Eine ist ... jenes Element, das unbewußt jedem Einzelbewußtsein präsent ist und nur als der Grund seiner selbst bewußt werden kann.» (105) Demnach wäre Plotin der Entdecker des Unbewußten (106). Auch hier zeigt sich die Tendenz zu einer subjektivistischen Deutung, der zufolge das Eine «das innerste Element der Seele» ist und die Einswerdung auf der «Erfahrung des Unbewußten» beruht.
86 Enn. V 3, 17; [49] 162.
87 Enn. VI 9, 11; [9] 79.
88 Hierzu Theo Kobusch, a.a.O.
89 Porphyrs Schrift «Gegen die Christen» in 15 Büchern wurde nach der Hinwendung der römischen Kaiser zum Christentum verbrannt und ihr Besitz unter Strafe gestellt. Wir wissen von ihr auf Grund der Reaktionen, die sie bei christlichen Autoren auslöste, z.B. bei Eusebius von Caesarea (zu diesem s. Teil II, Kap. I, 3 c).

90 Zu diesem Problem vgl. Wolfgang Stegmüller: «Das Universalienproblem einst und jetzt». Zusammen mit «Glauben, Wissen und Erkennen» in der Reihe «Libelli» der Wiss. Buchgesellschaft. Darmstadt 1965.

91 Buch III behandelt die Mathematik im allgemeinen, Buch IV ist der Arithmetik gewidmet. Von den Büchern V-VII gibt es Auszüge des byzantinischen Gelehrten Konstantin Psellus aus dem 11. Jahrhundert. (Mit englischer Übers. als Appendix I zu Dominic J. O'Meara: Pythagoras Revived. Mathematics and Philosophy in Late Antiquity. Oxford 1989. Nach O'Meara läßt sich über den Inhalt der restlichen Bücher nur spekulieren.) In deutscher Übersetzung liegen vor: Pythagoras – Legende, Leben, Lebensgestaltung. Hrsg. von M. v. Albrecht. Stuttgart 1963 [Bibliothek der Alten Welt; Reihe Antike und Christentum]; Aufruf zur Philosophie (Protreptikos). Übers. von O. v. Schönberger. Würzburg 1984 [mit zweisprachiger Ausgabe der Fragmente von Ciceros «Hortensius»] ; Über die Geheimlehren. Übers., eingl. und erklärt von Th. Hopfner. Leipzig 1922 (Nachdruck Hildesheim usw. 1987). Zu den Gedanken dieses Werkes vgl. Beate Nasemann: Theurgie und Philosophie in Jamblichs De mysteriis. Stuttgart 1991. (Zur Frage, ob das Werk Jamblichs, der sich nicht als Verfasser zu erkennen gibt, sondern sich als ägyptischen Oberpriester ausgibt, zugeschrieben werden dürfe, s. S. 13ff., wo zu den Bedenken Zellers und anderer Stellung genommen wird. Dort auch weitere Literatur, die erkennen läßt, daß in letzter Zeit das Interesse an Jamblich zugenommen hat.) Zur Rolle des Protreptikos als Ausgangspunkt für die Rekonstruktion der Aristotelischen Mahnrede vgl. oben Kap. IV, Abschn. 1.

92 Vgl. D.J. O'Meara, a.a.O., S.90.

93 Pythagoras – Legende, Lehre, Lebensgestaltung, Kap. I, 1.

94 Von den Geheimlehren, II,3; übers. von Hopfner, S.47.

95 Sein Schüler und Nachfolger in der Leitung der Akademie, Marinus von Sichem, schrieb seine Biographie, enthalten in der griech.-lat. Ausgabe von Proklus: In Platonis Theologiam libri sex. Hamburg 1618, Nachdruck Frankfurt am Main 1960.

96 Beste Ausgabe: Théologie platonicienne. Texte établie et traduit par H.D. Saffrey et L.G. Westerink, I ff. Paris 1968ff. [griechisch/französisch; von den geplanten sechs Bänden sind inzwischen fünf erschienen].

97 Moderne Ausgabe: The Elements of Theology. Hrsg. von E.R. Dodds. Oxford ²1963 (u.ö.). In deutscher Übersetzung liegen vor: Über die Vorsehung, das Schicksal und den freien Willen an Theodoros, den Ingenieur. Übers. und erläutert von M. Erler. Meisenheim am Glan 1980 [Beiträge zur klassischen Philologie, 121] (Vgl. Tria opuscula – De providentia, De fato, De malorum subsistentia. Hrsg. von H. Boese. Berlin 1960); Über die Existenz des Bösen. Übers. u. erläutert von M. Erler. Meisenheim am Glan 1978 [Beiträge zur klassischen Philologie, 102]. In den «Elementen der Physik» deutete Proklus die Aristotelische Naturphilosophie platonistisch um und gab ihr in Anlehnung an Euklids Darstellungsweise eine «geometrische» Form. In seinem (teilweise erhaltenen) Timäus-Kommentar hob er die geometrischen Züge von Platos Naturphilosophie hervor. Vgl. hierzu D.J. O'Meara, a.a.O., S.177ff. Zur Philosophie des Proklus im allgemeinen vgl. R. Beutler: Art. «Proklos». In: Paulys Encyclopädie der classischen Altertumswissenschaften, XXIII/1, Spalte 186ff.; ferner W. Beierwaltes: Proklos. Grundzüge seiner Metaphysik. Frankfurt am Main 1965.

98 Proklus: Die Platonische Theologie, Buch IV, Kap. 10.

99 Ebenda, Buch II, Kap. 6.

100 Ebenda, Kap. 10.

101 Vgl. Elementarlehre, Kap. Iff., sowie Platonische Theologie, Buch II, Kap. I.

102 Elementarlehre, Kap. 11.

103 Elementarlehre, Kap. 20.

104 Elementarlehre, Kap. 113ff.

105 Vgl. Proklus: Über die Vorsehung, das Schicksal und den freien Willen.
106 Elementarlehre, Kap. 30f.
107 Elementarlehre, Kap. 39.
108 Elementarlehre, Kap. 206.
109 Vgl. Proklus: Über die Existenz des Bösen. Übers. von M. Erler. Meisenheim am Glan 1978, S. 23 [De malorum subsistentia, Kap. I, 6. In: Tria opuscula. Hrsg. von H. Boese. Berlin 1960].
110 Platonische Theologie, Buch II, Kap. 6.
111 Boëthius: Trost der Philosophie. Deutsch von K. Büchner mit Einführung von Fr. Klingner. Leipzig 1939 [Sammlung Dieterich, 33], Neuausg. Stuttgart 1971 [Reclams Universal-Bibliothek, 3154]; Trost der Philosophie/De consolatione philosophiae. Lat./dt., hrsg. u. übers. von E. Gegenschatz und O. Gigon. Zürich u. München [4]1990; J. Gruber: Kommentar zu Boëthius De consolatione philosophiae. Berlin u. New York 1978.
112 Vgl. das Anm. 24 angegebene Werk von St. Gersh; Bd. II, Abschn. 9.212.

Zweiter Teil
CHRISTLICHE PHILOSOPHIE DER AUSGEHENDEN ANTIKE UND DES MITTELALTERS

I. Christentum und Philosophie in der Spätantike

1 Einen auf das Wesentliche konzentrierten Überblick bietet Werner Jaeger: Das frühe Christentum und die griechische Bildung. Übers. von W. Eltester. Berlin 1963.
2 Paulus: Brief an die Römer, 8,19 und 22.
3 Paulus: Erster Brief an die Korinther, 15,21–22.
4 Paulus: Brief an die Kolosser, 1,15–17.
5 Neben Unterschieden zwischen Paulinischer und Jesuanischer Lehre betonte auch deren Gemeinsamkeiten Ernesto Buonaiuti: Jesus und Paulus. In: Die exkommunizierte Kirche. Hrsg. und eingel. von E. Benz. Zürich 1966, S. 72ff.
6 Paulus: 1. Brief an die Korinther, 2,4–6. Vgl. 1 Kor. 13: Dereinst wird uns die vollkommene Erkenntnis zuteil; jetzt sind wir auf Glaube, Hoffnung und Liebe angewiesen, wobei die Liebe am höchsten steht. Sie bleibt auch dann, wenn die Prophetien, die Sprache, die Wissenschaften aufhören.
7 Paulus, ebda., 2,10–11.
8 Richard Reitzenstein: Die hellenistischen Mysterienreligionen nach ihren Grundgedanken und Wirkungen. Darmstadt 1980 [Nachdruck der 3. Aufl. von 1927], S. 76ff., S. 333ff., hat im Hinblick auf solche Äußerungen Paulus mit der Gnosis in Verbindung gebracht.
9 Vgl. Günther Bornkamm: Jesus von Nazareth. Stuttgart [6]1963 [Urban-Bücher], S. 206.
10 Evangelium nach Johannes, 1,1–14.
11 Als Werk des griechischen Geistes auf dem Boden des Evangeliums bezeichnete die Dogmen Adolf v. Harnack: Lehrbuch der Dogmengeschichte, I. Tübingen [5]1931, S. 20. Vgl. auch Friedo Ricken: «Zur Rezeption der platonischen Ontologie bei Eusebios von Kaisareia, Areios und Athanasius». In: K. Kremer (Hrsg.): Metaphysik und Theologie. Leiden 1980, S. 92–127.
12 Zu dieser Entwicklung vgl. Harry Austryn Wolfson: The Philosophy of the Church Fathers. Faith, Trinity, Incarnation. Cambridge (Mass.) und London [3]1976, Kap. 8–12.
13 Augustinus: Über die Dreieinigkeit, VII, Kap. 4, 7. Bibl. der Kirchenväter, zweite Reihe, Bd. XIII. München 1935, S. 245f.

14 Hieronymus: Über den Psalm 91. Bibl. der Kirchenväter, erste Reihe, Bd. XV. München 1914, S. 223.

15 Tatians Rede an die Bekenner des Griechentums, V, 1–2. Bibl. der Kirchenväter. Frühgriechische Apologeten und Märtyrerakten, I. Kempten und München 1913.

16 Vgl. zum Folgenden Hans Leisegang: Die Gnosis. Stuttgart [4]1955; Carl Andresen (Hrsg.): Die Gnosis. Bd. I, eingeleitet, übersetzt und erläutert von W. Foerster. Zürich und Stuttgart 1969; Bd. II, eingeleitet, übersetzt und erläutert von M. Krause und K. Rudolph, hrsg. von W. Foerster. Zürich und Stuttgart 1971; K. Rudolph: Die Gnosis. Göttingen 1990 [UTB 1577].

17 Plotin: Enn. II 9 [33].

18 Neuerdings wird versucht, die Unterscheidung von «Gnosis» als dem weiteren und «Gnostizismus» als dem engeren, die christliche Richtung der Bewegung bezeichnenden Terminus durchzusetzen. Vgl. W. L. Gombocz: Geschichte der Philosophie. Hrsg. von W. Röd, Bd. IV, unter Berufung auf U. Bianchi (Hrsg.): Le origini dello gnosticismo. Leiden 1967, S. XX–XXXII.

19 Eine klare Übersicht bietet H. v. Campenhausen: Griechische Kirchenväter. Stuttgart 1955 [Urban-Bücher]. Außer den älteren Ausgaben der im folgenden zu behandelnden Autoren von J. P. Migne: Patrologiae cursus completus. Paris 1844ff. Griechische Reihe (Patrologia graeca) und lat. Reihe (Patrologia latina), sind zu nennen: Corpus Scriptorum Ecclesiasticorum Latinorum. Wien 1886ff.; Griechische Christliche Schriftsteller der ersten drei Jahrhunderte. Leipzig 1899ff. bzw. Berlin 1953ff.; Corpus Christianorum, Series latina. Turnhout 1954ff.; Series graeca. Turnhout 1977ff. In deutscher Übersetzung: Bibliothek der Kirchenväter. Hrsg. von O. Bardenhewer u. a. Kempten und München 1911; Neue Reihe 1932ff. Zur Literatur ab 1956 vgl. «Bibliographia patristica. Internat. patr. Bibliographie», hrsg. von W. Schneemelcher. Berlin 1959ff.

20 Vgl. Otto Bardenhewer: Geschichte der altkirchlichen Literatur, I: Vom Ausgang des apostolischen Zeitalters bis zum Ende des 2. Jahrhunderts. Freiburg i. Br. 1913; Philotheus Böhner und Etienne Gilson: Christliche Philosophie von ihren Anfängen bis zur Gegenwart. Paderborn [3]1954, I. Buch.

21 Vgl. Justins zweite Apologie, 10.

22 Außerdem wirkten in Alexandrien Klemens' Lehrer Panaetius, Origenes' Mitarbeiter Heraklas, der Origenes-Schüler Dionysius von Alexandrien u. a.

23 Der Titel des Werkes (stromateís bzw. strómata) bedeutet «Schriften unterschiedlichen Inhalts», die wie die Fäden eines Teppichs verwoben sind. Vgl. Klemens' eigene Erläuterung des Ausdrucks «Teppiche» im 6. Buch, Kap. 1, § 2.1: Es enthält in bunter Mannigfaltigkeit, was dem Autor gerade in den Sinn kam. H. v. Campenhausen: Griechische Kirchenväter. Stuttgart [3]1961, S. 37, hat überlegt, ob wir es nicht mit «internen Schriftstücken der klementinischen Schule» zu tun haben.

24 Klemens: Die Teppiche, 2. Buch, Kap. 4, § 16,2. Übers. von Otto Stählin. München 1936–1938 [Bibl. der Kirchenväter, 2. Reihe, Bde. 17, 19 und 20]; ältere Übersetzung von Fr. Overbeck, hrsg. von D. A. Bernoulli und L. Früchtel. Basel 1936.

25 A. a. O., 5. Buch, Kap. 1, § 1,3.

26 A. a. O., 1. Buch, Kap. 13, § 57.2.

27 A. a. O., 2. Buch, Kap. 17, § 76,3.

28 A. a. O., 2. Buch, Kap. 10, § 46,1.

29 Evangelium nach Matthäus 19,12.

30 Origenes' Werke liegen, außer in der Patrologia graeca, Bände 11–17, in der Sammlung «Griechische Christliche Schriftsteller der ersten drei Jahrhunderte» in 12 Bänden, hrsg. von P. Koetschau, Leipzig 1899ff., vor. Deutsche Auswahl-Übersetzung in der Bibl. der Kirchenväter, hrsg. von P. Koetschau. München 1926f.

31 Otto Bardenhewer: Geschichte der altkirchlichen Literatur, II. Freiburg i. Br. 1914,

S. 103, betonte, daß alle theologischen Richtungen, die in der patristischen Zeit in der griechischen Kirche entstanden, von Origenes ausgingen.

32 Gegen Celsus, I, 9. In: Des Origenes ausgewählte Schriften, II. München 1926, S. 14 [Bibl. der Kirchenväter].

33 Origenes: Vier Bücher von den Prinzipien, Buch IV, Kap. 4,1. Herausgegeben, übersetzt, mit kritischen und erläuternden Anmerkungen versehen von H. Görgemann und H. Karpp. Darmstadt 1976.

34 Origenes: Vier Bücher von den Prinzipien, IV. Buch, Kap. 4,9.

35 Origenes bringt das griechische Wort für «Seele», psyché, mit dem Ausdruck für «erkalten», psychein, in Verbindung.

36 Jedenfalls war dies einer der Punkte, auf die sich die Verurteilung von 543 bezog.

37 Origenes: Vier Bücher von den Prinzipien, I. Buch, Vorwort, 2.

38 Hierzu Friedo Ricken: Origenes. In: L. Honnefelder und W. Schüßler (Hrsg.): Transzendenz. Zu einem Grundwort der klassischen Metaphysik. Paderborn etc. 1992, S. 75–92.

39 Die Formulierungen dieser Konzile bei H. Denzinger und A. Schönmetzer: Enchiridion Symbolorum. Barcelona usw. [36]1976.

40 Ausgabe von Eusebius' Werken, Bd. I ff., Leipzig (später Berlin) 1902 ff., in der Reihe: Die griechischen Schriftsteller der ersten drei Jahrhunderte, hrsg. von der Kirchenväterkommission der Kgl. Preußischen (später Deutschen) Akademie der Wissenschaften.

41 Eusebius: Kirchengeschichte, Buch X, Kap. 8. [Bibl. der Kirchenväter, 2. Reihe, Bd. I. München 1932, S. 474]. Vgl. das Ende von Eusebius' «Das Leben Konstantins».

42 Deutsche Übersetzung in: Des hl. Gregor von Nyssa ausgewählten Schriften. München 1927, S. 241 ff. [Bibl. der Kirchenväter, 56].

43 Vgl. Hubert Merki: Homoiosis theôi. Von der platonischen Angleichung an Gott zur Gottähnlichkeit bei Gregor von Nyssa. Freiburg in der Schweiz 1952. [Paradosis. Beiträge zur Geschichte der altchristlichen Literatur und Theologie, VII.]

44 Gregor von Nyssa: Von den Seligpreisungen, 6. Rede. In: Des hl. Bischofs Gregor von Nyssa ausgewählte Schriften. München 1927, S. 213 f. [Bibl. der Kirchenväter, 56].

45 Gregor von Nyssa, a. a. O., S. 214.

46 Basilius des Großen ausgewählte Schriften, II. München 1925, S. 451 [Bibl. der Kirchenväter, 47].

47 Werner Jaeger: Das frühe Christentum und die griechische Bildung. Berlin 1963, S. 65 ff.

48 «Über die göttlichen Namen», «Über die mystische Theologie», «Über die himmlische Hierarchie» und «Über die kirchliche Hierarchie». Neue deutsche Übersetzung in der «Bibliothek der griechischen Literatur», Verlag Hiersemann, Stuttgart 1986 ff. Kritische Ausgabe: Corpus Dionysicum; I: De divinis nominibus. Berlin 1990; II: De coelesti hierarchia usw. Berlin 1991.

49 Pseudo-Dionysius: Über die himmlische Hierarchie, Kap. I,3.

50 Ps.-Dionysius, a. a. O., Kap. III, 1. Der Ausdruck «Hierarchie» scheint von Pseudo-Dionysius geprägt worden zu sein, und zwar in Anlehnung an das schon in vorchristlicher Zeit gebrauchte «Hierárches», das «Oberpriester» bedeutete und bei Ps.-Dionysius im Sinne von «Bischof» verwendet wird.

51 Ps.-Dionysius, a. a. O., Kap. IV.1.

52 A. a. O., Kap. XIII,3.

53 A. a. O., Kap. III,2.

54 Ps.-Dionysius: Die Namen Gottes, Kap. XIII,3.

55 A. a. O., Kap. IV, 18 ff.

56 Pseudo-Dionysius: Mystische Theologie, Kap. V.

57 Vgl. Hans Frh. von Campenhausen: Lateinische Kirchenväter. Stuttgart 1960. [Urban-Bücher]

58 Gegen Marcion, II 27,6.

59 Z. B. heißt es bei Tertullian: «... Gottes Sohn ist gestorben: das ist durchaus glaubhaft, weil es ungereimt ist.» (De Carne Christi [Das Fleisch Christi]). Ähnlich hat Laktanz (gest. um 330) das Wissen gegenüber dem Glauben abzuwerten gesucht: Die Wissenschaft kann nicht vom Geiste kommen noch denkend begriffen werden, weil nicht der Mensch, sondern nur Gott fähig ist, aus sich selbst Wissenschaft zu haben. Die endliche Natur ergreift nur ein Wissen, das von außen kommt.

60 Tertullian: Über das Fliehen in der Verfolgung. An Fabius. Deutsch in Tertullians apologetischen, dogmatischen und montanistischen Schriften, übers. und mit Einleitung versehen von H. Keller, hrsg. von G. Esser. Kempten u. München 1915. [Bibliothek der Kirchenväter]

61 Von Tertullians «Apologeticum» könnte der Dialog «Octavius» beeinflußt sein, den Marcus Minucius Felix in der ersten Hälfte des 3. Jahrhunderts, vielleicht aber auch schon früher, verfaßte. Allerdings ist nicht auszuschließen, daß die umgekehrte Abhängigkeit besteht. Bemerkenswert ist auf jeden Fall die strikte Unterordnung der Philosophie unter den Glauben; vgl. Minucius Felix: Octavius. In: Frühchristliche Apologeten und Märtyrerakten, II. Kempten und München 1913 [Bibl. der Kirchenväter].

62 Tertullian: Scorpiace oder Mittel gegen den Skorpionstich.

63 Zu Marius Victorinus vgl. Ernst Benz: Marius Victorinus. Stuttgart 1932.

64 Marius Victorinus: De generatione verbi divini (Über die Erzeugung des göttlichen Wortes). Patrologia latina 8, 1023 A. – Auffallend ist die Sprache, die durch Mischung lateinischer und griechischer Ausdrücke und durch kühne Neubildungen (z. B. «existentialitas», «intelligentitas») charakterisiert ist.

65 Von Boëthius wurde bereits oben festgestellt, daß er primär der antiken philosophischen Tradition verpflichtet war, weshalb er im Zusammenhang mit der späten platonistischen Philosophie behandelt wurde.

66 Biographisches Material enthalten Augustins «Bekenntnisse» und die «Vita S. Augustini» von Augustins Schüler Possidius von Calama (enthalten in Patrologia latina, Bd. 32, S. 33–66). Von Possidius stammt auch ein Verzeichnis der Schriften Augustins.

67 Fragmente dieses Dialogs und ihn betreffende Zeugnisse bei Otto Schönberger (Hrsg.): Iamblichos. Aufruf zur Philosophie. Mit zweisprachiger Ausgabe von Ciceros «Hortensius». Würzburg 1984.

68 Intellige ut credas, crede ut intelligas (Predigt 43, Kap. VII, 9).

69 Augustinus: Bekenntnisse, VIII, 29.

70 Augustin selbst erwähnt 93 «Werke» und 232 «Bücher», wozu noch die Briefe und die Predigten kommen (Retraktationen 2,62). Außer den Opera omnia. Paris 1679ff. (Mauriner-Ausgabe) sind die Ausgaben im Corpus Christianorum, Series latina, Bände 27–57. Turnhout 1954ff. zu nennen. Deutsche Übersetzungen in der Bibliothek der Alten Welt, Zürich: Bekenntnisse (1950); Selbstgespräche (1954); Vom Gottesstaat (1955); Vom freien Willen; Von der wahren Religion (1962); Philosophische Frühdialoge (1972); Philosophische Spätdialoge (1973). (Außerdem verschiedene andere Übersetzungen.)

71 Zu Augustins Denken vgl. Alfred Schöpf: Augustinus. Einführung in sein Philosophieren. Freiburg i.Br. und München 1970 [Alber Kolleg Philosophie]; Kurt Flasch: Augustin. Einführung in sein Denken. Stuttgart 1980 [Reclams UB, 9962]; Henry Chadwick: Augustin. Göttingen 1987 [Kleine Vandenhoek Reihe, 1526; urspr.: Augustine. Oxford 1986]; Carls Andresen (Hrsg.): Zum Augustin-Gespräch der Gegenwart. Köln 1962; Ders. (Hrsg.): Zum Augustin-Gespräch der Gegenwart, II. Darmstadt 1981 [Wege der Forschung, 227].

72 Augustinus: Gegen die Akademiker, III, Kap. 9, 18.

73 Ebenda, Kap. 11, 24.

74 Augustinus: Über die Ordnung, I, Kap. 10.
75 Augustinus: Über die wahre Religion, Kap. 39.
76 Augustinus: Der Gottesstaat, XI, Kap. 26.
77 Vgl. A. Schöpf, a.a.O., S. 12.
78 Augustinus: Über den freien Willen, II, 6, 14 und II, 15, 39.
79 Augustinus: Über den freien Willen, II, 39. Zu diesem Gottesbeweis vgl. Heinrich Scholz: «Der Gottesgedanke in der Mathematik». In: Mathesis Universalis. Basel [2]1961, S. 293–311.
80 Augustinus: Soliloquia, Kap. I, 2.
81 Vgl. Leopold Wittmann: Ascensus. Der Aufstieg zur Transzendenz in der Metaphysik Augustins. München 1980, S. 391 ff. [Epimeleia. Beiträge zur Philosophie].
82 Augustinus: Bekenntnisse, XI, Kap. 17.
83 Augustinus: Bekenntnisse, XI, Kap. 39. Zu Augustins Auffassung der Zeit vgl. Friedrich-Wilhelm v. Herrmann: Augustinus und die Phänomenologie der Zeit. Frankfurt am Main 1992.
84 Augustinus: Bekenntnisse, XI, Kap. 17.

II. Christliche, islamische und jüdische Philosophie des Mittelalters bis 1200

1 Wichtige Gesamtdarstellungen in deutscher Sprache der Philosophie des Mittelalters bieten Bernhard Geyer: Die patristische und scholastische Philosophie. [Ueberwegs Grundriß der Geschichte der Philosophie, [13]II.] Basel/Stuttgart 1956; Frederick C. Copleston: Geschichte der Philosophie im Mittelalter. München 1976 (ausführlicher Ders.: A History of Philosophy, II, 1950 u.ö.). Ausführliche Bibliographie bei Wilhelm Totok: Handbuch der Geschichte der Philosophie, II: Mittelalter. Frankfurt am Main 1973. Kürzere Darstellungen bieten Richard Heinzmann: Philosophie des Mittelalters. Stuttgart usw. 1992 [Grundkurs Philosophie, 7; Urban-Bücher]; Hans-Ulrich Wöhler: Geschichte der mittelalterlichen Philosophie. Deutscher Verlag der Wissenschaften. Berlin 1989.
2 Hierzu John Marenbon: Early Medieval Philosophy (480–1150). An Introduction. London usw. 1983.
3 Der Beiname «Scottus» («Scotus») verweist auf die Scotia maior, also auf Irland, dessen alter Name «Erin» war, daher «Eriugena». Zu seiner Philosophie vgl. Wolf-Ulrich Klünker: Johannes Scotus Eriugena. Denken im Gespräch mit dem Engel. Stuttgart 1988; Werner Beierwaltes: «Das Problem des absoluten Selbstbewußtseins bei Johannes Scotus Eriugena». In: Platonismus in der Philosophie des Mittelalters. Darmstadt 1969 [Wege der Forschung, 197], S. 484–516.
4 «Periphyseon» («De divisione naturae»); deutsche Übersetzung: Über die Einteilung der Natur. Übers. von L. Noack. Hamburg 1983 ([2]1984) [Phil. Bibliothek, 86/87].
5 Johannes Eriugena: Über die Einteilung der Natur, I, 1.
6 A.a.O., I, 5.
7 A.a.O., I, 11.
8 A.a.O., III, 17.
9 Anselm: Proslogion, Kap. I.
10 Eine zeitgenössische Biographie schrieb Anselms Schüler Eadmer.
11 Eine kritische Ausgabe von Anselms Werken in fünf Bänden hat Franciscus Salesius Schmitt 1938 ff. herausgegeben, der auch lateinisch-deutsche Ausgaben des «Monologions» und des «Proslogions» veröffentlichte.
12 Vgl. zu Anselms Beweis W. Röd: Der Gott der reinen Vernunft. München 1992, Kap. 1
13 Zum letzteren siehe Teil I, Kap. VI, Abschnitt 5. Die Positionen im Universalienstreit sind in Übersetzungen dokumentiert in H. U. Wöhler (Hrsg.): Texte zum Universalien-

streit, I–II. Berlin 1992 und 1994.

14 Die autobiographische «Geschichte meiner Mißgeschicke» («Historia calamitatum meareum») wird, ebenso wie die Korrespondenz mit Héloïse, nicht durchweg als echt anerkannt.

15 Es handelt sich um zwei logische Abhandlungen, die nach den Anfangsworten als die Logik «Ingredientibus» und die Logik «Nostrorum petitioni» zitiert werden, sowie um die «Dialectica» (letztere hrsg. von L. M. De Rijk, Assen 1956, ²1972). In diesen Schriften wird ständig auf Plato und Aristoteles, auf Priscian, Porphyrius und Boëthius sowie auf dessen Kommentare Bezug genommen. Obwohl Abaelard in erster Linie Theologe war – vgl. u. a. «Ja und Nein» («Sic et non», eine Gegenüberstellung von Texten theologischer Autoritäten zu kritischem Zweck), die «Theologia christiana», die «Ethik oder Erkenne dich selbst» sowie die Kommentare zum Schöpfungsbericht und zum Römerbrief –, interessieren heute vor allem seine philosophischen Schriften.

16 Abaelard: Logica ‹Ingredientibus›, hrsg. von B. Geyer: Peter Abaelards philosophische Schriften, I. Münster 1919ff., S. 20. [Beiträge zur Geschichte der Philosophie des Mittelalters. Hrsg. von C. Baeumker, Band XXI, Heft 1–3.]

17 Abaelard: Ingredientibus, 314.25–27.

18 Clemens Baeumker: Einleitung zu den von ihm erstmals herausgegebenen philosophischen Schriften Abaelards. Beiträge zur Geschichte des Philosophie des Mittelalters, Band XII/1, S. VI.

19 Abaelard: «Ethik oder Erkenne dich selbst!» («Scito te ipsum»), Kap. XI. Je nach der Intention kann also dieselbe äußere Handlung bald gut, bald schlecht sein.

20 Vgl. Richard von St. Victor: Über die Dreieinigkeit I, Kap. 11.

21 Vgl. Georg Grunwald: Geschichte der Gottesbeweise im Mittelalter bis zum Ausgang der Hochscholastik. Münster 1907. [Beiträge zur Geschichte der Philosophie im Mittelalter, hrsg. von C. Baeumker, Bd. VI, Heft 3.]

22 Das erstere vermutet Augustinus Daniels: Quellenbeiträge und Untersuchungen zur Geschichte der Gottesbeweise im 13. Jahrhundert. Münster 1909. [Beiträge zur Geschichte der Philosophie des Mittelalters, hrsg. von C. Baeumker, Bd. VIII, Heft 1–2.] Das letztere nimmt an Jean Chatillon: «De Guillaume d'Auxerre à saint Thomas d'Aquin: L'argument de saint Anselm chez les premiers scolastiques du XIIIe siècle». Paris 1959, S. 213. [Spicilegium Beccense, I.]

23 Petri Lombardi magistri Sententiae in IV libris distinctae, Bd. I, Grottaferrata ³1971; Bd. II, Grottaferrata ³1981. Buch I handelt von Gott, Buch II von der Schöpfung, Buch III enthält die Lehre von der Erlösung, und in Buch IV wird von den letzten Dingen gehandelt.

24 Eine Übersicht bietet Georges Anawati: «La filosofia araba». In: Mario dal Pra (Hrsg.): Storia della filosofia, V. Mailand 1975/76, S. 274–334.

25 Die Namen der islamischen Philosophen werden in der lateinischen Form angegeben, wobei fallweise die ursprüngliche Namensform in deutscher Schreibweise hinzugefügt wird, obwohl in der Fachliteratur die transliterierte arabische Schreibung üblich ist.

26 Deutsch von Max Horten: Die Metaphysik Avicennas. Das Buch der Genesung der Seele. Leipzig 1907 (Nachdruck Frankfurt am Main 1960). Französische Übersetzung von Georges C. Anawati: La métaphysique du shifâ'. I – V, Paris 1978; VI – X, Paris 1985. – Zu Avicennas Philosophie vgl. Lenn E. Goodman: Avicenna. London und New York 1992 [Arabic Thought and Culture], wo gezeigt wird, daß es Avicenna auf eine Synthese zwischen einer Metaphysik des ewigen Seins (im Anschluß an Aristoteles) und einer Schöpfungsmetaphysik islamischer Herkunft ankam; dort findet sich auch eine ausführliche Erörterung der Gottesbeweise.

27 Abubacer schrieb eine Art Robinsonade («Der Lebende, des Wachenden Sohn»), in der geschildert wird, wie ein auf einer einsamen Insel aufwachsendes Kind eine selbständige

Philosophie entwickelt. Die Menschen, zu denen der Herangewachsene später kommt, weisen seine Ansichten zurück, worauf er sich in die Einsamkeit zurückzieht. – Hier wird, wie auch bei Avempace, der Rückzug aus dem öffentlichen Engagement zugunsten einsamer Kontemplation empfohlen.

28 Vgl. «Philosophie und Theologie von Averroës», übersetzt von Marcus Joseph Müller, mit einem Nachwort von Matthias Vollmer. Weinheim 1991 [Collegia. Philosophische Texte, hrsg. von R. Schönberger u.a.].

29 Vgl. David Neumark: Geschichte der jüdischen Philosophie im Mittelalter, I/1–II/2. Berlin (und Leipzig) 1907–1928. Dem jüdischen Denken im Mittelalter widmen breiten Raum Heinrich Simon und Marie Simon: Geschichte der jüdischen Philosophie. München 1984 [Beck'sche Elementarbücher].

30 Deutsche Ausgabe: Führer der Unschlüssigen. Übertragen und mit erklärenden Anmerkungen versehen von A. Weiss. Hamburg 1972 (zuerst Leipzig 1923–1924) [Phil. Bibliothek, 184 a–c].

31 Maimonides: Führer der Unschlüssigen, II, Kap. 16.

32 Maimonides, ebenda, Kap. 23.

III. Die Philosophie des Hochmittelalters

1 Zur Philosophie dieser und der folgenden Epoche vgl. N. Kritzmann, A. Kenny und J. Pinborg (Hrsg.): The Cambridge History of Later Medieval Philosophy. From the Rediscovery of Aristotle to the Disintegration of Scholasticism, 1100–1600. Cambridge usw. 1982.

2 Vgl. W. Rüegg: Geschichte der Universität in Europa, I: Mittelalter. München 1993.

3 Anselm von Canterbury: Proslogion, Kapitel II.

4 Johannes Duns Scotus: Abhandlung über das Erste Prinzip, Kap. I, n. 1. Übers. von W. Kluxen in seiner lat./dt. Ausgabe des «Tractatus de primo principio». Darmstadt 1974.

5 Zur Biographie vgl. H. Chr. Scheeben: Albert der Große. Zur Chronologie seines Lebens. Bonn ³1980.

6 Kritische Ausgabe: Alberti Magni Opera omnia. Hrsg. vom Institutum Alberti Magni Coloniense unter dem Vorsitz von B. Geyer, später von W. Kübel. Münster 1951ff. Ältere Ausgabe: Alberti Magni Opera omnia, I–XXVIII. Hrsg. von A. Borgnet. Paris 1890–1899. Über den Textbestand orientiert Winfried Fauser: Die Werke des Albertus Magnus in ihrer handschriftlichen Überlieferung, I: Die echten Werke. Münster 1982. Übersetzungen: Albertus Magnus: Ausgewählte Texte, lat./dt. Hrsg. u. übers. von A. Fries, mit einer Kurzbiographie von W.P. Eckert. Darmstadt 1981 [Texte zur Forschung, 35]. Eine Gesamtdarstellung bietet Ingrid Craemer-Ruegenberg: Albertus Magnus. München 1980 [Beck'sche Schwarze Reihe, 501; Große Denker].

7 Albert d. Gr.: De caelo et mundo. Opera omnia V/1, 272. Übers. nach A. Fries: Ausgewählte Texte, S. 7.

8 Albert d. Gr.: Metaphysica, Kap. 1; Opera omnia XVI, 2b–3a.

9 Albert d. Gr.: Super Ethica, Prologus, 4; Opera omnia XIV/1, 3b.

10 Albert d. Gr.: De caelo et mundo, I, 4; Opera omnia V/1, 103b.

11 Kritische Gesamtausgabe von Thomas' Werken: Opera omnia. Rom 1882ff. (Editio Leonina [da von Papst Leo XIII. veranlaßt]). Übersetzungen der beiden Summen: Summa contra Gentiles oder Die Verteidigung der höchsten Wahrheiten, hrsg. von Helmut Fahsel. Zürich 1942–1960; Summe gegen die Heiden. Hrsg. u. übers. von K. Albert u.a. Darmstadt 1974ff. [Texte zur Forschung, 15ff.]; Vollständige, ungekürzte dt./lat. Ausgabe der Summa theologica. Übers. von Dominikanern und Benediktinern Deutschlands, hrsg. von der Albertus-Magnus-Akademie Walberberg. Heidelberg

1933ff. Auswahlausgabe: Summe der Theologie. Zsgef., eingel. u. erl. von J. Bernhart, 3 Bde. Stuttgart 1954 [Kröners Taschenausgabe]. Die Werke des hl. Thomas sind erschlossen durch den Index Thomisticus, hrsg. von R. Busa. Stuttgart–Bad Cannstatt 1974ff., bezogen auf die mit Hilfe des Computers erstellte Ausgabe der Opera, I–VII. Stuttgart–Bad Cannstatt 1980. Zur Philosophie des hl. Thomas vgl. M.-D. Chenu: Das Werk des hl. Thomas von Aquin. Heidelberg usw. 1960 (urspr.: Introduction à l'étude de saint Thomas d'Aquin. Paris 1950); L.J. Elders: Die Metaphysik des Thomas von Aquin in historischer Perspektive, I–II. Salzburg und München 1985/1987. A.G. Sertillanges: Der heilige Thomas von Aquin. Hellerau 1928.

12 Summe der Theologie, I 2, art. 2.

13 Summe der Theologie, I 15, art. 1.

14 Vgl. De Ente et essentia. Über das Sein und das Wesen. Dt./lat. Ausgabe, übers. von R. Allers. Wien 1936.

15 Summe gegen die Heiden, II 51.

16 Summe gegen die Heiden, II 72.

17 De veritate [Von der Wahrheit], quaestio 10, art. 12.

18 Summe der Theologie, I 2, art. 3.

19 Die auf die Gottesbeweise bezüglichen Texte hat herausgegeben Horst Seidl: Die Gottesbeweise in der «Summe gegen die Heiden» und der «Summe der Theologie». Lateinisch-deutsch, mit Einleitung und Kommentar. Hamburg 1982 [Philosophische Bibliothek, 330].

20 Zur modernen Kritik an den Quinque viae siehe Anthony Kenny: The Five Ways. St. Thomas Aquinas Proofs of God's Existence. London [2]1972. Korrekturen an Kennys Einwänden brachte H. Seidl in der oben erwähnten Ausgabe der Gottesbeweise des hl. Thomas an.

21 Summe der Theologie, I 2, art. 3.

22 Summe gegen die Heiden, III 2; vgl. Summa theol. I, quaestio 44, art. 4.

23 Vgl. Wilhelm von Ockham: Quodlibeta, I 1: «Es kann nicht evident gewußt werden, daß Gott ist.»

24 Nikolaus von Kues: Mutmaßungen / De conjecturis, Teil I, Kap. 13.

25 Summe gegen die Heiden, III 67.

26 Summe gegen die Heiden, III 73.

27 Vgl. De regimine principum.

28 Summe der Theologie, II–II 78, art. 2.

29 Albert d.Gr.: Kommentar zur «Politik» des Aristoteles, Kap. 7.

30 Lateinisch/deutsche Ausgabe dieses Werkes unter dem Titel «Pilgerbuch der Seele zu Gott» und der «Zurückführung der Künste auf die Theologie» (mit Einleitungen und Erläuterungen) von Julian Kaup OFM. München 1961.

31 Bonaventura: Pilgerbuch der Seele zu Gott, V.1.

32 Bonaventura, a.a.O., V, 3.

33 Bei Bonaventura, a.a.O., II.2, wird die Welt als «macrocosmus», die Seele als «minor mundus» bezeichnet.

34 Eine kritische Ausgabe seiner Werke, hrsg. von C. Balic, erscheint seit 1950, betreut von der Commissio Scotistica («Editio Vaticana»). Ins Deutsche übersetzt wurde der «Tractatus de primo principio» von W. Kluxen unter dem Titel «Abhandlung über das Erste Prinzip». Darmstadt 1974. Die endgültige Form fanden die Gedanken des Johannes Duns Scotus in der «Ordinatio» (dem «Opus oxoniense»).

35 Ordinatio, Prolog, Teil 5, n. 314.

36 Ordinatio, Prolog, Teil 1.

37 Ordinatio, Buch I, Dist. III/1, quaestio 4: «Die Termini an sich bekannter Prinzipien stehen in einem solchen Identitätsverhältnis, daß der eine den anderen einschließt ...»

38 A.a.O., Buch II, Dist. 25, n. 14.
39 Abhandlung über das erste Prinzip, Kap. I, n. 1.
40 A.a.O., Kap. IV, n. 79.
41 A.a.O., Kap. IV, n. 79.
42 A.a.O., Kap. IV, n. 91.
43 Ordinatio, Buch II, Dist. I, q. 2, n. 82; vgl. Buch IV, Dist. 13, q. 1, n. 38: Es ist schlechthin falsch, daß das Sein etwas von der Wesenheit Verschiedenes sei.
44 Ordinatio, Buch II, Dist. III, quaestio 1.
45 Hierzu Ludger Honnefelder: Ens inquantum ens. Der Begriff des Seienden als solchen als Gegenstand der Metaphysik nach der Lehre des Johannes Duns Scotus. Münster 1979, II/4, § 4.
46 Ordinatio, Buch II, Dist. 3, p. 1., q. 5–6, nn. 191–193: «... das Einzelne ist an sich begreifbar ... das Einzelne läßt sich nicht definieren ...»
47 A.a.O., Buch II, Dist. III, quaestio 6.
48 Vgl. Etienne Gilson: L'être et l'essence. Paris [2]1972, S. 131ff.
49 Vgl. L. Honnefelder, a.a.O., S. 253.

IV. Der spätmittelalterliche Nominalismus

1 Kritische Gesamtausgabe: Guillelmi de Ockham Opera philosophica et theologica, cura Instituti Franciscani Universitatis S. Bonaventurae. St. Bonaventure, N.Y., 1974ff.; Kritische Ausgabe der Summa logicae. Hrsg. von Philotheus Boehner. Franciscan Institute St. Bonaventure, N.Y. Löwen und Paderborn 1951ff.; ferner Opera philosophica, I: Summa logicae. (Eine Teilübersetzung der «Summe der Logik» wurde hrsg. von P. Kunze. Hamburg 1984 [Philosophische Bibliothek, 363]). Fragen der Logik behandeln auch Ockhams Erläuterungen zu Porphyrs «Isagoge», zu Aristoteles' «Kategorien», «Über die Interpretation» und «Sophistische Widerlegungen»; ferner die «Summe der gesamten Logik». Der Aristotelischen «Physik» sind die «Summulae in libros physicorum» gewidmet. Im Mittelpunkt der theologischen Schriften steht der Kommentar zu den vier Büchern der Sentenzen des Petrus Lombardus; der Kommentar zum ersten Buch wurde von Ockham selbst redigiert («Ordinatio»). Theologische Fragen behandeln auch die «Quodlibeta» (ins Englische übersetzt von A.J. Freddoso und F.E. Kelley: Quodlibetal Questions, I–II. New Haven und London 1991) sowie die Abhandlungen über den Leib Christi, das Sakrament des Altars, über die Vorsehung usw. Ockhams politische Schriften sind zum Teil gegen Papst Johannes XXII. gerichtet (wie das «Neunzig-Tage-Werk»), zum Teil behandeln sie allgemeine Fragen der Politik (z.B. «Über die kaiserliche Gewalt» und «Über die Gewalt der Kaiser und Päpste»). Eine gedrängte Einführung und Textauswahl bietet Philotheus Boehner (Hrsg.): Ockham. Philosophical Writings. London usw. 1957 ([4]1976); vgl. auch Ph. Boehner: Collected Articles on Ockham. Hrsg. von E.M. Buytard. Löwen und Paderborn 1958. In deutscher Sprache liegen vor: Texte zur Theorie der Erkenntnis und der Wissenschaft. Lat./dt., hrsg., übers. und komm. von R. Imbach. Stuttgart 1984 [Reclams UB, 8239]; Kurze Zusammenfassung zu Aristoteles' Büchern über Naturphilosophie [«Summulae in libros physicorum»]. Aus dem Lat. hrsg. und übers. von H.-U. Wöhler. Leipzig 1983 [Reclams Universal-Bibliothek, 1013].
2 Summe der Logik, I, Kap. 12 (Opera phil. I, 43): Frustra fit per plura quod potest fieri per pauciora.
3 Sentenzenkommentar I, dist. 2, quaestio 4 (Opera theologica, II, 122): Ein vom individuellen Ding verschiedenes Allgemeines wird nur angenommen, um Wesensaussagen bzw. Wissen [im strengen Sinn] zu retten.

4 Zu dieser von Ockham später aufgegebenen Ansicht vgl. Sentenzenkommentar I, dist. 2, quaestio 8 (Opera theol. II, 271 f.), wo es heißt, ein Universale sei nichts Reales in einem «Subjekt» [d. h. in einem gegenständlichen Träger], und zwar weder in der Seele noch außer ihr, sondern habe nur ein «objektives Sein» in der Seele [d. h. Vorgestelltsein], sofern die Vorstellung als Muster (exemplar) für gleichartige Dinge dient und somit allgemein verwendet wird.

5 Zu dieser späteren Auffassung vgl. Summe der Logik, I, Kap. 12, wo von einem «actus intelligendi» die Rede ist. Vgl. auch Sentenzenkommentar, I, dist. 2, quaestio 8 (Opera theol., II, 291).

6 Sentenzenkommentar, I, dist. 2, quaestio 8.

7 Vgl. Summe der Logik II, Kap. 2 (Opera phil., I, 254): Bei Geschöpfen ist die formale Unterscheidung unzulässig, obwohl sie in bezug auf Gott (nämlich auf die Trinität) berechtigt ist.

8 Vgl. Sentenzenkommentar, Prolog, quaestio 1, art. 1.

9 Vgl. Wolfgang L. Gombocz: «Sprachphilosophie in der Scholastik». In: Marcelo Dascal u. a. (Hrsg.): Sprachphilosophie/Philosophy of Language/La philosophie du langage. Ein internationales Handbuch zeitgenössischer Forschung, 1. Halbband. Berlin und New York 1992 (mit Auswahlbibliographie).

10 Zur Übersicht über die Arten und Unterarten der Supposition vgl. Summe der Logik, I, Kap. 64 (Opera phil. I, 195 ff.).

11 Summe der Logik I, Kap. 64 (Opera phil., I, 196.).

12 Summe der Logik II, Kap. 2 (Opera phil., I, 250.).

13 Zu Ockhams Auffassung von Raum und Zeit vgl. die Summula philosophiae naturalis, IV; Opera philosophica VI, 344 ff.; ferner: Brevis Summa libri Physicorum, IV (Opera philosophica VI, 56 ff.).

14 Vgl. Quodlibet primum, quaestio 1 (Opera theologica, IX, 1 ff.).

15 Vgl. Ruedi Imbach: «Wilhelm Ockham». In: O. Höffe (Hrsg.): Klassiker der Philosophie, I. München 1981 u. ö., S. 226 f.

16 Nikolaus von Autrecourt: Zweiter Brief an Bernhard von Arezzo. Die Briefe an Bernhard wurden herausgegeben von J. Lappe in: Beiträge zur Geschichte der Philosophie des Mittelalters (begr. v. Cl. Baeumker), Bd. VI, H. 2 (1908).

17 Nikolaus von Autrecourt, a. a. O.

18 Nach Eduard Jan Dijksterhuis: Die Mechanisierung des Weltbildes. Berlin 1956, S. 221 f.

19 Vgl. J. H. Randall jr.: The School of Padua and the Emergence of Modern Science. Padova 1961.

20 Manegoldi ad Gebehardum Liber (etwa 1085), Kap. 47; zitiert nach den Textproben in A. Voigt (Hrsg.): Der Herrschaftsvertrag. Neuwied 1965, S. 55.

21 Thomas von Aquin: Summa theol. II–II, q. 50, art. 3.

22 Thomas von Aquin: Summa theol. II–II, q. 32, art. 5.

23 Nikolaus von Oresme: Traktat über Münzenveränderungen [Tractatus de mutationibus monetarum], Kap. VII. Vgl. W. Roscher: «Ein großer Nationalökonom des vierzehnten Jahrhunderts». In: Zeitschrift für die gesamte Staatswissenschaft, 19 (1863), S. 305 ff.

24 Nikolaus von Oresme, a. a. O., Kap. 21.

25 Vgl. Funk: «Über die ökonomischen Anschauungen der mittelalterlichen Theologen». In: Zeitschrift für die gesamte Staatswissenschaft, 25 (1869), 125–175.

26 Zu Joachim vgl. Karl Löwith: Weltgeschichte und Heilsgeschehen. Stuttgart [2]1953 [Urban-Bücher; ursprünglich «Meaning in History», Chicago UP 1949], Kap. VIII.

27 Vgl. Joachim von Fiore: Darlegung der Geheimen Offenbarung (Expositio in Apocalypsim. Venedig 1527).

28 Thomas von Aquin kritisierte Joachim in der Summa theologica II, i, quaestio 106, art. 4.

V. Meister Eckhart und die spätere deutsche Mystik

1 Zur Mystik vgl. Rudolf Otto: Das Heilige. Über das Irrationale in der Idee des Göttlichen und sein Verhältnis zur Rationalität. München 1987 [Beck'sche Reihe, 328]; ders.: West-östliche Mystik. Vergleich und Unterscheidung zur Wesensdeutung. Überarbeitet von G. Mensching. München [3]1971; G. Ruhbach und J. Sudbrack (Hrsg.): Große Mystiker. Leben und Wirken. München 1984; Dies.: Christliche Mystik. Texte aus zwei Jahrhunderten. München 1989.
2 Maßgebliche Ausgabe: Meister Eckhart. Die deutschen und lateinischen Werke, hrsg. im Auftrage der Deutschen Forschungsgemeinschaft. Stuttgart 1936ff.; Meister Eckhart. Werke. 2 Bde., hrsg. von N. Largier. Frankfurt am Main 1993 (enthält die deutschen Schriften und ausgewählte lateinische Schriften). Zur Einführung vgl. Heribert Fischer: Meister Eckhart. Einführung in sein Denken. Freiburg und München 1974 [Kolleg Philosophie, 12].
3 Eckhart: Opus tripartitum, Prolog. Lat. Werke I, 155.
4 Predigt 4; Deutsche Werke, I, 72 (bzw. neuhochdeutsche Übersetzung, S. 444).
5 Z. B. Predigt 20a; Deutsche Werke, I, 33 (bzw. 506).
6 Predigt 4; Deutsche Werke, I, 72 (bzw. 444).
7 Eckhart: Von der Abgeschiedenheit. Die deutschen Werke, V: Traktate, S. 413.
8 Die rede der underscheidunge (Reden der Unterweisung), 12. Lat. Werke V, 233 (bzw. 517).
9 Buch der göttlichen Tröstungen, 2. Predigt.
10 Vgl. Taulers Predigt «Repleti sunt omnes spiritu sancto».
11 Seuse: «Büchlein der Weisheit». Wie man innerlich Leben haben soll. Diese Schrift gehört mit Seuses Lebensbeschreibung, dem «Büchlein der Wahrheit» und dem «Kleinen Briefbüchlein» zu dem Werk mit dem Titel «Exemplar», das Seuse in seiner letzten Lebenszeit zusammengestellt haben soll, das aber möglicherweise von fremder Hand redigiert wurde.
12 Deutsche Theologia, Kap. 14.
13 Ebenda, Kap. 30.

Dritter Teil

PHILOSOPHIE UND WISSENSCHAFT AN DER SCHWELLE DER NEUZEIT

I. Philosophie und Wissenschaft in der Renaissance

1 Das klassische Werk vom Standpunkt der Kulturgeschichte aus schrieb Jacob Burckhardt: Die Kultur der Renaissance in Italien. Basel 1860 (viele Auflagen).
2 Pietro Pomponazzi: Abhandlung über die Unsterblichkeit der Seele. Lat./dt.; übers. u. mit einer Einleitung hrsg. von B. Mojsisch. Hamburg 1990 [Philosophische Bibliothek, 434].
3 Zum anhaltenden Einfluß der aristotelischen Scholastik vgl. Paul O. Kristeller: Humanismus und Renaissance, I. München 1974, S. 87ff., insbes. S. 93, wo die relative Oberflächlichkeit des philosophischen Denkens der Humanisten hervorgehoben wird. Zum Nebeneinander von Scholastik und italienischem Humanismus vgl. a. a. O., S. 15.
4 Vgl. Eckhard Keßler: «The Transformation of Aristotelianism during the Renaissance». In: New Perspectives on Renaissance Thought. Hrsg. von J. Henry und S. Hutton. London 1990.

5 Zum Begriff «Humanismus» vgl. den Beitrag zu diesem Begriff von Paul Oskar Kristeller in Ch. B. Schmitt und Qu. Skinner (Hrsg.): Cambridge History of Renaissance Philosophy. Cambridge 1988, S. 113 ff. Der Name «Humanismus» wurde erst im 19. Jahrhundert eingeführt. In der Renaissance kam, in Analogie zu «Jurist», «Artist» usw., die Bezeichnung «Humanist» auf («humanista»). Vgl. P. O. Kristeller: Humanismus und Renaissance, Bd. I, S. 103.

6 Vgl. Eckhard Keßler: Petrarca und die Geschichte. Geschichtsschreibung, Rhetorik, Philosophie im Übergang vom Mittelalter zur Neuzeit. München 1978. Ferner P. O. Kristeller: Acht Philosophen der italienischen Renaissance. Weinheim 1968, Kap. I. Dort bibliographische Hinweise (S. 158 f.).

7 Lorenzo Valla: Opera. Basel 1540 (Nachdruck, hrsg. von E. Garin, Turin 1962).

8 Vgl. P. O. Kristeller: Humanismus und Renaissance, I. München 1974, Kap. II: Die aristotelische Tradition, und Kap. VI: Renaissance-Philosophie und mittelalterliche Tradition.

9 Vgl. J. Hankins: Plato in the Italian Renaissance, I–II. Leiden 1991.

10 Zu diesem vgl. Paul Otto Kristeller: Die Philosophie des Marsilio Ficino. Frankfurt a. M. 1972; Marsilio Ficino e il ritorno di Platone, I–II. Hrsg. von G. C. Garfagnini. Florenz 1986.

11 Vgl. A. Field: The Origins of the Platonic Academy of Florence. Princeton, N. J., 1988.

12 Neuere Ausgaben der wichtigsten Werke Ficinos: Teologia Platonica. Lat.-ital., hrsg. u. eingeleitet von M. Schiavone, 2 Bde. Bologna 1965 [Filosofi moderni, 7–8]; Über die Liebe oder Platons Gastmahl. Lat.-deutsch, hrsg. u. eingeleitet von P. R. Blum. Hamburg ^{2}1984. [Philosophische Bibliothek, 368]. (Die italienische Fassung dieses Werkes wurde von G. Ottaviano, Mailand 1973, neu herausgegeben); «De triplici vita». Nachdruck Hildesheim u. New York 1978. (Deutsche Übersetzung von D. Benesch. Frankfurt am Main 1977.) Außerdem verfaßte Ficino Arbeiten zur Medizin und Astrologie, die die platonistische Naturspekulation der damaligen Zeit beeinflußten.

13 Gastmahl, Rede I, Kap. 2; Phil. Bibl., S. 19–21.

14 A. a. O., Rede IV, Kap. 2; Phil. Bibl., S. 101.

15 Platonische Theologie, Buch I, Kap. 1.

16 A. a. O., Buch XIV.

17 Gastmahl, Rede VI, Kap. 19; Phil. Bibl., S. 301.

18 Platonische Theologie, Bücher VII–VIII.

19 Gastmahl, Rede VI, Kap. 15; nach Phil. Bibl., S. 279.

20 Pico: Über die Würde des Menschen. Aus dem Neulateinischen übertragen von H. W. Rüssel. Mit der Lebensbeschreibung Picos von Thomas Morus [1510]. Zürich ^{3}1992 [Manesse Bücherei, 8], S. 45.

21 Gesamtausgabe: Opera omnia. Basel 1553 und 1572; Nachdruck Hildesheim 1969. Ferner: Ausgewählte Schriften, übers. von A. Liebert. Jena 1905.

22 Vgl. P. O. Kristeller: Acht Philosophen der italienischen Renaissance (s. Anm. 6), S. 59; E. Cassirer: Individuum und Kosmos in der Philosophie der Renaissance. Darmstadt 1963, S. 121 ff.

23 Pico: Von der Würde des Menschen. Zürich ^{3}1992, S. 23.

24 Girolamo Cardano: Opera Omnia, I–X. Lyon 1663 (Nachdruck Stuttgart-Bad Cannstatt 1966).

25 Vgl. Wilhelm Baum: Nikolaus Cusanus in Tirol. Das Wirken des Philosophen und Reformators als Fürstbischof von Brixen. Bozen 1983.

26 Weitere Werke sind unter anderem «Über Vermutungen» (De conjecturis), die Schriften vom Laien («Idiota», siehe auch unten), «Über die Gottesschau», «Über den

Beryll», «Über das Sein-Können» (De possest), «Über das Nicht-Andere» (De non aliud), «Über das Globus-Spiel» (De ludo globi). Kritische Ausgabe im Auftrag der Heidelberger Akademie der Wissenschaften: Nicolai de Cusa Opera omnia. Leipzig (später Hamburg) 1932ff. In deutscher Übersetzung: Nicolaus von Cues: Schriften. Im Auftrag der Heidelberger Akademie der Wissenschaften hrsg. von E. Hoffmann und P. Wilpert. Leipzig (später Hamburg) 1936ff. – Zur Philosophie des Cusaners vgl. Karl Jaspers: Nikolaus Cusanus. München 1964; Edmond Vansteenberghe: Le cardinal Nicolas de Cues. Paris 1920; Karl Heinz Volkmann-Schluck: Nicolaus Cusanus. Die Philosophie im Übergang vom Mittelalter zur Neuzeit. Frankfurt am Main 1957; K. Jacobi (Hrsg.): Nikolaus von Kues. Einführung in rein philosophisches Denken. Freiburg und München 1979.

27 Nikolaus von Kues: Der Laie über die Weisheit (Idiota de sapientia), Buch I; Opera Bd. V, S. 3–4; Schriften, Heft 1, S. 41.

28 Der Laie über die Weisheit. Opera, Bd. V, S. 6; Schriften, Heft 1, S. 43.

29 Der Laie über die Weisheit, Buch 1. Opera, Bd. V, S. 12; Schriften, Heft 1, S. 45.

30 Der Laie über die Weisheit, Buch 1. Opera, Bd. V, S. 14; Schriften, Heft 1, S. 47.

31 Vgl. «Von den geometrischen Verwandlungen». In: Nikolaus von Kues: Die mathematischen Schriften. [Schriften, Heft 11]. Hamburg [2]1980.

32 De docta ignorantia, Buch I, Kap. 13ff.; Opera, Bd. I, S. 25ff.; Schriften, Heft 15a, S. 47ff.

33 A.a.O., Buch I, Kap. 14; Opera, Bd. I, S. 27f.; Schriften, Heft 15a, S. 53.

34 A.a.O., Buch I, Kap. 19; Opera, Bd. I, 37f.; Schriften, Heft 15a, S. 73f.

35 De docta ignorantia, Buch I, Kap. 16; Opera, Bd. I, S. 32; Schriften, Heft 15a, S. 63. Vgl. die Überlegungen zum Unendlichen in den mathematischen Schriften. Hamburg [2]1980. [Philosophische Bibliothek, 231.]

36 Die Diskussion über das Unendliche ist auch heute noch nicht abgeschlossen, da der Begriff des aktual Unendlichen bald zugelassen, bald verworfen wird. Gegen das Operieren mit dem aktual Unendlichen, wie es sich bei Georg Cantor, David Hilbert u.a. findet, wandten sich L. E. J. Brouwer, Paul Lorenzen und andere.

37 De docta ignorantia, Buch II, Kap. 10.

38 Der Laie über den Geist, Kap. XIII; Schriften, Heft 10, S. 76f.

39 Vgl. Charles B. Schmitt: Aristotle and the Renaissance. Cambridge, Mass., 1983.

40 Eckhard Keßler: «Pietro Pomponazzi. Zur Einheit seines philosophischen Lebenswerkes». In: Tamara Albertini (Hrsg.): Verum et Factum. Frankfurt a.M. usw. 1993 [Festschr. für St. Otto], S. 397ff., nannte Pomponazzis Aristotelismus gebrochen und ambivalent; Pomponazzi erkannte, daß «die Erfahrungsbasis des Aristoteles zu schmal und zu unzuverlässig ist». (S. 408)

41 Vgl. P. O. Kristeller: Acht Philosophen der italienischen Renaissance. Weinheim 1968, S. 67f.

42 Vgl. Eckhard Keßler: «Selbstorganisation in der Naturphilosophie der Renaissance». In: Selbstorganisation. Jb. für Komplexität in den Natur-, Sozial- und Geisteswissenschaften, Bd. 3 (1992), S. 15ff.

43 Abhandlung über die Unsterblichkeit der Seele, Kap. VI.

44 Abhandlung über die Unsterblichkeit der Seele, Kap. I, Überschrift.

45 Abhandlung über die Unsterblichkeit der Seele, Kap. XV.

46 Vgl. die Einleitung von B. Mojsisch zur Anm. 2 genannten Ausgabe der «Abhandlung über die Unsterblichkeit».

47 Vgl. Eckhard Keßler: «Psychology – The intellective soul», in Ch. B. Schmitt und Qu. Skinner: The Cambridge History of Renaissance Philosophy. Cambridge University Press 1988, S. 500ff.

48 Paracelsus: Opus paramirum, I, Buch II, Kap. 3; Werke, besorgt von Will-Erich

Peuckert, 5 Bände. Darmstadt 1965–1968; hier Bd. II, S. 57. (In dieser Ausgabe wird das Frühneuhochdeutsche der heutigen Sprache angenähert.) Ausgaben der Werke erschienen zuerst Ende des 16. Jhdts. in Basel und zu Beginn des 17. Jhdts. in Straßburg. Kritische Ausgabe: Sämtliche Werke. Hrsg. von K. Sudhoff, I. Abt.: Die medizinischen, naturwissenschaftlichen und naturphilosophischen Schriften; II. Abt.: Die theologischen und religionsphilosophischen Schriften. Hrsg. von K. Goldammer. Wiesbaden 1955ff.

49 Bertheonea. Werke, Bd. I, S. 15.

50 Astronomia magna oder Die ganze Philosophia sagax der großen und kleinen Welt [1537/38], Vorrede. Werke, Bd. III, S. 39.

51 Von den natürlichen Dingen. Werke, Bd. I, S. 298. Wenn es im Opus paramirum, I, Buch I, Kap. 1, heißt: «die Natur ... ist offenbarlich, ist nichts Verborgenes» (Werke, Bd. II, S. 3), so muß das kein Widerspruch sein, da es bedeuten kann, daß sich die Natur in Zeichen offenbart.

52 Astronomia magna. Das Buch der Philosophie des himmlischen Firmaments, Kap. I. Werke, Bd. III, S. 47.

53 Bernardino Telesio: De rerum natura. Hrsg. von L. De Fresco. I–VI: Cosenza 1965–1974; VII–IX: Florenz 1976.

54 Vgl. Leonardo da Vinci: Philosophische Tagebücher. Ital. u. deutsch. Reinbek 1958 [Rowohlts Klassiker der Literatur und der Wissenschaft, 25].

55 Campanella: Philosophia sensibus demonstrata. Neapel 1591. Gesamtausgabe: Opere complete. Hrsg. von L. Firpo. Mailand 1954ff.

56 Diese Gedanken finden sich in Campanellas «Metaphysica», die während der spanischen Haft geschrieben, aber erst 1638 in Paris veröffentlicht wurde.

57 Agrippa: Declamatio de incertitudine et vanitate scientiarum (1527); deutsche Übersetzung: Agrippa von Nettesheim: Die Eitelkeit und Unsicherheit der Wissenschaften und die Verteidigungsschrift, 2 Bände. Hrsg. von Fr. Mauthner. München 1913 [Bibliothek der Philosophen, 5 und 8].

58 Montaigne: Essais, II, xii: Apologie des Raimund von Sabunde. (In diesem umfangreichen Essai wird Montaignes Einstellung am deutlichsten sichtbar.)

59 Das Standardwerk zum frühneuzeitlichen Skeptizismus ist die Untersuchung von Richard Popkin: The History of Scepticism from Erasmus to Descartes. Assen 1960 (^{2}1964); erweiterte Ausgabe: The History of Scepticism from Erasmus to Spinoza, 1979.

II. Religiöse Tendenzen an der Wende vom Mittelalter zur Neuzeit: Reformation, Vernunftreligion, protestantische Mystik

1 Luther: Von der Freiheit eines Christenmenschen. Luthers Werke in Auswahl, hrsg. von O. Clemen, Bonn (später Berlin), Bd. II (1925), S. 14.

2 Erasmus von Rotterdam: De libero arbitrio Diatribe sive collatio/Gespräch oder Unterredung über den freien Willen. Übers., eingel. u. mit Anm. versehen von Lesowsky. In: Ausgewählte Schriften, 8 Bände, hrsg. von W. Welzig. Darmstadt 1967ff. Das angeführte Werk findet sich in Bd. IV.

3 Luther: De servo arbitrio. Luthers Werke in Auswahl, Bd. III (1925), S. 100. Deutsche Übersetzung: Vom unfreien Willen. Friedrich Gogarten (Hrsg.). München 1924, S. 31.

4 A.a.O., 106 (deutsche Übers., S. 23).

5 A.a.O., 204 (deutsche Übers., S. 212).

6 Erasmus: Über den freien Willen, S. 162–163 der oben zitierten Ausgabe.

7 A.a.O., S. 36f. Erasmus replizierte auf Luthers Schrift in einer weiteren, in zwei Teilen

erschienenen Diatribe «Hyperaspistes». Trotz seiner Kritik an Luther wurde er auf dem Konzil von Trient verurteilt.

8 Luther, a.a.O., 129 (deutsche Übers., S. 62f.).

9 Dies ist der Kern der vieldiskutierten These Max Webers über den Zusammenhang von Kalvinismus und Kapitalismus; vgl. seine Arbeiten «Die protestantische Ethik und der Geist des Kapitalismus» und «Die protestantischen Sekten und der Geist des Kapitalismus» in: Gesammelte Aufsätze zur Religionssoziologie, I. Tübingen 1963 (zuerst 1920).

10 E. Herbert: De veritate, prout distinguitur a revelatione, a verisimili, a possibili, et a falso. Paris 1624 (aber früher entstanden), 3. Aufl. London 1645; Hauptwerke, I–III. Hrsg. von G. Gawlick, Stuttgart-Bad Cannstatt 1966–1971 [Nachdruck].

11 Descartes: Oeuvres. Hrsg. von Ch. Adam und P. Tannery. Paris 1897ff.; Bd. II, S. 596ff.

12 Petrus Gassendi: Opera omnia, 8 Bände. Lyon 1658. Nachdruck mit Einleitung von T. Gregory. Stuttgart-Bad Cannstatt 1964; hier Bd. III, S. 411ff. Zu Gassendi und Descartes vergleiche Bd. II des vorliegenden Werkes, Teil IV, Kap. I.

13 Valentin Weigel: Gesammelte Schriften. Hrsg. von W. Zeller u.a. Stuttgart-Bad Cannstatt 1962ff.

14 Böhme: [Aurora oder] Morgenröte im Aufgang (Abschluß der Niederschrift 1612). Böhmes Sämtliche Schriften, hrsg. von W.-E. Peuckert, I–XI. Stuttgart 1955ff. [Facsimile-Neudruck der Ausgabe von 1730 mit dem Titel: Theosophia Revelata oder Alle Göttliche Schriften Jacob Böhmens], Bd. I. Band X enthält einen «Ausführlich historisch erläuterten Bericht von dem Leben und Schriften des teutschen Wunder-Mannes und hocherleuchteten Theosophi Jacob Böhmens, sowie die zweite Auflage der Böhme-Biographie von W.-E. Peuckert: Das Leben Jacob Böhmes. Vgl. auch Hans Grunsky: Jacob Böhme. Stuttgart 1956 [Frommanns Klassiker der Philosophie, XXXIV]. Auszüge aus «Aurora» und einigen anderen Schriften in J. Böhme: Aurora oder Morgenröte im Aufgang. Leipzig 1974 [Reclams Universal-Bibliothek, 515].

15 Theosophische Sendbriefe. Der zehnte Sendbrief, §§ 2–3.

16 A.a.O. Der zehnte Sendbrief, § 8.

17 Von Böhmes weiteren Werken seien genannt: «Die drei Prinzipien göttlichen Wesens», «Vom dreifachen Leben des Menschen», «Von der Geburt und Bezeichnung aller Wesen» («De signatura rerum»), «Von der Gnadenwahl», «Mysterium magnum».

18 Morgenröte, III, § 1.

19 Morgenröte, XIV, § 72.

20 Morgenröte, II, §§ 4–5.

21 Von der Gnadenwahl, Kap. II, § 22.

22 Morgenröte, XIX, § 49.

23 Zu Angelus Silesius, eigentlich Johannes Scheffler, vgl. Helmut de Boor und Richard Newald: Geschichte der deutschen Literatur, V. München [4]1963, S. 262ff.

24 Angelus Silesius: Cherubinischer Wandersmann. Eingeleitet und erläutert von Will-Erich Peuckert. Bremen o.J. [Sammlung Dieterich, 64]. Erstes Buch. [Dieser Titel erst in der 2. Auflage; zunächst: «Geistreiche Sinn- und Schlußreime»]

25 Das Vorbild der zeitgenössischen Schäfer-Poesie wirkte in Schefflers Werk «Heilige Seelenlust oder Geistliche Hirtenlieder der in ihren Jesum verliebten Psyche». Außerdem ist zu erwähnen die «Sinnliche Beschreibung der letzten Dinge».

III. Von der spekulativen Naturphilosophie zur empirischen Naturwissenschaft

1 Die großen Zusammenhänge stellt dar A. Crombie: Von Augustinus bis Galilei. Die Emanzipation der Naturwissenschaft. München 1977. Vgl. auch Michael Heidelberger

und Sigrun Thiessen: Natur und Erfahrung. Von der mittelalterlichen zur neuzeitlichen Naturwissenschaft. Reinbek bei Hamburg 1981.

2 Vgl. Ernst Zinner: Entstehung und Ausbreitung der copernicanischen Lehre. München [2]1988.

3 Giordano Bruno: Das Aschermittwochsmahl [La cena de le ceneri], erster Dialog. Opere italiane, hrsg. von Giovanni Gentile, I. Bari [2]1925, S. 22. Deutsche Ausgabe: Gesammelte Werke, übers. von L. Kuhlenbeck, I-VI. Nachdruck Darmstadt [4]1973.

4 De l'infinito, universo e mondi, 1. Dialog. Opere italiane, Bd. I, S. 289ff.

5 A.a.O., S. 294ff.

6 A.a.O., S. 298.

7 De la causa, principio e uno. Zweiter Dialog. Opere italiane, Bd. I, S. 174f.

8 De triplici minimo et mensura, Buch I, Kap. II; Opera latine conscripta, Bd. I/3, S. 140.

9 De l'infinito, universo e mondi. Erster Dialog. Opere italiane, Bd. I, S. 288f.

10 De la causa, principio e uno. Fünfter Dialog. Opere italiane, Bd. I, S. 247.

11 Vom unendlichen All und den Welten. Gesammelte Werke III. Darmstadt 1973, S. 165.

12 De immenso, VII, cap. 16; zitiert nach der Übersetzung von L. Kuhlenbeck, in: Gesammelte Werke III, S. 237.

13 Vgl. A. Rupert Hall: Die Geburt der wissenschaftlichen Methode 1630–1720. Von Galilei bis Newton. Darmstadt 1965.

14 Johannes Kepler: Gesammelte Werke, Iff. Hrsg. v. d. Kepler-Kommission der Bayerischen Akad. d. Wiss. München 1937ff.

15 Galileis Werke wurden von A. Favaro in 20 Bänden herausgegeben («Edizione nationale», Florenz 1890ff., Nachdrucke 1929 und 1965). Der «Dialogo» erschien in deutscher Übersetzung in «Ostwalds Klassikern» (hrsg. und erläutert von E. Strauss. Leipzig 1891), ebenso Galileis Alterswerk «Discorsi e dimostrazioni matematiche intorno a due nuove scienze» (Unterredungen und mathematische Demonstrationen über zwei neue Wissenszweige, die Mechanik und die Fallgesetze betreffend. Hrsg. von A. v. Oettingen. Leipzig 1890ff.; Nachdruck Darmstadt 1964). Eine Gesamtdarstellung seiner Auffassungen bietet Klaus Fischer: Galileo Galilei. München 1983 [Beck'sche Schwarze Reihe, 504: Große Denker]. Wichtig sind ferner Alexandre Koyré: Etudes galiléennes, I–III. Paris 1939 (Neuausg. in einem Band 1966), M. Clavelin: La philosophie naturelle de Galilée. Paris 1968, und L. Geymonat: Galileo Galilei. Turin 1957.

16 Gesamtausgabe: The Works of Francis Bacon, I–XIV. Hrsg. von Spedding, Ellis und Heath. London 1857ff. (Nachdruck Stuttgart-Bad Cannstatt 1961–1963) Zu Bacons Philosophie: Wolfgang Krohn: Francis Bacon. München 1987 [Beck'sche Reihe, 509: Große Denker]; B. Farrington: Francis Bacon. Philosopher of Industrial Science. New York 1947 u.ö.

17 Nach J. Aubrey: Brief Lives. Hrsg. von O. Lawson Dick, London 1958, S. 16.

18 Vgl. Bacons frühen Entwurf: Valerius Terminus. Engl.-deutsch, übers. von F. und H. Traeger. Koenigshausen und Neumann. Würzburg 1984.

19 Die berühmte Formel «... knowledge itself is power» findet sich in der 2. Auflage (1598) von Bacons «Essays», 2. Abt., XI.

20 Zur Idolenlehre siehe Novum Organon, Teil I, Ziffer 39ff.; Works, Bd. I, S. 163ff.

21 Vgl. Wolfgang Krohn: Francis Bacon. München 1987 [Beck'sche Reihe, 509: Große Denker], S. 93ff.

22 Novum Organon, Teil I, Ziffer 95; Works, Bd. I, S. 201.

23 Novum Organon, Teil II, Ziffer 2; Works, Bd. I, S. 228.

IV. Auffassungen von Recht und Staat an der Wende vom Mittelalter zur Neuzeit

1 Deutsche Übersetzungen: «Der Fürst». Stuttgart [3]1963 (Kröners Taschenausgabe 235); «Politische Betrachtungen über die alte und die italienische Geschichte» [«Discorsi sopra la prima Deca di Tito Livio»]. Köln und Opladen [2]1965 [Klassiker der Politik, 2]. Ausgaben der Werke: Opere, ed. S. Bertelli, I–XI. Verona 1968–1982; Gesammelte Schriften in 5 Bänden, hrsg. von H. Floerke. München 1925. Gesamtdarstellung von Leben und Werk Machiavellis: Alfred Strnad: Niccolò Machiavelli. Politik als Leidenschaft. Göttingen u. Zürich 1984 [Persönlichkeit und Geschichte, 120–121]; Wolfgang Kersting: Niccolò Machiavelli. München 1988 [Beck'sche Reihe, 515: Große Denker]; Frank Deppe: Niccolò Machiavelli. Zur Kritik der reinen Politik. Köln 1987.

2 Machiavelli verwendet «Staat» allerdings noch nicht in der modernen Bedeutung; siehe W. Kersting: Niccolò Machiavelli, S. 103.

3 W. Kersting, a.a.O., S. 104.

4 Moderne Ausgabe: Oeuvres philosophiques. Hrsg. von P. Mesnard. Paris 1951ff. Zu Bodins Auffassungen im Zusammenhang mit der modernen Entwicklung des politisch-sozialen Denkens vgl. John Plamenatz: Man and Society, I-II. London 1963 u.ö., Bd. I, Kap. 3: Bodin.

5 Althusius: Politica methodice digesta, Kap. 9, § 1. Vgl. Otto Gierke: Johannes Althusius und die Entwicklung der naturrechtlichen Staatstheorien. Zugleich ein Beitrag zur Geschichte der Rechtssystematik. Breslau [2]1902 [Nachdr. Aalen 1958]. Althusius' Werk in deutscher Teilübersetzung von E. Wolf erschien in der Sammlung «Deutsche Rechtsdenker», an die sich die Auswahl in C. J. Friedrich: Die politische Wissenschaft. Freiburg und München 1961 [Orbis academicus. Problemgeschichte der Wissenschaften in Dokumenten und Darstellungen], S. 98–129, hält.

6 Deutsche Ausgabe der genannten Utopien: Der utopische Staat. Morus: Utopia; Campanella: Sonnenstaat; Bacon: Neu-Atlantis. Übers. u. kommentiert von Klaus J. Reinisch. Reinbek 1970 [Rowohlts Klassiker der Literatur und der Wissenschaften 68/69].

7 Fragen von Recht und Staat waren auch andere Werke Campanellas gewidmet, so «De Monarchia christiana» und «De regimine Ecclesiae».

Zeittafel

Wo Zeitangaben zweifelhaft sind oder genaue Daten fehlen, wurde dies durch ein Fragezeichen angedeutet. Die Zuordnung zu einem Jahrhundert orientiert sich in der Regel an der Reifezeit eines Philosophen. Weniger wichtige oder im Text nicht behandelte Philosophen blieben unberücksichtigt.

8. Jh. v. Chr.	Hesiod (?)
6. Jh. v. Chr.	Milesische Naturphilosophie
	Pythagoras (gest. ~ 500)
6./5. Jh. v. Chr.	Xenophanes (~ 570– ~ 470)
	Heraklit (gest. ~ 480)
	Parmenides (gest. ~ 460?)
5. Jh. v. Chr.	Zeno von Elea (gest. ~ 430)
	Empedokles (gest. ~ 432)
	Anaxagoras (gest. ~ 430)
	Protagoras (gest. ~ 420)
5./4. Jh. v. Chr.	Demokrit (~ 470– ~ 365)
	Blütezeit der Sophistik
	Sokrates (gest. ~ 399)
	Plato (427–348/347)
4. Jh. v. Chr.	Aristoteles (384–322)
4./3. Jh. v. Chr.	Zeno von Citium (333/2–262/1)
	Epikur (341–271)
	Pyrrho (365–275) (?)
3. Jh. v. Chr.	Chrysipp (~ 280– ~ 205)
3./2. Jh. v. Chr.	Mittlere u. Jüngere Akademie
1. Jh. v. Chr.	Cicero (106–43)
	Eudorus (gest. ~ 68)
1. Jh. v. Chr./ 2. Jh. n. Chr.	Mittelplatonismus, Neupythagoreismus
1. Jh. vor Chr./ 1. Jh. nach Chr.	Philo von Alexandrien (~ 30 v. Chr.– ~ 50. n. Chr.)
	Seneca (gest. 65)
	Änesidem (?)
	Entstehung des Christentums
	Apostel Paulus (gest. zw. 63 u. 67)
1./2. Jh.	Plutarch (gest. ~ 120)
	Epiktet (gest. ~ 138)
2. Jh.	Mark Aurel (gest. 180)
	Sextus Empiricus (?)
	Frühchristliche Apologetik
2./3. Jh.	Klemens von Alexandrien (gest. ~ 215)
3. Jh.	Origines von Alexandrien (gest. ~ 254)
	Plotin (gest. 270)
3./4. Jh.	Jamblich (gest. ~ 330)

4. Jh.	Kappadozische Kirchenväter
4./5. Jh.	Augustinus (gest. 430)
5. Jh.	Proklus (gest. 485)
5./6. Jh.	Boëthius (gest. 524)
	Pseudo-Dionysius Areopagita (?)
6. Jh.	Schließung der Akademie (529)
6./7. Jh.	Isidor von Sevilla (gest. 638)
8. Jh.	Alkuin (gest. 804)
9. Jh.	Karolingische Renaissance
	Eriugena (gest. ~ 877)
	Alkindi (gest. 873)
10. Jh.	Alfarabi (gest. 950)
10./11. Jh.	Avicenna (gest. 1037)
11. Jh.	Avicebron (Ibn Gabirol) (gest. ~ 1070)
11./12. Jh.	Anselm von Canterbury (gest. 1109)
	Algazel (gest. 1111)
	Abaelard (1079–1142)
12. Jh.	Petrus Lombardus (gest. 1160)
	Viktoriner
	Schule von Chartres
	Averroës (gest. 1198)
	Moses Maimonides (gest. 1204)
13. Jh.	Albert d. Gr. (gest. 1280)
	Thomas von Aquin (1225–1274)
	Bonaventura (gest. 1274)
	Roger Bacon (gest. ~ 1292)
13./14. Jh.	Duns Scotus (gest. 1308)
	Meister Eckhart (~ 1260–1327/28)
14. Jh.	Wilhelm von Ockham (gest. 1349)
	Marsilius von Padua (gest. ~ 1342)
	Nikolaus v. Autrecourt (gest. ~ 1350)
	Johannes Buridanus (gest. ~ 1360)
	Johannes Tauler (gest. 1361)
	Heinrich Seuse (gest. 1366)
	Francesco Petrarca (gest. 1374)
	Nikolaus von Oresme (gest. 1382)
15. Jh.	Lorenzo Valla (gest. 1457)
	Nikolaus von Kues (1401–1464)
	Marsilio Ficino (1433–1499)
	Giovanni Pico della Mirandola (gest. 1494)
15./16. Jh.	Leonardo da Vinci (1452–1519)
	Pietro Pomponazzi (1462–1525)
	Niccolò Machiavelli (1469–1527)
	Thomas Morus (1478–1535)
	Desiderius Erasmus von Rotterdam (~ 1469–1536)
	Nikolaus Kopernikus (1473–1543)
16. Jh.	Martin Luther (1483–1546)
	Ulrich Zwingli (gest. 1531)
	Johann Calvin (gest. 1564)
	Philipp Melanchthon (1497–1565)

	Paracelsus (1493–1541)
	Girolamo Cardano (1501–1576)
	Bernardino Telesio (1509–1588)
	Petrus Ramus (gest. 1572)
	Michel de Montaigne (1533–1592)
	Jean Bodin (1530–1596)
	Giordano Bruno (1548–1600)
16./17. Jh.	Jakob Böhme (1575–1624)
	Francis Bacon (1561–1626)
	Johannes Kepler (1572–1630)
	Galileo Galilei (1564–1642)
	Tommaso Campanella (1568–1639)
	Hugo Grotius (gest. 1645)
	Herbert von Cherbury (gest. 1648)

Namenregister

Griechische Namen werden entweder in der eingedeutschten oder in der lateinischen Schreibweise angeführt; Namen, die man unter «K» vermißt, suche man daher unter «C». Namen, die im Literaturverzeichnis genannt sind, sowie Namen von Herausgebern und Übersetzern blieben in der Regel unberücksichtigt.

Abaelard(us): s. Petrus Abaelard(us)
Abraham von Franckenberg (Frankenberg) 437
Abubacer 504
Ackrill, John L. 488
Adam Wodeham 375
Adelard von Bath 324
Aeschines 149
Agricola, Rudolf 400
Agrippa 216, 217
Agrippa von Nettesheim, Heinrich Cornelius 421, 512
Alarich, König der Westgoten 306
Albert d. Gr. 326, 334, 337, 338, 340–344, 345, 355, 385, 390, 406, 492, 505, 506, 511
Albert von Sachsen 375, 378
Albert, Hans 493
Albert, Karl 482
Albinus 234
Alcibiades 86
Alexander d. Gr. 93, 149, 150, 187, 189, 190
Alexander VI., Papst 401
Alexander von Aphrodisias 350
Alexander von Hales 356, 357
Alfarabi 328, 331, 338
Algazel 331, 333
Alkindi 327
Alkmäon 74
Alkuin 311
Althusius, Johannes 461, 462, 515
Ambrosius 287, 298
Ammonius 237
Amyntas, König von Mazedonien 149
Anacharsis 37
Anaxagoras 43, 46, 60, 63, 67, 68, 69, 70, 72, 77, 158, 167
Anaximander 42–45, 69, 121, 261
Anaximenes 45, 46, 69, 207
Andronicus von Rhodos 151, 223
Änesidem 216
Angelus Silesius (Johannes Scheffler) 437, 513
Anniceris 95
Anselm von Canterbury 113, 308, 309, 315–320, 323, 324, 337, 339, 351, 358, 359, 361, 362, 504, 504, 505
Antigonos 203
Antiochus von Askalon 221
Antisthenes 87, 91, 92, 208, 485
Antonius, Marcus 221
Apollonius von Perge 190
Apollonius von Tyana 233, 255
Apulejus 234
Arcesilaus 217, 218, 493
Archimedes 190
Archytas von Tarent 101
Aristarch von Samos 39, 190, 207, 439
Aristipp von Cyrene 87, 93, 94
Aristipp der Jüngere 94
Aristophanes 85, 86
Aristoteles 19, 21, 39, 49, 55, 56, 62, 69, 71, 72, 84, 85, 90, 100, 103, 109, 118, 130, 147–188, 191, 193, 194, 196, 200, 206, 223, 224, 233, 236, 239, 240, 244, 254, 257, 267, 268, 269, 270, 307, 311, 326, 328, 329, 330, 331, 332, 334, 336, 337, 338, 341–350, 357, 359, 360, 363, 364, 365, 368, 370, 373, 375, 377, 400, 403, 414, 417, 419, 420, 430, 449, 452, 458, 482–490, 494, 495, 497, 504, 506, 507, 511
Arius 289, 290
Arrianus, Flavius Aulus 213
Athanasius 289
Atticus 234
Aubrey, John 514
Augustin(us) 221, 229, 283, 297, 298–309, 312, 315, 316, 356, 357, 359,

360, 371, 385, 419, 453, 458, 499, 502, 503
Averroës 326, 331f., 334, 336, 350, 355, 414, 505
Avicebron 332f., 342
Avicenna 329–331, 332, 349, 350, 416, 504

Baader, Franz v. 433, 436
Bacon, Francis 365, 371, 402, 451–456, 463, 514f.
Bacon, Roger 330, 343
Baeumker, Clemens 504
Baltes, Matthias 495
Bardenhewer, Otto 500
Barnes, Jonathan 488
Basilides 283
Basilius 287, 291, 292, 501
Baum, Wilhelm 510
Bayle, Pierre 422
Beda Venerabilis 311
Beierwaltes, Werner 498, 503
Benz, Ernst 502
Bernhard von Chartres 324
Bernhard von Clairvaux 323
Bernhardin von Siena 382
Bessarion, Johannes 396
Beutler, Rudolf 498
Bias 37
Bien, Günther 490
Bodin, Jean 400, 457, 460, 461, 515
Boehner, Philotheus 507
Boëthius, Anicius Manlius Severinus 229, 237, 254, 261, 264–269, 307, 309, 311, 319, 320, 324, 344, 499, 502, 504
Boëthius von Dacien 355
Böhme, Jakob 432–436, 437, 513
Bonaventura (Johannes Fidanza) 356, 357, 358, 359, 506
Bormann, Karl 485
Bornkamm, Günther 499
Brahe, Tycho 440, 442, 446
Brentano, Franz von 481
Bruno, Giordano 413, 441–446, 447, 450, 514
Buchanan, George 461
Buonaiuti, Ernesto 499
Burckhardt, Jacob 509
Buridan(us), Johannes 449

Callicles 83
Calvin (Cauvin), Jean 305, 425, 429
Campanella, Tommaso 419f., 463, 512, 515
Cardano, Girolamo 407, 417, 510
Carneades 217–220, 221, 493
Cäsar, Gajus Julius 191, 221
Cassiodor(us), Flavius Magnus Aurelius 311, 265
Catilina 221
Cato, Marcus Porcius Censorius 218
Celsus 234, 278, 287, 288
Charmides 86
Charron, Pierre 422
Chenu, M.-D. 506
Chosrau, König von Persien 327
Chrysipp(us) 203, 209, 212, 218, 493
Cicero, M. Tullius 154, 209, 221, 222, 229, 299, 311, 399, 492, 493, 498
Clavelin, Maurice 514
Cleanthes 203, 207, 212, 218, 492, 493
Contarini, Gaspare 415
Copleston, Frederick C. 503
Cosimo de' Medici 396
Craemer-Ruegenberg, Ingrid 505
Crates 203
Cratylus 69, 148
Critias 86
Critolaus 218
Crombie, Alistair 513
Crotus Rubeanus 400
Cyrus, König von Persien 51

Damascius 261
Daniels, Augustinus 504
De Boor, Helmut 513
Decius, Kaiser 286
Demokrit 63, 67, 69, 70, 71, 73, 77, 126, 193, 194, 485
Demosthenes 150
Deppe, Frank 515
Descartes, René 113, 203, 302, 318, 371, 374, 377, 418, 423, 430, 443, 450, 451, 453, 456, 513
Dietrich von Freiberg 343
Dijksterhuis, Jan 508
Dillon, John 495
Dio(n) 101, 102
Diogenes der Babylonier 218
Diogenes Laërtius 482, 483, 484, 485, 491, 492, 493
Diogenes von Apollonia 46, 69

Diogenes von Sinope 91, 92, 93
Diokletian, Kaiser 299
Dionysius Areopagita: s. Pseudo-Dionysius
Dionysius von Alexandrien 500
Dionysius von Syrakus der Ältere 101
Dionysius von Syrakus der Jüngere 101, 137
Diophant 236
Domitian, Kaiser 213
Dörrie, Heinrich 495
Duns Scotus, Johannes 339, 355, 356, 359–365, 370, 379, 406, 503, 505, 506, 507
Düring, Ingemar 488, 489, 490

Eckhart (Meister Eckhart) 251, 296, 384–389, 390, 426, 509
Elders, L. J. 506
Elisabeth I., Königin von England 451
Empedokles 58, 60, 63–67, 68, 69, 70, 72, 77, 113, 207, 483
Epiktet 203, 205, 213, 214, 492
Epikur 71, 95, 192–202, 254, 491
Epimenides 95
Erasmus von Rotterdam 400, 426, 427, 512
Eratosthenes 190
Eriugena: s. Johannes Scottus Eriugena
Euathlus 75
Eudem(us) 206, 223
Eudor(us) 223, 234
Eudoxus 48
Euklid von Alexandrien 95, 144, 190, 257, 324, 482
Euklid von Megara 95, 96, 99
Euripides 67, 74, 212, 485
Eusebius von Caesarea 290, 497, 501

Fauser, Winfried 505
Faust, Johannes (Georg ?) 417
Ficino, Marsilio 396, 404–406, 510
Fidanza, Johannes: s. Bonaventura
Field, A. 510
Fischer, Klaus 514
Flasch, Kurt 502
Flashar, Helmut 488
Fracastoro, Girolamo 439
Franck, Sebastian 431
Frege, Gottlob 174
Friedrich II., Kaiser 344
Fries, Johann Heinrich 19, 481
Fritz, Kurt von 490
Fulbert von Chartres 324

Gadamer, Hans-Georg 481
Gaiser, Konrad 487
Galen(us) 236, 378
Galilei, Galileo 67, 166, 377, 378, 397, 402, 446, 447–451, 514
Gallienus, Kaiser 238
Gassendi, Pierre 513
Gaunilo 318
Gehlen, Arnold 485
Gemistos Plethon, Georgios 396
Gersh, Stephen 493, 495, 499
Geyer, Bernhard 503
Gigon, Olof 482, 484, 489
Gilbert de la Porrée 324
Goethe, Johann Wolfgang 483
Gombocz, Wolfgang L. 482, 494, 495, 500, 508
Gomperz, Theodor 482
Goodman, Lenn E. 504
Gordian(us), Kaiser 238
Gorgias 76, 81, 82, 91
Gottschalk (Godescalc) 312
Gracián, Baltasar 400
Graeser, Andreas 482, 483, 484, 485, 486, 492
Gratian(us) 307
Gregor von Nazianz 287, 291
Gregor von Nyssa 287, 291 f., 501
Grotius, Hugo 462
Gruber, J. 499
Grunsky, Hans 513
Grunwald, Georg 504
Gueroult, Martial 481
Gutenberg, Johannes 425
Guthrie, W. K. C. 482

Hall, A. Rupert 514
Hankins, J. 510
Harnack, Adolf von 499
Hartmann, Nicolai 481
Hegel, G. W. Fr. 16, 18, 41, 55, 129, 173, 248, 252, 260, 318, 388, 443, 483
Hegesias 95
Heiberg, Johann Ludwig 482, 491
Heidegger, Martin 28, 29, 250
Heidelberger, Michael 513
Heinrich von Gent 357

Heinzmann, Richard 503
Hekatäus von Milet 73
Helmont, Franciscus Mercurius van 446
Héloïse 320, 504
Henry, Paul 495, 496
Heraclides Ponticus 217
Heraklas 500
Heraklit 51–56, 59, 63, 76, 100, 115, 141, 148, 158, 179, 204, 206, 278
Herbert von Cherbury 430f., 513
Hermarchus 193
Hermias, Fürst von Assus 149
Herodot 73f.
Hesiod 35, 36, 37, 265, 482
Hieronymus 277, 298, 500
Hildegart von Bingen 390
Hippias 83
Hippo von Samos 69
Hippokrates von Chios 48
Hippokrates von Kos 74
Hippolyt 280, 281
Hobbes, Thomas 19, 371, 418, 456, 481
Höffe, Otfried 490
Hofmann, Josef E. 491
Honnefelder, Ludger 507
Honorius III., Papst 314
Hossenfelder, Malte 482, 491, 493
Hotman, François 461
Hrabanus Maurus 311
Hugo von St. Viktor 323
Hülser, Karlheinz 492
Hume, David 25, 26, 29, 318, 376
Hus, Johannes 379, 401, 424
Husserl, Edmund 16, 19, 481, 486
Hutten, Ulrich von 400, 403
Hypatia 253

Idäus von Himera 46
Ignatius von Antiochien 279
Imbach, Ruedi 508
Irenäus 280, 281
Isidor von Alexandrien 261
Isidor von Sevilla 311
Isocrates 149

Jaeger, Werner 488, 489, 499, 501
Jakob I., König von England 451
Jakob von St. Martinus (Jakob von Neapel) 377
Jamblich 84, 226, 236, 237, 253–256, 257, 263, 404, 406, 488, 498
Jan van Ruysbroek 390
Jansenius, Cornelius 305
Jaspers, Karl 17, 481, 511
Jehuda Halevi 333
Jesus Christus 273, 274, 275, 276, 279, 282, 283, 288, 289, 293, 295, 299, 304
Joachim von Floris (Fiore) 325, 382, 383, 508
Johannes Buridanus 375, 377
Johannes Chrysostomus 292
Johannes Damascenus 327
Johannes Duns Scotus: s. Duns Scotus, Johannes
Johannes Philoponos 253, 486
Johannes Scottus (Scotus) Eriugena 297, 312–314, 385, 503
Johannes Stobäus 493
Johannes Tzetzes 486
Johannes von La Rochelle (Johannes de Rupella) 356
Johannes von Salisbury 324
Johannes XXII., Papst 366, 380
Julian, Kaiser 253
Justin (der Märtyrer) 278, 279, 284, 290, 500
Justinian, Kaiser 101, 261, 265, 327, 483

Kant, Immanuel 15, 25, 26, 27, 28, 30, 203, 241, 252, 318, 398, 410, 436, 481, 489, 490
Karl der Große 311
Karl der Kahle 312
Karl der Weise 381
Karpokrates 283
Kelsen, Hans 165
Kenny, Anthony 506
Kepler, Johannes 49, 413, 446f., 448, 514
Kersting, Wolfgang 515
Keßler, Eckhard 509, 510, 511
Kierkegaard, Sören 29
Klemens von Alexandrien 281, 283, 284, 285f., 288, 291, 500
Klemens von Rom 279
Klünker, Wolf-Ulrich 503
Kobusch, Theo 488, 496, 497
Konradin 344
Konstantin, Kaiser 253, 289, 290, 291
Kopernikus (Copernicus), Nikolaus 439f., 441, 442, 446

Koyré, Alexandre 514
Krafft, Fritz 482, 487
Krämer, Hans-Joachim 487, 495
Kristeller, Paul O. 509, 510
Krohn, Wolfgang 514
Krösus 34

La Boëtie, Etienne de 461
La Bruyère, Jean de 422
La Mothe le Vayer, François de 422
La Rochefoucauld, François de 422
Lanfranc 315
Laufer, Siegfried 496
Leibniz, Gottfried Wilhelm 241, 302, 318, 404, 436, 446, 453
Leisegang, Hans 500
Leo XIII., Papst 345
Leonardo da Vinci 419, 447, 512
Lessing, Gotthold Ephraim 279
Leukipp 63, 69, 70, 71, 77, 126
Lipsius, Justus 203, 396
Locke, John 24, 371
Long, Anthony A. 491
Löwith, Karl 508
Lukasiewicz, Jan 490
Lukrez (Titus Lucretius Carus) 193, 491
Ludwig der Bayer, Kaiser 366, 367, 380
Luther, Martin 305, 391, 400, 424–429, 431, 433, 442, 512, 513
Lycophron 84

Machiavelli, Niccolò 400, 457, 458, 459, 460, 515
Macrobius 261
Maier, Heinrich 490
Maimonides, Moses 333, 334, 505
Makrina 291
Manegold von Lautenbach 380, 508
Mani 283
Marcion 283
Marcus Minucius Felix 502
Marenbon, John 503
Marinus von Sichem 261, 498
Marius, Gajus 203
Marius Victorinus 298, 299, 502
Mark Aurel (Marcus Aurelius), Kaiser 203, 214, 493
Marsilius von Inghen 377
Marsilius von Padua 379, 380
Mechthild von Magdeburg 390
Melanchthon, Philipp 400, 428, 429
Melissus 60, 62
Merki, Hubert 501
Metrodor 193
Mittelstraß, Jürgen 487
Monika (Monnica) 299
Montaigne, Michel de 420, 421 f., 512
Montanus 297
Montesquieu, Charles de 187
More (Morus), Thomas 463, 515
Muth, Robert 483

Nasemann, Beate 498
Natorp, Paul 481
Neleus 151
Nero, Kaiser 213, 222
Nestle, Wilhelm 482
Neumark, David 505
Newald, Richard 513
Newiger, Hans-Joachim 484
Newton, Isaac 166, 447, 453
Nietzsche, Friedrich 28, 101, 251, 274
Nifo, Agostino 415
Nikolaus von Kues (Cusanus) 296, 297, 354, 388, 390, 398, 408–413, 431, 442, 443, 506, 511
Nikolaus von Autrecourt 375, 376
Nikolaus von Oresme 377, 381, 449, 508
Nizolius (Nizzoli), Marius 400
Numenius 233, 288, 495

Odoaker 264
Olympiodor 253
O'Meara, Dominic J. 494, 498
Origenes 234, 278, 281, 283, 284, 286–288, 291, 292, 306, 311, 500, 501
Osiander, Andreas 440
Otto, Rudolf 509

Pamphila 482
Panaetius 203, 225, 500
Pappus 236
Paracelsus, Theophrastus Bombastus von Hohenheim 416f., 431, 442, 511
Parmenides 54, 56–60, 61, 62, 63, 67, 108, 118, 358, 482, 483, 486
Patzig, Günther 490
Paulus, Apostel 273–275, 276, 277, 278, 281, 292, 499
Pelagius 305
Perikles 67, 74, 76, 78, 484

Petrarca, Francesco 399
Petrus Abaelard(us) 320–323, 325, 504
Petrus Aureoli 366
Petrus Lombardus 307, 325, 344, 504
Peuckert, Will-Erich 513
Pfefferkorn, Johannes 400
Phaedo von Elis 96
Philipp II., König von Mazedonien 149, 150
Philo von Alexandrien (Iudaeus) 230–232, 234, 281, 285, 292, 494
Philo von Larissa 221
Philolaus 39
Pico della Mirandola, Giovanni 406, 510
Plamenatz, John 515
Plato 19, 21, 22, 34, 40, 42, 48, 54, 55, 56, 59, 60, 69, 71, 72, 74, 75, 78, 79, 80, 83, 84, 85, 86, 87, 89, 90, 91, 92, 97–146, 147, 148, 149, 150, 153, 156, 157, 160, 167, 168, 170, 172, 177, 180, 182, 186, 187, 188, 192, 194, 196, 201, 202, 205, 214, 217, 218, 220, 222, 221, 223, 229, 230, 232, 235, 236, 237, 238, 239, 240, 241, 243, 246, 248, 250, 252, 254, 257, 262, 267, 268, 270, 277, 278, 284, 285, 290, 319, 324, 326, 338, 348, 349, 350, 354, 368, 369, 373, 375, 386, 389, 396, 397, 399, 404, 405, 413, 414, 419, 430, 442, 482, 483, 484, 485–487, 495, 498, 504
Plotin 226, 237–252, 253, 254, 255, 256, 258, 259, 261, 267, 281, 286, 299, 326, 386, 404, 405, 483, 488, 495, 496f., 500
Plutarch von Chaeronea 223, 234–236, 257, 484, 488, 495
Pohlenz, Max 491
Polybius 190
Polyklet 74
Pompejus 191, 203
Pomponazzi, Pietro 396, 413–415, 509
Popper, Karl R. 19, 51, 98, 220, 481, 485, 486, 487
Porphyr(ius) 234, 237, 238, 239, 253, 254, 268, 278, 299, 311, 319, 320, 495, 496, 497
Posidonius 203, 225, 226, 492
Prodicus 74, 82, 484
Proklus 236, 237, 245, 253, 254, 256, 257–261, 263, 292, 293, 294, 295, 326, 406, 498f.
Protagoras 73, 75, 76, 77–80, 94, 102, 104, 105, 192, 484
Pseudo-Dionysius Areopagita 251, 257, 261, 292–296, 311, 312, 323, 342, 384, 385, 428, 501
Ptolemäus, Claudius 236, 439
Pyrrho 215f.
Pythagoras 22, 35, 46–48, 97, 229, 255, 256, 494, 498

Ramus, Petrus (Pierre de la Ramée) 400
Randall jr., John Herman 508
Ranke, Leopold von 17
Reinhardt, Karl 494
Reitzenstein, Richard 494, 499
Reuchlin, Johannes 400
Richard von St. Victor 323f., 504
Ricken, Friedo 499, 501
Robert Grosseteste 343, 356
Röd, Wolfgang 482, 484, 503
Roscelinus 320
Rousseau, Jean-Jacques 462
Rudolph, K. 500
Rüegg, Walter 505
Russell, Bertrand 174

Sabellius 303
Saint-Evremond, Charles de 422
Sanchez, Francisco 422
Savonarola, Girolamo 401, 457
Schachermeyr, Fritz 484
Scheeben, Heribert Chr. 505
Scheffler, Johannes: s. Angelus Silesius
Schelling, Friedrich Wilhelm Joseph 248, 433, 436, 446
Schmitt, Charles B. 511
Schopenhauer, Arthur 248, 378, 400
Schwyzer, Hans Rudolf 496
Scipio, Publius Cornelius S. Aemilianus Africanus 203
Sedley, D. S. 491
Seidl, Horst 506
Seneca, Lucius Annaeus d. J. 203, 213, 222, 311, 399
Septimius Severus, Kaiser 285
Sertillanges, Antonin G. 506
Servet, Miguel 400
Seuse, Heinrich 390, 509
Sextus Empiricus 78, 215, 216, 484, 492, 493
Siger von Brabant 340, 355

Simon, Heinrich 505
Simon, Marie 505
Simplicius 261, 483
Sokrates 21, 75, 84, 85–91, 92, 93, 94, 99, 100, 101, 102, 109, 110, 111, 117, 123, 125, 128, 177, 208, 211, 237, 278, 482, 486, 495
Solon 34, 37
Sorbière, Samuel 422
Speusipp(us) 217
Spinoza, Benedictus de 203, 318, 388, 446
Stegmüller, Wolfgang 481, 498
Strnad, Alfred 515
Suárez, Francisco 404
Sulla, Lucius Cornelius 151
Syrian(us) 257
Szlezak, Th. A. 487

Tatian 279, 500
Tauler, Johannes 390, 509
Telesio, Bernardino 417, 418, 419, 512
Tertullian(us), Quintus Septimius Florens 297f., 502
Thales 37, 38, 40f., 42, 43, 44, 45, 46, 47, 69, 124, 482, 483
Theaetet(us) 48
Theiler, Willy 495
Themistokles 67
Theoderich, König 264, 265, 309
Theodor der Atheist 94
Theodor von Cyrene 48
Theodosius, Kaiser 289, 291
Theon von Smyrna 236
Theophrast 206, 223
Thiessen, Sigrun 513
Thomas von Aquin 324, 326, 329, 330, 331, 334, 336, 337, 338, 341, 343, 344–353, 354, 355, 356, 359, 363, 364, 368, 375, 378, 379, 381, 385, 390, 403, 406, 414, 458, 504, 505f.,
Thomas von Kempen (Thomas Hemerken) 391, 402, 437
Thrasymachus 83, 135, 136
Thukydides 73
Timäus 125
Timon von Phlius 216
Totok, Wilhelm 503
Trajan, Kaiser 279

Valentinus 282
Valla, Lorenzo 297, 399, 510
Vansteenberghe, Edmond 511
Vergil(ius) Maro, Publius 399
Vespasian(us), Titus Flavius 213
Vives, Ludovico 400
Volkmann, Richard 495
Volkmann-Schluck, Karl-Heinz 495, 496, 511

Weber, Max 513
Wehrli, Fritz 494
Weigel, Valentin 431, 513
Whitehead, Alfred North 174
Wieland, Wolfgang 488
Wilhelm von Auvergne 330
Wilhelm von Champeaux 320
Wilhelm von Moerbeke 338
Wilhelm von Ockham 364, 366–375, 378, 379, 380
Windelband, Wilhelm 18, 481
Witelo 343
Wolff, Christian 318
Wittgenstein, Ludwig 481
Wittmann, Leopold 503
Wöhler, Hans-Ulrich 503
Wolfson, Harry Austryn 494, 499
Wyclif (Wiclif), John 379, 401, 424

Xenocrates 149, 217, 492
Xenophanes 40, 50f., 53, 56, 215
Xenophon 85, 484, 485

Zabarella, Jacopo 378
Zeller, Eduard 482
Zeno von Citium 189, 203, 205, 492, 493
Zeno von Elea 60–62, 81, 82, 172
Zinner, Ernst 514
Zwingli, Ulrich 425, 429